譯註

退溪全書

2

특수고전협동번역사업 1차 연도 사업 연구진

연 구 책 임 : 송재소(宋載邵)

책 임 교 열 : 이상하(李相夏)

연 구 원 : 이관성(李灌成), 강지희(姜志喜), 김성훈(金成勳), 김영죽(金玲竹)
　　　　　　남성우(南誠佑), 서사봉(徐士奉), 조창록(曺蒼錄), 오보라(吳寶羅)

연구보조원 : 장연수(張硯洙)

이 책은 2021년도 정부(교육부)의 재원으로 한국고전번역원의 지원을 받아
수행된 특수고전협동번역사업(난해서) 1차 연도 사업의 결과물임.

This work was supported by Institute for the Translation of Korean Classics - Grant funded
by the Korean Government.

譯註

退溪全書

2

李滉 著

詩

內集 卷3 ~ 續內集 卷5

보고사
BOGOSA

일러두기

1. 본서는 사단법인 퇴계학연구원에서 2022년에 간행한 《定本 退溪全書》 총 15책을 대본으로 삼았다.
2. 번역문은 원의(原義)에 충실하게 하되, 이해를 돕기 위해 의역(意譯) 또는 보충역(補充譯)을 한 부분도 있다. 또한, 한국학중앙연구원(구 한국정신문화연구원)에서 간행한 《국역 퇴계시》(신호열 역주) 총 2책과 퇴계학연구원에서 간행한 《退溪全書》(이가원 외 역주) 총 29책, 영남대학교 출판부에서 간행한 《퇴계시 풀이》(이장우, 장세후 역주) 총 9책을 참고하였다.
3. 본서의 주석은 각주로 처리하였다. 각주에서는, 한국문집총간 제31집에 수록된 유도원(柳道源, 1721~1791)의 《退溪先生文集攷證》은 완역하되 필요에 따라 출전 및 원문을 보충하고 【攷證】으로 표시하였다. 계명대학교에서 간행한 퇴계학문헌전집 권22 이야순(李野淳, 1755~1830)의 《要存錄》은 필요에 따라 번역하되 【要存錄】으로 표시하였다. 【攷證】으로 미흡한 부분은 역자 주로 보충하되 【譯注】로 표시하였다. 【攷證】의 오류를 수정하거나 보충할 사항이 있는 경우 해당 내용을 적고 【校解】로 표시하였다.
4. 작품의 저작 연대는 퇴계학연구원에서 간행한 《退溪先生年表月日條錄》(정석태 편저) 총 4책을 참고하였다.
5. 주석의 표제어에서 필요한 경우 본문에 없는 한자를 병기하였다.
6. 운문은 원문을 병기하였다.
7. 맞춤법과 띄어쓰기는 한글 맞춤법과 표준어 규정을 따랐다.
8. 작품에 부여된 고유번호는 사단법인 퇴계학연구원에서 간행한 《定本 退溪全書》에 의거하였다.
9. 본서에서 사용한 부호는 다음과 같다.
   【 】 : 각주의 유형을 구분하거나, 제목에서 작품의 창작 시기, 장소를 표기한다.
   ( ) : 번역문과 음이 같은 한자를 묶는다.
   〔 〕 : 번역문과 뜻이 같으나 음이 다른 한자를 묶는다.
   " " : 대화 등의 인용문을 묶는다.
   ' ' : " " 안의 재인용 또는 강조 문구를 묶는다.
   《 》 : 책명 및 각주의 전거(典據)를 묶는다.
   〈 〉 : 책의 편명 및 운문·산문의 제목을 묶는다.
   - - : 본문에서 소자(小字) 원문 주(註)의 처음과 끝에 사용한다.

차례

퇴계선생문집 내집 권3

퇴계선생문집 내집 권4

손자 안도가 요즘 용수사에 가서 글을 읽고 있다. 이를 계기로 추억해 보건대, 예전 선조께서 자질들을 위해 훈계한 시가 깨우쳐 이끌어주고 기대하는 것이 자상하고 간곡하매 반복하여 외우고 음미하노라니 감격의 눈물을 흘리며 정성스럽게 가슴에 새기는 지극한 마음을 이기지 못하겠기에, 후생들에게 들려주지 않을 수 없어 삼가 원운을 사용하여 시를 지어서 안도에게 부쳐 보여주니, 부디 집안 가르침의 유래를 알아서 스스로 힘쓰기를 바라기 때문이다 孫兒安道 近往龍壽寺讀書 因追憶先世爲子姪訓戒之詩 所以誨導期望者 丁寧懇到 反復誦繹 不勝感涕拳拳之至 不可不使後生輩聞之 謹用元韻 寄示安道 庶幾知家敎所自來 以自勉云爾 … 409

융경 정묘년 답청일에 병석에서 일어나 홀로 도산에 나가보니, 두견화와 살구꽃이 어지러이 피어 있고 창 앞의 조그마한 매화 한 그루는 옥설 같은 하얀 꽃이 가지에 동그랗게 붙어 있어 몹시 사랑스러웠다 隆慶丁卯踏靑日 病起 獨出陶山 鵑杏亂發 窓前小梅一樹 皓如玉雪團枝 絶可愛也 … 413

재차 도산의 매화를 찾다. 절구 10수 再訪陶山梅 十絶 … 415

3월 8일 홀로 신암에 노닐다. 절구 6수 三月初八日 獨遊新巖 六絶 … 421

중화군에서 내가 쓴 책을 간행하였으므로 일찍이 기명언에게 불태우고 없애 버리라고 부탁하였는데, 이제 그의 편지를 받아보니 이미 태워 없앴다 하기에 기뻐하며 보내온 시에 차운하다 中和郡刊謬文字 曾囑奇明彦 焚毀 今得其書 已焚去之 喜次來韻 … 423

등극사가 오게 되어 재차 소지를 받았다. 6월에 서울로 가면서 용수사에서 자고 새벽에 출발했다가 비를 만나다 登極使將至 再被召旨 六月赴京 宿龍壽寺 早發遇雨 … 425

퇴계선생문집 속내집 권5

나의 벗 상사 홍응길이 도를 구하는 마음이 매우 간절했는데 불행히 친상
(親喪)을 만나 슬픔이 지나쳐서 목숨을 잃었으니 애통하도다. 홍응길이
일찍이 나에게 〈유금강산록(遊金剛山錄)〉을 보여주기에 그에 대한 서문
을 써준 적이 있는데, 지금은 그 말을 다시 기억해 낼 수가 없게 되었다.

고향으로 돌아가는 배 위에서 우연히 한 승려를 만났는데 그는 바로 홍응길을 인도하여 함께 산을 구경한 자로서 당시 탐방한 일을 상세히 잘 말해주었다. 나는 한참 동안 감격의 눈물을 흘리고 애오라지 시 한편을 지어정을 보이노라 余友洪上舍應吉 求道甚切 不幸遭親喪, 過毁滅性 痛哉 應吉曾示余以遊〈金剛山錄〉余爲之敍題 今不復能記其語 東歸船上 偶逢一僧 乃所與導遊山者 能言當日探歷事甚悉 余感涕久之 聊以一詩見情云 … 529

기명언의 시에 차운하다. 2수 次韻奇明彦 二首 … 531

기명언의 〈빈몽〉 시에 삼가 화답하다 奉和奇明彦頻夢韻 … 533

기명언이 미선을 보내준 데 삼가 답하다 奉謝奇明彦惠尾扇 … 534

고향으로 돌아온 뒤에 이중구가 보내온 시에 차운하다
歸山後 次韻李仲久見寄 … 535

늦봄에 도산의 정사에 돌아와 우거하면서 보이는 바를 기록하다
暮春歸寓陶山精舍 記所見 … 537

노과회가 김이정에게 절구 한 수를 주었는데 그 제목에 '재물이란 기름과같아서 가까이하면 사람을 더럽힌다'는 말이 있으니 사람을 깨우침이 깊다. 이 시에 차운하여 주다 盧寡悔贈金而精一絶 其題有財猶膩也近則汚人之語 警人深矣 次韻贈之 … 538

기명언이 매화 시에 화답한 절구 여덟 수를 적어 보여주었는데 오래도록답하지 못하다가 지금 황중약을 만나서 애오라지 절구 한 수로 뜻을 말하다 奇明彦錄示和梅詩八絶 久未酬報 今見仲約 聊以一絶道意云 … 539

도산에서 달밤에 매화를 읊다. 6수 陶山 月夜詠梅 六首 … 540

성주 목사 김백순이 찾아왔으므로 그 시에 차운하다
次韻星牧金伯純見訪 … 543

여름날 유거하는 중에 김언우가 나에게 부친 시를 금협지가 가지고 와보여주므로 이에 절구 2수를 차운하여 김언우에게 부쳐 보내다 夏日幽居琴夾之攜示金彦遇寄詩 就次二絶卻寄 … 544

퇴계선생문집

내집 권3

가을날 도산에서 노닐다 저녁에 돌아오다 기미년(1559, 명종 14, 59세)【가을. 예안(禮安)】

秋日 遊陶山夕歸 己未

가을 회포 처량하니 혜초 난초 다 시들고[1]	秋懷慘慄蕙蘭腓
강물 줄고 하늘 공활하니 기러기 날고자 하네	水落天空鴈欲飛
궁달의 근심과 즐거움 관계치 않노니	不係窮通憂與樂
고금의 옳고 그름 내 어찌 알리오	何知今古是兼非
아득한 천연대에 한가로이 앉아 읊조리고	天淵臺迥閒吟坐
긴 작력천[2] 따라 취기 띤 채 돌아오노라	柞櫟遷長帶醉歸
다만 도연명이 노년을 마칠 땅[3]에서	但使淵明終老地
저녁 이슬에 옷 젖더라도 바라는 바 이루어지게 되었으면[4]	
	衣沾夕露願無違

---

1 처량하니……시들고 :【攷證 卷2 慘慄蘭蕙腓】전국 시대 초(楚)나라 송옥(宋玉)의 《초사(楚辭)》〈구변(九辯)〉 "처량해라 먼 길 떠난 길손과도 같네.〔憭慄兮若在遠行〕"라고 하였는데, 송(宋)나라 홍흥조(洪興祖)의 주석에 "'요율'은 처창(悽愴)과 같다."라고 하였다. 《문선(文選)》에 "혜초와 난초가 시들었네.〔蘭蕙俱腓〕"라고 하였다.【校解】《고증》에 "蘭蕙俱腓"이 《문선》에 나온다고 하였으나, 《문선》에는 비슷한 구절이 보이지 않는다.

2 작력천 :【攷證 卷2 柞櫟遷】천연대(天淵臺)의 왼쪽에 있다. ○ 한(漢)나라 허신(許愼)의 《설문해자》 권2에 "천(遷)은 등(졍)이다."라고 하였는데, 지금 벼랑길을 올라가는 것을 일러 '천(遷)'이라 한다.

3 도연명이……땅 :【攷證 卷2 淵明終老地】살펴보건대, 산 이름이 도산(陶山)이므로 이렇게 말한 것이다.

4 저녁……되었으면 :【譯注】전원에서 농부로 살아간 진(晉)나라 도연명(陶淵明)처

럼, 이황 역시 도산에서 소박하게 지내고 싶다는 의미이다. 【攷證 卷2 衣沾夕露願無違】
진나라 도연명의 〈귀전원거(歸田園居)〉 시 6수 중 제3수에 "길은 좁은데 초목이 자라나
니, 저녁 이슬이 내 옷을 적시네. 옷 젖는 것이야 아까울 것 있으랴, 그저 원하는 바
어긋남이 없었으면.〔道狹草木長, 夕露沾我衣. 衣沾不足惜, 但使願無違.〕"이라고 하였는
데, 송(宋)나라 소동파(蘇東坡 소식(蘇軾))가 "저녁 이슬이 옷을 적시는 것 때문에 그
바람과 어긋나는 자가 많다."라고 하였다. 《陶淵明集 卷2 歸田園居》

천연대[5] 【기미년(1559, 명종14, 59세) 가을. 예안(禮安)】
天淵臺

높은 대에서 바라봄에 비길 수 없이 활짝 트였으니　　高臺臨眺敞無儔

세상만사 이제는 낚시터에 맡기련다　　　　　　　萬事如今付釣洲

비단 같은 하늘[6]엔 큰 새 날아올라 소요하고　　　綃幕悠揚雲翼逸

금빛 물결엔 아름다운 물고기 뛰어올라 헤엄치네[7]　金波潑剌錦鱗游

풍우의 자득한 곳[8] 말로 형용하기 어려우니　　　風雩得處難名狀

---

5 천연대 : 【譯注】 천연대(天淵臺)는 도산서당 동쪽 탁영담(濯纓潭) 가에 있는 대(臺)이다.

6 비단 같은 하늘 : 【攷證 卷2 綃幕】 당(唐)나라 두보(杜甫)의 〈밤에 서각에서 묵고 새벽에 조장 원 이십일랑에게 드리다〔夜宿西閣, 曉呈元二十一曹長〕〉 시에 "비단 장막처럼 갠 하늘이 조금 트이자, 드문드문한 옥승성이 저 멀리 보이네.〔稍通綃幕霽, 遠帶玉繩稀.〕"라고 하였는데, 송(宋)나라 조차공(趙次公)의 주석에 "'綃'는 독음이 '소(消)'이니 비단〔繒〕이라는 뜻이다. 하늘이 개어 색이 옅은 비단 장막 같은 것을 말한다."라고 하였다.

7 아름다운……헤엄치네 : 【攷證 卷2 潑剌錦鱗游】 살펴보건대, '발(潑)'은 '발(蹳)'로 되어 있기도 하다. '剌'의 독음은 '랑(郞)'과 '달(達)'의 반절(反切)이니 물고기가 뛰어오르는 모양이다. 당나라 두보의 〈만성(漫成)〉 시에 "모래톱에는 조는 해오리 구부러져 고요하고, 뱃고물에는 고기 펄떡펄떡 뛰는 소리 나네.〔沙頭宿鷺聯拳靜, 船尾跳魚潑剌鳴.〕"라고 하였다. 송나라 범중엄(范仲淹)의 〈악양루기(岳陽樓記)〉에 "아름다운 물고기가 헤엄친다.〔錦鱗游泳〕"고 하였다. 【校解】《고증》에서 〈악양루기〉의 구절을 《문선》의 구절이라고 한 것은 오류이다.

8 풍우의 자득한 곳 : 【譯注】 증점(曾點)의 높은 학문 경지를 말한다. 공자가 제자들에게 자신의 포부를 말해 보게 했을 때, 증점이 "기수(沂水)에서 목욕하고 무우(舞雩)에서 바람 쐬고 노래하며 돌아오겠습니다."라고 대답하자, 공자가 증점을 허여한다고 하였는데, 이에 대해 송나라 주희(朱熹)의 주석에 "증점의 학문은 인욕이 다한 곳에 천리가

수락의 이치⁹를 어찌 밖에서 찾으리오   壽樂徵時詎外求

늙은 나는 세월을 헛 보낸 줄을 잘 아니   老我極知蹉歲月

옛 책에서 깊은 이치 발견해¹⁰ 얼마나 다행인가 遺編何幸發潛幽

유행하여 곳에 따라 충만해서 조금도 흠결이 없음을 보았다.……그리하여 가슴속이 유연(悠然)하여 곧바로 천지 만물과 더불어 상하가 함께 유행하여 각각 그곳을 얻은 묘함이 은연중에 말 밖에 나타났다."라고 하였다.《論語集註 先進》

9 수락의 이치 :【譯注】공자가 "지혜로운 자는 즐기고 어진 자는 장수한다.〔智者樂, 仁者壽.〕"라고 한 것을 가리킨다.《論語 雍也》

10 옛……발견해 :【攷證 卷2 遺編發潛幽】《중용장구》제12장을 가리킨다.【校解】《시경》의 "솔개는 날아서 하늘에 이르고 물고기는 못에서 뛴다.〔鳶飛戾天, 魚躍于淵.〕"라는 구절에 대해,《중용장구》제12장에서 "상하에 이치가 밝게 드러난 것이다."라고 풀이했는데, 이황이 여기에서 뜻을 취하여 대의 이름을 '천연대'라 하였다.《定本 退溪全書 卷1 陶山雜詠 並記》

동재[11]에서 감회를 읊다. 절구 10수 【기미년(1559, 명종14, 59세)

12월. 예안(禮安)】

東齋感事 十絶

(詩-內卷3-3)

명리에 끌려다니고 세상 조류가 몰아가니	聲利紛拏俗尙驅
고금의 영웅호걸 뜻 바뀐 이 몇이런가	古今英傑幾遷渝
다시 양주의 눈물[12] 가져다가	無人更把楊朱淚
천 갈래 만 갈래 길에 뿌려줄 이 없구나	灑向千歧萬轍衢

(詩-內卷3-4)

젊었을 땐 자연에서 좋은 흥취 지녔는데	少小林泉有好懷
중간에 심사가 크게 어그러졌어라	中間心事太相乖
옛 현자가 내 수레 되돌려 주지 않았다면	若非前哲回吾駕
나그네 길 아득하여 어찌 끝이 있었으리	逆旅茫茫詎有涯

(詩-內卷3-5)

영화를 탐내 늙어서도 이름 없는 것 몹시 부끄러워	貪榮深愧老無聞
온갖 병 안고 돌아와 성명을 보존했네	百病歸來性命存

---

11 동재 : 【要存錄 卷3】 한서암(寒棲菴)의 동재(東齋)이다.

12 양주의 눈물 : 【譯注】 세도(世道)의 기구(崎嶇)함에 상심하여 흘리는 눈물을 뜻한다. 【攷證 卷2 楊朱淚】《회남자》〈설림훈(說林訓)〉에 "양주(楊朱)가 갈림길을 만나면 울었으니, 이는 남으로도 갈 수 있고 북으로도 갈 수 있기 때문이다."라고 하였다.

시인의 말 음미할 만함을 이제야 알겠으니　　　　　始覺詩人言有味
강 위의 밝은 달 또한 임금님의 은혜로다[13]　　　　一江明月亦君恩

(詩-內卷3-6)

병만 많고 재능 없는 백발 늙은이　　　　　　　　多病無能白髮翁
이 한 몸 오래도록 책 속 좀벌레를 벗했어라　　　一身長伴蠹書蟲
좀벌레[14]가 글자를 파먹고 어찌 맛을 알겠나　　蠹魚食字那知味
타고난 천성이 책 속의 즐거움을 느껴서지　　　天賦群書樂在中

(詩-內卷3-7)

닭이 울면 일어나 저마다 부지런히 힘쓰니　　　雞鳴而起各孳孳
손 닿는 것 모두가 선과 이의 기미로다[15]　　　觸手無非善利幾
자책하길 잊고 남만 다스리지 말라　　　　　　莫只攻人忘自責
잠시라도 경계하지 않으면 소인이 되고 말리[16]　斯須不戒小人歸

---

13 강……은혜로다 : 【譯注】 임금의 덕을 송축하는 관용적인 표현으로, 조선 초기의 악장 〈감군은(感君恩)〉에 "밝은 달빛 아래 낚싯대 드리우는 것 또한 임금님의 은혜로다." 라고 하였다.

14 책……좀벌레 : 【攷證 卷2 蠹書蟲蠹魚】 당(唐)나라 한유의 〈잡시(雜詩)〉 시에 "어찌 책 속 좀벌레가 글 속에서 죽고 사는 것과 다르리오?〔豈殊蠹書蟲, 生死文字間?〕"라고 하였다. ○ 살펴보건대, 옷이나 책 속의 좀벌레이니, 또한 '백어(白魚)'라 이름한다.

15 닭이……기미로다 : 【譯注】 《맹자》 〈진심 상(盡心上)〉에 "새벽에 닭이 울자마자 일어나서 부지런히 선행을 힘쓰는 자는 순(舜)임금의 무리요, 새벽에 닭이 울자마자 일어나서 부지런히 이익을 구하는 자는 도척(盜跖)의 무리이다. 순임금과 도척의 구분을 알고자 한다면, 다름이 아니라 이익을 탐하고 선행을 좋아하는 그 사이에 있을 뿐이다."라고 하였다.

16 자책하길……말리 : 【攷證 卷2 善利…小人歸】 송(宋)나라 육구연(陸九淵)이 "진실

(詩-內卷3-8)

옛사람 어찌하여 못에 임하듯 얼음을 밟듯 조심했나[17]

古人何事惕淵冰

선 따르긴 등산처럼 어렵고 악 따르긴 산 무너지듯 쉬워서지

從善如登惡似崩

훌륭한 자질로도 오히려 후회 없기 어려우니　　　　美質尙難無悔吝

내가 지금 어찌 전전긍긍하지 않을 수 있으리오　　吾今安得不兢兢

(詩-內卷3-9)

벽에 책 가득하고 한 가닥 향 사르니　　　　滿壁圖書一炷香

새벽 창밖 눈보라 등잔불 너머로 보이네　　曉窗風雪隔燈光

작은 글씨는 침침한 눈에 해로운 줄 잘 알기에　　極知細字妨昏眼

가만히 앉아서 야기장[18]을 마음에 새겨보노라　　癡坐心存夜氣章

로 이 몸을 소인으로 돌아가게 해서는 안 된다는 것을 깊이 생각해야 한다."라고 하였다. 《象山集 卷23 白鹿洞書院講義》

17 못에……조심했나 : 【譯注】행동을 매우 삼가는 것을 비유하는 말로, 《시경》〈소아(小雅) 소민(小旻)〉에 "전전긍긍하여 깊은 못 가에 임한 듯, 얇은 얼음을 밟고 가듯 하라.〔戰戰兢兢, 如臨深淵, 如履薄氷.〕"라고 하였다.

18 야기장(夜氣章) : 【譯注】《맹자》〈고자 상(告子上)〉의 이른바 '우산장(牛山章)'을 가리킨다. 야기는(夜氣)는 사물과 접촉하지 않는 한밤중에 발현되는 인의(仁義)의 양심(良心)을 가리키는데, 맹자가 이렇게 말했다. "비록 사람에게 보존된 것인들 어찌 인의(仁義)의 마음이 없겠는가마는, 그 양심을 잃는 것이 또한 도끼와 자귀가 나무에 대해서는 아침마다 베는 것과 같으니, 이렇게 하고서 아름답게 될 수 있겠는가. 일야(日夜)에 자라나는 바와 평단(平旦)의 맑은 기운에 그 좋아하고 미워함이 사람들과 서로 가까운 것이 얼마 되지 않는데 낮에 하는 소행이 또 이것을 곡망(梏亡)하니, 곡망하기를 반복하면 야기가 보존될 수 없고, 야기가 보존될 수 없으면 금수와의 거리가 멀지 않게 된다." 《孟子 告子上》

(詩-內卷3-10)

쇠 두들겨 침 만들어서[19] 의원을 삼고자 하니	打鐵成鍼欲作醫
의원을 삼으면 어찌 다시 황기[20]에게 물어보랴	作醫那復問黃歧
침 놓는 법 전부 소강절을 따르노니	十分鍼法從康節
사람의 마음을 찔러 온갖 병 낫게 하리라	刺得人心百疾夷

(詩-內卷3-11)

내 고향 제군들 어진 이 적지 않으니	鄕里諸君不乏賢
일시에 급제한 영재들 산천을 비추었지	一時聯璧映山川
근래의 소식은 어떠한지 모르겠으니	近來消息知何似
한 번씩 소회가 일 때마다 서글프곤 하여라	一度興懷一悵然

(詩-內卷3-12)

추운 겨울 산골짜기에 눈 서리 깊이 쌓였으니	歲寒山谷雪霜深
시냇가 매화도 오히려 꽃술을 감추었네	溪上梅花尚閟心
어찌하리오, 천리 밖 벗들	叵耐故人千里外
그리워할 뿐 회포를 나누기 어려워라	相思難與共幽襟

---

19 쇠……만들어서 : 【譯注】송(宋)나라 소옹(邵雍)의 〈상심행(傷心行)〉 시에 "무슨 쇠를 두들겨 바늘을 만들었나? 한 번 두들겨 바늘 만들면 단지 마음을 찌를 뿐이라. 생각건대 사람 마음은 한 치에 불과하니, 찌를 때 반드시 깊게 찌르리라.〔不知何鐵打成針, 一打成針只刺心. 料得人心不過寸, 刺時須刺十分深.〕"라고 하였다.

20 황기 : 【攷證 卷2 黃歧】황제(黃帝)와 기백(岐伯)이다. 【校解】황제와 기백은 의학의 비조로 일컬어진다. 중국의 고대 의서(醫書) 《황제내경(黃帝內經)》은 이들의 문답으로 구성되어 있다.

《주자대전》을 보니 육방옹[21]의 됨됨이를 자주 칭찬했는데, 육방옹이 한 번 와서 도를 물었다는 말을 끝내 듣지 못했으니 감회가 일어 짓다【기미년(1559, 명종14, 59세) 12월 추정. 예안(禮安)】

觀朱子大全書 亟稱陸放翁之爲人 放翁終未聞一來問道 有感而作

목탁이 천 년 전 고정[22]에 울려	木鐸千年振考亭
재주와 덕 이루어 주었으니 영웅호걸 몇이던가	達材成德幾豪英
가련하도다, 당시의 연화 노인[23]은	可憐當日蓮花老
끝내 시광이라 자랑하고[24] 도를 듣지 않았네	終詫詩狂自絶聽

---

21 육방옹 :【攷證 卷2 陸放翁】송(宋)나라 육유(陸游, 1125~1210)로, 자는 무관(務觀), 호는 방옹(放翁)이고, 산음(山陰) 사람이다. 출사하여 비서감(秘書監)이 되었다. 시를 잘 지었고 저서로 《검남집(劍南集)》이 있다.

22 고정 :【攷證 卷2 考亭】《대명일통지(大明一統志)》권76 〈건녕부(建寧府)〉에 "건양현(建陽縣) 서쪽 삼계리(三桂里)에 있다. 당(唐)나라 어사 황단(黃端)이 정자를 짓고 그의 선친을 제사 지냈으므로, 그로 인해 '고정(考亭)'이라 이름지었다. 주자(朱子)가 만년에 여기에 집을 짓고 살았다."라고 하였다.

23 연화 노인 :【譯注】육유를 가리킨다.【攷證 卷2 蓮花老】육유의 꿈에 한 벗이 말하기를, "나는 연화박사(蓮花博士)이니 경호(鏡湖)에 새로 설치한 관직이네. 내가 장차 떠날 것이니 그대가 잠시 그 관직을 맡을 수 있겠는가?"라고 하였다.《詩人玉屑 卷19 中興諸賢 陸放翁》

24 시광이라 자랑하고 :【譯注】시광은 육유를 가리킨다. 송나라 육유의 〈광부(狂夫)〉 시에 "광부는 세상과는 본래 어울리기 어려운 법, 취하여 임금도 우습게 보니 또한 장하도다.〔狂夫與世本難諧, 醉傲王侯亦壯哉.〕"라고 하였으며, 육유는 다른 시에서도 종종 자신을 '광부'라 일컬었다.

매화 경신년(1560. 명종15. 60세) 【1~2월 추정. 예안(禮安)】

梅花 庚申

냇가에 매화 두 그루 꽃을 곱게 피웠으니 　　　溪邊粲粲立雙條

향기는 앞 숲에 넘어오고 색채는 다리에 비치네 　　香度前林色映橋

바람 서리 맞아 얼기 쉬운 건 두렵지 않으니 　　未怕惹風霜易凍

따스한 기운 맞이하여 옥빛 사라질까 근심될 뿐 　　只愁迎暖玉成消

임거 15영 【경신년(1560, 명종15, 60세) 2월 추정. 예안(禮安)】

林居 十五詠

이옥산(李玉山)의 운[25]

(詩-內卷3-15)

이른 봄 早春

납월[26]에 담근 술의 봄빛이 눈에 비쳐 새로우니	臘酒春光照眼新
화창한 기운에 심신이 이제사 평안해지는구나	陽和初覺適形神
맑은 날 처마의 새소리는 손님을 부르는 듯하고	晴簷鳥哢如呼客
눈 쌓인 시냇가 찬 매화는 은사 같아라	雪磵梅寒似隱眞

(詩-內卷3-16)

초여름 初夏

농가에선 보리 수확 철이라고 서로 축하하고	田家相賀麥秋天
닭과 개, 뽕과 삼도 저마다 잘 자라는구나	雞犬桑麻任自然
비록 근년 들어 가난이 뼈에 사무쳤지만	縱使年來窮到骨

---

25 이옥산의 운 : 【攷證 卷2 李玉山】 살펴보건대, 회재 선생(晦齋先生)이 자옥산(紫玉山)에서 터를 잡고 살았기 때문에 이렇게 말한 것이다. 【校解】 이옥산은 이언적(李彦迪, 1491~1553)으로, 본관은 여강(驪江), 자는 복고(復古), 호는 회재이다. 이언적이 1535년에 지은 〈임거 15영(林居十五詠)〉 시가 《회재집》 권2에 실려 있다.

26 납월 : 【攷證 卷2 臘】 《예기》 〈월령(月令)〉에 "선조와 오사(五祀)의 신에게 납제(臘祭)를 지낸다."라고 하였는데, 당(唐)나라 공영달(孔穎達)의 소(疏)에 "'랍(臘)'은 '렵(獵)'이니, 사냥에서 잡은 물건으로 선조 및 오사의 신에게 제사를 지내므로 '랍'이라 한다."라고 하였다. 【校解】 《고증》에 《예기》를 《한서》라고 한 것은 오류이다.

우물가 벌레 먹은 오얏 먹으러 기어가는 꼴²⁷은 면하겠도다

免教匍匐井螬邊

(詩-內卷3-17)

이른 가을 早秋

처절한 벌레 울음소리 날이 새도록 들려오니　　　　　切切陰蟲聽到明

무슨 일에 불평하여 저토록 소리 내어 하소연하는가　不平何事訴聲聲

초목이 시드는 것 어이할 수 없음을 잘 알기에　　　極知搖落來無奈

심히 대나무를 위하여 마디 줄기 감싸주노라　　　　深爲叢筠護節莖

(詩-內卷3-18)

초겨울 初冬

한 해 농사가 끝나 집안이 고요하니　　　　　　　役車休了靜門庭

한 해를 보내는 일 〈빈풍〉²⁸과 같구나²⁹　　　卒歲豳風事爾馨

약골이라 구들방 따뜻하게 불 때야 하니　　　　羸骨土牀宜煖熨

---

27 우물가……꼴 : 【譯注】몹시 곤궁한 상태를 비유하는 말이다. 전국 시대 제(齊)나라 진중자(陳仲子)는 몹시 개결(介潔)했는데, 오릉(於陵)에 있을 때 사흘 동안이나 먹지 못하자, 굼벵이가 반이나 파먹은 오얏이 우물가에 있는 것을 보고는 기어가서 세 차례 베어 먹고 나서야 기운을 차렸다. 《孟子 滕文公下》

28 빈풍 : 【譯注】《시경》〈빈풍(豳風) 칠월(七月)〉을 가리킨다. 농가의 1년 생활을 읊은 시이다.

29 같구나 : 【攷證 卷2 爾馨】살펴보건대, 진(晉)나라 유진장(劉眞長)이 말하기를 "시골 아이가 이러한 말을 했다.〔作爾馨語〕"라고 하였고, 또 "사군(使君)이 이러한 땅〔如馨 地〕에서 어찌 전쟁할 수 있겠습니까?"라고 하였다. 이형(爾馨)과 여형(如馨)은 모두 '이와 같다〔如此〕'는 말이다.

도리어 아침저녁으로 노복³⁰에게 물어야 하리　　　却須朝夕問樵靑

(詩-內卷3-19)

계절의 변화를 즐거워하다 樂時

음양이 굴신하는 변화 모두 수로 인한 것이니　　　屈伸變化都因數

효상이 변화하여 각각 그 계절이 있다네　　　爻象推遷各有時

홀로 태화탕³¹ 한 잔을 마시고　　　獨飮太和湯一盞

안락 선생의 시 백여 수³²를 길게 읊조리노라　　　長吟安樂百篇詩

(詩-內卷3-20)

유거 幽居

벗 사귀는 정을 월나라 단³³에 물을 필요 없으니　　　不用交情問越壇

30　노복 : 【攷證 卷2 樵靑】당 헌종(唐憲宗)이 장지화(張志和)에게 여종과 남종을 각각 1명씩 주니, 장지화가 이들을 짝지어 부부로 삼고 어동(漁童)과 초청(樵靑)이라 불렀다. 《新唐書 張志和列傳》

31　태화탕 : 【攷證 卷2 太和湯】송(宋)나라 소옹(邵雍)의 〈무명공전(無名公傳)〉에 "성품이 술 마시기를 좋아하여 일찍이 술을 '태화탕(太和湯)'이라 명명하였다."라고 하였다.

32　안락……수 : 【譯注】송나라 소옹이 〈수미음(首尾吟)〉을 지은 것을 말한다. 【攷證 卷2 安樂百篇詩】소요부(邵堯夫 소옹)는 안빈낙도(安貧樂道)하여 거처하는 곳을 '안락와(安樂窩)'라 하고 자호(自號)를 '안락 선생(安樂先生)'이라 하였다. ○ 살펴보건대, 소옹이 〈수미음〉135수를 지었으니, 여기서 100편이라 한 것은 대략적인 수를 든 것이다.

33　월나라 단 : 【攷證 卷2 越壇】당(唐)나라 단공로(段公路)의 《북호록(北戶錄)》에 다음과 같은 내용이 있다. 월(越)나라 사람은 서로 사귀게 되면 단(壇)을 만들고 흰 개와 붉은 닭으로 제사를 지낸 뒤, 맹세하기를 "그대가 만일 수레를 타고 다니고 나는 삿갓을 쓰고 다니더라도 훗날 서로 만나거든 그대가 수레에서 내려 읍을 하고, 내가 만약 걸어 다니고 그대가 말을 타고 다니더라도 훗날 서로 만나거든 그대가 말에서 내려야 한다."라고 하였다.

티끌세상에서 쇠한 얼굴 들고 어울리기 어렵구나 　風塵難與抗衰顔
가난을 무릅쓰고 근래에 은거하는 집 옮기니[34] 　撥貧近日移三徑
앞엔 맑은 강 마주하고 뒤엔 푸른 산 있네 　前對淸江後碧山

(詩-內卷3-21)

늦봄 暮春

옷차림 가벼워지고 보이는 경물 새로우니 　單袷衣輕物象新
꽃과 버들 찾아서 물가 북쪽[35]에 앉았노라 　尋花問柳坐陽濱
모르겠구나, 비파 놓고 일어선 이[36] 사라진 뒤로 　不知舍瑟人非後
노나라의 어느 사람이 참된 도를 깨우쳤을지 　東魯何人見得眞

(詩-內卷3-22)

사물을 관조하다 觀物

수많은 만물은 어디에서 나왔는가 　芸芸庶物從何有
아득한 근원은 공허한 것이 아니라네 　漠漠源頭不是虛
선현이 감흥 일으킨 곳을 알고자 하면 　欲識前賢興感處
뜰앞의 풀과 분지의 물고기[37]를 살펴보시게 　請看庭草與盆魚

---

34 가난을……옮기니 : 【攷證 卷2 撥貧近日移三徑】 도산(陶山)에 터를 잡아 집을 지었다.

35 물가 북쪽 : 【攷證 卷2 陽濱】 한(漢)나라 장형(張衡)의 〈남도부(南都賦)〉에 "수레를 나란히 몰고 가서, 물가 북쪽에서 신에게 비네.〔方軌齊軫, 祓于陽濱.〕"라고 하였는데, 당(唐)나라 이선(李善)의 주석에 "상사일(上巳日)에 불계(祓禊)를 한다."라고 하였다.

36 비파……이 : 【譯注】 공자의 제자 증점(曾點)을 가리킨다. 공자가 제자들에게 각자의 뜻을 말해 보라고 하자, 증점이 비파를 타고 있다가 내려놓고, 늦봄에 관자(冠者)들 및 동자들과 무우(舞雩)에서 바람을 쐬고 돌아오겠다고 답한 고사가 있다. 《論語 先進》

(詩-內卷3-23)

비를 기뻐하다 喜雨

음기가 일으킨 신령한 기운 가득 일더니	陰興靈氣鬱繽紛
농촌 들판에 한 번 비 내려 기쁜 소식 들리네	一雨農郊慶喜聞
모두 용왕님의 신묘한 공력이니	總是龍公神用力
비 오길 바라는 사람들 바람 어긋나지 않게 하였네	免敎群望失霓雲

(詩-內卷3-24)

시냇가 정자 溪亭

풍년이니 집안의 울음 물을 필요 있으랴[38]	年登何必問家啼
굶주림도 잊고 비수를 즐길 이 시내 있어라[39]	泌樂忘飢有此溪
다시 작은 정자를 시내 한 구비에 두니	更把小亭安一曲
어여쁘도다, 나무에 기대 지은 집[40]보단 그래도 낫네	可憐猶勝樹爲棲

---

37 뜰앞의……물고기 : 【譯注】 송(宋)나라 정호(程顥)가 뜰앞의 풀과 분지(盆池)의 물고기를 통해 만물의 이치를 살핀 고사를 말한다. 【攷證 卷2 庭草盆魚】 정초(庭草)는 《정본 퇴계전서》 권1 〈조송강이 부쳐온 시에 차운하다〔次韻趙松岡見寄〕〉 시 12수 중 제5수에 보인다. 명도 선생(明道先生 정호)의 서실 창 앞에 풀이 무성하여 섬돌을 덮자 어떤 이가 풀을 베라고 권했는데, 명도 선생이 말하기를 "만물을 살리려고 하는 조화옹의 뜻을 항상 보고자 한다.〔欲常見造物生意〕"라고 하였다. 또 명도 선생이 분지(盆池)를 두고 작은 물고기 몇 마리를 키우면서 말하기를 "만물이 자득하는 뜻을 보고자 한다.〔欲觀萬物自得意〕"라고 했다. 《宋元學案 卷14 明道學案下》

38 풍년이니……있으랴 : 【攷證 卷2 年登家啼】 당(唐)나라 한유(韓愈)의 〈진학해(進學解)〉에 "풍년이 들었으나 아내는 굶주림에 운다.〔年登而妻啼飢〕"라고 하였다.

39 굶주림도……있어라 : 【譯注】 은자가 안빈낙도하며 은거 생활을 즐기는 것을 말한다. 《시경》 〈진풍(陳風) 횡문(衡門)〉에 "졸졸 흐르는 냇물 가에서 굶주림 잊고 즐길 수 있도다.〔泌之洋洋, 可以樂飢.〕"라고 하였다.

(詩-內卷3-25)

마음을 바라보다[41] 觀心

조용한 중에 경을 지켜 흉금을 바르게 할 뿐이니　　　靜中持敬只端襟
마음을 본다고 말한다면 마음이 둘인 것이지[42]　　　若道觀心是兩心
연평 선생께 이 뜻을 묻고 싶으나[43]　　　欲向延平窮此旨
얼음 항아리와 가을 달 같은 분 아득히 찾을 길 없네[44]

　　　　　　　　　　　　　　　　　　　冰壺秋月杳無尋

---

40 나무에……집 : 【譯注】 한나라 은자 신도반(申屠蟠)의 고사에서 비롯된 말로, 은자
의 거처를 비유한다. 신도반이 한나라가 기우는 것을 보고 산림에 들어가 은거하여,
뽕나무를 기둥으로 삼아 집을 만들고〔因樹爲屋〕, 스스로 품팔이꾼으로 행세했다.《後漢
書 申屠蟠列傳》

41 마음을 바라보다 : 【攷證 卷2 觀心】 송(宋)나라 승려 도원(道元)의《경덕전등록(景
德傳燈錄)》권4에 다음과 같은 내용이 있다. 법반선사(法盤禪師)가 단정히 앉아 태연자
약하게 있자, 사조(四祖)께서 묻기를 "무엇을 하느냐?"고 하였다. 그러자 법반선사가
"마음을 바라봅니다.〔觀心〕"라고 하였다.

42 마음을……것이지 : 【攷證 卷2 觀心是兩心】 송나라 주자(朱子)의 〈관심설(觀心說)〉
에서, 불가(佛家)의 '마음으로 마음을 본다〔以心觀心〕'는 것은 곧 두 개의 마음인 것이라
고 하였다.

43 연평……싶으나 : 【譯注】 송나라 주희(朱熹)의 스승인 이통(李侗)의 고사를 말한다.
【攷證 卷3 欲向延平窮此旨】 연평 선생(延平先生 이통)이 종일토록 바르게 앉아 희로애락
이 아직 발하지 않았을 때의 기상(氣象)을 증험했다.《朱子大全 卷97 延平先生李公行狀》

44 얼음……없네 : 【譯注】 송나라 이통의 맑고 고결한 인품을 칭송한 말이다. 【攷證
卷3 冰壺秋月】 송나라 등적(鄧迪)이 일찍이 말하기를, "원중(愿仲 이통)은 얼음을 담은
옥 항아리와 가을 달처럼 티 없이 맑고 투명하다.〔愿中如冰壺秋月, 瑩徹無瑕.〕"라고 하
였다.《朱子大全 卷97 延平先生李公行狀》

48 譯註 退溪全書 2

(詩-內卷3-26)

마음을 보존하다 存心

함께 취해 혼몽한 가운데 혹여 깬 자 있더라도	同醉昏昏儻有醒
종소리에서 증험했듯 잡아 지키는 건 가장 어렵도다[45]	
	最難操守驗鐘聲
직방의 공력[46]은 모두 나로부터 말미암으니	直方工力皆由我
옅은 구름이 밝은 해를 가리게 하지 말라	休遣微雲點日明

(詩-內卷3-27)

천명을 즐거워하다 樂天

도를 알아 천명을 즐거워하는 것은 성인의 경지이니	聞道樂天斯聖域
오직 안연(顏淵)만이 여기서 많이 벗어나지 않았었네[47]	
	惟顏去此不爭多
나는 이제야 하늘이 두려워할 만함을 깨달았으니	我今唯覺天堪畏

---

45 종소리에서……어렵도다 : 【譯注】 송나라 주희가 동안현(同安縣)의 주부(主簿)로 있을 때 밤에 종소리를 듣고 나서, 학문을 하려면 전심치지(專心致志)해야 함을 깨달은 고사를 가리킨다. 《朱子語類 卷104》

46 직방의 공력 : 【譯注】 단정하고 엄숙한 마음가짐으로 내면을 바르게 하는 것을 의미한다. 《주역》〈곤괘(坤卦) 문언(文言)〉에 "군자는 경으로써 내면을 곧게 하고 의로써 외면을 바르게 한다.〔君子, 敬以直內, 義以方外.〕"라고 하였다.

47 오직……않았었네 : 【譯注】 공자의 제자 안연(顏淵)은 안빈낙도(安貧樂道) 하였으며, 거의 성인의 경지에 올라 아성(亞聖)으로 불렸다. 공자가 어느 날 근심스러운 기색이 있었는데, 안연은 금을 타면서 노래를 하였다. 공자가 이를 듣고 안연을 불러 "너는 어찌 홀로 즐거운가?"라고 묻자, 안연이 "저는 전에 부자께 '천도를 즐기고 천명을 알기 때문에 근심하지 않는다.〔樂天知命, 故不憂.〕'라는 말씀을 들었습니다. 제가 그래서 즐거워하는 것입니다."라고 하였다. 《列子 卷4 仲尼》

즐거움이 그 사이에 있어 노래할 만하구나　　　　　樂在中間可詠歌

(詩-內卷3-28~29)

꿈을 기록하다. 절구 2수 記夢 二絕

(詩-內卷3-28)

미천한 이 신하가 병들어 물러나 지내건만　　　　　蟣蝨微臣病置閒

밝은 용안이 미천한 집에서도 멀지 않은 듯하네[48]　耿光圭竇不違顏

하분 같은 태평책[49] 없는 것 부끄러우니　　　　　太平愧乏河汾策

햇볕이나 미나리를 바치려는 정성[50]은 싸늘한 꿈속의 일

　　　　　　　　　　　　　　　　　　　　　芹曝懸誠一夢寒

---

48 밝은……듯하네 : 【攷證 卷2 不違顏】《춘추좌씨전(春秋左氏傳)》 희공(僖公) 9년 조(條)에 "천자의 위엄이 내 얼굴에서 지척도 떨어지지 않았다.〔天威不違顏咫尺〕"라고 하였다.

49 하분 같은 태평책 : 【譯注】하분(河汾)은 수(隋)나라 대유(大儒)인 왕통(王通)의 별칭이다. 【攷證 卷3 太平河汾策】《자치통감》〈수기(隋紀) 3〉에 "용문(龍門)의 왕통이 대궐에 이르러 태평십이책(太平十二策)을 올렸으나 황제가 쓰지 않자, 파직되어 돌아와 하수(河水)와 분수(汾水) 사이에서 제자를 가르쳤다."라고 하였다. ○ 살펴보건대, 왕통의 자는 중엄(仲淹)이고, 시호는 문중자(文中子)이다.

50 햇볕이나……정성 : 【譯注】신하의 미천한 정성을 바치는 것을 의미한다. 【攷證 卷3 芹曝】송(宋)나라 농부가 햇볕을 쬐면서 "따뜻한 햇볕을 지고서 우리 임금께 바치고 자 하네."라고 하자, 그 아내가 "옛날에 미나리와 마름을 맛있다고 여긴 자가 있어 이것을 고을 귀족에게 올리며 칭송하자, 고을 귀족이 그것을 맛보고는 입이 얼얼하고 배가 아팠으니, 사람들이 그를 비웃었습니다."라고 하였다. 《列子 楊朱篇》 삼국 시대 위(魏)나라 혜강(嵆康)의 〈산거원과 절교하는 편지〔與山巨源絕交書〕〉에 "야인 중에 등을 쪼이는 것을 좋아하고 마름을 맛있게 여기는 자가 있어 그것을 지존께 바치려 하였으니, 비록 구구한 뜻이 있으나 또한 너무나 엉성합니다."라고 하였다.

자나 깨나 그리는 저 천문 얼마나 깊은지   寤寐天門幾許深

갑자기 아래로 떨어지니 마음만 놀랄 뿐이네   蘧蘧下墮只驚心

마음속엔 나라 걱정 말고 다른 일 없으니   箇中憂國無餘事

비 두루 내려 풍년 들기만을 간절히 바라노라[51]   長願年豐普得霖

---

51 비……바라노라 : 【攷證 卷2 長願年豐】당(唐)나라 두보의 〈오종(吾宗)〉 시에 "집에 있을 때는 늘 일찍 일어나, 나랏일 시름하여 풍년 들기를 기원하네.〔在家常早起, 憂國願 年豐.〕"라고 하였다.

계상에서 우연히 읊다 【경신년(1560, 명종15, 60세) 여름 추정. 예안(禮安)】
溪上偶吟

낚싯대 잡고 낚시터에 앉아 한가로이 시 읊으니	把釣開吟坐石磯
지는 해가 숲 밖에 걸린 줄도 몰랐다오	不知林表掛斜暉
돌아오자 온 방안이 물처럼 맑은데	歸來一室淸如水
몸에는 오히려 반쯤 젖은 옷52 입고 있네	身上猶看半濕衣

---

52 반쯤 젖은 옷 : 【攷證 卷2 半濕衣】 살펴보건대, 당(唐)나라 회남(淮南)의 이공(李
公)이 강에서 노닐다가 뱃사공이 잘못하여 상앗대로 물을 튀겨서, 물이 시녀의 옷을
적셨다. '젖은 옷〔濕衣〕'이란 명칭은 아마도 여기에 근본한 듯하다.《天中記 卷47》 송
(宋)나라 소식(蘇軾)의 〈연이어 비가 내려 강이 불어나다〔連雨江漲〕〉시에 "날이 밝지
않았는데 등잔불 새벽 꿈결에 빛나고, 반쯤 젖은 창에 드리운 발엔 옛 향기 감도네.〔微明
燈火耿殘夢, 半濕簾帷泄舊香.〕"라고 하였다.

동재의 달밤 【경신년(1560, 명종15, 60세) 여름. 예안(禮安)】
東齋月夜

여름비 막 걷히고 밤기운 맑으니	暑雨初收夜氣淸
중천의 외로운 달이 창가에 가득하네	天心孤月滿窗櫺
은거하는 이 몸 궤안에 기대어 말없이 앉아	幽人隱几寂無語
선생의 〈존덕성재명〉[53]을 생각하노라	念在先生尊性銘

---

53 선생의 존덕성재명 : 【譯注】 송(宋)나라 주희(朱熹)의 〈존덕성재명(德性齋銘)〉을 말한다. 정순(程洵)이 재(齋)의 이름을 '도문학(道問學)'이라고 하자, 주희가 이름을 '존덕성(尊德性)'으로 바꾸라고 권했다. 정순이 이를 받아들여 재의 이름을 '존덕성'이라 짓고 주희에게 명을 지어주기를 청하자, 주희가 〈존덕성재명〉을 지어주었다. 《朱子大全 卷85 尊德性齋銘》

여름날 전원에서 눈앞의 경물을 읊다. 절구 2수 【경신년(1560,

명종15, 60세) 여름 추정. 예안(禮安)】

夏日 林居卽事 二絶

(詩-內卷3-32)

좁디좁은 사립문에 낮고 낮은 울타리	窄窄柴門短短籬
뜨락 풀과 섬돌 이끼 비를 맞아 자랐구나	草庭苔砌雨新滋
은거함에 이 맛을 함께 할 이 없으니	幽居一味無人共
단정히 앉아 초연히 혼자서 즐길 뿐	端坐翛然只自怡

(詩-內卷3-33)

옅은 구름 짙은 햇볕 저물녘에 아득하고	薄雲濃日晚悠悠
접시꽃과 석류꽃이 모두 활짝 피었구나	開遍川葵與海榴
먼 산에 밤비 더 내렸음을 비로소 깨달으니	始覺遠山添夜雨
앞 시내 여울물 흐르는 소리 울려 퍼지네	前溪石瀨響淙流

도산잡영[54] 병기 【경신년(1560, 명종15, 60세) 여름 추정. 예안(禮安)】

陶山雜詠 幷記

영지산(靈芝山) 한 줄기가 동쪽으로 나와 도산(陶山)이 된다. 어떤 이는 "그 산이 다시 이루어졌기 때문에 도산이라 이름한다."[55]라고 하고, 또 어떤 이는 "산속에 옛날에 도자기 가마가 있었으므로 그 사실을 가지고 이름한 것이다."라고 한다. 이 산은 그리 높거나 크지 않고, 터가 넓고 형세가 뛰어나며, 자리한 방위가 한쪽으로 치우치지 않았으므로, 그 옆의 산봉우리와 계곡이 모두 마치 이 산에게 공수(拱手)하고 읍하며 둘러싸고 있는 것 같다. 산의 왼쪽에 있는 것을 동취병(東翠屛)[56]이라 하고, 오른쪽에 있는 것을 서취병(西翠屛)이라 한다.

---

54 도산잡영 : 【攷證 卷2 陶山雜詠】 살펴보건대, 이는 기(記) 끝 부분의 연도와 《퇴계선생연보》에 근거할 때, 《정본 퇴계전서》 권1 〈도산서당에서 밤에 일어나다[山堂夜起]〉 아래로 옮겨야 한다. 【校解】 《퇴계선생연보》 권2에 "신유년(1561, 명종16) 11월에 〈도산기(陶山記)〉를 지었다."라고 하였다. 이에 《퇴계선생문집고증》의 찬자 유도원(柳道源)은 〈도산잡영〉에 병기(幷記)의 형태로 수록된 〈도산기〉와 〈도산잡영〉이 모두 신유년(1561, 명종16)에 지어진 것이라 보았다. 그러나 정석태는 도산서당이 완성되기 전인 경신년(1560, 명종15)에 이황이 미리 〈도산잡영〉을 지어 놓았으며 〈도산기〉는 도산서당이 완성된 뒤에 지어진 것이므로, 유도원의 추정이 잘못되었다고 하였다. 《정석태, 퇴계선생연표월일조록3, 퇴계학연구원, 2005, 38~41쪽》

55 그……이름한다 : 【譯注】 《이아(爾雅)》 권6에 "그 산이 다시 이루어진 것을 도구라고 한다.[再成爲陶丘]"라고 하였다.

56 동취병(東翠屛) : 【攷證 卷2 翠屛】 양원(羊元)이 산에 살고 있는데 문 앞의 산봉우리가 기이하고 빼어났다. 객이 이르자, 양원이 "이 푸른 병풍[翠屛]은 의당 저녁에 마주보아야 사람의 눈과 마음을 상쾌하게 해준다."라고 하였다. 안로공(顏魯公)이 이로 인해 그 산을 '취병(翠屛)'이라 이름하였다. 《施註蘇詩 續補遺卷上 馮景 註》

동취병은 청량산(淸凉山)으로부터 나와 산의 동쪽에 이르러 늘어선 봉우리가 아스라이 보이고, 서취병은 영지산으로부터 나와 산의 서쪽에 이르러 높이 솟은 봉우리가 우뚝하다. 동취병과 서취병이 마주 바라보면서 남쪽으로 구불구불 이어져 8, 9리쯤 휘감아 돌아가서는, 동쪽의 것은 서쪽으로 오고 서쪽의 것은 동쪽으로 와서 아득한 남쪽 들판 밖에서 합세한다. 시내는 산 뒤에 있는 것을 퇴계라 하고, 산 남쪽에 있는 것을 낙천(洛川)이라 한다. 퇴계는 산 북쪽을 따라 흘러 산의 동쪽에서 낙천으로 흘러 들어간다. 낙천은 동취병으로부터 나와 서쪽으로 흘러가서, 산 발치에 이르면 물결이 요동치고 수심이 깊어져 오르내리는 물길 몇 리 사이는 깊이가 배가 다닐 만하고, 금 같은 모래와 옥 같은 조약돌이 깔려 있고 물이 맑고 투명하며 검푸르고 차가우니, 바로 이른바 탁영담(濯纓潭)이다. 서쪽으로 서취병의 벼랑에 닿아 마침내 그 아래 물과 합하여 남쪽으로 큰 들판을 지나 부용봉(芙蓉峰) 아래로 들어가니, 부용봉은 바로 서쪽의 것이 동쪽으로 와서 합세한 곳이다. 처음에 내가 계상(溪上)에 터를 잡고 시내를 굽어보는 곳에 두어 칸의 집을 지어 책을 보관하고 한가로이 지낼 곳으로 삼았는데, 이미 세 번이나 그 자리를 옮겼으나 번번이 비바람에 허물어졌다. 게다가 계상이 너무 고요하기만 하여 가슴을 시원하게 틔우기에 적당하지 않기 때문에 다시 옮기길 도모하여 산의 남쪽에 땅을 얻었다. 여기에 조그마한 골짜기가 있는데, 앞으로는 강과 들이 내려다보이고 깊숙하고도 널찍하며, 산기슭은 우뚝 솟았으며[57]

---

57 우뚝 솟았으며 : 【攷證 卷2 悄蒨】 원(元)나라 웅충(熊忠)의 《고금운회거요(古今韻會擧要)》 권23에 "초(悄)는 초조하다〔急〕는 뜻이다."라고 하였고, 《고금운회거요》 권22

돌우물은 물이 달고 차서, 참으로 은거할 곳으로 알맞았다. 시골 사람이 그 안에서 농사를 짓고 있기에, 내가 값을 치르고 샀다. 법련(法蓮)이란 승려[58]가 집 짓는 일을 맡았는데 얼마 안 되어 법련이 죽고, 정일(淨一)이란 자가 뒤이어 하였다. 정사년(1557, 명종12)부터 신유년(1561, 명종16)까지 5년 만에 당(堂)과 사(舍) 두 건물이 그런대로 이루어져 거처할 만하였다. 당은 모두 세 칸인데 중간의 한 칸은 완락재(玩樂齋)라 하였으니, 이는 주 선생(朱先生 주희(朱熹))의 〈명당실기(名堂室記)〉의 "즐기며 완상하면서 평생토록 지내도 싫증나지 않을 만하다."라는 말에서 따온 것이다. 동쪽 한 칸은 암서헌(巖棲軒)이라 하였으니, 주 선생의 〈운곡이십육영(雲谷二十六詠)〉 중 제14수 〈회암(晦庵)〉 시의 "자신하지 못한 지 이미 오래이니, 암혈에 깃들어서 작은 효험이나마 바라노라.〔自信久未能, 巖栖冀微效.〕"라는 구절에서 따온 것이다.[59] 또 합하여 도산서당(陶山書堂)이라고 편액을 달았다. 사(舍)는 모두 여덟 칸이니, 재는 시습재(時習齋), 요는 지숙료(止宿寮), 헌은 관란헌(觀瀾軒)이라 하고, 모두 합하여 농운정사

에 "천(蒨)은 풀이 무성한 모양이다."라고 하였다. ○ 살펴보건대, 초(悄)는 '초(峭)' 자의 잘못인 듯하다. 진(晉)나라 좌사(左史)의 〈초은시(招隱詩)〉 2수 중 제2수에 "가파른 푸른 숲 사이에, 대나무 잣나무가 그 참모습을 얻었네.〔峭蒨靑蔥間, 竹柏得其眞.〕"라고 하였다.

58 승려 :【攷證 卷2 浮屠】살펴보건대, 승탑(僧塔)을 '부도(浮屠)'라고 하고 또한 '부도(浮圖)'라고도 하니, 이로 인해 승려를 가리킨다.

59 주 선생의……것이다 :【譯注】이 시는 송(宋)나라 주희(朱熹)가 스승 유자휘(劉子翬)의 가르침을 받들어 암혈에 살면서 학문에 정진하겠다는 뜻을 담고 있다. 유자휘가 주희의 자(字)를 원회(元晦)라고 지어주었는데, 훗날 주희가 복건성(福建省) 건양현(建陽縣)의 노산(蘆山)에 초당을 지은 뒤, 유자휘가 자를 지어 준 뜻을 받들어 초당의 이름을 '회암'이라 하였다. 《屛山集 卷6 字朱熹祝詞》《朱子大全 卷78 雲谷記》

(隴雲精舍)라고 편액을 달았다. 당의 동쪽 구석에 작은 방당(方塘)을 파고 그 속에 연(蓮)을 심어 정우당(淨友塘)이라 하였다. 또 그 동쪽에 몽천(蒙泉)을 만들고, 몽천 위의 산기슭을 암서헌과 마주하도록 깎고 평평하게 쌓아 단을 만들어, 그 위에 매화·대나무·소나무·국화를 심고 절우사(節友社)라 하였다. 당 앞의 출입하는 곳은 사립문으로 가리고 유정문(幽貞門)이라 하였다. 문밖의 오솔길은 시내를 따라 내려가 동구(洞口)에 이르고, 양쪽 산기슭이 마주하고 있다. 그 동쪽 기슭 옆구리에 바위를 가르고 터를 닦으니 작은 정자를 지을 만한데, 힘이 미치지 못하여 단지 그 터만 남겨 두었다. 산문(山門)처럼 생긴 바위가 있어 곡구암(谷口巖)이라 하였다. 여기에서 동으로 돌아 몇 걸음을 가면 산기슭이 가파르게 끊어져 바로 탁영담 위에 닿는데, 커다란 바위가 깎아지른 듯이 서 있으니 층층이 포개진 것이 10여 길 정도 된다. 그 위에 대(臺)를 쌓으니, 소나무 시렁이 해를 가리고 위에는 하늘이고 아래에는 물이라 새가 날고 물고기가 뛰어오르며 동취병·서취병의 그림자가 푸른 물에 흔들거려 강산의 빼어난 경치를 한눈에 다 볼 수 있으니, 천연대(天淵臺)라 하였다. 그 서쪽 기슭에도 이에 준하여 대를 쌓고 천광운영(天光雲影)이라 이름하니, 그 경치는 응당 천연대 못지않을 것이다. 반타석(盤陀石)은 탁영담 가운데 있으니, 그 모양이 안장 깔개와 같아 배를 매어 두고 술잔을 돌릴 만하다.[60] 장마로 물이 불어날 때마다 소용돌이와 함께 물속에

---

60 술잔을 돌릴 만하다 : 【攷證 卷2 傳觴】진(晉)나라 왕희지(王羲之)의 〈난정기(蘭亭記)〉에 "곡수에 술잔을 흘려 보낸다.〔流觴曲水〕"라고 하였는데, 그 주석에 "물에 잔을 띄워 서로 잔을 돌리며 이어 마시는 것이다."라고 하였다. 한(漢)나라 장형(張衡)의 〈남도부(南都賦)〉에 "민첩한 인재들 모두 총명하니, 술잔 받아 잔을 전하네.〔僄才齊敏, 受爵

들어갔다가⁶¹ 수위가 낮아지고 물결이 맑아진 뒤에야 비로소 드러난다. 나는 항상 고질병을 앓고 있으니, 비록 산에 살더라도 마음껏 책을 읽지 못한다. 깊은 시름을 달래는 겨를에 때때로 몸이 가뿐해지고 정신이 맑아져 천지를 굽어보고 우러러보다가 감개(感慨)가 이어지면, 책을 던지고 지팡이를 짚고 나가 암서헌에 임해 정우당을 구경하고 단에 올라 절우사를 찾아가며 밭을 다니면서 약초를 심거나 숲을 헤치고 꽃을 딴다. 혹은 바위에 앉아 샘을 구경하고 대에 올라 구름을 바라보기도 하고, 혹은 낚시터에서 물고기를 구경하고 배에서 갈매기와 가까이하기도 하여, 마음에 맞는 대로 이리저리 소요하여 눈길이 닿는 곳마다 흥이 일고 마주치는 경치마다 정취가 이루어진다. 흥이 다해 돌아오게 되면 방안이 고요하고 책이 벽에 가득하니, 궤안을 마주하여 잠자코 앉아 마음을 가다듬고 학문을 연구하여, 종종 마음에 이해되는 것이 있으면 그때마다 흐뭇하여 밥 먹는 것도 잊어버린다. 이해하지 못하는 것이 있으면 벗과의 강습에서 도움을 받는다. 또 알지 못하면 애쓰고 애태워 보지만, 그래도 감히 억지로 통하게 하지는 않고, 우선 한쪽에 놔두었다가 이따금 다시 끄집어내어 마음을 비우고 곰곰이 생각하여 절로 이해되기를 기다린다. 오늘도 이렇게 하고 내일도 이렇게 한다. 저 산새가 우는 것, 시물(時物)

傳觴.]"라고 하였다.【校解】《고증》에는 〈남도부〉의 '受'가 '授'로 되어 있는데, 통행본 《문선(文選)》에 의거하여 수정하였다.

61 소용돌이와……들어갔다가 :【攷證 卷2 與齊俱入】《장자》〈달생(達生)〉에 "소용돌이치는 물과 함께 빠져 들어갔다가 용솟음치는 격류와 함께 다시 빠져 나온다.〔與齊俱入, 與汩偕出.]"라고 하였는데, 송나라 임희일(林希逸)의 주석에 "제(齊)는 물이 소용돌이치는 곳이다."라고 하였다.

이 무성하게 자라는 것, 바람과 서리가 매서운 것,[62] 눈과 달빛이 어리
비치는 것과 같이 사계절의 경치가 다 다르고 흥취 또한 끝이 없다.
너무 춥거나 너무 덥거나 큰바람이 불거나 큰비가 올 때가 아니면,
어느 날이나 어느 때나 방 밖으로 나가지 않는 날이 없는데[63] 나갈
때도 이렇게 하고 돌아올 때도 이렇게 한다. 이는 한가로이 지내면서
병을 다스리는 쓸모없는 일이라서 비록 옛사람의 경지를 엿보지는
못하지만, 스스로 마음속에 즐거운 것이 적지 않으니, 말하지 않고자
해도 그럴 수가 없다. 이에 장소마다 각각 칠언시 한 수로 그 일을
기록하여 모두 18수를 지었다. 또 〈몽천(蒙泉)〉·〈열정(洌井)〉·〈정
초(庭草)〉·〈간류(澗柳)〉·〈채포(菜圃)〉·〈화체(花砌)〉·〈서록(西
麓)〉·〈남반(南沜)〉[64]·〈취미(翠微)〉·〈요랑(寥朗)〉·〈조기(釣磯)〉·
〈월정(月艇)〉·〈학정(鶴汀)〉·〈구저(鷗渚)〉·〈어량(魚梁)〉·〈어촌(漁
村)〉·〈연림(烟林)〉·〈설경(雪徑)〉·〈역천(櫟遷)〉·〈칠원(漆園)〉·〈강
사(江寺)〉·〈관정(官亭)〉·〈장교(長郊)〉·〈원수(遠岫)〉·〈토성(土
城)〉·〈교동(校洞)〉 등 오언잡영(五言雜詠) 절구 26수가 있으니, 이
는 앞의 시에서 다 말하지 못한 남은 뜻을 말하고자 한 것이다. 아,
나는 불행히도 변방 나라에서 뒤늦게 태어나 투박하고 고루하여 들은

---

62 바람과⋯⋯것 : 【攷證 卷2 風霜刻厲】진(晉)나라 좌사(左思)의 〈촉도부(蜀都賦)〉에
"대화성이 내려가면 싸늘한 바람이 매섭네.〔若乃大火流, 涼風厲.〕"라고 하였는데, 당
(唐)나라 이선(李善)의 주석에 "'厲'는 독음이 '렬(列)'이다."라고 하였으니, '렬(洌)'과
같다.

63 너무⋯⋯없는데 : 【攷證 卷2 自非大寒⋯不出】《정본 퇴계전서》권5 〈이중구에게
답하다〔答李仲久〕〉에 보인다.

64 남반(南沜) : 【攷證 卷2 南沜】'沜'은 독음이 '반(畔)'이니, '반(泮)'과 통한다. 물가
〔水涯〕라는 뜻이다.

것이 없으나, 도리어 산림(山林)에 즐거워할 만한 것이 있다는 것은 일찍부터 알았다. 그러나 중년(中年)에 들어 망령되이 세로(世路)에 나가 풍진 속에 허겁지겁 살며 객지에서 옮겨 다니느라 미처 돌아오지 못하고 죽을 뻔하였다. 그 뒤에 나이는 더욱 들고 병은 더욱 깊어지며 행동은 더욱 낭패를 당했으니, 세상이 나를 버리지 않더라도 내가 세상에 버려지지 않을 수 없다. 이에 비로소 새장[65]에서 벗어나 논밭에서 분수대로 사니, 앞서 말한 산림의 즐거움이 기약하지 않아도 내 앞에 있다. 그렇다면 내가 지금 묵은 병을 고치고 깊은 시름을 풀면서 늘그막에 편안히 지낼 곳은 여기 말고 또 어디에서 찾겠는가. 그렇지만 옛날에 산림에서 즐거워한 이들을 살펴보면 또한 두 부류가 있다. 현허(玄虛)를 사모하여 고상(高尙)을 일삼아 즐거워한 자도 있고, 도의(道義)를 좋아하고 심성(心性)을 기르며 즐거워한 자도 있다. 전자의 설로 보자면, 혹 자신의 몸을 깨끗이 하기 위해 인륜을 어지럽히는 데[66]로 흘러 심한 경우 새나 짐승과 함께 무리 지어 살고도[67] 잘못되었다고 여기지 않을 수 있다. 후자의 설로 보자면, 좋아하

---

65 새장 : 【攷證 卷2 樊籠】《장자》〈양생주(養生主)〉에 "못가에 사는 꿩은 열 걸음만에 한 입 쪼아먹으며, 백 걸음 만에 한 모금 마시지만 새장 속에서 길러지기를 바라지 않는다.〔不蘄畜乎樊中〕"라고 하였는데, 진(晉)나라 곽상(郭象)의 주석에 "번(樊)은 꿩을 가두는 것이다."라고 하였다. 《북사》〈양휴지열전(楊休之列傳)〉에 다음과 같은 내용이 있다. 양휴지가 "이 관직은 청화직(淸華職)이지만 단지 새장〔樊籠〕일 뿐이다."라고 하였다. 【校解】《고증》에 《북사》를 《남사》라고 한 것은 오류이다.

66 자신의……데 : 【譯注】세상을 등지고 살면서 오상(五常)과 같은 윤리마저 폐하는 것을 이른다. 세상을 버리고 은거하는 하조장인(荷蓧丈人)에 대해 자로(子路)가 "벼슬하지 않는 것은 의(義)가 없는 것이다. 장유(長幼)의 예절도 폐할 수 없는데 군신(君臣)의 의를 어찌 폐할 수 있겠는가. 벼슬하지 않음은 자기 몸을 깨끗하게 하고자 하여 큰 윤리를 어지럽히는 것〔潔身亂倫〕이다."라고 하였다. 《論語 微子》

는 것은 고인이 남긴 찌꺼기[68]일 뿐이니, 전할 수 없는 오묘한 심법에
이르러서는 찾을수록 더욱 얻지 못하니, 무슨 즐거울 게 있겠는가.
그렇지만 차라리 이것을 하여 스스로 힘쓸지언정 저것을 하여 스스로
속이지는 않겠으니, 또 어느 겨를에 이른바 세속의 번잡한 일들이
내 마음[69]에 들어오는 줄 알겠는가. 어떤 이가 "옛날에 산을 사랑하는
사람은 반드시 명산을 얻어 의탁하였는데, 그대가 청량산에 살지 않
고 여기에 사는 것은 어째서인가?"라고 하니, 내가 "청량산은 만 길
높이로 우뚝 솟아 깎아지른 골짜기를 높이 굽어보고 있으니, 늙고
병든 사람이 편안히 지낼 수 없는 곳이다. 게다가 산을 좋아하는 것과
물을 좋아하는 것 중 어느 하나를 빠뜨릴 수 없는데, 지금 낙천(洛川)
이 청량산을 지나기는 하지만 청량산 속에서는 시내가 있는 줄 알
수 없다. 나는 본래 청량산에 살기를 원했었다. 그러나 그 산을 뒤로
하고 이곳을 우선으로 한 것은, 여기는 산과 물을 겸하였고 또 늙고
병든 사람에게 편하기 때문이다."라고 하였다. 그가 또 "옛사람의 즐
거움은 마음에서 얻었지 외물(外物)에서 빌리지 않았다. 무릇 안연

---

67 새나……살고도 : 【譯注】세상과 단절하고 은둔하는 것을 의미한다. 초나라 은자인
장저(長沮)와 걸닉(桀溺)이 공자가 난세(亂世)에 은거하지 않고 도(道)를 행하려고 애
쓰는 것을 못마땅하게 여기자, 공자가 그들의 비평을 듣고는 "새와 짐승과는 함께 무리
지어 살 수 없다.〔鳥獸不可與同群〕"라고 탄식하였다. 《論語 微子》

68 고인이 남긴 찌꺼기 : 【譯注】옛사람이 남긴 글을 뜻하는 말로, 옛사람의 진면목을
추구하지 않고 껍데기만 익히는 것을 일컬을 때 쓰인다. 춘추 시대 제(齊)나라의 수레바
퀴를 깎는 장인 윤편(輪扁)이 옛 성인의 책을 읽고 있는 제 환공(齊桓公)에게 "대왕께서
읽으시는 것은 옛사람이 먹다가 남긴 술 찌꺼기〔古人之糟粕〕일 뿐입니다."라고 하였다.
《莊子 天道》

69 마음 : 【攷證 卷2 靈臺】《장자》〈경상초(庚桑楚)〉에 "영대(靈臺)에 들여서는 안
된다."라고 하였는데, 진(晉)나라 곽상(郭象)의 주석에 "영대는 마음이다."라고 하였다.

(顔淵)의 누항(陋巷)[70]과 원헌(原憲)의 옹유(甕牖)[71]가 산수와 무슨 관계가 있었던가. 그러므로 외물에 기대는 것은 모두 참다운 즐거움이 아니다."라고 하기에, 나는 "그렇지 않다. 저 안연과 원헌이 거처한 곳은 다만 마침 그러하여 그것을 편안하게 여길 수 있었던 것이 귀할 뿐이다. 가사 이 사람들이 이런 곳을 만났다면, 그 즐거움이 어찌 우리보다 깊지 않겠는가. 그러므로 공자와 맹자께서 산수에 대해 자주 일컬어 깊이 깨우쳐주신 것이다. 만약 정말로 그대의 말과 같다면, '점(點)을 허여한다'는 감탄이 왜 하필 기수(沂水) 가에서 나왔으며[72] '해를 마치겠다'는 바람을 왜 유독 노봉(蘆峰) 꼭대기에서 읊조렸겠는가.[73] 이는 반드시 그 까닭이 있을 것이다."라고 하였다. 그러자 그 사람은 그렇다고 대답하고 물러갔다. 가정(嘉靖)[74] 신유년(1561,

---

70 안연(顔淵)의 누항(陋巷) : 【譯注】 공자의 제자 안연이 누추한 시골에서 단사표음(簞食瓢飮)으로 안빈낙도(安貧樂道)한 것을 말한다. 《論語 雍也》

71 원헌(原憲)의 옹유(甕牖) : 【譯注】 원헌이 매우 누추한 집에 산 것을 가리킨다. 【攷證 卷2 原憲甕牖】 《장자》 〈양왕(讓王)〉에 "밑 빠진 항아리를 창으로 삼은 두 방을 거친 갈포로 막았다.〔甕牖二室褐以爲塞〕 위에서 비가 새어 아래 바닥은 축축했는데, 원헌은 그 가운데에 똑바로 앉아서 거문고를 타고 있었다."라고 하였다.

72 점(點)을……나왔으며 : 【譯注】 공자가 제자들에게 각자의 포부를 말해보라고 했을 때, 증점(曾點)이 "늦봄에 봄옷이 만들어지면, 기수(沂水)에서 목욕하고 무우(舞雩)에서 바람 쐰 뒤에 노래하며 돌아오겠다."라고 하자, 공자가 감탄하여 "나는 증점을 허여한다."라고 하였다. 《論語 先進》

73 해를……읊조렸겠는가 : 【譯注】 노봉은 송나라 주희가 초당을 짓고 살았던 운곡(雲谷)을 가리킨다. 【攷證 卷2 卒歲…蘆峯】 송나라 주자(朱子)의 〈운곡이십육영(雲谷二十六詠)〉 26수 중 제5수 〈초려(草廬)〉 시에 "푸른 산은 오두막을 두르고 있고, 흰 구름은 깊숙한 문을 막고 있네. 해를 마치도록 그런대로 스스로 즐기고자 하니, 시속 사람들은 아무도 돌아보지 않네.〔青山繞蓬廬, 白雲障幽戶. 卒歲聊自娛, 時人莫留顧.〕" 라고 하였다.

명종16) 동지[75]에 산의 주인 노병기인(老病畸人)이 적다.

KNP0241(詩-內卷3-34~51)

절구 18수 칠언 十八絶 七言

(詩-內卷3-34)

도산서당[76] 陶山書堂

대순은 몸소 질그릇 구우며 즐겁고 편안했고[77]	大舜親陶樂且安
도연명은 직접 농사지으면서 또한 얼굴이 흐뭇했지	淵明躬稼亦歡顔
성현의 마음을 내 어찌 알 수 있으리오	聖賢心事吾何得
백발로 돌아와 은거하리라	白首歸來試考槃

(詩-內卷3-35)

암서헌[78] 巖栖軒

증자가 안연은 가득해도 빈 것처럼 한다고 칭송하니	曾氏稱顔實若虛

---

74 가정(嘉靖) : 【攷證 卷2 嘉靖】명(明)나라 세종황제(世宗皇帝)의 연호이다.

75 동지 : 【攷證 卷3 日南至】수(隋)나라 두대경(杜臺卿)의 《옥촉보전(玉燭寶典)》에 "11월은 북두성 자루가 자방(子方)을 가리키는 달로, 주(周)나라의 정월이다. 동지에는 해가 남쪽 끝에 이르니, 그림자가 가장 길다."라고 하였다.

76 도산서당 : 【攷證 卷2 陶山書堂】선생의 자주(自註)에 다음과 같이 말했다. "'도(陶)' 자의 뜻은 기(記)에 보인다. 지금 이 시에서 혹은 질그릇에 관련된 일로, 혹은 '도'라는 성씨로 '도 자를 집어내 엮었으니, 이는 바로 도산과 관련 없는 일로 도산의 일을 읊어〔事 外映事〕 뜻을 붙인 것이다."

77 대순은……편안했고 : 【譯注】순(舜)임금이 평민이었을 때 하수(河水) 가에서 질그 릇을 구워 생활하기도 했다. 《書經 舜典》

병산⁷⁹이 회옹의 초년에 깨우쳐주었네　　　　　　　屛山引發晦翁初

만년에야 암서의 뜻을 엿보아 알았으니　　　　　　　暮年窺得巖栖意

박문약례와 연빙⁸⁰을 스스로 소홀히 할까 두렵노라　　博約淵冰恐自疎

(詩-內卷3-36)

완락재⁸¹ 玩樂齋

주경도 도리어 집의 공부가 필요하니　　　　　　　　主敬還須集義功

잊지도 말고 조장하지도 말면 점차 융회관통하게 된다네⁸²

　　　　　　　　　　　　　　　　　　　　　非忘非助漸融通

78　암서헌 :【攷證 卷2 巖栖軒】선생의 자주(自註)에 다음과 같이 말했다. "증자(曾子)
가 안연(顏淵)을 칭송하여 '있어도 없는 것처럼 하고 가득해도 빈 것처럼 한다.〔有若無,
實若虛.〕'라고 하였는데, 병산(屛山)이 회암(晦庵 주희(朱熹))의 자를 짓고 이 말로써
축하하자, 회암의 〈운곡이십육영(雲谷二十六詠)〉 26수 중 제14수 〈회암(晦庵)〉 시에
'자신하지 못한 지 이미 오래이니, 산속에 살며 작은 효험이나마 바라노라.〔自信久未能,
巖棲冀微效.〕'라고 하였다. 이 구절로 헌의 이름을 지어 스스로 면려한다."

79　병산 :【攷證 卷2 屛山】송(宋)나라 유자휘(劉子翬, 1101~1147)이니, 자는 언충(彦
沖)이다. 숭안현(崇安縣)의 병산에 살았으므로, 이로 인해 병산을 호로 삼았다.

80　연빙 :【譯注】항상 몸가짐을 조심하는 것을 의미한다.《시경》〈소아(小雅) 소민(小
旻)〉에 "깊은 못에 임한 듯이 하며, 살얼음을 밟은 듯이 하라.〔如臨深淵, 如履薄冰.〕"라고
하였다.

81　완락재 :【攷證 卷2 玩樂齋】선생의 자주(自註)에 다음과 같이 말했다. "주자(朱子)
의 〈명당실기(名堂室記)〉에 '지경(持敬)과 명의(明義)가 동(動)과 정(靜)으로 서로 순
환하는 공부가 주자(周子)의 태극론(太極論)에 부합된 뒤에야, 완상하고 즐겨〔玩樂〕
부귀공명을 잊을 수 있다.'라고 하였다. 지금 이로써 재의 이름을 지어 날마다 더욱 경계
한다."

82　주경도……된다네 :【譯注】경(敬) 공부와 의(義) 공부를 병행해야 한다는 의미이
다.《맹자》〈공손추 상(公孫丑上)〉에 "이 호연지기는 의리를 축적하여 생겨나는 것이
다.……반드시 일삼음이 있되 효과를 미리 기대하지 말고 마음에 잊지도 말며, 조장하지

염계가 말한 태극의 묘한 이치[83]에 이르면 　　　恰臻太極濂溪妙

비로소 천 년 뒤에도 이 즐거움 같음을 믿게 되리 　始信千年此樂同

(詩-內卷3-37)

유정문 幽貞門

한공의 큰 거북을 빌리지[84] 않아도 　　　　　不待韓公假大龜

새로 잡은 거처 아스라이 사립문과 어울리네 　新居縹緲映柴扉

산속 오솔길을 띠 풀이 막을까[85] 걱정할 것 없으니 　未應山徑憂茅塞

도가 그윽하고 곧은 데 있어 평탄함을 깨닫겠네[86] 　道在幽貞覺坦夷

도 말아야 한다.〔是集義所生者.……必有事焉, 而勿正心, 勿忘, 勿助長也.〕라고 하였는데, 송(宋)나라 정호(程顥)의 문인이 '반드시 일삼음이 있다는 것'이 경(敬)을 써야 한다는 의미인지 묻자, 정호가 "경은 함양하는 한 가지 일이요, '반드시 일삼음이 있어야 한다'는 것은 모름지기 집의(集義) 공부를 써야 하니, 다만 경을 쓸 줄만 알고 의를 쌓을 줄을 모른다면 이는 모두 일삼음이 없는 것이다."라고 하였다.《近思錄集解 卷40 爲學》

83 염계가……이치 : 【譯注】염계(濂溪)는 송나라 학자 주돈이(周敦頤)의 호이다. 주돈이가 〈태극도설(太極圖說)〉을 지어 태극(太極)과 동정(動靜) 순환의 이치, 음양 오행의 원리 등 만물의 생성 과정을 설명했다.

84 한공의……빌리지 : 【攷證 卷2 韓公假大龜】당(唐)나라 한유(韓愈)의 〈복지부(復志賦)〉에 "큰 거북을 빌려 조짐을 보아, 은사가 깃들 곳을 구하네.〔假大龜以視兆兮, 求幽貞之所廬.〕"라고 하였다.

85 산속……막을까 : 【譯注】의리의 마음이 물욕에 가려진 것을 비유하는 말이다. 맹자가 고자(高子)에게 "산에 난 작은 길이 한동안 사람들이 사용하면 길을 이루지만, 한동안 사용하지 않으면 띠 풀이 자라서 길을 막는다네. 지금 띠 풀이 자라나 그대의 마음을 막고 있구나.〔山徑之蹊間, 介然用之而成路, 爲間不用則茅塞之矣. 今茅塞子之心矣.〕"라고 하였다.《孟子 盡心下》

86 그윽하고……깨닫겠네 : 【攷證 卷2 幽貞覺坦夷】《주역》〈이괘(履卦) 구이(九二)〉효사(爻辭)에 "행하는 도가 평탄하니, 유인이라야 곧고 길하리라.〔履道坦坦, 幽人貞吉.〕"라고 하였다.

정우당[87] 淨友塘

사물마다 모두 하나의 묘한 천리 머금었는데	物物皆含妙一天
염계는 어째서 그대만을 사랑했나	濂溪何事獨君憐
아름다운 덕 곰곰이 생각해보면 참으로 벗하기 어려우니	
	細思馨德眞難友
깨끗함 하나만 일컬은 건 또한 치우친 듯하구나	一淨稱呼恐亦偏

절우사[88] 節友社

도연명의 동산엔 소나무 국화 대나무 세 가지만 있으니	
	松菊陶園與竹三
매형[89]은 어찌하여 동참하지 못했던가	梅兄胡奈不同參

---

87 정우당 : 【攷證 卷2 淨友塘】 선생의 자주(自註)에 다음과 같이 말했다. "염계(濂溪 주돈이(周敦頤))의 〈애련설(愛蓮說)〉에서 연(蓮)의 아름다움을 칭송한 것이 한 가지가 아니었는데, 증단백(曾端伯)은 오직 연을 '정우'라고만 불렀으니 미진한 듯하다." ○ 살펴 보건대, 송(宋)나라 증단백의 화중십우(花中十友)에서 일컫은 "계(桂)는 선우(仙友), 해당(海棠)은 명우(名友), 하(荷)는 정우, 도미(酴醾)는 운우(韻友), 서향(瑞香)은 수 우(殊友), 외자(梔子)는 선우(禪友)"의 부류이다.

88 절우사 : 【攷證 卷2 節友社】 선생의 자주(自註)에 다음과 같이 말했다. "도연명(陶淵 明)의 세 오솔길[三徑]에 매화만 유독 빠졌으니, 〈이소(離騷)〉에서만 빠져 있던 것이 아니다."【校解】 한(漢)나라 은자 장후(蔣詡)가 정원에 세 오솔길을 내고 소나무·국화· 대나무를 심었는데, 진(晉)나라 도연명이 이 고사를 바탕으로 〈귀거래사(歸去來辭)〉에 서 "세 오솔길이 황폐해졌으나 소나무와 국화는 아직도 남아 있네."라고 하였다.

89 매형 : 【譯注】 매화를 말한다. 【攷證 卷2 梅兄】 송나라 황정견(黃庭堅)의 〈왕충도가 수선화 50포기를 보내 주어……〔王充道送水仙花五十……〕〉 시에 "향기 머금은 흰 몸매 성을 위태롭게 할 듯하니, 산반은 아우이고 매화는 형이라네.〔含香體素欲傾城, 山礬是弟

나는 지금 매형과 함께 풍상의 벗을 맺노니　　　我今倂作風霜契
그 굳은 절조와 맑은 향기 너무도 잘 알아서지　　苦節淸芬儘飽諳

(詩-內卷3-40)

농운정사 隴雲精舍

항상 좋아했노라, 도공의 산등성이 위 구름　　　常愛陶公隴上雲
오직 혼자서 즐길 뿐 임금께는 드리지 못한 것을[90]　唯堪自悅未輸君
만년에야 집 짓고 그 가운데 누우니　　　　　　晚來結屋中間臥
한가로운 정취 절반은 들 사슴과 나누네[91]　　　一半閒情野鹿分

(詩-內卷3-41)

관란헌 觀瀾軒

넘실넘실 흐르는 물 그 이치 어떠한가　　　　　浩浩洋洋理若何
이와 같다고 일찍이 성인이 감탄했었지[92]　　　如斯曾發聖咨嗟

梅是兄.〕"라고 하였다. 【校解】《고증》에 황정견의 시를 이백(李白)의 시라고 한 것은
오류이다.

90 도공의……것을 : 【譯注】남조 시대 제(齊)나라 은사 도홍경(陶弘景)의 〈조서로
산중에 무엇이 있느냐고 물으시길래 시를 읊어 답하다〔詔問山中何所有賦詩以答〕〉시에
"산중에 무엇이 있느냐, 고개 위에 흰 구름이 많습니다. 그저 저 혼자 즐길 뿐, 임금께
드릴 것은 못 됩니다.〔山中何所有, 嶺上多白雲. 只可自怡悅, 不堪持贈君.〕"라고 하였다.

91 들 사슴과 나누네 : 【譯注】세속을 초탈해 욕심 없이 자유롭게 지내고 싶다는 의미이
다. 【攷證 卷2 野鹿分】원(元)나라 음시부(陰時夫)의 《운부군옥(韻府群玉)》권17 〈야
록(野鹿)〉에 "상고 시대의 백성은 들 사슴과 같았다."라고 하였다.

92 이와……감탄했었지 : 【譯注】공자가 흘러가는 물을 보고 도체(道體)의 본연이 흐르
는 물처럼 잠시도 그침이 없는 것을 느껴 "가는 것이 이 물과 같구나! 밤낮으로 그치지
않는도다.〔逝者如斯夫! 不舍晝夜.〕"라고 하였다. 《論語 子罕》

다행히도 도의 본체 이로 인해 드러났으니　　　幸然道體因茲見

공부가 자주 끊어지게 하지 말라　　　莫使工夫間斷多

(詩-內卷3-42)

시습재 時習齋

날마다 명과 성 일삼기를[93] 자주 날갯짓하는 새처럼 하여[94]

　　　　　　　　　　　　　日事明誠類數飛

거듭 생각하고 거듭 실천하여 제때제때 해야 하네　重思復踐趁時時

깊이 터득함은 바로 공부가 익숙해지는 데 달렸으니　得深正在工夫熟

어찌 산해진미가 입을 기쁘게 하는 것과 같을 뿐이랴　何啻珍烹悅口頤

(詩-內卷3-43)

지숙료 止宿寮

부끄럽도다, 닭고기 기장밥도 없이[95] 부질없이 그대를 만류하니

　　　　　　　　　　　　　愧無雞黍謾留君

---

93 날마다……일삼기를 : 【譯注】명(明)과 성(誠)은 《중용장구》 제21장에 나오는 말로, 사리를 분명히 아는 것을 명이라 하고, 진실되고 거짓이 없는 상태를 성이라 한다.

94 자주……하여 : 【譯注】 재의 이름인 '시습'의 의미를 풀이한 것이다. 《논어》 〈학이(學而)〉에 "배우고 그것을 때때로 익히면 기쁘지 않겠는가.〔學而時習之, 不亦說乎?〕"라고 하였는데, 송(宋)나라 주희(朱熹)의 《논어집주》에서 "습(習)은 새가 자주 나는 것이니, 배우기를 그치지 않음을 마치 새 새끼가 자주 나는 것과 같이 한다는 것이다."라고 하였다.

95 부끄럽도다……없이 : 【譯注】닭고기와 기장밥은 손님을 대접하기 위해 마련한 음식을 의미한다. 한(漢)나라 장소(張邵)와 범식(范式)이 2년 뒤에 만나기로 약속했는데, 장소가 약속한 날짜에 닭고기와 기장밥을 지어 놓고 범식을 기다린 고사가 있다. 《後漢書 范式列傳》【攷證 卷2 愧無雞黍】송나라 주자(朱子)의 〈무이정사잡영(武夷精舍雜詠)〉

나는 또한 애초에 새나 짐승과 함께 산 것 아니라네[96]　　我亦初非鳥獸羣

바라노니, 스승 따라 바다로 나갈 뜻[97]을 가지고　　願把從師浮海志

함께 밤을 지새며 다정히 이야기 나누었으면　　　　聯床終夜細云云

(詩-內卷3-44)

곡구암 谷口巖

동쪽으로 강가 대에 오르고 북쪽으로 구름에 들어가니

　　　　　　　　　　　　　　　　　　　　　　東躡江臺北入雲

곡구에 터 닦음에 마치 산어귀 같아라　　　　　開荒谷口擬山門

이 이름 우연히 옛 현자 살던 곳[98]과 비슷할 뿐이니　此名偶似前賢地

밭 갈며 은거한 그 명성을 어찌 쉽게 말하리오　　耕隱風聲詎易論

12수 중 제4수 〈지숙료(止宿寮)〉 시에 "벗이 기꺼이 찾아와 모옥 하나에서 함께 머무네. 산수가 떠나는 것을 만류하니 닭고기와 기장밥 마련할 필요 없네.〔故人肯相尋, 共寄一茅宇. 山水爲留行, 無勞具雞黍.〕"라고 하였다.

96 나는……아니라네:【譯注】이황이 사람을 좋아하여, 떠나가는 이를 만류한다는 의미이다. 새나 짐승과 산다는 것은 세상과 단절하고 은둔한다는 의미로, 공자가 장저(長沮)와 걸닉(桀溺)에 대해 "새와 짐승과는 함께 무리 지어 살 수 없다.〔鳥獸不可與同群〕"라고 탄식한 바 있다. 《論語 微子》

97 스승……뜻:【譯注】사제 간의 친밀한 정을 뜻한다. 공자가 "도가 행해지지 않으므로 뗏목을 타고 바다를 항해하려 하니, 나를 따라올 사람은 아마도 유(由)일 것이다.〔道不行, 乘桴浮於海. 從我者, 其由與!〕"라고 하였다. 《論語 公冶長》

98 옛 현자 살던 곳:【譯注】한(漢)나라 은사 정박(鄭樸)이 살았던 운양(雲陽) 곡구(谷口)를 가리킨다.

(詩-內卷3-45)

천연대 天淵臺

높이 나는 새 뛰노는 물고기 누가 그렇게 한 것인가	縱翼揚鱗孰使然
유행함이 활발발하니 천연의 이치 묘하도다[99]	流行活潑妙天淵
강가 대에서 종일토록 심안이 활짝 트이니	江臺盡日開心眼
명과 성 담은《중용》한 편을 반복하여 외노라	三復明誠一巨編

(詩-內卷3-46)

천광운영대[100] 天光雲影臺

혹은 천운대(天雲臺)라고만 칭하기도 한다.

맑은 물에 하늘빛과 구름 그림자 비치니	活水天雲鑑影光
글 읽을 제 깊은 깨달음 방당에 있었네	觀書深喩在方塘
내가 지금 맑은 못가에서 그 뜻을 알았으니	我今得意清潭上
그 당시 길게 감탄한 것과 흡사하구나	恰似當年感歎長

---

99 높이……묘하도다 :【譯注】천연(天淵)이라는 명칭에 담긴 의미를 풀이한 것이다. 《중용장구》제12장에서 "《시경》에 '솔개는 날아서 하늘에 이르거늘, 물고기는 연못에서 뛰논다.〔鳶飛戾天, 魚躍于淵.〕'라고 하였으니, 도가 위와 아래에 밝게 드러남을 말한 것이다."라고 하였는데, 이에 대해 송(宋)나라 정호(程顥)가 "이 한 대목은 자사께서 매우 긴요하게 사람을 위한 곳으로, 생동감이 넘치는 곳〔活潑潑地〕이다."라고 하였다. 《中庸章句集註 12章 朱熹 註》

100 천광운영대 :【攷證 卷2 天光雲影臺】송나라 주자(朱子)의 〈글을 읽고 감회가 일다〔觀書有感〕〉시 2수 중 제1수에 "반 이랑 방당이 거울처럼 펼쳐져 있으니, 하늘빛과 구름 그림자가 함께 배회하네.〔半畝方塘一鑑開, 天光雲影共徘徊.〕"라고 하였다.

탁영담 濯纓潭

어부는 그 당시에 홀로 깨어 있음을 웃었는데[101]	漁父當年笑獨醒
공자의 정성스러운 가르침과 비교해 어떠한가[102]	何如孔聖戒丁寧
내가 와서 뱃전을 두드리며 풍월을 노래하니	我來叩枻吟風月
도리어 기쁘도다, 못이 맑아 갓끈 씻을 만하구나	却喜清潭可濯纓

반타석 盤陀石

누렇고 탁한 물 출렁일 적엔 형체를 숨기더니	黃濁滔滔便隱形
물결 잔잔히 가라앉자 비로소 분명히 보이누나	安流帖帖始分明
사랑스러워라, 이처럼 거센 물결 속에서	可憐如許奔衝裏
천고에 반타석은 구르거나 기울지 않네	千古盤陀不轉傾

동취병산 東翠屏山

빼곡히 늘어선 뭇 봉우리 왼쪽 취병산이니	簇簇羣巒左翠屏

---

101 어부는……웃었는데 : 【譯注】 전국 시대 초(楚)나라 굴원(屈原)의 〈어부사(漁父辭)〉에, 어부가 빙그레 웃고 뱃전을 두드리면서 노래하기를 "창랑의 물이 맑거든 나의 갓끈을 씻을 것이요, 창랑의 물이 흐리거든 나의 발을 씻을 것이다.〔滄浪之水清兮, 可以濯吾纓, 滄浪之水濁兮, 可以濯吾足.〕"라고 하였다.

102 공자의……어떠한가 : 【譯注】 공자가 어린아이의 "창랑의 물이 맑거든 내 갓끈을 씻고, 창랑의 물이 흐리거든 나의 발을 씻으리라."라는 노래를 듣고 나서, 제자들에게 "물이 스스로 그렇게 만든 것이네."라고 하여, 화복은 모두 스스로가 자초하는 것임을 깨우쳐 주었다. 《孟子 離婁上》

맑은 산안개 때때로 흰 구름을 끼고 비껴 있네 　　晴嵐時帶白雲橫

잠깐 사이에 변화하여 흩날리는 비가 되니 　　斯須變化成飛雨

영구[103]의 붓끝에서 나온 듯하구나 　　疑是營丘筆下生

(詩-內卷3-50)

서취병산 西翠屛山

우뚝 솟은 뭇 봉우리 오른쪽 취병산이니 　　嶷嶷羣峯右翠屛

절 아래 정자[104]를 산속에 감추고 있네 　　中藏蘭若下園亭

시 읊조리며 마주하기엔 참으로 저물녘이 좋으니[105] 　　高吟坐對眞宜晚

구름이 떠가건 말건 만고에 푸르네 　　一任浮雲萬古靑

---

103 영구 : 【譯注】송(宋)나라 서화가 이성(李成, 919~967)으로, 자는 함희(咸熙), 호는 영구이다. 【攷證 卷2 營丘】송나라 소식(蘇軾)의 〈다시 화운하다[再和]〉시에 "호숫가 오고 가며 아름다운 시구 얻었으니, 이제부터 영구의 그림을 보지 않겠네.〔湖上得佳句, 從此不看營丘圖.〕"라고 하였는데, 송나라 조차공(趙次公)의 주석에 "이성은 영구에 거주한 사람으로 산수화를 잘 그렸으니, 이로 인하여 호를 이영구라 했다."라고 하였다.

104 절 아래 정자 : 【攷證 卷2 蘭若園亭】당(唐)나라 두보(杜甫)의 〈고승인 대각의 사찰[大覺高僧蘭若]〉시에 "무산에는 여산의 원혜공(遠惠公) 보이지 않는데, 솔숲 속의 난야에는 늦가을 바람이 부네.〔巫山不見廬山遠, 松林蘭若秋風晚.〕"라고 하였는데, 송(宋)나라 두수가(杜修可)의 주석에 《석씨요람(釋氏要覽)》을 인용하여 "난야는 범어의 아난야(阿蘭若)이니, 중국어로는 무쟁처(無諍處) 또는 한정처(閒靜處)라고 한다."라고 하였다. ○ 살펴보건대, 난야는 영지산(靈芝山)의 불사인 듯하다. '원정'은 바로 애일당(愛日堂)이다.

105 마주하기엔……좋으니 : 【攷證 卷2 坐對眞宜晚】당나라 두보의 〈백제성루(白帝城樓)〉시에 "푸른 병풍 같은 산은 저녁에 마주하기에 좋고, 백제성 골짜기는 깊숙이 노닐기에 알맞네.〔翠屛宜晚對, 白谷會深遊.〕"라고 하였으니, 농암(聾巖 이현보(李賢輔))이 일찍이 이 산을 만대(晚對)라 이름하였다.

(詩-內卷3-51)

부용봉 芙蓉峯

상사 조사경(趙士敬)[106]의 집이 부용봉 아래에 있다.

남쪽으로 바라봄에 구름 속에 봉우리가 반쯤 가려져 있으니

南望雲峯半隱形

부용이란 이름 훌륭함을 일찍이 알았네　　　芙蓉曾見足嘉名

주인 또한 산수를 사랑하는 벽이 있으니　　　主人亦有烟霞癖

띳집 오래도록 이루지 못한 것을 깊이 아쉬워했지[107] 茅棟深懷久未成

---

106 조사경(趙士敬) : 【譯注】 조목(趙穆, 1524~1606)으로, 본관은 횡성(橫城), 자는 사경, 호는 월천(月川)이다.

107 주인……아쉬워했지 : 【譯注】 송(宋)나라 주희(朱熹)의 무이정사 고사를 인용하여, 조목(趙穆)이 부용산(芙蓉山)에 정사를 짓고 싶어함을 드러낸 것이다. 주희의 〈무이정사 잡영(武夷精舍雜詠)〉 12수 중 제1수 〈정사(精舍)〉 시에 "하루 만에 띳집이 이루어지니, 문득 나의 천석이 되었네.〔一日茅棟成, 居然我泉石.〕"라고 하였다. 조목은 1560년 3월에 이황을 모시고 부용산에 올라가 정사를 지을 터를 정하였다. 《月川集 月川先生年譜》

절구 26수
二十六絶

5언 절구 ○ 제목에 따라 또한 4언시 한 편씩이 있다.[108]

(詩-內卷3-52)

몽천 蒙泉

서당의 동쪽에	書堂之東
몽천이란 샘이 있네	有泉曰蒙
무엇을 체득할 것인가	何以體之
올바름 기르는 공이라네[109]	養正之功

산 아래 샘의 괘가 몽이 되니	山泉卦爲蒙
그 괘의 상은 내가 따르는 바라네	厥象吾所服
어찌 감히 시중[110]을 잊을까	豈敢忘時中
더욱 더 행실과 덕 기름[111]을 생각해야지	尤當思果育

---

108 제목에……있다 : 【譯注】《정본 퇴계전서》에서는 4언시를 소소제목의 주석으로 처리하였으나, 5언시에 대응하는 4언시로 보아 본문으로 처리한다. 이것이 시를 이해하는 데 도움이 될 것으로 여겨진다.

109 올바름 기르는 공이라네 : 【要存錄 卷3】《주역》〈몽괘(蒙卦)〉의 단사(彖辭)에 "어린이의 본성을 바른 도리로 기르는 것이 성인이 되는 공부이다.〔蒙以養正, 聖功也.〕"라고 하였다.

110 시중 : 【攷證 卷2 時中】《주역》〈몽괘(蒙卦)〉의 단사에 "몽괘가 형통함은 형통한 도리로 행한 것이니 때에 맞게 행하여 중을 얻기 때문이다.〔以亨行, 時中也.〕"라고 하였다.

111 행실과 덕 기름 : 【要存錄 卷3】《주역》〈몽괘(蒙卦)〉의 대상전(大象傳)에 "산 아래

(詩-內卷3-53)

열정 冽井

서당의 남쪽에	書堂之南
돌우물 달고 차가워라	石井甘冽
천년을 이내에 묻혔으니	千古烟沈
이제부턴 덮어두지 말게나[112]	從今勿幕

돌 틈의 우물 시리도록 차가우니[113]	石間井冽寒
스스로 제자리에 있거늘 어찌 마음 슬퍼하랴[114]	自在寧心惻
은자가 이 때문에 터를 잡으니	幽人爲卜居
표주박[115] 하나 참으로 걸맞는구나	一瓢眞相得

에서 샘물이 솟아 나오는 것이 몽괘의 상이다. 군자는 이 상을 보고서 물처럼 과감하게 행하고 산처럼 든든한 덕을 기른다.〔君子以, 果行育德.〕"라고 하였다.

112 이제부턴 덮어두지 말게나 :【攷證 卷2 從今勿幕】《주역》〈정괘(井卦) 상육(上六)〉효사(爻辭)에 "우물물을 긷고 덮어두지 않는다.〔井收勿幕〕"라고 하였는데, 송(宋)나라 주자(朱子 주희(朱熹))의《본의(本義)》에 "수(收)는 물을 긷는 것이요, 막(幕)은 덮어두는 것이다."라고 하였다.

113 우물 시리도록 차가우니 :【要存錄 卷3】《주역》〈정괘(井卦) 구오(九五)〉효사(爻辭)에 "우물물이 시리도록 시원하여 샘물을 먹는다.〔井冽寒泉食〕"라고 하였는데, 정자(程子 정이(程頤))의《역전(易傳)》에 "우물물은 시원한 것을 아름답게 여긴다. 게다가 달고 깨끗하며 시원한 샘물은 사람이 먹을 수 있으니, 그것이 우물의 도리에 있어 최고선이다."라고 하였다.

114 마음 슬퍼하랴 :【攷證 卷2 心惻】《주역》〈정괘(井卦) 구삼(九三)〉효사(爻辭)에 "우물을 깨끗이 쳤는데도 먹지를 않으니 내 마음이 슬프다.〔井渫不食, 爲我心惻.〕"라고 하였다.

115 표주박 :【譯注】안회(顏回)의 '단표누항(簞瓢陋巷)'을 가리킨다.《논어(論語)》〈옹야(雍也)〉에 "어질도다, 안회여. 한 그릇 밥과 한 표주박 물을 마시며 누항에 사는

76 譯註 退溪全書 2

(詩-內卷3-54)

뜨락의 풀 庭草

한가로운 뜰의 가는 풀[116]	閒庭細草
조화로 돋고 돋네	造化生生
눈길만 가도 도가 있으니[117]	目擊道存
그 의지 이와 같도다	意思如馨

뜰의 풀과 주자(周子) 생각 똑같은데	庭草思一般
누가 은미한 뜻 헤아리리오	誰能契微旨
도서에 천기가 드러났으니[118]	圖書露天機
다만 침잠하여 연구함에 달려 있다오	只在潛心耳

것을 사람들은 근심하며 견뎌내지 못하는데 안회는 그 즐거움을 바꾸지 않으니, 어질도다, 안회여."라고 하였다.

116 한가로운……풀 : 【譯注】송(宋)나라 주돈이(周敦頤)가 창 앞의 풀을 제거하지 않았는데 어떤 사람이 그 까닭을 물으니, "저 풀의 의사가 나의 의사와 같다.〔與自家意思一般〕"라고 하였다. 이는 풀도 나와 마찬가지로 살고자 하는 생(生)의 의사가 있다는 뜻이다. 《近思錄 卷14》

117 눈길만……있으니 : 【攷證 卷2 目擊道存】자로(子路)가 일찍이 공자(孔子)에게 "선생님께서는 온백설자(溫伯雪子)를 만나고자 하신 지 오래였는데 만나고 나서는 아무 말씀이 없으니 무슨 까닭입니까?"라고 묻자, 공자가 "그런 사람은 눈으로만 보아도 도가 있는 줄을 알 수 있으니〔目擊而道存矣〕 또한 말을 할 필요가 없는 것이다."라고 하였다. 《莊子 田子方》

118 도서에 천기가 드러났으니 : 【要存錄 卷3】도서(圖書)는 송나라 주돈이의 〈태극도설(太極圖說)〉을 이른다. 천기는 천리가 자연스럽게 발용하는 묘처를 가리킨다.

시냇가 버들 澗柳

시냇가의 수양버들	澗邊垂柳
말쑥한 저 모습	濯濯風度
도연명과 소강절이 감상하기 좋아하니[119]	陶邵賞好
멀리 존모하는 나의 마음 일으키네	起我遐慕

무궁한 조화의 봄기운	無窮造化春
저 풍류 좋은 버들[120]에 있네	自是風流樹
천 년 전 두 절옹[121]께서	千載兩節翁
시 읊조리며 몇 번이나 흥을 부쳤나[122]	長吟幾興寓

---

119 도연명과……좋아하니 : 【攷證 卷2 陶邵賞好】 진(晉)나라 도연명(陶淵明)의 〈오류선생전(五柳先生傳)〉에 "선생은 어디 사람인지 알 수 없고, 또한 그 성자(姓字)도 알 수 없다. 집 가에 버드나무 다섯 그루가 있어 그것으로 호를 삼았다.〔宅邊有五柳樹, 因以爲號焉.〕"라고 하였다. 송(宋)나라 소옹(邵雍)의 〈처음과 끝을 같은 구절로 읊다〔首尾吟〕〉 시 135수 중 제9수에 "오동나무에 뜬 달은 가슴속을 비추고, 버드나무에 부는 바람은 얼굴로 불어온다.〔梧桐月向懷中照, 楊柳風來面上吹.〕"라고 하였다.

120 풍류 좋은 버들 : 【攷證 卷2 風流樹】 남조 송제(宋齊) 시기 유전(劉悛)이 익주 자사(益州刺史)가 되어 촉(蜀) 지방의 버들 두어 그루를 바쳤는데, 가지가 휘휘 늘어져 마치 실오라기 같았다. 무제(武帝)가 태창(太昌)의 영화전(靈和殿) 앞에 심게 하고서 늘 구경하며 감탄하기를 "이 버들의 풍류가 사랑스러움〔此楊柳風流, 可愛.〕이 장서(張緒)가 있던 그때와 비슷하구나."라고 하였다. 《南史 張緒傳》

121 두 절옹 : 【攷證 卷2 兩節翁】 정절(靖節) 도연명과 강절(康節) 소옹(邵雍)을 가리킨다.

122 시……부쳤나 : 【要存錄 卷3】 도연명에 관한 내용은 바로 앞의 주석에 보인다. 송나라 소옹의 〈달이 오동나무 위로 떠오르는 것을 읊다〔月到梧桐上吟〕〉 시에 "오동나무 위에는 달이 이르고, 버드나무 가에는 바람이 불어오네. 서재가 깊숙하고 사람도 조용하

(詩-內卷3-56)

채마밭 菜圃

절우사의 남쪽	節友社南
자투리 땅에 채마밭 일구었네	隙地爲圃
휘장 내린 중[123]에 겨를 많으니	下帷多暇
물 긷는 일이 무에 괴로우랴[124]	抱甕何苦

작은 채마밭 구름 사이에 고요한데	小圃雲間靜
맛난 채소는 비온 뒤에 무성하네	嘉蔬雨後滋
홍취 이루어져[125] 참으로 스스로 만족하니	趣成眞自得
배움이 그른 것이지 온전히 어리석진 않다네[126]	學誤未全癡

니, 이 경치를 누구와 더불어 말할까.〔月到梧桐上, 風來楊柳邊. 院深人復靜, 此景共誰言.〕"라고 하였다.

123 휘장 내린 중 : 【要存錄 卷3】한(漢)나라 동중서(董仲舒)는 경제(景帝) 때에 박사가 되어 제자들을 가르쳤는데, 학문에 열중하여 "휘장을 내리고 강송하며〔下帷講誦〕3년 동안 뜰을 엿보지 않았다."라고 하였다. 《漢書 董仲舒傳》

124 물……괴로우랴 : 【攷證 卷2 抱甕何苦】《장자》〈천지(天地)〉에 "한수(漢水)의 남쪽에서 한 노인이 바야흐로 밭일을 시작하려 하는데, 굴을 파고 우물로 들어가서 항아리를 안고 나와 물을 주곤 했다.〔抱甕而出灌〕노력은 많이 들였지만 효과는 적었다."라고 하였다.

125 홍취 이루어져 : 【攷證 卷2 趣成】진(晉)나라 도연명(陶淵明)의 〈귀거래사(歸去來辭)〉에 "정원을 날마다 거닐어 홍취를 이루고, 사립짝은 달렸어도 항상 닫혀 있어라.〔園日涉以成趣, 門雖設而常關.〕"라고 하였다. 【校解】《고증》에는 '以'가 '而'로 되어 있는데, 통행본《도연명집》에 의거하여 수정하였다.

126 배움이……않다네 : 【譯注】《논어》〈자로(子路)〉에 번지가 농사를 배우려 하자, 공자가 "소인이로구나 번수여! 예(禮)와 의(義)와 신(信)을 좋아하면 사방 백성들이 복종하지 않는 이가 없을 텐데 왜 농사를 짓고 싶어 하느냐."라고 하였다. 【攷證 卷2

(詩-內卷3-57)

꽃 섬돌 花砌

서당 뒤의 많은 꽃들	堂後衆花
이것저것 심어 울긋불긋 피었네	雜植爛爛
천지간의 정화(精華)라	天地精英
좋은 구경거리 아님이 없어라	莫非佳玩

굽이진 섬돌에 사람 발자취 없는데	曲砌無人跡
그윽한 향기 고운 자태에서 퍼지네	幽香發秀姿
낮이면 읊는 곳에 바람 가볍고[127]	風輕午吟處
새벽이면 감상할 때 이슬 무겁구나[128]	露重曉看時

(詩-內卷3-58)

서쪽 산기슭 西麓

또렷한 서쪽 산기슭은	悄蒨西麓

學誤未全癡】아마도 번지(樊遲)가 농사를 배우려 했던 일을 가리키는 것으로 보인다.
【要存錄 卷3】번지가 성인의 문하에서 노닐면서 농사를 배우려고 하였으니, 참으로 잘못
된 것이다. 그러나 지금은 농사를 배우는 것이 전적으로 어리석은 것은 아니다.

127 낮이면……가볍고：【攷證 卷2 風輕午吟處】송(宋)나라 정호(程顥)의 〈우연히 짓
다〔偶成〕〉시에 "엷은 구름 산들바람 정오가 가까운 때, 꽃 찾아 버들 따라 앞개울을
건너노라.〔雲淡風輕近午天, 望花隨柳過前川.〕"라고 하였다.

128 새벽이면……무겁구나：【攷證 卷2 露重曉看時】송나라 소옹(邵雍)의 〈숲에서 관
청의 일을 읊다〔林下局事吟〕〉시에 "한 가지 일은 새벽이슬 맞으며 꽃을 보는 것이요,
한 가지 일은 저녁바람 맞이하며 버들 구경하는 것이라네.〔一事乘曉露看花, 一事迎晚風
觀柳.〕"라고 하였다.

초가를 지을 만하네　　　　　　　　　　　　　　堪結其茅

여기서 쉬고 여기서 닦으며¹²⁹　　　　　　　　以藏以修

구름, 노을과 벗하리라　　　　　　　　　　　　雲霞之交

집 서쪽에 가로지른 푸른 산기슭　　　　　　　舍西橫翠麓

맑고 깨끗하니 은자가 머물 만하여라　　　　蕭灑可幽貞

이중이 어찌 없으리오마는　　　　　　　　　二仲豈無有

내 자신 장경 아니라 부끄럽다오¹³⁰　　　　愧余非蔣卿

(詩-內卷3-59)

남쪽 물가 南沚

바위는 불쑥 솟고　　　　　　　　　　　　　　石之揭揭

나무는 짙게 녹음 졌네　　　　　　　　　　　樾之陰陰

---

129 여기서……닦으며 : 【譯注】《예기》〈학기(學記)〉에 "군자는 학문에 대하여 항상 그것을 마음에 간직하고 닦으며〔藏焉修焉〕, 쉴 때도 잊지 말고 즐길 때도 잊지 말아야 한다."라고 하였다.

130 이중이……부끄럽다오 : 【譯注】이중(二仲)은 한(漢)나라의 구중(裘仲)과 양중(羊仲)을, 장경(蔣卿)은 장후(蔣詡)를 가리킨다. 【攷證 卷2 二仲蔣卿】한(漢)나라 조기(趙岐)의 《삼보결록(三輔決錄)》에 "장후의 자는 원경(元卿)이다. 왕망(王莽)이 집권하자 연주(兗州)에서 고향인 두릉(杜陵)으로 돌아와 가시나무로 문을 막아버리고 밖에 나오지 않으면서, 다만 대나무 아래 세 개의 오솔길을 내어 구중·양중과 어울렸다. 이중(二仲)은 모두 청렴으로 추대되었으나 명성으로부터 도피하였다."라고 하였다. 송(宋)나라 소식(蘇軾)의 〈막내아들 과가 바다를 건너는 배 위에서 맏아들 매가 부쳐준 술과 책을 받아보고……〔過於海船得邁寄酒書……〕〉시에 "집안에 자(字)에 자(慈)가 들어가는 순숙(荀叔)의 여덟 아들 같은 아들이 있으니, 이웃에 이중이 없어도 한스럽지 않구나.〔庶幾門戶有八慈, 不恨居隣無二仲.〕"라고 하였다.

| 강가 기슭이라 | 于江之滸 |
| 시원하여 더위 피하네 | 納凉蕭森 |

기이한 바위 산 입구에 서 있고	異石當山口
그 옆에 시내 강으로 흘러드네	傍邊澗入江
내 이따금 와서 씻으니	我時來盥濯
시원한 그늘의 흥취 둘도 없구나	淸樾興難雙

(詩-內卷3-60)

취미봉[131] 翠微

취미봉 취미봉이여	翠微翠微
서당의 동쪽에 있네	書堂之東
중구일(重九日)의 고사[132]가	九日故事
내 마음을 느껍게 하누나	感慨余衷

동쪽 비탈로 취미봉에 오르니	東隴上翠微
중구일이라 술병을 들고 가네	九日攜壺酒
도연명의 신세보다 되레 나으니	卻勝陶淵明

---

131 취미봉 : 【要存錄 卷3】《정본 퇴계전서》권7 KNL0681 〈황중거에게 답하다[答黃仲擧]〉 편지에 "거처를 정한 곳에 작은 봉우리가 있는데, 꼭대기에 오르면 멀리까지 바라볼 수 있다. 오로(梧老)와 그 위에서 관을 벗고 바람을 쐰다. '취미(翠微)'라고 명명하였으니, 두목(杜牧)의 시어를 취한 것이다."라고 하였다.

132 중구일(重九日)의 고사 : 【要存錄 卷3】당(唐)나라 두목(杜牧)의 〈중구일에 제안의 높은 산에 올라[九日齊安登高]〉 시에 "강이 가을 경치 머금고 기러기 처음 날 때, 손님과 더불어 술병 들고 산에 오르네.[江涵秋影雁初飛, 與客携壺上翠微.]"라고 하였다.

국화만 부질없이 손에 가득하였지[133]　　　　　　　菊花空滿手

(詩-內卷3-61)

요랑봉 寥朗

요랑봉, 요랑봉이여	寥朗寥朗
정사의 서쪽에 있네	精舍之西
올려보고 굽어보아도	仰眺俯瞰
뉘가 그 끝을 알랴	孰知其倪

서쪽 기슭으로 요랑봉에 올라	西隴上寥朗
고개 들어 연하를 바라보노라	矯首望烟霞
어찌하면 팔방을 뛰어 넘어	安得陵八表
신선의 집을 찾을 수 있을까	仍尋羽人家

(詩-內卷3-62)

낚시터 釣磯

강가의 이끼 낀 바위에	臨江苔石
낚싯줄이 바람에 하늘거리네	一絲颸風
미끼를 탐내면 걸리게 되고	貪餌則懸
이익을 탐내면 다투게 된다네[134]	冒利則訌

---

133 도연명의……가득하였지 : 【要存錄 卷3】중구일에 술도 없이 집 주변 울타리 아래
에서 국화를 따고 한참 앉아 있던 도연명(陶淵明)보다 훨씬 낫다는 말이다.

134 미끼를……된다네 : 【要存錄 卷3】한(漢)나라 공부(孔鮒)의 《공총자(孔叢子)》〈항
지抗志〉에 다음과 같은 내용이 있다. 위(衛)나라 사람이 방어 한 마리를 미끼로 써서

저녁까지 희롱하며 낚싯대 한들거리는데[135]	弄晚竿仍裊
자주 와 앉았으니 돌도 따뜻하구나[136]	來多石亦溫
물고기 푸른 버들가지에 꿰는데[137]	魚穿靑柳線
도롱이엔 푸르스름한 이내 띠고 있구나	蓑帶綠烟痕

(詩-內卷3-63)

달 아래 배 月艇

나뭇잎 같은 작은 배	一葉小艇
풍월을 가득 실었네	滿載風月
그리운 사람 보지 못하니	懷人不見
내 마음 그치질 않네	我心靡歇

낚시를 드리우니 가물치가 지나가면서 먹지 않았다. 다시 돼지 반 마리를 미끼로 쓰니 삼켰다. 자사(子思)가 이르기를 "가물치는 비록 미끼를 탐하여 죽었지만, 선비는 도(道)를 품고도 녹봉을 탐하여 죽는다."라고 하였다.

135 낚싯대 한들거리는데 : 【攷證 卷2 竿仍裊】원나라 웅충(熊忠)의 《고금운회거요(古今韻會擧要)》에 "'요(裊)'는 끌리는 모양이다."라고 하였다.

136 돌도 따뜻하구나 : 【攷證 卷2 石亦溫】송(宋)나라 후산(后山) 진사도(陳師道)의 〈장을 기현으로 보내며〔送張蘄縣〕〉시에 "오히려 모름지기 금객을 놔주어야 하니, 좌석이 조금 따뜻해졌네.〔猶須放琴客, 坐席稍能溫.〕"라고 하였다. 【校解】《고증》에는 '席'이 '石'으로 되어 있는데, 통행본《후산집》에 의거하여 수정하였다. 【要存錄 卷3】송나라 소식(蘇軾)의 〈6년 정월 20일에 동문을 나서며〔六年正月二十日復出東門〕〉시에 "어찌 다만 모래톱의 갈매기 잘 나는 것만 보랴, 자주 오니 낚시 바위 따뜻해짐을 알겠네.〔豈惟見觀沙鷗熟, 已覺來多釣石溫.〕"라고 하였다.

137 물고기……꿰는데 : 【攷證 卷2 魚穿柳線】송나라 정몽주(鄭夢周)의 〈어부(漁父)〉 시에 "도롱이 벗고서 노인이 직접 고기 잡는데, 푸른 연잎에 밥 싸고 버들로 물고기 꿰네.〔披却蓑衣翁自漁, 靑荷包飯柳穿魚.〕"라고 하였다. 【校解】《고증》에서는 작자를 당(唐)나라 어떤 시인이라고 하였으나, 이는 오류이다.

차가운 못은 닦은 거울 같은데	寒潭如拭鏡
달빛 타고 조각배를 희롱하누나	乘月弄扁舟
후호 노인은 연파를 읊조렸고[138]	湖老烟波詠
동파 신선 가을에 계도를 저었지[139]	坡仙桂棹秋

(詩-內卷3-64)

벼랑길의 상수리나무 櫟遷

상수리나무는 쓸모가 없어	櫟之不材
흔히 오래토록 산다네[140]	多至壽老
더러는 베어지기도 하지만	厭或不免
이것이 오래 사는 길이어라	乃壽之道

---

138 후호……읊조렸고 : 【譯注】호로(湖老)는 송(宋)나라 소상(蘇庠)을 가리킨다. 처음의 호는 생옹(眚翁)이었는데, 뒤에 후호로 거처를 옮기면서 후호병민(後湖病民)으로 고쳤다. 【攷證 卷3 湖老烟波詠】소후호(蘇後湖)의 〈청강곡(淸江曲)〉 시에 "온갖 일 다스리지 못해 취했다가 다시 깨는데, 이내 덮인 물결을 길이 차지하고서 밝은 달 희롱하네.〔萬事不理醉復腥, 長占烟波弄明月.〕"라고 하였다. 자세한 내용은 이 아래 《정본 퇴계전서》 권1 KNP0261 〈4월 기망에……〔四月旣望……〕〉에 보인다.

139 동파……저었지 : 【要存錄 卷3】송나라 소식(蘇軾)의 〈적벽부(赤壁賦)〉에 "계수나무 노와 목란 상앗대로, 물에 비친 달을 치며 달빛 비친 강을 거슬러 올라가네.〔桂棹兮蘭槳, 擊空明兮泝流光.〕"라고 하였다.

140 상수리나무는……산다네 : 【攷證 卷2 櫟之…壽老】《장자》 〈인간세(人間世)〉에 다음과 같은 내용이 있다. 장석(匠石)이 제(齊)나라로 가다가 신사(神社)의 상징으로 심은 상수리나무를 보았는데 크기는 수천 마리의 소를 가릴 정도였다. 그러나 장석은 "쓸모없는 나무다. 아무 소용이 없기 때문에 이처럼 오래살 수 있었다.〔散木也, 無所可用, 故能若是之壽.〕"라고 하였다. 【要存錄 卷3】《장자》 〈산목(山木)〉에 "산속의 나무가 재목이 되지 않았기에 그 천수를 누렸다.〔得終其天年〕"라고 하였다.

벼랑 따라 난 길을 천이라 하니　　　　　　　　緣崖路呼遷
그 위에 상수리나무 많이 서 있네　　　　　　　其上多樹櫟
굽고 옹이 진들[141] 어떠리　　　　　　　　　　何妨抱離奇
수령이 벌써 수백 년은 지났겠구나　　　　　　壽已過數百

(詩-內卷3-65)

옻나무 동산[142] 漆園

옻은 세상에서 많이들 쓰나니　　　　　　　　漆有世用
그 베임을 어찌 막으랴[143]　　　　　　　　　其割焉保
그중 간혹 베임을 면하기도 하지만　　　　　厥或免割
이게 곧 베어지는 길이어라　　　　　　　　　乃割之道

옛 고을 빈 터만이 남아 있으니[144]　　　　　古縣但遺基

---

141 굽고 옹이 진들 : 【攷證 卷2 離奇】한(漢)나라 추양(鄒陽)의 〈옥중에서 양왕에게
올린 글〔獄中上梁王書〕〉에 "구부러진 나무의 뿌리는 서려서 굽어지고 비틀어졌다.〔輪菌
離奇〕"라고 하였는데, 안사고(顔師古)의 주석에 "꼬부라지고 비틀어진 모양〔委曲盤戾
貌〕"이라고 하였다.

142 옻나무 동산 : 【攷證 卷2 漆園】송나라 주희(朱熹)의 〈운곡(雲谷)〉 시 26수 중
제21수 〈칠원〉에 "옛날에 들으니 남화의 신선이, 칠원에서 관리가 되었다 하네. 응당
옻나무 갈라지는 것을 보고 깨달아, 하릴없이 안석에 기대어 멍하니 있노라.〔舊聞南華
仙, 作吏漆園裏. 應悟見割憂, 嗒然空隱几.〕"라고 하였다. 【校解】《고증》에서는 '嗒'을
'嗒'이라고 하였는데, 통행본 《주자대전(朱子大全)》에 의거하여 수정하였다.

143 옻은……막으랴 : 【攷證 卷2 漆有…焉保】《장자》〈인간세(人間世)〉에 "계피는 먹을
수 있기 때문에 사람들이 베어 가며, 옻나무는 쓸모가 있기 때문에 사람들이 잘라 간다.
사람들은 모두 쓸모 있음의 쓸모만을 알고, 쓸모없음의 쓸모는 아무도 알지 못한다."라고
하였다.

옻 숲은 관에서 기른 것이라네   漆林官所植

베임을 보면서 깨우치는 말 하였으니   見割有警言

몽 땅 장자[145]도 또한 식견이 높구나   蒙莊亦高識

(詩-內卷3-66)

발담[146] 魚梁

병혈[147]에서 무엇이 진상되는가   丙穴底貢

나무 엮어 산처럼 높아라   編木如山

매년 여름에서 가을로 넘어갈 적이면   每夏秋交

나는 퇴계 사이로 물러난다네[148]   我屏溪間

---

144 옛……있으니 : 【攷證 卷2 古縣遺基】예안현(禮安縣)의 동쪽에 있으니, 현재의 의인촌(宜仁村)이다.

145 몽 땅 장자 : 【攷證 卷2 蒙莊】《십팔사략(十八史略)》권1에 "몽(蒙) 땅 사람 장주(莊周)"라고 하였는데, 주석에서 "몽은 고을 이름으로 수주(睢州)에 속한다."라고 하였다. 【要存錄 卷3】여기서는 유가의 도와는 거리가 있지만 그 나름대로 높은 식견을 갖고 있다는 뜻으로 쓰였다.

146 발담 : 【攷證 卷2 魚梁】《예기(禮記)》〈학기(學記)〉의 정현(鄭玄)의 주석에 "발담은 물을 가로질러 물고기를 잡는 것이다."라고 하였다. 【要存錄 卷3】탁영담(濯纓潭) 아래 여울에 있다.

147 병혈 : 【攷證 卷2 丙穴】《문선(文選)》에 실린 서진(西晉) 좌사(左思)의 〈촉도부(蜀都賦)〉에 "맛난 물고기는 병혈에서 나오고, 좋은 나무는 포곡에 모였다네.〔嘉魚出於丙穴, 良木攢於褒谷.〕"라고 하였는데, 당(唐)나라 이선(李善)의 주석에 "한중(漢中) 면양현(沔陽縣)에 물고기가 사는 동굴이 두 곳이 있는데, 항상 3월에 물고기를 잡는다. 구멍의 입구가 병방(丙方), 즉 남쪽을 향해 있다."라고 하였다. 당(唐)나라 두보(杜甫)의 〈장차 성도 초당으로 가려던 도중에 짓다〔將赴成都草堂途中有作〕〉 시에 "병혈에서 나온 물고기가 예전부터 맛있었고, 비통에서 빚은 술은 달리 살 필요가 없었지.〔魚知丙穴由來美, 酒憶郫筒不用酤.〕"라고 하였다.

148 나는……물러난다네 : 【攷證 卷2 我屏溪間】《퇴계선생언행록(退溪先生言行錄)》

옥식[149]에는 진귀한 찬이 필요하니 　　　　　　　玉食須珍異

은어는 진상에 알맞누나 　　　　　　　　　　　　銀脣合進供

높다란 발담으로 물길을 끊고서 　　　　　　　　　峩峩梁截斷

좍좍 그물을 겹겹이 쳐놓았네 　　　　　　　　　　濊濊罟施重

(詩-內卷3-67)

어촌 漁村

태평시대 연기 피어오르는 곳[150] 　　　　　　　　太平烟火

의인촌 마을이어라 　　　　　　　　　　　　　　　宜仁之村

고기 잡아 요역 대신하니 　　　　　　　　　　　　漁以代徭

배부르고 등 따숩도다 　　　　　　　　　　　　　式飽且溫

산기슭에 가로막혀 민풍은 옛스럽고 　　　　　　　隔岸民風古

강가라 즐거운 일 많아라 　　　　　　　　　　　　臨江樂事多

권2에 "도산정사 아래에 발담이 있었는데, 관에서 매우 엄하게 금지하여 사람들이 사사로이 고기를 잡을 수 없었다. 선생은 매년 더운 여름철이 되면 반드시 퇴계의 집에서 거처하며 이곳에 한 번도 간 적이 없다."라고 하였다. 【要存錄 卷3】《정본 퇴계전서》 권9 KNL1400 〈김이정에게 답하다〔答金而精〕〉 편지에 "내가 도산에 있을 때 초봄부터 중하(仲夏)까지는 이곳에서 지내고, 6월부터 8월까지 석 달은 이곳에서 지내지 않았다. 또 9월부터 10월 두 달은 다시 이곳에서 지냈다."라고 하였다.

149 옥식 :【要存錄 卷3】《서경》〈홍범(洪範)〉에 "오직 임금만이 옥식(玉食)을 한다."라고 하였다.

150 태평시대……곳 :【攷證 卷2 太平烟火】송(宋)나라 소식(蘇軾)의 〈산촌(山村)〉시에 "태평시절에 오히려 형상 있음을 보노니, 외론 연기 피어오르는 곳이 인가로다.〔看取太平還有象, 孤烟起處是人家.〕"라고 하였다. 살펴보건대, '태평'은 아마도 의인촌의 옛 이름인 듯하다.

석양의 풍경 한 폭 그림 같으니   斜陽如畫裏

그물 거두어 은사[151]를 잡아들이네   收網得銀梭

(詩-內卷3-68)

안개 덮인 숲 烟林

시로 읊어도 흥을 다하지 못하고   吟不盡興

그림으로도 변화를 다하지 못하네   畫不盡變

봄 무르익으면 수를 놓은 듯   春濃繡錯

가을 깊어 가면 붉은 단풍 짙어라   秋老霞絢

원근의 형세 겹겹이 둘러싸여   遠近勢周遭

자욱하게 숲에 안개 서렸구나   漠漠迷烟樹

고개 들어 바라보면 감상하기 흡족한데   延望足玩心

조석으로 변하는 모습 많기도 하다   變態多朝暮

(詩-內卷3-69)

눈 덮인 비탈길[152] 雪徑

새하얀 산기슭 골짜기로   皓皓崖壑

아스라이 돌 비탈길 나 있어라   迢迢磴徑

---

151 은사 : 【攷證 卷2 銀梭】 살펴보건대, 불가(佛家)에서는 생선을 수사화(水梭花)라고 부른다. 도산의 앞강에 은어가 많이 나온다.

152 눈 덮인 비탈길 : 【要存錄 卷3】 아마도 병암(屛菴)의 비탈길을 가리키는 듯하다. 어떤 이는 의인촌(宜仁村) 상월란(上月瀾) 아래 돌 비탈길을 가리키는 것이라고 하는데, 마땅히 다시 자세히 살펴보아야 한다.

옥 발자국 남기며 걸어갔으니[153]　　　　　　　　　　　　踏作瑤迹

그 누가 나 먼저 흥을 타고[154] 걸어갔는가　　　　　　　　誰先乘興

강가를 따라난 한 줄기 오솔길　　　　　　　　　　　　一徑傍江潯

높았다가 낮아지고 끊겼다가 다시 감도네　　　　　　　高低斷復遶

눈이 쌓여 사람 발자취 없는데　　　　　　　　　　　　積雪無人蹤

승려가 구름 저 너머에서 오누나　　　　　　　　　　　僧來自雲表

(詩-內卷3-70)

모래톱의 백구 鷗渚

춤추며 내려앉지 않으니[155]　　　　　　　　　　　　　　舞而不下

---

153 옥…… 걸어갔으니 : 【要存錄 卷3】 당(唐)나라 한유(韓愈)의 〈왕사인이 눈 속에서 부쳐준 시에 화답하다〔酬王舍人雪中見寄〕〉 시에 "오늘 아침 눈을 밟아 옥 발자국 만들었으니, 시가 중서성에서 왔기 때문이네.〔今朝踏作瓊瑤跡, 爲有詩從鳳沼來.〕"라고 하였다.

154 흥을 타고 : 【攷證 卷2 乘興】 자유(子猷) 왕헌지(王獻之)는 산음(山陰)에 살았다. 일찍이 큰 눈이 내리는 밤에 잠에서 깨어 문을 열고 술을 마셨다. 사방이 환하여 배회하면서 좌사(左思)의 〈초은부(招隱賦)〉를 읊조리다가 문득 안도(安道) 대규(戴逵)가 그리워졌다. 대규는 당시 섬계(剡溪)에 살고 있었는데, 왕헌지는 곧 밤에 작은 배를 타고 그를 찾아갔다. 하룻밤이 지나 바야흐로 섬에 도착하였는데 문 앞까지 갔다가 들어가지 않고 돌아왔다. 어떤 사람이 그 까닭을 물으니, 왕휘지는 "'본래 흥을 타고 갔는데, 흥이 다하여 돌아온 것이다. 어찌 안도를 볼 필요가 있겠는가.'라고 대답하였다. 《晉書 王獻之傳》

155 춤추며 내려앉지 않으니 : 【攷證 卷2 乘興】《열자》〈황제(皇帝)〉에 "바닷가에 사는 사람 중에 갈매기를 좋아하는 사람이 있었다. 매일 아침이면 바닷가에 가서 갈매기를 따르며 노니, 이르는 갈매기의 수가 백이었다. 그 아버지가 말하기를, '내가 들으니 갈매기가 너를 따라서 논다고 하는데, 네가 잡아와 보거라. 내가 그것을 가지고 놀 테니.'라고 하였다. '알겠습니다.' 하고, 다음날 아침 바닷가로 가니 갈매기가 춤은 추지만 내려오지는 않았다."라고 하였다.

백구를 가까이 할 수 없어라 　　　　　　　　　　渠未可干

친해져 맹세 해놓고서 　　　　　　　　　　　　狎而有盟

내 어찌 맹약을 저버리랴[156] 　　　　　　　　　吾何敢寒

드넓은 강물에 떴다가 다시 자맥질하고 　　　　浩蕩浮還沒

날개를 펼쳐[157] 볕에 말리고 다시 조누나 　　　毰毸晒復眠

한가로운 정이 바로 저와 같으니 　　　　　　　閒情乃如許

기사[158]와는 참으로 관계없어라 　　　　　　　機事定無緣

---

156 맹세……저버리랴 : 【攷證 卷2 有盟…敢寒】《춘추좌씨전》애공(哀公) 12년 조(條)에, "자공(子貢)이 오(吳)나라 태재(大宰) 백비(伯嚭)에게 '한번 맺은 맹약은 고칠 수 없다. 지금 그대가 예전의 맹약을 굳게 해야 한다고 말하는데, 만약 굳게 할 수 있다면 또한 그 맹약을 식게 할 수도 있다.〔若可尋也, 亦可寒也.〕' 하였다."라고 하였다. 송(宋)나라 황정견(黃庭堅)의 〈자첨의 운자에 화운하여 정국에게 보내다〔奉同子瞻韻寄定國〕〉시에 "늙은 말의 마음 비록 있다 하나, 백구의 맹약은 이미 식었구나.〔老驥心雖在, 白鷗盟已寒.〕"라고 하였다. 【要存錄 卷3】송나라 황정견의 〈향화경이 송자현에 갔다가 추천석과 밤에 남극정에서 이야기를 나누며 지은 작품에 차운하다〔次韻向和卿行松滋縣與鄒天錫夜語南極亭〕〉시 2수 중 제2수에 "비바람 맞아가며 일곱 고을에서 분주하였건만, 오직 백구와의 맹세는 아직 끝나지 않았네.〔衝風衝雨走七縣, 唯有白鷗盟未寒.〕"라고 하였다.

157 날개를 펼쳐 : 【攷證 卷2 毰毸】'배시(毰毸)'는 날개를 펼친 모습이다. 송나라 형공(荊公) 왕안석(王安石)의 〈희관지 가에 모여 들거위를 읊다〔集禧觀池上詠野鵝〕〉시에 "연못가 들거위 무수하여 좋으니, 맑은 하늘 거울 속에 눈처럼 날개 펼쳤어라.〔池上野鵝無數好, 晴天鏡裏雪毰毸.〕"라고 하였다.

158 기사 : 【攷證 卷2 機事】《장자》〈천지(天地)〉에 " 기계란 것이 있으면 반드시 꾀를 부리는 일이 있게 되고, 꾀를 부리는 일이 있으면 반드시 꾀를 내는 마음이 생긴다.〔有機械者必有機事, 有機事者必有機心.〕"라고 하였다.

(詩-內卷3-71)

강가의 학 鶴汀

구고에서 우는 소리 하늘까지 들리고[159]	鳴皐聞天
배를 스치고 지나가 잠에서 깨누나[160]	掠舟驚夢
들녘 밭에 짝 있나니	野田有侶
어찌 함정에 빠뜨리는 매자(媒者)를 조심치 않으랴[161]	盍愼媒弄

---

159 구고에서……들리고 : 【要存錄 卷3】《시경》〈학명(鶴鳴)〉에 "구고에서 학이 우니, 그 소리가 하늘까지 들리는구나.〔鶴鳴于九皐, 聲聞于天.〕"라고 하였다.

160 배를……깨누나 : 【要存錄 卷3】송(宋)나라 소식(蘇軾)의 〈후적벽부(後赤壁賦)〉에 "마침 학 한 마리가 강을 가로질러 날아왔는데 꾸룩꾸룩 길게 울면서 나의 배를 스쳐 서쪽으로 지나갔다. 꿈에 한 도사가 깃으로 만든 옷을 펄럭이면서 임고정(臨皐亭) 아래를 지나갔다. 도사는 나를 돌아보고 웃었으며, 나는 놀라 깨어났다."라고 하였다.

161 어찌……않으랴 : 【攷證 卷2 盍愼媒弄】당(唐)나라 육귀몽(陸龜蒙)의 〈학을 유인하는 학의 노래〔鶴媒歌〕〉시에 "우연히 고깃배를 물가의 나무에 묶어두어, 새 사냥함을 보니 슬프도다. 하늘 맴돌던 들 학 홀연히 내려앉는데, 사냥꾼 등 뒤에 숨고 유혹하는 학만 보고 의심하지 않는구나. 유혹하는 학은 한가롭고 고요하게 아무 일 없다는 듯 서 있는데, 맑은 울음소리 이따금 멀리까지 들려오네. 배회하다가 차마 남쪽 강을 지나치지 못하고, 장차 같은 소리에 응하여 같은 무리에 가려 하누나. 깃을 다듬으니 마치 서로 만나 기쁜 듯, 다만 겨우 왔다가 놀라 날아갈까 두려워하네. 물고기 노려 수초를 쪼느라 잠깐 고개를 숙였다 들었는데, 곧게 설 때 가슴에 화살이 날아드누나. 유혹하는 학 기뻐 춤추며 마구 날뛰는데, 활 잘 쏘았다고 사냥꾼에게 아첨한 듯하여라. 구름처럼 떠가고 물가에 있어 각자 서로 학인데, 짝을 시기하고 무리에 해를 끼치는 게 오히려 네가 하는 일이구나. 더구나 세상에는 명리가 있나니, 겉으론 웃으면서 속으론 시샘하도다. 그대는 보지 못하였나, 외진 못가 들 학이 교묘한 계략에 빠지는 것을, 같은 부류 같은 소리가 참으로 두렵구나.〔偶繫漁舟汀樹枝, 因看射鳥令人悲. 盤空野鶴忽然下, 背翳見媒心不疑. 媒閑靜立如無事, 淸唳時時入遙吹. 徘徊未忍過南塘, 且應同聲就同類. 梳翎宛若相逢喜, 只怕纔來又驚起. 窺鱗啄藻乍低昂, 立定當胸流一矢. 媒懽舞躍勢離披, 似詔功能邀弩兒. 雲飛水宿各自物, 妬侶害羣猶爾爲. 而況人間有名利, 外頭笑語中猜忌. 君不見荒陂野鶴陷良媒, 同類同聲眞可畏.〕"라고 하였다. 살펴보건대, 서진(西晉) 반악(潘岳)의 〈사치부(射雉賦)〉 서(序)에 "낭야(琅邪)의 풍속은 꿩을 잘 잡는다. 내가 애오라지

흰 학 하늘에서 내려오더니	水鶴烟霄下
먼 물가 맑은 모래톱에 서 있누나	晴沙立遠汀
어찌 마시고 쪼아 먹는 일 없겠냐마는	那能無飲啄
마음에 드는 곳은 머물지 말아야 하리[162]	得處莫留停

(詩-內卷3-72)

강가의 절[163] 江寺

강가의 절[164]은	江上招提
노선[165]이 예전에 살던 곳이라	老仙舊居
달빛 싸늘하고 뜰은 잡초 우거져	月寒庭蕪
바람 슬프고 방은 비었구나	風悲室虛

공부하는 여가에 매예〔媒翳〕의 일을 배웠다."라고 하였는데, 송(宋)나라 서원(徐爰)의
주석에서 "매자(媒者)란 어린 꿩을 기르면 자라서 사람과 친해지게 되는데, 다른 들꿩을
끌어들일 줄 안다. 예자(翳者)는 몸을 숨기고서 활을 쏘아 맞추는 자이다."라고 하였다.

162 마음에……하리 :【攷證 卷2 得處莫留停】송나라 희이(希夷) 진단(陳搏)은 말하기
를 "마음에 통쾌하거든 해서는 안 되며, 편의한 곳도 두 번 가서는 안 되며, 마음에 흡족한
곳도 모름지기 빨리 머리를 돌려야 한다."라고 하였다.【校解】《고증》에서는 소옹(邵雍)
의 말이라고 하였으나,《명심보감》에 이는 소옹의 질문에 답한 진단의 말로 되어 있다.

163 강가의 절 :【攷證 卷2 江寺】곧 임강사(臨江寺)를 가리킨다.

164 절 :【攷證 卷2 招提】불가의 책에서, 초제(招提)와 보살(菩薩)은 모두 부처의
이름이라 하였다. 그러므로 절을 '초제'라고 일컫는다.

165 노선 :【攷證 卷2 老仙】노선은 농암(聾巖) 이현보(李賢輔, 1467~1555)를 가리킨
다.【要存錄 卷3】《정본 퇴계전서》권14 〈숭정대부 행지중추부사 농암 이 선생 행장(崇
政大夫行知中樞府事聾巖李先生行狀)〉에 "공은 절간에서 노니는 것을 좋아하였으니, 만
년에는 항상 임강사(臨江寺)에 거처하였다."라고 하였다.

강 언덕의 옛 절은 텅 비었으니	古寺江岸空
신선은 아득히 방장으로 떠났어라[166]	仙遊杳方丈
반도는 참으로 어느 시절에	蟠桃定何時
열매 맺어 다시 와 볼 것인가[167]	結子重來賞

(詩-內卷3-73)

관가의 정자[168] 官亭

관가에서 지은 정자	官作之亭
그 세월 아득하여라	歲月茫茫
물속에서 헤엄치는 물고기 즐거움 알지 못하니[169]	樂匪知濠

---

166 신선은……떠났어라 : 【攷證 卷2 仙遊杳方丈】 당시 농암은 이미 세상을 떠나고 없었기 때문에 이렇게 말한 것이다.

167 반도는……것인가 : 【要存錄 卷3】 임강사에 반도단(蟠桃壇)이 있다. 농암이 퇴계에게 반도를 보고 읊조린 시를 보냈는데, 퇴계가 이 시에 화답하여 〈용수사에 기거하고 있는데, 농암 선생이 절구의 반도단 시를 수창하여 보내왔기에 그에 화답하여 받들어 올리다〔寓龍壽寺聾巖先生寄示蟠桃壇唱酬絶句奉和呈上〕〉라는 시를 지었으니, 그 시가 《정본 퇴계전서》 권1에 보인다.

168 관가의 정자 : 【攷證 卷2 官亭】 아마도 발담 위에 있었던 듯하다.

169 물속에서……못하니 : 【譯注】《장자》〈추수(秋水)〉에 다음과 같은 내용이 있다. 장자(莊子)가 혜자(惠子)와 함께 호수(濠水)의 징검돌 근처에서 노닐고 있었다. 장자가 "피라미가 한가롭게 헤엄치고 있소. 이게 바로 물고기의 즐거움이란 거요."라고 하자, 혜자가 "당신은 물고기가 아니오. 어찌 물고기의 즐거움을 안단 말이오?"라고 하였다. 장자가 다시 "당신은 내가 아니오. 어찌 물고기의 즐거움을 알지 못한다는 걸 안단 말이오?"라고 하자, 혜자가 "나는 당신이 아니니까 물론 당신을 알지 못하오. 당신은 물론 물고기가 아니니까 당신이 물고기의 즐거움을 알지 못한다는 게 확실하단 말이오."라고 하였다. 장자가 "이제 처음 질문으로 돌아가 말해 봅시다. 그대가 '어찌 당신이 물고기의 즐거움을 안단 말이오?'라고 했지만, 이미 그것은 내가 안다는 것을 알고서 내게 물은 것이오. 나는 호숫가에서 물고기의 즐거움을 알고 있소이다."라고 하였다.

당에 가서 물고기 구경한 것[170]과 흡사하구나 　　　　　　擧似如棠

작은 정자의 경관 절로 아름다우니 　　　　　　　　　　小亭境自佳
뒤에는 강이요 앞에는 언덕이라네 　　　　　　　　　　後江前皐隰
조개[171]의 관리 오지 않을 때는 　　　　　　　　　　皂蓋不來時
들새들이 날아들어 깃드누나[172] 　　　　　　　　　　野禽自栖集

(詩-內卷3-74)

드넓은 들녘 長郊

들녘은 기름지고 　　　　　　　　　　　　　　　　　郊原膴膴
마을은 아련히 보이네 　　　　　　　　　　　　　　　籬落依依
별을 이고 나갔다가 　　　　　　　　　　　　　　　　戴星而出
달빛 받고 돌아오누나[173] 　　　　　　　　　　　　　帶月而歸

더운 날에 푸른 물결 넘실거리고[174] 　　　　　　　　炎天彌翠浪

---

170 당에……것 : 【攷證 卷2 如棠】《춘추좌씨전》 은공(隱公) 5년 조에 "은공이 당으로 가서 물고기를 구경하였다."라고 하였는데, 진(晉)나라 두예(杜預)의 주석에 "당은 지명이다."라고 하였다.

171 조개 : 【攷證 卷2 皂蓋】한(漢)나라 응소(應邵)의 《한관의(漢官儀)》에 "이천 석 녹봉의 열후(列侯)는 곰을 그린 붉은 깃발에 검은 덮개 수레〔皂蓋〕를 탄다."라고 하였다.

172 들새들이 날아들어 깃드누나 : 【要存錄 卷3】송(宋)나라 구양수(歐陽脩)의 〈취옹정기(醉翁亭記)〉에 "노니는 사람 떠나면 새들이 즐거이 지저귄다."라고 하였다.

173 달빛 받고 돌아오누나 : 【要存錄 卷3】진(晉)나라 도연명(陶淵明)의 〈전원으로 돌아와 살다〔歸田園居〕〉 시에 "새벽에 일어나 잡초를 김매고, 달빛 받으며 호미를 메고 돌아오네.〔晨興理荒穢, 帶月荷鋤歸.〕"라고 하였다.

가을¹⁷⁵이면 누런 구름¹⁷⁶ 가득하여라 商節滿黃雲

저물녘엔 돌아가는 까마귀 보이고 薄暮歸鴉望

바람결에 목동의 피리소리 들리누나 遙風牧笛聞

(詩-內卷3-75)

먼 산 遠岫

눈썹인 듯 비녀인 듯하며¹⁷⁷ 如黛如簪

이내도 아니고 구름도 아닐세¹⁷⁸ 非烟非雲

---

174 푸른 물결 넘실거리고 : 【譯注】 푸른 물결은 보리 잎이 바람에 따라 물결처럼 일렁이는 것을 말한다. 【攷證 卷2 翠浪】 송(宋)나라 소식(蘇軾)의 〈무석으로 가는 도중에 수차를 읊다〔無錫道中賦水車〕〉시에 "밭두둑 가르는 푸른 물결은 구름이 내달리는 듯, 물을 찌르는 푸른 침 벼 이삭이 돋아나네.〔分疇翠浪走雲陣, 刺水綠鍼抽稻芽.〕"라고 하였다.

175 가을 : 【攷證 卷2 商節】《문선(文選)》에 실린 서진(西晉) 장협(張協)의 〈칠명(七命)〉에 "오음(五音)의 상(商)에 속하며 초목이 쇠락하는 계절이면, 이윽고 옷을 준다.〔若乃白商素節, 月旣授衣.〕"라고 하였는데, 당(唐)나라 이선(李善)의 주석에 "가을이다."라고 하였다.

176 누런 구름 : 【攷證 卷2 黃雲】송나라 형공(荊公) 왕안석(王安石)의 〈백토촌에서 북사로 들어가다〔自白土村入北寺〕〉시 2수 중 제1수에 "봇도랑엔 벽옥이 흐르고, 밭두둑엔 누런 구름이 누워 있구나.〔溜渠行碧玉, 畦稼臥黃雲.〕"라고 하였다. 또한 〈진화숙과 제안의 서원에서 노닐며〔同陳和叔遊齊安院〕〉시에 "하얀 눈의 고치 짓자 뽕은 다시 파래지고, 누런 구름 베어내자 벼는 참으로 푸르구나.〔繰成白雪桑重綠, 割盡黃雲稻正青.〕"라고 하였다.

177 눈썹인……듯하며 : 【譯注】 산줄기를 가리킨다.

178 이내도……아닐세 : 【要存錄 卷3】송나라 소식(蘇軾)의 〈장천각을 보내며 산자운으로 짓다〔送張天覺得山字〕〉시에 "서쪽으로 태항산 꼭대기에 올라, 북쪽으로 청량산을 바라보노라. 맑게 갠 하늘에 다섯 비녀가 떠 있고, 그 사이에 경운이 짙게 덮여 있네.〔西登太行嶺, 北望清涼山. 晴空浮五髻, 晻靄卿雲間.〕"라고 하였는데, 이 시의 주석에서 인용한《사기》〈천관서(天官書)〉에 "연기 같으면서 연기도 아니고 구름 같으면서 구름도

꿈속에선 가려진 것 없으니 入夢靡遮
병풍 그림과 어찌 구별하랴 上屛何分

아득히 자리에서 늘 마주하나 微茫常對席
가물가물 참으로 어디쯤인가 縹緲定何州
비 자욱할 땐 시름을 어이할 수 없고 雨暗愁無奈
하늘 맑을 땐 마음이 더욱 유연하구나 天空意轉悠

(詩-內卷3-76)

토성 土城

저기 저 남산은 維彼南山
산세 따라 성을 지었어라 因山作城
상전벽해 하루아침이니 海桑一朝
만과 촉이 어찌 싸우랴[179] 蠻觸何爭

어느 시대 사람이 난리를 막는가 禦難何代人
옛 사적 아득하여 고찰하기 어려워라 古籍莽難考
태평시절이라 이미 무너진 지 오래니 時平久已頹

아닌 것이 뭉게뭉게 어지러이 솟아서 흩어졌다가 엉겼다가 하는 것을 경운(卿雲)이라
한다."라고 하였다.

179 만과……싸우랴 : 【譯注】《장자》〈측양(則陽)〉에 "위(魏)나라 혜왕(惠王)이 제
(齊)나라를 치려 하자, 대진인(戴晉人)이 달팽이 뿔의 두 나라 우화를 들어 그 전쟁을
만류하였다. 즉 달팽이의 왼쪽 뿔에 있는 나라는 촉씨(觸氏)라 하고 오른쪽 뿔에 있는
나라는 만씨(蠻氏)라는 나라이다. 때마침 이들이 영토를 놓고 싸워서 주검이 몇 만이나
되었으며 패군을 쫓아갔다가 십오 일을 지난 뒤에야 돌아왔다."라고 하였다.

풀 넝쿨 우거진 데 토끼 굴 깊구나　　　　　　　　　　兎穴深蔓草

(詩-內卷3-77)

교동[180] 校洞

옛 고을의 향교　　　　　　　　　　　　　　　　　　古縣鄕校

남은 터 뚜렷하여라　　　　　　　　　　　　　　　　遺址宛然

고려 말의 나약한 임금　　　　　　　　　　　　　　　麗季孱王

그 교화 전하지 않누나　　　　　　　　　　　　　　　教化無傳

궁장은 시내의 이내에 잠겨 버리고　　　　　　　　　　宮牆沒澗烟

거문고와 글소리는 산새 소리로 바뀌었구나　　　　　　絃誦變山鳥

버려진 그 규모를 뉘가 일으켜서　　　　　　　　　　　誰能起廢規

오묘한 도를 펼쳐 밝힐거나[181]　　　　　　　　　　張皇道幽眇

---

180 교동 : 【攷證 卷2 校洞】 천연대(天淵臺)의 남쪽에 있다. 【要存錄 卷3】 천연대(天淵臺)와 역천(櫟遷) 사이에 있다. 탁영담(濯纓潭)과 마주보는 곳에 있다.

181 오묘한……밝힐거나 : 【攷證 卷2 張皇道幽眇】 당(唐)나라 한유(韓愈)의 〈진학해(進學解)〉에 "이단을 배척하고 부처와 노자의 주장을 물리쳤으며, 틈새와 물이 새는 곳을 보완하고 오묘한 이치를 펼쳐서 밝혀 놓았다.〔張皇幽眇〕"라고 하였다.

또 절구 네 수를 짓다

又四絶

오언절구이다. ○ 이하 절구 4수에서 읊은 것은 모두 천연대에서 바라본 것인데, 모두 다른 주인이 있다. 그러므로 도산에 소속시키지 않고 따로 아래에 기록한다. 이 또한 산곡이 말한 '차경'[182]의 의미에 해당한다.

(詩-內卷3-78)

농암 聾巖

서취병(西翠屏) 동쪽에 있는데, 고(故) 지중추 이 선생[183]의 정관이 그 곁에 있다.

서쪽으로 바위 벼랑의 승경을 바라보니	西望巖崖勝
높다란 정자 날아오르는 기세로다	高亭勢欲飛
그 풍류를 어찌 다시 볼거나	風流那復覩
높은 뫼 같은 인물 지금은 드물어라	山仰只今稀

(詩-內卷3-79)

부내 汾川

서취병 남쪽에 있는데, 실은 마을 이름이다. 지사 농암의 아들 이대성[184]이 사는 곳으로, 그의 호는 벽오이다.

부내는 별다른 시내 아니건만	汾川非異水

---

182 산곡이 말한 차경 : 【攷證 卷2 山谷借景】 송(宋)나라 황정견(黃庭堅)의 〈차경정(借景亭)〉 병서(幷序)에 "청신현(淸神縣) 관청에 있으면서, 성 머리에 있던 옛 집을 수리하여 차경정을 지었다. 아래로는 사씨(史氏) 집안의 수죽(水竹)이 내려다 보였지만, 종일토록 적막하게 오가는 사람이 없었다."라고 하였다.

183 이 선생 : 【譯注】 이현보(李賢輔, 1467~1555)로, 본관은 영천(永川), 자는 비중(棐仲), 호는 농암(聾巖)·설빈옹(雪鬢翁), 시호는 효절(孝節)이다.

고개 돌려 오동나무 그늘을 생각하노라	回首想梧陰
추적추적 가랑비 울리니	摵摵鳴疎雨
가을이라 주인이 몹시 그리워지누나	秋來戀主深

(詩-內卷3-80)

하연 賀淵

서취병 아래에 있는데, 승지 이공간[185]의 정사가 그 위에 있다.

세찬 여울 쏟아져 내려 못이 되니	激湍下爲淵
깊은 곳은 몇 길인지 알 수 없다네	深處知幾丈
주인은 지금 은대에 있으니	主人在銀臺
연파를 그리는 꿈이 잦을 것이라	烟波頻夢想

(詩-內卷3-81)

병암 屛庵

서취병의 벼랑 가운데 있으니 상사 이대용[186]이 짓고서 승려를 시켜 지키게 하였다. 예전에는 정실이 있었는데, 근래에 들으니 지키는 승려가 그 정실을 개조하여 자못 아름다운 운치를 잃어버렸다고 한다.

| 병암이 벼랑에 매달려 있으니 | 屛庵在懸崖 |

---

184 이대성(李大成) : 【譯注】 이문량(李文樑, 1498~1581)으로, 본관은 영천(永川), 자는 대성, 호는 벽오(碧梧)이다. 농암 이현보의 둘째 아들이며 황준량(黃俊良)의 장인이다.

185 이공간(李公幹) : 【譯注】 이중량(李仲樑, 1504~1582)으로, 본관은 영천(永川), 자는 공간, 호는 하연(賀淵)이다. 이현보의 넷째 아들이다.

186 이대용(李大用) : 【譯注】 이숙량(李叔樑, 1519~1592)으로, 본관은 영천(永川), 자는 대용, 호는 매암(梅巖)·병암(屛庵)이다. 이현보의 다섯째 아들이다.

돌 틈으로 솟는 샘은 이가 시리다네[187]　　　　石縫泉冰齒

예전에 정실 환하여 좋았었는데　　　　　　　　舊愛一室明

지금은 참으로 어떨지 모르겠구나　　　　　　　如今定何似

---

187 돌……시리다네 :【攷證 卷2 石縫泉氷齒】 남송(南宋) 서조(徐照)의 〈옹영서의 '동
일서사'에 화운하다〔和翁靈舒冬日書事〕〉 시에 "돌 틈으로 얼음물이 솟구치니, 추위 무릅
쓰고 몸소 차 달이네.〔石縫敲氷水, 凌寒自煮茶.〕"라고 하였다. 살펴보건대, 빙치(氷齒)
는 시냇물이 차가워 이가 시리다는 말이다.

우연히 짓다. 절구 2수 【경신년(1560, 명종15, 60세) 가을 추정. 예안(禮安)】

偶題 二絶

(詩-內卷3-82)

계수 노 목란 상앗대로 일엽편주 띄우니	桂棹蘭槳一葉舟
고요히 가을 하늘 머금은 맑은 강 비단 같아라	澄江如練靜涵秋
갑자기 밤에 서풍이 매섭게 불더니	無端一夕西風急
해오라기 놀라 딴 물가로 날아가누나	鷗鷺驚飛過別洲

(詩-內卷3-83)

강 위의 맑은 바람 만전의 값어치이건만	江上淸風直萬錢
가을날 조각배 살 계책이 없어라	扁舟無計買秋天
어여쁘다 밝은 달 정겨운 벗과 같아	可憐明月如相識
오히려 산 사이로 다가와 둥그렇게 비춰주도다	猶向山間盡意圓

시냇가 서재 【경신년(1560, 명종15, 60세) 가을 추정. 예안(禮安)】

溪齋

금군[188]이 얽어 이은 초가는	琴生結茅棟
내가 사는 남쪽 시내 구비에 있네	在我南溪曲
창 흔드는 숲 그림자 싸늘하고	搖窓林影寒
자리 비추는 산안개 푸르구나	照席嵐光綠
요즘은 사람 없어 고요하여	邇來闃無人
뜰의 국화는 쑥대에 가렸어라	蓬蒿翳庭菊
아이 불러 깨끗이 청소하고 물을 주면서[189]	呼兒痛掃漑
종일토록 고요히 홀로 앉았노라	終日坐幽獨
손에 한 권의 책을 들고서	手中一卷書
마음 내키는 대로 뒤적이다가 읽는다	隨意繙且讀
이치는 예나 지금이나 같나니[190]	有理古猶今

---

188 금군 : 【譯注】금응훈(琴應壎, 1540~1616)으로, 본관은 봉화(奉化), 자는 훈지(壎之), 호는 면진재(勉進齋)이다. 금응협(琴應夾)의 아우이다. 【要存錄 卷3】'금생'은 수본(手本)의 자주(自註)에 "금훈지(琴壎之)이다."라고 하였다. 아마도 당시 금군이 시내의 서재에서 홀로 거처하는 것을 우연히 보았기에 특별히 거론하여 일컬은 것으로 보인다.

189 깨끗이……주면서 : 【攷證 卷2 痛掃漑】당(唐)나라 한유(韓愈)의 〈남전현의 승청 벽에 쓴 기문[藍田縣丞廳壁記]〉에 " 최사립(崔斯立)은 깨끗이 청소하고 물을 줄 대[斯立痛掃漑] 그곳에 두 그루의 소나무를 마주 심었다."라고 하였다.

190 예나 지금이나 같나니 : 【攷證 卷2 古猶今】《열자(列子)》〈양주(楊朱)〉에 "다섯 가지 감정과 좋아하고 싫어하는 것은 예나 지금이나 같고, 몸의 편안함과 위태로움도 예나 지금이나 같고, 세상사의 괴로움과 즐거움도 예나 지금이나 같다."라고 하였다.

그 맛은 씹을수록 더욱 깊어라   有味飫如沃
슬픈 가을이라 절로 감회 유장하니   悲秋自懷遠
〈고반〉의 즐거움 누구에게도 말하지 않으리[191]   考槃甘弗告
아아! 길게 탄식하노니   喟然長太息
가을바람 산 숲에 휘몰아치누나   商風振山木

　　-금훈지-

191　고반의……않으리 : 【譯註】《시경》〈위풍(衛風) 고반(考槃)〉에 현자의 은거를 찬
미하여 "고반이 높은 언덕에 있으니, 대인이 한가로이 지내는 곳이로다. 홀로 자고 깨었다
가 다시 누웠으나, 맹세코 남에게 알리지 않으리라.〔考槃在陸, 碩人之軸. 獨寐寤宿, 永矢
弗告.〕"라고 하였다.

시냇가의 가을 흥취 【경신년(1560, 명종15, 60세) 가을 추정. 예안(禮安)】
溪上秋興

비 개고 구름 돌아가 저문 하늘 푸르른데	雨捲雲歸暮天碧
서풍이 숲에 불어와 바사삭 울어 대누나[192]	西風入林鳴策策
물새가 기심 잊고 한참 서 있더니	溪禽忘機立多時
갑자기 솟구쳐서 흔적 없이 날아가 버렸어라	忽然決起飛無迹

---

192 바사삭 울어 대누나 : 【攷證 卷2 鳴策策】 당(唐)나라 한유(韓愈)의 〈가을날의 회포〔秋懷〕〉 시에 "가을바람 한번 스쳐 부니, 바사삭 우는 소리 그치지 않네.〔秋風一披拂, 策策鳴不已.〕"라고 하였다.

KNP0247(詩-內卷3-86)

정자 정자중[193]에게 보내다【경신년(1560, 명종15, 60세) 9~10월 추정. 예안(禮安)】

寄鄭子中正字

한 통의 편지가 곡구[194]에서 왔기에	尺素書從谷口來
푸른 구름 걷힌 산창에서 반갑게 읽어 보네	山窓欣對碧雲開
몸소 실천함은 배가 달게 익은 것과 흡사하고[195]	躬行正似梨甛熟

---

193 정자 정자중 :【攷證 卷2 鄭子中正字】정유일(鄭惟一, 1533~1576)로, 본관은 동래(東萊), 자는 자중, 호는 문봉(文峰)이며, 안동에 거주하였다. 명(明)나라 세종(世宗) 가정(嘉靖) 계사년(중종28)에 태어나 일찍이 선생의 문하에 드나들면서 매우 많은 질문과 변석을 하였다. 사장(詞章)과 경술(經術)의 학문에 뿌리를 두었기에, 서애(西厓) 유성룡(柳成龍)와 학봉(鶴峰) 김성일(金誠一) 등 제공이 문아(文雅)함으로 추존하였다. 대사간을 지냈으며, 일찍이 《퇴계언행통술(退溪言行通術)》을 저술하였다.

194 곡구 :【譯注】정자중이 은거하며 지내고 있는 곳을 비유한다.【要存錄 卷3】《한서(漢書)》〈고사전(高士傳)〉에 "곡구는 한(漢)나라 정박(鄭樸)의 호이다. 성제(成帝) 때 대장군 왕봉(王鳳)의 초빙에도 응하지 않은 채 곡구에 집을 짓고 살면서 곡구자진(谷口子眞)이라고 호를 지은 뒤 수묵(守默)하며 수도(修道)하였다."라고 하였다. 한나라 양웅(揚雄)의 《법언(法言)》에 "곡구 정자진(鄭子眞)은 암석 아래에서 밭을 갈며 살았지만, 이름은 도성에 진동하였다."라고 하였다.

195 몸소……흡사하고 :【攷證 卷2 躬行梨甛熟】《주자어류(朱子語類)》권117〈문인들을 훈계하다〔訓門人〕〉에 "세상에 말할 수 없는 도리는 없다. 남을 위해 도모함에 충실했는가, 벗과 사귐에 성실했는가, 전수받은 것을 복습했는가, 이와 같은 것들 역시 모두 눈앞의 일로서 모두 말할 수 있는데, 다만 익숙한 부분만은 말할 수 없다. 익숙한 것을 제외하면, 말할 수 없는 것은 없다. 아직 익숙하지 못할 때, 이곳에 놓아버려도 온당치 못하고 저곳으로 집어내어도 또한 온당치 못하다. 그러나 끝내 거기에 머물러서는 안 되니, 반드시 여기서부터 다시 힘써야 비로소 옳다. 익숙한 곳에 이르면 이곳에 놓아버려도 옳고 저곳에 놓아버려도 옳게 되어 일곱 번 넘어지고 여덟 번 넘어져도 옳지 않은 것이 없으니, 이른바 '거처함에 편안하면 도움을 받음이 깊어 좌우에서 취하여 씀에 도의

오묘한 곳은 묻힌 불을 파헤친 것과 한가지로다[196]　　妙處眞同火撥埋

만년의 광음은 빨라 즐기기가 어렵나니　　　　　　遲暮光陰難把玩

이별의 회포 다시 만나기를 기다리노라　　　　　　別離懷抱佇追陪

문득 근심스러운 건, 괜스레 나서서 일하길 좋아하는 기명언[197]이

　　　　　　　　　　　　　　　　　　　　　　却愁好事奇明彦

재주가 너무 뛰어난 탓에 정미로운 이치를 잘못 말하는 것이라네

　　　　　　　　　　　　　　　　　　　　　差說精微坐俊才

　-기명언이 정정이(鄭靜而)[198]에게 준 편지를 정자중[199]이 베껴서 보내 주었는
데, 기명언이 사단과 칠정을 논한 것이 나의 견해와 조금 다른 것이 있다.-

근원을 만나게 된다.'는 것에 해당한다. 배와 감에 비유하면, 배와 감이 아직 익지 않았을
때는 시고 떫어서 먹을 수 없지만, 익은 후에는 저절로 감미롭다. 서로 거리가 아주
멀지만, 그것은 익숙한가 익숙하지 않은가에 달려 있을 뿐이다."라고 하였다.

196 오묘한……한가지로다 : 【攷證 卷2 妙處火撥埋】《전등록(傳燈錄)》에 "백장(百丈)
이 위산선사(潙山禪師)에게 이르기를 '네 화로에 불이 있는지 없는지 파 보거라.' 하니
선사가 '불이 없습니다.'라고 대답하였다. 백장이 깊이 파헤쳐 불을 보여주고는 '이것이
불이 아니더냐?' 하였다. 이에 선사가 깨우치고는 예의를 차려 감사함을 표하였다."라고
하였다.

197 기명언 : 【攷證 卷2 奇明彦】기대승(1527~1572)으로, 본관은 행주(幸州), 자는
명언, 호는 고봉(高峰)·존재(存齋)이며, 광주에 거주하였다. 복재(服齋) 기준(奇遵)의
조카로, 명(明)나라 세종(世宗) 가정(嘉靖) 정해년(중종22)에 태어나 사마시와 알성시
에 합격하였다. 선생에게 가르침을 청하니, 선생이 매우 장려하였다. 기사년(1569, 선조
2)에 벼슬에서 물러났는데, 당시 성리학에 조예가 깊다고 조정에 천거되어 이조 참판에
임명되었다. 광국공신(光國功臣)으로 훗날 덕원군(德原君)에 봉해졌다. 시호는 문헌(文
獻)이다.

198 정정이(鄭靜而) : 【譯注】정지운(鄭之雲, 1509~1561)으로, 본관은 경주(慶州),
자는 정이, 호는 추만(秋巒)이다.

199 정자중(鄭子中) : 【譯注】정유일(鄭惟一, 1533~1576)로, 본관은 동래(東萊), 자
는 자중, 호는 문봉(文峯)이다. 대사간과 승지 등을 역임하였다.

이중구[200]에게 부쳐 주다. 절구 3수【경신년(1560, 명종15, 60세) 9~10월 추정. 예안(禮安)】

寄贈李仲久 三絶

이중구의 호는 정존(靜存)이다.

(詩-內卷3-87)

정존이 나에게 먹 한 개[201]를 주었는데	靜存贈我一丸朱
나는 마침 눈이 침침해서 책 읽기를 그만두려 하노라	我正昏眸欲廢書
묵은 습관 버리지 못해 때로 붓을 묻히지만	結習未除時點染
산창에서 충어에 주를 내는 건[202] 아니라네	山窓非是注蟲魚

---

200 이중구 :【攷證 卷2 李仲久】이담(李湛, 1510~1574)으로, 본관은 용인(龍仁), 자는 중구(仲久), 호는 정존재(靜存齋)이며, 한양에 거주하였다. 명(明)나라 무종(武宗) 정덕(正德) 경오년(중종5)에 태어났다. 처음에는 처사 유우(柳藕, 1473~1537)에게 학문을 배웠으며, 뒤에 경재(敬齋) 경세인(慶世仁, 1491~?)의 사위가 되어 그를 스승으로 섬겼다. 무오년(1538, 중종33)에 과거에 합격하였다가 을사년(1545, 명종1년)에 벼슬에서 쫓겨났으며 정미년(1547, 명종2)에 양산(梁山)으로 귀양 갔다. 만년에《주역》읽기를 좋아하여《황극경세(皇極經世)》와《계몽익전(啓蒙翼傳)》에 더욱 공을 들이면서 선생에게 질의하였다. 선생보다 9살이 적은데, 선생의 뒤로 물러나 후학으로 자처하였다. 벼슬은 감사(監司)에 이르렀다.

201 먹 한 개 :【攷證 卷2 一丸朱】살펴보건대, '주(朱)'는 주묵(朱墨)이다. 구두점을 찍거나 잘못된 곳을 바로잡는 데 사용한다.《정본 퇴계전서》권5 KNL0084〈이중구에게 답하다〔答仲久書〕〉편지에 "주묵을 선물로 보내주었다.〔朱笏珍投〕"라고 한 것이 이를 가리킨다.

202 충어에……건 :【攷證 卷2 注蟲魚】당(唐)나라 한유(韓愈)의〈황보식 공의 안원지 시를 읽고 그 뒤에 쓰다〔讀皇甫湜公安園池詩書其後〕〉시에 "《이아》에서 벌레와 물고기 주를 내는 것은, 결코 기상이 큰 사람이 할 일이 아니네.〔爾雅註蟲魚, 決非磊落人.〕"라고 하였다. 자고(子固) 증공(曾鞏)의〈7월 14일 한지국과 숙직하는 방에서 함께 「산해경」

(詩-內卷3-88)

늘그막에 책을 통해 길 헤맸음을 알았는데	晚從書裏悟迷塗
병중의 공부 도리어 대장부에 더욱 부끄럽도다	病業還慚大丈夫
묻나니 고요히 보존하여 무엇을 보존했나	爲問靜存存底事
편지 보내 속마음을 다 털어놓게나	書來肝膽好相輸

(詩-內卷3-89)

우산의 나무 어찌 갑자기 빼어나고 우거지랴[203]	山木何能便秀穹
마음을 보존함은 모름지기 오랜 세월 공력이 필요하네	存心要在積年功
그대여 밤낮 동으로 흐르는 저 강물을 보시게	君看日夜東流水
작은 웅덩이에서 시작하여 바다에 이르는 것을	放海先從一坎中

을 보다(七月十四日韓持國直廬同觀山海經)〉 시에 "해(亥)와 시(豕)를 바로잡는 것 절로 우스운데, 다시 벌레와 물고기 주를 다는구나.〔自笑正亥豕, 更注注蟲魚.〕"라고 하였다. 【校解】《고증》에서는 "《이아주》에서 '충어는 결코 뇌락인이 아니다.' 하였다.〔(爾雅註) 蟲魚決非牢落人.〕"라고 하여 마치 《이아주》에서 인용한 것처럼 되어 있는데, 처음부터 '蟲魚'까지 구두를 찍어서 5언 절구로 보지 못한 오류를 저질렀다. 또한 '磊'가 '牢'로 되어 있어서 아울러 수정하였다. 【要存錄 卷3】 소식의 〈구양계묵이 유연묵 2정을 보내 주었는데 각기 한 치쯤의 길이였다. 장난삼아 짧막한 시를 짓는다.〔歐陽季默以油煙墨二丸見餉各長寸許戲作小詩〕〉 시에 "먹은 견고하고 사람은 매우 무르니, 모자란다고 탄식하지 말게. 또 벌레나 물고기 주 달기에 적당하지, 삼천 쪽의 간독 쓰게 하진 말게.〔墨堅人苦脆, 未用歎不足. 且將注蟲魚, 莫草三千讀.〕"라고 하였다. 이 구절은 묵은 습관을 떨쳐내지 못하여 이따금 먹을 찍어 글자를 써보지만, 도산의 창에서 정양(靜養)하고 지내면서 애당초 전주(箋注)에 마음을 두지 않았다는 말이다.

203 우산의……우거지랴 : 【攷證 卷2 山木秀穹】 송(宋)나라 주자(朱子)의 〈서재에서 감흥이 일어〔齋居感興〕〉 시 20수 중 제19수에 "슬프도다 우산의 나무, 도끼와 자귀 날마다 찾아오네. …… 보존하고 기름이 바야흐로 이에서 시작하니, 어느 해나 숲이 빼어나고 우거지랴.〔哀哉牛山木, 斧斤日相尋.……保養方自此, 何年秀穹林?〕"라고 하였다. 【要存錄 卷3】 산의 나무는 모름지기 오랜 세월 보존하고 길러야 한다. 그렇지 않으면 어찌 하루아침에 빼어나고 우거지게 되겠는가.

정자중²⁰⁴의 〈한거〉 20수²⁰⁵에 화답하다 【경신년(1560, 명종15, 60세) 9~10월 추정. 예안(禮安)】

和子中閒居二十詠

(詩-內卷3-90)

학문을 강습하다 講學

유속에 영합하여 덕을 어지럽히는 기세 점차 번져가니

同流亂德勢侵淫

잃어버린 실마리 아득하여 찾기 쉽지 않구나

墜緖茫茫不易尋

다만 인륜 향해 도를 다 밝히고

只向彝倫明盡道

다시금 성정으로 인해 마음을 보존해야지

更因情性得存心

조박²⁰⁶이 오묘한 도 전함을 반드시 알아야만

須知糟粕能傳妙

비로소 웅어²⁰⁷ 가운데 무엇이 좋은 맛인 줄 알 것이라

始識熊魚孰味深

---

204 정자중 : 【譯注】 정유일(鄭惟一, 1533~1576)로, 본관은 동래(東萊), 자는 자중(子中), 호는 문봉(文峯)이다. 대사간과 승지 등을 역임하였다.

205 한거 20수 : 【譯注】 정유일의 《문봉집(文峰集)》에는 이 시가 보이지 않는다.

206 조박(糟粕) : 【譯注】 고인(古人)의 언행이 담긴 서책을 가리킨 말이다. 춘추 시대 제 환공(齊桓公)이 일찍이 대청 위에서 글을 읽고 있을 때, 마침 수레바퀴를 깎는 편(扁)이란 장인(匠人)이 대청 아래에서 수레바퀴를 깎고 있다가 제 환공에게 "감히 묻겠습니다. 대왕께서 읽으시는 것이 무슨 말입니까?" 하였다. 환공이 성인(聖人)의 말씀이라고 대답하니, 그가 또 성인이 살아 있느냐고 물으므로, 환공이 이미 돌아갔다고 대답하자, 그가 "그렇다면 대왕께서 읽으시는 것은 옛사람의 찌꺼기일 뿐입니다.〔然則君之所讀者, 古人之糟粕已夫。〕"라고 하였다.

207 웅어(熊魚) : 【譯注】《맹자》〈고자 상(告子上)〉에 "고기도 먹고 싶고 곰 발바닥도

한스럽도다! 산골에 강학할 벗 없으니　　　　　　　卻恨山樊無麗澤
서재에서 온종일 홀로 조심조심하노라[208]　　　　　齋居終日獨欽欽

(詩-內卷3-91)
뜻을 구하다 求志

은거한 뜻은 다름 아니라 도를 행하고자 함이니[209]　　隱志非他達所由
천민의 덕과 업을 모름지기 추구해야 한다네[210]　　　天民德業尙須求
현인을 바람은 참으로 우리들이 할 일이라[211]　　　　希賢正屬吾儕事
도를 지켜야하는 오늘날의 근심 어찌 잊으랴　　　　　守道寧忘此日憂
대착을 주조할 땐 거푸집을 바꿔야 하고[212]　　　　　大錯鑄來容改範

먹고 싶지만 모두 먹을 수 없다면 고기를 버리고 곰 발바닥을 취할 것이며, 생명도 보전하고 싶고 의리도 취하고 싶지만 두 가지를 겸할 수 없을 경우 생명을 버리고 의리를 취하겠다."라고 하였다.

208 온종일 홀로 조심조심하노라 : 【攷證 卷2 終日獨欽欽】《사기(史記)》〈주연열전(朱然列傳)〉에 "오(吳)나라의 주연은 온종일 정신을 가다듬어〔終日欽欽〕 마치 군대의 진영 속에 있는 듯하였다."라고 하였다.

209 은거한……함이니 : 【譯注】《논어》〈계씨(季氏)〉에 "세상에서 물러나 숨어 살면서 자신의 뜻을 추구하고〔隱居以求其志〕, 세상에 나아가 의를 행하여 자신의 도를 펼친다."라고 하였다.

210 천민의……한다네 : 【要存錄 卷3】《맹자》〈진심 상(盡心上)〉에 "천민(天民)인 자가 있으니, 통달하여 천하에 도를 행할 만한 다음에 행하는 자이다."라고 하였다.

211 현인을……일이라 : 【要存錄 卷3】송(宋)나라 주돈이(周敦頤)의 《통서(通書)》〈지학(志學)〉에 "성인은 하늘처럼 되기를 희망하고, 현인은 성인처럼 되기를 희망하고, 선비는 현인처럼 되기를 희망한다."라고 하였다.

212 대착을……하고 : 【要存錄 卷3】송나라 손광헌(孫光憲)의 《북몽쇄언(北夢瑣言)》에 다음과 같은 내용이 있다. "당(唐)나라 소종(昭宗) 때 위박 절도사(魏博節度使) 나소위(羅紹威)는 위박의 호위군이 매우 교만하다고 여겨 모조리 죽이려고 주온(朱溫)을

길 헤맴을 깨달았다면 급히 수레 돌려야지[213]	迷途覺處急回輈
다만 누항의 안자처럼 지조를 굳게 잡을지니	秖從顔巷勤攸執
부귀는 허공의 한 점 뜬구름일러라[214]	貴富空雲一點浮

(詩-內卷3-92)

글씨를 익히다 習書

근래 조맹부(趙孟頫)와 장여필(張汝弼)[215]의 글씨가 매우 유행하는데, 모두 후학을 그르치는 것을 면치 못한다.

| 자법이란 원래 심법의 표현이라 | 字法從來心法餘 |
| 글씨 익힘이 명필로 이름나길 바라는 건 아니라네 | 習書非是要名書 |

불러들였다. 후에 위박을 물리쳤지만 주온에게 제압당하자, 친밀한 관리에게 '6주 43현의 무쇠를 다 모아도 주온에게 줄 큰 줄을 주조할 수 없을 것이다.〔聚六州四十三縣鐵, 鑄一大錯不成.〕'라고 하였다." 살펴보건대, 거푸집〔範〕은 쇠를 주조하는 틀이다. 만들 때 조금이라도 넘치거나 부족함이 있으면 편의에 따라 줄이거나 늘려야 한다. 만약 거푸집 전체가 많이 어긋나면 그 만드는 틀을 완전히 바꿔야 한다.

213 길……돌려야지 : 【要存錄 卷3】 이 구절은 잘못 들어간 길이라고 깨닫는 즉시 곧바로 머리를 돌린다면 끝까지 헤매지는 않을 것이라는 말이다. 앞의 구절은 마음을 세우는 규모를 말하였고, 이 구절은 실천하는 길을 말하였다.

214 부귀는……뜬구름일러라 : 【要存錄 卷3】《논어》〈술이(述而)〉에 "나물밥에 물을 마시고 팔 베고 눕더라도 즐거움이 또한 그 속에 있나니, 떳떳하지 못한 부귀는 나에게 뜬구름과 같다."라고 하였다.

215 조맹부(趙孟頫)와 장여필(張汝弼) : 【攷證 卷2 趙張】 조맹부(1254~1322)의 자는 자앙(子昻), 호는 송설(松雪)로 오흥(吳興) 사람이며 송(宋)나라 왕실 가문이다. 원(元)나라에 벼슬하여 한림학사가 되었다. 장여필(1425~1487)의 이름은 필(弼)로 여필은 그의 자이다. 명(明)나라 화정(華亭) 사람이며, 호는 동해(東海)이다. 서법이 유랑(流浪)하였다. 명성이 중국에 빛난 것을 스스로 좋아하였지만, 붓 힘이 매우 약하였으며 천부적인 재능은 거의 없었으니, 장욱(張旭)이나 회소상인(懷素上人)에 비하면 천양지차였다.

창힐과 복희가 만든 글씨[216] 절로 신묘하니 　　蒼羲制作自神妙
위진[217]의 풍류라고 어찌 방종하고 소홀하랴 　　魏晉風流寧放疎
오흥의 걸음 배우려다가 이전 것도 잃어버리고[218] 　　學步吳興憂失故
동해를 본뜨다가[219] 허사 될까 두려워라 　　效顰東海恐成虛
다만 점과 획마다 모두 마음이 전일해야 하니[220] 　　但令點畫皆存一
세상의 헛된 비난과 칭송은 관여될 게 없도다 　　不係人間浪毁譽

---

216 창힐과……글씨 : 【攷證 卷2 蒼羲制作】《사기》〈오제본기(五帝本紀)〉에 "창힐(蒼頡)이 새 발자국을 본떠 그려 적전(跡篆)을 만들었다."라고 하였다. 또한 "포희씨(包羲氏)가 처음으로 용서(龍書)를 만들었다."라고 하였다. 【要存錄 卷3】《서경》 서문에 "창힐의 글자는 윗부분이 거칠고 꼬리는 가는 모양이며 또한 올챙이처럼 둥그렇다. 글자는 포희가 만든 용서(龍書)에서 기원하였는데, 창힐은 고문(古文)을 변화시켜 조적전(鳥跡篆)을 만들었다."라고 하였다.

217 위진 : 【譯注】 종요(鍾繇)와 왕희지(王羲之)를 이른다. 【攷證 卷2 魏晉】 종요의 자는 원상(元常)으로 위 문제(魏文帝) 때 사람이다. 30년 동안 유덕승(劉德昇)에게 글쓰기를 배웠다. 후에 위연(韋誕)에게 채백개(蔡伯喈)의 필법을 물었는데, 그가 상대하지 않자 이에 스스로 가슴을 쳐서 피를 토하였다. 왕희지는 진(晉)나라 사람이다. 위부인(衛夫人)에게 글씨를 배웠는데, 위부인이 경탄하면서 "이 사람의 글씨는 어쩌면 그리도 종요를 닮았는가."라고 하였다.

218 오흥의……잃어버리고 : 【攷證 卷2 學步失故】《장자》〈추수(秋水)〉에 "그대는 한단(邯鄲)에 걸음을 배우러 온 수릉 땅 소년의 이야기를 듣지 못했는가? 그 국도(國都)의 잘 걷는 재주를 터득하기는커녕 옛날의 걸음걸이마저 잃어버리고서〔又失其故行〕 다만 기어서 돌아갔다는 것을."이라고 하였다. 【要存錄 卷3】 오흥은 조맹부를 가리킨다.

219 동해를 본뜨다가 : 【譯注】 동해는 장여필을 이른다. 【攷證 卷3 效顰】《장자》〈천운(天運)〉에 "월(越)나라의 미인 서시(西施)가 가슴이 아파서 얼굴을 찡그리자 그 마을의 추녀(醜女)가 이를 보고 아름답게 여겨 자기도 가슴을 부여잡고 얼굴을 찡그렸다."라고 하였다.

220 점과……하니 : 【攷證 卷2 點畫皆存一】《주자대전》〈서자명(書字銘)〉에 "전일함이 그 안에 있으니, 점을 찍고 획을 긋네.〔一在其中, 點點畫畫.〕"라고 하였다.

시를 읊조리다 吟詩

시가 사람을 그르치지 않는데 사람이 절로 그르치나니

詩不誤人人自誤

흥이 일고 정감이 고조되면 이미 막기 어려워라 　　　　　興來情適已難禁

풍운이 이는 곳엔 신이 도와주나니 　　　　　　　　　風雲動處有神助

훈혈[221]이 녹아날 때 속된 소리도 끊어지누나 　　　　葷血消時絶俗音

율리는 시 지으며 참으로 뜻을 즐겼고[222] 　　　　　　栗里賦成眞樂志

초당은 고친 뒤에 홀로 길게 읊조렸다네[223] 　　　　　草堂改罷自長吟

내가 분명하게 보지 못하였을 뿐이지 　　　　　　　　緣他未著明明眼

그대가 분명한 생각 숨긴 것은 아니지[224] 　　　　　　不是吾緘耿耿心

---

221 훈혈 : 【攷證 卷2 葷血】송(宋)나라 주자(朱子)의 〈공중지에게 답하다〔答龔仲至〕〉편지에 "시를 지을 때는 모름지기 고금 시체(時體)의 우아함과 속됨, 지향과 배척할 것을 알아야 하며, 인하여 뱃속의 이전에 생긴 지저분하고 더러운 것들을 깨끗이 씻어내야 한다.〔仍更洗滌得盡腸胃間夙生葷血脂膏〕"라고 하였다.

222 율리는……즐겼고 : 【攷證 卷2 栗里賦成眞樂志】송나라 요반(幼槃) 사과(謝薖)의 〈도연명의 진영을 그린 그림〔淵明寫眞圖〕〉시에 "시 읊어도 마음속 근심 풀어내지 못하니, 취중에 아이 불러 종이와 붓 대령시키네. 때때로 좋은 구절 생각나면 곧바로 쓰노니, 평담한 오언시 한 수 짓누나.〔哦詩未遣愁肝腎, 醉裏呼兒供紙筆. 時時得句輒寫之, 五言平淡用一律.〕"라고 하였다. 【校解】《고증》에는 '遣'이 '見'으로 되어 있는데, 통행본《사요반문집(謝幼槃文集)》에 의거하여 수정하였다.

223 초당은……읊조렸다네 : 【攷證 卷2 草堂改罷自長吟】살펴보건대, 초당은 곧 당(唐)나라 두보(杜甫)의 완화계(浣花溪) 초당을 가리킨다. 두보는 매번 시를 지으면서 자주 고쳤는데, 아름다운 구절을 얻으면 길게 읊조렸다. 그러므로 〈근심을 풀다〔解悶〕〉시 12수 중 제7수에 "성정을 도야함에 무엇을 해야 하나, 시를 짓고 고친 뒤에 스스로 길게 읊조리누나.〔陶冶性靈存底物, 新詩改罷自長吟.〕"라고 하였다. 송나라 소양직(蘇養直소상(蘇庠))이 이 구절에 주석을 내면서 "사혜련(謝惠連)은 시를 짓고 고쳤는데, 지음이 없기 때문에 좋은 구절을 얻었더라도 홀로 읊조릴 따름이었다."라고 하였다.

한가로움을 사랑하다 愛閑

숲 사이 띠집이요 돌 사이 시내라	林間茅屋石間泉
한가로워 가을바람 상쾌하고 고요함을 사랑하노라[225]	
	閑愛秋風灑靜便
《주역》에서 복희와 문왕의 한 두 괘를 살펴보고	易玩羲文一兩卦
시로 도연명과 소옹의 네댓 편을 읊조려 보누나	詩吟陶邵五三篇
동산은 구름에 깃들어 묵어가는 들사슴을 받아들이고	
	園容野鹿栖雲宿
들창은 해를 향해 졸고 있는 새를 마주하네	窗對沙禽向日眠
다만 몸만 한가한 것이 아니라 마음 또한 태연하니	不獨身閑心亦泰
남들보다 병이 많은들 어떠하리	任從多病在人先

---

224 그대가……아니지 :【攷證 卷2 不是吾緘耿耿心】뜻을 분명히 알 수 없다. ○ 살펴보
건대, 선생이 정자중에게 답한 편지에서 "그대의 〈한거〉라는 작품에 주제넘게 품평하였
는데, 뒤미처 생각하니 식은땀이 나고 부끄럽네."라고 하였다. 《定本 退溪全書 答鄭子中
36》아마도 문봉 정자중이 선생이 품평한 말에 대해 이해하지 못한 것이 있기에 그렇게
말한 듯하다. 【要存錄 卷3】감상하는 자가 안목이 없다면 작자의 뜻을 간파할 수가 없다.
이는 작자의 심사를 속으로 감춰두고서 시로 드러내지 않으려는 것이 아니다.

225 한가로워……사랑하노라 :【攷證 卷2 閑愛秋風灑靜便】당(唐)나라 두보(杜甫)의
〈가을날 기부에서 감회를 읊어 감사 정심, 빈객 이지방에게 받들어 올리다〔秋日夔府詠懷
奉寄鄭監審李賓客之芳〕〉시에 "약품은 부질없이 낭자하고, 가을바람은 상쾌하면서도
고요하네.〔藥餌虛狼藉, 秋風灑靜便.〕"라고 하였으며, 〈악주 사마 가지(賈至) 어른과 파
주 자사 엄무(嚴武)에게 보내다〔寄嶽州賈司馬六丈巴州嚴八使君兩閣老〕〉시에 "병이 많
아 더 머물러 있어야 하고, 길게 읊조리니 안정에 방해가 되네.〔多病加淹泊, 長吟阻靜
便.〕"라고 하였다.

(詩-內卷3-95)

고요함을 기르다 養靜

산에 사니 이미 안정되었다 말하지 말라	休道山林已辦安
마음 근원 맑지 못하면 오히려 방해가 많다네	心源未了尙多干
눈앞이 쇄락함은 항상 고요함으로 기른 것이라	眼中灑若常恬養
일이 지나면 초연하여서 억지로 붙잡지²²⁶ 말라	事過超然莫控摶
9년 동안 참선한 면벽수양²²⁷도 아니며	九歲觀空非面壁
3년 동안 기를 흡입한²²⁸ 연단도 아니라네	三年服氣異燒丹

---

226 억지로 붙잡지 : 【攷證 卷2 控摶】'단(摶)'은 손으로 물건을 감싸 안는 것을 이른다. 한(漢)나라 가의(賈誼)의 〈복조부(鵩鳥賦)〉에 "홀연히 사람이 되었으니, 어찌 삶에 연연하랴.〔忽然爲人兮, 何足控摶?〕"라고 하였다. 송(宋)나라 소식(蘇軾)의 〈감로사(甘露寺)〉 시에 "흥망은 조물주가 하는 일, 변해가는 것을 그 누가 붙들겠는가.〔廢興屬造物 遷逝誰控摶?〕"라고 하였다. ○《강록(江錄)》에 "공단은 아끼면서 가지고 노는 것이다."라고 하였다. 이 구절은 일이 지나가면 마음속에 담아두지 않음을 말하였다. 【校解】《고증》에 '摶'은 모두 '摶'으로 되어 있는데, 이는 이미지를 텍스트로 옮기면서 발생한 오류로 보인다. 가의나 소식의 작품 원문에도 '摶'으로 되어 있다.

227 9년……면벽수양 : 【要存錄 卷3】《전등록(傳燈錄)》에 "달마조사(達摩祖師)는 소림사(少林寺)에 이르러 벽을 향하여 좌선한 지 9년이 지나서야 비로소 깨우쳐 부처가 되었다."라고 하였다.

228 3년……흡입한 : 【攷證 卷2 三年服氣】진(晉)나라 갈홍(葛洪)의 《포박자(抱朴子)》〈대속(對俗)〉에 "장광정(張廣定)이란 사람이 난리를 피하여 네 살 먹은 딸을 무덤에 놔두고서 몇 달 먹을 음식과 물 등을 주고서 떠났다. 3년이 지나 난리가 평정되자 무덤 속의 딸 유골을 거둬 안장시키려 하였다. 장광정이 무덤 속으로 들어가 보니 딸은 살아서 무덤에 앉아 있었다. 딸이 말하기를 '식량이 떨어질 즈음 무덤 모퉁이에서 동물 하나가 목을 늘이고 기를 흡입하기에 따라서 해보았더니 배가 고프지 않게 되었습니다.'라고 하였다. 그것은 바로 큰 거북이었다."라고 하였다. 《진서(晉書)》〈허매열전(許邁列傳)〉에 "허매는 항상 기(氣)를 흡입하였는데, 한 번 기를 흡입하면 일반인이 천여 번 숨 쉴 동안을 참았다."라고 하였다.

성현이 정을 말함은 해처럼 분명하여[229]   聖賢說靜明如日

호리라도 잘못 볼까 깊이 경계하셨지[230]   深戒毫釐錯做看

(詩-內卷3-96)

향을 사르다 焚香

향을 사르는 건 승려를 배우자는 것이 아니니   焚香非是學禪僧

속진 없이 맑게 앉으매 생각이 고요한 듯하여라   淸坐無塵思若凝

이미 가슴속은 온통 깨끗이 씻었으니   已遣襟靈渾洗滌

이어서 마음도 연못과 얼음에 임한 듯 조심스럽게 하노라

     從敎心地凜淵冰

무당들의 기도는 괴이함을 더할 뿐이요   史巫祈祝唯增怪

비단옷 입은 여인의 짙은 향내는 다만 오만함을 키울 뿐일세

     羅綺薰濃只長矜

누가 침향을 위하여 이런 재액을 없애고서[231]   誰與沈材除此厄

---

229 성현이……분명하여 :【要存錄 卷3】송(宋)나라 주돈이(周敦頤)는 "욕심이 없으므로 고요하다."라고 하였으며, 이천(伊川) 선생은 "공경하면 저절로 마음이 허정(虛靜)해진다."라고 하였으며, 또한 "고요한 가운데 모름지기 물(物 경(敬))이 있어야 한다."라고 하였다.

230 호리라도……경계하셨지 :【要存錄 卷3】정중(靜中) 공부는 불가(佛家)와 다만 호리를 다투니, 잘못 보는 것을 깊이 경계한 것이다.

231 누가……없애고서 :【攷證 卷2 誰與沈材除此厄】《강록(江錄)》에 "'여(與)'는 위한다[爲]는 뜻이다. 이 부분은 '무당과 비단옷 입은 이들은 침향에게는 재앙이 되니 누가 나를 위해 향을 살라 그 냄새를 없애고 존사의 자리에 공경히 사를 것인가.'라는 뜻이다."라고 하였다. ○ 살펴보건대, 송나라 황정견(黃庭堅)의 〈여러 사람들이 도미 시에 창화하는 것을 보고 나도 곧바로 차운하여 장난삼아 읊었다[見諸人唱和酴醾詩輒[次韻戲詠]〉 시에 "옥 기운은 맑은 날 무지개가 뜨고, 침향 재질은 톱질할 때 가루가 날리네.[玉氣晴虹

안자와 증자 위해 공경히 일판향을 사를까²³²　　　敬拈一瓣爲顔曾

(詩-內卷3-97)

약을 복용하다 服藥

거듭거듭 병이 쌓여 높은 언덕 같으니　　　　重重積病等丘陵

약 속에도 군신의 가감이 있다 하네²³³　　　藥裏君臣有減增

효험 이야기하면 신통한 듯한데 증상 처방하기 어렵고

　　　　　　　　　　　　　　　　　　道驗若神難對證

처방전 써서 우연히 맞으면 용하다고들 말하네　試方偶中已稱能

용렬한 의원은 잘못 진단해 자칫 건강 해치고　庸工失診輕生誤

좋은 약은 해는 없되 오래 지나야 효험을 보는 법　良劑無傷久見徵

다만 부지런히 복용하여 조금이라도 병이 낫는다면　但得服勤差少病

마른 등나무처럼 비쩍 여윈들 무에 거리끼리　何妨瘦骨似枯藤

發, 沈材鉅屑霏.)"라고 하였는데, 아마도 침향 가루를 가리키는 듯하다.

232 안자와……사를까 : 【譯注】일판향(一瓣香)은 원래 불가에서 스승의 연원을 계승함을 이르는 말인데, 여기서는 누가 안자(顔子)와 증자(曾子)의 도를 전수할 것인가란 의미로 사용되었다. 불서(佛書)에 "선사(禪師)들이 설법할 때 판향(瓣香)을 살라, 자신이 법을 받은 법사(法師)를 거슬러 올라가 추앙한다."고 하였다.

233 약……하네 : 【譯注】임금과 신하는 한약 처방에서 주된 약과 보조되는 약을 비유한다. 【攷證 卷3 藥裏君臣有減增】허준(許浚)의 《동의보감(東醫寶鑑)》에 "약에는 임금과 신하, 보좌와 사역이 있어서 이것들을 알맞게 배합해야 좋은 처방이 된다. 예를 들면, 풍을 다스리는 데는 방풍(防風)이 임금이 된다. 임금이 되는 약 하나에 신하가 되는 약은 둘, 보좌하는 약은 셋, 사역하는 약은 다섯이 마땅하며, 또는 임금이 되는 약이 하나에 신하 되는 약이 둘, 보좌하는 약이 다섯, 사역하는 약이 아홉도 괜찮다. 임금이 되는 약을 10푼 썼다면 신이 되는 약은 7~8푼을 써야 하고 보좌하는 약은 5~6푼을 써야 하며 사역하는 약은 3~4푼을 쓰되, 약간씩 가감이 있다."라고 하였다.

거문고를 타다 彈琴

선왕이 음악을 만든 그 뜻 더욱 깊으니[234]	先王作樂意尤深
천지의 중화가 마음에서 일어나누나	天地中和發自心
봉황이 남훈전에 내려앉으니 원래 가장 아름답고[235]	鳳下南薰元盡美
학이 동국으로 날아와 따로 음악 이뤘어라[236]	鶴來東國別成音
평소 나는 따로 거문고를 배운 적이 없는데	平生我未專師學
오늘 그대는 능히 옛 악보[237]를 찾는구나	此日君能古譜尋

---

234 선왕이……깊으니 :【攷證 卷2 先王作樂意尤深】복희(伏羲)가 거문고를 만들어 몸을 닦고 성정을 다스려 천진(天眞)함으로 돌아갔다. 신농씨(神農氏)가 처음으로 오동나무를 깎아 거문고를 만들고 노끈과 실로 현을 만들어 신명의 덕에 통하였다. 위(魏)나라 장읍(張揖)의 《광아(廣雅)》에 "신농씨의 거문고는 길이가 3자 6치 6푼으로 위에는 다섯 현이 있었는데, 궁(宮)·상(商)·각(角)·치(徵)·우(羽)라 하였다. 문왕(文王)과 무왕(武王)이 두 현을 보태어 소궁(小宮)과 소상(小商)이라 명명하였다."라고 하였다.

235 봉황이……아름답고 :【要存錄 卷3】《서경》〈익직(益稷)〉에 "순임금의 음악인 소소(蕭韶)를 아홉 번 연주하니 봉황이 날아와 법도에 맞게 춤을 추었다."라고 하였다. 《논어》〈팔일(八佾)〉에 "공자가 소악(韶樂)에 대해 '지극히 아름답고 지극히 선하다.'고 평하였다."라고 하였다.

236 학이……이뤘어라 :【攷證 卷2 鶴來東國別成音】신라 진흥왕(眞興王) 때 현학금(玄鶴琴)이 있었다. 《삼국사기》〈잡지(雜志)〉에 "애초에 진(晉)나라 사람이 고구려에 거문고를 보냈는데, 고구려 사람들은 연주하는 법을 알지 못하였다. 당시 재상 왕산악(王山岳)이 본래 형태에서 양식을 바꾸고 백여 곡을 만들어서 연주하니 검은 학이 내려와 춤을 추었다. 그러므로 현학금(玄鶴琴)이라 명명하였다."라고 하였다.【校解】《고증》에서 '동국의 역사에 신라 진흥왕 때 현학금이 있었다.'고 하였는데 이는 역사에 나오는 내용이 아니라 개설하는 말이다.

237 옛 악보 :【攷證 卷2 古譜】남송(南宋) 곽무천(郭茂倩)의 《악부시집(樂府詩集)》〈금곡가사(琴曲歌辭)〉에 "옛날에 거문고 곡조로 오곡(五曲), 십이조(十二操), 구인(九引), 이십일장(二十一章) 등의 종류가 있었다."라고 하였다.

내년 산달이 둥실 뜬 밤이 되면 　　　　　　　好待明年山月夜

무현금을 타서 유현금에 화답하리[238] 　　　　無絃琴和有絃琴

(詩-內卷3-99)

투호[239] 投壺

예와 악은 본래 온화함과 엄숙함을 갖췄는데[240] 　　禮樂從來和與嚴

투호 한 재예는 이 둘을 겸했어라 　　　　　　　投壺一藝已能兼

주인과 손님 편 나눠도 거동에 오만함 없고[241] 　　主賓有黨儀無傲

---

238 무현금을……화답하리 : 【譯注】남조 양(梁)나라 소통(蕭統)의 〈도정절전(陶靖節傳)〉에 "연명(淵明)은 음률(音律)을 알지 못하므로 무현금 한 개를 마련해 두고는 술이 얼근해지면 무현금을 어루만지며 그 뜻만을 의탁할 뿐이었다."라고 하였다.

239 투호 : 【攷證 卷2 投壺】《예기》〈투호(投壺)〉의 남전(藍田) 여대림(呂大臨)의 주석에 "투호란 것은 항상 활을 쏘는 예를 다할 수가 없어서 그 절차를 행한 것이다. 호라는 것은 술을 담아 좌석 사이에 두는 것이다. 그 처음을 살펴보면 아마도 잔치하며 술을 마시는 도중에 술을 담아 손님을 즐겁게 하기 위한 것이었으나, 이때는 활을 쏠 수가 없기 때문에 좌석 사이의 술동이를 가져다가 활 쏘는 예절을 의탁하였다. 이것이 투호가 생겨난 유래이다."라고 하였다. 【要存錄 卷3】송(宋)나라 사마광(司馬光)의 〈투호격범서(投壺格範序)〉에 "호(壺)는 가운데 지름이 세 치, 귀의 지름은 한 치, 높이는 한 자로 소두 한 말이 들어간다. 활을 던지는 자리에서 화살 두 개 반 거리 정도 떨어져 둔다. 화살은 열두 개로, 길이는 세 자 네 치이다. 호에 모두 넣어 하나도 옆으로 빠지지 않는 사람이 제일 뛰어난 자이다. 다 넣을 수 없다면 누계를 따져 백 개 중에 20개를 먼저 넣는 사람이 이기고 뒤에 넣은 자가 진다. 항아리에 모두 찼으면 화살이 많이 남은 사람이 이기고 적게 남은 사람이 진다."라고 하였다.

240 예와……갖췄는데 : 【要存錄 卷3】《논어》〈학이(學而)〉의 '유자왈예지용(有子曰禮之用)'의 주석에서 송나라 범조우(范祖禹)는 "경(敬)은 예가 서는 토대가 되며 화(和)는 음악이 생기는 근본이 된다."라고 하였다.

241 주인과……없고 : 【攷證 卷2 主賓有黨儀無傲】《예기》〈투호〉에 "손님은 오른편으로 들어가고 주인은 왼편으로 들어간다. 거만하지 말며, 업신여기지 말며, 어른 앞에 등지고 서지 말며, 제 자리를 넘어가서 멀리 있는 사람과 이야기하지 않는다. 투호를 주관하는

산가지에 벌주 같지 않아도 마음은 모두 만족하누나[242]

算爵非均意各厭

활쏘기와 비슷하여 남자들이 이로써 익히는 게 있나니[243]

比射男兒因肄習

그 다툼은 군자라 구경할 만하도다[244]　　　其爭君子可觀瞻

마음이 차분하고 몸이 올바르니 어찌 용모를 꾸미랴[245]

心平體正何容飾

사람, 예의를 감찰하는 사정(司正), 구경하는 사람 중 관례를 마친 자는 모두 빈당(賓黨)에 속하고 악공과 심부름꾼 및 동자는 모두 주당(主黨)에 속한다."라고 하였다.

242　산가지에……만족하누나 :【攷證 卷2 算爵非均意各厭】《예기》〈투호〉에 "던지기를 마치면 사사(司射)는 산을 잡고 말하기를 '청컨대 들어간 화살을 세어보겠습니다.'라고 한다. 화살 두 개를 순(純)이라고 하며, 1순씩 집어서 세고 한 개만 남는 것을 기(奇)라고 한다. 마침내 동수의 순은 상쇄하고 남은 화살을 가지고서 '아무개가 아무개보다 몇 개의 순이 뛰어나다.'라고 한다. 홀으로 남을 때는 '몇 개의 기가 뛰어나다.'라고 하고, 두 사람이 동수일 때는 '좌우가 같다.'라고 한다. 술 따르는 사람에게 명하기를 '청컨대 벌주를 행하라.'고 하면, 벌주를 마시는 사람은 꿇어앉아 술잔을 받고 말하기를 '따라준 술잔을 받들어 마시겠습니다.'라 한다."라고 하였다. 소(疏)에서 "이기지 못한 자는 마시되 원망하지 않으며, 이긴 자는 벌주를 권하되 뽐내지 않는다."라고 하였다. 《강록(江錄)》에 "이긴 자나 이기지 못한 자나 모두 만족스럽다."라고 하였다.

243　활쏘기와……있나니 :【攷證 卷2 比射男兒因肄習】《예기》〈투호〉의 주석에서 남전 여대림은 "투호는 활 쏘는 예의 작은 예절이다. 활쏘기는 남자들의 일이기에 예와 악으로 그것을 꾸민다. 한편으로 손님을 즐겁게 하고 한편으로 위의를 익히며 다른 한편으로는 재예를 익힌다."라고 하였다.

244　그 ……만하도다 :【要存錄 卷3】《논어》〈팔일(八佾)〉에서 공자가 "군자는 다투는 바가 없으니 있다면 아마도 활쏘기일 것이다. 읍하여 사양하고 오르며 내려와서 진 사람에게 벌주를 마시게 하니, 그 다툼이 군자답도다."라고 하였다.

245　마음이……꾸미랴 :【要存錄 卷3】《예기》〈투호〉의 여대림의 주석에 "활을 쏠 때의 용모와 태도는 예에 견줄 만하고 그 절도는 음악에 견줄 만하다. 뜻이 바르고 자세가 곧으면 화살을 잡음이 참으로 견고하여 적중할 것이니, 이른바 덕을 살펴본다는 것이

그 가운데 전일함이 있어[246] 스스로 조심하누나   一在中間自警潛

(詩-內卷3-100)

꽃을 구경하다 賞花

한 번 꽃이 피면 한 번 새로워지나니   一番花發一番新

차례대로 꽃 피워 하늘이 가난한 나를 위로하누나   次第天將慰我貧

조물주는 무심하되 도리어 모습을 드러내고   造化無心還露面

천지는 말이 없으면서 스스로 봄을 머금었어라   乾坤不語自含春

시름 달래고자 술 부르니 새가 잔을 권하고[247]   澆愁喚酒禽相勸

흥이 올라 시를 지으니 붓대에 신의 도움이 있구나   得意題詩筆有神

선택하여 읊는 권한이 모두 이 손에 달렸으니   詮擇事權都在手

벌나비 부질없이 어지러이 날아든들 아랑곳하지 않노라

                任他蜂蝶謾紛繽

(詩-內卷3-101)

물고기를 낚다 釣魚

태평시대 병이 많아 일찌감치 한가한 데로 물러나니 淸時多病早投閒

활쏘기에 있는 것이다."라고 하였다.

246 그……있어 :【攷證 卷2 一在中間】《강록(江錄)》에 "일(一)이란 경(敬)이다."라고
하였다.

247 새가 잔을 권하고 :【譯注】제호(提壺) 또는 제호로(提壺蘆)라는 새가 있는데,
그 울음소리가 한문으로 술병을 들라는 뜻이 된다. 당(唐)나라 백거이(白居易)의 〈이른
봄에 제호조가 우는 것을 듣고 인하여 이웃집에 제하다〔早春聞提壺鳥因題鄰家〕〉 시에
"가을 원숭이 눈물 재촉하는 소리는 듣기 싫고, 봄 새의 술병 들라 권하는 소리는 듣기
반갑네.〔厭聽秋猿催下淚, 喜聞春鳥勸提壺.〕"라고 하였다.

세상만사 낚싯대 앞에 간여하지 못하누나[248]   萬事漁竿本不干

조각배 젓고 나니 달빛 아래 잠자기 좋고   小艇弄殘宜月宿

낚싯줄 거두고서 바람 맞으며 밥도 짓네   寒絲收罷任風餐

갈대꽃 단풍잎에 가을 깊어가는 강기슭이요[249]   荻花楓葉深秋岸

삿갓에 도롱이 쓰니 가랑비 내리는 여울이라[250]   篛笠簑衣細雨灘

우습구나, 이전에 길을 어이 잘못 들어   可笑從前聞失脚

도성의 풍진 속에 높은 관을 빠트렸던고   軟紅塵土沒高冠

(詩-內卷3-102)

책을 볕에 쬐어 말리다[251] 曬册

옛날부터 서화는 황매우[252]에 훼손된다 하는데   古稱書畫損梅黃

---

248 세상만사……못하누나 : 【要存錄 卷3】 세상의 모든 일이 낚싯대 앞에서는 아무 의미가 없다는 말이다.

249 갈대꽃……강기슭이요 : 【攷證 卷2 荻花楓葉深秋岸】 당(唐)나라 백거이(白居易)의 〈비파행(琵琶行)〉 시에 "심양강 가에서 밤에 손님을 전송하노라니, 단풍잎 갈대꽃에 가을바람은 쓸쓸하네.〔潯陽江頭夜送客, 楓葉荻花秋瑟瑟.〕"라고 하였다.

250 삿갓에……여울이라 : 【攷證 卷2 篛笠簑衣細雨灘】 당나라 장지화(張志和)의 〈어부사(漁父詞)〉에 "푸른 삿갓 쓰고 초록색 도롱이 걸쳤으니, 비낀 바람 가랑비에 굳이 돌아갈 것 없네.〔青箬笠, 綠簑衣, 斜風細雨不須歸.〕"라고 하였다.

251 책을……말리다 : 【要存錄 卷3】 북위(北魏) 가사협(賈思勰)의 《제민요술(齊民要術)》에 "5월에 습하고 더울 때 두충어(蠹蟲魚)가 서적에서 생겨난다. 5월 이후로 7월 이전까지 날이 맑을 때 바람이 잘 드는 곳에서 구름이 없는 날 햇볕이 내리쬘 때 책을 말린다. 만일 열기를 탄다면 책에 벌레가 더욱 빨리 생긴다."라고 하였다.

252 황매우 : 【攷證 卷2 梅黃】 《풍토기(風土記)》에 "하지 전후에 내리는 비를 황매우(黃梅雨)라고 한다. 옷이 비에 젖으면 온통 검게 썩는다."라고 하였다. 송(宋)나라 육전(陸佃)의 《비아(埤雅)》 〈매실(梅實)〉에 "장강(長江)과 상수(湘水), 절동(浙東)과 절서(浙西) 지역에 4~5월 사이 매실이 누렇게 익어 떨어지려 하면 물기에 땅이 푹 젖으며

하루는 동산에 기쁘게도 볕이 들었어라	一日園林喜得陽
책 펴놓자 좀벌레는 놀래어 달아나고	散帙白魚驚不定
뜰 지키는 여종[253]은 지쳐서 누우려 하네	護庭赤脚倦思僵
부끄럽게도 햇빛에 말릴 것 없는 빈 뱃속인데[254]	愧無可曬惟空腹
한가로움은 사람 따르려다 혹 옷 거꾸로 입는 것보다 낫구나[255]	
	閒勝隨人或倒裳
먼지 덮인 책이 매우 쓸쓸하다 탄식하지 말게나	莫歎塵編寥落甚
상자 안의 구슬[256]은 잊기가 대단히 어려우니	櫝中珠在最難忘

기둥과 주춧돌에 모두 수증기가 무성하게 피어올라 비가 내리는데 이를 매우(梅雨)라고 한다."라고 하였다.

253 여종 : 【攷證 卷2 赤脚】당(唐)나라 한유(韓愈)의 〈노동에게 보내다〔寄盧仝〕〉시에 "남자 종 하나는 긴 수염에 머리도 못 싸매고, 여자 종 하나는 맨다리에 늙어서 이도 없네.〔一奴長鬚不裹頭, 一婢赤脚老無齒.〕"라고 하였다.

254 말릴……뱃속인데 : 【攷證 卷2 曬腹】《세설신어(世說新語)》〈배조(排調)〉에 "학륭(郝隆)이 7월 7일에 이웃 사람이 옷을 말리는 것을 보고서 이에 뜰에서 배를 드러내고 누웠다. 이웃 사람이 그 까닭을 묻자, '나는 지금 책을 말리고 있다.'고 대답하였다."라고 하였다.

255 한가로움은……낫구나 : 【譯注】《시경》〈제풍(齊風) 동방미명(東方未明)〉에 "동방이 밝기도 전에 허둥지둥 옷을 입노라. 허둥지둥 옷을 입거늘, 임금님 처소에서 부르도다.〔東方未明, 顚倒衣裳. 顚之倒之, 自公召之.〕"라고 하였다. 【攷證 卷2 閒勝隨人或倒裳】뜻을 자세히 알 수 없다.

256 상자 안의 구슬 : 【譯注】책 속에 담긴 참된 맛을 이른다. 【攷證 卷2 櫝中珠】《한비자》〈외저설(外儲說)〉에 "초(楚)나라 사람이 정(鄭)나라 사람에게 그의 구슬을 팔게 되었다. 목란(木蘭)으로 상자를 만들고 계수나무와 산초나무의 향기를 더하였으며 주옥(珠玉)으로 상자를 엮고 옥돌로 장식하였다. 정나라 사람은 그 상자만 사고 그 구슬을 돌려주었다."라고 하였다.

손님을 대하다 對客

본래 종적 거둬 깊은 숲에 들어올 땐	本收蹤跡入深林
친한 벗이 혹여 멀리서 찾아올 줄 생각이나 하였으랴	何意親朋或遠尋
혀를 깨물고 딴 일은 말하지 않으며[257]	齚舌未須談別事
얼굴을 펴고 마음 맞는 벗과 이야기하기 정히 좋아라	開顏正好款同心
시냇가 구름 뭉게뭉게 술자리에 낮게 깔리고	溪雲婉婉低相酌
산새들은 재잘재잘 읊는 노래에 화답하누나	山鳥嚶嚶和共吟
훗날 홀로 앉아 그대를 그리워할 적에	他日思君獨坐處
밝은 달이 다정하게 비춰주는 것을 견디지 못하리	不堪明月盡情臨

고사리를 삶다 煮蕨

동풍이 솔솔 불어 답청절도 지나가니	東風習習踏青過

---

257 혀를……않으며 : 【要存錄 卷3】《사기》〈위기무안후열전(魏其武安侯列傳)〉에 다음과 같은 내용이 있다. "위기(魏其 두영(竇嬰)의 봉호)와 무안(武安 전분(田蚡)의 봉호)이 서로 헐뜯으니, 황제가 조정에서 대질하여 시비를 가리게 하였다. 조회가 파하고 나가는 길에 무안이 어사대부(御史大夫) 한안국(韓安國)을 불러 수레를 함께 탔는데, 화를 내면서 말하기를 '장유(長孺 한안국)와 함께 벼슬 없는 늙은이를 다스릴 것이니, 양다리를 걸치고 망설일 것이 무어 있겠소.'라고 하였다. 그러자 한안국은 '그대는 어찌 스스로 기뻐하지 않습니까? 위기가 그대를 헐뜯으니, 그대는 마땅히 관을 벗고 인끈을 풀어 황제에게 돌려주면서 「신이 폐부(肺腑)와 같은 친족으로서 요행히 관직을 얻었으나 본래 적임자가 아닙니다. 위기의 말이 모두 옳습니다.」라고 한다면, 황제께서 반드시 그대를 겸양한다고 여겨 그대를 버리지 않을 것이오. 그러면 위기는 필시 속으로 부끄러워하며 문을 닫아걸고 혀를 깨물고〔齚舌〕 자살할 것이오. 지금 사람들이 그대를 비방하자 그대도 남을 비방하는데, 비유하자면 장사치나 여인네들이 말다툼하는 것과 똑같으니, 어찌 이리 체모가 없소?'라고 하였다."

맛좋은 나물 나는 봄 산에 날씨도 좋아라 　　美食春山不作魔

새벽녘 초동 따라 꺾어오니 구름은 짐을 누르고 　晨採趁樵雲壓擔

저물녘 샘물 길어 삶으니 눈이 밥그릇에 날리누나[258] 晚烹汲澗雪翻和

수양산의 노래[259] 사람들을 다투어 사모하게 격동시키고

　　　　　　　　　　　　　　　　　　　首陽歌激人爭慕

동파옹의 조롱 내 이미 고기 많이 먹어 부끄럽도다[260] 坡老嘲觖我已多

배 두드려보매 서적은 온전함을 잘 알겠으니[261] 　扣腹儘知書籍穩

---

258 눈이 밥그릇에 날리누나 : 【攷證 卷2 雪翻和】당(唐)나라 두보(杜甫)의 〈초여름〔孟冬〕〉 시에 "감귤 쪼개니 서리가 손톱에 떨어지고, 쌀밥 맛보니 눈이 숟가락에 날리누나. 〔破柑霜落瓜, 嘗稻雪翻匙.〕"라고 하였다. ○ 살펴보건대, 원(元)나라 웅충(熊忠)의 《고 금운회거요(古今韻會擧要)》에 "화(和)는 순우(錞于)로 '錞'의 독음은 '순(純)'이며 모양은 종과 같다."라고 하였다. 이 구절의 화(和) 자는 순우의 울리는 소리라는 의미로, 거성(去聲)에 해당하는 것으로 보이니, 이는 마땅히 고찰해야 한다. 어떤 이는 마땅히 조화(調和 즉 양념)의 화(和) 자로 읽어야 한다고 한다. 【校解】순우는 종을 매단 것과 같다고 하였는데, 거꾸로 놓으면 밥그릇과 비슷하다. 고사리를 삶아서 먹으면 맛이 좋아 밥을 눈처럼 밥그릇에 날리면서 먹는다는 의미로 보인다.

259 수양산의 노래 : 【譯注】《사기》〈백이열전(伯夷列傳)〉에 "저 서산에 올라가서 고사 리를 캐도다. 폭력으로 폭력과 바꾸면서 자기의 그릇됨을 모르도다. 신농과 우순과 하우 가 이제는 없으니 나는 어디로 돌아갈거나.〔登彼西山兮, 採其薇矣. 以暴易暴兮, 不知其 非矣. 神農虞夏忽焉沒兮, 我安適歸矣?〕"라고 하였다.

260 동파옹의……부끄럽도다 : 【攷證 卷2 坡老嘲觖】송(宋)나라 소식(蘇軾)의 〈나물을 캐다〔擷菜〕〉 시에 "가을 되니 서리와 이슬 동쪽 동산에 가득한데, 무는 아들 낳고 겨자는 손자 생겼네. 나나 하증이나 한번 포식하긴 마찬가지, 무엇 때문에 닭과 돼지 먹어야 하는지 모르겠구나.〔秋來霜露滿東園, 蘆菔生兒芥有孫. 我與何曾同一飽, 不知何故食雞 豚.〕"라고 하였다.

261 배……알겠으니 : 【攷證 卷2 扣腹儘知書籍穩】당나라 노동(盧仝)의 〈붓을 내달려 맹 간의가 새 채소를 보낸 것에 사례하다〔走筆謝孟諫議寄新茶〕〉 시에 "세 사발에 메마른 창자 더듬어보니, 다만 문자 오천 권만 들었구나.〔三椀搜枯腸, 惟有文字五千卷.〕"라고 하였다. 송나라 소식의 〈시험장에서 차를 끓이다〔試院煎茶〕〉 시에 "창자와 배를 채울

어리석구나, 날마다 만전의 음식을 먹었고녀²⁶²　　荒哉日食萬錢麼

(詩-內卷3-105)

술을 마시다 飮酒

혼명으로 달아나는 건²⁶³ 내 구하는 바 아니니　　逃入昏冥我不求
다만 도연명을 본받아 근심을 잊어보련다²⁶⁴　　但師陶令爲忘憂
흉년 들면 쌀독에 먼지 날까 두렵긴 한데²⁶⁵　　年荒可怕塵生甕

만한 문자 오천 권은 필요 없고, 항상 충분히 자고 해 높이 올랐을 때 차 한 잔만을 바라노라.〔不用撐腸拄腹文字五千卷, 但願一甌常及睡足日高時.〕"라고 하였다. 【校解】《고증》에는 노동의 시 가운데 '枯'가 '苦'로 되어 있는데, 통행본《옥천자시집(玉川子詩集)》에 의거하여 수정하였다. 소식의 시도 '撐腸拄腹, 文字五千卷'으로 '不用'을 누락하고 한 구 안에 구두점을 찍어 나눴으나, 통행본《동파전집(東坡全集)》에 의거하여 수정하였다.

262 날마다……먹었고녀 : 【攷證 卷2 日食萬錢麼】《진서(晉書)》〈하증열전(何曾列傳)〉에 "하루에 1만 전(錢)어치 음식을 대하건만, 오히려 젓가락 댈 데가 없다고 하였다."라고 하였다. 《어록해(語錄解)》에 "마(麼)는 어조사이다."라고 하였다.

263 혼명으로 달아나는 건 : 【攷證 卷2 逃入昏冥】당(唐)나라 한유(韓愈)의 〈왕 수재를 보내는 서(送王秀才序)〉에 "내가 젊어서 왕적(王績)의 〈취향기(醉鄕記)〉 및 완적(阮籍)과 도잠(陶潛)의 시를 읽었다.……그런 뒤에 이에 의탁하여 도망한 것을 알게 되었다. 만약 안자가 표주박과 대 밥그릇을 들거나 증삼의 노랫소리가 쇠나 돌에서 나오는 것처럼 하였다면, 오히려 어찌 국얼(麴糵)에 의탁하고 혼명(昏冥)으로 도망칠 것인가."라고 하였다.

264 다만……잊어보련다 : 【要存錄 卷3】진(晉)나라 도연명(陶淵明)의 〈술을 마시다〔飮酒〕〉 시 20수 중 제7수에 "시름 잊게 하는 술에 띄워서, 나의 세상 버린 뜻을 더욱 멀리하노라.〔汎此忘憂物, 遠我遺世情.〕"라고 하였다.

265 흉년……한데 : 【譯注】《후한서》〈범염열전(范冉列傳)〉에 "범염의 자는 사운(史雲)으로 내무(萊蕪)의 수령이 되었는데, 거처하는 곳은 초라하였다. 때로 식량이 끊겨 곤궁하게 거처하였지만 태연자약하였다. 마을에서 그를 '시루 속에 먼지 이는 범사운이요, 솥 안에 반대좀이 사는 범내무로다.〔甑中生塵范史雲, 釜中生魚范萊蕪.〕'라고 노래하였다."고 하였다.

손님 오면 갈건으로 술을 거른들²⁶⁶ 어떠리	客至何妨葛喚篘
달이 중천에 이르니 절로 아름답고	月到天心應婉戀
바람도 꽃철이라 짐짓 더디 부누나	風將花事故遲留
가련하도다! 이백은 지나치게 광망하여	可憐李白疎狂甚
오후들과 함께 술 마셨다²⁶⁷고 마구 자랑하였었지	枉詫同杯憶五侯

(詩-內卷3-106)

달을 구경하다 玩月

완전히 둥글어 조금도 이지러지지 않았는데	十分圓未一分偏
더구나 묵은 병이 근래 조금 나음에랴	況復沈痾近少痊
술잔 잡고 이백은 읊조리고 물었으며²⁶⁸	把酒李生吟且問

---

266 갈건으로 술을 거른들 : 【攷證 卷2 葛喚篘】 추(篘)는 술을 거르는 기구인 용수를 뜻한다. 송(宋)나라 주방언(周邦彦)의 〈제천악(齊天樂)〉에 "참으로 옥술을 새로 거르고, 게와 조개를 처음으로 올리네.〔正玉液新篘, 蟹螯初薦.〕"라고 하였다. 《남사(南史)》〈도잠전(陶潛傳)〉에 "군수가 도잠을 장차 찾아가려고 하였는데, 마침 술이 익을 때가 되었다. 이에 머리에 쓰고 있던 갈포 두건을 벗어 술을 거르고서, 마치자 다시 머리에 썼다."라고 하였다.

267 오후들과……마셨다 : 【攷證 卷2 同杯憶五侯】 당(唐)나라 이백(李白)의 〈야랑현에 유배되어 신 판관에게 드리다〔流夜朗贈辛判官〕〉 시에 "예전 장안에서 꽃버들 아래 취할 적에, 오후 칠귀랑 함께 술을 마셨다오.〔昔在長安醉花柳, 五侯七貴同杯酒.〕"라고 하였다. 【校解】 오후는 한 성제(漢成帝) 때의 평아후(平阿侯) 왕담(王譚)·성도후(成都侯) 왕상(王商)·홍양후(紅陽侯) 왕립(王立)·곡양후(曲陽侯) 왕근(王根)·고평후(高平侯) 왕봉시(王逢時)를 가리키고, 칠귀는 외척(外戚) 및 권세 있던 일곱 가문으로서 즉 여(呂)·곽(霍)·상관(上官)·조(趙)·정(丁)·부(傅)·왕(王)씨를 말한다.

268 술잔……물었으며 : 【攷證 卷2 把酒問】 당나라 이백의 〈술잔을 잡고 달에게 묻다〔把酒問月〕〉 시에 "푸른 하늘의 저 달 몇 번이나 나왔던가, 내 지금 술잔 멈추고 한번 물어보노라.〔靑天有月來幾時, 我今停杯一問之.〕"라고 하였다.

시국 슬퍼한 두보는 앉아서 잠 못 들었지[269]　　傷時杜老坐無眠

계수나무 베어버리면 응당 더욱 밝을 테지만[270]　　斫來桂樹應多白

항아가 사니 어찌[271] 달빛 고울 필요 있으랴　　栖得姮娥底用妍

진중한 지인은 심지가 오묘하니　　珍重至人心地妙

쇄락한 그 경지[272]를 또 누가 전할 것인가　　一般灑落又誰傳

(詩-內卷3-107)

서늘한 바람을 쐬다 納凉

혹서와 엄한이 서로 갈마드는데　　寒暑相推酷與嚴

사람이란 지독한 날씨 만나면 견디기 어려워라[273]　　人情當劇每難淹

269　시국……들었지 :【攷證 卷2 傷時…無眠】당(唐)나라 두보(杜甫)의 〈강변의 누각에서 자다[宿江邊閣]〉시에 "엷은 구름은 바위틈에서 묵고, 외로운 달은 물결 위에 일렁인다.……전란 걱정에 잠 못 이루는데, 천지를 바로잡을 힘이 없구나.〔薄雲巖際宿, 孤月浪中飜.……不眠憂戰伐, 無力正乾坤.〕"라고 하였다.

270　계수나무……밝을 테지만 :【攷證 卷2 斫來桂樹應多白】당나라 두보의 〈한식날 밤에 달을 보며[一百五日夜對月]〉시에 "달 속의 계수나무 베어버린다면, 맑은 달빛 더욱 밝을 텐데.〔斫却月中桂, 清光應更多.〕"라고 하였다.

271　어찌 :【要存錄 卷3】당나라 안사고(顏師古)가 말하기를 "세속에서 '무엇이냐'를 저(底)라고 한다. 본래 어떤 물건인가[何物]를 이르는 말이었다. 그 후에 생략해서 다만 '저(底)'라고 하였다."고 하였다. 당나라 두보의 〈최 녹사에게 보내다[寄崔錄事]〉시에 "오래 기다려도 소식이 없으니, 하루 종일 무에 그리 바쁘신가.〔久待無消息, 終朝有底忙?〕"라고 하였다.

272　진중한……경지 :【攷證 卷2 珍重…灑落】진중한 지인(至人)은 송(宋)나라의 염계(濂溪) 주돈이(周敦頤)를 가리킨다. 송나라 주자(朱子)의 〈서재에서 감흥이 일어[齋居感興]〉시 20수 중 제1수에 "보배처럼 귀중한 무극옹이, 우릴 위해 거듭 방향 제시했지.〔珍重無極翁, 爲我重指掌.〕"라고 하였다. 송나라 노직(魯直) 황정견(黃庭堅)의 〈염계시(濂溪詩)〉의 서(序)에 " 주무숙(周茂叔)은 인품이 매우 고상해서, 마치 광풍제월(光風霽月)처럼 가슴속이 쇄락하기만 하다."라고 하였다.

구름 봉우리까지 열기 곧장 솟아 지게문에 모이고[274] 　雲峯蕠熱如團戶

불 우산 허공에 펼쳐[275] 발을 뚫을 듯하네 　　　　火傘張空欲透簾

커다란 집 깊은 처마에 그들은 잘 지내지만 　　　大廈深簷渠自得

무성한 숲 시원한 시내도 나에게는 도리어 넘치도다 　茂林泠澗我還添

옥정에서 얼음 내려준 일[276] 아득한 꿈같은데 　　冰頒玉井渾如夢

이 시원한 그늘 감사하니 어찌 병이라고 피하리까[277] 感此淸陰豈病嫌

---

273 사람이란……어려워라 : 【要存錄 卷3】혹서와 엄동설한이 절로 서로 갈마드는 것이 이치이지만 사람의 정리는 대단히 덥거나 추울 때를 당하면 오래 견디기가 어렵다는 의미이다.

274 구름……모이고 : 【攷證 卷2 雲峯如團戶】진(晉)나라 도잠(陶潛)의 〈사시를 읊다〔四時吟〕〉 시에 "봄물은 사방 연못에 가득하고, 여름 구름은 기이한 봉우리에 많구나.〔春水滿四澤, 夏雲多奇峯.〕"라고 하였다. 당(唐)나라 두보(杜甫)의 〈백학사의 모옥에 쓰다〔題柏學士茅屋〕〉 시에 "맑은 구름 대문 안에 가득하니 일산을 기울인 듯하고, 가을 물은 섬돌까지 뜨게 하였다가 도랑이 난 듯 고여 있구나.〔晴雲滿戶團傾蓋, 秋水浮階溜決渠.〕"라고 하였는데, 그 주석에서 "구름이 문 앞에 뭉쳐 있으니, 그 모습이 수레의 일산을 기울인 듯하다."라고 하였다. 【校解】《고증》에는 '團'이 '當'으로 되어 있는데, 통행본 《두시상주(杜詩詳註)》에 의거하여 수정하였다.

275 불……펼쳐 : 【攷證 卷2 火傘張空】당나라 한유(韓愈)의 〈청룡사에서 노닐며 시를 읊어 보궐 최씨 집 장남에게 주다〔游靑龍寺贈崔大補闕〕〉 시에 "불꽃이 벽에 번쩍하니 귀신을 본 듯하고, 뜨거운 더위 관장하는 축융이 불 우산을 펼친 듯하네.〔光華閃壁見鬼神, 赫赫炎官張火傘.〕"라고 하였다.

276 옥정에서……일 : 【譯注】옥정은 얼음을 보관하는 창고이다. 【攷證 卷2 氷頒玉井】《주례》〈천관(天官)〉에 "능인(凌人)은 얼음을 관장하는데, 여름에 얼음을 나눠준다."라고 하였다. 당나라 두보의 〈병이 많은데 열병까지 걸려 이 상서를 그리워하다〔多病執熱奉懷李尙書〕〉 시에 "길에서 더위 먹은 사람 황매우로 적셔 주길 생각하니, 감히 궁궐의 은혜인 옥정을 바랄 소냐.〔思霑道暍黃梅雨, 敢望官恩玉井氷.〕"라고 하였는데, 조차공(趙次公)의 주석에서 "당(唐)나라 제도에 백관에게 얼음을 나눠주었다."라고 하였다.

277 이……피하리까 : 【攷證 卷2 感此淸陰豈病嫌】송(宋)나라 소식(蘇軾)의 〈장난삼아 유공권의 연구에 보태다〔戲足柳公權聯句〕〉 시에 " 원컨대 이런 은택을 골고루 베풀어서,

채마밭을 가꾸다 治圃

편협한 본성 은거하고 살면서 간편함을 좋아하니	褊性幽栖嗜簡便
늙은 농부 귀찮게 하지 않고 내 나서서 가꾸노라[278]	不煩老圃也能先
기름진 땅[279]을 북돋우니 옥 같은 싹은 반들거리고	瓊苗沃沃培雲壤
시냇물에 씻으니 옥 같은 뿌리[280] 매끈하여라	玉本鮮鮮洗澗泉
일 마치면 호미 놓고 한가히 지팡이 끌며	理罷抛鋤閒曳杖
채소 캐와 손님 맞으면 돈 걱정 없도다	摘來迎客不憂錢
가을 깊어지면 노란 국화 더욱 사랑스러우니	秋深更愛黃金菊
온 땅에 풍상이 뒤덮어도 오히려 빼어나구나	滿地風霜尙傑然

시원한 그늘 사방에 나누어 주었으면.〔願言均此施, 淸陰分四方.〕"이라고 하였다. ○《강
록(江錄)》에 "옛날에 일찍이 얼음을 나눠주는 은혜를 개인적으로 혐의하였으나, 지금
이런 시원한 그늘 얻은 것은 해가 되지 않음을 말하고 있다."라고 하였다. 【校解】《고증》
에서는 고시(古詩)라고 하였으나, 이 시는 소식의 시이다.

278 늙은……가꾸노라 :【要存錄 卷3】이 구절은 그윽한 곳에 은거하면서 간편함을
좋아하여 자신의 힘으로 채마밭을 가꾸니, 늙은 농부 번거롭게 하지 않고도 먼저 할
수 있음을 말하고 있다.

279 기름진 땅 :【攷證 卷2 雲壤】고시(古詩)에서 "삽을 메고 기름진 땅을 판다.〔荷鋪鋤
雲壤〕"라고 하였다. 【校解】이런 고시는 찾을 수 없다.

280 옥 같은 뿌리 :【攷證 卷2 玉本】옥 같은 뿌리는 무의 밑동을 이른다. 송나라 주자
(朱子)의 〈무〔蘿蔔〕〉 시에 "어지러이 널린 푸른 떨기 잘라내고, 물기 많은 옥 뿌리 뽑누
나.〔紛敷剪翠叢, 津潤濯玉本.〕"라고 하였다. 송나라 거비(去非) 진여의(陳與義)의 〈일
찍 일어나다〔早起〕〉 시에 "하늘이 풍년을 내리어, 나물이며 뿌리 흰 옥 같아라.〔皇天錫豐
年, 茱本如白玉.〕"라고 하였다.

(詩-內卷3-109)

소나무를 심다 種松

산등성이 위에 새파랗게 모두 집에서 마주보이더니	嶺上蒼蒼盡對楹
무슨 일로 뿌리 옮겨 높은 데서 내려왔나	移根何事下崢嶸
산 위의 묘목으로 부질없이 장단을 따지지 말고[281]	山苗枉使校長短
동산의 대와 형제를 만드는 게 어떠하리[282]	院竹何如作弟兄
비바람 몰아쳐도 뿌리는 흔들리지 않고	風雨震凌根不動
눈서리 얼어붙어도 기운 더욱 맑도다	雪霜凍裂氣餘淸
뉘 알리, 솔바람 듣기 좋아한 모산의 은자[283]가	誰知喜聽茅山隱

---

281 산……말고 :【攷證 卷2 山苗枉使校長短】서진(西晉) 좌사(左思)의 〈역사를 읊다〔詠史〕〉시 8수 중 제2수에 "계곡 아래엔 울창하게 소나무가 서 있고, 산꼭대기엔 빽빽한 묘목이 서 있어라. 직경 한 치에 불과한 저 묘목이, 백 척의 소나무 가지에 그늘을 지우누나. 귀족은 높은 지위 차지하고, 영준은 낮은 지위에 잠겨 있도다. 지세가 그렇게 만든 것이니, 유래가 하루아침이 아니라네.〔鬱鬱澗底松, 離離山上苗. 以彼徑寸莖, 蔭此百尺條. 世冑躡高位, 英俊沈下僚. 地勢使之然, 由來非一朝.〕"라고 하였다. 당(唐)나라 이백(李白)의 〈발탁되어 떠나는 양소부를 전송하며〔送楊少府赴選〕〉시에 "산의 묘목은 시내 아래로 내려오고, 그윽한 소나무 높은 멧부리로 오르네.〔山苗落澗底, 幽松出高岑.〕"라고 하였다. 【校解】《고증》에서 〈역사를 읊다〔詠史〕〉의 작자를 조위(曹魏) 시대 자건(子建) 조식(曹植)이라 하였는데, 이 시의 작자는 좌사이다.

282 동산의……어떠하리 :【攷證 卷2 院竹何如作弟兄】오대(五代) 왕인유(王仁裕)의 《개원천보유사(開元天寶遺事)》에서 당 현종(唐玄宗)이 "형과 아우는 서로 친하기가 마땅히 이 대나무와 같아야 한다."라고 하였다. 당나라 유관부(劉寬夫)의 〈과죽기(剮竹記)〉에 "좌사원(左史院)에는 한 떨기 대나무가 있으니, 푸른 기운이 계단까지 닿는다.……견고한 것이 소나무·잣나무와 상대가 되며 굳센 것이 서리와 눈을 업신여길 만하다.……"라고 하였다. 이 구절에서 형제가 된다는 것은 대개 그 절개가 서로 백중지세(伯仲之勢)임을 이른다.

283 모산(茅山)의 은자 :【要存錄 卷3】남조 양(梁)나라의 도홍경(陶弘景)을 가리킨다. 【校解】도홍경의 자는 통명(通明)이고, 자호는 화양은거(華陽隱居)이다. 어려서부

언덕 위 구름과 오랜 맹약 있었던 것을[284]　　　隴上和雲有宿盟

터 갈홍(葛洪)을 본받아 양생(養生)에 뜻을 두었고, 나중에는 모산(茅山)에서 은둔하였으므로 '산중재상(山中宰相)'이라고 불리었다. 그는 특히 솔바람 소리를 좋아한 나머지 정원에 온통 소나무만 심어 놓고는 그 음향을 들을 때마다 흔연히 즐거워하였다고 한다.

284 언덕……것을 : 【譯注】도산서원의 전신인 도산서당(陶山書堂) 서쪽에 있는 8칸의 부속 건물인 농운정사(隴雲精舍)를 가리킨다. 남조 양(梁)나라 도홍경(陶弘景)의 〈조서로 산중에 무엇이 있느냐고 물으시길래 시를 읊어 답하다〔詔問山中何所有賦詩以答〕〉시에 "산중에 무엇이 있느냐, 고개 위에 흰 구름이 많습니다. 그저 저 혼자 즐길 뿐, 임금께 드릴 것은 못 됩니다.〔山中何所有, 嶺上多白雲. 只可自怡悅, 不堪持贈君.〕"라고 하였는데, 이황(李滉)이 여기에서 뜻을 취하여 정사(精舍)의 이름을 농운(隴雲)이라고 하였다.

KNP0250(詩-內卷3-110)

탁영담에서 달밤에 배를 띄우다 【경신년(1560, 명종15, 60세) 10월 16일. 예안(禮安)】

濯纓潭泛月

10월 16일 이대성[285]·이대용[286]·김문경[287]과 함께

대 위에서 처음 볼 때 달빛이 매우 밝기에	臺上初看月色多
대 앞에서 술을 불러 금빛 물결에 배 띄웠네	臺前呼酒泛金波
눈 내리는 밤에 배를 타고 섬계(剡溪) 찾던 흥일런가[288]	
	疑乘夜雪尋溪興
은하수 곁으로 강을 거슬러 오르던 뗏목인가[289]	似傍銀河接海査

---

285 이대성 : 【譯注】이문량(李文樑, 1498~1581)으로, 본관은 영천(永川), 자는 대성(大成), 호는 벽오(碧梧)이다. 농암의 둘째 아들이며 황준량(黃俊良)의 장인이다.

286 이대용 : 【譯注】이숙량(李叔樑, 1519~1592)으로, 본관은 영천(永川), 자는 대용(大用), 호는 매암(梅巖)·병암(屛庵)이다. 이현보(李賢輔)의 다섯째 아들이다.

287 김문경 : 【攷證 卷2 文卿】김기보(金箕報, 1531~1588)로, 본관은 안동(安東), 자는 문경(文卿), 호는 창균(蒼筠)이다. 선생의 문하에서 배웠으며, 언양(彦陽)과 거창(巨昌), 그리고 회인(懷仁) 현감을 지냈다.

288 눈……흥일런가 : 【譯注】진(晉)나라 자유(子猷) 왕헌지는 산음(山陰)에 거처하였다. 일찍이 큰 눈이 내리는 밤에 잠에서 깨어 문을 열고 술을 마셨다. 사방이 환하여 배회하면서 좌사(左思)의 〈초은부(招隱賦)〉를 읊조리다가 문득 안도(安道) 대규(戴逵)가 그리워졌다. 대규는 당시 섬계(剡溪)에 살고 있었는데, 곧 밤에 작은 배를 타고 찾아갔다. 하룻밤이 지나 바야흐로 섬에 도착하여 문 앞까지 찾아갔다가 들어가지 않고 돌아왔다. 어떤 사람이 그 까닭을 물으니, 왕휘지는 "본래 흥을 타고 갔는데, 흥이 다하여 돌아온 것이다. 어찌 안도를 볼 필요가 있겠는가."라고 대답하였다. 《晉書 王獻之傳》

289 은하수……뗏목인가 : 【譯注】명(明)나라 진요문(陳耀文)의 《천중기(天中記)》에 "한(漢)나라 박망후(博望侯) 장건(張騫)이 한 무제(漢武帝)의 명을 받고 대하(大夏)에

계도 노래 사라지자 정회는 아득하고[290]　　　　　桂棹歌殘懷渺渺

우의 신선 꿈에서 보니 껄껄대며 웃누나[291]　　　　羽衣夢見笑呵呵

해마다 시월은 풍류 넘치는 달이어니　　　　　　　年年十月風流事

가을 되면 마장[292] 있다고 한탄하지 말게나　　　莫恨新秋有障魔

　-여름에서 가을로 넘어가는 시기에 나는 으레 토계로 물러나 지냈다.-

사신으로 나가서 황하의 근원을 찾을 적에 뗏목을 타고 달포를 지나 운한 즉 은하수 위로 올라가서 견우와 직녀를 만나고 왔다."라고 하였다.

290 계도……아득하고 【譯注】 송(宋)나라 소식(蘇軾)의 〈적벽부(赤壁賦)〉에 "계수나무 노와 목란 상앗대로, 물에 비친 달을 치며 달빛 비친 강을 거슬러 올라가네.〔桂棹兮蘭槳, 擊空明兮泝流光.〕"라고 하였다.

291 우의……웃누나 :【譯注】송나라 소식의 〈후적벽부(後赤壁賦)〉에 "꿈에 한 도사가 깃옷을 펄럭이면서 임고정(臨皐亭) 아래를 지나다가 내게 읍하고 말하기를 '적벽강(赤壁江) 뱃놀이가 즐거웠는가?'라고 하기에 그의 이름을 물었으나 대답하지 않았다. '아아! 내 알겠노라. 어제 밤에 울며 내 배를 스쳐 지나간 것이 그대가 아닌가?' 하니 도사가 돌아보고 웃었다."라고 하였다.

292 마장 :【譯注】《퇴계선생언행록(退溪先生言行錄)》권2에 "도산정사 아래에 발담이 있었는데, 관에서 매우 엄하게 금지하여 사람들이 사사로이 고기를 잡을 수 없었다. 선생은 매년 더운 여름철이 되면 반드시 퇴계의 집에서 거처하며 이곳에 한 번도 간 적이 없다."라고 하였다. 【攷證 卷2 障魔】당(唐)나라 백거이(白居易)의 〈몽유춘 시에 일백 운으로 화답하다〔和夢遊春詩一百韻〕〉 시에 "장애는 지혜의 등불로 태워야 하고, 마귀는 지혜의 칼로 죽여야 하네.〔障要智燈燒, 魔須慧刀戮.〕"라고 하였다. 【校解】《고증》에는 '燒'가 '滅'로 되어 있는데, 통행본《백씨장경집(白氏長慶集)》에 의거하여 수정하였다.

지사 송태수[293]에게 부치다. 절구 2수 【경신년(1560, 명종15, 60세)

10월 추정. 예안(禮安)】

寄宋台叟知事 二絶

(詩-內卷3-111)

회상해보면 지난번 동쪽으로 돌아올 때 놀란 사슴 같았는데[294]

憶昔東行鹿似驚

그대 나를 어여삐 여겨 친절하게 가르쳐주었지　　　蒙君憐我誨丁寧

속마음 어찌하면 말할 수 있으려나　　　　　　　　寸心欲說何由得

길이 청산 마주한 채 멀리서 그리는 정에 부끄럽도다

長對青山愧遠情

(詩-內卷3-112)

낮에 비단옷[295]으로 돌아오니 그 은총에 두려운데[296]　畫錦歸時寵若驚

293　송태수 : 【譯注】송기수(宋麒壽, 1507~1581)로, 본관은 은진(恩津), 자는 태수(台叟), 호는 추파(楸坡)·눌옹(訥翁)이다. 송인수(宋麟壽)의 사촌 아우이다.

294　회상해보면……같았는데 : 【攷證 卷2 憶昔東行鹿似驚】《퇴계선생연보(退溪先生年譜)》기미년(1559, 명종14, 59세) 2월 조에 "휴가를 얻어 고향으로 돌아왔다. 이때 병으로 돌아가지 않고 사장(辭狀)을 올려 사임을 청하였으나 허락받지 못하였다."라고 하였다. 송(宋)나라 산곡(山谷) 황정견(黃庭堅)의 〈외숙 이공택의 시에 차운하다[次韻公擇舅]〉시에 "잘 놀라는 사슴은 들판 풀을 찾고, 우는 갈매기는 가을 강으로 날아드누나.[驚鹿要須野草, 鳴鷗本願秋江.]"라고 하였다.

295　낮에 비단옷 : 【譯注】항우(項羽)가 일찍이 진(秦)나라의 함양(咸陽)을 도륙한 뒤에 혹자가 그에게 함양에 머무르기를 권유하였다. 항우는 진(秦)나라의 궁실(宮室)들이 모두 파괴되어 버린 것을 보고는 자기 고향인 강동(江東)으로 돌아가려고 하면서

도중의 그대 편지 깊은 정을 담았어라   中途書札寄深情

장부가 나랏일 수고를 다함에 어찌 한탄하리오   丈夫盡瘁何須嘆

다만 이대로 머물렀다가 스스로 찬축된 신하가 될까 두렵도다[297]

只恐因循自作屛

말하기를 "부귀하여 고향에 돌아가지 않는 것은 마치 비단옷을 입고 밤길을 걷는 것과 같다.〔富貴不歸故鄕, 如衣錦夜行.〕"라고 하였는데, 이로 인하여 뒤에 부귀하여 고향에 돌아가는 것을 비유하여 '비단옷을 입고 낮길을 간다.〔衣錦晝行〕'는 말이 생겼다.【攷證 卷2 晝錦】《신당서》〈장사귀열전(張士貴列傳)〉에 "장사귀는 괵주(虢州) 사람이다. 당 고조(唐高祖)를 따라 낙양(洛陽)을 평정하여 괵주 자사에 제수되었다. 고조가 말하기를 '지금 경은 비단옷을 입고 낮에 노닐고 있소.' 하였다."라고 하였다. 송(宋)나라 위공(魏公) 한기(韓琦)가 상주(相州)에 있을 때 주금당(晝錦堂)을 세웠는데, 구양수(歐陽脩)가 기문을 지었다.

296 은총에 두려운데 : 【譯注】총애가 바로 모욕이 나오는 계기가 될 수 있으므로 경계해야 한다는 뜻이다. 【攷證 卷2 寵若驚】《노자도덕경(老子道德經)》제13장에 "총애와 모욕에 놀란 듯이 한다는 말은 무엇을 가리키는가. 총애는 하찮은 것이므로 그것을 얻어도 놀란 듯이 하고 잃어도 놀란 듯이 한다. 이것을 일러 '영광이나 욕됨에 모두 놀라는 듯이 한다.'고 하는 것이다."라고 하였다. 【要存錄 卷3】분황(焚黃)의 말미를 얻었기에 이렇게 말한 것이다.

297 다만……두렵도다 : 【要存錄 卷3】당시의 여론이 선생이 휴가를 받아 고향으로 갔다가 돌아오지 않음을 잘못되었다고 하였다. 아마도 송공(宋公) 또한 밤낮으로 조정에 노고를 바칠 것으로 권하였기에 시의 뜻이 이와 같다.

KNP0252(詩-內卷3-113~114)

이상 권경유²⁹⁸에게 답하다. 절구 2수 【경신년(1560, 명종15, 60세)

겨울 추정. 예안(禮安)】

答寄權景由貳相 二絶

(詩-內卷3-113)

석문에서 국화 필 때 함께 취했는데	石門同醉菊花秋
내 집이 너무 궁벽지다고 비웃었지	曾笑吾廬太僻陬
근래 하늘이 준 승경 도산을 얻었으니	近得陶山天與景
공을 그리나 어찌 다시 함께 노닐 수 있으랴	憶公那得更追遊

(詩-內卷3-114)

함께 노닐던 호걸들은 벼슬길을 내달려	同遊才傑騁亨衢
나라 지탱할 공명이라 세상 명예 가득하여라	柱國功名滿世譽
썩고 무딘 나의 자질 새겨 그릴 수 없으니	朽鈍不堪雕鏤質
산재에서 종일토록 충어나 주석해야지²⁹⁹	山齋終日注蟲魚

---

298 권경유 : 【攷證 卷2 權景由】권철(權轍, 1503~1578)로, 본관은 안동(安東), 자는 경유, 호는 쌍취헌(雙翠軒)이다. 사초(史草)를 쓸 때 김안로(金安老)의 잘못을 직필하여 그에게 미움을 받았다. 1565년(명종20)에 윤원형(尹元衡)이 죽자 그 이듬해에 우의정에 특별히 임명되었다가 병인년(1571, 선조4)에 영의정에 올랐다. 시호는 강정(康定)이다. 【校解】그의 시호는 '康定'이니, 《고증》에서 시호를 '康貞'이라 한 것은 오류이다.

299 썩고……주석해야지 : 【要存錄 卷3】《논어》〈공야장(公冶長)〉에 "썩은 나무는 조각할 수 없다."라고 하였는데, 이 구절은 썩고 노둔한 자질은 그림을 새겨서 세상의 쓰임이 될 수가 없으니, 다만 산창(山窓)에 머물면서 전(箋)을 달아 해석에 뜻을 둔다는 말이다.

금문원³⁰⁰이 단성³⁰¹에서 편지를 보내왔기에 절구 한 수를 부치다 【경신년(1560, 명종15, 60세) 12월 1~16일 추정. 예안(禮安)】

琴聞遠自丹城書來 卻寄一絶

세밑이라 벗을 그리는 마음 견디기 어렵더니 　　　歲暮難堪憶故人

평안타는 편지 눈 내리는 시냇가에 이르렀어라³⁰² 　平安書到雪溪濱

남쪽에 가거든 평소에 먹은 마음 저버리지 말고 　南行莫負酬心事

방장산 속의 숨은 선비 찾아보게나³⁰³ 　　　方丈山中訪隱淪

---

300 금문원 : 【譯注】금난수(琴蘭秀, 1530~1604)로, 본관은 봉화(奉化), 자는 문원 (聞遠), 호는 성재(惺齋)・고산주인(孤山主人)이다.

301 단성 : 【攷證 卷2 丹城】경상우도에 속하며, 다른 군명은 강성(江城)・단읍(丹邑)・ 단계(丹溪)이다.

302 평안타는……이르렀어라 : 【攷證 卷2 平安書】송(宋)나라 주자(朱子)의《송명신언 행록(宋名臣言行錄)》에 "호원(胡瑗)과 손복(孫復)이 아직 벼슬하지 않았을 때 태산에서 함께 공부하였다. 집에서 편지가 오면 다만 '평안'하다는 두 글자만 보고 나면 곧바로 시냇물에 던져버리고 다시 펼쳐 읽지 않았다."라고 하였다. 【校解】《고증》에는 이 고사가 송나라 문정공(文正公) 범중엄(范仲淹)의 고사로 되어 있다.

303 방장산……찾아보게나 : 【攷證 卷2 方丈山中訪隱倫】살펴보건대, 금문원의《금성 재일기(琴惺齋日記)》에 "경신년(1560, 명종15)에 남쪽으로 유람하여 남명(南冥) 조식 (曹植)의 뇌룡정사(雷龍亭舍)를 찾아 인사드렸다."라고 하였다. 남명이 일찍이 자신을 방장산인(方丈山人)이라 칭하였기에 이렇게 말한 것이다.

김이정[304]·이비언[305]에게 보이다. 절구 2수 【경신년(1560, 명종15, 60세) 12월 16일, 예안(禮安)】

示金而精李棐彦 二絶

보름날 이 두 젊은이가 아들 준[306]과 도산에 가서 노닐다가 돌아와서 '눈이 개니 경치가 아름다웠습니다.'라고 하였는데, 이날 밤도 시내 위에 눈과 달이 매우 맑았다. 새벽에 서재에서 일어나서 우연히 절구 두 수를 지었다.

(詩-內卷3-116)

산들엔 눈 가득하고 한 줄기 강은 얼어붙어	雪滿羣山凍一江
돌아와 둘도 없는 흥취라고 자랑하누나	歸來誇說興難雙
더욱 사랑스러워라, 긴긴 밤 맑아 잠 못 이루는데	更憐遙夜淸無寐
옥 시내 구슬 숲의 창은 달에 잠겼으니	玉澗瓊林鎖月窓

---

304 김이정 : 【攷證 卷2 金而精】김취려(金就礪, 1526~?)로, 본관은 경주(慶州), 자는 이정, 호는 잠재(潛齋)·정암(靜庵)이다. 안산(安山)에 거주하였는데 천릿길을 찾아와 선생을 찾아뵙거나 편지로 질문하였다. 젊어서 효행으로 천거되어 재랑(齋郞)에 제수되었다. 과거에 합격하여 사복시 정(司僕寺正)을 지냈다. 선생의 상에 연포(練布)로 심의(深衣)와 건을 만들어 상복을 입었다. 또한 예장관(禮葬官)으로 와서 일을 감독하였으며 매일 묘광(墓壙)에 자리를 깔고 한 달 넘게 종일토록 꼿꼿하게 앉아 있었다.

305 이비언 : 【攷證 卷2 李棐彦】이국필(李國弼, 1540~?)로, 본관은 용인(龍仁), 자는 비언이다. 한양에 거처하다가 선생의 문하에서 배웠으며 현감을 지냈다.

306 아들 준(寯) : 【譯注】1523~1583. 자는 정수(廷秀)이다. 이황의 맏아들로, 봉화 현감(奉化縣監)·의흥 현감(義興縣監) 등을 지냈다.

추위에 떨며 거북처럼 웅크린[307] 도산의 늙은이 　　　　怯寒藏六老陶翁

그대들이 호기롭게 눈 구경하는 것을 내맡겨 두었노라[308]

　　　　　　　　　　　　　　　　　　　　　　　　觀雪從君自作雄

오직 푸른 창에 차가운 밤 달만 비추지만 　　　　唯有碧窓寒夜月

그 정과 멋은 양쪽 집이 같으리라 　　　　　　　一般情味兩齋同

---

307 거북처럼 웅크린 : 【攷證 卷2 藏六】 거북이가 머리, 꼬리, 네 발 등 여섯 곳을
두꺼운 갑각(甲殼) 안에다 감추는 것을 말한다. 송(宋)나라 소식(蘇軾)의 〈오헌에게
부치다〔寄傲軒〕〉 시에 "득세할 때는 호랑이가 을(乙) 자를 잡은 것 같고, 실세할 때는
거북이가 머리와 꼬리와 사지를 감춘 듯하네.〔得如虎挾乙, 失若龜藏六.〕"라고 하였다.
【校解】《고증》에서는 '若'을 '如'라고 하였는데, 통행본《동파전집(東坡全集)》에 의거하
여 수정하였다.

308 그대들이……두었노라 : 【攷證 卷2 從君】《강록(江錄)》에 "종(從)은 맡겨둔다는
의미이다."라고 하였다. 【要存錄 卷3】 눈 구경하는 흥취는 그대에게 맡기노니 절로 호걸
이 될 것이라는 의미이다.

차운하여[309] 벗에게 답하다. 절구 2수【경신년(1560, 명종15, 60세)

12월 추정. 예안(禮安)】

次韻答友人 二絕

(詩-內卷3-118)

청향당[310]의 예전부터 알던 벗	淸香堂裏舊知人
천지 가에 괴물로 아직도 누워 있구나[311]	怪物天池尙臥濱
도산을 향하여 심사를 묻는다면	欲向陶山問心事
단목 베는 강가에서 물결을 읊조린다 답하리[312]	伐檀河上詠漣淪

　　위는 이군호[313]에게

---

309 차운하여 :【譯注】KNP0253〈금문원이 단성에서 편지를 보내왔기에 절구 한 수를 부치다〔琴聞遠自丹城書來却寄一絕〕〉시에 차운한 것이다.

310 청향당 :【攷證 卷2 淸香堂】단성(丹城)에 있으며, 이군호(李君浩)의 호이기도 하다.【要存錄 卷3】청향당은 단성 배양촌(培養村)에 있는 이군호의 별서(別墅)이다.

311 천지……있구나 :【攷證 卷2 怪物天池尙臥濱】당(唐)나라 한유(韓愈)의 〈과거시험에 응시할 때 사람에게 보낸 편지〔應科目時與人書〕〉에 "천지(天池)와 대강(大江)의 가장자리에 괴물이 있다."라고 하였는데, 주석에서 "괴물은 용이다."라고 하였다.【要存錄 卷3】《장자》〈소요유(逍遙遊)〉에 "초목이 나지 않는 불모지의 북쪽에 검푸르고 어두운 바다가 있으니, 그것이 바로 천지(天池)이다."라고 하였다.

312 단목……답하리 :【譯注】《시경》〈위풍(魏風) 벌단(伐檀)〉에 "끙끙 박달나무를 베어왔거늘, 하수가에 버려두니, 하수가 맑고 또 찰랑이도다.〔坎坎伐檀兮, 寘之河之干兮, 河水淸且漣.〕"라고 한 데서 온 말로, 원래 공적도 없이 벼슬에 있음을 비유한다. 여기서는 은거하며 지낸다는 의미로 사용되었다.

313 이군호 :【攷證 卷2 李君浩】이원(李源, 1501~1568)으로, 본관은 합천(陜川), 자는 군호이며, 단성(丹城)에 거주하였다. 효행으로 곤양(昆陽) 훈도에 제수되었으며 주부(主簿)를 역임하였다. 선생과 동갑으로 우의가 매우 돈독하였다.

(詩-內卷3-119)

청풍의 곡구에 마음 속 그리는 사람[314]   淸風谷口意中人

남쪽 지방 바닷가로 이별하고 떠났어라[315]   別去南天戛海濱

멀리서 생각건대, 작천을 마셔도 마음 바꾸지 않는다고 읊조렸으니[316]

                         遙想酌泉吟不易

응당 처음의 뜻 끝끝내 물거품 되지 않으리   未應初志竟成漚

  위는 정자정[317]에게

---

314 청풍의……사람 : 【攷證 卷2 淸風谷口子】정자정(鄭子精)의 본관은 청주(淸州)이다. 그러므로 청풍과 곡구라는 글자를 사용하였다. 【要存錄 卷3】곡구는 한(漢)나라 때 정자진(鄭子眞)이 은거하며 도를 닦았던 곳으로, 정자정과 성이 같아서 사용한 것이다.

315 남쪽……떠났어라 : 【要存錄 卷3】정자정이 당시에 진주(晉州) 교수로 있었다.

316 작천을……읊조렸으니 : 【譯注】작천은 작탐천(酌貪泉)으로 탐천이라고도 하는데, 이 샘물을 마시면 끝없는 욕심을 품는다고 한다. 【攷證 卷2 酌泉吟不易】살펴보건대, 탐천(貪泉)은 광주(廣州)에 있다. 진(晉)나라 오은지(吳隱之)가 이곳에 부임하면서 지은 〈작탐천을 읊은 시[酌貪泉賦詩]〉에 “옛사람들 말하길 이 물을, 한 번 마시면 천금의 욕심을 품는다고 하네. 백이와 숙제에게 마시게 하여도, 끝끝내 마음 변하지 않으리.〔古人云此水, 一歃懷千金. 試使夷齊飮, 終當不易心.〕”라고 하였다.

317 정자정 : 【攷證 卷2 鄭子精】정탁(鄭琢, 1526~1605)으로, 본관은 청주(淸州), 자는 자정, 호는 약포(藥圃)이다. 안동(安東)에 거주하였다가 후에 예천(醴泉)으로 이사하였다. 어려서 선생의 문하에 드나들어 심학의 요체를 들었으며 실천의 공부를 더하였다. 임진왜란 때 선조(宣祖)를 호종하였으며, 만년에는 자취를 거두고 물러났다. 서애(西厓) 유성룡(柳成龍)은 그가 시작을 잘하고 끝을 잘 마무리하였다고 칭송하였다. 벼슬은 우의정을 지냈으며, 시호는 정간(貞簡)이다.

봄추위에 본 것을 기록하다 신유년(1561, 명종16, 61세) 【2월 30일 추정. 예안(禮安)】

春寒記所見 辛酉

지난해 겨울 따뜻하여 땅이 얼지 않았기에	去歲冬溫地不凝
능인[318]은 섣달에도 얼음 없어 근심하였네	凌人臘月憂無冰
올해는 봄이 추워 눈이 하늘을 뒤덮고	今歲春寒雪塞空
거센 바람 뒤흔들어 산이 무너질 듯하여라	凶飆頓撼山岳崩
마을마다 스산하여 소와 말은 얼어붙고	閭井蕭條牛馬凍
2월 말인데도 겨울잠 벌레 움직이지 않누나[319]	夾鍾之末蟄未動
처자를 이끌어다 구렁에 버리고자 하니	攜持婦子欲棄溝
하늘을 우러러 하소연한들 어찌 쉬 들리겠는가[320]	仰訴蒼蒼那易狅

---

318 능인 : 【攷證 卷2 凌人】《주례》〈천관(天官)〉에 "능인은 얼음을 관장한다. 하력(夏曆) 섣달에 얼음을 잘라 보관한다."라고 하였다.

319 2월……않누나 : 【攷證 卷2 夾鍾之末蟄未動】《예기》〈월령(月令)〉에 "중춘(仲春)의 달은 운율로 보면 협종(夾鍾)에 해당한다."라고 하였다. 당(唐)나라 육유(陸游)의 〈저자에서 술을 마시며[市飮]〉 시에 "봄날 우레는 겨울잠 자는 벌레 놀래키고, 바다의 해는 고래 파도에 목욕하누나.〔春雷驚蟄戶, 海日浴鯨波.〕"라고 하였다. 【校解】《고증》에서는 출전을 《문선》이라 하고 '春雷驚蟄'이라고만 하였는데, 그에 해당하는 작품은 《문선》에 보이지 않는다. 아마도 육유의 시구를 줄여서 쓴 것인 듯하다.

320 들리겠는가 : 【攷證 卷2 狅】 '狅'의 독음은 '공(貢)'이니, '이르다'는 의미이다. 한(漢)나라 양웅(揚雄)의 〈감천부(甘泉賦)〉에 "연란산에 올라 하늘 문에 이르고, 창합에 내달려 서늘한 곳으로 들어가네.〔登椽欒而狅天門, 馳閶闔而入凌兢.〕"라고 하였다.

KNP0257(詩-內卷3-121~122)

봄날 시냇가에서. 절구 2수 【신유년(1561, 명종16, 61세) 3월 하순 추정.

예안(禮安)】

春日溪上 二絶

(詩-內卷3-121)

눈 녹고 얼음 풀려 시내에 푸른 물 불어나고	雪消冰泮淥生溪
살랑살랑 따뜻한 바람 둑방 버들을 흔드누나	淡淡和風颺柳堤
병 털고 일어나 와서 보니 그윽한 흥취 넉넉한데	病起來看幽興足
방초에 새싹 돋아나니 더욱 어여뻐라	更憐芳草欲抽荑

(詩-內卷3-122)

버들 따라 시내 찾아 흰모래에 앉았으니	傍柳尋溪坐白沙
어린 아이 밖에 나와 뛰어노는 것을 놔두노라	小童新試從婆娑
뉘 알리, 얼굴 가득 불어오는 봄바람에	誰知滿面東風裏
수만 가지 꽃봉오리 수놓아 나오는 것을	繡出千芳與萬葩

우연히 짓다 【신유년(1561, 명종16, 61세) 3월 하순 추정. 예안(禮安)】
偶題

백발에 내닫는 세월 속절없이 놀라는데	白髮空驚歲月奔
근년에는 발자취가 산속에만 있누나	年來踪跡在山樊
아련한 작은 마을 연기는 집집마다 피어나고[321]	依依小聚烟生屋
흐릿한 봄날 아침 비는 정원에 가득하여라	漠漠春朝雨滿園
국가의 동량은 일찍이 바라던 바 아닌데	杞梓棟梁非夙願
노둔한 말의 재주로 이전 은혜 그르쳤도다[322]	駑駘驏駕誤前恩
누굴 믿게 하려고 책을 저술하겠는가	著書欲使何人信
늙어 배움에 잘 잊기에 스스로 기록해 두려는 것이라네	
	老學多忘自要存

321 아련한……피어나고 : 【攷證 卷2 依依小聚烟生屋】 취(聚)는 촌락이다. 진(晉)나라 도연명(陶淵明)의 〈전원으로 돌아가다〔歸田遠去〕〉 시에 "어슴푸레 사람 사는 촌락 멀고, 아련히 마을에선 연기 피어오르네.〔曖曖遠人村, 依依墟里煙.〕"라고 하였다.

322 노둔한……그르쳤도다 : 【要存錄 卷3】《퇴계선생연보》 전년 12월 조에, 중국 사신 이 오니 이들을 접대하기 위해 선생을 불렀다고 하였다. 그러나 정월 조에 조정의 부름에 응하여 가다가 말에서 떨어져 병으로 사퇴하였다고 하였다.

정자중[323]이 토계의 집을 찾아왔기에 함께 도산으로 가서 구경하였다. 이윽고 이별한 뒤에 추후에 지어 부치다 【신유년(1561, 명종16, 61세) 3월 하순 추정. 예안(禮安)】

鄭子中來訪溪莊 因與俱至陶山眺覽 旣別追寄

몇 해 만에 작은 집 완성된 걸 겨우 보게 되었는데	幾歲纔看環堵闢
오늘 새벽 갑자기 옥인[324]이 찾아왔어라	今晨頓有玉人來
못을 마주한 소쇄한 당을 함께 좋다고 하고	共憐蕭灑堂臨沼
누대 비치는 깊은 물을 같이 구경하누나	同玩涵泓水映臺
황권과 백운은 졸렬한 나를 받아주고	黃卷白雲容我拙
자신[325]과 청쇄[326]에선 그대 재주 시험하도다	紫宸靑瑣試君才

---

323 정자중 : 【譯注】정유일(鄭惟一, 1533~1576)로, 본관은 동래(東萊), 자는 자중(子中), 호는 문봉(文峯)이다. 대사간과 승지 등을 역임하였다.

324 옥인 : 【要存錄 卷3】진(晉)나라 사혼(謝混)은 풍채와 재주가 당시 강좌(江左)의 제일이었다. 일찍이 사회(謝會)와 함께 무제(武帝)의 앞에 나아간 적이 있었는데, 무제가 그들을 지목하여 "한꺼번에 갑자기 옥 같은 사람[玉人]을 둘이나 얻게 되었다."라고 하였다.《南史 謝晦列傳》

325 자신 : 【攷證 卷2 紫宸】천제가 거처하는 곳이다.【要存錄 卷3】송(宋)나라 소식(蘇軾)이 자신의 시에 주석하기를 "상제가 거처하는 곳을 신(宸)이라 하며, 천제의 자리를 자미(紫薇)라고 한다."라고 하였다.

326 청쇄 : 【攷證 卷2 靑瑣】《후한서》〈백관지(百官志)〉에 "황문령(黃門令)에 속하며 날이 저물면 청쇄문에 들어가 입대(入對)하며 절을 올리므로 석랑(夕郎)이라 부른다."라고 하였다. 서진(西晉) 좌사(左思)의 〈오도부(吳都賦)〉에 "가름대와 동자기둥에 무늬 새기고, 청쇄문의 기둥을 붉게 칠했네.〔雕欒鏤楶, 靑瑣丹楹.〕"라고 하였는데, 안사고(顏師古)의 주석에서 "문 주변을 푸르게 새긴 것을 이르니, 천자의 법도이다. 청쇄는 사슬 문양을 연달아 새겨서 푸른색으로 칠한 것이다."라고 하였다.

그대 보내고 홀로 서성거리는 곳에 　　　　　　送君獨自盤桓處

꽃 지고 봄도 가니 그리움을 억누를 수 없구나[327]　　花落春歸思莫裁

　-정자중이 근래 가주서가 되어 은대에 들어갔기 때문에 '청쇄에서 재주를 시험
　한다.'는 말을 하였다.-

---

327 꽃……없구나 :【攷證 卷2 花落春歸思莫裁】당(唐)나라 유상(劉商)의 〈왕영을 보
내다〔送王永〕〉시 2수 중 제1수에 "그대 봄산 떠나면 누구와 노닐까, 새 울고 꽃 지니
물만 속절없이 흐르네.〔君去春山誰共遊, 鳥啼花落水空流.〕"라고 하였다.

토계에서 걸어서 산을 넘어 서당에 이르다 【신유년(1561, 명종16, 61세) 3월 29. 예안(禮安)】

步自溪上 踰山至書堂

이복홍,[328] 이덕홍,[329] 금제순[330] 등이 따라왔다.

꽃은 바위 벼랑에 피고[331] 봄날 고요하기만 한데	花發巖崖春寂寂
새는 시냇가 나무에서 울고 물은 졸졸 흐르네	鳥鳴澗樹水潺潺
우연히 산 뒤편에서 어른과 아이들을 거느리고	偶從山後攜童冠
한가로이 산 앞쪽에 이르러 고반[332]을 찾노라	閒到山前問考槃

---

328 이복홍 :【攷證 卷2 李福弘】1537~1608. 자는 성중(成仲), 호는 노운(蘆雲)이다. 이덕홍의 형이다. 모친과 부친의 상을 당하여 모두 3년간 여묘살이를 하였다. 벼슬은 부장(部將)을 지냈다.

329 이덕홍 :【攷證 卷2 德弘】1541~1596. 자는 굉중(宏仲), 호는 간재(艮齋)이다. 어린 나이에 선생의 문하에서 배웠는데, 선생이 "아무개는 큰 사람이다."라 하고는 이름과 자를 지어주었다. 선생을 독실하게 믿고 섬겼으며,《계산기선록(溪山記善錄)》을 지었다. 추천으로 위솔(衛率)을 지냈다. 임진왜란 때 걸어가서 근왕(勤王)하여 참판에 추증되었다.

330 금제순 :【攷證 卷2 琴悌筍】1545~1610. 자는 공숙(恭叔), 호는 적암(赤巖)이다. 벼슬은 참봉을 지냈다. 봉화(奉化)에 거주하였으며 형 의순(義筍)과 함께 선생의 문하에서 배웠다. 조심스러운 행동으로 이름이 났다.

331 꽃은……피고 :【攷證 卷2 花發巖崖】《퇴계선생언행록(退溪先生言行錄)》 권3에 "이덕홍이 묻기를 '이 시에는 기수 가에서 증자가 목욕하던 즐거움이 들어 있는 것 같습니다. 일상생활을 즐기되 위로 천지의 이치와 아래로 인간의 이치가 함께 유행하여 각각 있어야 할 곳을 얻은 오묘함이 있습니다.'라고 하니, 선생이 '비록 조금은 이런 의사가 있기는 하지만 그대가 추론하여 말한 것이 매우 지나친 것 같다.'고 대답하였다."라고 하였다.

332 고반 :【譯注】《시경》〈위풍(衛風) 고반(考槃)〉에 현자의 은거를 찬미하여 "고반이

높은 언덕에 있으니, 대인이 한가로이 지내는 곳이로다. 홀로 자고 깨었다가 다시 누웠으나, 맹세코 남에게 알리지 않으리라.〔考槃在陸, 碩人之軸. 獨寐寤宿, 永矢弗告.〕"라고 하였다.

4월 기망에 탁영담에서 달빛에 배를 띄우고서 조카 교,[333] 손자 안도,[334] 이덕홍[335]에게 '명월청풍'으로 운을 나누게 하여 '명(明)'자 운으로 짓다 【신유년(1561, 명종16, 61세) 4월 16일. 예안(禮安)】

四月旣望 濯纓泛月 令甯安道德弘 以明月淸風分韻 得明字

달빛 비춘 물은 아득하고 밤기운 맑은데	水月蒼蒼夜氣淸
일엽편주에 바람 불어 공명을 거슬러 오르네[336]	風吹一葉泝空明
바가지의 막걸리는 은잔에 넘치게 따르고	匏尊白酒飜銀酌
계도에 흐르는 빛은 옥형을 이끄누나[337]	桂棹流光掣玉橫

---

333 조카 교 : 【攷證 卷2 甯】1531~?. 자는 군미(君美)로 선생의 조카이다. 가정에서 교육을 받았으며 선생에게 의리를 강습하고 질문하여 장려를 많이 받았다. 벼슬은 음직으로 현감을 지냈다.

334 손자 안도 : 【譯注】1541~1584. 자는 봉원(逢原), 호는 몽재(蒙齋)이다. 이황의 맏아들 이준(李寯)의 아들이자 이황의 장손이다.

335 이덕홍(李德弘) : 【譯注】1541~1596. 본관은 영천, 자는 굉중(宏仲), 호는 간재(艮齋)이다.

336 공명을 거슬러 오르네 : 【譯注】공명(空明)은 달빛이 부서져 내리는 투명한 강물 빛을 의미한다. 송(宋)나라 소식(蘇軾)의 〈전적벽부(前赤壁賦)〉에 "계수나무 노와 목란 상앗대로, 물에 비친 달을 치며 달빛 비친 강을 거슬러 올라가네.〔桂棹兮蘭槳, 擊空明兮泝流光.〕"라고 하였다.

337 옥형을 이끄누나 : 【譯注】원래 옥형은 북두칠성의 다섯 번째 별을 가리키거나 또는 북두칠성 전체를 가리키기도 한다. 당(唐)나라 두보(杜甫)의 시에서는 새벽에 일찍 지는 별이란 의미로 사용되었다. 여기서는 별을 범칭하고 있다. 【攷證 卷2 掣玉橫】당나라 두보의 〈달〔月〕〉 시 3수 중 제2수에 "은하를 저버려 먼저 지지 않으니, 또한 새벽별과 짝하여 나란하네.〔不違銀漢落, 亦伴玉繩橫.〕"라고 하였는데, 그 주석에서 인용한 《춘추

채석강의 광태[338]는 마음에 흡족한 것이 아니니　　采石顚狂非得意

낙성호[339]의 놀이가 가장 마음에 맞는도다　　落星占弄最關情

아지 못게라, 통천에 백년이 지난 뒤에[340]　　不知百歲通泉後

다시 어떤 사람이 바른 소리를 이을 것인가　　更有何人續正聲

　　－회암(晦庵) 선생은 〈「팽려의 달밤에 낙성호에 배를 띄우다」라는 시에 화답하

원명포(春秋元命苞)》에 "북두칠성 다섯 번째 별이 옥형(玉衡)인데 그 북쪽 두 별이 옥승
(玉繩)이다."라고 하였으니, 옥형은 또한 별 이름이다. 살펴보건대, '횡(橫)'과 '형(衡)'을
옛날에는 통용하였다. 【校解】《고증》에서 '南兩兩星'이라고 하였는데, 이는 '北兩星'의
오류이다.

338 채석강의 광태 : 【攷證 卷2 采石顚狂】《일통지(一統志)》에 "채석강(采石江)은 태
평부(太平府)에 있다. 당(唐)나라 이백(李白)이 채석산을 지나다가 술에 취해 달이 강
속에 있는 것을 보고 달을 따러 들어갔다. 후대 사람들이 인하여 정자를 세웠다."라고
하였다.

339 낙성호 : 【攷證 卷2 落星】《일통지》에 "낙성호(落星湖)는 팽려호(彭蠡湖)의 서북
쪽에 있다. 호수 가운데 작은 산이 있는데, 전하는 말에 별이 떨어질 때 호수가 변하여
생긴 것이라고 한다. 진(晉)나라 왕승변(王僧辯)이 후경(侯景)을 낙성의 물굽이에서
격파하였다."라고 하였다.

340 아지……뒤에 : 【譯注】 이 구절은 곽원진(郭元振)과 설직(薛稷)의 뒤를 누가 이을
것이냐고 당(唐)나라 두보(杜甫)가 말하였는데, 그 후에 송(宋)나라 주희(朱熹)가 무이
구곡(武夷九曲)에서 뱃놀이를 하면서 앞의 두보의 시를 인용하여 지은 〈종정 원기중,
태사 부경인을 모시고 무이에서 만나기로 약속하였는데……〔奉陪機仲宗正景仁太史期會
武夷……〕〉 시에 "배 돌려 술자리 파하여 세 번 크게 탄식하노니, 백 년 뒤에 누가 다시
통천에 오려나.〔回船罷酒三太息, 百世誰復來通泉.〕"라는 시구를 남겼다. 여기서는 훗날
누가 주자(朱子)를 이을 것인가란 의미로 사용되었다. 【攷證 卷2 不知百歲通泉後】 살펴
보건대, 당나라 대공(代公) 곽원진은 통천의 현위(縣尉)를 지냈는데, 또한 소보(少保)
설직과 통천에서 만났다. 당나라 두보의 〈태자소보 설직의 글씨와 벽화를 보다〔觀薛稷少
保書畫壁〕〉 시에 "이번 여행 장관이 이어지는데, 곽공과 설직은 모두 재주가 훌륭하네.
알지 못하겠네 백 년 뒤에, 누가 통천에 올 것인지.〔此行疊壯觀, 郭薛俱才賢. 不知百載
後, 誰復來通泉.〕"라고 하였다. 【校解】《고증》에서는 '百'이 '千'으로 되어 있는데, 통행본
《두시상주(杜詩詳注)》에 의거하여 수정하였다.

다〔和彭蠡泛月落星湖〕〉시에서 소후호(蘇後湖)[341]의 '길이 연파를 차지하여 밝은 달을 희롱하네〔長占烟波弄明月〕'라는 구절을 들어서 시의 첫머리에 두고는[342] 후호가 남긴 사적에 대해 깊이 탄복하였다. 대개 후호의 옛 거처가 서쪽 외성의 성문 밖에 있어서 배를 타고 지나가면 바라보이기 때문이다. 또한 선생은 일찍이 부경인(傅景仁)[343]·원기중(袁機仲)[344]·양문숙(梁文叔)[345]·오무실(吳茂實)[346] 등과 함께 무이구곡에 배를 띄우고서 서로 수창하였는데, 선생의 시에 '백 년 뒤에 누가 다시 통천으로 올까.〔百歲誰復來通泉〕'라는 구절이 있어서 경인은 종일토록 이 구를 읊조렸다.-

---

341 소후호 : 【攷證 卷2 蘇後湖】《일통지》에 "송(宋)나라 소상(蘇庠, 1065~1147)은 자가 양직(養直)으로 풍주(灃州) 사람이다. 시로 이름을 날렸는데, 소식(蘇軾)이 한번 보고서 당(唐)의 이백(李白)에 비견하였다. 권세를 잡은 이가 높은 벼슬로 유혹하였는데, 소상은 웃으면서 사양하기를 '나는 늙었으니, 차마 구름 덮인 골짜기를 팔 수는 없습니다.'라고 하였다. 후호거사(後湖居士)라 자호하였다."라고 하였다. 살펴보건대, 《수경(水經)》에 "진릉군(晉陵郡) 곡아현(曲阿縣)에 진민(陳敏)이 물을 끌어다 호수를 만들었다. 둘레가 40리로, 이를 후호라고 부른다."라고 하였는데, 아마도 이곳에 소상이 거처한 것으로 보인다.

342 회암……두고는 : 【譯注】송(宋)나라 주희(朱熹)의 〈「팽려의 달밤에 낙성호에 배를 띄우다」 시에 화답하다〔和彭蠡泛月落星湖〕〉 시의 첫 구에 "길이 연파를 차지하여 밝은 달을 희롱하려는, 이 마음 오래 되었으나 누구에게 말할거나.〔長占烟波弄明月, 此心久矣從誰說.〕"라고 하였다.

343 부경인 : 【攷證 卷2 傅景仁】부백수(傅伯壽, 1138~1223)로, 자가 경인이며, 진강(晉江) 사람이다. 《주자실기(朱子實紀)》에서 주자를 배반하고 간신 한탁주(韓侂冑)에게 아부한 인물이라고 하였다.

344 원기중(袁機仲) : 【譯注】원추(袁樞, 1131~1205)로, 자가 기중이며, 건안(建安) 사람이다. 시를 잘 지었으며 역사에 조예가 깊었다.

345 양문숙 : 【攷證 卷2 梁文叔】양전(梁瑑)으로, 자가 문숙이며, 소무(邵武) 사람이다. 《주자어록(朱子語錄)》을 편집하였다.

346 오무실 : 【攷證 卷2 吳茂實】오영(吳英)으로, 자가 무실이며, 소무(邵武) 사람이다. 남송(南宋) 고종(高宗) 소흥(紹興) 연간에 진사가 되었으며, 《논어문답략(論語問答略)》을 지었다.

KNP0262(詩-內卷3-127~136)

기정³⁴⁷ 10경

歧亭十詠

함창(咸昌)³⁴⁸의 공검지(公儉池)³⁴⁹ 위에 있다.

(詩-內卷3-127)

노음산에서 바라본 구름³⁵⁰ 露陰望雲

정자 앞의 큰 못에 온갖 형상 비추는데	亭前巨澤萬象分
눈에 들어온 노음산은 산인가 구름인가	露陰入望山耶雲
산굴에서 피어나 비가 된들 어떠하리	出岫何妨去作雨
마음을 즐겁게 할 뿐 임금에게 드릴 만하진 못하네³⁵¹	怡神不堪持贈君

---

347 기정 : 【攷證 卷2 歧亭】퇴재(退齋) 권민수(權敏手, 1466~1517)가 지었다.

348 함창 : 【攷證 卷2 咸昌】경상우도에 속하며, 다른 군명은 함녕(咸寧)·고릉(古陵)이다.

349 공검지 : 【攷證 卷2 公儉池】《동국여지승람》에 '公'은 '恭'으로 되어 있다. 공검지는 함창의 남쪽, 상주(尙州)의 북쪽에 있다. 고려 명종(明宗) 때 사록(司錄) 최정빈(崔正彬)이 예전 제방 터에 제방을 쌓았다. 제방은 길이가 860보, 둘레는 16647척으로 함녕에 있는데 아직도 백성들이 연못의 물을 이용하여 관개(灌漑)의 이로움을 누리고 있다. 홍귀달(洪貴達, 1438~1504)의 〈공검지기(恭儉池記)〉에 "세속에 전하는 말에는 처음에 연못물이 너무 많아서 공사가 진행되지 않았으므로 사람을 써서 함께 쌓아 비로소 완성하였다. 이에 그 사람의 이름을 따서 저수지의 이름을 지었다고 한다."라고 하였다.

350 노음산에서 바라본 구름 : 【攷證 卷2 露陰望雲】노음은 산 이름으로 상주(尙州)의 서쪽에 있다.

351 마음을……못하네 : 【要存錄 卷3】남조 양(梁)나라 도홍경(陶弘景)의 조서로 산중에 무엇이 있느냐고 물으시길래 시를 읊어 답하다〔詔問山中何所有賦詩以答〕〉시에 "산중에 무엇이 있느냐, 고개 위에 흰 구름이 많습니다. 그저 저 혼자 즐길 뿐, 임금께 드릴 것은 못 됩니다.〔山中何所有, 嶺上多白雲. 只可自怡悅, 不堪持贈君.〕"라고 하였다.

배를 어둠 속에 저으니[352] 진세 아닌 별천지요 　　　　船舶暝曳境非世

홀로 아침에 턱을 괴니[353] 무리에서 뛰어난 사람이로다

　　　　　　　　　　　　　　　　　　　　頰笏朝拄人超群

흰 옷과 검은 개[354]는 절로 속세의 모습이어니 　　白衣蒼狗自世態

이 구름 산을 향해선 그대 그렇게 말하지 마오 　　向此雲山君莫云

(詩-內卷3-128)

기주에서의 달구경 歧洲玩月

기정의 주인은 초연히 떠났지만[355] 　　　　　　歧亭主人去超越

---

352 배를……저으니 : 【攷證 卷2 船舶暝曳】당(唐)나라 두보(杜甫)의 〈미피행(渼陂行)〉 시에 "어둠 속에서 배를 저어 운제산 절을 지나는데, 물 위로 남전관에 뜬 달 비친다.〔船舶暝曳雲際寺, 水面月出藍田關.〕"라고 하였다.

353 홀로……괴니 : 【譯注】당시 정자의 주인인 기정(歧亭) 권찬(權纘)을 가리킨다. 아래 주석에 보인다. 【攷證 卷2 頰笏朝拄】왕휘지(王徽之)가 환충(桓沖)의 기병참군이 되었다. 환충이 "그대가 부중(府中)에 있은 지도 오래되었으니, 이제 마땅히 일을 처리해야 하지 않겠소?"라고 하였다. 이에 왕휘지는 대답하지 않고 다만 눈을 높이 들어 쳐다보다가 홀을 가지고 뺨을 괴면서 "서산에 아침이 오니 자못 삽상한 기운이 몰려옵니다."라고 말하였다. 《晉書 王徽之列傳》

354 흰……개 : 【攷證 卷2 白衣蒼狗】당나라 두보의 〈탄식이 일어〔可歎〕〉 시에 "하늘의 뜬구름이 흰 옷 같더니, 순식간에 변하여 검푸른 개로 변하였네.〔天上浮雲如白衣, 須臾改變成蒼狗.〕"라고 하였다.

355 초연히 떠났지만 : 【要存錄 卷3】기정의 주인은 아마도 퇴재(退齋) 권민수(權敏手)를 가리키는 것으로 보인다. 【攷證 卷2 超越】'초월'에 대해서는 《정본 퇴계전서》 권1 KNP0281 〈상사 한영숙 강가 별장의 10경〔韓上舍永叔江墅十景〕〉 시 10수 중 제7수 〈맑은 대낮의 두견〔晴晝杜鵑〕〉 시에 그 시어가 보인다. 【校解】〈맑은 대낮의 두견〔晴晝杜鵑〕〉 시에 "입에서 피가 나도록 울며 하소연한다고 말하지 말라, 정신이 초월하니 그 소리 절로 아름답다네.〔莫言口血偏號訴, 超越神心自可憐.〕"라고 하였는데, 그 의미는 이 시의 의미인 '죽었다'는 의미와 다르다. 《고증》에서 말한 것이 오류인 듯하다.

기주에는 아직도 그때의 달이 걸려있어라 洲上尙懸當時月
대를 이어 은혜 받아 붉은 수레 타노니[356] 嗣世銜恩擁朱轓
휴가 얻어 와서 보매 감회 그지없어라 得暇來看情不歇
아! 노쇠한 나도 소문 듣고 기운이 솟구치는데 嗟我聞風激衰懦
더구나 승경이라 참으로 신선 사는 곳임에랴 況乃形勝眞仙窟
어느 때 정자에서 술동이 마주 놓고 何時亭中對罇酒
수면에 떠오르는 은빛 물결을 함께 보리 水面同看湧銀闕

(詩-內卷3-129)

사연에서의 낚시[357] 蛇淵釣魚

못가에서 부질없이 물고기를 탐내지 말라[358] 臨淵不作徒羨魚
장대의 낚싯줄 바람에 한들거리누나 竹竿一絲風嫋如
큰 물고기 신령하여[359] 금세 멀리 가더니 大魚如神倏遠逝

356 대를……타노니 : 【要存錄 卷3】 권찬(權纘, ?~1560)의 호는 기정(歧亭)으로, 대대로 함창(咸昌)에 거주하였다. 고조인 권회(權恢)는 부사를 지냈고, 증조인 권유순(權有順)은 목사를 지냈다. 부친인 권민수의 자는 숙달(叔達)로 충청도 관찰사(忠淸道觀察使)를 지냈다. 권민수의 아우인 권달수(權達手)는 자가 통지(通之), 호가 동계(東溪)로, 교리를 지냈다. 송(宋)나라 소식(蘇軾)의 〈공 낭중의 시에 화답하다〔和孔郎中〕〉 시에 "붉은 수레 교외에 미치지 않았는데, 맑은 바람 이미 먼저 달려가네.〔朱輪未及郊, 淸風已先馳.〕"라고 하였는데, 주석에서 "'주륜'은 자사(刺史)의 수레이다. 한(漢)나라 제도에 이천 석의 녹봉을 받는 이는 수레바퀴를 붉게 칠한다."라고 하였다.

357 사연에서의 낚시 : 【攷證 卷2 蛇淵釣魚】 사연은 공검지(公儉池)의 북쪽에 있다.

358 못가에서……말라 : 【攷證 卷2 臨淵不作徒羨魚】 《한서(漢書)》 〈동중서열전(董仲舒列傳)〉에 "연못에 임하여 물고기를 탐내는 것은 집으로 물러나 그물을 짜는 것만 못하다."라고 하였다.

359 큰 물고기 신령하여 : 【攷證 卷2 大魚如神】 송(宋)나라 덕부(德孚) 최언(崔鷗)의

향기로운 미끼 와서 탐내 곧 떼로 달려드네 　　　　　　　芳餌來貪俄衆拏

곰 아닌 위수의 일[360]은 세상에 드물고 　　　　　　　　　渭川非熊事曠絶

동해에서 자라 연이어 낚았다[361]는 이야기 황당하여라

　　　　　　　　　　　　　　　　　　　　　　　　　東海連鼇談誕虛

내 강호산인[362]을 그리워하나니 　　　　　　　　　　　我思江湖有散人

금제옥회[363]를 애오라지 그와 함께 먹으리 　　　　　　金虀玉膾聊同渠

〈물고기를 보다[觀魚]〉 시에 "큰 물고기 스스로 신령함이 있어, 떠올랐다가 자맥질함을
헤아릴 수 없어라.〔大魚自有神, 隱見不可量.〕"라고 하였다. 【校解】《고증》에는 '崔德符'
로 되어 있으나, 이는 '崔德孚'의 오류이다. '隱見'은《주자어류》에는 '出沒'로 되어 있어서
유도원(柳道源)이 이를 보고 주석을 단 것으로 보이는데, 통행본《전송시(全宋詩)》에
의거하여 수정하였다.

360 곰……일 :【譯注】《사기》〈제태공세가(齊太公世家)〉에 "주(周)나라 문왕(文王)이
사냥을 나가기에 앞서 태사 편(編)을 시켜 점을 쳐 보게 했는데 편이 점괘를 보더니
다음과 같이 읊조렸다. '위수(渭水) 가에서 사냥을 하면, 큰 수확이 있을 것이라. 용도
아니고 이무기도 아니며, 범도 아니고 곰도 아니지. 어진 현인 만날 조짐이니, 하늘에서
내려 준 스승이라네.' 이윽고 문왕은 위수에서 낚시질하는 강태공(姜太公)을 만났다."라
고 하였다.

361 동해에서……낚았다 :【攷證 卷2 東海連鼇】《열자(列子)》〈탕문(湯問)〉에 "발해의
동쪽에 있는 용백(龍伯)의 나라에는 거인이 있는데, 한 번 낚시하여 여섯 마리의 자라를
연달아 낚았다."라고 하였다.

362 강호산인 :【攷證 卷2 江湖散人】장석(匠石)이 제(齊)나라에서 돌아오자 상수리나
무가 꿈속에 나타나 "거의 죽어가는 쓸모없는 사람이니 또한 어찌 쓸모없는 나무를 알겠
는가."라고 하였다.《莊子 人間世》○ 살펴보건대,《신당서》〈육귀몽열전(陸龜蒙列傳)〉
에 "세속과 교유하는 것을 좋아하지 않았다. 배를 타고 쑥대로 엮은 자리를 깔고서 책
꾸러미, 차를 끓이는 도구, 붓걸이, 낚싯대를 싣고서 왕래하였다. 당시 그를 강호산인(江
湖散人)이라 불렀다."라고 하였다.

363 금제옥회 :【譯注】가늘게 썬 생선회에 감귤을 껍질째 짓이겨서 함께 섞어 버무린
것을 금제옥회라고 한다. 감귤은 황금같이 노랗고, 생선회는 백옥같이 하얗다는 뜻에서
그렇게 말한 것이다.【攷證 卷2 金虀玉膾】《수당가화(隋唐佳話)》에 "오군(吳郡)에서

고산에 들리는 피리소리 孤山聽笛

일말의 먼 산에 저문 하늘 짙푸른데	遙山一抹暮天碧
산 아래 어떤 사람이 긴 젓대를 부는가	山下何人弄長笛
두어 곡조 바람 따라 모래톱에 떨어지니	數聲隨風落洲渚
새와 짐승 슬피 울고 용은 못에서 춤을 추네	鳥獸悲號龍舞澤
군산의 배 위에서 여동빈은 신선 만났고[364]	君山舟上呂逢仙
탈수정[365]에서 유겸도는 철피리 불었었지[366]	奪秀亭中劉捻鐵

송강(松江)의 농어를 바치니 양제(煬帝)가 '금제옥회로다. 동남쪽의 진미로다.'라며 칭
송하였다."라고 하였다. 【校解】《고증》에서 출전을 《수서(隋書)》라고 하였는데, 오류인
듯하다.

364 군산의……만났고 : 【攷證 卷2 君山舟上呂逢仙】 남송(南宋) 나대경(羅大經)의 《학
림옥로(鶴林玉露)》에 "세상에 전하기를 여동빈(呂洞賓)은 당(唐)나라 진사로 서울에
과거를 보러 가다가 악양(岳陽)에서 종리옹(鍾離翁)을 만나 신선이 되는 비결을 전수
받고서 마침내 다시는 서울에 가지 않았다고 한다. 지금 악양의 비음정(飛吟亭)이 그곳
이다. 어떤 사람이 정자에 절구를 써 놓았으니, 즉 '벼슬 찾아 천릿길 서울에 가다가,
종리 노인 만나자마자 비결을 전해주었다네. 당나라 사업에 마음이 없진 않았는데,
금단 한 알이 선생을 그르쳤어라.〔覓官千里赴神京, 鍾老相逢蓋便傾. 未必無心唐事業,
金丹一粒誤先生.〕'라고 적혀 있었다."라고 하였다. ○ 살펴보건대, 군산(君山)은 동정호
(洞庭湖)에 있다. 여동빈의 이름은 암(巖)이며, 호는 순양진인(純陽眞人)이다.

365 탈수정 : 【攷證 卷2 奪秀亭】 탈수정은 무이산(武夷山)에 있다. 【要存錄 卷3】 송
(宋)나라 주자(朱子)의 〈무이잡영(武夷雜詠)·철적정(鐵笛亭)〉의 주석에 "산 앞에 예전
에 탈수정이 있었다. 고(故) 시랑 호명중(胡明仲) 공이 일찍이 무이산의 은자인 유겸도
(劉兼道) 군과 이곳에서 노닐면서 시를 지었다. 유군은 피리를 잘 불었는데, 구름을
뚫고 바위를 쪼개는 소리를 내었다. 호공은 '다시 번거롭게 피리 잡아 불라 청하니, 피리
불매 뭇 신선과 함께 듣노라.〔更煩橫戲笛, 吹與衆仙聽.〕'라고 읊었다."고 하였다.

366 불었었지 : 【攷證 卷2 捻】 살펴보건대, '捻'의 독음은 '섭(攝)'이며, 잡다〔捏〕라는
의미이다.

저녁 내내 난간에 기대 홀로 감개에 젖노라니 憑欄終夕獨感慨

아득한 이내 낀 물에 찬 달이 지누나 烟水蒼茫墮寒月

(詩-內卷3-131)

푸른 안개 덮인 대숲 竹林翠烟

만 그루 옥 대 빽빽하게 못가에 솟아나니 萬玉森森擢岸邊

차가운 가지 마른 잎 푸른 이내에 흔들리누나 寒枝瘦葉搖蒼烟

용이 움키고 범이 잡아채듯 죽순은 다투어 자라고 龍拏虎攫筍競長

눈 사납고 바람 모질어도 절개 더욱 굳세어라 雪虐風饕節彌堅

대를 읊조리던 원찬의 진솔함367을 누가 알랴 嘯咏誰知袁尹眞

절차탁마하던 위 무공의 어짊368을 더욱 생각하노라 切磋還思衛武賢

어찌하면 호주의 신경(神境)에 든 붓369을 얻어서 安得湖州入神筆

한 폭의 그림 그려 이 산가에 전해줄까370 爲寫一幅山家傳

---

367 대를……진솔함 :【攷證 卷2 嘯咏袁尹眞】《남사(南史)》〈원찬열전(袁粲列傳)〉에 "남조 유송(劉宋)의 원찬의 자는 경천(景倩)으로 단양(丹陽)의 수령이 되었다. 고을 남쪽의 한 집에 대나무와 바위가 있었는데, 원찬이 곧장 그 집으로 찾아가서 주인에게 알리지 않고 곧바로 대밭으로 가서 시를 읊조렸다. 주인이 나와서 정성스럽게 담소를 나눴다. 얼마 뒤에 군수가 타는 수레와 의장병이 문에 이르고 나서야 바야흐로 그가 수령인 줄 알았다."라고 하였다. ○ 진(眞)은 진솔함을 이른다.

368 절차탁마하던……어짊 :【譯注】《시경》〈위풍(衛風) 기욱(淇奧)〉에 "저 기수 물굽이를 굽어다 보니, 푸른 대나무가 무성하도다. 아름답게 문채 나는 우리 님이여, 깎고 다듬은 듯하고 또 쪼고 간 듯하도다.〔瞻彼淇奧, 綠竹猗猗. 有匪君子, 如切如磋, 如琢如磨.〕"라고 하였는데,〈소서(小序)〉에 "이 편은 무공(武公)의 덕을 찬미한 시이다. 문장도 뛰어난데다 신하들의 규간을 들어 예로써 자신을 단속하였다. 이 때문에 주(周)나라 조정에 들어가 도우니, 이것을 찬미하여 지은 것이다."라고 하였다.

369 호주의……붓 :【攷證 卷2 湖州入神筆】호주는 자가 여가(與可)인 송(宋)나라의 문동(文同)을 가리킨다.【要存錄 卷3】문동은 일찍이 호주 자사를 지냈다.

매화 화단의 맑은 향기 梅塢淸香

누가 우물을 가져다가 처음으로[371]	誰將尤物破天荒
못가 작은 화단에 운치 넘치는 꽃을 심었는가[372]	小塢臨池栽韻芳
빙설처럼 새하야니 사람을 놀래키고	皎皎驚人冰雪白
단향의 짙은 향기[373] 소매에 스며드누나	馥馥襲袂旃檀香

---

370 한……전해줄까 : 【要存錄 卷3】문여가(文與可)가 대나무를 잘 그렸기 때문에 그 신필을 얻어 이 푸른 안개에 덮인 대숲을 한 폭의 그림으로 그려내기를 바란다는 의미이다.

371 우물을 가져다가 처음으로 : 【攷證 卷2 尤物破天荒】남송(南宋)의 지능(至能) 범성대(范成大)의 《범촌매보(范村梅譜)》의 서문에 "매화는 천하에서 가장 뛰어난 사물〔尤物〕이니, 지혜롭고 현명한 사람이나 어리석고 불초한 사람을 따질 것 없이 이견(異見)이 없다."라고 하였다. ○ 살펴보건대, 《당척언(唐摭言)》〈해술해송(解述解送)〉에 " 형주(荊州)에서 해마다 향시(鄕試)에 합격한 공생(貢生)을 서울로 보냈어도 대과(大科)에 급제한 사람이 나오지 않았으므로 천황(天荒)이라고 불렸는데, 유예(劉蛻) 사인(舍人)이 급제를 하자 천황을 깨뜨렸다는 의미에서 파천황(破天荒)이라고 일컬었다 한다."라고 하였다. 【要存錄 卷3】송(宋)나라 후산(后山) 진사도(陳師道)의 〈소동파 공의 「납매」 시에 차운하다〔次韻蘇公蠟梅〕〉 시에 "깃털 옷 무지개 소매에 납매의 향기 진동하니, 이로부터 인간 세상에서 빼어난 사물을 알게 되었어라.〔羽衣霓袖浣香蠟, 從此人間識尤物.〕"라고 하였다.

372 못가……심었는가 : 【要存錄 卷3】매화가 없던 지방의 연못가에 운치 넘치는 매화를 심으니, 또한 파천황이라 하겠다.

373 단향의 짙은 향기 : 【攷證 卷2 旃檀香】당(唐)나라 왕유(王維)의 〈육조능선사비명(六祖能禪師碑銘)〉에 "숲에는 전단 나무뿐 다른 잡목이 없었으며, 꽃은 치자뿐이라 다른 향기를 맡지 못하였다."라고 하였다. 《능엄경(楞嚴經)》에 부처가 아난(阿難)에게 고하기를 "네가 이 전단 향기를 맡으면 향 한 개만 피워도 40리 안에서 동시에 향기를 맡을 수 있다."라고 하였다. 【要存錄 卷3】남송 범성대의 〈범촌매보(范村梅譜)〉에 "납매는 가장 먼저 꽃이 피며 자단(紫檀)처럼 노란데, 꽃이 빽빽하고 향기가 짙어서 단향매(檀香梅)라 불린다. 이 품종이 가장 아름답다."라고 하였다. 당나라 단성식(段成式)의 《유양잡조(酉陽雜俎)》에 "기련산 위에 신선 나무가 있는데, 하나의 나무에 다섯 가지 향기가

고산에서 매화 낮게 읊조리니 풍치를 차지하였고[374]	孤山微吟占風情
초당에서 활짝 핀 매화 찾으니[375] 근심이 걷혔어라	草堂索笑開愁腸
깊은 밤 마고선녀와 함께 보고 노닐 적에[376]	麻姑後夜許同攀
달을 바라보며 술잔 기울임을 사양하지 말게	莫辭對月傾壺觴

난다. 뿌리는 전단이라 하며 마디는 침향(沈香)이라 하며 꽃은 계설(鷄舌)이라 하며 잎은 곽향(藿香)이라 하며 나무에서 나는 진을 훈륙(薰陸)이라 한다."라고 하였다.

374 고산에서……차지하였고 :【譯注】고산은 임포(林逋)가 은거하였던 산이다.【攷證 卷3 孤山微吟占風情】송(宋)나라 임포의 〈동산의 작은 매화[山園小梅]〉 시에 "온갖 꽃 다 진 뒤에 홀로 곱게 피어나, 작은 동산에서 풍치를 차지하였어라.……다행히도 나지막 이 읊조리며 가까이할 수 있으니, 박자판 두드리며 금 술잔 가까이 할 필요 없구나.〔衆芳 搖落獨暄妍, 占盡風情向小園.……幸有微吟可相押, 不須檀板共金罇.〕"라고 하였다.【校 解】《고증》에서는 '幸有微吟可相'을 앞으로 '占盡風情向小園'을 뒤로 두어서 순서를 뒤바 꿨으나, 원시에 의거하여 수정하였다.

375 초당에서……찾으니 :【攷證 卷2 草堂索笑】당(唐)나라 두보(杜甫)의 〈아우 관이 남전에 부임하기 위해 아내와 자식을 데리고 강릉에 이르렀다는 소식을 듣고 기뻐서 부치다〔舍弟觀赴藍田取妻子到江陵喜寄〕〉 시 3수 중 제2수에 "처마를 따라 매화 찾아서 함께 웃고자 하니, 찬 꽃술 성근 가지도 반은 꽃망울 터트렸어라.〔巡簷索共梅花笑, 冷蘂 疎枝半不禁.〕"라고 하였다.

376 깊은……적에 :【攷證 卷2 麻姑後夜許同攀】당나라 안진경(顔眞卿)의 〈마고산선단 기(麻姑山仙壇記)〉에서 인용한 진(晉)나라 갈홍(葛洪)의 《신선전(神仙傳)》에 "왕방평 (王方平)이 채경(蔡經)의 집에 내려왔다가 인하여 마고에게 사람을 보내서 오게 하였다. 얼마 있다가 답신이 왔는데, '사자(使者)를 통해 번거롭게 보내주신 편지를 봉래산을 여행할 때 받았는데, 지금 잠시 머물렀다가 곧 돌아가겠습니다.'라고 적혀 있었다."라고 하였다. 송(宋)나라 소식(蘇軾)의 〈11월 26일 송풍정 아래 매화가 활짝 피어 다시 앞의 운자를 사용하여 짓다〔十一月二十六日松風亭下梅花盛開再用前韻〕〉 시에 "마고 선녀가 그대에게 들른다니 급히 청소를 하구려, 새는 능히 가무를 하고 꽃은 능히 말을 하네.〔麻 姑過君急掃灑, 鳥能歌舞花能言.〕"라고 하였다. ○ 살펴보건대, 이는 조사웅((趙師雄)의 고사를 사용하였다.【校解】당나라 유종원(柳宗元)의 《용성록(龍城錄)》에 "수(隋)나라 개황(開皇) 연간에 조사웅이 나부산(羅浮山)에 갔다가 황홀한 경지에서 향기가 감도는 어여쁜 미인을 만나 즐겁게 환담하고 술을 마시며 하룻밤을 보냈는데, 그 다음날 아침에 보니 큰 매화나무 아래 술에 취해서 누워 있었다."라고 하였다.

(詩-內卷3-133)

석양에 내려앉는 기러기 斜陽落雁

가을 해 뉘엿뉘엿 하늘가로 지는데	秋日悠揚下天畔
아득한 허공에 점점이 나는[377] 한 무리 기러기 떼	一陣點破遙空鴈
가물가물 아스라이 낮게 날갯짓하는데	渺渺冥冥羽翮低
빗겨 날며[378] 질서 있어 천기가 익숙하여라[379]	庚庚秩秩天機慣
곡식 많은 곳에 그물을 쳐놨으니[380]	稻粱多處有網羅
풍상이 내린 뒤의 무성한 갈대숲에 내려앉누나	風霜落後饒葭薍
그대는 보게나 새들도 조심하여 맴돈 뒤에 내려앉나니[381]	君看禽鳥愼翔集

---

377 점점이 나는 : 【攷證 卷2 點破】송(宋)나라 소식(蘇軾)의 〈새벽에 파하구에 이르러 자유를 맞이하다〔曉至巴河口迎子由〕〉시에 "외로운 배 오리나 갈매기 같아, 만경의 푸른 바다에 점을 찍어 놓았어라.〔孤舟如鳧鷖, 點破萬頃碧.〕"라고 하였다.

378 빗겨 날며 : 【攷證 卷2 庚庚】《사기》〈효문제기(孝文帝紀)〉에 "문제 유항(劉恒)이 대왕(代王)으로 있다가 대신(大臣)들에 의해 황제로 추대를 받았을 적에 거북점을 치자 가로로 갈라지는 점괘를 얻었다. 이것이 대횡이라는 것으로 크게 길한 징조이다."라고 하였는데, 복건(服虔)은 주석에서 "경경(庚庚)은 비스듬한 모양 또는 굳세고 강한 모양이다."라고 하였다. 송나라 황정견(黃庭堅)의 〈송종유의 「적완가」를 듣고서〔聽宋宗儒摘阮歌〕〉시에 "그대 이 물건은 여러 사람을 거쳐 왔다고 하는데, 검은 구슬에 가로지른 무늬가 쫙쫙 뻗어 있네.〔君言此物傳數姓, 玄璧庚庚有橫理.〕"라고 하였다.

379 천기가 익숙하여라 : 【要存錄 卷3】기러기가 봄에는 북으로 가고 가을에는 남으로 오는 것은 천기가 익숙한 것이다.

380 곡식……쳐놨으니 : 【攷證 卷2 稻粱多處有網羅】살펴보건대, 송(宋)나라 후산(后山) 진사도(陳師道)의 〈돌아가는 기러기〔歸雁〕〉시에 "애오라지 곡식 먹을 생각 늦춘다면, 어찌 다시 그물에 걸릴 것을 근심하랴.〔要寬稻粱意, 寧復網羅憂.〕"라고 하였는데, 여기서는 반대의 의미로 사용하였다.

381 새들도……내려앉나니 : 【譯注】《논어》〈향당(鄉黨)〉에 "새가 사람의 기색이 좋지 않은 것을 보면 날아올라 빙빙 돌며 살펴보고 나서 내려앉는다."라고 하였다.

세상일 아득한데 해도 저물어가는구나 　　　　　　世事茫茫歲向晏

(詩-內卷3-134)

평원에 흩어져 있는 목우 平蕪散牧

불 탄 흔적 다 묻히고 봄풀이 푸르르니	春燒沒盡春草綠
기름진 평원이 저 멀리 눈에 가득하여라	膴膴郊原盈遠目
세리(稅吏)는 오지 않고 시골 들녘 한가하니	驅催不到村野閒
태평시절 기상을 들판의 소들에서 보누나	太平氣象看遊牧
더벅머리 목동 무심하게 뒤처진 놈만 채찍질하고[382]	髫童忘機但鞭後
배불리 먹고 돌아와서 달 아래 잠을 자네	飽滿歸來月下宿
요순을 노래 부를 만한 재주[383]는 없으니	不解謳歌堯與舜

---

382 뒤처진 놈만 채찍질하고 :【攷證 卷2 鞭後】《장자》〈달생(達生)〉에 "생을 잘 기르는 자는 양을 기르는 것과 같아서 제대로 가는 놈은 놔두고 뒤처진 놈을 보고 채찍질을 한다."라고 하였다. 송(宋)나라 소식(蘇軾)의 〈조열지의 고목도의 뒤에 쓰다〔書晁說之考牧圖後〕〉 시에 "나는 채찍을 함부로 휘두르지 않으니, 뒤처지는 것을 보면 채찍질한다네.〔我鞭不妄發, 視其後者而鞭之.〕"라고 하였다.【校解】《고증》에서《장자》출전 고사를《열자(列子)》라고 하였는데, 이는 오류이다.

383 요순을……재주 :【攷證 卷2 謳歌堯與舜】《삼재략기(三齋略記)》에 "영척(甯戚)이 수레에서 소에게 먹이를 주다가 쇠뿔을 두드리며 상조(商調)로 노래를 불렀다. '남산은 빛나고 흰 돌은 깨끗한데, 태어나서 선양하던 요순시대를 만나지 못했네. 짧은 베 홑옷으로 겨우 정강이만 가리는데, 길고 긴 밤 언제 가고 아침이 오려나.〔南山粲, 白石爛, 生不逢堯與舜禪. 短布單衣纔至骭, 長夜漫漫何時旦.〕' 이에 제 환공(齊桓公)이 듣고 그를 재상으로 등용하였다."라고 하였다.【要存錄 卷3】《문선(文選)》에 실린 성공수(成公綏)의 〈소부(嘯賦)〉에 "우공은 소리죽여 노래를 멈추며, 영척은 손을 거두고 탄식했다.〔虞公輟聲而止歌, 甯子檢手而歎息.〕"라고 하였는데, 당(唐)나라 이선(李善)의 주석에 "영척은 위(衛)나라 사람이다. 상조의 첫소리가 맑아 그것으로 곡을 만들어 '동문을 나서니 거친 바위 아름다우며, 산 위엔 송백이 푸르고 빛나네. 거친 베옷 해어졌고, 요순 같은 임금 만나지 못하였노라. 소야 열심히 가는 풀 먹어라. 대신이 네 곁에 있으니, 내 너와 함께

다만 풍년 들어 꿈의 점과 들어맞기 바라노라³⁸⁴　　　但願年豐協夢卜

(詩-內卷3-135)

차가운 비에 나부끼는 연꽃 凍雨飜荷

듣자하니 항주는 십 리에 연꽃이 핀다 하는데³⁸⁵　　聞道杭州十里荷

이곳의 비단 구름³⁸⁶ 그곳과 어떠한가　　　　　　錦雲此地還如何

갑자기 비바람 하늘 가득 뒤덮더니　　　　　　　　無端風雨滿空至

푸른 연잎은 어지러이 떠돌고 붉은 연꽃 뒤집히네　　翠蓋歷亂飜紅萏

만 곡의 밝은 구슬 순식간에 흩어지니　　　　　　　萬斛明珠瞥眼撒

천 줄기 슬픈 쟁을 술대로 시끄러이 연주하는 듯³⁸⁷　千指哀箏鬧手撾

초나라로 가리라.〔出東門兮厲石班, 上有松柏兮青且蘭. 鹿布衣兮緼縷, 時不遇兮堯舜. 牛兮努力食細草, 大臣在爾側, 吾當與爾適楚國.〕'라고 노래를 불렀다."라고 하였다.

384 풍년……바라노라 :【譯注】《시경》〈소아(小雅) 무양(無羊)〉 시에 "소와 양 치는 사람이 꿈을 꾸니, 사람들이 물고기로 보이고, 작은 기가 큰 기로 보였도다. 태인이 이것을 점쳐 보니, 사람들이 물고기로 보인 것은 올해 풍년이 들 조짐이요, 작은 기가 큰 기로 보인 것은 집안이 번성할 조짐이라 하도다.〔牧人乃夢, 衆維魚矣, 旐維旟矣. 大人占之, 衆維魚矣, 實維豐年, 旐維旟矣, 室家湊湊.〕'라고 하였다.

385 항주는……하는데 :【攷證 卷2 杭州十里荷】송(宋)나라 나대경(羅大經)의 《학림옥로(鶴林玉露)》에 "삼오(三吳) 지역은 경치가 좋은데, 가을에는 계수나무 열매가 열리고 십 리에 연꽃이 피어난다."라고 하였다. 남송 처후(處厚) 사역(謝驛)의 〈기사(紀事)〉 시에 "누가 항주의 곡조를 노래하는가, 십 리의 연꽃에 계수나무 열매 맺는 가을이라네.〔誰把杭州曲子謳, 荷花十里桂三秋.〕"라고 하였다.

386 비단 구름 :【譯注】원래 비단이나 노을·채운(彩雲) 등의 의미를 지녔으나, 여기서는 연꽃을 가리킨다.【攷證 卷2 錦雲】송나라 소식(蘇軾)의 〈문여가의 「양천원지」에 화답하다〔和文與可洋川園池〕〉 시 30수 중 제2수 〈횡호(橫湖)〉 시에 "하늘 베틀의 운금단을 말아 와서, 그 하얀 비단 위에 가을빛을 쏟아 부었네.〔捲却天機雲錦段, 從敎匹練寫秋光.〕"라고 하였다.

387 천……연주하는 듯 :【要存錄 卷3】《풍속통의(風俗通義)》〈성음(聲音)〉에 "쟁(箏)

잠깐 만에 비 걷히자 천 줄기 곧게 서니　　　　　須臾雨卷定千植

맑은 천향은 멀어질수록 더욱 짙어지도다[388]　　　清遠更覺天香多

(詩-內卷3-136)

신룡이 가는 얼음[389] 神龍耕冰

겨울의 음기 들판을 덮어 못물도 얼어붙으니　　　玄陰閉野陂水凝

백 이랑 흰 밭에 추위가 매서워라　　　　　　　　素田百頃寒稜稜

깊이 잠긴 신룡도 사람을 걱정하여　　　　　　　淵潛神物亦憂人

숨은 곳에서 나와 풍흉의 조짐을 분명히 알려주누나　起蟄明告豐凶徵

늙은 농부 와서 보고 굳이 풀이하며　　　　　　　老農來看强解事

물과 뭍에서 일찍이 경험했던 기쁘고 놀랐던 일 이야기하네[390]

　　　　　　　　　　　　　　　　　　　　　水陸喜愕談經曾

그대에게 권하노니 힘써 농사짓고 천시를 기다려서　勸汝作勞待天時

용이 얼음 간 것을 저버리지 말지어다　　　　　　無使坐負龍耕冰

은 진(秦)나라 악기로 다섯 개의 현에 몸통은 축(筑)으로 되어 있다. 몽염(蒙恬)이 만들었으며 술대[撾]로 쳐서 연주한다."라고 하였다.

388 맑은……짙어지도다 : 【攷證 卷2 淸遠】송(宋)나라 주돈이(周敦頤)의 〈애련설(愛蓮說)〉에 "연꽃의 향기는 멀수록 더욱 맑은데, 오롯이 깨끗하게 서 있다."라고 하였다.

389 신룡이 가는 얼음 : 【攷證 卷2 神龍耕氷】살펴보건대, 《동국여지승람》〈연안도호부(延安都護府)〉에 "연안부의 남쪽에 와룡지(臥龍池)가 있다. 매년 겨울철이면 못의 얼음이 가로 혹은 세로로 갈라지니, 고을 사람들이 용이 밭갈이 하는 것이라고 하였다. 그것으로 풍년과 흉년을 점치는데, 가로로 갈라지면 풍년이 들고 세로로 갈라지면 물이 넘치며 전혀 갈라지지 않으면 흉년이 든다고 한다."라고 하였는데, 대개 이곳도 또한 그러했다고 한다. 【校解】《고증》에는 '水'라고 되어 있는데, 《정본 퇴계전서》에 '氷'으로 되어 있어 수정하였다.

390 일찍이……이야기하네 : 【攷證 卷2 喜愕談經曾】《강록(江錄)》에 "어떤 이는 기뻐하고 어떤 이는 놀라 걱정하며, 모두 일찍이 겪었던 경험에 대해 이야기한다."라고 하였다.

조사경[391]에게 주다 【신유년(1561, 명종16, 61세) 7월 18일. 예안(禮安)】

贈趙士敬

인간세상의 빈부는 바다처럼 아득하여 알 수 없으니	人間貧富海茫茫
매번 그대 곤궁함 생각하면 탄식이 길어지누나	每憶君窮感歎長
금리에서 이미 누추한 집 부서짐을 보았는데[392]	錦里已看疎屋破
옥천은 더구나 한 놈뿐인 종도 도망갔구나[393]	玉川況復一奴亡
풍월은 못에 가득하지만[394] 술동이엔 술이 없고	滿潭風月尊無綠
시서로 배 채웠으나[395] 얼굴은 누렇게 떴구나[396]	拄腹詩書面有黃

---

391 조사경 : 【譯注】 조목(趙穆, 1524~1605)으로, 본관은 횡성(橫城), 자는 사경(士敬), 호는 월천(月川)·동고(東皐)이다. 이황의 문인으로, 공조 참판을 지냈다.

392 금리에서……보았는데 : 【攷證 卷2 錦里疎屋破】《일통지(一統志)》〈성도부(成都府)〉에 "촉(蜀)나라 때 성도에 금관성(錦官城)이 있었다. 그러므로 금성(錦城)이라 부르며, 또한 금리(錦里)라고도 한다."라고 하였다. ○ 살펴보건대, 자미(子美) 두보(杜甫)의 집은 성도의 서쪽 성곽에 있었으며, 〈모옥이 비바람에 부서지다[茅屋爲風雨所破]〉라는 시를 지었다.

393 옥천은……도망갔구나 : 【譯注】 옥천은 당(唐)나라의 옥천자(玉川子) 노동(盧仝)을 가리킨다. 【攷證 卷2 玉川一奴亡】 당나라 한유(韓愈)의 〈노동에게 부치다[寄盧仝]〉 시에 "옥천 선생은 낙양성 안에 사는데, 가진 거라곤 낡은 집 두어 칸뿐이라네. 하나인 남자 종은 긴 수염에 머리도 못 싸매고, 하나인 여자 종은 맨다리에 늙어서 이도 없구나.〔玉川先生洛陽裏, 破屋數間而已矣. 一奴長鬚不裹頭, 一婢赤脚老無齒.〕"라고 하였다.

394 풍월은 못에 가득하지만 : 【攷證 卷2 滿潭風月】 살펴보건대, 부용봉(芙蓉峰) 아래에 풍월담(風月潭)이 있다.

395 시서로 배 채웠으나 : 【要存錄 卷3】 송(宋)나라 소식(蘇軾)의 〈시험장에서 차를 끓이며[試院煎茶]〉 시에 "창자와 배를 채울 만한 문자 오천 권은 필요 없고, 다만 충분히 잠자고 해 높이 떠올랐을 때 차 한 잔을 원한다.〔不用撐腸拄腹文字五千卷, 但願一甌常及睡足日高時.〕"라고 하였다.

옛사람이 남긴 즐기는 일에 힘입어 　　　　　　賴有古人餘樂事

아침엔 사립문의 시냇물³⁹⁷ 읊고 저녁에 〈상송〉 노래한다네³⁹⁸

　　　　　　　　　　　　　　　　朝吟衡泌夕歌商

---

396 얼굴은 누렇게 떴구나 : 【攷證 卷2 面有黃】 앞의 '매번 그대 곤궁함 생각하면 탄식이 길어지누나.〔每憶君窮感歎長〕'라는 구절에 근거하면, 얼굴이 누렇게 떴다는 말은 아마도 굶주려서 얼굴빛이 누렇게 뜬 것을 이르는 듯하다.

397 사립문의 시냇물 : 【要存錄 卷3】《시경》〈진풍(陳風) 형문(衡門)〉에 "형문의 아래여, 쉬면서 노닐 만하도다. 시냇물 졸졸 흐름이여, 굶주림을 즐길 만하도다.〔衡門之下, 可以棲遲. 泌之洋洋, 可以樂飢.〕"라고 하였다.

398 상송 노래한다네 : 【攷證 卷2 歌商】《장자》〈양왕(讓王)〉에 "공자의 제자 증자(曾子)가 위(衛)나라에 머물 적에 해진 옷은 너덜거리고 얼굴은 부어서 푸석푸석하며 손발이 모두 트고 갈라져 있었다. 3일 동안이나 밥을 짓지 못하였고 10년 동안 옷을 새로 만들어 입지 못하였다. 또 갓을 바로 쓰려 하면 갓끈이 끊어지고 옷깃을 여미려 하면 옷이 찢어져 팔뚝이 보였으며 신을 신으면 신의 뒤축이 터져버렸다. 그런데도 신발을 끌면서 《시경》의 〈상송(商頌)〉을 노래하면 소리가 하늘과 땅에 가득하여 마치 금속에서 나오는 듯하였다."라고 하였다. 【校解】《고증》에서는 출전을 《예기》라고 하였으나, 이는 《장자》의 오류이다.

도산에서 뜻을 말하다 【신유년(1561, 명종16, 61세) 가을 추정. 예안(禮安)】

陶山言志

도산서당 반쯤 벌써 지어져 기뻐하노니	自喜山堂半已成
산에 살면서 오히려 몸소 밭가는 것은 면했어라	山居猶得免躬耕
책을 옮겨 차근차근 예전 책장 비워지고	移書稍稍舊龕盡
대 심어 보고 또 보매 새 죽순 돋아나네	植竹看看新笋生
시냇물 소리 밤의 고요함에 방해 되지 않는데	未覺泉聲妨夜靜
산의 경치 개인 아침에 좋아 더욱 사랑스럽네	更憐山色好朝晴
바야흐로 알겠어라, 예부터 숲속의 선비는	方知自古中林士
세상만사 모조리 잊고서 이름을 숨기려 함을	萬事渾忘欲晦名

우연히 짓다[399] 【신유년(1561, 명종16, 61세) 가을 추정, 예안(禮安)】
偶題

창 아래 샘 소리 들으니 금석의 악기 연주하는 듯　　窓下聽泉金石奏

대 앞에서 불어난 물 바라보니 눈구름이 무너지는 듯

　　　　　　　　　　　　　　　　　　　臺前觀漲雪雲崩

물을 좋아함이 지에 치우쳤다[400]고 말하지 말게나　　莫言樂水偏於智

게다가 이쪽저쪽 층층의 청산도 있으니　　　　　　更有靑山面面層

---

399 우연히 짓다 : 【要存錄 卷3】 수고본(手稿本) 《계산잡영(溪山雜詠)》에는 〈한중희제(閒中戲題)〉로 되어 있다.

400 물을……치우쳤다 : 【譯注】 《논어》 〈옹야(雍也)〉에서 공자가 "지혜로운 자는 물을 좋아하고[知者樂水], 인(仁)한 자는 산을 좋아한다."라고 하였다.

KNP0266(詩-內卷3-140)

저녁에 비가 개자 대에 오르다 【신유년(1561, 명종16, 61세) 가을 추정. 예안(禮安)】

夕霽登臺

하늘 저편 구름은 천만 봉우리로 돌아가고	天末歸雲千萬峯
파란 물결 푸른 산에 석양빛이 붉구나	碧波靑嶂夕陽紅
지팡이 짚고 급히 높은 대 위에 올라	攜筇急向高臺上
만리의 바람에 한 번 웃으니 흉금이 트이도다	一笑開襟萬里風

이대용[401]이 성주[402]로 가려하기에 장난삼아 율시 한 수를
지어주고 겸하여 성주 목사 황중거[403]에게 보내다【신유년
(1561, 명종16, 61세) 7월 중순 추정. 예안(禮安)】

李大用將之星州 戲贈一律 兼呈州牧黃仲擧

그대 지금 성산[404]의 목사를 보러 간다지만　　　　君今往見星山牧
목사는 백성 걱정에 한가하지 않으리　　　　　　牧使憂民不自閒
서원[405]에 달 밝을 때 더욱 옛날 감회 일 터이고　書院月明增感古
군재가 아침에 썰렁할 제 문득 산중의 나를 생각하리[406]

　　　　　　　　　　　　　　　　　　　　　郡齋朝冷忽懷山
학정으로 사람을 고무한다고 새로 들었는데　　新聞學政如風動

---

401 이대용 :【譯注】이숙량(李叔樑, 1519~1592)으로, 본관은 영천(永川), 자는 대용
(大用), 호는 매암(梅巖)·병암(屛庵)이다. 이현보(李賢輔)의 다섯째 아들이다.

402 성주 :【攷證 卷2 星州】경상우도에 속하며, 다른 군명은 성산(星山)·신안(新安)
이다.

403 황중거 :【譯注】황준량(黃俊良, 1517~1563)으로, 본관은 평해(平海), 자는 중
거(仲擧), 호는 금계(錦溪)이다. 1560년(명종15) 성주 목사에 임명되어 4년을 재임하
였다.

404 성산 :【攷證 卷3 星山】성주의 동쪽에 있다.

405 서원 :【攷證 卷2 書院】즉 영봉서원(迎鳳書院)을 가리킨다.【要存錄 卷3】노경
린(盧慶麟, 1516~1568) 공이 일찍이 옛날 벽진(碧津)의 고을 터에 지었는데, 황중거
가 그것을 확장하였다. 후에 천곡서원(川谷書院)으로 이름을 고쳤다.

406 군재가……생각하리 :【要存錄 卷3】당(唐)나라 위응물(韋應物)의〈산중의 전초
도사에게 부치다〔寄全椒山中道士〕〉시에 "오늘 아침 관아가 썰렁하니, 문득 산중의 객이
그리워라.〔今朝郡齋冷, 忽念山中客.〕"라고 하였다.

시의 정취는 국화처럼 고왔음[407]을 이전부터 알았었지

舊識詩情似菊斑

만약 은거하는 사람 어디에 있냐고 묻는다면 　若問幽人在何許

맑은 시내 흰 돌에 구름 문을 닫은 곳이라오 　淸溪白石掩雲關

---

407 시의……고왔음 : 【攷證 卷2 詩情似菊斑】당(唐)나라 두보(杜甫)의 〈중구일에 대부 엄무에게 보내다〔九日奉寄嚴大夫〕〉시에 "작은 역에 향기로운 술이 맛있고, 첩첩 바위에는 여린 국화가 피었으리.〔小驛香醪嫩, 重巖細菊斑.〕"라고 하였다.

경주부[408]윤 이강이[409]에게 주다 【신유년(1561, 명종16, 61세) 7월 중순 추정. 예안(禮安)】

贈慶州府尹李剛而

이강이가 홍수를 무릅쓰고 두 번이나 방문하였는데, 처음에는 길이 끊겨서 돌아가고 지금에야 비로소 당도하였다. 나의 강가 집도 또한 물에 막혔으므로 현의 객사에서 맞이하여 함께 묵고서 다음날 이 두 수를 주었다.

(詩-內卷3-142)

천 리의 관하 길을 두 번이나 찾았으니	千里關河再動鞿
벗을 그리워하여[410] 매우 험난함도 사양치 않았어라	不辭重險爲停雲
사귀는 정 담담하지만 밝은 서리 같은 기상 있는데	交情淡淡明霜在

---

408 경주부 : 【攷證 卷2 慶州府】 경주는 경상좌도에 속한다. 본래 신라의 고도(古都)로 한(漢)나라 효선제(孝宣帝) 오봉(五鳳) 원년(기원전 57)에 시조 박혁거세(朴赫居世)가 개국하고서 이곳에 도읍을 세웠다. 고을의 옛 이름은 계림(鷄林) 또는 월성(月城)이다.

409 이강이 : 【攷證 卷2 李剛而】 이정(李楨, 1512~1571)으로, 자는 강이, 호는 구암(龜癌)이며, 사천(泗川)에 거주하였다. 규암(圭庵) 송인수(宋麟壽, 1499~1547)가 일찍이 사천에 귀양 왔는데, 공이 그에게 학문을 배웠다. 25세(1536년, 중종31)에 과거에 합격하였으며, 후에 영천(榮川)의 수령이 되었을 때 선생에게 인사를 올렸다. 배운 바를 실천함이 매우 지극하였으며 독실하게 도를 믿었다. 1568년(선조1)에 부제학에 제수되었으나 나아가지 않았다. 송(宋)나라 이후 제유(諸儒)의 도학에 관한 책을 공이 처음으로 간행하여 배포하였다. 지은 책으로는 《성리유편(性理遺篇)》과 《경현록(景賢錄)》이 있다.

410 벗을 그리워하여 : 【攷證 卷2 停雲】 진나라 도연명의 〈정운(停雲)〉의 서문에서 "멈추어 움직이지 않는 구름은 친한 벗을 생각함이다."라고 하였다.

세상일은 아득하게 흘러 백발만 어지럽구나　　　世事茫茫白髮紛

오늘 도산에 오히려 내 가지 못하는데　　　此日陶山猶阻我

훗날 사수⁴¹¹의 그대를 몇 번이나 생각할까　　　他年泗水幾思君

잘 돌아가 노력하여 밝은 덕을 높일지니⁴¹²　　　好歸努力崇明德

다만 몸소 실천함에 달렸지 글월에 달린 것은 아니라네

　　　　　　　　　　　　　　只在躬行不在文

(詩-內卷3-143)

그대가 막 성에 들어올 제 야로가 맞이하여　　　野老迎君始入城

한 동이 술로 밤새 평소의 뜻을 이야기 나누었지⁴¹³　　　一尊終夕話平生

침상 마주한 객관의 밤은 물처럼 서늘하니　　　聯床夜館凉如水

대를 찢는 두견이 울음소리 누워서 듣는다　　　臥聽啼鵑裂竹聲

---

411 사수 : 【攷證 卷2 泗水】이강이는 사천(泗川)에 거주하였다. 사천의 옛 이름이
사수이다.

412 밝은 덕을 높일지니 : 【攷證 卷2 崇明德】위진(魏晉) 시대 무명씨(無名氏)가 전한
이릉(李陵)이 소무(蘇武)에게 준 것을 가상하여 지은 〈소무에게 주다〔與蘇武〕〉시 3수
중 제3수에 "부디 힘써서 밝은 덕을 숭상하여, 백발까지 변치 않기로 기약하세나.〔努力崇
明德, 皓首以爲期.〕"라고 하였다. 【校解】《고증》에서는 '努力'이 '願言'으로 되어 있는데,
통행본《문선(文選)》에 의거하여 수정하였다.

413 평소의……나누었지 : 【攷證 卷2 話平生】진(晉)나라 도연명(陶淵明)의 〈정운(停
雲)〉시에 "어찌하면 자리 재촉하여, 평소의 뜻을 이야기 나눌까.〔安得促席, 說彼平生.〕"
라고 하였다.

KNP0269(詩-內卷3-144~148)

호남의 수재 여윤 변성온⁴¹⁴이 찾아와서 며칠 머물다가
떠날 때 절구 5수를 이별시로 주다【신유년(1561, 명종16, 61세) 9월
추정. 예안(禮安)】

湖南卞成溫秀才 字汝潤 來訪 留數日而去 贈別五絶

(詩-內卷3-144)

두 번째 보는 얼굴이지만 기억은 가물가물하니　　　重逢顏面記茫茫
손꼽아 헤아려보매 지금 벌써 여섯 해가 지났구나　　屈指如今已六霜
천 리 먼 길 찾아와 준 진중한 마음　　　　　　　　千里來尋珍重意
뜰에서 마주하니 온갖 꽃이 향기로워라　　　　　　一庭相對萬叢香

(詩-內卷3-145)

하서⁴¹⁵와는 옥당에서 예전 함께 노닐었는데　　　河西蓬館舊同遊
수문랑 되어 백옥루⁴¹⁶로 훌쩍 떠나버렸구나　　　歘去修文白玉樓
오늘 그 문하의 선비인 그대를 만나서　　　　　　今日逢君門下士

---

414 변성온 :【攷證 卷2 卞成溫】1540~1614. 본관은 밀양(密陽), 호는 호암(壺巖)이
다. 춘정(春亭) 변계량(卞季良)의 후손으로, 무산(茂山 무주)에 거주하였다.

415 하서 :【譯注】김인후(金麟厚, 1510~1560)로, 본관은 울산(蔚山), 자는 후지(厚
之), 호는 하서(河西)이다. 1528년(중종23) 성균관에 들어가 이황과 함께 학문을 닦았다.

416 백옥루 :【攷證 卷2 白玉樓】당(唐)나라 이상은(李商隱)의 〈이장길소전(李長吉小
傳)〉에 다음과 같은 이야기가 있다. "이하(李賀)가 어느 날 대낮에 졸다가 갑자기 보니
붉은 관복을 입은 도인이 옥판(玉板)을 쥐고서 이르기를 '상제(上帝)께서 백옥루를 완성
하시고, 그대를 불러 기문을 짓게 하려 한다.'라고 하였다."【校解】《고증》에서는 간재(簡
齋) 진여의(陳與義)가 〈이장길소전〉의 저자라고 하였으나, 이는 오류이다.

밤새 이야기 나누니 눈물이 줄줄 흐르누나　　　　　話君終夕涕橫流

　-하서는 김후지(金厚之)이다. 변여윤이 일찍이 종유하였는데, 김후지가 올해
　세상을 떠났다.-

(詩-內卷3-146)

아름다운 산수에서 날마다 노닐지만　　　　　　　佳山佳水日徘徊
인과 지에 나의 재주 아직 다하지 못하였도다[417]　　仁智吾猶未竭才
묻나니 그대 스승은 무슨 비결 지녔는가　　　　　敢叩師門有何訣
그가 남긴 말로 강대를 빛내 주게나　　　　　　　請將餘論賁江臺

　-변여윤과 천연대에 올랐다.-

(詩-內卷3-147)

고요하고 넓은 강대에 함께 올라서　　　　　　　江臺寥闊共登臨
솔개와 물고기를 바라보니[418] 감개가 깊구나　　俯仰鳶魚感慨深
오묘한 진리는 절로 응당 내 속에서 얻어진다[419]는　妙處自應從我得

---

417 인과……못하였도다 :【要存錄 卷3】《논어》〈자한(子罕)〉에 안연(顔淵)이 공자의
도에 대해 탄식하여 이르기를 "그만두고자 해도 그만둘 수 없어 이미 나의 재주를 다하니
〔旣竭吾才〕, 부자의 도가 마치 내 앞에 우뚝 서 있는 듯하다. 그리하여 그를 따르고자
하나 어디로부터 시작해야 할지 모르겠다."라고 하였다.

418 솔개와 물고기를 바라보니 :【譯注】《중용장구》제12장에서 "《시경(詩經)》에서
'솔개는 날아 하늘에 다다르고 물고기는 연못에서 뛰어논다.〔鳶飛戾天, 魚躍于淵.〕'라고
하니, 이는 천지의 도가 상하로 밝게 드러나 있음을 말한 것이다."라고 하였다. 즉 이는
리(理)의 체(體)는 은미하여〔隱〕 보고 들을 수 없으나 리의 용(用)은 상하 사방으로
널리 드러나 있음〔費〕을 말한 것이다.

419 오묘한……얻어진다 :【攷證 卷2 妙處自應從我得】송(宋)나라 주자(朱子)의 〈길
에서 진흙으로 실컷 고생하고서 집으로 돌아가 편안히 앉아 강습하고 싶은 생각이 굴뚝

회암의 시구를 그대 위해 읊어 보노라 　　　　晦庵詩句爲君吟

-위와 같다.-

(詩-內卷3-148)

십년 전 풍설 속에서 스승을 찾았다는데[420] 　　風雪尋師十載前

어찌하여 일판향 전수받지 못하였다고 탄식하는가[421] 　云何一瓣嘆靡傳

그대에게 권하노니 잘못을 그대로 따르지 말고 　　勸君莫被因循誤

모름지기 물을 거슬러 올라가는 배를 힘껏 저어보게나[422]

　　　　　　　　　　　　　　　　　　努力須樽上水船

같이 일어, 용택의 운자를 사용하여 두 어진 벗에게 드리다〔道間厭苦泥淖思極還家安坐
講習用擇之韻呈二賢友〕〉 시에 "오묘한 진리는 절로 응당 내 속에서 얻어지지만, 몸소
행함은 남과 같지 못함을 어찌 탄식하게 하는가.〔妙處自應從我得, 躬行肯使歎吾猶.〕"라
고 하였다.

420 풍설……찾았다는데 : 【譯注】 스승을 찾아가 가르침을 받으려는 정성을 뜻한다.
【要存錄 卷3】《이정전서(二程全書)》〈기관기선록(祈寬記善錄)〉에 " 송(宋)나라 유조
(游酢)와 양시(楊時) 두 사람이 정자(程子)를 처음 뵈러 갔을 때, 정자는 눈을 감고
조용히 앉아 있었다. 두 사람은 그대로 시립(侍立)한 채 기다렸는데, 얼마 후 두 사람이
문을 열고 나오니, 밖에는 그 사이 눈이 한 자 가량이나 쌓였다."라고 하였다.

421 전수받지 못하였다고 탄식하는가 : 【攷證 卷2 歎靡傳】 살펴보건대, 이 구절은 변
수재가 하서의 도를 전수받지 못한 것을 탄식하였다는 것을 말한다.

422 모름지기……저어보게나 : 【攷證 卷2 須撑上水船】《논어》〈태백(泰伯)〉학여불급
장(學如不及章)의 소주(小注)에서 신안(新安) 진씨(陳氏 진력(陳櫟))가 말하기를 "마
치 물을 거슬러 올라가는 배가 앞의 배를 쫓는 것과 같아서 조금도 노질을 늦출 수가
없다. 이미 앞의 배에 미치지 못하여 그 배를 추월할 수 없는 것처럼 하며, 또한 그
배를 놓쳐서 물결에 뒤로 물러날까 두려워해야 한다."라고 하였다.

학유 김순거[423]가 천연대를 읊은 가구에 차운하다. 절구 2수

【신유년(1561, 명종16, 61세) 가을 추정. 예안(禮安)】

次韻金舜擧學諭題天淵佳句 二絶

(詩-內卷3-149)

이 이치를 어찌하면 주자에게 물어볼거나	此理何從問紫陽
속절없이 구름 그림자와 하늘빛을 바라보노라[424]	空看雲影與天光
만약 체와 용이 원래 간격이 없다는 것을 안다면[425]	若知體用元無間
사물마다 천기가 오묘하게 발양함을 느끼리라[426]	物物天機妙發揚

---

423 김순거 : 【譯注】 김팔원(金八元, 1524~1589)으로, 본관은 강릉(江陵), 자는 순거 (舜擧)·수경(秀卿), 호는 지산(芝山)이다. 용궁 현감(龍宮縣監)을 역임하였다.

424 구름……바라보노라 : 【譯注】 송(宋)나라 주희(朱熹)의 〈글을 읽다가 감회에 젖다 〔觀書有感〕〉 시 2수 중 제2수에 "반 이랑 네모진 못 거울처럼 맑으니, 하늘빛과 구름 그림자 함께 오락가락하누나. 묻거니 어이하여 그처럼 해맑을까, 근원에서 맑은 물이 흘러들기 때문일레라.〔半畝方塘一鑑開, 天光雲影共徘徊. 問渠那得淸如許, 爲有源頭活 水來.〕"라고 하였다.

425 만약……안다면 : 【攷證 卷2 若知體用元無間】 송나라 주자(朱子)의 〈임희지를 보 내다〔送林熙之〕〉 시 5수 중 제3수에 "만약 본체와 작용이 원래 틈이 없다는 것 알면, 전해 내려오는 말들이 서고 같거나 다른 것을 비로소 웃을 수 있으리라.〔若知體用元無 間, 始笑傳來說異同.〕"라고 하였다. 【要存錄 卷3】 송나라 정이(程頤)의 《역전(易傳)》 서(序)에 "지극히 은미한 것〔微〕은 리(理)이고, 지극히 드러난 것〔顯〕은 상(象)이다. 체(體)와 용(用)이 하나의 근원이고, 드러남과 은미함이 간격이 없다."라고 하였다.

426 사물마다……느끼리라 : 【要存錄 卷3】 사물마다 모두 천기(天機)가 발양하는 오묘 함이 있으니, 용(用)에 나아가면 체(體)가 그 안에 있다. 비(費)와 은(隱)이 이것이다.

물고기는 음물이고 새는 양물이니[427]　　　　　　　　　鱗爲陰物羽爲陽

태극[428]이 날고 자맥질함에 존재하여 절로 환하게 드러나네

　　　　　　　　　　　　　　　　　　　　　　　一在飛潛自顯光

바로 은거하는 자가 보고 즐기는 이곳에　　　　　正是幽人觀樂處

여울 소리는 무슨 까닭으로 낮아졌다 다시 높아지는가

　　　　　　　　　　　　　　　　　　　　　　　灘聲何事抑還揚

---

427 물고기는……양물이니 : 【攷證 卷2 鱗陰羽陽】《홍렬명언(鴻烈名言 회남자(淮南子))》〈천문훈(天文訓)〉에 "깃털이 있는 것은 날아다니는 무리이므로 양(陽)에 속하고, 껍질과 비늘이 있는 것은 숨어서 나오지 않는 무리이므로 음(陰)에 속한다."라고 하였다.

428 태극 : 【要存錄 卷3】'일(一)'은 태극이다.

가을날에 홀로 도산 서당에 이르러 상자 속에서 조사경[429]의 시를 꺼내보고 차운하여 회포를 달래다 【신유년(1561, 명종 16, 61세) 9월 22일. 예안(禮安)】

秋日獨至陶舍 篋中得趙士敬詩 次韻遣懷

인생은 바다 속의 거품과 같은데[430]	人生同作海中漚
약한 닻줄 바람 자니 조금 편안하여라	弱纜收風覺少優
학문은 갈래 많아 걸핏하면 길을 잃고	道術千歧多失脚
사람들 마음 자주 변해 모두 명리로 향하누나[431]	世情百變盡回頭
산은 저물녘 들판에 비껴 서서 여윈 내 모습 맞이하고[432]	
	山橫晚野迎新瘦

---

429 조사경 : 【譯注】조목(趙穆, 1524~1606)으로, 본관은 횡성(橫城), 자는 사경(士敬), 호는 월천(月川)·동고(東皐)이다. 공조 참판을 역임하였다.

430 인생은……같은데 : 【攷證 卷2 人生同作海中漚】《능엄경(楞嚴經)》에 "무상한 인생을 대각의 경지에서 보면, 바다 속에서 일어나는 하나의 물거품과 같다네.〔空生大覺中, 如海一漚發.〕"라고 하였다. 송(宋)나라 대혜종고(大慧宗杲)의 《대혜어록(大慧語錄)》에 "대천의 모래 같은 무수한 세상의 바다 속 물거품처럼, 일체의 성현은 번갯불처럼 스쳐가네.〔大千沙界海中漚, 一切聖賢如電拂.〕"라고 하였다. 【校解】《고증》에는 《능엄경》의 원문에 '發'이 빠져 있는데, 보충하여 번역하였다. 대혜종고의 원출전은 《전등록(傳燈錄)》에 실린 영가(永嘉)의 〈증도가(證道歌)〉이다.

431 명리로 향하누나 : 【要存錄 卷3】《이정외서(二程外書)》에 다음과 같은 내용이 있다. 일찍이 한 조사(朝士)가 오랫동안 백순(伯淳 정호(程顥))을 만나지 못하다가 백순을 만나 "백순은 이와 같은 총명함으로 무엇 때문에 허다한 때에 끝내 머리를 향하여 조정에 오려고 하지 않는가?"라고 물으니, 백순이 "머리를 조정으로 향하였다가 어그러질까 두려워해서이다."라고 대답하였다.

432 산은……맞이하고 : 【攷證 卷2 山橫迎新瘦】송(宋)나라 간재(簡齋) 진여의(陳與

국화는 서리 숲에 가득 피어 시름 깊은 나를 기다리네

菊滿霜林佇遠愁

다행히도 벗의 시 있어 상자 속에서 꺼내어　　　賴有故人詩發篋

온 종일 길게 읊조리며 홀로 즐기노라　　　　　長吟終日獨由由

義)의 〈주 교수의 「추회」 시에 차운하다〔次韻周教授秋懷〕〉 시에 "천기는 끊임없이 흘러 산은 새로 헐벗고, 세상일은 아득하여 해는 절로 기우네.〔天機袞袞山新瘦, 世事悠悠日自斜.〕"라고 하였다. 【校解】《고증》에서는 앞 구가 '靑山袞袞迎新瘦'로 되어 있는데, 통행본 《간재집(簡齋集)》에 의거하여 수정하였다.

호서 감사 민경열[433]에게 부치다. 2수 【신유년(1561, 명종16, 61세)

10월 추정. 예안(禮安)】

寄湖西監司閔景說 二首

(詩-內卷3-152)

동호에서 두 번 후원에서 한 번 이별하였는데[434]	兩別東湖一後園
그 사이 사람의 일은 얼마나 분분히 많았던가	中間人事幾紛紛
듣자니 그대 또 호서 절도사 되었다는데	聞君又按湖西節
도리어 나는 여전히 영외의 구름을 간다오	顧我仍耕嶺外雲
천리 길 그리움 일어도 찾아가기 어려우니[435]	千里有懷難命駕
술동이 앞에서 글월 논할 길이 없구려[436]	一尊無計可論文
서풍에 홀로 누워 그대 생각하노라니	西風獨臥思君處
기러기 드넓은 하늘 지나고 국화는 향기를 뿜누나	鴈過長空菊吐芬

---

433 민경열 : 【譯注】 민기(閔箕, 1504~1568)로, 본관은 여흥(驪興), 자는 경열(景說), 호는 관물재(觀物齋)·호학재(好學齋)이다. 1561년(명종16) 청홍도 관찰사(淸洪道觀察使)가 되었으며, 우의정을 역임하였다.

434 동호에서……이별하였는데 : 【譯注】 동호는 동호의 독서당을 말한다. 【攷證 卷3 兩別東湖一後園】 동호에서의 두 번은 병오년(1546, 명종 원년) 봄과 을묘년(1555, 명종10) 가을이며, 후원에서의 한 번은 무신년(1548, 명종3) 봄이다.

435 천리……어려우니 : 【攷證 卷2 千里命駕】《진서(晉書)》〈혜강열전(嵇康列傳)〉에 "여안(呂安)은 혜강과 교유하였는데, 항상 생각이 나면 곧바로 천리 길을 마차를 몰고 왔다."라고 하였다.

436 술동이……없구려 : 【攷證 卷2 一尊論文】 당(唐)나라 두보(杜甫)의 〈봄날 이백을 그리워하며〔春日憶李白〕〉시에 "언제나 술잔 주고받으며, 다시 시문 이야기 나눌거나.〔何時一樽酒, 重與細論文.〕"라고 하였다.

봉산⁴³⁷에 있을 때 옛 신선 사모하였는데   憶在蓬山慕古仙

함께 수련 기약한 이는 그대 한 사람뿐이었네   相期修鍊與君偏

솥 안의 용호⁴³⁸는 공효가 빠르지 않고   鼎中龍虎功非速

병 속의 건곤⁴³⁹도 일은 또한 다 지나갔구려   壺裏乾坤事亦遷

서리 내린 것 같은 백발이 가을날에 환하니 내 어찌하리오

     霜髮照秋吾不奈

---

437 봉산 : 【譯注】 앞의 KNP0269 〈호남의 변성온이 방문하다〔湖南卞成溫來訪〕〉 시에 보이는 봉관(蓬館)과 같은 말로, 옥당(玉堂)을 뜻한다.

438 솥 안의 용호 : 【譯注】 용호는 단약을 가리킨다. 【攷證 卷2 鼎中龍虎】 송(宋)나라 주자(朱子)의 〈공제를 비롯한 여러 형을 모시고 정사로부터 와서 충우관의 세한헌에 모여 선객들을 청하여 함께 술을 마셨다. 공제가 시를 지어 수원장사에게 주었다. 이에 그 운을 따라 시를 쓴다.〔奉同公濟諸兄自精舍來集沖佑之歲寒軒因邀諸羽客同飮公濟有詩贈守元章師因此其韻〕〉 시에 "솥 속의 용과 호랑이 이야기 응당 허튼 소리요, 종이 위의 효사와 단전은 진리 전한 것이 아닐세.〔鼎中龍虎應浪語, 紙上爻象非眞傳.〕"라고 하였다. 또한 〈서재에서 흥이 일어〔齋居感興〕〉 시 20수 중 제15수에 "금솥에 용과 호랑이 서려 있어, 삼 년 동안 신선의 단약 달이노라.〔金鼎蟠龍虎, 三年養神丹.〕"라고 하였는데, 송나라 채모(蔡模)의 주석에 "금솥은 《참동계》〈정가(鼎歌)〉에서 말한 '둘레는 15촌 1푼이고, 입은 32척 2촌이고, 입술은 길이가 2자이며 두께가 고르다.'라고 한 것에 해당한다. 용과 호랑이는 곧 도가에서 말하는 물과 불로써 납과 수은의 혼백인데 그 실상은 다만 음양일 따름이다."라고 하였다.

439 병 속의 건곤 : 【要存錄 卷3】 《후한서》〈비장방열전(費長房列傳)〉에 다음과 같은 내용이 있다. 비장방이 저자의 아전이 되었다. 저자에서 어떤 노인이 약을 팔았는데, 가게에 병 하나를 매달아 놓고서 저자가 파하면 문득 병 안으로 뛰어들었다. 비장방이 누대 위에서 그것을 보고 기이하게 여겨 그에게 가서 두 번 절하였다. 이에 노인이 그를 데리고 병 속으로 들어가니, 옥당(玉堂)에 화려하고 좋은 술과 맛있는 안주가 그득하여 함께 술을 실컷 마셨다. 함께 술을 마시고서 나온 뒤에 노인이 이르기를 "나는 신선 가운데 사람인데, 허물을 지어 견책 받았다. 이제 지금 그 일이 다 끝났으니 마땅히 마을을 떠나겠다."라고 하였다.

들녘 구름에 경물을 보는[440] 그대는 한가롭구나　　　野雲觀物子悠然

낭함의 비결[441]은 응당 별 탈 없을 텐데　　　琅函祕訣應無恙

무슨 생각으로 만년에 그 노력을 그만두었는가　　　努力何心廢暮年

---

440 들녘……보는 : 【攷證 卷2 野雲觀物】당(唐)나라 맹교(孟郊)의 〈주 수재와 소상인을 그리며〔憶周秀才素上人〕〉 시에 "들 나그네는 구름으로 마음을 삼고, 고승은 물로 성품을 삼누나.〔野客雲爲心, 高僧水爲性.〕"라고 하였다. ○ 관물(觀物)은 민경열(閔景說)의 호이다. 선생은 일찍이 그를 야운관물옹(野雲觀物翁)이라 하였다.

441 낭함의 비결 : 【譯注】낭함(琅函)은 문서함을 뜻하는데, 뜻이 전변하여 상대방의 편지를 높이는 말로 사용된다. 여기서 1차적인 의미는 도가의 책을 가리킨다. 【要存錄 卷3】《열선전(列仙傳)》에 "위숙경(衛叔卿)이 신선이 되었는데, 그의 아들 도세(度世)가 위숙경을 산속에서 만났다. 이에 위숙경이 '내가 신선의 비방을 기둥 아래에 두었다.'고 하였다. 도세가 과연 기둥 아래를 파서 옥함을 얻었는데, 비선인(飛仙印)으로 봉해졌으며 안에는 오색의 구름이 있었다."라고 하였다.

김순거⁴⁴²가 보내준 시에 차운하다. 3수【신유년(1561, 명종16, 61 세) 10월 추정. 예안(禮安)】

次韻金舜擧見寄 三首

(詩-內卷3-154)

근래 쇠한 우리 가문 그 이치 자못 아득하니	近歲衰門理頗茫
조상이 남긴 은덕 부질없이 길었나 의아하였네	祖先流慶訝空長
어찌 알았으리, 예닐곱 내외손⁴⁴³ 잇달아	寧知六七聯中表
함께 과거 합격하여 살아 있는 나와 죽은 조상⁴⁴⁴ 위로할 줄을	
	倂捷科名慰在亡

---

442 김순거 : 【譯注】김팔원(金八元, 1524~1589)으로, 본관은 강릉(江陵), 자는 순거 (舜擧)·수경(秀卿), 호는 지산(芝山)이다. 용궁 현감(龍宮縣監)을 역임하였다. 【要存錄 卷3】김순거는 선생의 족질(族姪)로, 이훈(李壎)의 사위이다. 살펴보건대, 수고본(手稿 本)에서 "순거는 나의 〈조사경에게 주다〔贈趙士敬〕(KNP0256)〉 시에 차운하여 세 수를 지었는데, 첫 번째 수에서는 내 손자 등이 과거에 합격한 것을 축하하였고, 두 번째와 세 번째 수에서는 축하 잔치에 참여하고 싶다는 뜻을 말하고 있다. 그러므로 시에서처럼 말하였다."라고 하였다.

443 내외손 : 【攷證 卷2 中表】《강록(江錄)》에서 "중표는 내외친이다."라고 하였다. 【要存錄 卷3】《선생습유(先生拾遺)》의 선생의 가서(家書)에서 "이교(李寯 이황의 조 카), 안도(安道 이황의 손자), 민응기(閔應祺), 권호문(權好文), 김윤흠(金允欽), 조윤 구(趙允懼), 오수영(吳守盈) 등이 함께 합격하였다."라고 하였다.

444 살아……조상 : 【譯注】재망은 존망(存亡)과 같은 말로 돌아가신 조상과 살아 있는 나를 가리킨다. 【攷證 卷2 在亡】송(宋)나라 소식(蘇軾)의 〈광랑나무 지팡이를 장문잠 에게 부쳤는데, 그때 처음으로 황노직은 검남으로 옮겨 갔고 범순보는 구의로 옮겨 갔다 고 들었다.〔桃榔杖寄張文潛時初聞黃魯直遷黔南范淳父九疑也〕〉시에 "바람 맑아 잠에서 깨니 술기운 있는 듯 없는 듯, 몸은 꿈에서 깨어 꿈속인 듯 아닌 듯.〔睡起風淸酒在亡, 身隨殘夢兩茫茫.〕"이라고 하였는데, 주석에서 인용한 〈원앙열전(袁盎列傳)〉에 "극맹(劇

궁행하라는 가르침 내 비록 석경, 석건에 부끄럽지만[445]

躬教我雖慙慶建

축하하는 그대 시는 소식, 황정견에 비길 만하여라　賀詩君擬學蘇黃

그대 시 소리 높여 읊으매 문득 문호에 광채가 더하니　諷吟斗覺光增戶

화창한 봄기운이 가을[446]에도 일어나누나　　　　　　春氣融融發顥商

　-이상은 손자 안도(安道)[447]가 연방(蓮榜)에 이름이 든 것을 김순거가 경하하기
에 이렇게 읊은 것이다.-

孟)은 비록 도박을 일삼는 사람이지만, 하루아침에 급하여 문을 두드리면 부모 때문이라
고 핑계 대지 않고, 집에 일이 있다고 거절하지 않았다."라고 하였다.【要存錄 卷3】당
(唐)나라 유종원(柳宗元)의 〈소주 배 조장 사군의 시에 화답하다〔酬韶州裵曹長使君〕〉
시에 "산 사람이나 죽은 사람이나 모두 고요하고, 고아나 홀아비처럼 영락하였네.〔在亡均
寂寞, 零落間惸鰥.〕"라고 하였다.

445 궁행하라는……부끄럽지만：【攷證 卷2 躬教我雖慙慶建】《사기(史記)》〈만석군열
전(萬石君列傳)〉에 "황태후가 다른 유자들은 대부분 겉으로 꾸미고 내실을 다지지 않는
데, 만석군 석분(石奮)의 집안사람들은 말이 적지만 몸소 실천한다〔躬行〕고 생각하고는
큰아들 석건(石建)을 낭중령으로, 작은 아들 석경(石慶)을 내사로 삼았다."라고 하였다.
【要存錄 卷3】이 구절은 내가 몸소 행하라고 가르친 것이 만석군의 석경과 석건에 부끄럽
다는 의미이다.

446 가을：【攷證 卷2 顥商】후한(後漢) 반고(班固)의 〈서도부(西都賦)〉에 "먼지 길
내달려 혼탁해지는데, 호기로 맑게 쓸어버리누나.〔軼埃壒之混濁, 鮮顥氣之清英.〕"라고
하였는데, 주석에서 "호기는 흰 기운〔白氣 가을 기운〕이다."라고 하였다.《찬요(纂要)》
에 "가을을 백장(白藏), 또는 소상(素商)이라고 한다."라고 하였다. 송(宋)나라 소옹(邵
雍)의 《격양집(擊壤集)》에 실린 〈장이 소경 어른의 「백국」에 화운하다〔和張二少卿丈白
菊〕〉시에 "새벽에 서리 어려 맑고 담담하니, 가을에 늦게 핌이 마땅하도다.〔清淡曉凝霜,
宜乎殿顥商.〕"라고 하였다.【要存錄 卷3】《예기》〈월령(月令)〉에 "가을 소리는 상음(商
音)이다."라고 하였으니, 이 구절은 즉 봄날의 화창한 기운이 호상(顥商)의 가을에 발한
다는 뜻이다.

447 손자 안도(安道)：【譯注】1541~1584. 호는 몽재(蒙齋), 자는 봉원(逢原)이다.
이황의 맏아들 이준(李寯)의 아들이자 이황의 장손이다.

시상은 초연하여 광활한 경계⁴⁴⁸로 이어지니	詩思超然接混茫
삶을 도모함은 졸렬하나 흥은 어찌 그리 유장한가	謀生雖拙興何長
몸은 관리 명부에 이름 올랐으나 벼슬에서 자주 물러나니	
	名登仕籍身前卻
관창의 곡식 꾸어 먹으매 식량이 자주 떨어졌지	粟在官倉食繼亡
세상 처함에 어찌 계맹지간⁴⁴⁹으로 대우 받으리	處世豈能容季孟
마음 노니는 것은 항상 희황⁴⁵⁰으로 돌아가려 하누나	游心常欲反羲黃
병부가 벽을 향해 삼일을 생각한 뒤에	病夫向壁經三日
사·상에게 시를 허락한 것 비로소 믿겠도다⁴⁵¹	始信言詩許賜商

---

448 광활한 경계 : 【攷證 卷2 混茫】《운회(韻會)》에서 "'茫'은 본래 '芒'이다."라고 하였
다. 《장자(莊子)》〈선성(繕性)〉에 "옛날 사람은 혼망 속에 있으면서 세상 사람들과 담백
하고 적막한 생활을 하였다."고 하였는데, 주석에서 "혼망은 자취를 감추어 스스로 드러
나지 않는 것이다."라고 하였다. 당(唐)나라 두보(杜甫)의 〈염예퇴(灩澦堆)〉 시에 "하늘
이 전복을 경계시키는데, 우뚝 선 신공은 넘실대는 파도에 맞서네.〔天意存傾覆, 神功接
混茫.〕"라고 하였다.

449 계맹지간 : 【譯注】김순거가 높은 벼슬로 임명되지 못하였음을 뜻한다. 【要存錄
卷3】제(齊)나라 경공(景公)이 공자를 대우하여 말하기를, "계씨(季氏)와 같이 대우하는
것은 내가 할 수 없겠지만 계씨와 맹씨(孟氏)의 중간 정도로는 대우하겠다."라고 하였다.
《論語 微子》

450 희황(羲黃) : 【譯注】복희(伏羲)와 황제(黃帝)를 가리킨다.

451 사·상에게……믿겠도다 : 【譯注】사(賜)는 단목사(端木賜)인 자공(子貢)을 가리키
며, 상(商)은 복상(卜商)인 자하(子夏)를 가리킨다. 자공과 자하는 공자가 "비로소 너와
함께 시를 말할 수 있도다."라고 인정한 인물들이다.

(詩-內卷3-156)

젊어서는 도를 구하여 질박하고 광대함⁴⁵²을 지향하였고

少年求道指淳茫

늙어서는 경전을 궁구하니 의미가 더욱 심원하구나　白首窮經意更長

나는 병들어 한가해진 것이지 세상을 버린 것이 아니오

我自病閒非世棄

사람들은 욕심으로 골몰한 것이지 어찌 본심을 잃었겠는가

人由欲汩豈心亡

서리 맑아 불어난 물에 허공의 찬 기운 어리고　霜清漲潦凝寒碧

낙엽 가득한 산 숲엔 붉고 노란 단풍 흐드러지누나　葉滿山林爛赤黃

어찌하면 그대와 함께 감상하고 노래하며　安得與君同賞詠

금석 악기 크게 울려⁴⁵³ 서로 화답해 볼거나　春容金石協宮商

452　질박하고 광대함 : 【攷證 卷2 淳茫】《장자》〈천지(天地)〉에 순망(諄芒)이란 인물
이 보이는데, '諄은' '淳'과 통용한다. 순망은 세속을 초월하여 도를 깨친 은자를 비유한
다. 당(唐)나라 유종원(柳宗元)의 〈몽귀부(夢歸賦)〉에 "노담이 세상에 숨어 오랑캐 땅
으로 감이여, 질박하고 광대한 곳을 지향하여 성큼성큼 걸어가누나.〔老耼遁而適戎兮,
指淳茫而縱步.〕"라고 하였다. 살펴보건대, 순(淳)은 질박함이요 망(茫)은 광대함이다.

453　크게 울려 : 【攷證 卷2 春容】《예기》〈학기(學記)〉에 "질문에 잘 대응하는 자는
종을 치는 것을 기다리는 것과 같다. 작게 두드리면 작게 울려 주고, 크게 두드리면
크게 울려 주어 그 여유롭기를 기다려서 그런 뒤에 그 소리를 다해주니, 물음에 잘 대답하
지 못하는 자는 이와 반대로 한다."라고 하였다. 당나라 한유(韓愈)의 〈권 수재를 보내는
서문〔送權秀才序〕〉에 "그 문사는 궁조와 상조가 잘 어울려 금석의 악기가 조화로우니,
짧은 작품은 고요하고 긴 문장은 종을 크게 친 것 같다.〔春容乎大篇〕"라고 하였다.

황중거⁴⁵⁴가 보내온 녹봉정사⁴⁵⁵ 낙성⁴⁵⁶시에 차운하다. 1수

【신유년(1561, 명종16, 61세) 10월 추정. 예안(禮安)】

次韻黃仲擧寄示鹿峯精舍落成 一首

유관이 어찌 굳이 옛 이름을 이어야 하나	儒館何須續舊名
녹봉정사 낙성을 축하함직 하여라	鹿峯堪賀落新成
무성의 언언은 현송으로 정치를 일으키고⁴⁵⁷	武城言偃興絃誦
촉 땅의 문옹은 교화의 명성 드날렸었지⁴⁵⁸	蜀地文翁闡教聲

---

454 황중거 : 【譯注】황준량(黃俊良, 1517~1563)으로, 본관은 평해(平海), 자는 중거(仲擧), 호는 금계(錦溪)이다. 1560년(명종15) 상주 목사(尙州牧使)로 나가 4년간 재임하면서 영봉서원(迎鳳書院)의 증수, 문묘의 중수, 그리고 공곡서당(孔谷書堂)·녹봉정사(鹿峰精舍) 등의 건립을 추진하였다.

455 녹봉정사 : 【攷證 卷2 鹿峯精舍】성주(星州) 팔거현(八莒縣)에 있다. 금계(錦溪) 황준량이 지었다.

456 낙성 : 【攷證 卷2 落成】《춘추좌씨전》 소공(昭公) 7년 조에 "초자(楚子)가 장화대(章華臺)를 완성하고서 제후들과 낙성제(落成祭)를 지내기를 원하였다."고 하였는데, 주석에서 "궁실이 비로소 완성되면 제사 지내는 것을 낙(落)이라 한다."라고 하였다.

457 무성의……일으키고 : 【譯注】언언(言偃)은 자유(子游)의 이름이다. 《논어》〈양화(陽貨)〉에 공자가 무성에 가서 현가(弦歌) 소리를 듣고 빙그레 웃으며 말하기를 "닭을 잡는데 어찌 소 잡는 칼을 쓰느냐?"고 하니, 자유가 대답하기를 "예전에 제가 선생님께 들으니 군자가 도를 배우면 사람을 사랑하고, 소인이 도를 배우면 부리기가 쉽다고 하셨습니다."라고 하였다. 공자가 "제자들아, 자유의 말이 옳다. 방금 한 말은 농담이다."라고 하였다.

458 촉……드날렸었지 : 【攷證 卷2 蜀地文翁闡教聲】《한서(漢書)》〈문옹열전(文翁列傳)〉에 "문옹은 여강(廬江) 사람으로 경제(景帝) 말기에 촉(蜀)의 군수가 되었다. 촉 지방이 궁벽하여 비루함을 보고는 군현의 낮은 관리 가운데 명민하고 재주가 있는 자를 골라서 서울로 보내어 박사에게 수업을 받도록 하였다. 또한 성도(成都)의 저자에 학궁

옛 도라 다 같이 받은 본성은 없지 않건만   古道未亡同受性

지금 사람 어이하여 유독 뛰어난 이가 모자라는가   今人那欠獨超情

성산은 본래 영웅이 많은 고을이라 불리었으니   星山本號英雄藪

만물 가운데 인간이 영장이라는 걸 저버리지 말게나[459]

                                            莫負羣生我最靈

(學宮)을 세워 고을의 자제를 불러 모아 학관의 제자로 삼고, 그 가운데 경전에 밝고
행실이 뛰어난 자는 고을의 관리로 보임하였다. 이로 말미암아 촉 지방이 크게 교화되어
제(齊)나 노(魯) 지역에 비견되었다."라고 하였다.

459 만물……말게나 :【要存錄 卷3】만물 가운데 가장 영험하다는 이름을 저버리지
말라는 의미이다.

벗들에게 보이다 【신유년(1561, 명종16, 61세) 10월 추정. 예안(禮安)】

示諸友

와운암에서 마음 보존하는 법이요[460]	臥雲庵裏存心法
관선재에선 일상중의 공부라[461]	觀善齋中日用功
귀숙처를 강습하여 알고자 한다면	要識講明歸宿處
실천으로 옮겨[462] 내 몸에 징험해 보게나	請將踐履驗吾躬

　-와운암은 《주자어류(朱子語類)》의 등덕수[463]에게 가르침을 준 곳에 보이고, 관선재는 〈무이정사〉 시에 보이며, 강명과 천리의 말은 〈답정윤부[464]서〉에 보인다.-

---

460　와운암에서……법이요 :【攷證 卷2 臥雲庵裏存心法】《주자어류(朱子語類)》〈훈문인(訓門人)〉에 선생이 등린(滕璘)에게 "어제 와운암에서 무엇을 하였는가?"라고 물으니, 등린이 "그곳에 갔을 때 날이 이미 저물어 책은 보지 못하고 다만 정좌만 하였습니다."라고 대답하였다. 선생이 장횡거의 〈육유설(六有說)〉을 거론하여 "말에는 법도가 있고 행동에는 가르침이 있고 낮에는 하는 일이 있고 밤에는 깨우치는 것이 있고 쉴 때는 기르는 것이 있고 짧은 시간에는 보존하는 것이 있어야 한다. 정좌할 때도 또한 주장하는 것이 있어야 하니, 그렇지 않으면 그저 꼿꼿이 앉아 있을 뿐이다."라고 하였다.

461　관선재에선 일상중의 공부라 :【攷證 卷2 觀善齋中日用功】송(宋)나라 주자(朱子)의 〈무이정사(武夷精舍) 관선재(觀善齋)〉 시에 "책 상자 짊어지고 어디에서 왔는가, 오늘 아침 이 자리에 함께 하였네. 평소에 실천한 공부가 없었으니, 이제 서로 보살펴 함께 노력하세나.〔負芨何方來, 今朝同此席. 日用無餘功, 相看俱努力.〕"라고 하였다.

462　귀숙처를……옮겨 :【攷證 卷2 講明踐履】【要存錄 卷3】송나라 주자의 〈정윤부에게 답하다〔答程允夫〕〉에 "지난번 고사(高沙)에 있을 때 우리 아우가 말한 것으로 인해 이와 같이 강습하면 전혀 귀숙처가 없게 될 것을 깨달았네. 이에 답하여 '강습하고서 곧바로 실천한다면 곧 귀숙처가 있을 것이네.'라고 말하였네."라고 하였다.

463　등덕수 :【攷證 卷2 滕德粹】등린(滕璘, 1150~1229)으로, 자는 덕수, 호는 계재(溪齋)이다. 신안(新安) 사람으로 아우 등공(滕珙)과 함께 주자의 문인이다.

464　정윤부 :【攷證 卷2 程允夫】정순(程洵)으로, 자는 윤부, 호는 극암(克庵)이다. 무원(婺源) 사람으로, 주자의 처남이자 조모(祖母) 자매의 손자이다.

KNP0276(詩-內卷3-159)

도산서당에서 밤중에 일어나서 【신유년(1561, 명종16, 61세) 10월 추정. 예안(禮安)】

山堂夜起

산이 비어 집안이 고요한데	山空一室靜
밤 되니 추위 서리 기운 매서워라	夜寒霜氣高
외로운 베갯맡에 잠 못 이루다가	孤枕不能寐
일어나 앉아 옷깃을 여미노라	起坐整襟袍
노쇠한 눈으로 작은 글자 보자니	老眼看細字
짧은 등불 번거로이 자주 심지 돋우네	短檠煩屢挑
책 속에 참 맛이 있나니	書中有眞味
진귀한 음식보다 더욱 맛이 있어라	飫沃勝珍庖
허공에 반달이 떠오르니	當空半輪月
낮으로 잘못 알아 새 놀라 울어대누나	誤晝驚禽號
달 그림자 연못 바닥으로 들어가니	影入方塘底
다가가서 손으로 건져내고 싶도다	臨之欲手撈
서쪽 정사 쓸쓸하여 인적 없으니	西舍悄無蹤
은거하는 나는 꿈에 신선과 노니노라	幽人夢仙遊
시를 짓자 불러서 서로 화답하니	詩成喚相和
구고의 학 울음 듣는 듯하여라[465]	似聞鳴九皐

---

465 구고의……듯하여라 : 【譯注】《시경》〈소아(小雅) 학명(鶴鳴)〉에 "구고에서 학이 우니, 그 소리가 하늘까지 들리는구나.〔鶴鳴于九皐, 聲聞于天.〕"라고 하였다.

입춘날 문창에 쓰다. 절구 2수 임술년(1562, 명종17, 62세)

【1월 추정. 예안(禮安)】

立春 題門窗 二絶 壬戌

(詩-內卷3-160)

한 가닥 향 피워 오르고 봄기운 가득해	一炷香烟滿意春
앉아 있노라니 산천의 경치가 새로워라	溪光山色坐來新
묵은 병도 이제 눈 녹듯 사라져서	舊痾從此渾如雪
태평 시절 길이 농사짓는 백성이나 되었으면	長作淸時秉耒民

(詩-內卷3-161)

다만 바라기는 밝은 때 태평 경사 함께하고	但祝明時泰慶同
음기가 사라지는 것이 내 몸에서도 징험되며	消除陰沴驗微躬
눈은 밝은 거울 같고 마음은 해와 같아	眼如明鏡心如日
여러 서적 밝게 깨쳐 어리석음 열리기를	燭破羣書啓吝蒙

벗이 화운할 것을 요구하며 보낸 시에 차운하다. 2수 【임술년(1562, 명종17, 62세) 1~2월 추정. 예안(禮安)】

次友人寄詩求和韻 二首

(詩-內卷3-162)

인생은 그럭저럭 저물어 가는데	歲月仍遲暮
풍진 속에 몇 번이나 오고 갔는가	風塵幾往迴
친한 벗이 묻지 않았다면	親朋非有問
품은 생각을 어찌 열어 보이리까[466]	懷抱詎能開
나는 길이 한가롭기를 원하고	我願長閒得
그대는 점차 물러날 것을 생각하누나	君思漸退來
옛 사람도 오히려 이러했는데	古人猶尙爾
더구나 재주가 전혀 없는 나임에랴	況復最非才

(詩-內卷3-163)

나는 늘 고요히 살기를 몹시도 좋아하는데	性僻常耽靜
몸은 여위어 추위를 몹시 탄다네	形羸實怕寒
솔바람은 서원 문 닫아도 들리며	松風關院聽
눈 덮인 매화는 화로 끼고 바라보노라[467]	梅雪擁爐看

---

466 품은……보이리까 : 【攷證 卷2 懷抱詎能開】 당(唐)나라 두보(杜甫)의 〈대부 엄무를 기다리며〔奉待嚴大夫〕〉 시에 "몸은 늙어가고 시절은 위태로운데 그대 만날 생각하니, 한 평생의 회포를 누구에게 열어 보이겠는가.〔身老時危思會面, 一生懷抱向誰開.〕"라고 하였다.

세상의 맛은 노년에 자별하고   世味衰年別

인생은 만년의 길이 어렵도다   人生末路難

깨어나서 한바탕 웃으니   悟來成一笑

이것이 바로 괴안국의 꿈[468]이로다   曾是夢槐安

---

467 눈……바라보노라 :【攷證 卷2 梅雪擁爐看】종매심(鍾梅心)의 시에 "매화 메말라 걱정에 괴로운데, 간간이 화롯불 다독이며 초서를 배우네.〔梅花瘦盡相思苦, 閒撥爐火學 草書.〕"라고 하였는데, 주석에서 "눈의 한기 점점 심하여 추위 속의 매화가 바짝 메마르니, 마음이 즐겁지 못하여 부질없이 화롯불만 다독이며 글씨를 배울 따름이다."라고 하였다.【校解】이 시는 저자와 출전을 확인할 수 없다.

468 괴안국의 꿈 :【譯注】당(唐)나라 이공좌(李公佐)의《남가태수전(南柯太守傳)》에 "순우분(淳于棼)이란 사람이 괴목(槐木) 아래에서 술에 취해 잠깐 누워 잠든 사이에 괴안국(槐安國)의 부마(駙馬)가 되었다. 남가(南柯)의 태수로 삼십 년 동안 있으면서 온갖 부귀영화를 누렸는데, 꿈을 깨고 보니 괴안국은 바로 괴목의 남쪽 가지 밑에 있는 개미구멍이었다."라고 하였다.

간석대⁴⁶⁹에서 답청하다 【임술년(1562, 명종17. 62세) 3월 삼짇날 추정, 예안 (禮安)】

礀石臺踏靑

푸른 바위 쪼개진 틈으로 폭포가 쏟아지니	擘開靑石出飛泉
산은 끊겨 문과 같고 물은 그 앞을 휘돌아나가네	山斷如門水抱前
장차 난정을 지어 멋진 모임 뒤좇고자 하니⁴⁷⁰	擬作蘭亭追勝會
구장의 어른⁴⁷¹ 모시고 짙은 안개 헤치던 일 기억나누나	
	憶陪鳩杖破荒烟
신선은 유람 떠나 구름과 함께 돌아오지 않으니	仙遊不與雲俱返
즐거운 일에 무단히 감회 절로 일어라	樂事無端感自纏
돌을 쌓아 대 만든 건 호사로워서가 아니라	壘石作臺非好事
남긴 자취 길이 전하고자 함이라네	欲將陳跡永流傳

　　-농암 선생이 일찍이 이 간석대에서 노닐었다.-

---

469 간석대 : 【攷證 卷2 礀石臺】간석대는 바로 석간대(石澗臺)를 가리키니, 도산의 서쪽에 있다.

470 난정을……하니 : 【攷證 卷2 蘭亭勝會】살펴보건대, 난정은 회계(會稽) 산음현(山 陰縣)에 있다. 진(晉)나라 왕희지(王羲之)가 사안(謝安)·손작(孫綽) 등 10여 명과 모임 을 만들어 이곳에 모여 연회를 열었다. 왕희지가 기문을 지어 그 모습을 그려내었다.

471 구장의 어른 : 【攷證 卷2 鳩杖】《후한서(後漢書)》〈예의지(禮儀志)〉에 "한(漢)나 라의 백성 가운데 나이가 70살 이상이 되면 옥장(玉杖)을 하사한다. 80~90이 된 노인에 게는 더욱 예의를 갖춰 아홉 자의 옥장을 주며 머리 부분에 비둘기 장식을 한다. 비둘기는 목이 메여 체하지 않는 새이므로 노인이 체하지 않기를 바라는 것이다."라고 하였다.

KNP0280(詩-內卷3-165)

절우단⁴⁷²의 매화가 늦봄에 비로소 피었다. 돌이켜 생각해
보니 지난 갑진년(1544, 중종 39) 봄에 동호에 있을 때
망호당으로 매화꽃을 보러 가서 두 수의 시를 지었는데,⁴⁷³
벌써 열아홉 해가 흘렀다. 이에 다시 그때 지은 시에 화운
하여 한 편을 지어서 옛일을 추억하고 현재의 감회를 말
하여 같은 정사의 벗들에게 보이다 【임술년(1562, 명종17, 62세) 3월
4일~15일 추정. 예안(禮安)】

節友壇梅花 暮春始開 追憶往在甲辰春 在東湖 訪梅於望湖堂 賦詩二首
忽忽十九年矣 因復和成一篇 道余追舊感今之意 以示同舍諸友

푸른 봄 저물려 하는 영남의 마을에　　　　　　　青春欲暮嶠南村

곳곳마다 도리화가 사람의 넋을 홀리는구나　　處處桃李迷人魂

천지간에 서 있는 외로운 나무에 눈이 번쩍 뜨이니　眼明天地立孤樹

온통 하얘 뭇 꽃의 칙칙함을 씻어내누나　　　一白可洗群芳昏

풍류는 섣달 내리는 눈에 아랑곳하지 않으며　風流不管臘雪天

격조는 봄빛의 동산에 더욱 빼어나도다　　　格韻更絶韶華園

도산⁴⁷⁴에서 예전에 몇 번이나 신선처럼 감상했던가　道山疇昔幾仙賞

이십 년 만에 다시 보니 기쁨에 미소가 지어지네　廿載重逢欣色溫

----

472 절우단 :【譯注】이황이 만년에 도산서당 동쪽 좁은 공간에 단을 쌓아 소나무·대나무·매화·국화를 심어 가꾸던 화단으로, 절개를 함께하는 벗이라는 뜻으로 명명한 곳이다.

473 지난……지었는데 :【譯注】《정본 퇴계전서》권1 KNP0041〈호당 매화가 늦봄에 비로소 피었기에 소동파 시의 운자를 써서 짓다. 2수〔湖堂梅花暮春始開用東坡韻二首〕〉를 가리킨다.

474 도산(道山) :【譯注】동호(東湖)의 독서당을 가리킨다.

바람 앞에 서니 서호의 짝과 흡사하고⁴⁷⁵	臨風宛若西湖伴

바람 앞에 서니 서호의 짝과 흡사하고[475]　臨風宛若西湖伴

달을 마주하니 동녘이 밝아오는 줄도 모르겠구나　對月不覺東方暾

무슨 일로 비쩍 말랐냐고 나에게 물으니　問我緣何太瘦生

흰머리로 오래토록 암혈에 길이 칩거해서 있노라　白首長屛雲巖門

이전부터 절로 연하의 고질[476]이 들었나니　向來自有烟霞疾

지금 어찌 군이 지우들과 즐겁게 이야기 나눌 필요 있으랴

今者何須蘭臭言

하늘 저편 벗을 만나 볼 길이 없으니　天涯故人不可見

너와 함께 날마다 아무 일도 말고 술이나 마시런다[477]

與爾日飮無何罇

---

475 서호의 짝과 흡사하고 : 【譯注】 서호는 송(宋)나라 임포(林逋)가 은거하였던 곳이다. 임포는 자가 군복(君復)으로 서호(西湖)의 고산(孤山)에 은거하여 20년 동안 성시(城市)에 발을 들여놓지 않았으며, 서화와 시에 능하였는데 특히 매화시가 유명하다. 장가를 들지 않아 자식이 없이 매화를 심고 학을 길러 짝을 삼으니, 당시에 '매처학자(梅妻鶴子)'라고 하였다.

476 연하의 고질 : 【攷證 卷2 烟霞疾】《신당서(新唐書)》〈전유암열전(田游巖列傳)〉에 다음과 같은 내용이 있다. "전유암은 기산(箕山) 허유(許由) 사당의 동쪽에 은거하였다. 당 고종(唐高宗)이 직접 그의 집에 찾아가 '선생은 근래 평안하신가?'라고 묻자, 그는 '신은 이른바 산수를 사랑하여 병이 나고 연하를 즐기어 고질병이 된 사람입니다.'라고 대답하였다."

477 날마다……마시런다 : 【攷證 卷2 日飮無何罇】《장자》〈응제왕(應帝王)〉에 "나는 바야흐로 조물주와 벗이 되려고 한다. 싫증이 나면 다시 저 아득히 높이 나는 새를 타고 이 세상 밖으로 나가 아무도 없는 곳에서 노닐며 끝없이 넓은 들판에 살려고 한다."라고 하였다. 《한서(漢書)》〈원앙전(袁盎傳)〉에 다음과 같은 내용이 있다. 원앙이 제(齊)나라의 재상에서 오(吳)나라의 재상이 되었다가 그만두고 돌아가려는데 조카인 원종(袁種)이 원앙에게 "남방은 땅이 낮아 습기가 많으니 삼촌께서는 날마다 술이나 마시면서 아무 일도 하지 마십시오."라고 하였다. 당(唐)나라 안사고(顔師古)의 주석에 "무하(無何)는 다시 아무 일도 하지 말라는 의미이다."라고 하였다.

KNP0281(詩-內卷3-166~175)

상사 한영숙⁴⁷⁸의 강가 별장 10경 【임술년(1562, 명종17. 62세) 3월 4일~15일 추정, 예안(禮安)】

韓上舍永叔江墅十景

(詩-內卷3-166)

검단산⁴⁷⁹의 아침 구름 儉端朝雲

검단은 산 이름이다.

첩첩의 봉우리에서 구름 피어 찬 새벽에 이르러서	疊嶂雲生逗曉寒
무심하게 비를 뿌리고 하늘⁴⁸⁰로 올라가누나	無心行雨上玄間
그대 이를 바라보며 항상 즐거워할 뿐이요	知君對此常怡悅
홀을 턱에 괴고 바라보던 왕휘지⁴⁸¹는 따라하지 않겠지	不學王郞拄笏看

---

478 한영숙 :【攷證 卷2 韓永叔】한수(韓脩, 1514~1588)로, 자는 영숙, 호는 석봉(石峰)이며, 서울에 거주하였다. 선생의 문하에서 배웠으며, 학행으로 등급을 뛰어넘어 지평(持平)에 제수되었다. 홍인우(洪仁祐, 1515~1554)의《치재일기(恥齋日記)》에 "두미협(斗尾峽)의 정사로 영숙을 방문하였는데, 영숙은 선대의 묘소 옆에다 초가를 지어놓고 영모당(永慕堂)이라 명명하였다."라고 하였다.

479 검단산 :【攷證 卷2 儉端】검단(儉端)은 아마도 검단(黔丹)이 아닌가 하니, 광주(廣州) 치소 동쪽 7리쯤에 있는 진산(鎭山)이다.

480 하늘 :【攷證 卷2 玄間】당(唐)나라 한유(韓愈)의〈잡설(雜說) 설운룡(說雲龍)〉에 "용이 숨을 내쉬면 구름이 되는데, 구름은 본래 용보다는 신령스럽지 못하다. 그러나 용은 이 기(氣)를 타고 하늘 끝까지 아득히 날아간다."라고 하였다.

481 홀을……왕휘지 :【譯注】진(晉)나라 왕휘지(王徽之)가 환충(桓沖)의 기병 참군이 되었다. 환충이 "그대가 부중(府中)에 있은 지도 오래되었으니, 이제 마땅히 일을 처리해야 하지 않겠소?"라고 하였다. 이에 왕휘지는 대답하지 않고 다만 눈을 높이 들어 쳐다보

(詩-內卷3-167)

두미[482]의 저물녘 돛배 斗尾暮帆

두미는 강 이름이다.

보일 듯 말 듯한 돛배 자주 눈을 스쳐가니	隱隱帆檣過眼頻
푸른 강의 낙조는 한 폭의 그림 같아라	滄江落照畫圖新
그 당시 돌아오던 흥을 추억하는데[483]	當年我自追歸興
어찌 그대가 그림 속의 사람이라 여길 줄 알았으랴[484]	豈料君看畫裏人

(詩-內卷3-168)

조곡[485]에서 고사리를 뜯다 早谷採薇

어젯밤 봄 우레 비에 온갖 풀 흔들리더니	昨夜春雷百草掀
광주리 들고서 새벽 구름 뚫고 웃으며 가누나	攜筐晨去笑穿雲
돌아와 맛을 보니 소반의 반찬 일품이라	歸來更覺盤飱媚

다가 홀을 가지고 빰을 괴면서 "서산에 아침이 오니 자못 삽상한 기운이 몰려옵니다."라고
하였다. 《晉書 王徽之列傳》

482 두미 : 【攷證 卷2 斗尾】광주(廣州) 치소의 동쪽 10리 지점에 있다. 【要存錄 卷3】
《여지승람》에 "양근군(陽根郡) 대탄(大灘) 용진(龍津)의 하류에 있는데, 그 북쪽 언덕을
도미천(渡迷遷)이라 부른다."라고 하였다.

483 그……추억하는데 : 【攷證 卷2 當年我自追歸興】《퇴계선생연보(退溪先生年譜)》
권1에 "을묘년(1555, 명종10) 3월에 세 번 벼슬을 사양하여 관직에서 물러났다. 성을
나와 배를 사서 동쪽으로 돌아왔다."라고 하였다.

484 어찌……알았으랴 : 【要存錄 卷3】이 구절의 의미는 "옛날에 내가 고향으로 돌아가
는 흥을 타고서 이곳을 지나갔는데, 타인이 나를 그림 속의 사람으로 여길 줄 어찌 알았으
랴."라고 한 것이다.

485 조곡 : 【要存錄 卷3】《여지승람》에 "조곡(早谷)은 치소의 동쪽 30리 지점에 있으
니, 달리 초동산(草洞山)이라 불린다."라고 하였다.

임금께 바치는 정성 미나리 대신할 만하여라⁴⁸⁶　　　　獻御誠心足替芹

소천⁴⁸⁷에서 물고기를 낚다 小川釣魚

위수의 준걸은 성군을 만났고⁴⁸⁸	渭水雄誇遇聖君
동강의 기이한 일은 별자리를 옮겼어라⁴⁸⁹	桐江奇事動星文
어떠한가, 고요한 시냇가 구름 속에서	何如寂寞溪雲裏
물고기·새와 친하며 어지러운 진세를 멀리함과	魚鳥相親遠世紛

---

486 임금께……만하여라 : 【譯注】《열자(列子)》에 보이는 말로, 올리는 건의가 변변치 못하지만 정성이 갸륵하니 미력이나마 임금을 위하고자 하는 충성을 의미한다. 옛날에 미나리〔芹〕를 아주 좋아한 사람이 있어 그 마을의 부자에게 미나리가 맛이 좋다고 말했는데, 그 부자가 미나리를 먹어 보니 맛이 독하고 배만 아팠다고 한다.

487 소천 : 【要存錄 卷3】《여지승람》에 "소천(小川)은 광주(廣州) 치소의 동쪽 30리 지점에 있으니, 그 물이 도미진(渡迷津)으로 흘러 들어간다."라고 하였다.

488 위수의……만났고 : 【譯注】《사기》〈제태공세가(齊太公世家)〉에 "주(周)나라 문왕(文王)이 사냥을 나가기에 앞서 태사 편(編)을 시켜 점을 쳐 보게 했는데 편이 점괘를 보더니 다음과 같이 읊조렸다. '위수(渭水) 가에서 사냥하면, 큰 수확이 있을 것이네. 용도 아니고 이무기도 아니며, 범도 아니고 곰도 아니지. 어진 현인 만날 조짐이니, 하늘에서 내려 준 스승이라네.' 이윽고 문왕은 위수에서 낚시질하는 강태공(姜太公)을 만났다."라고 하였다.

489 동강의……옮겼어라 : 【譯注】동강(桐江)은 후한(後漢)의 은사인 엄광(嚴光)이 광무제(光武帝)의 부름을 거절하고 낚시질하며 은거하던 곳이다. 광무제가 즉위하고서 엄광을 간곡히 찾자 마지못해 궁궐에 이르렀다. 엄광이 광무제와 함께 묵었는데, 엄광이 광무제의 배에 발을 올렸다. 다음날 태사(太史)가 '떠돌이 별인 객성(客星)이 황제의 별자리인 어좌(御座)를 침범했습니다.'라고 아뢰자, 광무제가 웃으며 '짐이 어제 친구 엄자릉(嚴子陵)과 함께 잠을 잤기 때문이다.'라고 하였다. 《後漢書 嚴光列傳》

채마밭의 봄비 菜圃春雨

그윽한 채마밭 손수 갈아 봄 새싹 심으니	手開幽圃種春苗
고운 잎 붉은 움490이 비에 젖어 탐스러워라	嫩葉丹荑得雨饒
한음의 노인처럼 부지런히 독에 물을 나르지491 않아도 되니	
	不待漢陰勤抱甕
이름 숨기며 지내는 누추한 삶에 위안이 되누나	逃名猶足慰簞瓢

가을 서리 내린 오솔길의 국화 菊逕秋霜

만 송이 국화꽃에 상로가 싱그럽게 맺혀 있고	霜露鮮鮮菊萬葩
가을바람 들 사람의 집에 소슬하게 불어오누나	金風蕭瑟野人家
꽃 중의 은일이라고 한 사람 생각492 알 터이니	花中隱逸知人意
만년에 마음 기약 어찌 끝이 있으리오	歲晚心期詎有涯

---

490 붉은 움 : 【譯注】 원래는 영지를 가리키는 말이었는데, 여기서는 채마밭에 움튼 채소의 새싹을 가리킨다. 【攷證 卷2 丹荑】 진(晉)나라 곽박(郭璞)의 〈유선시(遊仙詩)〉 19수 중 제1수에 "샘에 이르러 맑은 물 마시고, 산에 올라 붉은 영지 딴다네.〔臨源挹淸波, 陵岡掇丹荑.〕"라고 하였다.

491 한음의⋯⋯나르지 : 【譯注】《장자》〈천지(天地)〉에 "한수(漢水)의 남쪽에서 한 노인이 바야흐로 밭일을 시작하려 하는데, 굴을 파고 우물로 들어가서 항아리를 안고 나와 물을 주곤 했다〔抱甕而出灌〕. 노력은 많이 들이지만 효과는 적었다."라고 하였다.

492 꽃⋯⋯생각 : 【譯注】 송(宋)나라 주돈이(周敦頤)의 〈애련설(愛蓮說)〉에 "나는 국화는 꽃 중의 은자라고 생각한다."라고 하였다.

(詩-內卷3-172)

매화 가지의 밝은 달 梅梢明月

천상의 얼음 바퀴 둥글게 떨어져서	天上冰輪若霣團
뜰 앞의 매화나무 가지 끝에 걸렸어라	庭前玉樹掛梢端
저궁에 맑고 고움을 비록 깊이 숨겨둠 좋지만⁴⁹³	渚宮清艷雖藏好
은거하는 사람이 백 번 돌며 감상함⁴⁹⁴을 싫다하랴	何厭幽人百匝看

(詩-內卷3-173)

대숲의 맑은 바람 竹林清風

푸른 낭간이 빽빽하게 나란히 솟아나니⁴⁹⁵	森森齊挺翠琅玕
유월에도 창문에 차가운 눈이 날리는구나⁴⁹⁶	六月窗扉灑雪寒

---

493 저궁에……좋지만 :【攷證 卷2 渚宮清艷雖藏好】저궁은 춘추 시대 초(楚)나라 영왕(靈王)이 지은 것으로 강릉(江陵)에 있다. 송(宋)나라 구산(龜山) 양시(楊時)의 〈저궁에서 매화를 보다[渚宮觀梅]〉 시에 "성긴 꽃송이로 가벼이 눈과 다투지 말고, 맑고 고움을 밝은 달빛 속에 고이 간직하라.[莫把疎英輕鬪雪, 好藏清艷月明中.]"라고 하였다.

494 은거하는……감상함 :【攷證 卷2 幽人百匝看】송나라 주자(朱子)의 〈원범 존형이 매화시 10수를 보여 주었다. 풍격이 청신하고 뜻을 부친 것이 심원하여 며칠 동안 음미하고 화답하려 했는데 할 수가 없었다. 어제 저녁에 백록동 골짜기에서 돌아와 우연히 몇 개의 시어를 얻어 매화를 읊다.[元范尊兄示及十梅詩風格清新意寄深遠吟玩累日欲和不能昨夕自白鹿洞澗歸偶得數語賦梅]〉 시에 "백 천 바퀴 나무를 돌아도, 시 구절은 말 없는 곳에 있다네.[繞樹百千回, 句在無言處.]"라고 하였다.

495 푸른……솟아나니 :【攷證 卷2 翠琅玕】《순자》〈정론(正論)〉의 주석에 "낭간은 옥과 비슷하다. 곤륜산에 낭간수가 있다."라고 하였는데, 이것은 대나무를 이른다. 당(唐)나라 두보(杜甫)의 〈호현의 원 소부와 미파에서 연회를 벌이며[與鄠縣源大少府宴渼陂]〉 시에 "주인은 정이 넘치니, 시를 지어 푸른 낭간에 보답하누나.[主人情爛漫, 持答翠琅玕.]"라고 하였다.

496 유월에도……날리는구나 :【要存錄 卷3】송나라 소식(蘇軾)의 〈수성원의 한벽헌에

뭇 구멍에서 바람 일어 산들거리는 것⁴⁹⁷이 아니라   不是調刁生衆竅

온 숲에서 맑게 불어 절로 아름다워라⁴⁹⁸   滿林清吹自團欒

(詩-內卷3-174)

맑은 대낮의 두견새 晴晝杜鵑

그늘 짙은 산 숲에 대낮부터 두견새 울어대니⁴⁹⁹   山木陰陰晝響鵑

은거하는 곳이 바야흐로 별천지임을 알겠구나   幽居方信別區天

입에서 피가 나도록 울며 하소연한다고⁵⁰⁰ 말하지 말라

   莫言口血偏號訴

쓰다〔壽星院寒碧軒〕〉 시에 "어지러이 날리는 대의 가루 푸른 눈 되어 여름 대자리에 떨어지고, 퍼져나가는 푸른 안개 사람의 옷을 적시네.〔紛紛蒼雪落夏簟, 冉冉綠霧沾人衣.〕"라고 하였다.

497 산들거리는 것 : 【攷證 卷2 調刁】 살펴보건대, '조조'는 바람이 가늘게 불어 사물을 움직이는 모습이다. 《장자》〈제물론(齊物論)〉에 "맹렬한 바람이 일단 지나가고 나면 뭇 구멍이 다시 텅 비게 되는데, 그대는 그때에 나뭇가지와 잎사귀가 아직도 산들거리는 모습〔調調之刁刁〕을 유독 보지 못하였느냐?"라고 하였다.

498 절로 아름다워라 : 【攷證 卷2 團欒】 원(元)나라 웅충(熊忠)의 《고금운회거요(古今韻會擧要)》에 "단란은 대나무가 빼어나고 아름다운 모양이다."라고 하였다. 한(漢)나라 매승(枚乘)의 〈양왕토원부(梁王兔園賦)〉에 "기나긴 대나무들이 빼어나게 아름다워, 못물을 끼고 토원을 돌아서 치도와 나란하네.〔脩竹檀欒, 夾池水, 旋兔園, 並馳道.〕"라고 하였다.

499 대낮부터 두견새 울어대니 : 【攷證 卷2 晝響鵑】 고려 이인로(李仁老)의 〈산에 살며〔山居〕〉 시에 "두견이 대낮에 우니, 비로소 은거하는 곳이 깊은 줄 알겠네.〔杜鵑啼白晝, 始覺卜居深.〕"라고 하였다. 【校解】《고증》에는 작자가 두보(杜甫)로 되어 있으나, 이는 오류이다.

500 입에서……하소연한다고 : 【攷證 卷2 口血偏號訴】 당(唐)나라 두보(杜甫)의 〈두견행(杜鵑行)〉 시에 "두려움에 깊은 숲속에 숨어, 사월 오월 내내 울어 대네. 울음소리 애통하고 입에 피가 흐르는데, 무슨 일을 호소하기에 노상 애잔한가.〔業工竄伏深樹裏,

정신을 초월하게 하니[501] 그 소리 절로 사랑스러워라 超越神心自可憐

- 회암(晦庵 주희(朱熹))의 〈자규 소리를 듣다[聞子規]〉시의 의미를 사용하였다. -

(詩-內卷3-175)

눈 내리는 밤의 솔바람 소리 雪夜松籟

땅은 하얗고 바람 일어 밤 풍경 차가운데[502]	地白風生夜色寒
빈산의 수많은 솔 사이에서 피리 소리 들리누나	空山竽籟萬松間
주인은 참으로 모산의 은자[503]라	主人定是茅山隱
홀로 문을 닫아걸고 누워서 즐겁게 듣노라	臥聽欣然獨掩關

四月五月偏號呼. 其聲哀痛口流血, 所訴何事常區區.]"라고 하였다.

501 정신을 초월하게 하니 : 【攷證 卷2 超越神心】송(宋)나라 주자(朱子)의 〈숭수객사에서 밤에 자규 울음을 듣고 절구 세 수를 지어서……[崇壽客舍夜聞子規得三絶句……]〉시 3수 중 제1수에 "빈 산 초저녁에 자규가 우는데, 조용히 거문고와 책을 마주하니 온갖 생각 맑아지네. 형체와 정신 일깨워 모두 초월하게 하니, 그 울음 애를 끊는 소리인 줄 알지 못하겠네.[空山初夜子規鳴, 靜對琴書百慮淸. 喚得形神兩超越, 不知底是斷腸聲.]"라고 하였다.

502 땅은……차가운데 : 【要存錄 卷3】당(唐)나라 이백(李白)의 〈왕력양이 기꺼이 술을 마시지 않는 것을 조롱하며[嘲王歷陽不肯飲酒]〉시에 "땅은 하얗고 풍색은 차가운데, 눈꽃은 손바닥만 하구나.[地白風色寒, 雪花大如手.]"라고 하였다.

503 모산의 은자 : 【譯注】남조 양(梁)나라의 도홍경(陶弘景)을 가리킨다. 도홍경의 자는 통명(通明)이고, 자호는 화양은거(華陽隱居)이다. 어려서부터 갈홍(葛洪)을 본받아 양생(養生)에 뜻을 두었고, 나중에는 모산(茅山)에서 은둔하였으므로 '산중재상(山中宰相)'이라고 불리었다. 그는 특히 솔바람 소리를 좋아한 나머지 정원에 온통 소나무만 심어 놓고는 그 음향을 들을 때마다 흔연히 즐거워하였다고 한다.

KNP0282(詩-內卷3-176~177)

부윤 이강이⁵⁰⁴가 방문함을 기뻐하다. 2수【임술년(1562, 명종17, 62세) 3월 16일~18일 추정. 예안(禮安)】

喜李剛而府尹見訪 二首

(詩-內卷3-176)

험한 산길 두루 지나 고맙게도 멀리서 찾아왔는데	歷盡崎嶇荷遠尋
꽃 시들고 봄 저물었다고 깊이 한탄하지 마시라	花殘春老恨休深
하늘이 짐짓 천천히 매화꽃을 피게 하였나니	天敎緩緩梅花發
달 밝고 바람 맑을 때 그대 읊조림을 기다리노라	月白風淸待子吟

(詩-內卷3-177)

도의로 사귀어 곧 마음이 통하니 　　　　　　道義相交卽會神

어떤 사람이 머리가 희어서도 외려 서먹하단 말인가⁵⁰⁵

　　　　　　　　　　　　　　　　何人頭白尙如新

새끼 사슴 차마 못해 놓아준 것 비록 잘못이라 하지만⁵⁰⁶

　　　　　　　　　　　　　　　　放麑不忍雖云誤

---

504 이강이 :【譯注】이정(李楨, 1512~1571)으로, 본관은 용인(龍仁), 자는 강이(剛而), 호는 구암(龜巖)이며 사천(泗川)에 거주하였다. 이 당시 이정은 경주 부윤(慶州府尹)으로 있었다.

505 머리가……말인가 :【攷證 卷2 頭白如新】《사기(史記)》〈추양열전(鄒陽列傳)〉에 "속어에 '백발이 되도록 오래 사귀어도 처음 사귄 듯 서먹하고, 수레를 멈추고 잠깐 만났어도 오래 사귄 듯하다.'라고 하였으니, 그 까닭은 무엇인가. 서로를 아느냐 모르느냐에 달려 있다."라고 하였는데, 당(唐)나라 사마정(司馬貞)의 《사기색은(史記索隱)》에 "사람이 서로 알지 못하면 처음부터 흰머리가 될 때까지 사귀어도 처음 사귄 듯 서먹서먹하다."라고 하였다.

신 끈 매는 혐의⁵⁰⁷가 어찌 사실이리오   納履爲嫌豈是眞

세상길의 풍파에 온갖 위험 겪었지만   世路風波經百險

남아의 심지는 천추에 밝게 빛나리라   男兒心地照千春

하늘이 비방⁵⁰⁸을 통해 그대를 옥으로 만들려 하니   天將玉汝因讒毁

시간을 다퉈 부지런히 노력하길 더욱 바라노라   更願孶孶競日辰

－이강이가 조정의 계명⁵⁰⁹을 무릅쓰고 경계(境界)를 넘어 멀리서 찾아왔으므로

---

506 새끼……하지만 : 【攷證 卷2 放麑不忍】송(宋)나라 진사도(陳師道)의 〈항주를 맡아 떠나는 소공을 보내다〔送蘇公知杭州〕〉시에 "어찌 조정의 계명(戒命)을 두려워하지 않으랴, 새끼 사슴 놓아줌은 실로 차마 하지 못해서라네.〔豈不畏簡書, 放麑誠不忍.〕"라고 하였다. 그 시의 주석에서 송나라 임연(任淵)은《한비자(韓非子)》를 인용하여 "맹손(孟孫)이 사냥을 하다가 노루 새끼를 잡아 진서파(秦西巴)를 시켜 수레에 싣고 돌아가게 하였다. 진서파는 어미 사슴이 따라오면서 우는 것을 보고 차마 어쩔 수 없어서 풀어주었다. 이에 맹손이 크게 노하여 그를 내쫓았다. 석 달이 지나서 다시 그를 불러 아들의 사부로 삼으면서 '사슴에게도 차마 하지 못하는데 어찌 우리 아들에게 차마 나쁜 일을 하겠는가.'라고 하였다. 그러므로 옛말에도 '교묘한 속임이 서투른 진정만 못하다.'라고 했으니, 악양(樂羊)은 공이 있으나 의심을 받았고 진서파는 죄가 있어도 더욱 믿음을 받았다."라고 하였다.

507 신……혐의 : 【譯注】이정은 별다른 혐의가 없는데도 비방을 받았으니, 이는 사실이 아니라는 말이다. 【攷證 卷2 納履爲嫌】삼국 시대 위(魏)나라 조식(曹植)의 악부가사 〈군자행(君子行)〉에 "군자는 매사를 미연에 방지하여, 혐의쩍은 지경에 처하지 않나니. 오이 밭에선 신 끈을 고쳐 매지 않고, 오얏나무 밑에선 관을 바루지 않는다네.〔君子防未然, 不處嫌疑間. 瓜田不納履, 李下不整冠.〕"라고 하였다. 【校解】《고증》에서는 저자를 안연년(顔延年)이라 하였는데, 이는 오류이다.

508 비방 : 【攷證 卷2 讒毁】당시 이정은 비석과 서원 창설 일로 크게 구설수에 올랐다.

509 조정의 계명 : 【攷證 卷2 簡書】《시경》〈출거(出車)〉에 "어찌 돌아가고픈 생각이 없었으랴만, 이 간서가 두려웠느니라.〔豈不懷歸, 畏此簡書.〕"라고 했는데, 그 주석에서 "간서는 계명(戒命)이다."라고 하였다.《정본 퇴계전서》권7 SNL0769〈이강이에게 보내다〔與李剛而〕〉편지에 "근래 조보를 보니 새로 부임한 수령은 자신이 맡은 경내를 넘지 말라는 계명이 있었다."라고 하였다. 앞의 주석에 보이는 후산(后山) 진사도(陳師道) 시의 주석에 "허물을 보면 그 사람이 어진지 아닌지 알 수 있다."라고 했는데, 법을

새끼 사슴을 놓아준 고사를 사용하였다. 당시 이강이는 또한 사람들의 비방을
받고 있었다.-

어겨 경내를 벗어나 사우(師友)를 전송하는 것은 또한 새끼 사슴을 풀어주는 것과 같은
부류이다.

안동 부사 권사우[510]가 방문하기로 하였는데 먼저 시를
보내왔기에 차운하여 공경히 답하다 【임술년(1562, 명종17, 62세)
4월 추정. 예안(禮安)】

安東權使君士遇見訪 先寄詩來 次韻奉答

베틀 북처럼 빠른 시간[511] 어찌 조금이라도 더디가랴	急景奔梭肯少遲
밤낮으로 흐르는 물은 끝내는 어디로 가는가	流波日夜竟安之
늙음은 약속이나 한 듯 머리 위부터 오고	老從頭上來如約
시름은 모르는 사이에 마음속에 맺혀 있어라	愁向心中結不知
집을 두른 이내와 남기에 거처가 한가롭고	繞屋烟嵐閒偃仰
꽃 지는 비바람에 경치 구경도 멈추었다네	落花風雨斷尋窺
내일은 공과 함께 취해 보리니	明朝可試從公醉
상머리 술항아리에 놀림이나 당하지 마시게	莫被床頭酒甕欺

---

510 권사우 : 【攷證 卷2 士遇】 권응정(權應挺, 1498~1564)으로, 자는 사우, 호는 묵암
(默巖)이다. 권응창(權應昌)의 형으로 감사를 지냈다. 《정본 퇴계전서》 권15에 〈동지
권응정에게 올리는 제문[祭權同知應挺文]〉(KNW223)이 보인다.

511 베틀……시간 : 【攷證 卷2 急景奔梭】 송(宋)나라 내국공(萊國公) 구준(寇準)의
〈천도에게 화답하다[和倩桃]〉 시에 "장상의 공명 끝내 무엇인가, 내달리는 북처럼 빠른
시간을 견딜 수 없어라.[將相功名終若何, 不堪急景似奔梭.]"라고 하였다.

KNP0284(詩-內卷3-179~182)

사철마다 유거함이 좋아서 읊조리다. 4수 【임술년(1562, 명종17,

62세) 여름 추정. 예안(禮安)】

四時幽居好吟 四首

(詩-內卷3-179)

봄날에 유거함이 좋으니	春日幽居好
수레 소리는 문에서 저 멀리 끊겼네	輪蹄迥絶門
동산 꽃은 성정을 드러내고	園花露情性
뜰의 풀엔 천지의 이치 오묘하여라[512]	庭草妙乾坤
아득히 노을 깃든 마을이며	漠漠栖霞洞
아스라이 물가 옆의 촌락이라[513]	迢迢傍水村
모름지기 알아야 하니 읊조리며 돌아오는 즐거움이	須知詠歸樂
기수의 목욕에만 있는 것[514]이 아니라네	不待浴沂存

---

512 뜰의……오묘하여라 : 【譯注】《근사록(近思錄)》〈도체류(道體類)〉에 "천지가 만물
을 내놓는 기상을 관찰한다.〔觀天地生物氣象〕"라는 명도(明道) 정호(程顥)의 말이 실려
있는데, 그 주석에 "주염계(周濂溪)가 창 앞의 풀이 무성해도 베지 않으면서 '저 풀 역시
내 속의 생각과 같을 것이다.〔與自家意思一般〕'라고 말한 것도 바로 이 뜻이다."라고
하였다.

513 아득히……촌락이라 : 【要存錄 卷3】 '노을이 깃든 마을'은 하명동(霞明洞)을 가리키
며, '물가 옆의 촌락'은 사천(沙川)을 가리키는 것으로 보인다. 바야흐로 유거를 즐기기에
노닐며 감상함을 번거롭게 여기지 않으니, 그러므로 '아득히〔漠漠〕'나 '아스라이〔迢迢〕'
라고 한 것이다.

514 읊조리며……것 : 【譯注】《논어》〈선진(先進)〉에 공자(孔子)가 일찍이 제자들에게
각자의 포부를 물었을 때, 모두들 정치에 관심을 두었다. 그러나 증점(曾點)만은 "봄옷을
차려입고 관(冠)을 쓴 어른 5~6인과 동자 6~7인과 함께 기수(沂水)에서 목욕하고 무우

여름에 유거함이 좋으니 　　　　　　　　　　　　夏日幽居好

찌는 더위 푸른 시내에 씻어버리네 　　　　　　　炎蒸洗碧溪

석류는 꽃이 한창 피어나고 　　　　　　　　　　海榴花正發

상죽은 순이 나란히 올라오누나 　　　　　　　　湘竹笋初齊

옛 집에 구름은 섬돌에서 피어나고 　　　　　　古屋雲生砌

깊은 숲에 사슴은 새끼[515]를 기르네 　　　　　　深林鹿養麑

이전부터 몸을 가리고 재계하였으니[516] 　　　從來掩身戒

유도에 미혹되어 끌려가지[517] 말아야 하리 　柔道莫牽迷

가을에 유거함이 좋으니 　　　　　　　　　　　秋日幽居好

(舞雩)에서 바람 쐬고 시 읊으며 돌아오겠습니다."라고 하니, 공자가 크게 칭찬하였다.

515 새끼 : 【攷證 卷2 麑】독음은 '미(霙)'로 사슴 새끼이다.

516 몸을 가리고 재계하였으니 : 【攷證 卷2 掩身戒】《예기》〈월령(月令) 중하지월(仲夏之月)〉에 "군자가 재계하여 거처함에 반드시 몸을 가려서 드러나지 않게 한다."라고 하였는데, 그 주석에 "재계하여 그 마음을 안정시키고 그 몸을 가려서 방비한다."라고 하였다. 송(宋)나라 주자(朱子)의 〈서재에서 감흥이 일어[齋居感興]〉시 20수 중 제8수에 "몸을 가려 재계를 일삼아, 이에 이르러 미연에 방비하네.[掩身事齊戒, 及此防未然.]"라고 하였다.

517 유도에 미혹되어 끌려가지 : 【攷證 卷2 柔道牽】《주역》〈구괘(姤卦) 초육(初六)〉의 상전(象傳)에 "금속 제동기에 단단히 묶여 있다는 것은 음유한 초육이 양강의 견제를 받고 있는 것이다."라고 하였는데, 《정전(程傳)》에 "음이 처음 생겨 점점 나아감은 유(柔)의 도가 이끌고 나아가는 것이니, 금속 제동기에 매어 놓음은 그 나아감을 저지하는 것이다."라고 하였다. 송나라 주자의 〈서재에서 감흥이 일어[齋居感興]〉시 20수 중 제8수에 "관문을 닫고 행상인의 출입을 금하여, 저 음유(陰柔)의 도에 이끌리는 일을 끊어야 할 것이라.[閉關息商旅, 絶彼柔道牽.]"라고 하였다.

산들바람에 가슴 절로 상쾌하여라	凉颸自爽襟
벼랑의 단풍은 붉은 비단처럼 화려하고	崖楓爛紅錦
울타리 국화는 황금빛으로 반짝이누나	籬菊粲黃金
벼 익어 밥도 짓고 술도 빚으며	稻熟更炊釀
닭 살지니 가끔 삶아 먹네	雞肥間煮燖
상빙은 예로부터 경계하는 것이니[518]	霜冰古所戒
세모에 마음가짐 어찌해야 하나	歲晚若爲心

(詩-內卷3-182)

겨울에 유거함이 좋으니	冬日幽居好
농가의 일도 또한 쉰다네	田家事亦休
채마밭 만든 마당을 다듬고[519]	築場開圃地
널다리 놓아 시내를 건너누나	橫杓過溪流
병든 몸 데우기는 초동에 의지하고	熨病樵兒仗
추위 물리침은 베 짜는 아낙이 맡누나	排寒織婦謀
궁천에서 양의 덕이 자라니[520]	窮泉陽德長

---

518 상빙은……것이니 : 【譯注】《주역》〈곤괘(坤卦) 초육(初六)〉에 "서리를 밟으면 얼마 되지 않아 단단한 얼음이 이른다."고 하였는데, 괘상(卦象)에 "서리를 밟으면 곧 단단한 얼음이 이른다는 것은 음기가 비로소 응결되는 것이다. 그 도를 따르면 단단한 얼음이 이르게 된다."라고 하였다.

519 채마밭……다듬고 : 【譯注】《시경》〈빈풍(豳風) 칠월(七月)〉에 "구월에는 채마밭에다 타작마당을 닦고, 시월에는 온갖 곡식을 거둬들인다.〔九月築場圃, 十月納禾稼.〕"라고 하였다.

520 궁천에서……자라니 : 【攷證 卷2 窮泉陽德長】동짓달이 되면 복괘(復卦)의 일양(一陽)이 아래에서 자란다. 송(宋)나라 주자(朱子)의 〈서재에서 감흥이 일어〔齋居感

이제부터 조금도 근심 없으리　　　　　　　　從此百無憂

興]〉시 20수 중 제8수에 "음의 기운이 기승을 부려 팔방과 중앙을 폐쇄하는 때에, 양의
덕이 우물 밑바닥에서 밝아오누나.〔寒威閉九野, 陽德昭窮泉.〕"라고 하였다.

퇴계선생문집 내집 권3　213

KNP0285(詩-內卷3-183~184)

이강이⁵²¹가 서악정사⁵²²를 새로 짓고서 시를 지어 보내왔기에 그 시에 차운하다. 2수 【임술년(1562, 명종17, 62세) 여름 추정. 예안(禮安)】

李剛而新置西岳精舍 有詩見寄次韻 二首

(詩-內卷3-183)

신라 옛 터 맥수⁵²³ 망국의 슬픔 얼마던가	羅墟麥秀幾悲殷
정사 중창하여 뭇 사람의 비난 받았네	創置仍遭物議羣
영재를 선으로 이끌려고 한다면	欲使英才欣式穀
잘 감회시켜 가르칠 곳 없어서야 되겠는가	可無遊處善相薰
천 년의 밝은 해는 본래 가려지지 않았고	千年白日元無翳
만고의 푸른 산은 구름에 가리건 말건	萬古靑山一任雲
진중한 그 가운데 참으로 즐길 일 있으니	珍重箇中眞樂事
바깥사람 비방을 어지러이 따지지 마시게	莫將餘外較紛紛

　　-이강이가 이 정사를 짓다가 많은 비방을 받았다.⁵²⁴-

---

521 이강이 : 【譯注】이정(李楨, 1512~1571)으로, 본관은 용인(龍仁), 자는 강이(剛而), 호는 구암(龜巖)이며 사천(泗川)에 거주하였다. 대사간과 경주 부윤을 지냈다.

522 서악정사 : 【攷證 卷2 西岳精舍】경주부(慶州府)의 서쪽 선도산(仙桃山) 아래에 있다. 신라 시기 서악(西岳)에 해당한다. 서악정사에 대해서는 뒤쪽 《정본 퇴계전서》 권1 KNP0333 〈서악정사〉에 보인다.

523 맥수 : 【譯注】〈맥수가(麥秀歌)〉를 가리킨다. 기자(箕子)가 망한 은(殷)나라의 옛 도성을 지나다가 궁궐터가 모두 보리밭으로 변한 것을 보고 〈맥수가〉를 지어 서글퍼하였다. 《史記 宋微子世家》

524 이강이가……받았다 : 【譯注】《정본 퇴계전서》 권7 KNL0772A 〈이강이에게 답하

기자의 홍범이라 우리 동방 일찍이 좋은 나라였으니　　箕範吾東曾善國

지금 하늘 운수 문명에 속하누나　　　　　　　　　只今天步屬文明

인재들을 성상이 육성함에 근본이 없지 않으나　　　多材聖作非無本

지극한 도를 사람이 실행함이 어찌 저절로 잘 되리오　至道人行詎自亨

쓸쓸하게 먼지 덮인 책에서 보배로운 비결을 찾으리니

　　　　　　　　　　　　　　　　　　　　　寥落塵編尋寶訣

분발하는 걸출한 인재들은 보통 생각을 뛰어 넘으리라

　　　　　　　　　　　　　　　　　　　　　奮興豪傑出常情

유자의 사원이 보기 좋게 선산에 열렸으니　　　　儒宮好闢仙山境

늙은 나는 그 실상이 이름에 걸맞기를 더욱 바라노라　老我增思實趁名

다〔答李剛而〕 별지(別紙)〉에 "손자 아이가 서울에서 돌아와 송태수(宋台叟)의 말을 전
하기를 '그가 무열왕(武烈王)과 각간 김유신(金庾信)을 위하여 불사(佛舍) 백여 칸을
만들어 제사를 받들려 한다.'라고 하는데……6~7칸의 정사를 백여 칸이라고 하니 사람들
의 두려움이 이와 같습니다."라고 하였다.

수재 김사순[525]의 시에 차운하다. 절구 3수【임술년(1562, 명종17, 62세) 6월 17일~21일 추정. 예안(禮安)】

次韻金秀才士純 三絶

(詩-內卷3-185)

구름 속에 집 지어 나는 비둘기보다 나아[526]	雲裏巢成我勝鳩
한 골짜기 차지하여 오랜 계획 이루었어라	能專一壑果前謀
아름답도다, 오랜 세월 묻혀 있던 곳	可憐地老天荒處
한가한 사람에게 맡겨져 이때를 기다렸구나	分付閒人待此秋

---

525 수재 김사순 :【攷證 卷2 金秀才士純】김성일(金誠一, 1538~1593)로, 본관은 의성(義城), 자는 사순, 호는 학봉(鶴峯)이다. 김극일(金克一, 1522~1585)의 아우이다. 명(明)나라 세종(世宗) 가정(嘉靖) 무술년(중종33)에 태어나 약관의 나이에 선생의 문하에서 노닐었다. 선생이 요순(堯舜) 이래 전수한 비결을 서술하여 병명(屛銘)을 지어서 부쳐 주었다. 1567년(명종22) 대과에 합격하였다. 소장을 올려 노산(魯山)의 묘를 봉하고 사육신의 관작을 복구시켜 줄 것을 요청하였다. 1591년(선조24) 일본에 사신으로 갔는데, 왜인들이 존경하며 감복하였다. 임진왜란 때 경상도 관찰사(慶尙道觀察使)가 되었다가 병으로 진주의 공관에서 타계하였다. 한강(寒岡) 정구(鄭逑, 1543~1620)는 그의 도덕과 업적을 칭송하면서 "우주에 머물면서 영원히 드리울 것이다."라고 하였다. 이조 판서에 추증되었으며, 시호는 문충(文忠)이다.

526 집……나아 :【攷證 卷2 巢成我勝鳩】원(元)나라 웅충(熊忠)의 《고금운회거요(古今韻會擧要)》에 "비둘기는 둥지를 만들지 못한다."라고 하였다. 송(宋)나라 왕안석(王安石)의 〈창숙의 회첨루 독서지락 시에 차운하다〔次韻昌叔懷濡樓讀書之樂〕〉 시에 "먹고 사는 것에 뜻을 두어 오랫동안 쉬지 못하였는데, 집 하나 없어 비둘기보다 못하구나.〔志食長年不得休, 一巢無地拙于鳩.〕"라고 하였다.【校解】《고증》에는 '于'가 '於'로 되어 있는데, 통행본 《왕임천문집(王臨川文集)》에 의거하여 수정하였다. 《시경》〈소남(召南) 작소(鵲巢)〉에 "까치가 지은 집에, 비둘기가 들어 사네.〔維鵲有巢, 維鳩居之.〕"라고 하였다.

(詩-內卷3-186)

세상 사람들과 어울리자니 걸핏하면 백발의 머리가 방해되었는데

　　　　　　　　　　　　　　　應俗多妨頭雪白

그대를 만나니 다정한 청안[527]이라 더욱 기쁘구나　得君偏喜眼湖青

이제부터 날마다 흉금을 터놓고서 이야기 나누어　從今日日開幽款

구름 창과 달빛 정자 저버리지 말게나　　　　莫負雲窗與月亭

(詩-內卷3-187)

운곡[528]의 책은 옛 성현들의 심법 전하니　雲谷書傳千聖心

읽어보매 태양이 어두운 그늘을 깨트리는 듯　讀來如日破昏陰

평생에 나부산을 올라 바라보지 못하고서　平生不上羅浮望

어두운 길로 뛰어들어 얼마나 잘못 헤맸던고[529]　幾向冥塗枉索尋

---

527 다정한 청안 : 【攷證 卷2 眼湖青】 살펴보건대, '안호'는 '안파(眼波)'의 의미와 같다. 송(宋)나라 산곡(山谷) 황정견(黃庭堅)의 〈완계사(浣溪沙)〉 사(詞)에 "신부는 여울에서 시름 짖어 눈썹 찌푸리고, 여인은 포구에서 눈으로 추파를 던지누나.〔新婦灘頭眉黛愁, 女兒浦口眼波秋.〕"라고 하였다. 《진서(晉書)》〈완적열전(阮籍列傳)〉에 "동진(東晉)의 완적(阮籍)은 흰 눈동자와 검은 눈동자로 사람을 대할 수 있었는데, 예를 차리는 세속의 선비를 보면 백안으로 그를 대하였다. 혜희(嵇喜)가 조문을 오자 완적은 백안으로 그를 대하였는데, 그의 아우 혜강(嵇康)이 술과 거문고를 가지고 오자 완적이 매우 기뻐하며 청안으로 그를 대하였다."라고 하였다.

528 운곡 : 【譯注】 건양현(建陽縣)의 여산(廬山) 꼭대기에 있다. 송(宋)나라 주희(朱熹)가 1175년 가을에 이곳에 회암(晦庵)이라는 초당을 짓고 은거하였다. 《晦庵集 雲谷記》

529 나부산을……헤맸던고 : 【攷證 卷2 羅浮望云云】《대명일통지(大明一統志)》에 "나부산의 본래 이름은 봉래(蓬萊)이다."라고 하였으며, 또한 "부산(浮山)은 봉래의 한 봉우리인데 바다에 떠서 와 나산(羅山)에 붙었다. 그러므로 나부라고 한다."라고 하였다. 명(明)나라 백사(白沙) 진헌장(陳獻章)의 〈오광우의 묘에서 돌아와 봉래산 꼭대기에

-이 말은 《진백사⁵³⁰집(陳白沙集)》에 보인다.-

오르다〔自伍光宇墓還登蓬萊山絶頂〕〉 시에 "벗의 묘 앞에 나의 술을 따르니, 해가 지려 하여 말머리를 돌렸네. 비탈길 위태롭고 험하여 오를 수 없으니, 말에서 내려 긴 수염 두 팔로 붙잡네.……더위잡고 오르려 하나 한 치도 나아가기 어렵고, 또한 몸 뒤집어져 골짜기로 떨어질까 두려워라.……어린아이들 물고기 꿴 듯 올라가다 쉬는데, 꼭대기에 비로소 그윽한 바위 봉우리 만났구나. 얼굴 펴고 한 번 바라보니 구주도 좁고, 약수는 졸졸 흐르고 부상의 나무는 휘었어라. 그 가운데 술잔을 엎은 듯 푸른 바다 흐르고, 높다랗게 푸른 것이 우리 나부산일세.……후에 오는 제생은 전현을 이어서, 노력하여 봉래의 유람 게으리 하지 말게나.〔故人墳前澆我酒, 白日欲西回馬首. 嶒危道險不可躋, 下馬長鬚扶兩肘.……躋攀欲上分寸難, 又恐翻身落深枅.……小童魚貫上復休, 絶頂始得 巖巒幽. 開顧一望隘九州, 弱水涓涓扶桑槮. 中覆一杯蒼溟流, 穹然靑者吾羅浮.……後來 諸生繼前修, 努力莫倦蓬萊遊.〕"라고 하였다. 【校解】《고증》에는 '枅'이 '枡'로 되어 있는 데, 통행본 《진백사집》에 의거하여 수정하였다.

530 진백사 :【攷證 卷2 陳白沙】명(明)나라 진헌장(陳獻章, 1428~1500)으로, 자는 공보(公甫), 호는 백사이다. 오여필(吳與弼)에게 학문을 배웠으며, 마음을 밝히는 것을 주로 하였다.【校解】《고증》에는 '與'가 '汝'로 되어 있는데, 오류이므로 수정하였다.

칠월 기망에 조사경[531]·김언우[532]·김신중[533]·김돈서[534]·금협
지[535]·금문원[536] 등 여러 사람과 함께 풍월담에 배를 띄우기
로 하였는데 하루 전날 큰 비가 내려 결국 모이지 못하였
다. 이에 절구 두 수를 장난삼아 읊어 벗들에게 보내 한번
웃게 한다【임술년(1562, 명종17, 62세) 7월 16일. 예안(禮安)】

七月旣望　期與趙士敬金彥遇愼仲惇叙琴夾之聞遠諸人泛舟風月潭　前一
日大雨水　不果會　戱吟二絶　呈諸友一笑

임술년 칠월에 적벽의 가을[537]을 맞아 기쁘니　　　　戊七欣逢赤壁秋

---

531 조사경 :【譯注】조목(趙穆, 1524~1606)으로, 본관은 횡성(橫城), 자는 사경(士敬), 호는 월천(月川)·동고(東皐)이다.

532 김언우 :【攷證 卷2 金彥遇】김부필(金富弼, 1516~1577)로, 본관은 광산(光山), 자는 언우, 호는 후조당(後凋堂), 시호는 문순(文純)이다. 예안(禮安)에 거주하였으며, 관찰사 김연(金緣, 1487~1544)의 아들로 명(明)나라 무종(武宗) 정덕(正德) 병자년에 태어났다. 뛰어난 자질을 지녔으며, 일찍부터 선생의 문하에서 노닐었다. 그의 변론과 의의(疑義)에 대해서 선생은 고찰하여 근거한 바가 대단히 분명하다고 탄복하였다. 1537년(중종32) 사마시에 합격하였으며, 재랑(齋郞)에 제수되었으나 나아가지 않았다.

533 김신중 :【譯注】김부의(金富儀, 1525~1582)로, 본관은 광산(光山), 자는 신중(愼仲), 호는 읍청정(挹淸亭)이다. 후조당(後凋堂) 김부필(金富弼)의 아우이다.

534 김돈서 :【譯注】김부륜(金富倫, 1531~1598)으로, 자는 돈서(惇叙), 호는 설월당(雪月堂)이다. 김부신(金富信, 1523~1566)의 아우이다.

535 금협지 :【譯注】금응협(琴應夾, 1526~1596)으로, 본관은 봉화(奉化), 자는 협지(夾之), 호는 일휴당(日休堂)이다.

536 금문원 :【譯注】금난수(琴蘭秀, 1530~1604)로, 본관은 봉화(奉化), 자는 문원(聞遠), 호는 성재(惺齋)·고산주인(孤山主人)이다.

서로 풍월을 맞이하여 목란 배 띄우려 했네 　　相邀風月泛蘭舟

무단히 어젯밤에 강이 바다 되고 말아 　　　　無端昨夜江成海

천 년의 풍류를 한 번 웃고 그만두었네 　　　千載風流一笑休

(詩-內卷3-189)

달에 물었던 이태백[538]과 어찌하면 친해질까 　　問月寧同白也親

거센 구름이 다시 우리 세 사람을 시기하누나[539] 　狂雲復妒我三人

세상만사가 모두 이와 비슷하니 　　　　　　世間萬事皆如此

참으로 좋은 때 만나기란 어려워 서글퍼하노라 　怊悵難逢恰好辰

---

537 임술년……가을 : 【譯注】송(宋)나라 소식(蘇軾)의 〈적벽부(赤壁賦)〉는 "임술년 가을, 칠월 기망에……〔壬戌之秋, 七月旣望……〕"로 시작한다.

538 달에 물었던 이태백 :【要存錄 卷3】당(唐)나라 이백(李白)의 〈술잔을 잡고 달에게 묻다〔把酒問月〕〉시에 "푸른 하늘의 저 달 몇 번이나 나왔던가, 내 지금 술잔 멈추고 한번 물어보누나.〔靑天有月來幾時, 我今停杯一問之.〕"라고 하였다.

539 거센……시기하누나 :【攷證 卷2 狂雲復妬我三人】살펴보건대, 기약한 자들이 세 명에 그치지 않으니, 이는 아마도 이백의 "그림자 함께하여 세 사람이 되었어라.〔對影成三人〕'라는 구절을 인용한 듯하다. 즉 '광운'이 달을 가린 것을 말한다.【譯注】이백의 〈달 아래에서 홀로 잔을 기울이다〔月下獨酌〕〉시 4수 중 제1수에 "잔 들어 밝은 달 맞이하니〔擧杯邀明月〕, 그림자 함께하여 세 사람이 되었어라."라고 하였다.

KNP0288(詩-內卷3-190~191)

김계응⁵⁴⁰에게 부치다. 절구 2수 【임술년(1562, 명종17, 62세) 9월

추정. 예안(禮安)】

寄金季應 二絶

(詩-內卷3-190)

옛날 살던 산속의 낮은 집⁵⁴¹ 문이 오래 닫혀 있는데　舊山矮屋掩蓬塵
남쪽 변방으로 한번 떠나 백발이 새로 났겠지⁵⁴²　　　一去南荒白髮新

---

540 김계응 : 【攷證 卷2 金季應】김난상(金鸞祥, 1507~1570)으로, 본관은 청도(淸道), 자는 계응, 호는 병산(甁山)이며 한양에 거주하였다. 명(明)나라 무종(武宗) 정덕(正德) 정묘년에 태어나 1537년(중종32) 과거에 합격하였으며 이조 참의와 대사성을 지냈다. 학문이 순수하게 갖춰졌기에 선생이 매우 사랑하여 소중하게 여겼다. 을사년(1545, 인종1)에 윤원형(尹元衡)이 왕의 명이라 하여 양사(兩司)를 협박, 유관(柳灌)·유인숙(柳仁淑) 등을 탄핵하려 하자 죄를 줄 수 없다고 논하였다. 정미년(1547, 명종2)에 양재역벽서사건(良才驛壁書事件)으로 이기(李芑)·윤원형 등의 청에 의하여 남해(南海)로 유배되었다가 19년이 지난 뒤 1565년(명종20)에 단양(丹陽)으로 이배되었다. 후에 기대승(奇大升)의 주장으로 학행이 출중한 선비로 추천되었다가 고향으로 돌아와 타계하였다.

541 옛날……집 : 【攷證 卷2 舊山矮屋】김계응이 우거하던 집은 순흥(順興)의 병산(甁山)에 있었다. 《연주시격(聯珠詩格)》의 주석에 "왜(矮)는 낮다는 의미이다."라고 하였다. 오대(五代) 후당(後唐) 왕인유(王仁裕)의 《개원천보유사(開元天寶遺事)》에 "장단(張象)이 화음위(華陰尉)가 되어 정사에 부지런하였다. 매번 한 가지 일을 거론하면 수령에게 억제 당하였으니, 이에 '하급 직위에 얽매여 작은 집에서 몸을 세우나[立身於矮屋之下], 나로 하여금 머리도 반듯하게 들지 못하게 하는구나.'라며 탄식하였다."라고 하였다. 송(宋)나라 양만리(楊萬里)의 〈한낮에 더워서 다가정에 오르다[午熱登多稼亭]〉 시에 "낮은 집 염천에는 거처할 수 없고, 높은 정자에도 삽상한 기운 원래 없구나.[矮屋炎天不可居, 高亭爽氣亦元無.]"라고 하였다. 【校解】《고증》에서는 '당(唐)나라 시인'이라고 하였으나, 이 시의 작자는 남송 양만리이다.

542 남쪽……났겠지 : 【譯注】김계응이 당시에 남해의 적소에 있었다.

언제나 돌아와서 벽의 전갈 보려나[543]　　　　　幾日歸來看壁蝎

심은 소나무는 지금 벌써 늙어 높다랗다네　　　種松今已老嶙峋

(詩-內卷3-191)

남쪽 요리 실컷 먹음[544]도 성은을 받은 것인데　　飽喫南烹荷聖恩

벗들은 몇 번이나 찾아왔는가　　　　　　　　　故人能見幾來轅

대붕의 바다에서 소요하는 즐거움을 알 뿐　　　但知鵬海逍遙樂

솔개가 후드득 떨어지는 근심[545]은 논할 게 없다네　鳶趹愁懷更莫論

---

543 벽의 전갈 보려나 : 【攷證 卷2 看壁蝎】당(唐)나라 단성식(段成式)의 《유양잡조
(酉陽雜俎)》〈충편(蟲篇)〉에 "강남에는 옛날에 전갈이 없었는데, 현종(玄宗) 개원(開
元) 초기에 어떤 주부(主簿)가 죽통에 그것을 담아 강을 건넜다. 이에 지금 강남의 곳곳
에 있으니, 세속에서는 주부충(主簿蟲)이라고 부른다."라고 하였다. 【要存錄 卷3】당나
라 한유(韓愈)의 〈북쪽으로 유람 가는 문창 선사를 보내다〔送文暢師北游〕〉시에 "엊그
제 와서 서울의 관리가 되었으니, 벽을 비추어 전갈 보는 것도 반갑다.〔昨來得京官,
照壁喜見蝎.〕"라고 하였는데, 그 주석에서 "송(宋)나라 소 내한(蘇內翰 소식(蘇軾))이
영남(嶺南)에서 돌아와 말하기를 '이미 복조(鵩鳥)의 울음 듣고 죽을 근심에서 벗어났
으니, 장차 전갈을 볼 기쁨이 있겠도다.' 하였다."라고 하였다. 이 구절은 이 내용을 취한
것이다.

544 남쪽……먹음 : 【攷證 卷2 飽喫南烹】송나라 황정견(黃庭堅)의 〈자첨 소식이 도연
명의 시에 화운한 것에 발문을 달다〔跋子瞻和陶詩〕〉시에 "혜주의 밥을 실컷 먹고, 도연
명의 시에 꼼꼼하게 화운하였네.〔飽喫惠州飯, 細和淵明詩.〕"라고 하였다. 당나라 한유
(韓愈)의 〈처음으로 남쪽 음식을 먹으면서 원씨 집안 열여덟 번째 협률랑에게 주다〔初南
食贈元十八協律〕〉시에 "내가 여기 와서 이매를 제어하니, 남쪽 음식 맛난 것이 마땅하도
다.〔我來禦魑魅, 自宜味南烹.〕"라고 하였다. 【校解】《고증》에서는 앞 시의 작자를 소식
(蘇軾)이라고 하였으나, 이 시의 작자는 황정견이다.

545 솔개가……근심 : 【譯注】《후한서》〈마원열전(馬援列傳)〉에 "한(漢)나라 마원이
남방으로 교지국(交趾國)을 정벌할 때, 아래는 웅덩이가 있고 위에는 안개가 끼며 독한
장기(瘴氣)가 찌는 듯 퍼져 하늘에 날던 솔개가 바다로 툭툭 떨어지는〔飛鳶趹趹〕 것을
누워서 보았다."라고 하였다.

정자 정자정546에게 증별하다 【임술년(1562, 명종17, 62세) 9월 26일 추정. 예안(禮安)】

贈別鄭正字子精

그대 방장산을 노닐면서	君遊方丈山
바람 타고 구만리 올라갔다가547	九萬扶搖上
돌아와 이 시골 늙은이 찾아와서	歸來尋野老
한 방에서 그윽한 감상 말해 주었네	一室共幽賞
장편의 유산록을 읽으니	巨編讀遊錄
아름다움 감탄하며 자주 손뼉을 쳤었지	奇歎屢抵掌
반 달 동안 같이 글을 토론하며	半月紬微言
마음의 문이 서로 활짝 열렸다네	心扃胥豁敞
이 즐거움 오래 가지 못하니	玆歡不可恃
대궐로 갑자기 가게 되었구나	城闕忽有往
한 해도 저물어 서리 눈 내리더니	歲暮霜霰集
남쪽 기러기의 구슬픈 소리 들리누나	南鴈墮哀響
물을 건널 땐 얕건 깊건 항상 조심하고	涉水愼揭厲
사람을 대할 땐 하자는 대로 따라가지 마시게548	逢人莫俯仰

---

546 정자정 : 【譯注】정탁(鄭琢, 1526~1605)으로, 본관은 청주(淸州), 자는 자정(子精), 호는 약포(藥圃)이다. 벼슬은 우의정을 지냈으며, 시호는 정간(貞簡)이다.

547 바람……올라갔다가 : 【譯注】《장자》〈소요유(逍遙遊)〉에 "대붕(大鵬)이 남쪽 바다로 날아갈 적에, 회오리바람을 타고 구만리 창공으로 날아 올라간다.〔搏扶搖而上者九萬里〕"라고 하였다.

548 사람을……마시게 :【譯注】《고증》에서 인용한 《장자》는 원래 속박 없이 자유롭게 움직이면서 만물에 순응하는 것을 말하고 있는데, 시에서는 이를 반대로 구사하여 남을 따라가지 말고 자신에게 있는 것을 지키라고 말하고 있다.【攷證 卷2 逢人莫俯仰】《장자》〈천운(天運)〉에 "그대는 저 두레박을 보지 못하였는가. 그것을 잡아당기면 내려가고 손을 놓으면 올라오는데, 두레박은 사람이 이끄는 대로 움직일 뿐, 그것이 사람을 끌고 가는 것은 아니라네. 그렇기 때문에 올라가거나 내려가거나 사람으로부터 비난을 받지 않는다네."라고 하였다. 송(宋)나라 소식(蘇軾)의 〈대궐로 가는 이공서를 보내다〔送李公恕赴闕〕〉 시에 "어찌 끝내 진토 아래에서 늙어가며, 오르락내리락 두레박처럼 사람을 따르랴.〔安能終老塵土下, 俯仰隨人如桔槹.〕"라고 하였다.【校解】《고증》에서는 '似'를 '如'라고 하였는데, 통행본 《동파전집(東坡全集)》에 의거하여 수정하였다.

권호문⁵⁴⁹ 군의 시에 차운하다 계해년(1563, 명종18, 63세)【2월.

예안(禮安)】

次權生好文 癸亥

평소에 수레 탄 학⁵⁵⁰을 부러워하지 않았으니	平生不慕乘軒鶴
만년에 꼬리 끄는 거북⁵⁵¹을 어찌 부끄럽게 여기랴	末路寧羞曳尾龜
시냇가 바닥엔 눈이 남아 추위에 쌀쌀한데	澗底雪殘寒料峭
처마 밑에 봄이 오니 해가 더디구나	簷間春到日舒遲
족제비 다니는 길에 명아주가 자라건⁵⁵² 말건	從他藜藋生鼪徑

---

549 권호문(權好文) :【譯注】1532~1587. 본관은 안동(安東), 자는 장중(章仲), 호는 송암(松巖)이다. 이황의 큰형인 이잠(李潛)의 외손이다.

550 수레 탄 학 :【譯注】실제 하는 일 없이 고관 벼슬을 지내는 것을 비유하고 있다. 【攷證 卷2 乘軒鶴】적인(狄人)이 위(衛)나라를 쳤다. 위나라 의공(懿公)은 학을 좋아 해서, 학 중에는 대부의 수레를 타고 다니는 학도 있었다. 장차 적과 싸우게 되었는데, 무기를 받은 위나라 사람 모두가 "학에게 싸우도록 하는 것이 좋겠다. 학이야말로 대부 의 녹과 지위를 받고 있는데, 우리가 어째서 싸워야 하는가."라고 하였다.《春秋左氏傳 閔公 2年》

551 꼬리 끄는 거북 :【攷證 卷2 曳尾龜】《장자》〈추수(秋水)〉에 다음과 같은 내용이 있다. 초(楚)나라 왕이 장자(莊子)를 초빙하려고 하였다. 이에 두 사신을 보내었는데, 장자가 "초나라에 신령스런 거북이 있는데, 죽은 지 3천 년이나 되었다고 하더군요. 왕께 서는 그것을 헝겊에 싸서 상자에 넣고 묘당 위에 소중하게 간직하고 있다지만, 이 거북은 차라리 죽어서 뼈를 남긴 채 소중하게 받들어지기를 바랐을까요, 아니면 오히려 살아서 진흙 속에서 꼬리를 끌며 다니기를 바랐을까요?"라고 물으니, 두 사신은 "차라리 살아서 꼬리를 끌며 다니기를 바랐을 것입니다."라고 대답하였다. 그러자 장자가 "어서 돌아가시 오. 나도 진흙 속에서 꼬리를 끌며 다닐 테니까."라고 하였다.

552 족제비……자라건 :【攷證 卷2 藜藋生鼪徑】《장자》〈서무귀(徐无鬼)〉에 "인적이 없는 곳으로 도망하여 명아주가 족제비나 다니는 좁은 길을 막고 있는 곳에서〔蓬藋拄乎

다만 두려운 건 벼루에서 운뢰가 일어나는 것⁵⁵³   只恐雲雷起硯池

시 공부가 도를 배우는 데 방해된다고 말하지 말게⁵⁵⁴

                            莫謂小詩妨學道

성문의 상과 사⁵⁵⁵도 또한 시를 말하였느니   聖門商賜亦言詩

魋魋之徑〕 오랫동안 홀로 있게 되면 사람의 발자국 소리가 들리기만 하여도 기뻐한다."라
고 하였다. ○ 살펴보건대, '軪'의 독음은 '조(照)'로 거성으로 쓰였다.

553 벼루에서……것 :【譯注】권호문이 벼슬에 나아갈까 걱정이라는 뜻이다.【攷證
卷2 雲雷起硯池】송(宋)나라 필중순(畢仲詢)의《막부연한록(幕府燕閒錄)》에 다음과
같은 내용이 있다. 어떤 승려가 산사에서 강연을 하는데, 항상 어떤 노인이 와서 들었다.
승려가 성씨를 물으니, 그 노인이 "나는 바로 용입니다. 다행히 가뭄이 들어 한가하여
이렇게 와서 설법을 듣습니다."라고 하였다. 승려가 "가뭄을 구제할 수 있소?"라고 하자,
노인이 "상제께서 강호의 물을 다 막아버려서 가져다 쓸 수 없습니다."라고 하였다. 승려
가 "이 벼루의 물을 쓸 수 있소?"라고 묻자, 노인이 벼루로 다가가더니 벼루의 물을 마시고
급히 떠났다. 그날 저녁에 우레가 치고 비가 많이 내렸는데, 빗물이 모두 검은색이었다.
○ 살펴보건대, 권호문의《송암집(松巖集)》권3에〈벼룻물 속의 청개구리〔硯池靑蛙〕〉가
있다. 그 시에서 "오목한 자색 돌의 한 움큼 맑은 물에, 청개구리 잔물결 일으키며 헤엄치
누나. 가련하게도 끝끝내 연못 안의 미물이니, 어찌 하늘에 올라 비 뿌리는 용이 되겠는
가.〔一掬清泓紫石凹, 青蛙戲泛細波跑. 只憐終是池中物, 寧作狴天得雨蛟.〕"라고 하였
다. 선생께서 아마도 이 시를 인용하면서 그 의미를 반대로 사용하신 것 같다.

554 시……말게 :【攷證 卷2 莫謂小詩妨學道】송(宋)나라 간재(簡齋) 진여의(陳與義)
의〈비〔雨〕〉시에 "짧은 시는 도를 배우는 데 방해되지 않고, 부슬비는 향을 태우는 데
좋다네.〔小詩妨學道, 微雨好燒香.〕"라고 하였다.

555 상과 사 :【譯注】상(商)은 복상(卜商)으로 자하(子夏)를, 사(賜)는 단목사(端木
賜)로 자공(子貢)을 가리킨다.

정자중⁵⁵⁶이 병풍 그림에 제화시를 요청하다. 절구 8수

【임술년(1563, 명종18, 63세) 3월 4~15일 추정. 예안(禮安)】

鄭子中求題屛畫 八絶

(詩-內卷3-194)

상산의 네 백발노인⁵⁵⁷ 商山四皓

유관에 오줌 누었다⁵⁵⁸고 일찍이 용안 섬기기를 부끄럽게 여겼더니

溺冠曾恥事龍顔

폐백에 응하여 도리어 아이와 여인을 따랐네⁵⁵⁹　應幣還隨兒女間

그래도 천 년 뒤에까지 높은 이름 얻은 것은　尙得高名千載後

---

556 정자중 : 【譯注】 정유일(鄭惟一, 1533~1576)로, 본관은 동래(東萊), 자는 자중(子中), 호는 문봉(文峯)이다. 대사간과 승지 등을 역임하였다.

557 상산의 네 백발노인 : 【攷證 卷2 商山四皓】 한(漢)나라 조기(趙岐)의《삼보결록(三輔決錄)》에 "상산은 상락(上洛)의 웅이산(熊耳山)이다."라고 하였다.《사기》의 주석에서 인용한《진류지(陳留志)》에 "사호를 들어보면, 동원공(東園公)의 성은 당(唐)이며 자는 선명(宣明)으로 원중(園中)에 거처하였다. 기리계(綺里季)의 성은 오(吳), 이름은 실(實), 자는 자영(子影)이다. 황공(黃公)의 성은 최(崔), 이름은 광(廣), 자는 소통(少通)으로, 제(齊)나라 사람이며 하리(夏里)에 은거하였다. 녹리(甪里) 선생의 성은 주(周), 이름은 술(術), 자는 원도(元道)로 태백(太白)의 후손이며 하내(河內) 사람이다."라고 하였다.

558 유관에 오줌 누었다 : 【攷證 卷2 溺冠】《사기》〈역이기열전(酈食其列傳)〉에 "패공(沛公)은 유자(儒者)를 좋아하지 않았다. 유관(儒冠)을 쓴 손님이 오면 곧 그 관을 벗겨서 관에다가 오줌을 누었다."라고 하였다.

559 폐백에……따랐네 : 【譯注】 한 고조(漢高祖) 유방(劉邦)이 태자를 폐하고 척부인(戚夫人)의 아들 유여의(劉如意)를 천자로 세우려고 하자, 여후(呂后)가 장량(張良)의 계책을 써서 상산사호를 불러 태자를 시위(侍衛)하게 하니 고조가 뜻을 바꿨다고 한다.

그날로 다시 산으로 돌아갔기 때문이지   應緣當日再還山

(詩-內卷3-195)

동강에서 낚시를 드리우다 桐江垂釣

임금 배에 다리 올리니 별자리 움직여 놀래키고[560]   驚動乾文脚自伸

돌아와서는 용덕으로 참으로 깊이 숨어 진중하였네[561]   歸來龍德政淵珍

유문숙[562]은 그래도 옛날의 친구라서   故人可是劉文叔

만고의 봄빛인 동강을 모두 넘겨주었구나   全付桐江萬古春

(詩-內卷3-196)

초가를 세 번 찾아가다 草廬三顧

삼고초려의 예는 탕보다 지성스러워[563]   草廬三顧禮勤湯

---

560 임금……놀래키고 : 【譯注】후한(後漢) 광무제(光武帝)가 즉위하고 나서 엄광(嚴光)을 불러 즐겁게 지내다가 함께 잠을 잘 적에, 엄광이 광무제의 배 위에다 발을 올려놓았다. 다음날 아침에 태사(太史)가 "객성(客星)이 어좌(御座)를 매우 급하게 침범했다."고 아뢰자, 광무제가 웃으면서 "짐이 옛 친구인 엄자릉과 함께 누워 있었기 때문이다."라고 하였다. 《後漢書 嚴光列傳》

561 용덕으로……진중하였네 : 【攷證 卷3 龍德淵珍】《주역》〈건괘(乾卦) 초구(初九)〉의 문언전(文言傳)에 "용의 덕을 가지고 숨어 지내는 사람이다. 세상에 따라 변하지도 않고 명성을 이루려고 하지도 않는다. 세상을 피해 숨어 살면서도 근심하지 않고, 남의 인정을 받지 못해도 고민하지 않는다. 뜻을 얻어 즐거우면 도를 행하고 뜻이 어긋나 걱정스러우면 떠나가는데, 그의 뜻이 워낙 확고해서 동요시킬 수가 없다. 그런 사람이 잠룡(潛龍)이다."라고 하였다. 한(漢)나라 가의(賈誼)의 〈조굴원부(弔屈原賦)〉에 "아홉 못의 신령스런 용을 닮음이여, 깊은 못에 잠겨 스스로 진중하구나.〔襲九淵之神龍兮, 沕淵潛而自珍.〕"라고 하였다.

562 유문숙 : 【譯注】문숙(文叔)은 광무제 유수(劉秀)의 자이다.

563 예는 탕보다 지성스러워 : 【譯注】《맹자》〈고자 하(告子下)〉에 "다섯 번 탕왕을

이야기하고 웃는 사이에 제왕이 판가름 났네   談笑逡巡辦帝王

천주의 공을 마치지 못하였다고 한탄하지 말라   莫恨天誅功未訖

간웅이 주눅 들어 울면서 향을 나눠주었으니[564]   姦雄心死泣分香

(詩-內卷3-197)

강동으로 돌아가는 돛배[565] 江東歸帆

수레 먼지에 절하던[566] 소인배와 즐거움 함께하지 않더니

望塵蚊蚋不同娛

찾아가고 다섯 번 걸(桀)을 찾아간 자는 이윤(伊尹)이었다."라고 하였는데, 송(宋)나라 주희(朱熹)의 주석에 "이윤이 탕왕에게 나아간 것은 세 번이나 초빙하는 정성스러움 때문이었고〔三聘之勤也〕, 걸에게 나아간 것은 탕왕이 그를 천거해서였다."라고 하였다.

564 간웅이……나눠주었으니 : 【攷證 卷2 姦雄心死泣分香】《후한서》〈허소열전(許劭列傳)〉에 다음과 같은 내용이 있다. 조조(曹操)가 허소를 찾아가 자신에 대해 품평해 보라고 강요하자, 허소는 "그대는 치세에는 유능한 신하이고, 난세에는 간교한 영웅이 될 것이다.〔治世之能臣, 亂世之姦雄.〕"라고 하였다. 또한 남송(南宋) 고사손(高似孫)의 《위략(緯略)》 권7에 "조조가 죽음에 임박하여 유령(遺令)을 내리기를 '남은 향은 여러 부인들에게 나누어 주어라.' 하였다."라고 하였다. 【要存錄 卷3】《원성어록해(元城語錄解)》에 송(宋)나라 온공(溫公) 사마광(司馬光)이 하루는 유안세(劉安世)에게 말하기를 "어제 저녁에《삼국지》를 읽다가 한 가지 일을 깨우쳤네. 조조가 남긴 유언 가운데 집안사람들에게 남긴 것이 백여 마디가 있네. 심지어는 부인들에게 향을 나눠주는 일이나, 여러 첩들에게 신을 사게 하는 등까지 상세하게 조치하지 않은 것이 없는데 한(漢)나라가 위(魏)나라에게 선양할 일에 대해서는 한 마디도 언급하지 않았네. 그 의미는 한나라가 위나라에게 선양할 일은 자손들이 할 일이지, 내가 그들에게 그렇게 하라고 가르치지 않았다는 것이네. 이것은 실로 천하를 자손에게 물려주었지만, 자신은 죽을 때까지 한나라의 신하라는 명칭을 지녔다는 것이네."라고 하였다.

565 강동으로 돌아가는 돛배 : 【攷證 卷2 江東歸帆】《진서(晉書)》〈장한열전(張翰列傳)〉에 다음과 같은 내용이 있다. 장한의 자는 계응(季鷹)이다. 제(齊)나라 왕 경(王冏)이 그를 불러 동조연(東曹掾)으로 삼았다. 장한은 같은 고을의 고영(顧榮)에게 "천하가 이렇게 어지러우니 화가 그치지 않기는 어려울 것입니다. 나는 본래 산림에서 지내던

하룻밤 사이 가을 되자 오중 생각 더하누나　　　　一夕驚秋倍憶吳

만 리 돌아가는 돛배 바람도 순조로운데　　　　萬里歸帆風與便

순채국 농어회 때문이라고 사람들 말들 하건 말건　　任他人道爲蓴鱸

(詩-內卷3-198)

율리에 은거하다 栗里隱居

천지가 뒤집힌 일 논하지 말라　　　　　　　地覆天飜事莫論

아름다운 국화의 가을 향기 서리 내린 동산에 가득하여라

　　　　　　　　　　　　　　　　　　秋香佳色滿霜園

지음이 세상에 없어 거문고줄 쓸 일 없으나　　知音世遠絃無用

의리 존모하는 사람 뒤따르니 발도 또한 높아졌구나[567]

　　　　　　　　　　　　　　　　　　慕義人攀足亦尊

―――――

사람으로 지금 명망도 없습니다."라고 하자, 고영이 그의 손을 맞잡고서 "저 또한 그대와 마찬가지로 남산의 고사리나 캐고 삼강의 물이나 마셨을 따름이오."라고 하였다. 장한이 가을바람이 이는 것을 보고서 고향 오중(吳中)의 고미나물, 순채국, 농어회 생각이 나서 말하기를 "인생은 자신의 마음에 맞는 삶을 귀하게 여기는데 어찌 고향을 떠나 수천 리 먼 땅에서 벼슬에 얽매여 명예와 벼슬을 구하려 하는가."라고 하고는 마침내 수레에 멍에를 지고 돌아왔다. 얼마 지나지 않아 왕경이 패하자 사람들은 모두 장한이 기미를 알았다고 하였다. 당(唐)나라 이백(李白)의 〈강동으로 가는 장 사인을 보내다〔送張舍人 之江東〕〉 시에 "장한이 강동으로 떠날 때, 참으로 가을바람 불던 때를 만났었지. 하늘 맑은데 기러기 한 마리 멀리 날고, 바다 넓은데 외로운 돛배 더디 가누나.〔張翰江東去, 正値秋風時. 天晴一雁遠, 海闊孤帆遲.〕"라고 하였다.

566 수레 먼지에 절하던 : 【要存錄 卷3】《진서》〈반악열전(潘岳列傳)〉에 "서진(西晉) 반악은 성미가 가볍고 조급하였으며 속세의 이익을 좇았다. 석숭(石崇)과 함께 당시 외척으로 권세를 잡은 가밀(賈謐)을 아첨으로 섬겨, 매번 그가 나오기를 기다려 먼지 쌓인 수레를 바라보며 절을 하였다."라고 하였다.

567 의리……높아졌구나 : 【攷證 卷2 慕義人攀足亦尊】 남조 유송(劉宋) 단도란(檀道

화산에서 나귀에서 떨어지다[568] 華山墜驢

어지러운 세상 다스릴 이 알 수 없었더니	草昧經綸未可知
이전에 정해진 천심[569]대로 되어 매우 기뻐하였네	天心驚喜果前期

鸞)의 《속진양추(續晉陽秋)》에 "동진(東晉)의 강주 자사(江州刺史) 왕홍(王弘)이 도연명(陶淵明)을 찾아가니 신발이 없었다. 왕홍이 종인(從人)들에게 신발을 벗어서 주게 하고서 좌우에게 일러 팽택령(彭澤令)을 위하여 신발을 만들라고 명하였다. 도연명이 많은 사람들이 모인 자리에서 발을 쭉 펴고는 신발이 오자 신고서 주저하지 않았다."라고 하였다. 《장자》〈덕충부(德充符)〉에 죄를 짓고 형을 받아 발이 잘린 숙산무지(叔山無趾)가 공자(孔子)를 찾아가서 배우기를 청하면서 "내가 힘써야 할 바를 몰라서 내 몸을 함부로 하였으니, 이 때문에 내가 발을 잃어버린 것입니다. 그러나 지금 내가 온 것은 아직 발보다 중요한 것이 남아 있으니 내가 이 때문에 그것을 온전히 하는 데 힘쓰고자 합니다."라고 하였는데, 그 주석에 "발보다 높은 것이 남아 있음을 이른다."라고 하였다. 《법화경(法華經)》〈방편품(方便品)〉에서 "존귀한 양족(兩足 부처)보다 높은 것이 없으니, 원컨대 제일법을 말씀해 주소서.〔無上兩足尊, 願說第一法.〕"라고 하였다. 【校解】《고증》에는 '無上'이 '稽首'로 되어 있는데, 통행본 《법화경(法華經)》에 의거하여 수정하였다.

568 화산에서 나귀에서 떨어지다 : 【攷證 卷2 華山墜驢】 살펴보건대, 진단(陳搏)은 세상을 경륜할 재주를 지녔는데, 오대(五代) 말의 난리를 겪으면서 사방을 유람하며 큰 뜻을 지녔다. 일찍이 송 태조(宋太祖)를 보고서 제왕이 될 상이라, 머지않아 태평시절이 올 것을 짐작하였다. 하루는 나귀를 타고 화산의 저자로 들어가다가 태조가 등극했다는 소식을 들었다. 이에 매우 기뻐하며 크게 웃다가 나귀에서 떨어지면서 "천하가 이제부터 안정될 것이다."라고 하였다.

569 이전에 정해진 천심 : 【要存錄 卷3】 송(宋)나라 석문형(釋文瑩)의 《속상산야록(續湘山野錄)》에 "우리 송나라 조종(朝宗)들이 아직 일반인으로 있을 때 조왕(趙王)·한왕(韓王) 등 당시 권력자들과 함께 장안의 저자에서 노닐었다. 진단이 나귀를 타고 가다가 그들과 만나게 되었는데, 나귀에서 내려 크게 웃다가 두건과 비녀 등을 땅에 떨어뜨릴 뻔하였다. 그는 왼손으로 태조를 잡고 오른손으로 태종을 이끌면서 '저자에 가서 술 한 잔 할 수 있습니까?'라고 물었다. 술집에 들어갔을 때 한왕이 다리가 피곤하여 우연히 상석에 앉게 되었는데, 진단이 화를 내며 '황제가 되실 분의 담장 안의 작은 별이 윗자리를 차지하고 있는 것이 가하겠는가?' 하고는 그를 물리쳐 황제의 왼쪽 자리에 앉게 하였다."

오늘부터 화산으로 말을 돌려보낼 것이니[570]　　　華山歸馬從今日

나의 나귀 다시 불러 탈 일이 없으리라[571]　　　不用吾驢再喚騎

(詩-內卷3-200)

주렴계가 연꽃을 사랑하다 濂溪愛蓮

하늘이 선생을 내어 천지의 이치 열게 하니[572]　　　天生夫子闢乾坤

쇄락한 흉금은 먼지 한 점 없어라　　　灑落胸懷絶點痕

맑은 향기로 곧게 선[573] 아름다운 저 연꽃을 사랑하니

　　　　　　　　　　　　　　　　　　　却愛淸通一佳植

꽃 중의 군자라 오묘하여 말이 없다네　　　花中君子妙無言

라고 하였다.

570 화산으로……것이니 :【要存錄 卷3】《서경》〈무성(武成)〉에서 무왕(武王)이 정벌
을 끝내고 돌아와 종전의 뜻을 내보이는 장면을 묘사하여 "4월 3일 왕이 상(商)으로부터
돌아와 풍(豐)에 이르러 무업을 쉬고 문업을 닦았다. 화산(華山)의 남쪽으로 병마를
돌려보내고 도림(桃林)의 들판에 소를 풀어놓아 천하에 무력을 쓰지 않을 것임을 보였
다."라고 하였다. 여기서는 송(宋)나라 왕조가 이미 우뚝 선 것을 이른다.

571 나의……없으리라 :【譯注】앞으로는 세상을 멀리하여 산속에 은거할 것이니, 나귀
를 타고 세상을 유람할 일이 없을 것이라는 말이다.

572 하늘이……하니 :【要存錄 卷3】송(宋)나라 주자(朱子)의 〈서재에서 감흥이 일어
〔齋居感興〕〉시 20수 중 제11수에 "내 듣건대 포희 씨가, 처음으로 천지의 이치 열었다고
하네.〔吾聞包義氏, 爰初闢乾坤.〕"라고 하였으니, 염계가 처음으로 태극의 이치를 연 것
이 포희가 처음으로 괘를 그린 것과 같다.

573 맑은……선 :【譯注】송나라 주돈이(周敦頤)의 〈애련설(愛蓮說)〉에 "줄기 속은 비
었고 겉은 곧으며〔中通外直〕, 덩굴로 자라거나 가지를 치지 않으며, 향기는 멀수록 더욱
맑아 우뚝하게 깨끗이 서 있다.〔香遠益淸, 亭亭淨植.〕"라고 하였다.

고산 매은[574] 孤山梅隱

그림 속에는 노 돌리자 학도 돌아오는데 문밖에 객은 없다.

노 돌려 돌아오자 학도 주인 쫓아와	返棹歸來鶴趁人
매화 옆에 한가로이 앉으니 절로 맑고 참되어라	梅邊閒坐自淸眞
문 앞에 찾은 이도 범속한 객 아닐 텐데	門前想亦非凡客
무슨 일로 머뭇거리며 오히려 몸을 숨기는지	底事逡巡尙隱身

---

574 고산 매은 : 【譯注】송나라 때 서호(西湖)의 고산(孤山)에 은거하여 매화를 심고
학을 길러서 '매처학자(梅妻鶴子)'라고 불렸던 임포(林逋)의 고사를 그린 것이다. 그는
간간이 배를 타고 서호에서 노닐었는데, 집에 손님이 오면 기르는 학을 풀어 놓아 임포가
노는 데를 찾아가게 하여 학을 보고 손님이 온 줄 알고 배를 저어 돌아왔다고 한다.
《宋史 隱逸列傳 林逋》

이생 굉중⁵⁷⁵이 청량산에서 절구 3수를 부쳐 왔기에 차운

하다 【계해년(1563, 명종18, 63세) 2~3월 추정. 예안(禮安)】

李生宏仲自淸凉山寄詩三絶來 次韻

(詩-內卷3-202)

옛날 천 길 산 처음 오르던 일 떠올리니	憶昔初登千仞岡
어느새 마흔아홉 해가 흘렀구려	轉頭四十九星霜
이제는 병든 다리 빨리 걷기 어려우니	只今病脚難飛步
구름 사이 맑은 빚을 오래도록 갚지 못했어라⁵⁷⁶	淸債雲間久未償

(詩-內卷3-203)

선경이 깊고 깊어 푸른 창 한가하니	洞天深鎖碧窓閑
속진의 일은 아예 한 점도 침범할 일 없지	塵事渾無一點干
정정의 공부⁵⁷⁷ 힘을 얻었을 터인데	靜定工夫宜得力

---

575 이생 굉중 : 【譯注】 이덕홍(李德弘, 1541~1596)으로, 본관은 영천(永川), 자는 굉중(宏仲), 호는 간재(艮齋)이다.

576 구름……못했어라 : 【譯注】 맑은 빚[淸債]은 청량산의 좋은 경관을 보고도 좋은 시를 지어 보답하지 못한 빚을 의미하며, 결국 나이 들어서 청량산을 다시 갈 수 없음을 말한 것이다. 송(宋)나라 소식(蘇軾)의 〈호 사부와 함께 법화산에서 노닐다[與胡祠部游法華山]〉 시에 "새 시로써 이번 유람 기념하지 않는다면, 산속에 청정한 시 빚을 지게 될까 두렵네.[不將新句紀玆游, 恐負山中淸淨債.]"라고 하였다.

577 정정(靜定)의 공부 : 【譯注】 외물에 동요되지 않게 마음을 고요하게 하고 뜻을 정하는 공부를 말한다. 《대학장구(大學章句)》 경1장(經一章)에 "그칠 곳을 안 뒤에 정해짐이 있으니, 정해진 뒤에 능히 고요해지고, 고요해진 뒤에 능히 편안해지고, 편안해진 뒤에 능히 생각하고, 생각한 뒤에 능히 얻는다.[知止而后有定, 定而后能靜, 靜而后能安,

어째서 마음 다스리기 어렵다 새삼 말하는고 　　　　如何更說制心難

(詩-內卷3-204)

인심은 물레방아 같아 가만있기 어려우니[578] 　　　　人心叵耐似飜車

공부의 요체가 진서산의 한 권 책[579]에 담겼네 　　　功要西山一部書

이 중에 정 공부를 많이 하는 것이 무방하니[580] 　箇裏不妨多著靜

지경 공부 처음에는 생소하다 꺼리지 마오 　　　莫嫌持敬始生疎

安而后能慮, 慮而后能得.〕"라고 하였다.

578 인심은……어려우니 : 【攷證 卷2 人心似飜車】송(宋)나라 주자가 말하기를 "인심이란 한 개의 물레방아 같아서 움직이고 굴러서 잠시도 멈추기를 용납하지 않는다."라고 하였다. 【校解】청(淸)나라 모성래(茅星來)가 찬한 《근사록집주(近思錄集註)》 권4에 나오는 말로 그 원문은 "人心作主不定, 正如一個翻車, 流轉動搖, 無須臾停"이다.

579 진서산의……책 : 【譯注】서산(西山)은 송나라 진덕수(眞德秀)의 호이며, '한 권 책'이란 그가 저술한 《심경(心經)》을 말한다.

580 이……무방하니 : 【攷證 卷2 不妨多著靜】송나라 사양좌(謝良佐)의 《상채어록(上蔡語錄)》에 "고요하면서 움직이는 사람은 많되 움직이면서 고요한 사람은 적다. 그러므로 고요한 데 마음을 많이 붙이더라도 무방하다."라고 하였다.

서재에서 우연히 써서 제군들과 손자 안도⁵⁸¹에게 보이다⁵⁸²

【계해년(1563, 명종18, 63세) 5월 추정. 예안(禮安)】

齋中偶書 示諸君及安道孫

| 네 병졸이 김매는데 한 병졸이 더디니⁵⁸³ | 四兵耘草一兵遲 |
| 손 빠른 세 병졸이 함께 그를 비웃네⁵⁸⁴ | 捷手三兵共詑伊 |

---

581 안도(安道) :【譯注】1541~1584. 이황의 장손으로 자는 봉원(逢原), 호는 몽재(蒙齋)이다.

582 서재에서……보이다 :【攷證 卷2 齋中偶書云云】이덕홍(李德弘)의《간재기선록(艮齋記善錄)》에 "내가 일찍이 자신의 자질이 노둔한 것을 걱정하였다. 선생이 말하기를, '공자(孔子) 문하에서 도를 전한 사람은 오히려 자질이 노둔했던 증자(曾子)였으니, 노둔한 것이 어찌 반드시 걱정할 일이겠는가? 다만 노둔하면서 독실하지 못하면 이야말로 걱정할 일이다.'라고 하시며, 주자의 뜻을 진술하여 절구 1수를 지어서 손수 써서 덕홍에게 주었다."라고 하였는데, 바로 이 시이다.

583 네……더디니 :【攷證 卷2 四兵耘草云云】《주자어류(朱子語類)》 권121에 "선생이 병산서당(屛山書堂)에서 글을 읽고 있었는데, 하루는 제생들과 함께 대에 올라 풀이 무성한 것을 보고 몇 명의 병졸들에게 네 편으로 나누어 각각 한 곳씩 김을 매게 하였다. 한 병졸은 뿌리를 찾아 뽑아내느라 김을 많이 매지 못하였고 다른 곳은 일제히 일을 마쳤다. 선생이 제생들에게 '여러 사람 중에 어느 곳이 일이 빠른가?'라고 물으니, 제생들이 말하기를 '여러 병졸이 다들 빠른데 유독 한 사람이 느립니다.'라고 하였다. 그러자 선생이 말하기를, '그렇지 않다. 내가 보니 이 병졸만이 빠르다.'라고 하셨다. 그래서 여러 병졸이 김을 맨 곳을 자세히 살펴보니, 모두 풀이 완전히 제거되지 않았다. 모두 다시 불러서 재차 김을 매게 하고 말하기를, '저 병졸은 비록 별로 빠르지 못하지만 오히려 한 번의 작업으로 일을 마쳤고, 이쪽의 몇 명은 또 처음부터 다시 작업을 해야 하니 처음부터 빨리 끝내려다가 이처럼 힘을 낭비하게 된 것이다. 이 점을 아는 것이 바로 배우는 사람이 글을 읽는 방법이다."라고 하였다.

584 그를 비웃네 :【攷證 卷2 詑伊】《운서(韻書)》에 "이(伊)는 '저 피(彼)'이다."라고 하였다.《간재기선록(艮齋記善錄)》에는 '타이(咤咿)'로 되어 있다.

빠른 이들은 뿌리 남겨 다시 또 뽑아야 하니   捷者留根煩再拔
더딘 이가 애초에 말끔히 뽑은 것만 못하여라   不如遲者盡初時

    -이 일은 《주자어류(朱子語類)》에 보인다.-

성주 곽경정[585]이 산수 그림에 제화시를 요청하다. 절구 5

수 【계해년(1563, 명종18, 63세) 2~3월 추정. 예안(禮安)】

郭景靜城主 求題山水畫幅 五絶

(詩-內卷3-206)

친구 찾는 정과 멋은 다리를 지날 때라[586]	訪人情味過橋時
늙은 나무 푸른 물결 경치 절로 뛰어나네	老樹滄波境自奇
이 속에서 시와 그림 아울러 평한다면[587]	箇裏平章詩倂畫
시 속에 그림 있고 그림 속에 시 있다[588]하리	詩中有畫畫中詩

---

585 곽경정 : 【攷證 卷2 郭景靜云云】곽황(郭䞭, 1530~1569)으로, 본관은 현풍(玄風), 자는 경정(景靜), 호는 탁청헌(濯淸軒)이다.

586 친구……때라 :【譯注】'호계삼소(虎溪三笑)'의 고사를 염두에 둔 표현이다. 진(晉) 나라 고승 혜원(慧遠)이 동림사(東林寺)에 있을 적에 손님을 전송할 때에도 호계(虎溪) 를 건너지 않았다. 그런데 도연명(陶淵明)과 육수정(陸修靜)이 방문했을 적에는 서로 의기투합한 나머지 그들을 전송하면서 호계를 건넜으므로, 세 사람이 크게 웃고 헤어졌 다고 한다.《蓮社高賢傳 百二十三人傳》

587 평한다면 :【攷證 卷2 平章】《강록(江錄)》에 "서화의 우열을 평론하는 것이다."라 고 하였다. 송(宋)나라 주자(朱子)의 〈청강으로 가는 길에 매화를 보다〔淸江道中見梅〕〉 시에 "따뜻하게 열을 내는 데는 술밖에 없고, 글을 품평하는 데는 오히려 시가 필요하다 네.〔煖熱惟須酒, 平章却要詩.〕"라고 하였다. 【校解】《고증》에는 '却'이 '各'으로 되어 있 는데,《회암집(晦庵集)》 권5에 의거하여 수정하였다.

588 시……있다 :【攷證 卷2 詩中有畫畫中詩】송나라 소식(蘇軾)의 〈마힐의 남관연우 도에 쓰다〔書摩詰藍關煙雨圖〕〉 시에 "마힐의 시를 음미하면 시 가운데 그림이 있고, 마힐의 그림을 완상하면 그림 가운데 시가 있다.〔味摩詰之詩, 詩中有畫, 觀摩詰之畫, 畫中有詩.〕"라고 하였다.

맑은 물과 푸른 산 흰 구름 걷혔으니 　　　　　　綠水靑山捲白雲

고상한 이 마주하여 가만히 낚싯대 드리웠네 　　高人相對靜垂綸

저물녘의 풍미는 나도 말할 수 있으니 　　　　　晩來風味吾能說

낚은 고기 회를 쳐서 은잔에 술 따를 테지[589] 　膾斫霜鱗酒瀉銀

산기슭 오두막은 티끌 한 점 없고 　　　　　　茅屋巖阿絶點塵

아득한 들 정자는 유람하는 사람들 차지로세 　野亭迢遞管遊人

잇따르는 조각배는 어디에서 오는 건가 　　　　片帆相趁來何許

안개 물결 가없어 나루 아니 뵈는 걸 　　　　　目極烟波不見津

어지러운 산 띠처럼 얽혔고 시냇물 맑고 깊은데 　亂山縈帶水淸深

이 가운데 초당 하나 대숲에 갇혀 있어라 　　　中有衡茅鎖竹林

아마도 은자가 베개 높이 베고 누워서 　　　　想見幽人高枕臥

세상의 영욕에는 관심조차 두지 않으리 　　　世間榮辱不關心

어둑어둑 찌푸린 하늘 눈발 어지럽게 날리니 　漠漠窮陰亂雪飛

---

589 은잔에 술 따를 테지 : 【攷證 卷2 酒瀉銀】 당(唐)나라 두보(杜甫)의 〈소년행(少年
行)〉 시에 "은 술잔 기울이고 옥 술잔 기울여 사람의 눈 놀라게 하지만, 취하여 대나무
아래 쓰러져 눕는 것은 결국 마찬가지라네.〔傾銀注玉驚人眼, 共醉終同臥竹根.〕"라고 하
였다.

산과 내가 온통 옥 병풍을 둘렀어라   山川渾作玉屛圍

작은 다리 나귀 등에 시 읊는 저 길손은   小橋驢背行吟客

산처럼 어깨 움츠렸다⁵⁹⁰ 만족하여 돌아가네   肩聳如山得得歸

---

590 작은……움츠렸다 :【攷證 卷2 小橋…如山】송(宋)나라 소식(蘇軾)의 〈초상화 그
리는 수재 하충에게 주다〔贈寫眞何充秀才〕〉시에 "또한 보지 못했는가 눈 속에서 나귀
탄 맹호연이, 눈썹 찌푸리고 시 읊느라 어깨가 산처럼 솟은 것을.〔又不見雪中騎驢孟浩
然, 皺眉吟詩肩聳山.〕"이라고 하였다. ○ 살펴보건대, 맹호(孟浩)는 자가 호연(浩然)으
로 양양(襄陽)사람인데, 녹문(鹿門)에서 은거하다가 나이 마흔에야 서울에서 노닐었다.
일찍이 저는 나귀를 타고서 파릉(灞陵)에서 눈을 읊었다.

성주 목사 황중거[591]에 대한 만사. 2수 【계해년(1563, 명종18, 63세) 4월 3일 추정】

黃星州仲擧挽詞 二首

(詩-內卷3-211)

일찍이 문장으로 드날리다 늦게야 길을 고쳐	早騁詞華晩改求
벼슬 살며 학문하니 넉넉함을 겸하였지[592]	仕中爲學欲兼優
노고가 오래 쌓여 온갖 병이 모여드니	勤劬積日千痾集
돌아오던 도중에 만사가 끝나버렸네[593]	歸去中途萬事休
도산에서 강습하려던 묵은 뜻 어긋났고	陶舍宿心違講習
금계에 은거하려던 그윽한 생각[594] 이루지 못했구나	錦溪幽抱失藏修
《주서》를 사람들과 함께 읽을 때면	朱書每與人同讀

---

591 황중거 : 【譯注】황준량(黃俊良, 1517~1563)으로, 본관은 평해(平海), 자는 중거(仲擧), 호는 금계(錦溪)이다.

592 넉넉함을 겸하였지 : 【譯注】벼슬을 하면서도 학문에 뛰어났다는 말이다. 《논어》〈자장(子張)〉에 "벼슬을 하고서 여력이 있으면 학문을 하고, 학문을 하고서 여력이 있으면 벼슬을 한다."라고 하였다.

593 돌아오던……끝나버렸네 : 【譯注】《정본 퇴계전서》 권15 〈성주 목사 황공 행장(星州牧使黃公行狀)〉을 보면, 황준량은 경신년(1560, 명종15) 성주 목사에 임명되었고 계해년(1563, 명종18) 병을 얻어 사직하고 돌아오던 중, 병이 악화되어 예천(醴泉)에 이르러 졸하였다. 【效證 卷2 歸去中途萬事休】살펴보건대, 공은 성주 목사로 재임하던 중 병을 얻어 사임하고 돌아오다가 도중에 졸하였다.

594 금계에……생각 : 【效證 卷2 錦溪藏修】욱금동(郁錦洞, 영주시 풍기읍 욱금리)이니 소백산 아래에 있다. 공은 일찍이 이곳에 몇 칸 집을 짓고 '금양정사(錦陽精舍)'라고 이름하였다.

몇 번이나 공의 생애 생각하며 눈물 흘렸다오⁵⁹⁵　　　幾憶平生淚共流

(詩-內卷3-212)

출중한⁵⁹⁶ 문장에 속진을 벗어난 풍모였는데　　　穎脫爲文出俗姿

하늘이 준 운명은 어째서 기구함이 이리 많았나　　　天胡賦命獨多奇

벼슬길은 흡사 메기가 대나무에 오르기요⁵⁹⁷　　　靑雲正似鮎竿日

푸른 인끈은 봉황이 가시나무에 깃드는 격이라⁵⁹⁸　　綠綬還同鳳棘時

비방은 산 같으니 여럿의 입김에 흔들렸고⁵⁹⁹　　　謗有丘山飄衆煦

---

595 주서를……흘렸다오 : 【攷證 卷2 朱書云云】살펴보건대, 공이 성주 목사로 재직할 때《주서절요(朱書節要)》를 출판하고 발문을 지어 특별히 이 책에 애정을 쏟았기 때문에 이렇게 말한 것이다.

596 출중한 :【攷證 卷2 穎脫】모수자천(毛遂自薦)의 고사를 인용한 것이다.

597 메기가 대나무에 오르기요 :【譯注】벼슬에 메이게 되면 거기서 헤어나기 어려움을 비유한 말이다.【攷證 卷2 鮎竿】송나라 구양수(歐陽修)의《귀전록(歸田錄)》에 매성유(梅聖兪)가 시로 명성이 있었으나 30년 동안 끝내 하나의 관직도 얻지 못하다가 처음으로 《당서(唐書)》를 편수하는 일을 맡게 되었다. 이에 아내에게 말하기를 "내가 역사서를 편수하자니 원숭이가 자루 속에 들어가 구속당하는 것 같구려."라고 하자, 아내가 "당신의 벼슬살이는 메기가 대나무를 타고 오르는 것과 무엇이 다르겠소."라고 하였다.

598 가시나무에 깃드는 격이라 :【攷證 卷2 鳳棘】《후한서》〈구람열전(仇覽列傳)〉에 왕환(王渙)이 구람에게 말하기를, "가시나무는 난새나 봉새가 깃들 곳이 아니거니, 백리 고을이 어찌 대현의 길이겠는가.〔枳棘非鸞鳳所棲, 百里豈大賢之路?〕"라고 하였다.

599 비방은……흔들렸고 :【攷證 卷2 謗有丘山飄衆煦】원나라 웅충(熊忠)의《고금운회거요(古今韻會擧要)》권6에 "표(飄)는 표(漂)와 통용한다."라고 하였다.《한서》〈경십삼왕전(景十三王傳)〉에 "중산정왕(中山靖王) 유승(劉勝)이 한무제를 조회하고 울먹이며 말하기를, '신이 들으니 뭇사람의 입김에 산이 떠내려가고, 모기 소리가 모여 우레가 됩니다.〔衆煦漂山, 聚蚊成雷.〕' 하였다."라고 하였다. ○ 살펴보건대, 선생이 지은 공의 행장에서 "동진사(同進事)들이 이간하는 말이 있었다."라고 하였으며, 또 "학유(學諭) 동명인(同名人)의 일로 헐뜯는 말이 분분하였다."라고 하였다.

집안에 쌀 한 섬 없어도[600] 가난한 사람 구제하였네　　家無甔石濟窮慈

그대 같은 만년 절개는 더욱 높일 만하니　　如君晚節尤堪尙

뒷날에 같은 심정 가진 이가 꼭 알아주리다　　後有同心只自知

600　집안에…없어도 :【攷證 卷2 家無甔石】《한서》〈양웅전(揚雄傳)〉에 "양웅의 집에
담석(甔石)이 없었다."라고 하였다. ○ 살펴보건대, 《자치통감(資治通鑑)》 권79의 주석
에 "제나라 사람들은 작은 항아리를 가리켜서 '담석'이라 하는데, 두 말이 들어간다."라고
하였다.

KNP0296(詩-內卷3-213)

이정존이 시를 보내왔기에 차운하다[601] 【계해년(1563), 명종18, 63세) 5월 추정. 예안(禮安)】

次韻李靜存見寄

덕의와 풍류를 흠모한 건 진작인데[602]	德義風流夙所欽
글을 보내 정답게[603] 진심을 토로하는구려	書來䑋䑋爲論心
저자에 숨은 자넨 진흙 도랑의 거북이요[604]	君藏卜肆龜塗瀆
밭둑에 엎드린 나는 우거진 숲의 새라오	我處耕巖鳥蔚岑
늘그막에 나는 학문을 전폐할까 근심이요	老去學憂渾廢放
병중의 그대 사색에 너무 골몰할까 조심하오	病中思戒苦凝沈
적막하여라, 거문고줄 먼지에 덮였으니[605]	瑤琴寂寞塵徽掩

---

601 이정존이……차운하다 : 【譯注】이정존은 이담(李湛, 1510~1574)으로, 본관은 용인(龍仁), 자는 중구(仲九), 호가 정존이다. 【攷證 卷2 次韻李靜存】살펴보건대, 이 시는 송나라 주자(朱子)의 〈아호사에서 육자수에게 화답하다〔鵝湖寺和陸子壽〕〉의 운을 사용한 것이다.

602 덕의와……진작인데 : 【攷證 卷2 德義風流夙所欽】송나라 주자의 〈아호사에서 육자수에게 화답하다〉 시에 "덕업과 풍류 일찍이 흠모하였더니, 이별한 지 삼 년인데 다시 마음 쓰이네.〔德業風流夙所欽, 別離三載更關心.〕"라고 하였다.

603 정답게 : 【攷證 卷2 䑋䑋】'온화한 모습'이다.

604 저자에……거북이요 : 【譯注】이정존이 수에 밝아서 저자에서 점에 몰두한 사실을 가리킨다. 거북은 고대에 점을 치던 도구의 하나이다. 한(漢)나라 때의 은사 엄준(嚴遵)이 벼슬을 포기하고 성도(成都)에 은거하면서 점치는 일로 생활하였는데, 하루에 100전만 벌면 문을 닫고 방 안에 들어앉아 《노자(老子)》 강의와 저술에 전념하였다고 한다. 《高師傳 嚴遵》

605 적막하여라……덮였으니 : 【譯注】학문이 끊겨 이어지지 못한 것을 비유한 표현이다. 송나라 주희(朱熹)의 〈재거감흥(齋居感興)〉 시 20수 중 제12수에 "보갑 속에 옥

이제라도 옛 가락 퉁겨봄이 어떠하뇨　　　　　　古調如何發自今

-이정존은 수(數)에 정밀하였는데, 또한 골똘히 생각하느라 잔병이 있었다.-

거문고 비어있고, 줄마저 끊겼으니 이를 어이할꼬.〔瑤琴空寶匣, 絃絶將如何.〕"라고 하였다.

달밤에 이대성[606]이 도산으로 찾아왔기에 정자 오자강[607]과 함께 관란헌[608]에서 몇 잔 술을 나누고 이어서 앞 못에 배를 띄우다 【계해년(1563), 명종18, 63세) 9월 3~17일 추정. 예안(禮安)】

月夜大成來訪陶山 與吳正字子强 小酌觀瀾軒 因泛舟前潭

좋은 밤에 반가운 손 찾아와 같이 기뻐하노니	良夜同欣好客來
산 너머 집[609]에서 막걸리 불러 와서 마시노라	隔岑呼取濁醪杯
마루에 셋이 앉아 그윽한 정을 나누고서	臨軒鼎坐開幽款
다시 조각배에 올라 달을 구경하고 돌아오누나	更上蘭舟弄月回

---

606 이대성 : 【譯注】 이문량(李文樑, 1498~1581)으로, 본관은 영천(永川), 자는 대성(大成), 호는 벽오(碧梧)이다. 농암 이현보의 둘째 아들로 이황과 절친하였다.

607 오자강 : 【攷證 卷2 吳子强】 오건(吳健, 1521~1574)으로, 본관은 함양(咸陽), 자는 자강(子强), 호는 덕계(德溪)로 산음(山陰)에 살았다. 정덕(正德) 신사년(1521, 중종16)에 태어났으며 일찍 부친을 여의고 집이 가난하여 스승을 모실 수 없었는데, 《중용》을 얻어서는 밤낮을 가리지 않고 읽었다. 처음에는 남명 조식에게 종유하였고 뒤에 선생에게 질정을 청하였다. 견문과 학식이 하루가 다르게 나아가 과거에 합격하여 전랑(銓郎)에 임명되었으나 속된 논의가 날마다 번성한 것을 보고는 벼슬을 버리고 돌아와 여러 번 부름을 받았으나 나아가지 않았다.

608 관란헌 : 【譯注】 도산서원의 기숙사 역할을 했던 농운정사(隴雲精舍)의 마루를 말한다.

609 산 너머 집 : 【要存錄 卷2】 선생의 가양주(家釀酒)가 산 너머에 있었기 때문에 이렇게 말한 것이다.

강가에서 바로 읊어 오자강[610]에게 보이다 【계해년(1563), 명종18, 63세) 9월 3~17일 추정. 예안(禮安)】

江上卽事 示子强

한가하여 함께 책을 들고 조각배 띄우다가	閒共攜書泛小舟
해 질 무렵 소낙비 만나 강가 누각에 올랐네	晚逢急雨上江樓
잠깐 새 비 그치자 구름도 자취 없고	斯須雨卷雲無跡
물 빛깔 산 빛깔은 그림 속의 가을일래라	水色山光畫裏秋

---

610 오자강 : 【譯注】 오건(吳健, 1521~1574)으로, 본관은 함양(咸陽), 자는 자강(子强), 호는 덕계(德溪)이다.

정자 오자강[611]이 떠나게 되어 절구 2수로 증별하다[612] 【계해

년(1563, 명종18, 63세) 9월 18일경 추정. 예안(禮安)】

吳子强正字將行 贈別二絶

(詩-內卷3-216)

주자가 남긴 글은 백 대의 스승이라	雲谷遺書百世師
하늘에 닿고 땅에 서려 정밀한 데까지 들어갔네[613]	際天蟠地入毫絲
나귀에 책 상자 싣고[614] 와 질정하는 그대 고마우나	感君驢笈來相訂
늙도록 궁장[615]을 못 들여다 본 내가 부끄럽다오	愧我宮牆老未窺

---

611 오자강 : 【譯注】오건(吳健, 1521~1574)으로, 본관은 함양(咸陽), 자는 자강(子强), 호는 덕계(德溪)이다.

612 정자……증별하다 : 【譯注】오건이 찾아와《주서절요(朱書節要)》에 대해 물었고 떠날 때가 되어 준 시이다.

613 하늘에……들어갔네 : 【攷證 卷2 際天蟠地入毫絲】한(漢)나라 양웅(揚雄)이《태현경(太玄經)》을 지어 "깊은 곳은 황천에 들고 높은 곳은 창천에 나갔으며, 큰 곳은 원기를 머금고 세밀한 곳은 비할 바가 없다.〔深者入黃泉. 高者出蒼天. 大者含元氣, 纖者入無倫.〕"라고 하였다.《揚子雲集 解嘲》

614 나귀에……싣고 : 【攷證 卷2 驢笈】원(元)나라 웅충(熊忠)의《고금운회거요(古今韻會擧要)》권30에 "급(笈)은 책을 지는 상자이다."라고 하였다. 원나라 음경현(陰勁弦)·음복춘(陰復春)이 편찬한《운부군옥(韻府羣玉)》권20에 "급(笈)은 나귀 등에 지우는 것이다."라고 하였다.

615 궁장(宮牆) : 【譯注】궁궐의 담장이라는 뜻으로 성인의 경지 혹은 학문과 인격의 높이를 비유하는 말이다. 숙손무숙(叔孫武叔)이 조정에서 공자의 제자 자공(子貢)을 두고 공자보다 낫다고 말하자, 자공이 "궁궐의 담장에 비기자면, 나의 담장은 어깨에 미치는지라 집안의 좋은 것을 넘볼 수 있거니와 공자의 담장은 몇 길인지라 그 문으로 들어가지 못하면 종묘의 아름다움과 백관의 넉넉함을 볼 수 없는 것과 같다."라고 하였다.《論語 子張》

듣건대 예전에 성주에서 이 책을 강론했다 하니[616]　　　聞昔伽倻講此書

의리를 분별하기[617]는 두 마음이 함께 간절했으리　　　兩心同切辨熊魚

금계가 갑자기 수문랑이 되어 떠났으니[618]　　　錦溪忽作修文去

그대만 보고 그를 보지 못해 슬픔이 그지없구나　　　見子深悲不見渠

---

616 듣건대……하니 : 【攷證 卷2 聞昔伽倻講此書】가야(伽倻)는 성주(星州)의 옛 이름
이다. ○ 살펴보건대, 황준량이 성주 목사로 있던 시절 오건이 교수로 있으면서 《주서절
요》를 서로 강한 사실을 말한다.

617 의리를 분별하기 : 【譯注】원문의 웅어(熊魚)는 팔진미의 하나인 곰 발바닥과 물고
기 요리로, 진미를 가려서 취하듯이 《주서절요》에 담긴 의리(義理)를 분별해 낸다는
뜻이다. 《맹자》〈고자 상(告子上)〉에 "어물도 내가 원하는 바요 곰 발바닥도 내가 원하는
바이지만 이 두 가지를 겸하여 얻을 수 없을진댄 어물을 버리고 곰 발바닥을 취하겠다.
삶도 내가 원하는 바요 의(義)도 내가 원하는 바이지만 이 두 가지를 겸하여 얻을 수
없을진댄 삶을 버리고 의를 취하겠다."라고 하였다.

618 금계가……떠났으니 : 【譯注】금계는 황준량의 호이다. 원문의 수문(修文)은 문인
의 죽음을 뜻하는 말로, 진(晉)나라 소소(蘇韶)가 죽어서 저승에 가 보니 공자의 제자
안연(顏淵)과 복상(卜商)이 수문랑(修文郎)이 되어 있더라고 전한 고사에서 유래하였
다. 《太平廣記 卷319 鬼四 蘇韶》

성산 이자발[619]은 호가 휴수인데 그가 신원량[620]이 그린
〈십죽도〉에 제화시를 써 달라고 청하다. 절구 10수 【계해년
(1563, 명종18, 63세) 9월 이후 추정. 예안(禮安)】

星山李子發 號休叟 索題申元亮畫十竹 十絶

(詩-內卷3-218)

눈 내린 달밤의 대 雪月竹

차가운 눈가루 소복이 누르고 　　　　　　　　　　　　玉屑寒堆壓

아스라한 달빛 환히 비치네 　　　　　　　　　　　　冰輪逈映徹

굳은 절개 꿋꿋한 줄 진작에 알았더니 　　　　　　　從知苦節堅

빈 마음 개결함을 새삼 깨닫겠구나 　　　　　　　　轉覺虛心潔

(詩-內卷3-219)

바람에 흔들리는 대 風竹

가는 바람에 빙그레 웃음 짓고 　　　　　　　　　　風微成莞笑

거센 바람에 불평하여 우누나 　　　　　　　　　　　風緊不平鳴

---

619 이자발 : 【攷證 卷2 星山李子發云云】 이문건(李文楗, 1494~1567)으로, 본관은
성주(星州), 자는 자발(子發), 호는 묵재(默齋)이다. 이이(二李)의 후손으로 정암(靜
庵) 조광조(趙光祖)의 문인이다. 을사사화 때 유배되었으며 승지를 지냈다. 【校解】 '이
이(二李)'는 문열공(文烈公) 이조년(李兆年, 1269~1343)과 그의 손자 문충공(文忠公)
이인복(李仁復, 1308~1374)을 가리킨다. 《定本 退溪全書 卷5 答盧仁甫》

620 신원량 : 【譯注】 신잠(申潛, 1491~1554)으로, 본관은 고령(高靈), 자는 원량(元
亮), 호는 영천·아차(峨嵯)이다. 이황의 친한 벗으로 대〔竹〕를 잘 그리기로 유명하였다.
【攷證 卷2 申元亮】 바로 영천자(靈川子)이다.

영륜이 베어가지 않으니[621]   未遇伶倫采
부질없이 대악[622]의 소리 머금었어라   空含大樂聲

(詩-內卷3-220)

이슬 맞은 대 露竹

새벽에 일어나 긴 대를 쳐다보니   晨興看脩竹
서늘한 이슬 쏟은 듯 흠뻑 젖었네   凉露浩如瀉
맑은 풍치에 온 숲이 훤하고   淸致一林虛
바람 불자 나뭇가지들 고개 숙였어라[623]   風流衆枝亞

---

621 영륜이 베어가지 않으니 : 【譯注】영륜(伶倫)은 중국 황제(黃帝) 때의 전설적인 악사(樂師)로, 곤산(崑山)의 대나무를 베어 율관(律管)을 만들고 음율을 제정하였다고 전한다. 【攷證 卷2 伶倫采】《주례주소산익(周禮註疏刪翼)》권14에 "황제(黃帝)가 영륜에게 명하여 해곡(嶰谷)에서 나는 대나무를 가져다 두 마디 사이를 잘라서 불게 하니 황종(黃鍾)의 궁(宮)이 되었다. 또 12개의 대통을 만들었으니 12절기에 호응하여 율려(律呂)가 갖추어졌다."라고 하였다.

622 대악(大樂) : 【譯注】제왕(帝王)의 제사나 연향 등의 전례에 쓰이는 전아하고 장중한 음악을 말한다.

623 바람……숙였어라 : 【攷證 卷2 風流衆枝亞】원(元)나라 웅충(熊忠)의 《고금운회거요(古今韻會擧要)》권23에 "아(亞)는 사람의 불룩한 등 모양을 본뜬 것이다."라고 하였다. 당(唐)나라 맹교(孟郊)의 〈죽은 아들을 애도하다[悼亡]〉시에 "아침 구름 저녁 비에 네 무덤 옛터가 되어 버리고, 쓸쓸한 야생 대만 바람에 날려 처져 있네.[朝雲暮雨成古墟, 蕭蕭野竹風吹亞.]"라고 하였다. 송(宋)나라 소식(蘇軾)의 〈정혜원에 임시로 머물면서 달밤에 우연히 나오다[定惠院寓居月夜偶出]〉시에 "진작에 여린 버드나무 만 가지나 늘어진 것 보고 놀랐더니, 아직도 남은 매화 한 가지 고개 숙이고 있구나.[已驚弱柳萬絲垂, 尙有殘梅一枝亞.]"라고 하였다. 【校解】《고증》에는 맹교가 한유(韓愈)로 되어 있는데, 《맹동야시집(孟東野詩集)》권10에 의거하여 수정하였다.

(詩-內卷3-221)

빗속의 대 雨竹

창 앞의 한 무더기 대나무	窓前有叢筠
쏴쏴 차가운 비에 울리누나	淅瀝鳴寒雨
흡사 초객이 시름 일어	怳然楚客愁
소상강 물가로 들어가는 듯[624]	如入瀟湘浦

(詩-內卷3-222)

돋아나는 죽순 抽筍

바람 불고 우레 치더니 여기저기 순이 돋아	風雷亂抽筍
범이 잡아채고 용이 나는 듯[625]	虎攫雜龍騰
문 닫고 대가 자라기만 보나니	門掩看成竹
내가 이제 소릉을 배우네그려[626]	吾今學少陵

---

624 흡사……듯 : 【譯注】근심에 젖은 모습을 묘사한 것이다. '초객(楚客)'은 전국 시대 초(楚)나라 굴원(屈原)을 가리키며, '소상(瀟湘)'은 동정호(洞庭湖)로 흘러 들어가는 강으로 대숲으로 유명한 곳인데 굴원이 빠져 죽은 곳이라고 전한다.

625 범이……듯 : 【譯注】죽순이 여기저기 돋아난 모습을 묘사한 것이다. 【攷證 卷2 虎攫龍騰】송(宋)나라 증문청(曾文淸 증기(曾幾))의 〈죽순을 먹다[食筍]〉 시에 "바람 불고 우레 치더니 용과 뱀이 삐죽삐죽, 안개 끼고 비 내리더니 호랑이와 표범이 얼룩덜룩.〔龍蛇戢戢風雷後, 虎豹斑斑霧雨餘.〕"이라고 하였다. ○ 살펴보건대, '확(攫)'과 '등(騰)'은 죽순이 돋아서 나오는 모양이다.

626 문……배우네그려 : 【譯注】소릉(少陵)은 당(唐)나라 두보(杜甫)의 호이다. 【攷證 卷2 門掩…少陵】두보의 〈절구 3수[三絶句]〉 중 제3수에 "수 없는 봄 죽순 숲에 가득 솟았는데, 사립문 꼭 닫아놓으니 사람 발길 끊어졌네. 장차 대가 자라기를 맨 먼저 보고 말리니, 손이 오면 마중 않는다 꾸짖게 되리.〔無數春筍滿林生, 柴門密掩斷人行. 會須上番看成竹, 客至終嗔不出迎.〕"라고 하였다.

(詩-內卷3-223)

어린 대 穉竹

겨우 천 가닥 뿔 돋아 소는 없더니[627]	千角纔牛沒
어느새 열 길 되어 검처럼 솟았어라[628]	十尋俄劍拔
비와 이슬 맞은 자태 막 지녔는가 했더니	方持雨露姿
바람서리 굳은 절개 벌써 보이누나	已見風霜節

(詩-內卷3-224)

늙은 대 老竹

늙은 대에 어린 죽순 붙어 있어[629]	老竹有孫枝
소슬하니 외려 그윽하고 맑구나	蕭蕭還閴淸
푸른 이끼야 깨어진들 어떠리[630]	何妨綠苔破

---

627 겨우……없더니 : 【譯注】 소나 양의 뿔처럼 돋은 수많은 죽순을 형용한 것이다. 【攷證 卷2 千角牛沒】 당(唐)나라 한유(韓愈)의 〈후 협률이 죽순을 읊은 시에 화답하다〔和侯協律詠笋〕〉 시에 "뿔은 보이는데 소나 양은 없고, 껍질을 보니 호랑이와 표범 무늬가 있네.〔見角牛羊沒, 看皮虎豹存.〕"라고 하였다. 【校解】《고증》에는 '詠笋'이 '詠竹'으로 되어 있는데, 《어정전당시(御定全唐詩)》 권344 〈한유〉에 의거하여 수정하였다.

628 어느새……솟았어라 : 【攷證 卷2 十尋劍拔】 송나라 소식(蘇軾)의 〈문여가가 그린 운당곡의 언죽에 대한 기문(文與可畫篔簹谷偃竹記)〉에 "대가 갓 나올 때는 한 치의 싹이지만 마디와 잎을 모두 갖추고 있으며, 처음에 쓰르라미의 배나 뱀의 발등 같다가 나중에는 천 길 칼을 뽑은 것 같이 되니, 원래 타고난 것이다.〔自蜩腹蛇蚹, 以至於劍拔千尋者, 生而有之也.〕"라고 하였다. 【校解】《고증》에는 '文與可畫篔簹谷偃竹記'가 '畫竹記'로 되어 있는데, 《동파전집(東坡全集)》〈동파선생연보〉에 의거하여 수정하였다.

629 늙은……있어 : 【攷證 卷2 老竹孫枝】《주례(周禮)》 권6 〈춘관종백 하(春官宗伯下)〉 정씨(鄭氏) 주석에 "손죽(孫竹)은 가지와 뿌리가 아직 돋지 않은 것이다."라고 하였다.

630 푸른……어떠리 : 【攷證 卷2 綠苔破】 송(宋)나라 시승(詩僧) 청순(淸順)의 〈십죽(十竹)〉 시에 "봄바람아 삼가 죽순을 잘 자라게 하여, 내 섬돌 앞 푸른 이끼를 뚫고

| 서늘한 바람 일어 마음에 차는 것을 | 滿意凉吹生 |

(詩-內卷3-225)

마른 대 枯竹

가지와 잎 반쯤 말랐지만	枝葉半成枯
기개와 절조 완전히 죽지 않았구나	氣節全不死
고량진미 먹는 자제들께 말하노니	寄語膏粱兒
초췌한 선비라 업신여기지 마오	無輕憔悴士

(詩-內卷3-226)

꺾인 대 折竹

굳센 목[631] 어쩌다 꺾여 버렸지만	强項誤遭挫
곧은 마음 깨어진 것은 아니라오	貞心非所破
늠름하게 서서 휘어지지 않았으니	凜然立不撓
오히려 나약한 이를 격려할 만하여라	猶堪激頹懦

(詩-內卷3-227)

외로운 대 孤竹

| 선을 듣고 어찌 귀의하지 않으리오마는[632] | 聞善盍歸來 |

나와 망가뜨리지 말거라.〔春風愼勿長兒孫, 穿我階前綠苔破.〕"라고 하였다.

631 굳센 목 :【譯註】한(漢)나라 동선(董宣)이 낙양 영(洛陽令)이 되었을 때 공주의 유모를 처형한 일로 인하여 광무제가 '강항령(强項令)'이라는 별명을 붙여 주었다는 일화가 있다. 《後漢書 董宣列傳》【攷證 卷2 强項】동선의 고사를 차용한 것이다.

632 선을……않으리오마는 :【譯註】춘추 시대 백이(伯夷)가 주(紂)를 피하여 북해(北

폭력으로 폭력을 바꾸니 장차 어디로 갈건가⁶³³　易暴將安適
이로부터 더욱 고고함을 이루었으니　從此更成孤
곡식이 있다 해도 내 먹을 것 아니어라　有粟非吾食

海) 가에서 살다가 문왕(文王)이 나왔다는 말을 듣고서, "어찌 그에게로 돌아가지 않으리
오. 내가 들으니 서백(西伯 문왕)은 늙은이를 잘 봉양한다고 하더라."라고 하였다.《孟子
離婁上》

633 폭력으로……갈건가 :【譯註】백이와 숙제(叔齊)가 은(殷)나라를 치려 하는 무왕을
말리다가 되지 않자 지었다고 하는 〈채미가(採薇歌)〉에서 "저 서산에 올라가서 고사리를
캐도다. 폭력으로 폭력을 바꾸면서 그 잘못을 모르도다. 신농과 우하가 이제는 없으니,
내 갈 곳 어디인가."라고 하였다.《史記 伯夷列傳》

정자중⁶³⁴과 함께 탁영담⁶³⁵에서 뱃놀이하다. '구곡에서 지
은 시'⁶³⁶의 운자를 사용하여 짓다【계해년(1563, 명종18, 63세) 5월
추정. 예안(禮安)】

鄭子中同泛濯纓潭 用九曲詩韻

옛적 어진 이 노닐던 곳에 명성이 전하니	昔賢遊處風聲傳
민산의 아홉 굽이⁶³⁷는 신선들의 별천지라	崑山九曲壺中天
광망한 나 스스로 우습고도 가련하니	吾狂自笑亦自憐
나무하고 물 길으며 곁에서 모시지 못하였네	不及薪水供盤旋
날마다 시와 편지 읽으며 음과 뜻을 익히고	日日詩書服音旨
밤마다 꿈속에서 구름안개 따라 날았어라⁶³⁸	夜夜魂夢飛雲烟
오늘 아침 다행히도 그대를 만남에	今朝何幸得見君
내 뜻과 같을 뿐 아니라 더욱 전일함에랴	亦如我志尤專專
눈앞의 세상일 말할 필요 없으니	眼中萬事不須論
바른 이치야 예나 지금이 다 옳다고 여기는 것을	理義今古知同然

---

634 정자중 :【譯注】정유일(鄭惟一, 1533~1576)로, 본관은 동래(東萊), 자는 자중
(子中), 호는 문봉(文峰)이다.

635 탁영담 :【譯注】도산서원의 동쪽 천연대(天淵臺) 앞에 있는 연못이다.

636 구곡에서 지은 시 :【譯注】송(宋)나라 주희(朱熹)의 〈종정 기중·태사 경인을 받들
어 모시고……〔奉陪機仲宗正景仁太史……〕)〉시를 말한다. 《晦庵集 卷4》

637 민산(崑山)의 아홉 굽이 :【譯注】원래 주희의 무이산(武夷山) 아홉 구비를 가리키
는 말인데, 탁영담을 그곳에 빗대어 말한 것이다.

638 날마다……날았어라 :【譯注】낮에는 주희의 글을 읽고 꿈속에서 무이구곡(武夷九
曲)을 상상했다는 말이다.

함께 밤 보내며 친밀하게 이야기 나누노라니　　　　聯床晤語兩綢繆

이치 얻어 깨달을 때면 하늘 오른 신선 같아라　　　得處超詣如登仙

서로 이끌고서 다시 안개 낀 못에 배 띄우고　　　相攜復泛烟潭艇

아침저녁 오르내리며 돌아갈 줄 몰랐네　　　　　溯沿日夕忘回鞭

내가 옛 소리 읊조리면 그대는 장단치니　　　　我歌遺聲君擊節

그림배 띄워 청령천을 오르는 듯[639]　　　　　畫舸如上淸泠川

아 우리 도는 중천의 해처럼 솟았는데　　　　　仰嗟吾道日中天

물 마른 도랑 같은 나는 원천[640]에 부끄럽다오　　顧我溝澮羞原泉

만종의 녹 수천 필 말이 무슨 소용이던가　　　萬鍾千駟是何物

발분하여 장차 〈선유편〉[641]에 화답하세　　　發憤且和仙遊篇

---

639 그림배……듯 : 【攷證 卷2 畫舸如上淸泠川】송(宋)나라 주자(朱子)의 〈종정 기중·
태사 경인을 받들어 모시고……〔奉陪機仲宗正景仁太史……〕〉시에 "황화곡으로 백설구
에 화답하지 못한 채로, 그림배 함께 타고 청령천 오르네.〔黃華未和白雪句, 畫舸且共淸
泠川.〕"라고 한 구절을 가리킨다. 【校解】여기서 '황화곡(黃華曲)'은 민간에서 부르는
평범한 곡을, '백설구'는 이해하는 이가 적은 고아한 곡을 의미한다.

640 원천(原泉) : 【譯注】주희(朱熹)의 학문을 의미한다. 서자(徐子)가 맹자에게, 공자
가 자주 물을 칭탄(稱歎)한 데 대해 묻자, 맹자가 "근원 있는 샘물이 콸콸 솟아 나와서
밤낮을 쉬지 않고 흘러 구덩이를 채운 다음에야 나가서 사해에 이르나니, 근본이 있는
사람도 이와 같은 것이라, 이것을 취하신 것이다."라고 하였다. 《孟子 離婁下》

641 선유편(仙遊篇) : 【譯注】주희가 '구곡에서 지은 시' 즉 〈종정 기중·태사 경인을
받들어 모시고……〔奉陪機仲宗正景仁太史……〕〉를 가리킨다.

KNP0302(詩-內卷3-229)

백낙천의 '눈도 점점 침침하고 귀도 점점 안 들린다'⁶⁴²에 화운하다 갑자년(1564, 명종19, 64세) 【봄 추정. 예안(禮安)】

和白樂天眼漸昏昏耳漸聾 甲子

눈도 점점 침침하고 귀도 점점 안 들리니	眼漸昏昏耳漸聾
힘든 일 게을러지고 찬바람도 겁이 나네	懶當勞事怯當風
평생토록 학문에 뜻을 그릇되게 품었더니	謬懷志願平生裏
한바탕 꿈속에 세월을 잘못 보냈구려	蹉過光陰一夢中
중은 절간의 봄 날씨 아직 매섭다 말하고	僧報野堂春尙峭
여자 종은 우리 집 독에 술 떨어졌다 걱정하네	婢愁山甕酒仍空
이 시를 남의 손에 함부로 전하지 말지니	題詩莫浪傳人手
젊은이 모인 곳에서 다들 이 늙은이 비웃으리	年少叢多笑此翁

---

642 백낙천의……들린다 :【譯注】당(唐)나라 백거이(白居易)의 〈늙고 병들어 고요히 홀로 있으면서 우연히 감회를 읊다〔老病幽獨偶吟所懷〕〉시의 첫 구절이다.

금문원의 〈고산정사〉[643]에 차운하다 【갑자년(1564, 명종19, 64세) 봄 추정. 예안(禮安)】

次琴聞遠孤山韻

그대 벼슬 나간 것 아니라 본디 돌아올 일 없으니[644]　　君非出仕故無歸

좋은 풍광 차지하여[645] 절로 떠날 수 없었던 게지　　占斷烟霞自不違

땅은 멀어도 밭 갈아 일구기에 넉넉하고　　境絶更饒田墾闢

산은 외졌어도 학이 와서 깃들 만하다오　　山孤唯稱鶴栖飛

사계절 오고 감은 한 쌍의 짚신이요　　四時來往雙芒屩

온갖 일 성쇠에 한 벌의 벽라의[646]일 뿐　　萬事榮枯一薜衣

일동 월담 좋은 이름 나도 사랑하노니　　日月佳名吾所愛

---

643 금문원의 고산정사(孤山精舍) : 【譯注】 금문원은 금란수(琴蘭秀, 1530~1604)로, 본관은 봉화(奉化), 자는 문원(琴聞), 호는 성재(惺齋)이다. 〈고산정사〉 시는 《성재집(惺齋集)》 권1에 수록되어 있다.

644 벼슬……없으니 : 【攷證 卷2 出仕無歸】 당(唐)나라 한유(韓愈)의 〈양거원을 보내며 지은 서문〔送楊巨源序〕〉에 "중세의 사대부들은 관직을 집으로 여겨서 벼슬을 그만두면 돌아갈 곳이 없었다."라고 하였다.

645 차지하여 : 【攷證 卷2 占斷】 '차지하여 얻다'라는 뜻이다. 당나라 백거이(白居易)의 〈고산사의 산석류 꽃에 제하여 여러 스님에게 보이다〔題孤山寺山石榴花示諸僧衆〕〉 시에 "산석류 꽃 붉은 두건 쓴 듯하니, 고운 얼굴 새단장하여 봄을 독차지하였어라.〔山榴花似結紅巾, 容艷新妍占斷春.〕"라고 하였다. 【校解】 《고증》에는 '한유(韓愈)'로 되어 있으나 《백씨장경집(白氏長慶集)》 권20에 의거하여 수정하였다.

646 벽라의 : 【譯注】 칡덩굴 옷이라는 뜻으로 산에 사는 은자(隱者)의 복장을 가리킨다. 전국 시대 초(楚)나라 굴원(屈原)의 《초사(楚辭)》 〈구가(九歌) 산귀(山鬼)〉에 "벽려로 옷을 해 입고 여라의 띠를 둘렀도다.〔被薜荔兮帶女蘿〕"라고 하였다.

그대 찾아 이따금 남은 경치 감상하리라　　　　　　尋君時復玩餘輝

　-금문원(琴聞遠)의 전답이 고산(孤山)에 있는데, 일동(日洞)·월담(月潭)은 모
두 그곳의 승경이다.-

상사 김신중⁶⁴⁷의 화폭에 쓰다. 절구 8수 【갑자년(1564, 명종19, 64세) 봄 추정. 예안(禮安)】

題金上舍愼仲畵幅 八絶

(詩-內卷3-231)

뿔을 두드리며 소를 먹이다⁶⁴⁸ 扣角飯牛

소 먹여 살찌우니 이밖에 구할 것 없을 텐데	飯得牛肥不外求
무슨 일로 긴 밤에 스스로 노래 부르는가	何心長夜自歌謳
벼슬길 나갔으나 또한 요순을 못 만났으니	起來又不逢堯舜
결국 한 일은 거짓으로 주나라를 섬긴 셈이지⁶⁴⁹	功業終歸假事周

(詩-內卷3-232)

부절을 짚고 양을 치다⁶⁵⁰ 杖節牧羊

숫양은 새끼 나을 기약 없고 기러기가 편지 전해	羝乳無期鴈有書

---

647 김신중 : 【譯注】 김부의(金富儀, 1525~1582)로, 본관은 광산(光山), 자는 신중(愼仲), 호는 읍청정(挹淸亭)이다.

648 뿔을……먹이다 : 【譯注】 춘추 시대 위(衛)나라 영척(甯戚)의 고사를 묘사한 것이다. 영척이 제나라 동문 밖에서 제 환공(齊桓公)이 나오기를 기다려 소뿔을 두드리며, "세상에 나서 요순을 만나지 못하여 짧은 홑옷이 정강이에 걸쳤네. 저물녘부터 한밤중까지 소를 먹이니, 기나긴 밤은 언제나 아침이 올런고.〔生不遭堯與舜禪, 短布單衣適至骭. 從昏飯牛薄夜半, 長夜漫漫何時旦?〕"라고 하였는데, 제 환공이 그 노랫소리를 듣고 마침내 그를 등용했다고 한다. 《蒙求 甯戚扣角》

649 거짓으로……셈이지 : 【譯注】 제 환공을 비롯한 오패(五霸)가 주(周)나라 왕실을 높이는 척은 하였으나 사실은 인(仁)을 빌린 것에 지나지 않았음을 말한다.

650 부절을……치다 : 【譯注】 한 무제(漢武帝) 때 소무(蘇武)의 고사를 묘사한 것이다.

부절 수술 다 떨어져서야 비로소 돌아왔어라⁶⁵¹　　　　節旄零盡始歸歟

무릉에서 흘린 눈물 구천에 뿌려지니⁶⁵²　　　　茂陵滴到重泉淚

방울방울 변방에서 임금 위해 울던⁶⁵³ 나머지로세　　　箇是窮邊泣主餘

(詩-內卷3-233)

부춘산에서 고기를 낚다⁶⁵⁴ 富春釣魚

광무제가 백번 싸워 건곤을 정한 이래로　　　　從他百戰定乾坤

강가에서 낚시 드리우니 도가 절로 높았어라　　　　澤上垂綸道自尊

어찌 낙양에서만 구정을 떠받들겠는가⁶⁵⁵　　　　豈但東京扶九鼎

소무가 흉노에 사절로 가서 선우에게 북해 변방에 억류당하여 사신 깃발을 늘 지닌 채 양을 치다가 19년 만에야 비로소 돌아온 사실을 가리킨다. 《漢書 蘇建傳》

651 숫양은……돌아왔어라 : 【譯注】흉노가 소무에게 숫양을 치게 하고 '이 양에게서 젖이 나와야 돌아가게 될 것이다.〔牴乳乃得歸〕'라고 한 사실과, 소제(昭帝)가 즉위하여 화친을 맺자 흉노는 소무가 죽었다고 거짓말을 하였는데 기러기 발에 묶여있던 소무의 편지를 증거로 선우를 꾸짖고 돌아오게 한 사실을 말한다. 《漢書 蘇建傳》

652 무릉에서……뿌려지니 : 【譯注】무릉(茂陵)은 섬서성(陝西省) 흥평현(興平縣) 동북쪽에 있는 한 무제의 능으로, 소무가 흉노의 땅에서 돌아와 태뢰(太牢)를 갖추어 무릉에 고한 사실을 말한다.

653 변방에서……울던 : 【要存錄 권3】한(漢)나라 이릉(李陵)이 호숫가에 이르러 무제가 붕어하였다고 말하자, 소무가 남쪽을 향하여 울부짖으며 통곡하여 아침저녁으로 피를 토하기를 몇 개월 동안 하였다. 《漢書 蘇建傳》

654 부춘산에서 고기를 낚다 : 【譯注】한나라 때 엄광(嚴光)의 고사를 묘사한 것이다. 엄광은 젊은 시절 광무제(光武帝)와 친구였는데, 광무제가 즉위한 뒤에 간의대부를 제수하고 불렀으나, 부춘산(富春山)으로 들어가 양피 갖옷을 입고 칠리탄(七里灘)에서 낚시하며 여생을 마쳤다고 한다. 《後漢書 嚴光列傳》

655 어찌……떠받들겠는가 : 【攷證 卷2 東京】한나라 광무제(光武帝)가 낙양(洛陽)에 도읍을 정했으므로, '동경(東京)'이라 하였다. 【要存錄 권3】송나라 황정견(黃庭堅)의 〈이백시가 엄자릉이 물가에서 낚시질하는 것을 그린 그림에 적다〔題伯時畫嚴子陵釣灘〕〉

맑은 절개 드높아 이제까지 남아있네　　　　　　　　激來風節至今存

(詩-內卷3-234)

산음에서 글씨로 거위를 바꾸다[656]　山陰換鵝

산음 땅 소쇄한 그곳에서 도사를 만나　　　　　蕭灑山陰對羽人

붓 휘둘러《도덕경》써서 천년을 진동하였네　道經揮寫動千春

거위 바꾸어 돌아간 그 풍류 길이 전하니　　　換鵝歸去風流遠

한 점인들 어찌 청진에 누가 되었으리　　　　　一點何曾累逸眞

(詩-內卷3-235)

파교에서 눈을 읊다[657]　灞橋吟雪

한 해 저무는 하늘 아득히 흰 눈 나부낄 제　漠漠窮陰素雪飄

저는 나귀에 흥을 싣고 앞 다리를 건너누나　蹇驢馱興度前橋

시에 "능히 한나라가 구정을 소중히 받들게 하였으니, 동강 물결 가에 낚싯줄 바람에 흔들릴 뿐.〔能令漢家重九鼎, 桐江波上一絲風.〕"이라고 하였으니, '한 가닥 낚싯줄로 구정을 떠받쳤다'라는 말이다.

656 산음에서……바꾸다 :【譯注】진(晉)나라 왕희지(王羲之)의 고사를 묘사한 것이다. 【攷證 卷2 山陰換鵝】《일통지(一統志)》에 "산음현은 소흥부(紹興府) 회계군(會稽郡)에 있다."고 하였다. 당(唐)나라 이백(李白)의 〈왕우군(王右軍)〉 시에 "산음에서 도사를 만나니 이 거위 좋아하는 손님에게 글 써 달라 요구했지. …… 글씨 다 쓰고는 조롱에 거위 넣어서 갔으니 어찌 주인에게 작별 인사인들 했으랴.〔山陰遇羽客, 愛此好鵝賓.…… 書罷籠鵝去, 何曾別主人!〕"라고 하였다. 그 주석에서 "왕희지는 성품이 거위를 좋아하였다. 한 도사가 집에 좋은 거위가 있는데《도덕경》을 써 주면 한 무리를 다 주겠다고 하자, 왕희지가 좋아하며 필사를 마치고는 거위를 새장에 넣어 가지고 갔다."라고 하였다.

657 파교에서 눈을 읊다 :【譯注】당(唐)나라 맹호연(孟浩然)의 고사를 묘사한 것이다. 【攷證 卷2 灞橋吟雪】《개원유사(開元遺事)》에서 "파교(灞橋)는 장안 동쪽에 있다."라고 하였다.

움츠린 어깨 산처럼 솟은 줄도 모르고서[658]　　　　不知凍膊如山聳

시상은 만리 눈 내리는 허공에 있어라　　　　　　　思在銀空萬里遙

(詩-內卷3-236)

향로봉에서 폭포를 구경하다[659] 爐峯玩瀑

향로봉 그 장관은 천하에 둘도 없으니　　　　　　壯觀爐峯天下無

절경을 펼쳐 묘사한 것도 범부와는 달랐어라　　　恢張絶勝匪凡夫

상제가 시선(詩仙) 보내 호방하게 읊은 이래로[660]　自從帝遣仙豪詠

삼천 척 은하가 온 누리에 떨쳤구나　　　　　　　千尺銀河振八區

(詩-內卷3-237)

여산에서 사슴을 기르다[661] 廬山養鹿

당시에 숨었던 이 오래 구름 속에 깃들더니　　　　隱君當日久巢雲

---

658 움츠린 어깨 : 【攷證 卷2 凍膊】장손무기(長孫無忌)가 구양순(歐陽詢)을 조롱하여
말하기를, "어깨를 치켜들어 뫼 산 자를 이뤄라. 어깨 속에 파묻어 머리를 못 내놓네.〔聳
膊成山字, 埋肩畏出頭.〕"라고 하였다. ○ 박(膊)은 《설문해자(說文解字)》에서 '견갑골
〔肩甲〕'이라 하였다.

659 향로봉에서 폭포를 구경하다 : 【譯注】당(唐)나라 이백의 〈여산 폭포를 바라보다
〔望廬山瀑布〕〉시를 묘사한 것이다. 그 시에서 "향로봉에 해가 비춰 붉은 노을이 생겼는
데, 멀리 폭포를 보니 냇물이 거꾸로 걸린 듯. 나는 물줄기 곧장 삼천 자를 쏟아져 내리니,
아마도 은하수가 하늘에서 떨어진 듯.〔日照香爐生紫煙, 遙看瀑布掛前川. 飛流直下三千
尺, 疑是銀河落九天.〕"이라고 하였다.

660 상제가……이래로 : 【攷證 卷2 爐峯翫瀑】송(宋)나라 소식(蘇軾)의 〈서응의 폭포
시에 희롱하여 짓다〔戲徐凝瀑布詩〕〉시에 "상제께서 한줄기 은하수를 드리워 보내니,
예로부터 오로지 이태백의 시가 있을 뿐이네.〔帝遣銀河一派垂, 古來惟有謫仙詞.〕"라고
하였다. ○ 살펴보건대, 이백은 적선(謫仙)이라 일컬어졌으므로 '제견(帝遣)' 두 자를
쓴 것이다.

길들인 신령한 사슴 또한 예사롭지 않았네 　　　仙鹿相馴亦出群

누가 생각했으랴 후세에 하늘이 도와 　　　豈謂後來天所相

천년 세월 서원이 유적 곁에 설 줄을 　　　儒宮千載傍遺芬

(詩-內卷3-238)

서호에서 학을 벗하다[662] 西湖伴鶴

호숫가 정갈한 집 속세의 인연 끊었으니 　　　湖上精廬絶俗緣

태선[663]이 구선 위해 깃들어 의탁하였네 　　　胎仙栖託爲癯仙

새장의 앵무처럼 날개 자를 필요 없으니[664] 　　　不須剪翮如鸚鵡

와서 매화 읊을 제 곁에 있다가 하늘로 날아가누나 　　　來伴吟梅去入天

---

661 여산에서 사슴을 기르다 : 【譯注】당(唐)나라 이발(李渤)이 여산(廬山) 남쪽에
숨어 살면서 흰 사슴을 길러 따르게 하고 '백록동(白鹿洞)'이라 이름하여 서원을 세웠고,
주희가 남강군(南康軍)을 다스릴 때 이곳을 중건한 사실을 묘사한 것이다. 【攷證 卷2
廬山養鹿】《정본 퇴계전서》권4 〈백록동규도(白鹿洞規圖)〉에 나온다.

662 서호에서 학을 벗하다 : 【譯注】중국 항주(抗州)의 서호(西湖) 가에서 매화를 심고
학을 기르며 살았던 송나라 임포(林逋)의 고사를 묘사한 것이다.

663 태선……의탁하였네 : 【譯注】태선(胎仙)은 학을 가리키고, 구선(癯仙)은 '여윈
신선'이라는 뜻으로 임포를 가리킨다. 【攷證 卷2 胎仙】살펴보건대, 송(宋)나라의 계유
공(計有功)이 편찬한《당시기사(唐詩記事)》권66에 "학은 태생(胎生)하여 사람들이 학
을 선금(仙禽)이라 여긴다."라고 하였다. 남조(南朝) 양(梁)나라 소통(蕭統)의《문선
(文選)》〈무학부(舞鶴賦)〉에서 "선경(仙經)이 산일되어 사물에서 징험하니, 아름답도
다, 태생의 선금이여.〔散幽經以驗物, 偉胎化之仙禽.〕"라고 하였다. 도교 경전인《황정경
(黃庭經)》에서 "3척 거문고 가락으로 태선을 고무하니, 구천의 기운 하늘 틈에서 밝게
비추어라.〔琴心三尺舞胎仙, 九氣映明出霄間.〕"라고 하였다.

664 앵무처럼……없으니 : 【攷證 卷2 翦翮如鸚鵡】한(漢)나라 예형(禰衡)의〈앵무부
(鸚鵡賦)〉에, "조롱에 갇혀서 날개깃 잘렸어라.〔開以雕籠, 翦其翅羽.〕"라고 하였다. 당
나라 한유(韓愈)의〈장적을 조롱하다〔調張籍〕〉시에 "깃 잘린 채 조롱에서 보내며 온갖
새들 나는 모습 바라보누나.〔翦翎送籠中, 使看百鳥翔.〕"라고 하였다.

여러 사람들과 청량산[665]에 노닐기로 약조하고서 말 위에서 짓다 【갑자년(1564, 명종19, 64세), 4월 14일 추정. 예안(禮安)】

約與諸人遊淸凉山 馬上作

산에 살면서도 산 깊지 않은 것 아쉬워	居山猶恨未山深
밥 먹고[666] 이른 새벽에 더 깊이 찾아가노라	蓐食凌晨去更尋
눈 가득 봉우리들 나를 맞아 반가워하고	滿目羣峯迎我喜
구름 피어나는 모양이 시흥을 돕는구나	騰雲作態助淸吟

---

665 청량산 : 【譯注】 안동과 봉화에 걸쳐 있는 높이 870m의 산으로, 이황이 강학하며 '우리 산〔吾家山〕'이라 부르던 곳이다.

666 밥 먹고 : 【攷證 卷2 蓐食】 원(元)나라 웅충(熊忠)의 《고금운회거요(古今韻會擧要)》 권3에 "요(蓐)는 '거적'이다."라고 하였다. 《사기(史記)》〈한신열전(韓信列傳)〉에 "새벽에 밥을 지어 거적자리에서 먹는다."라고 하였다.

천사[667]에 이르러 이대성[668]을 기다렸으나 오지 않기에

【갑자년(1564, 명종19, 64세) 4월 14일 추정. 예안(禮安)】

到川沙 待李大成 未至

안개 봉우리 옹긋봉긋 냇물은 넘실넘실	烟巒簇簇水溶溶
새벽빛 막 들며 해가 붉어 오려 하네	曙色初分日欲紅
냇가에서 그대 기다려도 오지 않으니	溪上待君君不至
채찍 들어 먼저 그림 속으로 들어가노라	擧鞭先入畫圖中

---

667 천사(川沙) : 【譯注】 안동시 도산면 원천리(遠川里)에 있는 마을로, '내살미'라고도 한다.

668 이대성 : 【譯注】 이문량(李文樑, 1498~1581)으로, 본관은 영천(永川), 자는 대성 (大成), 호는 벽오(碧梧)이다. 농암 이현보의 둘째 아들로 이황과 절친하였다.

경암[669] 물가에서 쉬며 조사경[670]·김돈서[671]·권시백[672]을 기다렸으나 오지 않기에 먼저 가다【갑자년(1564, 명종19, 64세) 4월 14일 추정. 예안(禮安)】

憩景巖潭上 待士敬惇叙施伯 不至 先行

솔과 바위 맑고 그윽하기로 경암을 일컫나니	松石淸幽號景巖
서늘한 그늘 둘러싸서[673] 맑은 못 굽어보노라	凉陰匼匝俯澄潭
뒤에 온 사람이 먼저 온 우리의 뜻 안다면	後來若識先來意
좋은 경치 같이 느끼는 것 어찌 두세 곳뿐이리오	妙處同歸豈二三

---

669 경암 :【要存錄 卷1】미천(彌川)가 1리 되는 지점에 있다.

670 조사경 :【譯註】조목(趙穆, 1524~1606)으로, 본관은 횡성(橫城), 자는 사경(士敬), 호는 월천(月川)·동고(東皐)이다.

671 김돈서【譯註】김부륜(金富倫, 1531~1598)으로, 본관은 광산(光山), 자는 돈서(惇叙), 호는 설월당(雪月堂)이다.

672 권시백 :【攷證 卷2 施伯】'시백'은 권경룡(權景龍, 1537~?)의 자로, 안동에 살았으며 퇴계 문하에 노닐었다. 가정(嘉靖) 계축생으로 등제하여 학유(學諭)를 지냈다.

673 둘러싸서 :【攷證 卷2 匼匝】'匼'은 독음이 '암(暗)'이니, 둘러싼 모양이다. 당(唐)나라 두보(杜甫)의 〈농우로 돌아가는 도위 채희로를 보내며〔送蔡希魯都尉還隴右〕〉시에 "말 머리 금빛으로 둘러치고 낙타 등 비단으로 치장하였어라.〔馬頭金匼匝, 駝背錦模糊.〕"라고 하였다.

고산에서 금문원[674]을 만나다 【갑자년(1564, 명종19, 64세) 4월 14일 추정.

예안(禮安)】

孤山見琴聞遠

험로 지나 깊숙이 들어 한 동천을 찾으니	越險投深得一天
아름다운 물가 정자 지전[675]과 어우러졌네	瓊臺瑤浦映芝田
전에 와서 보지 못하고 이제 와 만나니	舊來不見今來見
동천 속 신선을 직접 본 것 아닌가 하노라	疑是親逢洞裏仙

---

674 금문원 : 【譯注】 금난수(琴蘭秀, 1530~1604)로, 본관은 봉화(奉化), 자는 문원 (聞遠), 호는 성재(惺齋)·고산주인(孤山主人)이다.

675 지전(芝田) : 【譯注】 신선들이 일구는 밭을 의미한다. 【攷證 卷2 芝田】 한(漢)나 라 동방삭(東方朔)의 《십주기(十洲記)》에 "북해(北海) 가운데 종산(鍾山)이 있어 신선 들의 집이 수천만 호인데, 밭을 갈아 지초(芝草)를 심고 이랑 수를 계산하여 거두어들인 다."라고 하였다. 남조(南朝) 양(梁)나라 소통(蕭統)의 《문선》〈앵무부(鸚鵡賦)〉에 "아 침에는 지전에서 놀고, 저녁에는 요지에서 밥을 짓누나.〔朝戲於芝田, 夕炊乎瑤池.〕"라 고 하였다.

동천에 들어 냇가 바위에서 쉬다 【갑자년(1564, 명종19, 64세) 4월 14
일 추정. 예안(禮安)】

入洞 憩磵石

푸르고 빽빽한 숲 일만 나무 그늘진 곳에	翠密蕭森萬木陰
거울 같은 못물 하나 맑고도 깊어라	一泓如鏡湛凝沈
장난삼아 시냇가 바위에 이름 석 자 써서	戲題名字溪邊石
냇가에서 종일토록 시 읊은 일 기념하노라	記取臨溪盡日吟

청량산에 들어가다 【갑자년(1564, 명종19, 64세) 4월 14일 추정. 예안(禮安)】
入山

깊은 골짝 무성한 숲 헤매지는 않았지만	壑邃林深不自迷
허공에 서린 높다란 길 몇 번이나 더위잡았던고	盤空飛路幾攀躋
여산의 얼굴을 예전에는 옆에서만 보았더니[676]	舊知橫側廬山面
옥정의 사다리를 오늘에야 붙들고 올랐도다[677]	今得夤緣玉井梯
중들 부지런히 동구에서 맞으니 참으로 민망하고	良愧諸僧勤洞候
벗들 고요히 구름 속에 깃드니 더욱 어여뻐라	更憐吾黨靜雲栖
십 년 만에 다시 찾으니 나는 더욱 늙었으나	重來十載增衰老
우뚝한 산은 아직도 기상이 꺾이지 않았구나	尙覺崢嶸氣未低

-류경문(柳景文)[678] 등이 먼저 산에 들어가 기다리고 있었다.-

---

676 여산의……보았더니 : 【譯注】청량산을 중국 여산(廬山)에 빗대어 읊은 것이다. 【攷證 卷2 橫側廬山面】송(宋)나라 소식(蘇軾)의 〈서림의 벽에 쓰다〔題西林壁〕〉시에 "옆으로 보면 잿마루요 비스듬히 보면 봉우리라. 원근과 고저에 따라 같은 모습 하나도 없구나. 여산의 진면목을 알 수 없으니, 이 몸이 이 산속에 있기 때문이로세.〔橫看成嶺側成峯, 遠近高低無一同. 不識廬山眞面目, 只緣身在此山中.〕"라고 하였다.

677 옥정의……올랐도다 : 【譯注】옥정(玉井)은 여산 꼭대기에 있는 못 이름이다. 【攷證 卷2 夤緣玉井梯】〈화산기(華山記)〉에 "산꼭대기에 못이 있고 잎이 천 개 달린 연꽃이 피는데, 그것을 입으면 날개가 돋는다.〔山頂有池, 生千葉蓮, 服之羽化.〕"라고 하였다. 당(唐)나라 한유(韓愈)의 〈고의(古意)〉시에 "태화봉 꼭대기 옥정의 연꽃, 꽃이 피면 열 길 되고 뿌리는 배와 같다오.……내 이것 구하고자 먼 길 꺼리지 않으나 푸른 절벽에 길이 없어 기어오르기 어려워라. 어이하면 긴 사다리 얻어 올라 열매 따다가, 내려와 칠택에 심어 뿌리와 포기 이어지게 할는지.〔太華峯頭玉井蓮, 開花十丈藕如船.……我欲求之不憚遠, 靑壁無路難夤緣. 安得長梯上摘實, 下種七澤根株連.〕"라고 하였다.

678 류경문 : 【譯注】류중엄(柳仲淹, 1538~1571)으로, 자는 경문(景文)이다. 【攷證

뒤에 희범(希范)으로 개자(改字)하였으며 호는 파산(巴山)이다. 가정(嘉靖) 무술생으로 퇴계의 문하에 노닐었는데, 선생이 "그 성품이 도에 가까운데도 뜻이 독실하다."라고 칭찬하였다.

연대사⁶⁷⁹에서 【갑자년(1564, 명종19, 64세) 4월 14일 추정. 예안(禮安)】
蓮臺寺

연대사 맑고 깨끗한 그곳에	蓮臺淸淨界
온 산을 오롯이 마주하고 섰네	一山當面勢
금벽이 환히 새로움 더했으니	金碧煥增新
상교⁶⁸⁰는 어찌 이다지 화려한가	象教何詭麗
여기 사는 중들 서로 알거나 모르거나	居僧知不知
번갈아 와서 맞이하여 위로하누나	迎勞來更遞
높은 대라 일어나서 바람 피하고	臺上起避風
법당 앞에 앉아서 옷자락 맞대었네	堂前坐接袂
함께 온 이들 하나같이 빼어나고	同遊盡英英
먼저 온 벗들 또한 훌륭하여라	曾到亦濟濟
술병 기울여 작은 잔에 술을 건네고	傾壺細酌傳
가슴 열고 한바탕 이론 펼치누나	開抱宏論揭
이런저런 사람 모여도 싫지 않고	參差不厭煩
우연히 만난 이들도 마음이 깊이 합치하네	邂逅或深契

---

679 연대사 : 【攷證 卷2 蓮臺寺】 자하봉(紫霄峯) 아래 연화봉(蓮花峯) 동쪽에 있다.

680 상교(象教) : 【譯注】 불상(佛像)을 두고 가르침을 전하는 불교를 의미한다. 【攷證
卷2 象教】〈두타사비문(頭陀寺碑文)〉에 "상교가 쇠퇴하여〔象教陵夷〕"라고 하였다. 당나
라 두보의 〈여러 공들과 함께 자은사의 탑에 오르다〔同諸公登慈恩寺塔〕〉 시에 "바야흐로
상교의 힘을 알았으니, 쫓아서 열심히 찾아볼 만하구나.〔方知象教力, 足可追冥搜.〕"라고
하였는데, 그 주석에서 "나무를 새겨 불상을 만들고 그것을 우러러 공경하게 하니 형상으
로 사람을 가르치는 것이다."라고 하였다. 《文選 卷59 碑文下》

이런 자리 시를 주고받지 않을손가   那無唱與酬

예전의 현자들도 원래 그러하였다오⁶⁸¹   前賢固有例

늙은 내가 감히 먼저 도전하리니   老我敢先挑

여러분들 멋진 솜씨 기대해 보려 하오   佇看諸盛製

-당시에 나는 영양(永陽) 이대성(李大成)·봉성(鳳城)⁶⁸² 금사임(琴士任)⁶⁸³·금
문원(琴聞遠)·광산(光山)⁶⁸⁴ 김신중(金愼中)·김돈서(金惇叙)·영가(永嘉) 권
시백(權施伯)·김경방(金景龐)⁶⁸⁵·풍산(豐山)⁶⁸⁶ 류경문(柳景文)·류이득(柳而
得)⁶⁸⁷·영양(永陽) 이굉중(李宏仲)·영양(英陽)⁶⁸⁸ 남성중(南成仲)⁶⁸⁹과 함께

---

681 이런……그러하였다오 : 【攷證 卷2 唱酬…有例】주자(朱子)와 장남헌(張南軒),
임택지(林擇之) 등 여러 사람이 남악(南岳)에 노닐면서 주고받은 시가 있다. 【校解】
'남악(南岳)'이란 중국의 오악(五岳) 중에서 가장 남쪽에 있는 '형산(衡山)'을 가리키며,
건도(乾道) 정해년(1167) 가을 주희(朱熹)가 임택지와 함께 상수(湘水) 가로 장남헌을
방문하였다가 귀로에 함께 남악에 노닐었으며, 이때 〈남악창수시(南嶽唱酬詩)〉49수
등을 지었다.

682 봉성 : 【攷證 卷2 鳳城】봉화군의 옛 이름이다.

683 금사임 : 【攷證 卷2 琴士任】이름은 보(輔)이고 호는 매헌(梅軒)이며, 예안에 살면
서 퇴계 문하에 노닐었다. 사마시에 합격하였고 글씨를 잘 써서 '선성삼필(宣城三筆)'
가운데 첫째로 친다. 퇴계 선생의 묘갈을 썼다.

684 광산 : 【攷證 卷2 光山】광주군(光州郡)의 옛 이름이다.

685 김경방 : 【攷證 卷2 金景龐】김사원(金士元, 1539~1601)으로, 후자(後字)는 경인
(景仁)이다. 상락(上洛) 사람으로, 호는 만취당(晩翠堂)이다. 가정(嘉靖) 기해년에 나
서 퇴계 문하에 노닐었으며 과거에 뜻을 끊고 위기지학(爲己之學)에 힘썼다.

686 풍산 : 【攷證 卷2 豐山】안동(安東)의 속현으로 안동부의 서쪽에 있으며 본래 신라
때 하지현(下枝縣)이었다.

687 류이득 : 【譯注】류운룡(柳雲龍, 1539~1601)으로 이득은 그의 자이다. 【攷證 卷2
柳而得】뒤에 응현(應見)으로 개자(改字)하였으며 호는 겸암(謙菴)이다. 관찰사 류중영
의 아들이다. 가정 기해생으로 총명이 남달랐고 효성과 우애가 타고났다. 퇴계의 문하에
들어오자 퇴계가 그 독실함을 아껴서 자주 격려하였는데, 이때부터 출세에 뜻을 끊고
오로지 문학(問學)을 일삼았으며 음직으로 목사를 지냈다.

노닐었는데, 조카 교(嶠)와 손자 안도(安道)가 따랐으며 예안[690] 현감 포산(苞山)[691] 곽경정(郭景靜) 및 횡성[692] 조사경(趙士敬)·봉성(鳳城) 금협지(琴夾之)는 기약만 하고 오지 않았다.-

688 영양 : 【攷證 卷2 英陽】 경상좌도에 속한다. 또 다른 이름은 '익양(益陽)'이다.

689 남성중 : 【譯注】 남치리(南致利, 1543~1580)로 성중(成仲)은 그의 자이다. 【攷證 卷2 南成仲】 뒤에 의중(義仲)으로 개자(改字)하였으며, 호는 비지(賁趾)이다. 안동에 살았다. 가정 계묘생으로 약관에 퇴계의 문하에 들어왔다. 성품이 굳고 과단성이 있었으며 뜻을 세운 것이 독실하였다. 그 학문은 제장(齊莊)과 공경(恭敬)을 하수로 보았으며 종일 꼿꼿이 앉아서도 조금도 흐트러짐이 없었다. 일찍이 말하기를, "사람이 학문을 함에 사흘 굶은 사람처럼 한다면 이루지 못할 일이 없다."라고 하였다. 평생을 가난하게 살아 보통 사람들은 견디지 못할 정도였으나 부지런히 각고의 노력을 하였다. 율려(律呂)와 주수(籌數)에 정밀하였고 나이 38세에 졸하였다.

690 예안 : 【攷證 卷2 禮安】 경상좌도에 속한다. 또 다른 이름은 '선성(宣城)'이다.

691 포산 : 【攷證 卷2 苞山】 현풍군의 옛 이름이다.

692 횡성 : 【攷證 卷2 橫城】 강원도 영서(嶺西)에 속한다. 또 다른 이름은 '황천(潢川)' 또는 '화전(花田)'이다.

여러 사람이 외산에서 노니는데 나는 험한 길이 두려워
도중에 돌아와 보현암[693]에 앉아서 짓다【갑자년(1564, 명종19, 64
세) 4월 14일~16일 추정. 예안(禮安)】

諸人遊外山 滉畏險中返 坐普賢庵作

내산은 온갖 경치 고루 갖추었고	內山諸勝具
외산은 훨씬 가파르고 험하네[694]	外山更巉絕
아래로 만 길 골짜기 굽어보고	下臨萬丈壑
중간에 네다섯 사찰이 걸렸어라	中懸四五刹
병든 다리로 높은 곳 오르기 어려워	病脚澁登危
용맹을 사양하고 달갑게 스스로 물러났도다	讓勇甘自劣
홀로 돌아와 한 칸 승방에 앉으니	獨來坐一室
초연히 마음속에 절로 기쁨 이누나	超然自悟悅

---

693 보현암 :【攷證 卷2 普賢庵】자란봉(紫鸞峯) 아래에 있다.

694 내산은······험하네 :【攷證 卷2 內山···巉絕】내산은 봉우리가 8개인데 자소(紫霄)·
경일(擎日)·탁필(卓筆)·연적(硯滴)·연화(蓮花)·금탑(金塔)·향로(香爐)·탁립(卓立)
이고, 외산은 봉우리가 3개인데 장인(丈人)·선학(仙鶴)·자란(紫鸞)이며 여기에 축융
(祝融)을 합쳐서 모두 12봉우리이다.

보현암 벽에 금문원[695]이 앞뒤로 이 산에 노닐며 써 놓은 말을 보고 감회가 일다 【갑자년(1564, 명종19, 64세) 4월 14일~16일 추정. 예안(禮安)】

普賢壁上 見聞遠自敍前後遊山之語 有感

젊은 시절 이 산속에서 공부에 매진하였는데	少年攻苦此山中
늙도록 이룬 것 없는 한 명의 병든 늙은이일 뿐	老作無成一病翁
벽에서 그대가 감흥 일어 탄식한 말 보노라니	壁上看君興歎語
이 마음이 어찌 그대 심정과 같다 뿐이겠는가	此心何啻與君同

---

695 금문원 : 【譯注】금난수(琴蘭秀, 1530~1604)로, 본관은 봉화(奉化), 자는 문원(聞遠), 호는 성재(惺齋)·고산주인(孤山主人)이다.

류경문[696]의 '화' 자 시에 차운하다 【갑자년(1564, 명종19, 64세) 4월 14일~16일 추정. 예안(禮安)】

次景文花字韻

이때 류경문(柳景文)이 보현암(普賢庵)에 있었다.

그대 성품 고요하고 부화하지 않아 좋으니	嘉君性靜去浮華
나의 공부는 참으로 사족[697]과도 같구나	我學眞同著足蛇
산방에서 마음 열고 이야기하니	得向山房開晤語
창밖에 꽃이 없다 한들 섭섭할 것 없어라	不嫌窓外已無花

　　-창밖에 장미가 이때는 이미 지고 없었다.-

---

696 류경문 : 【譯注】류중엄(柳仲淹, 1538~1571)으로, 자는 경문(景文)이다.

697 사족 : 【攷證 卷2 著足蛇】《전국책(戰國策)》에서 진진(陳軫)이 다음과 같이 말하였다. 옛날 어떤 사람이 자기 집 하인들에게 술 한 동이를 주었는데, 하인들이 서로 의논하기를 "몇 사람이 고루 마시기에는 부족하니 땅에 뱀을 그려서 먼저 완성하는 사람이 마시기로 하자."고 하였다. 한 사람이 먼저 완성하여 술을 가져와서는 "나는 발도 그릴 수 있다."고 하며 그렇게 하였는데, 나중에 완성한 사람이 술을 빼앗으며 말하기를, "뱀은 원래 발이 없는데 지금 발을 그려 넣었으니 잘못이다."라고 하였다.《戰國策 卷9 齊策》

이굉중이 산 북쪽에서 폭포를 새로 찾다.[698] 절구 2수【갑자

년(1564, 명종19, 64세) 가을. 예안(禮安)】

次韻宏仲山北新得瀑布 二絶

(詩-內卷3-249)

구름 속에 천고의 폭포 감춰져 있으니	雲中千古秘懸流
일 좋아하는 그대 아니면 누가 찾았으랴	好事非君孰創遊
가을비 내린 뒤에 병든 다리 수레 타고서	病脚會乘秋雨後
저 높이 장관 찾아 도중에 그만두진 않으리라	高尋壯觀不能休

---

698 이굉중이⋯⋯찾다 : 【譯注】굉중(宏仲)은 이덕홍(李德弘)의 자로, 그가 지은《계산기선록(溪山記善錄)》하(下)에도 이 시가 수록되어 있다. 그런데 원문에는 '차운'이라고 하였으나《계산기선록》을 참조해 보면 차운한 것이 아니다. 또 아래 기록들을 참조해 보면 위의 시는 신암(안동시 녹전면 매전리)의 폭포가 아니라 청량산 북쪽〔山北〕골짜기의 폭포를 두고 지은 것임을 알 수 있다. 【攷證 卷2 新得瀑布】《간재기선록(艮齋記善錄)》에 "신암동(新巖洞)은 우계(迂溪)의 상류 10리 되는 곳에 있는데, 내가 새로 찾은 곳이다. 갑자 연간에 빼어난 폭포가 있다고 선생께 말했더니, 절구 2수를 지어 주셨다."라고 하였다. ○ 살펴보건대, 절구 2수가 바로 아래 시인데, 청량산 유람 때 지은 시들 속에 잘못 편입되었다. 【要存錄 卷2】'산북(山北)'은 실제로 청량산 북쪽이며, 폭포는 운령(雲嶺) 혹은 빙교(氷橋)라고 부르는 곳이다. ○ 살펴보건대,《간재기선록》에서 "신암(新巖) 천석(泉石)은 내가 새로 찾아서 노닐며 완상하던 곳이다. 갑자 연간에 빼어난 폭포가 있다고 선생께 말했더니, 선생께서 '구름 속 천고의⋯⋯'라고 한 절구 2수를 지어 주셨다."라고 하였다. 정묘년(1567) 3월 8일 선생이 벼슬에서 물러나 홀로 신암에 노닐며 절구 6수를 지은 것이 있으니《간재기선록》에서 이렇게 쓴 것이다. 그러나 이 절구 2수는 신암 폭포를 두고 지은 것이 아니라, 청량산 뒤편 골짜기의 폭포를 가리킨 것이다.

(詩-內卷3-250)

폭포 있단 말을 듣고 나도 몹시 보고 싶어	自聞飛瀑我心懸
앉아서 구천에서 떨어지는 은하수[699]를 읊노라	坐詠銀河落九天
웅장하고 기이한 장관 어느 날에 볼 수 있을까	快覩雄奇定何日
산신령이 응당 이 정성 알고서 허락해 주리라	山靈應許此誠專

---

699 구천에서 떨어지는 은하수 : 【譯注】 당(唐)나라 이백(李白)의 〈여산 폭포를 바라보
며〔望廬山瀑布〕〉시에 "삼천 척 높이를 곧장 쏟아져 내리니, 아마도 은하수가 하늘에서
떨어진 게 아닐까.〔飛流直下三千尺, 疑是銀河落九天.〕"라고 하였다.

KNP0316(詩-內卷3-251~252)

김돈서⁷⁰⁰의 풍혈대⁷⁰¹·김생굴⁷⁰² 시에 차운하다. 절구 2수

【갑자년(1564, 명종19, 64세) 4월 14일~16일 추정. 예안(禮安)】

次韻惇敍風穴臺金生窟 二絶

(詩-內卷3-251)

중국에선 성대한 명성 백 대를 전하였고	中夏盛名馳百代
해동에선 만년의 절개 고상한 회포 펼쳤어라	海東晚節放高懷
바위굴 목탑(木榻)을 사람들 아직도 공경하니	一床巖穴人猶敬
선들선들 신선 바람 죽장망혜에 스며드누나	灑灑仙風襲杖鞋

(詩-內卷3-252)

창·주·종·왕⁷⁰³ 옛사람만 말하지 마소	蒼籀鍾王古莫陳
우리 동방 천년 역사에도 김생이 빼어났다오	吾東千載挺生身

---

700 김돈서 : 【譯注】 김부륜(金富倫, 1531~1598)으로, 자는 돈서(惇敍), 호는 설월당(雪月堂)이다. 김부신(金富信, 1523~1566)의 아우이다.

701 풍혈대 : 【攷證 卷2 風穴臺】 청량산 외산에 있으며 '고운굴(孤雲窟)'이라고도 한다. 굴속에 목탑(木榻)이 있으니 '고운탑(孤雲榻)'이라고 한다.

702 김생굴 : 【攷證 卷2 金生窟】 청량산 내산의 자소봉(紫霄峯) 아래에 있다. 민간에 전하기를 김생이 여기서 글씨를 익혔기 때문에 붙인 이름이라고 한다. ○《동국통감(東國通鑑)》에서 "신라 선덕왕 때에 김생이 어려서부터 글씨를 잘 썼는데, 나이 80이 되어서도 붓을 잡고 쉬지 않고 행서와 초서를 익혀서 입신의 경지에 들었다."라고 하였다.《東國通鑑 新羅 元聖王》

703 창(蒼)·주(籀)·종(鍾)·왕(王) : 【攷證 卷2 蒼籀鍾王】 창힐(蒼頡)·종요(鍾繇)·왕희지(王羲之)는 앞의 〈글씨를 익히다[習書]〉 시에 나온다. 주(籀)는 주 선왕(周宣王) 때의 사주(史籀)로 대전(大篆)을 만들었다고 전해진다.

기괴한 그 필법 폭포 바위에 남았으니[704]　　　　　怪奇筆法留巖瀑

어쩜 이리 닮았는가 탄식할 만한 이도 없으리[705]　　咄咄應無歎逼人

---

704 그 필법……남았으니 :【攷證 卷2 筆留巖瀑】세상에 전하기를 "굴속에서 가끔 김생
의 필적을 찾을 수 있다."라고 하였다.

705 어쩜……없으리 :【譯注】김생을 따를 자가 없다는 말이다. 원문에 나오는 '돌돌핍
인(咄咄逼人)'은 혀를 찰 정도로 기예가 뛰어나 앞사람을 초월한 것을 말한다. 중국 진
(晉)나라 때 서예가인 위삭(衛鑠)에게 왕일소(王逸少)라는 제자가 있었는데, 위삭이
왕일소의 글씨가 아주 뛰어난 것을 보고는 '어쩌면 이리 닮았는가.[咄咄逼人]'라고 하였
는데, 왕일소가 곧 왕희지이다.《晉書 卷80 王羲之列傳》

연대사의 달밤 【갑자년(1564, 명종19, 64세) 4월 14~16일 추정. 예안(禮安)】

蓮臺月夜

앉아 바라보니 동쪽 고개에 밝은 달 솟아	坐看東嶺吐冰輪
일만 골짝 금빛 물결 눈부시게 새롭구나	萬壑金波潑眼新
물상들 흡사 고야 선인[706]처럼 하야니	物象怳爲姑射白
절간이 광한전의 이웃인가 하여라	梵宮疑與廣寒鄰
주 노인의 홍몽이란 말[707] 생각나니	因思周老鴻濛語
아마도 최 신선[708]이 학 등에 탄 것 보리라	庶見崔仙鶴背身
상계의 진인이 아래 땅을 맡았으니	上界眞人司下土
어찌 이 백성 걱정하는 운한[709] 시 없겠는가	豈無雲漢憫斯民

　-당시에 오래도록 가물었다.-

---

706 고야 선인(高射仙人) : 【譯注】《장자(莊子)》〈소요유(逍遙遊)〉에 나오는 막고야 (藐姑射)의 산에 사는 신인(神人)으로 살결이 빙설처럼 깨끗하고 부드럽기가 처녀 같다 고 하였다.

707 주 노인의……말 : 【攷證 卷2 周老鴻濛語】살펴보건대, 신재(愼齋) 주세붕(周世鵬, 1495~1554)의 〈주경유의 청량산 유람록에 대한 발문〔周景遊淸涼山錄跋〕〉을 가리키는 듯하니, 《정본 퇴계전서》 권15에 보인다. 【校解】〈주경유의 청량산 유람록에 대한 발문 〔周景遊淸涼山錄跋〕〉을 보면 '홍몽(鴻濛)'이란 단어가 나오기는 하나 이는 퇴계가 한 말로 주세붕이 한 말이 아니다. 주세붕의 《무릉잡고(武陵雜稿)》를 보면 〈남정(南征)〉· 〈눈을 노래하여 벗의 시에 차운하다〔詠雪次友人韻〕〉·〈남고서원 상량문(南皐書院上樑 文)〉등에 '홍몽(鴻濛)'이란 단어가 나오며, 이를 말한 듯하나 자세한 것은 미상이다.

708 최 신선 : 【攷證 卷2 崔仙】고운(孤雲) 최치원(崔致遠)을 가리킨다.

709 운한(雲漢) : 【譯注】《시경》〈대아(大雅)〉의 편명으로, 주(周)나라 선왕(宣王)이 가뭄을 걱정하여 지은 시이다. '운한' 즉 은하수가 밝게 빛나면 날씨가 맑아서 비가 오지 않는다고 한다.

글 읽기는 산에 노니는 것과 같다 【갑자년(1564, 명종19, 64세) 4월 14~16일 추정. 예안(禮安)】

讀書如遊山

사람들 글 읽기 산에 노닐기와 같다[710] 하지만	讀書人說遊山似
이제 보니 산에 노닐기가 글 읽기와 비슷하구나	今見遊山似讀書
공력을 다할 때는 원래 아래로부터 시작하나니	工力盡時元自下
깊건 얕건 얻는 곳은 모두 자신에게 달렸지	淺深得處摠由渠
앉아서 이는 구름 바라보면 묘리를 알게 되고	坐看雲起因知妙
원천에 다다라서 비로소 시초를 깨닫게 되네[711]	行到源頭始覺初
정상에 높이 오르도록 그대들에게 권면하노니	絶頂高尋勉公等
노쇠하여 도중에 그만둔 나는 깊이 부끄럽네	老衰中輟愧深余

---

710 사람들……같다 : 【譯注】 글 읽기와 산수 유람은 그것을 보는 사람의 식견에 따라 좌우된다는 말이다. 송(宋)나라 나대경(羅大經)의 《학림옥로(鶴林玉露)》 권3 〈산수를 보다〔觀山水〕〉에서 주희(朱熹)의 말을 인용하여 "조사서(趙師恕)가 말하기를, 산수를 관람하는 것은 또한 글을 읽는 것과 같으니 그 식견과 정취의 높고 낮음을 따른다.〔觀山水 亦如讀書, 隨其見趣之高下.〕"라고 하였다.

711 앉아서……되네 : 【譯注】 당(唐)나라 왕유(王維)의 〈종남별업(終南別業)〉 시에 "길을 가다가 물의 근원에 이르니, 앉아서 구름이 일어나는 것을 바라본다.〔行到水窮處, 坐看雲起時.〕"라고 하였다.

KNP0319(詩-內卷3-255)

산을 나오려 하니 남아 있는 제군들이 전송하여 장암⁷¹²에 이르다 【갑자년(1564, 명종19, 64세) 4월 17일 추정. 예안(禮安)】

將出山 留山諸君 送至場巖

비구름 넓고 넓어 짙었다가 옅어지고	雨雲浩浩濃還淡
선비와 중 여럿 섞여⁷¹³ 떠나고 머무르네	儒釋莘莘去或留
굳이 시내 건너서 삼소⁷¹⁴할 것 없으니	三笑不須溪上過
한잔 술로 애오라지 그림 같은 유람을 기억하세나	一杯聊記畫中遊

---

712 장암 : 【攷證 卷2 場巖】청량산 골짜기 입구에 있다.

713 여럿 섞여 : 【攷證 卷2 莘莘】한(漢)나라 반고(班固)의 〈동도부(東都賦)〉에 "술잔이 오고 가고, 진설한 제기 신신하여라.〔獻酬交錯, 俎豆莘莘.〕"라고 하였는데, 당(唐)나라 이선(李善)의 주석에서 모장(毛萇)의 《시전(詩傳)》을 인용하여 '신신(莘莘)'은 '아름답고 많은 것'이라고 하였다. 송(宋)나라 주자(朱子)의 〈백록동 옛터를 방문하고……(尋白鹿洞故址……)〉 시에 "길이 당시의 성대함을 생각하니, 공부하는 선비들 많았도다.〔永懷當年盛, 莘莘衿佩多.〕"라고 하였다.

714 삼소(三笑) : 【譯注】스님과 속인이 한데 어울려 친밀하게 지내는 것을 뜻하며, 그 정경을 그린 〈삼소도(三笑圖)〉가 세상에 전한다. 【攷證 卷2 三笑】진(晉)나라 도연명(陶淵明)과 육수정(陸修靜)이 원공(遠公)의 절에 들어갔는데 원공은 손님을 전송하면서 호계(虎溪)를 지난 적이 없었으나 두 사람과 서로 이야기가 도심에 맞아 호계를 지나친 줄 몰랐다가 깨닫고는 껄껄 웃었다고 한다.

김돈서[715]가 산을 나온 뒤에 산중의 벗들을 그리며 읊은 시에 차운하다 【갑자년(1564, 명종19, 64세) 4월 18일 이후 추정. 예안(禮安)】

次韻惇叙出山後有懷山中諸友

신령한 산 옆에 두고 마냥 부끄러웠더니	仙岳我堪愧
10년 만인 오늘에야 비로소 올랐도다	十年今始行
그래도 아름다운 벗들 모여들어	卻因佳友集
드디어 맑은 유람 이루어 내었네	能遂勝遊淸
깃들어 쉴 때는 그윽하여 맘에 맞았는데	栖息幽貞愜
떠나 돌아오니 아쉬운 생각만 나누나	歸來悵望生
시를 지어 산중에 부쳐 보내니	寫詩霞上去
응당 지금의 이 마음을 알리라	應會此時情

---

715 김돈서 : 【譯注】김부륜(金富倫, 1531~1598)으로, 자는 돈서(惇叙), 호는 설월당(雪月堂)이다. 김부신(金富信, 1523~1566)의 아우이다.

김신중⁷¹⁶의 시에 차운하다 【갑자년(1564, 명종19, 64세) 4월 18일 이후 추정. 예안(禮安)】

次韻愼仲

이때 김신중을 비롯한 여러 사람이 김생암⁷¹⁷에 묵고 있었다.

폭포 바위 어우러진 산사에서 승려들과 어울려	瀑巖蕭寺伴禪僧
아침엔 구름 병풍 밤엔 달 등불 마주하였어라	朝對雲屛夜月燈
우스워라 어제 유람할 때 내 다리에 힘이 없어	堪笑昨遊吾脚劣
머리 들어 우두커니 층층 벼랑 부러워만 하였네	昂頭空羨絶崖層

---

716 김신중 : 【譯注】 김부의(金富儀, 1525~1582)로, 본관은 광산(光山), 자는 신중(愼仲), 호는 읍청정(挹淸亭)이다.

717 김생암 : 【攷證 卷2 金生庵】 원래 김생굴(金生窟)에 있었는데, 지금은 없다. 【校解】 김생굴은 청량산 내산의 자소봉(紫霄峯) 아래에 있으며, 서성(書聖)으로 불리는 통일신라 시대 김생이 여기서 글씨를 익혔다고 전한다. 《東國通鑑 新羅 元聖王》

도산에서 매화를 찾았더니 지난 겨울 심한 추위로 꽃술
이 상하였고 남은 꽃이 늦게 피어 초췌한 모습이 가련하
였다. 이를 탄식하고서 시를 읊다【갑자년(1564, 명종19, 64세) 3월
추정. 예안(禮安)】

陶山訪梅 緣被去冬寒甚藥傷 殘芳晚發 憔悴可憐 爲之歎息 賦此

마음을 같이 한 손이 기약하고 아니오니[718]	有客同心期不來
홀로 지팡이 끌고 흰 구름 속에 우두커니 섰네	孤筇延佇白雲堆
거듭 탄식하노니 예전부터 알던 세 그루 매화나무	重嗟宿契三梅樹
남은 봄에 두어 송이만 피고 말았구나	只向殘春數蕚開
손에 드는 맑은 바람 실없이 시원하고	入手淸風空灑落
처마 가의 밝은 달은 스스로 배회하네	傍簷明月自徘徊
내년에 이 일을 이룰 수 있을런지 알 수 없으니	明年此事知諧未
시 읊조리며 드는 시름 걷잡을 수 없어라	愁思吟邊浩莫裁

---

718 마음을……아니오니 :【攷證 卷2 有客期不來】《정본 퇴계전서》권1의 〈3월 13일
도산에 이르다……〔三月十三日至陶山……〕〉를 참고하면, 여기서 손은 자중(子中) 정유
일(鄭惟一)을 가리킨다.

도산에서 밤중에 벼락치고 비 내리더니 잠깐 사이에 달빛

영롱하기에 【갑자년(1564, 명종19, 64세) 6~7월 추정. 예안(禮安)】

陶山中夜雷雨 俄頃 月色朗然

번개 치고 우레 덮쳐 일만 나무 울리더니　　　　　掣電奔雷萬木鳴

어느새 말끔히 걷히고 달빛 밝아라　　　　　　　須臾捲盡月輪明

변화무상 하늘의 뜻 내 알 길 없고　　　　　　　不知變化天公意

다만 텅 빈 서재에서 온갖 생각 맑아지네　　　　唯覺虛齋百慮淸

칠월 기망 병서【갑자년(1564, 명종19, 64세) 7월 16일 추정. 예안(禮安)】
七月既望 幷序

계상(溪上)의 서재에서 기거하는데 며칠 밤을 달빛이 몹시 맑아서 사람을 잠 못 이루게 하였다. 오늘 우연히 하산(霞山)에 나갔더니 사경(士敬)이 찾아와서 월천(月川)[719]의 야경을 말하는데 마침 내 마음과 맞아서 흐뭇하였다. 그런데 옛사람이 이른바 '광풍제월'이란 아마도 이를 두고 말한 것은 아닐 것이다.[720] 이에 느낌이 있어 서로 탄식하였고 돌아와서 절구 1수를 읊어서 사경에게 부치고자 한다.

계당에 달 밝고 월천의 서당에도 달 밝으며	溪堂月白川堂白
오늘 밤 바람 맑고 어젯밤도 맑았어라	今夜風淸昨夜淸
광풍제월 그 경지는 이밖에 따로 있을지니	別有一般光霽處
우리들 어찌하면 명성[721]을 증험해 볼까	吾儕安得驗明誠

---

719 월천(月川) :【攷證 卷2 月川】부용봉(芙蓉峯) 아래에 있다.

720 이른바……것이다 :【譯注】광풍제월은 '비가 갠 뒤의 맑은 바람과 밝은 달'을 뜻하는 말로, 일반적으로 도량이 넓고 시원하여 거리낌이 없는 인품을 비유하는데 여기서는 그러한 마음의 경지를 가리킨다. 송(宋)나라 황정견(黃庭堅)이 주돈이(周敦頤)에 대해 일컫기를, "인품이 매우 높아서 가슴속의 시원함이 마치 광풍제월과 같다.〔人品甚高, 胸懷灑落, 如光風霽月.〕"라고 하였다.《宋史 周敦頤列傳》

721 명성(明誠) :【譯注】사리를 분명히 아는 것을 명(明)이라 하고, 마음에 거짓이 없고 지극히 진실한 상태를 성(誠)이라 한다.《중용장구》제21장에 "성실함으로 말미암아 밝아지는 것을 성(性)이라 하고, 밝힘으로 말미암아 성실해지는 것을 교(敎)라 하니, 성실하면 밝고 밝으면 성실하다."라고 하였다.

KNP0325(詩-內卷3-261)

가뭄 끝에 큰비가 내려 냇물이 불어났더니 물이 빠지고
나가보자 샘과 돌이 깨끗이 씻기고 움푹한 물구덩이가 새
로 바뀌어 물고기들이 때를 만나 멀리까지 가니 그 즐거
움을 알 만하였다【갑자년(1564, 명종19, 64세) 6~7월 16일 추정. 예안(禮安)】

旱餘 大雨溪漲 旣水落而出 泉石洗淸 科坎變遷 魚之得意遠去 其樂可知

큰비에 불어난 물이 부딪치며 씻은 뒤라	漲潦春磨激洗餘
돌은 맑고 모래 희어 모래섬이 옥처럼 바뀌었네	石淸沙白渚瓊如
종전에 한 말 물에 모여 뻐끔대던 물고기들이	向來斗水喁喁族
어찌하여 강호라 만 리 길로 떠나가느냐	何去江湖萬里歟

김이정[722]이 도산으로 나와 노닐다가 하룻밤 머물렀는데 이튿날 아침 절구 3수를 보내왔기에 차운하여 바로 부치다 【갑자년(1564, 명종19, 64세) 11월 16일 추정. 예안(禮安)】

金而精出遊陶山留宿 明早見寄三絶 次韻卻寄

(詩-內卷3-262)

매화를 구경하다 觀梅

동지 후 매화 가지에 벌써 봄기운 생겼을 터인데	至後梅梢意已生
산옹이 보지 못하여 답답한 마음으로 기다렸다오	山翁不見佇幽情
고맙게도 그대가 홀로 가서 소식을 탐문하였으니	多君獨去探消息
황혼 녘 조각달이 뜰 때까지 시를 읊노라[723]	吟到黃昏片月橫

(詩-內卷3-263)

천연대에서 달을 완상하다 天淵玩月

내 가슴 속에 한 점 티끌 끼었거든	如覺襟懷累一塵
이 대에서 밤마다 새로 돋는 달을 보라	此臺看月夜來新
쇄락하고 맑은 경계를 몽땅 가지고서	都將灑落清眞境

---

722 김이정 : 【譯注】 김취려(金就礪, 1526~?)로, 본관은 안산(安山), 자는 이정(而精), 호는 잠재(潛齋)·정암(整庵)이다.

723 황혼……읊노라 : 【譯注】 매화의 은은한 향기가 짙게 풍길 때까지 시를 읊는다는 뜻이다. 송(宋)나라 처사 임포(林逋)의 〈산원소매(山園小梅)〉 시에 "맑고 얕은 물 위에 성근 그림자 가로 비끼고, 황혼 녘 달빛 속에 은은한 향기 떠도누나.[疎影橫斜水清淺, 暗香浮動月黃昏.]"라고 하였다.

은자에게 주어서 속된 인연 끊게 하리   分付幽人絕俗因

(詩-內卷3-264)

스스로 탄식하다 自歎

가버린 세월 애석도 하려니와   已去光陰吾所惜

목전에 공부 있으니 무엇을 슬퍼하리   當前功力子何傷

다만 한 삼태기 흙으로 산을 이루는[724] 날까지   但從一簣爲山日

미적대지도 말고 너무 서두름도 없게 하소   莫自因循莫太忙

---

724 한……이루는 : 【譯注】 학문에 있어 전진과 후퇴는 모두 자기 노력의 결과이므로 열심히 노력하라는 뜻이다. 《논어》〈자한(子罕)〉에 "학문을 비유컨대 산을 쌓는 것과 같으니, 한 삼태기의 흙이 모자라는데 그만두었다 해도 내가 그만둔 것이다. 또 비유컨대 평지에 한 삼태기의 흙을 부었다 하더라도 진전된 것인데, 그것도 내가 나서서 한 것이다."라고 하였다.

KNP0327(詩-內卷3-265~266)

진보[725]의 정자중[726] 성주에게 부치다. 절구 2수【갑자년(1564,

명종19, 64세) 11~12월 추정. 예안(禮安)】

寄眞寶鄭子中城主 二絶

(詩-內卷3-265)

우리 선조 피란 와서 돌아가지 않았는데[727]	避地吾先遜不還
후손들 산천을 사이로 지척에서 만나지 못하누나	屛孫咫尺阻溪山
그저 풍문에 들건대 고을 정치가 물처럼 맑아서	空聞邑政淸如水
송계 사이에서 글 읽어 초심을 놓지 않았다 하네[728]	讀得初心松桂間

(詩-內卷3-266)

도원에 든 듯한 그곳 바로 나의 고향이라	如入桃源是我鄕
옥류와 단벽이 금당과 어우러졌어라[729]	玉流丹壁映琴堂

---

725 진보 :【攷證 卷2 眞寶】경상좌도에 속한 군으로 진성(眞城)이라고도 한다.

726 정자중 :【譯注】정유일(鄭惟一, 1533~1576)로, 본관은 동래(東萊), 자는 자중, 호는 문봉(文峯)이다. 대사간과 승지 등을 역임하였다.

727 우리……않았는데 :【攷證 卷2 避地吾先遜不還】살펴보건대, 선생의 5세조 송안군 (松安君) 자수(子脩)께서 진보에 있다가 왜적을 피해 안동으로 와서 사셨는데, 그 증손 계양(繼陽)에 와서 다시 예안현 온계리(溫溪里)로 옮겨 사셨다.

728 송계……하네 :【攷證 卷2 讀得初心松桂間】당(唐)나라 한유(韓愈)의 〈동헌에서 독서하다〔縣齋讀書〕〉시에 "산수 좋은 고을의 수령이 되어, 소나무와 계수나무 숲에서 독서를 하네. 한적하게 사소한 일 버려 버리고, 우연히 처음 먹은 마음 만나게 되었네.〔出 宰山水縣, 讀書松桂林. 蕭條捐末事, 邂逅得初心.〕"라고 한 것을 인용한 것이다.

729 옥류와……어우러졌어라 :【譯注】'옥류(玉流)'는 옥처럼 맑은 시냇물을, '단벽(丹 壁)'은 붉은빛이 도는 벼랑을, 금당은(琴堂)은 수령이 정사를 보는 곳을 뜻한다.【攷證

294 譯註 退溪全書 2

늙은 이 백성 다행히도 유선침⁷³⁰을 지녔기에 　　　　老民幸有遊仙枕

가끔씩 맑은 꿈속에서 함께 낚싯배에 오른다오 　　　　清夢時同上釣航

卷2 玉流】동헌의 북쪽에 예전에 양진당(養眞堂)이 있었는데, 이 시로 인하여 '옥류정(玉流亭)'으로 이름을 고쳤다.

730 유선침(遊仙枕) : 【譯注】 전설에 나오는 신선의 베개이다. 《개원천보유사(開元天寶遺事)》 〈유선침조(遊仙枕條)〉에 "귀자국(龜玆國)에서 베개 하나를 진상하였는데, 그 색깔은 마노와 같았으나 모양이 매우 소박하였다. 그런데 그 베개를 베고 자면 십주(十洲)·삼도(三島)·사해(四海)·오호(五湖)를 모두 볼 수 있었으므로 황제가 유선침으로 이름을 붙였다."라고 하였다.

동재에서 밤에 일어나 김이정[731]에게 보이다 【갑자년(1564, 명종 19, 64세) 11~12월 추정. 예안(禮安)】

東齋夜起 示金而精

구름 걷히고 달 밝은 이 밤이 어떠한가	雲消月白夜如何
빈방 창가에 홀로 앉아 묵은 병을 조섭하네	獨向空齋坐攝痾
몸은 신령한 거북 같아 숨을 능히 삼키는데[732]	身似靈龜能嚥息
마음은 차가운 물 마냥 물결 정히 고요하다오	心如寒水正恬波
비로소 이씨가 중을 찾는 묘리[733]를 알았고	方知李氏求中妙
다시금 정문에서 정에 착안함[734]이 많음을 믿겠노라	更信程門著靜多
나는 늙고 그대는 한창이니 힘쓸 곳을 함께 하여	我老君强同所勖
이제부터라도 세월을 허송하지 마세	從今歲月莫蹉跎

---

731 김이정 : 【譯注】김취려(金就礪, 1526~?)로, 본관은 안산(安山), 자는 이정(而精), 호는 잠재(潛齋)·정암(整庵)이다.

732 몸은……삼키는데 : 【譯注】양생을 위한 호흡법을 어느 정도 행할 줄 안다는 뜻이다. 【攷證 卷2 靈龜能嚥息】《회남자(淮南子)》에서 "거북은 해의 기운을 삼켜서 장수한다. 그래서 양생하는 자들이 햇볕을 들이마심은 이것을 본받은 것이다."라고 하였다. 《지전록(芝田錄)》에 원천강(袁天綱)이 이교(李嶠)의 관상을 보고서 "잠이 들면 기운이 귀를 통해 나오니 이름을 '귀식(龜息)'이라 하면 반드시 크게 귀하고 장수할 것이다."라고 하였다.

733 이씨가 중(中)을 찾는 묘리 : 【譯注】이씨는 송(宋)나라 이통(李侗, 1093~1163)으로 검포(劍浦) 사람이며 자가 원중(愿中), 호가 연평(延平), 시호가 문정(文靖)이다. 그는 이정(二程)의 학문이 주희(朱熹)에게 이어지는 교량적 역할을 하였는데 학문하는 방법에 대해 "모름지기 정좌(靜坐)하여 마음을 맑게 해야 하며, 고요한 가운데에서 희로애락이 발하기 전의 기상을 살펴 이른바 중(中)을 찾으라."라고 하였다.

734 정문(程門)에서 정(靜)에 착안함 : 【譯注】정자(程子)의 학통을 이은 학자들이 정(靜)을 중시하는 것을 말한다.

일상 속에서 【갑자년(1564, 명종19, 64세) 11~12월 추정. 예안(禮安)】
端居

밭 갈아도 굶주림은 무단히 이 몸 떠나지 않고[735]	耕也無端餒自纏
사립문에 찾는 사람 없으니 외진 곳인 줄 알겠네	柴門常覺畏人偏
육예배(六藝杯)[736] 멈추니 맛을 알기 어렵고	杯停六藝難知味
삼도병(三圖屛) 감상하나 천리에 합치되지 못했구나	屛玩三圖未契天
대나무는 움 속[737]에 들어 생명을 보존하고	竹入窨中存性命
매화는 봄 끝자락에 피어 좋은 풍광을 그르쳤네	梅歸春末誤風烟
이 가운데 즐길 일 무엇인지 알지 못하겠으니	箇中所樂知何事
고요히 선현의 경전 펼쳐놓고 홀로 탄식하네	靜對遺經獨喟然

　　-집에 육예배(六藝杯)가 있고 하도(河圖)·낙서(洛書)·태극도(太極圖)를 그린
　　낮은 병풍이 있다. 사는 곳이 추워서 대나무는 움에 넣었고 매화는 늦봄에야
　　피었다.-

---

735 밭……않고 :【譯注】《논어》〈위령공(衛靈公)〉에 "농사를 지으면 굶주림이 그 가운
데 있고, 글을 배우면 녹이 그 가운데 있다."라고 하였다.

736 육예배(六藝杯) :【要存錄 卷2】술잔에 예(禮)·악(樂)·사(射)·어(御)·서(書)·수
(數) 육예 6자를 새겼으므로 이렇게 부른다.

737 움 속 :【攷證 卷2 窨中】'窨'은 독음이 '음(蔭)'이니 땅 밑을 파서 만든 집이다.

홍 이상[738] 퇴지 이 시를 부쳐 내가 송강[739]의 비문을 짓지 않은 것을 책망하기에 차운하여 되레 묻다. 절구 2수

【갑자년(1564, 명종19, 64세) 11~12월 추정. 예안(禮安)】

洪貳相退之寄詩 責余不作松岡碑 次韻卻問 二絶

(詩-內卷3-269)

공은 이제 영주에서도 이름 높은 신선인데[740]	公是瀛洲弈世仙
나는 일에 게을러서 잠자는 늙은 누에[741] 같구나	我如慵綴老蠶眠

---

738 홍 이상 : 【譯注】 홍섬(洪暹, 1504~1585)으로, 퇴지(退之)는 그의 자이며 이상(貳相)은 재상에 버금간다는 뜻으로 의정부 찬성(贊成)의 별칭이다.

739 송강(松岡) : 【譯注】 조사수(趙士秀, 1502~1558)의 호로, 본관은 양주(楊州), 자는 계임(季任)이다. 제주 목사, 이조 참찬, 대사성, 대사간, 대사헌, 경상도 관찰사, 이조 판서, 공조 판서 등을 거쳐 좌참찬에 이르렀으며, 시호는 문정(文貞)이다.

740 영주에서도……신선인데 : 【譯注】 영주(瀛洲)는 본래 신선들이 산다고 하는 전설상의 산으로, 홍섬이 문형을 맡아 임금으로부터 총애를 받고 있음을 말한 것이다. 당 태종(唐太宗)이 문학관(文學館)을 열어 방현령(房玄齡)·두여회(杜如晦) 등 18명을 뽑아 특별히 우대하였는데, 세상 사람들이 이 일을 신선의 반열에 올랐다는 의미에서 '등영주(登瀛州)'라고 일컬었다. 《資治通鑑 唐高祖 武德4年》

741 잠자는 늙은 누에 : 【攷證 卷2 老蠶眠】 원(元)나라 웅충(熊忠)의 《고금운회거요(古今韻會擧要)》 권10에 "3번을 누워 자고 3번을 일어나서 27일이 되면 늙으니 홍잠(紅蠶)이라고 한다."라고 하였다. 당(唐)나라 원진(元稹)의 〈직녀사(織女詞)〉에 "베 짜는 아낙은 어찌 그리 바쁜가, 누에는 세 번 잠을 자고 곧 늙으려 하네.〔織婦何太忙? 蠶經三臥行欲老.〕"라고 하였다. 송(宋)나라 육유(陸游)의 〈성도에 가서 배를 띄우고……〔赴成都泛舟……〕〉 시에 "마음은 늙은 천리마처럼 항상 천 리를 달리나, 몸은 봄 누에 마냥 벌써 두 번 잠을 잤네.〔心如老驥常千里, 身似春蠶已再眠.〕"라고 하였다. 【校解】《고증》에는 '行欲老'가 '行將老'로 되어 있으나 청(淸)나라 장영(張英)의 《어정연감유함(御定淵鑑類函)》 권356에 의거하여 수정하였다.

무슨 마음으로 죽은 벗의 뇌문은 아니 짓고 　　何心慳作亡交誄

팔짱 긴 채 졸렬한 내 솜씨 보려만 하오 　　袖手要觀拙斲鑴

　-공이 이때 문형(文衡)을 맡고 있었다.-

(詩-內卷3-270)

고인은 이제 돌아가서 해산의 신선 되었으니 　　故人歸作海山仙

그 평생 몹시도 그리워 잠을 이루지 못하였네 　　苦憶平生忘寢眠

생각하면 이런 정이야 공이 더욱 더할 텐데 　　想得斯情公更甚

문형이 어찌 비문 새겨[742] 빛내기를 아끼는가 　　司文何惜賁豐鑴

　-송강(松岡)이 용궁(龍宮)[743] 부취루(浮翠樓)[744]에 쓴 시에서, "백낙천의 도솔[745]
은 내가 원하던 바 아니니, 돌아간다면 모름지기 바다 위의 산으로 가야 하리라.
〔樂天兜率非吾願, 歸卽須歸海上山.〕"라고 하였다.-

---

742 비문 새겨 :【攷證 卷2 豐鑴】《예기》〈단궁 하(檀弓下)〉의 '풍비(豐碑)'에 대한
주석에서 "큰 나무를 깎아 세워 돌비석처럼 만든 것이다."라고 하였다. ○ 살펴보건대,
후세에 비에 새기는 것을 통틀어 '풍비'라고 말한다.

743 용궁 :【攷證 卷2 龍宮】경상좌도에 속한 군으로 원산(園山)·용주(龍州)라고도
한다.

744 부취루 :【攷證 卷2 浮翠樓】객관(客館)의 동쪽에 있으며, 홍귀달(洪貴達)이 〈부취
루기(浮翠樓記)〉를 썼다.

745 백낙천의 도솔 :【攷證 卷2 樂天兜率】살펴보건대, 당(唐)나라 백낙천(白樂天 백거
이(白居易))은 늘그막에 불교에 감화되었는데, 어떤 장사치가 풍랑에 표류하여 바닷속
에 이르니 그곳에 어엿한 관청이 있고 안에 방이 있었는데 '낙천원(樂天院)'이라 쓰여
있었다고 하였다. 공이 그 말을 듣고 시를 짓기를, "나는 불교를 배웠으나 신선을 배우지
못하였으니, 아마도 자네의 이 말은 헛말인 듯하여라. 해산은 내 돌아갈 곳 아니니, 돌아
간다면 응당 도솔천으로 가야 하리.〔吾學空門未學仙, 恐君此說是虛傳. 海山不是吾歸處,
歸則應歸兜率天.〕"라고 하였다. 대안화상(大安和尙)이 성보살(聖菩薩)에게 "내 마음은
어디에 있는가?"라고 물으니, "도솔천에 있다."라고 하였다.《太平廣記 卷447》

KNP0331(詩-內卷3-271~273)

권 이상[746] 경유 의 강가 정자에서. 절구 3수【갑자년(1564, 명종19, 64세) 11~12월 추정. 예안(禮安)】

權貳相景由江亭 三絶

(詩-內卷3-271)

자경당 自警堂

이익과 명예는 아교에 옻을 탄 것 같으니[747]	利名如墮漆膠盆
뉘라서 경계의 말로 어두운 욕심 씻을 줄 알리오	誰解箴規雪慾昏
몸과 마음을 늘 스스로 잘 경계해야 하니	好把身心常自警
주인의 창과 궤안에는 다 명언을 써놓았다오	主人窗几盡名言

(詩-內卷3-272)

척금헌 滌襟軒

교화 펴고[748] 시국 걱정하느라 마음에 누도 많으니	弘化憂時累亦深
호산이라 좋은 곳에서 가슴 속 번뇌를 씻누나	湖山佳處滌塵襟
바라건대 공은 나라 다스리는 그 손을 다시 씻고	願公更洗調元手

---

746 권 이상(權貳相) :【譯注】권철(權轍, 1503~1578)로, 본관은 안동(安東), 자는 경유(景由), 호는 쌍취헌(雙翠軒)이다. 중종 말기 식년 문과에 급제한 이후 여러 내외직을 역임하고, 선조 초기에 영의정에 이르렀으며, 시호는 강정(康定)이다.

747 아교에……같으니 :【譯注】아교와 옻처럼 짝 달라붙어서 떨어질 줄 모른다는 뜻이다.【攷證 卷2 如墮漆膠盆】송(宋)나라 주자(朱子)의 〈진동보에게 답하다[答陳同甫]〉 편지에 나오는 말이다.

748 교화 펴고 :【攷證 卷2 弘化】《서경》〈주서(周書) 주관(周官)〉에 "삼고(三孤)와 이공(貳公)이 교화를 펼친다."라고 하였다. ○ 살펴보건대, 공이 의정부 우찬성이었기 때문에 이렇게 말한 것이다.

소금 매실로 조리하여 임금 마음 계도해 주오⁷⁴⁹　　　和了鹽梅沃了心

(詩-內卷3-273)

양심당 養心堂

제나라 우산(牛山)의 좋은 나무 도끼와 양이 망치는데

　　　　　　　　　　　　　　　　　　　　美木齊山斧與羊

하물며 사람 마음 날로 또 해침에랴⁷⁵⁰　　　人心何況日交戕

천리와 인욕 서로 소장함을 안 지 오래이니　　　久知理欲相消長

작은 티끌이 마음의 거울 가리게 하지 마오　　　莫遺微塵翳鏡光

---

749 소금……주오 : 【譯注】 소금과 매실은 음식에 꼭 필요한 조미료로, 국가에 꼭 필요
한 역할을 해 달라는 뜻이다. 은 고종(殷高宗)이 부열(傅說)을 재상으로 임명하면서
"내가 술이나 단술을 만들려고 할 때는 그대가 누룩이 되어 주고, 내가 솥에 국을 끓이려
할 때는 그대가 소금과 매실이 되어 주오.[若作和羹, 爾惟鹽梅.]"라고 하였다. 《書經
說命下》

750 제나라……해침에랴 : 【譯注】 《맹자》 〈고자 상(告子上)〉의 우산장(牛山章)을 원용
한 것이다. 사람은 누구나 인의예지(仁義禮智)의 본성을 지니고 있으나 물욕의 침해를
받아 발현되지 못하는 것이, 마치 제(齊)나라 우산(牛山)에서 자라는 아름다운 나무가
나무꾼에게 계속 베어지고 밤사이 자란 싹조차 소나 양에게 뜯어 먹혀 없어지는 경우와
같다고 하였다. 《孟子 告子上》

퇴계선생문집

내집 권4

닭실¹ 청암정에 부쳐 제하다. 2수 을축년(1565, 명종20, 65세)

【1~2월 추정. 예안(禮安)】

寄題酉谷青巖亭 二首 乙丑

작고한 이상(貳相) 권중허(權仲虛)²의 아들 권동보(權東輔)³가 선친을 위해 지어주기를
청하였다.

(詩-內卷4-1)

우리 공은 평소에 깊은 충정 품었더니	我公平昔抱深衷
인생의 화복 언뜻 스쳐 가는 번개였어라	倚伏茫茫一電空
정자는 오늘에도 기이한 바위 위에 섰고	至今亭在奇巖上
연꽃은 예전처럼 옛 연못 속에 살아 있네	依舊荷生故沼中
눈 가득 안개구름 생전의 즐거움 간직하고	滿目烟雲懷素樂
온 뜰의 지란옥수⁴에서 남긴 풍도 보겠구려	一庭蘭玉見遺風

---

1 닭실 : 【攷證 卷2 酉谷】안동부(安東府) 내성현(乃城縣) 북쪽 문수산(文殊山) 아래
에 있다.

2 이상(貳相) 권중허(權仲虛) : 【譯注】 권벌(權橃, 1478~1548)로, 본관은 안동, 자는
중허, 호는 충재(冲齋)·훤정(萱亭)·송정(松亭)이며 시호는 충정(忠定)이다. 【攷證 卷2
權貳相仲虛】《정본 퇴계전서》권15 〈행장〉에 보인다.

3 권동보 : 【攷證 卷2 東輔】1518~1592. 자는 운경(震卿), 호는 청암(青巖)이고 명
(明)나라 무종(武宗) 정덕(正德) 무인년(중종13)에 태어났다. 선생의 문하에서 수학했
으며 박사암(朴思菴)이 그의 그릇과 풍모를 칭찬하였다. 사마시에 합격하여 군수를 지
냈다.

4 지란옥수 : 【譯注】 남의 집안의 우수한 자제를 예찬하는 말이다. 《세설신어(世說新
語)》〈언어(言語)〉에 진(晉)나라 사안(謝安)이 여러 자제에게 어떤 사람이 되고 싶은지
묻자, 그의 조카인 사현(謝玄)이 "비유하자면 지란옥수(芝蘭玉樹)가 뜰 안에 자라게 하
고 싶습니다.〔譬如芝蘭玉樹, 欲使其生於階庭耳.〕"라고 대답하였다.

이 몸⁵이 얼마나 알아줌을 입었던고   鯫生幾誤蒙知獎

늘그막에 시 읊으니 감회가 그지없어라   白首吟詩意不窮

(詩-內卷4-2)

선공께서 닭실에 터를 잡아 넓은 집 지으시니   酉谷先公卜宅寬

구름산 첩첩이 휘감고 물은 굽이 도네   雲山回復水彎環

섬 속에 정자 지어 다리 건너 들어가고   亭開絶嶼橫橋入

맑은 못에 연꽃 어려 살아 있는 그림일레라   荷映淸池活畫看

농사일 스스로 능하니 배울 필요 없고   稼圃自能非假學

벼슬은 생각 없어 아예 관심 없다오   軒裳無慕不相關

더욱 어여뻐라 바위틈에 왜송이 자랐으니   更憐巖穴矮松在

풍상에 갈고 닦여 노숙한 형세 서렸구나   激厲風霜老勢盤

---

5 이 몸 : 【譯注】 원문의 추생(鯫生)은 소생(小生)과 같은 말로, 상대방에게 자신을 지칭하는 겸사로 많이 쓰인다. 【攷證 卷3 鯫生】 '鯫'는 독음이 '추(秋)'이니 작은 물고기이다. 《한서(漢書)》〈장진왕주전(張陳王周傳)〉에서 패공(沛公)이 말하기를, "추생(鯫生 장량(張良))이 나에게 '함곡관을 막아 제후들을 들어오지 못하게 하면 진(秦)나라 땅을 몽땅 차지하여 왕 노릇 할 수 있을 것입니다.'라고 설명하였다."라고 하였다.

서원 십영 【을축년(1565, 명종20, 65세) 2월 추정. 예안(禮安)】
書院十詠

(詩-內卷4-3)

죽계서원[6]【풍기】 竹溪書院【豐基】

죽계의 풍월 속에 건물이 훤하더니	竹溪風月煥宮牆
처음으로 광은 입어 나라 학교 되었구나	肇被恩光作國庠
글 읽기야 백록동을 따라 한다 하거니와	絃誦可能追白鹿
누가 있어 명과 성을 남강처럼 지도할꼬[7]	明誠誰似導南康

(詩-內卷4-4)

임고서원[8]【영천[9]】 臨皐書院【永川】

포은 선생 굳은 절개 우리 동방에 떨쳤으니	圃翁風烈振吾東

---

6 죽계서원 : 【攷證 卷3 竹溪書院】바로 백운동서원이니 '소수(紹修)'라는 편액을 하사 받고 문성공(文成公) 안유(安裕)·문정공(文貞公) 안축(安軸)·문경공(文敬公) 안보(安輔)를 배향하였으며, 나중에 신재(愼齋) 주세붕(周世鵬)을 추가로 배향하였다.

7 누가……지도할꼬 : 【譯注】남강(南康)은 주희(朱熹)를 가리키는 말로 그가 남강군 태수를 지냈기 때문에 이렇게 지칭한다. 【攷證 卷3 明誠誰似導南康】송(宋)나라 주자(朱子)의 〈백록동부(白鹿洞賦)〉에, "명과 성을 함께 공부하고, 경과 의를 함께 확립해야 하네.〔明誠其兩進, 抑敬義其偕立.〕"라고 하였다.

8 임고서원 : 【攷證 卷3 臨皐書院】포은(圃隱) 정몽주(鄭夢周)를 배향하였으며, 나중에 황보인(皇甫仁, 1392~1453) 선생과 여헌(旅軒) 장현광(張顯光, 1554~1637)을 추가로 배향하였다.

9 영천 : 【攷證 卷3 永川】경상좌도에 속한다. 또 다른 이름은 임고(臨皐)·영양(永陽)이다.

커다랗게 사당 지어 학궁도 웅장하구나　　　作廟渠渠壯學宮

여기서 공부하는 선비들께 한 말씀 부치노니　　寄語藏修諸士子

연원과 절의 둘 다 이 나라의 종장이로세　　　淵源節義兩堪宗

(詩-內卷4-5)

문헌서원[10]【해주】 文憲書院【海州】

해주의 유학이 저잣거리에서 일어났으니　　　海陽儒學蕩城塵

들풀이 봄바람에 불탔다가 다시 돋은 격이라　　野草春風燒更新

산림에서 선비를 진작하려 생각하지 않고　　　不向山林思變作

부질없이 서원을 가지고서 비방만 해대는구나　謾將書院謗叢臻

(詩-內卷4-6)

영봉서원[11]【성주】 迎鳳書院【星州】

봉산[12]의 서원 지극히 넓고 큰데　　　　　　鳳山儒館極恢張

10　문헌서원 :【攷證 卷3 文憲書院】살펴보건대, 최충(崔沖, 984~1068)의 자가 호연
(浩然)이고 시호가 문헌(文憲)이며 해주에 살았다. 고려 문종(文宗) 때 사람으로 학도
들을 모아 가르쳤으며 당시의 사학십이도(私學十二徒) 가운데 최충의 학도들이 가장
번성하였다. 주세붕이 해주 감사로 있을 때 그 옛집에 서원을 세우고 향사하였다.【校
解】《고증》에는 '문종(文宗)'이 '문정(文定)'으로 되어 있으나, 생몰년을 참작하여 수정
하였다.

11　영봉서원 :【攷證 卷3 迎鳳書院】나중에 천곡서원(川谷書院)으로 이름을 고쳤다.
이천(伊川) 정이(程頤)와 회암(晦菴) 주희(朱熹)를 배향하고 좇아서 한훤당(寒暄堂)
김굉필(金宏弼, 1454~1504)을 배향하였으며, 나중에 한강(寒岡) 정구(鄭逑, 1543~
1620)와 여헌 장현광을 더하여 배향하였다.【要存錄 卷2】무진년 서원이 운곡리(雲谷
里)에 있는 사실을 가지고 주자의 와룡암고사(臥龍庵故事)를 써서 이름을 '운곡'이라
하고 주자를 향사하고자 하여 퇴계 선생에게 질정하였는데, 서원 앞에 '이천(伊川)'이

사당에 시비 일어나 비방 잇따랐도다[13]	聚訟賢祠挾謗傷
다만 바라건대 제현들이 이 학문 밝힌다면	但願諸賢明此學
부질없는 다툼과 의논 저절로 사라지리	閒爭浮議自消亡

(詩-內卷4-7)

구산서원[14]〔강릉[15]〕 丘山書院〔江陵〕

인재들 많이 나는 임영 옛 고을	人材淵藪古臨瀛
구산이라 맑은 시냇가에 학교를 열었도다	闢學丘山澗石淸
성인 나신 천년에 이름까지 근사하니[16]	降聖千年名已近
오늘 다시 신령께 빌어 교화 장차 밝으리라[17]	乞靈今日敎將明

있으므로 '운곡'이라는 이름만 취할 수 없다고 하여 결국 '천곡(川谷)'이라 하고 정자(程子)와 주자를 나란히 향사하였으며, 쫓아서 한훤당 김굉필을 배향하였고 향현(鄕賢)인 이조년(李兆年)과 이인복(李仁復)은 따로 동편에 향사하였다.

12 봉산 : 【攷證 卷3 鳳山】바로 영봉산(迎鳳山)이니 성주의 서쪽에 있다.

13 사당에……잇따랐도다 : 【譯注】향현(鄕賢)인 문열공(文烈公) 이조년과 문충공(文忠公) 이인복, 그리고 한훤당 김굉필 세 분을 향사하는 문제로 그 위차(位次)를 정하지 못해 10년 동안 논란을 벌인 사실을 말한다. 【攷證 卷3 聚訟賢祠挾謗傷】《정본 퇴계전서》권5 KNL0113〈노인보에게 답하다〔答盧仁甫〕〉편지에 나온다.

14 구산서원 : 【攷證 卷3 丘山書院】강릉부의 서쪽에 있으며 공자를 배향한 곳이다.

15 강릉 : 【攷證 卷3 江陵】강원도 영동에 속하며 본래 예국(獩國)이다. 또 다른 이름은 동원(東原)·임영(臨瀛)이다.

16 성인……근사하니 : 【譯注】서원의 이름이 '구산(丘山)'이고 공자의 이름도 '구(丘)'이기 때문에 이렇게 말한 것이다.

17 오늘……밝으리라 : 【譯注】이구산(尼丘山)에 빌어서 공자가 태어났기 때문에 이렇게 말한 것이다.

(詩-內卷4-8)

남계서원[18]【함양[19]】 藍溪書院【咸陽】

당당한 저 천령은 정공의 고향[20]이라	堂堂天嶺鄭公鄕
백세에 풍모 전해 길이 덕행을 사모하네	百世風傳永慕芳
사당 지어 존숭함에 참으로 외람되지 않으니	廟院尊崇眞不忝
어찌 호걸이 문왕 따라 일어남이 없으리오	豈無豪傑應文王

(詩-內卷4-9)

이산서원[21]【영천】 伊山書院【榮川】

영험한 땅 걸출한 인물로 구성을 손꼽으니	地靈人傑數龜城
그곳에 서원을 창립함도 올바른 일이라	刱立儒宮事亦貞
서원의 이름 갖고 논란할 것 있으랴[22]	諱避不須生院號
현가 소리[23] 울려 풍성이 세워지길 기다리리	絃歌猶待樹風聲

---

18 남계서원 :【攷證 卷3 藍溪書院】일두(一蠹) 정여창(鄭汝昌, 1450~1504)을 배향한
곳이다.

19 함양 :【攷證 卷3 咸陽】경상우도에 속한다. 또 다른 이름은 함성(含城)·천령(天嶺)
이다.

20 정공의 고향 :【譯注】정공은 정여창을 가리킨다.【攷證 卷3 鄭公鄕】강성(康成)
정현(鄭玄)의 학도가 수천백 명이었는데, 공융(孔融)이 특별히 한 고을을 추켜세워 '정
공의 고향〔鄭公鄕〕'이라 하였다.

21 이산서원 :【攷證 卷3 伊山書院】나중에 퇴계 선생을 배향하였다.

22 서원의……있으랴 :【譯注】서원의 이름과 입향할 선현이 없음에 대하여 논란이
있었던 것을 말한 것이다.【攷證 卷3 諱避不須生院號】《정본 퇴계전서》권15 〈이산서원
기(伊山書院記)〉에 보인다.

23 현가 소리 :【譯注】예악(禮樂)의 교화를 의미한다. 공자의 제자인 자유(子游)가
노(魯)나라 무성(武城)의 읍재(邑宰)가 되어 예악으로 다스림에 공자가 거문고와 노래

(詩-內卷4-10)

서악정사[24]【경주】 西岳精舍【慶州】

동도라 어진 사당에 비방은 왜 이리 잦은가[25]	東都賢祀謗何頻
바꾸어 설치함에 참으로 학사가 새로워졌구나	變置眞成學舍新
다만 인재들을 잘 길러야 할 것이니[26]	但使菁莪能長育
성인의 은택 적시는 일은 선비들의 몫이라	涵濡聖澤屬儒紳

(詩-內卷4-11)

화암서원[27]【대구[28]】 畵巖書院【大丘】

화암의 절경은 그림으로 묘사하기 어려우니	畵巖形勝畵難成

〔絃歌〕의 소리를 듣고 기뻐한 일이 있다. 《論語 陽貨》

24 서악정사 : 【攷證 卷3 西岳精舍】홍유후(弘儒侯) 설총(薛聰)·문창후(文昌侯) 최치원(崔致遠)·각간(角干) 김유신(金庾信)을 배향하였다.

25 어진……잦은가 : 【譯注】서악정사를 건립할 당시에 일을 주관하였던 이정(李楨) 등을 비방하는 말이 많았던 것을 가리킨다. 《정본 퇴계전서》권1〈이강이가 서악정사를 새로 설치하고……〔李剛而新置西岳精舍……〕〉시의 자주(自註)를 보면, "이강이가 이 일을 경영하면서 비방을 많이 들었다.〔剛而因此營作, 多得謗.〕"라고 하였으며, 또 같은 책 권7 KNL0772A〈이강이에게 답하다.〔答李剛而〕별지(別紙)〉를 보면, "손자 아이가 서울에서 돌아와 송태수(宋台叟)의 말을 전하기를 '그가 무열왕(武烈王)과 각간 김유신을 위하여 불사(佛舍) 백여 칸을 만들어 제사를 받들려 한다.'라고 하는데,……6~7칸의 정사를 백여 칸이라고 하니 사람들의 두려움이 이와 같습니다."라고 하였다. 【攷證 卷3 賢祀謗何頻】《정본 퇴계전서》권7〈이강이에게 답하다〔答李剛而〕〉편지에 보인다.

26 인재들을……것이니 : 【譯注】원문의 청아(菁莪)는 《시경》〈소아(小雅) 청청자아(菁菁者莪)〉에서 나온 말로 원래는 무성한 다북쑥이란 뜻이나, 모시서(毛詩序)에 따르면 인재를 교육함을 노래한 것이라 하였다.

27 화암서원 : 【攷證 卷3 畵巖書院】연경서원(硏經書院)으로 이름을 고쳤고 퇴계 선생을 배향하였으며, 한강(寒岡) 정구(鄭逑)·우복(愚伏) 정경세(鄭經世)를 더하여 배향하였다.

서원 세우고 서로 불러 육경을 외우누나	立院相招誦六經
이로부터 도학이 밝혀졌다는 말 들리기 기다리노니	從此佇聞明道術
자는 이 불러일으켜 깨어나는 이들 없을손가	可無呼寐得羣醒

(詩-內卷4-12)

여러 서원들을 총평하다 總論諸院

늙도록 경서를 공부해도 도를 아직 못 들었는데	白首窮經道未聞
몹시 다행이라 여러 서원이 사문을 창도하였네	幸深諸院倡斯文
어쩌자고 과거 공부 파도처럼 바다를 뒤집어	如何科目波飜海
부질없는 나의 시름 구름처럼 일게 하는가	使我閒愁劇似雲

---

28 대구 : 【攷證 卷3 大丘】경상좌도에 속한다. 또 다른 이름은 달성(達城)이다.

3월 13일 도산에 이르러보니 매화가 추위에 상한 것이 지
난해 보다 심하고 움 속의 대도 시들었기에 지난봄에 읊은
율시 한 수에 차운하여 탄식의 뜻을 보이다. 이때 정 진보[29]
와도 약속이 있었다 【을축년(1565, 명종20, 65세) 3월 13일. 예안(禮安)】

三月十三日 至陶山 梅被寒損 甚於去年 窨竹亦悴 次去春一律韻 以見感
歎之意 時鄭眞寶亦有約

아침에 산의 북쪽에서 봄을 찾아왔더니	朝從山北訪春來
눈 앞의 산꽃들 비단 더미처럼 흐드러졌네	入眼山花爛錦堆
대 떨기 헤쳐보곤 어쩜 이리 시들었나 놀라고	試發竹叢驚獨悴
매화나무 매만지며 더디 핌을 탄식하노라	旋攀梅樹歎遲開
성긴 꽃잎 바람맞아 뒤집혀 팔랑이고	疎英更被風顚簸
굳센 절개 비를 만나 무참히도 꺾였구나	苦節重遭雨惡摧
지난해 왔던 벗도 오늘은 소식 없으니	去歲同人今又阻
맑은 시름 여전하여 추스르기 어려워라	清愁依舊浩難裁

　　-이날 바람 불고 비가 내렸다.-

---

29 정 진보 :【譯注】정유일(鄭惟一, 1533~1576)로, 본관은 동래(東萊), 자는 자중(子
中), 호는 문봉(文峰)이며 진보 현감을 지냈다.

KNP0335(詩-內卷4-14~15)

밤에 읊다. 절구 2수 【을축년(1565, 명종20, 65세) 3월 13일~15일 추정. 예안

(禮安)】

夜吟 二絶

(詩-內卷4-14)

산 뒤쪽은 봄 깊어도 꽃이 보이지 않으니	山後春深不見花
산 앞쪽이 노을처럼 흐드러질 줄 뉘 알았으리	山前誰道爛如霞
한밤 창가에 치던 비바람 하도 무정하여	夜窓風雨無情甚
온갖 꽃들 붉은빛 바랠까 두렵기만 하여라	直怕千紅減却些

(詩-內卷4-15)

눈이 얼고 추위 심해 거의 달포가 지나	雪沍寒凝幾月餘
저문 봄 되어서야 겨우 꽃을 피웠구나	芳華纔發暮春初
만물이 생장함은 하늘 뜻에 따를 뿐이건만	只應生物皆天意
어이하여 비바람은 그를 다시 해치려 하나	風雨如何更暴渠

16일 산에 있으면서 물상을 살피다 【을축년(1565, 명종20, 65세) 3월
16일 추정. 예안(禮安)】

十六日 山居觀物

화창한 봄바람에 삼월도 저무는데	蕩蕩春風三月暮
제철 맞은 만물들 봄빛을 다투누나	欣欣百物競年華
산 그림자 물에 어려 붉은 비단 흔들고	山光倒水搖紅錦
들 빛 하늘에 잇닿아 푸른 비단 펼쳤어라	野色連天展碧羅
새는 호로를 권하며[30] 병든 나를 놀리고	鳥勸葫蘆欺我病
개구리는 풍악 갖춰 사를 위해 울어대네[31]	蛙分鼓吹爲私吨
천지의 조화가 비록 일은 많으나	乾坤造化雖多事
오묘한 곳에는 무심하여 제각각에 맡길 뿐	妙處無心只付他

---

30 새는……권하며 : 【譯注】'호로록' 새 소리가 술을 담는 '호로(葫蘆)' 병과 음이 같아서
이렇게 말한 것이다. 보통 직박구리 새를 이런 뜻에서 제호로(提葫蘆)·제호(提壺)·호로
록(葫蘆祿) 등으로 부른다.

31 개구리는……울어대네 : 【攷證 卷3 蛙分鼓吹爲私吨】《장자(莊子)》에서 개구리가
말하기를, "내가 기쁘면 청풍명월이 한 편의 풍악이다."라고 하였다. 《남사(南史)》〈공규
전(孔珪傳)〉에 다음과 같은 내용이 있다. 공규가 도관상서(都官尙書)가 되었는데 집
뜰 안의 잡초를 깎지 않아서 그 속에서 개구리 떼가 울어대니 공규가 말하기를, "이는
양부(兩府)의 풍악에 해당한다."라고 하였다. 《진서(晉書)》에서 혜제(惠帝)가 화림원
(華林園)에 있다가 개구리 소리를 듣고 묻기를 "이 소리는 관(官)을 위하여 우는 것인가?
사(私)를 위해 우는 것인가?"라고 하였다.

17일 아침 이대성[32]에게 부치다 【을축년(1565, 명종20, 65세) 3월 17일.

예안(禮安)】

十七日朝 寄大成

세월은 번갯불 번쩍이듯 빨리 흘러가니	時光倏忽如飛電
꽃들은 만발하여 어지러운 구름 같구나	花事紛披似亂雲
홀로 앉아 혼자 읊다가 다시 홀로 누웠으니	獨坐獨吟仍獨臥
그대 생각하는 맑은 시름 가누기 어려워라	清愁難禁爲思君

---

32 이대성 : 【譯注】이문량(李文樑, 1498~1581)으로, 본관은 영천(永川), 자는 대성 (大成), 호는 벽오(碧梧)·녹균(綠筠)이다. 이현보(李賢輔)의 차남이다.

KNP0338(詩-內卷4-18~22)

감회를 부치다. 절구 5수【을축년(1565, 명종20, 65세) 3월 17일 추정. 예안

(禮安)】

寓感 五絕

(詩-內卷4-18)

선홍 꽃 곱디 고와 산속 집을 비추고	猩紅灼灼映山堂
푸른 물결 찰랑이며 맑은 빛 일렁이네[33]	鴨綠粼粼蕩鏡光
기약하고서 아니 오고[34] 봄마저 가려 드니	有約不來春欲去
외로운 흥 유연히 술잔 한번 들어보네	悠然孤興一揮觴

(詩-內卷4-19)

개인 아침 좋은 빛에 봄꽃[35]이 고요한데	晴朝佳色靜年芳
산새들은 울어대고 일만 나무 향기롭구나	百囀山禽萬樹香
누가 봉이[36]로 하여금 심술을 부려	誰使封姨飜作惡

---

33 푸른……일렁이네 :【攷證 卷3 鴨綠粼粼】송(宋)나라 왕안석(王安石)의 〈남포(南浦)〉 시에 "오리목 같은 푸른 물 바람결에 일렁이고, 해에 비친 노란 버들 하늘하늘 드리웠네.〔含風鴨綠粼粼起, 弄日鵝黃裊裊垂.〕"라고 하였다.【校解】《고증》에는 '含風'이 '隨風'으로 되어 있으나, 원(元)나라 채정손(蔡正孫)이 편찬한《시림광기후집(詩林廣記後集)》권2에 의거하여 수정하였다.

34 기약하고서 아니 오고 :【要存錄 卷2】아마도 또한《정본 퇴계전서》권1〈3월 13일 도산에 이르러보니……〔三月十三日 至陶山……〕〉시에서 말한 정유일(鄭惟一)을 말한 것으로 보인다.

35 봄꽃 :【譯注】원문의 연방(年芳)은 아름다운 봄꽃을 뜻한다. 당(唐)나라 위응물(韋應物)의 〈춘사(春思)〉 시에 "들꽃은 눈처럼 강성(江城)을 에워쌌는데, 앉아서 봄꽃〔年芳〕 보며 서울을 그리워하노라.〔野花如雪繞江城, 坐見年芳憶帝京.〕"라고 하였다.

봄 뜻을 공연히 한바탕 다치도록 하였나 　　　　　枉教春意一番傷

(詩-內卷4-20)

두견화는 바다처럼 온 산을 뒤덮었는데 　　　　　杜鵑花似海漫山

수많은 복사꽃 살구꽃 아직 다 피지 않았네 　　　桃杏紛紛開未闌

다른 꽃들 피고 지는 것 상관치 않음을 진작에 아니 　早識不關榮悴事

매화 끌어다 저들과 견주어 보지 마소 　　　　　莫將梅藥較他看

(詩-內卷4-21)

매화나무에 듬성듬성 꽃이 피어 있으니 　　　　　梅樹依依少著花

가녀린 자태에 비낀 그림자 내 사랑하노라 　　　愛他疎瘦與橫斜

삼성이 새벽 별인지 굳이 가릴 것 없으니[37] 　　　不須更辨參昏曉

---

36 봉이 : 【譯注】 바람을 맡은 신으로 봉가이(封家姨)라고도 한다. 【攷證 卷3 封姨】
당(唐)나라 곡신자(谷神子)의 《박이지(博異志)》〈최원미(崔元微)〉에 다음과 같은 내용
이 있다. 최원미가 달밤에 푸른 옷의 여인네들을 만났는데, 양씨(楊氏)·이씨(李氏)·도씨
(陶氏)라고 하였다. 또 붉은 명주옷을 입은 소녀는 석초(石醋)라고 하였는데, 절색으로
아름다운 향기가 났다. 석초가 말하기를, "동산이 매번 나쁜 바람에 흔들려서 늘 봉가(封
家)의 18이(姨)에게 비호를 받는데, 번거롭게도 처사께서 매년 초하루에 한 번 번(幡)을
하여 위로 일월과 오성(五星)을 도모하고 동산의 동쪽에 서는데, 최 처사가 번을 서면
봄바람이 땅을 휩쓸어 나무가 꺾이고 꽃이 휘날려도 동산 안의 꽃들은 흔들리지 않습니
다."라고 하였다. 최원미가 이에 여인네들이 바로 꽃들의 정령임을 깨달았다. 봉이(封姨)
는 곧 바람의 신이다. 【校解】《고증》에서 '博異志'를 '傳異記'라고 한 것은 오류이다.
37 삼성(參星)이……없으니 : 【譯注】 본래 삼성은 새벽녘 매화를 읊을 때 많이 쓰는
시어인데, 실제로 겨울 새벽에 삼성을 볼 수 없다는 점을 논란할 필요가 없다는 뜻이다.
【攷證 卷2 不須更辨參昏曉】 송(宋)나라 홍매(洪邁)의 《용재수필(容齋隨筆)》에 "매화시
에서는 '달이 지다〔月落〕'와 '삼성이 비끼다〔參橫〕'라는 단어를 많이 쓰는데, 다만 한겨울
황혼 무렵에 삼성이 이미 나타나서 새벽 2시 무렵이면 서쪽으로 저버리니 어떻게 아침에

향기로운 가지 달빛에 흔들리는 것을 보시라　　　　看取香梢動月華

(詩-內卷4-22)

절세의 고운 자태 진정한 옥설이니　　　　　　　絶艶風流玉雪眞

온갖 꽃과 섞여 핀다 이상히 여기지 마오　　　　開時休怪混芳春

태평시절 그날에도 염계의 늙은이는　　　　　　太平當日濂溪老

광풍제월 그 마음을 속진에 비추었다오[38]　　　光霽襟懷映俗塵

비낀 모습을 볼 수 있겠는가? 다만 송(宋)나라 소식(蘇軾)의 〈십일월이십육일송풍정
하……[十一月二十六日松風亭下……]〉에서 '반짝반짝 홀로 삼성과 함께 황혼에 비껴 있
네.[耿耿獨與參橫昏]'라는 구절이 정확한 표현이다."라고 하였다.

38 절세의……비추었다오 : 【攷證 卷2 絶艶…俗塵】《강록(江錄)》에 "매화가 늦게 피어
온갖 꽃과 서로 섞이더라도 절세의 고운 자태는 절로 구별되니, 이 점을 염계(濂溪)가
비록 태평한 시대를 살았으나 광풍제월의 마음이 속인과는 같지 않은 것에 비유한 것이
다."라고 하였다. 【校解】염계는 〈애련설(愛蓮說)〉의 저자인 송나라 주돈이(周敦頤)를
가리키며, 광풍제월(光風霽月)은 '비 갠 뒤의 깨끗한 바람과 맑은 달빛'이라는 뜻으로,
인품이 고결하고 가슴속이 탁 트인 것을 의미한다.

KNP0339(詩-內卷4-23~26)

재미 삼아 지은 파자시. 절구 4수 【을축년(1565, 명종20, 65세) 3~5월 추정. 예안(禮安)】

戲作破字詩 四絶

(詩-內卷4-23)

상제께서 사람마다 입구양〔善〕을 내려주니 　　　　帝降人人廿口羊

마음에 기쁜 것 입에 맞는 음식처럼[39] 속을 채우네 　悅心如口藹衷腸

무단히 외물이 심두아〔惡〕를 저촉해 일으키니 　　無端物觸心頭亞

앉아서 쌍인〔仁〕이 참혹하게 자멸함을 보누나 　　坐見雙人慘自戕

　　-입구양(廿口羊)은 선(善)이요, 심두아(心頭亞)는 악(惡)이요, 쌍인(雙人)은
　　인(仁)이다.-

(詩-內卷4-24)

저들은 어떤 사람인가 본성은 같으련만 　　　　彼何人性亦同然

한번 구덩이에 떨어져 하늘을 못 보누나 　　　一墜深坑不見天

어찌 차마 만물의 영장으로 지각없는 동물이 되어 忍把至靈爲蠢物

오직 도자〔刀子〕를 가지고 화〔禾〕변에 붙인단 말인가

　　　　　　　　　　　　　　　　　　唯將刀子傍禾邊

　　-도자(刀子)에 화(禾)는 리(利)이다.-

---

39 마음에……음식처럼 : 【譯注】《맹자》〈고자 상(告子上)〉에 "이(理)와 의(義)가 우리
마음을 즐겁게 하는 것은 고기가 우리 입을 즐겁게 함과 같은 것이다."라고 하였다.

(詩-內卷4-25)

어두운 골짜기[谷] 앞에 있고 한 줄기 양이 모자라니[欠]

冥谷當前欠線陽

갑자기 헤매어 나의 신양을 잃었도다[40]

忽然迷失我神羊

종래에는 욕하고 발로 차며[41] 죽음도 잊었는데

向來嘑蹴猶忘死

오늘은 기꺼이 낭질(狼疾)의 사람[42] 되었다오

今日甘心作疾狼

　-어두운 골짜기[冥谷]에 양(陽)이 모자라는 것은 욕(欲)이요, 아(我)와 양(羊)
　은 의(義)이다.-

(詩-內卷4-26)

우변물[物]을 시착[43][逐]하느라 자빠지지 말라

豕辵牛邊勿脚顚

40　갑자기……잃었도다 : 【譯注】욕망에 사로잡혀 시비와 선악을 분별하는 의(義)를
잃었다는 뜻이다. 신양(神羊)은 요(堯)임금 때 시비와 선악을 판단하여 알았다고 하는
신령한 양, 즉 해치(獬豸)를 말한다. 정직하지 못한 자에게 덤벼들어 외뿔로 받았기
때문에, 형옥(刑獄)을 담당한 고요(皐陶)가 송사를 처결할 때 이 해치의 행동을 예의
주시하였다고 한다. 《後漢書 興服志》《太平御覽 卷890》

41　욕하고 발로 차며 : 【要存錄 卷2】《맹자》〈고자 상(告子上)〉에 "욕하면서 주면 길
가던 사람도 받지 않으며 발로 차서 주면 거지도 더럽다고 여긴다."라고 하였다.

42　낭질(狼疾)의 사람 : 【譯注】대개 '눈앞의 일에만 급급하고 뒷날의 생각에는 미치지
못하는 사람' 혹은 '뒤를 돌아보는 지혜가 없는 사람'을 의미한다. '낭질(狼疾)'에 대하여,
《맹자》〈고자 상(告子上)〉 '겸소애장(兼所愛章)'의 송(宋)나라 주희(朱熹)의 주석에서
"승냥이는 천성이 의심이 많아 곧잘 뒤를 돌아보고 비상사태를 살피는 짐승인데 병이
있으면 그 짓을 할 수 없으니, 곧 '사람으로서 경미한 한 손가락만을 기르고 중대한 어깨와
등을 소홀하게 여기는 자는 곧잘 뒤돌아보는 지혜가 없음'을 비유한 것이다. 어떤 사람은
승냥이는 잘 돌아보는데 빨리 달리면 돌아볼 수 없으니, 곧 '사람이 눈앞의 일에만 급급하
고 뒷날의 생각에는 미치지 못함'을 비유한 것이다."라고 하였다.

43　착(辵) : 【攷證 卷3 辵】명나라 주지번(朱之蕃)이 지은 자학서(字學書)인《해편심
경(海篇心鏡)》에서 "음은 착(綽)이니 걷는 것이다."라고 하였다.

강 가득 밤물결 속에 배가 길을 잃도다	滿江波浪夜迷船
누가 손안에서 건곤을 굴려	誰從手裏乾坤轉
수면에 바람 일고 달이 중천에 뜨게 하리오[44]	水面風來月到天

-시착(豕走)은 축(逐)이요, 우변물(牛邊勿)은 물(物)이다. 물각(勿脚)은 기각(旗脚)이다.[45]-

44 수면에……하리오 :【要存錄 卷2】송나라 소옹(邵雍)의 〈청야음(淸夜吟)〉 시에 "달은 하늘 한가운데 떠 있고, 바람 수면에 불어오네.〔月到天心處, 風來水面時.〕"라고 하였으니, 대개 사욕을 극복하고 본체〔本然之體〕를 온전히 얻는 것을 말한다.

45 물각은 기각이다 :【攷證 卷3 勿脚】송나라 주자(朱子)가 말하였다. "《설문해자》에 이르기를, 물(勿) 자는 기각(旗脚)과 같으니, 이 깃발을 한 번 흔들면 삼군(三軍)이 모두 물러난다고 하였다." ○ 살펴보건대, 물(勿)은 지방 고을에 세워두는 깃발이다.

KNP0340(詩-內卷4-27~42)

산에 살며 사철마다 각각 4수씩 읊다. 절구 16수 【을축년

(1565, 명종20, 65세) 5월 추정. 예안(禮安)】

山居四時各四吟 共十六絶

(詩-內卷4-27)

아침 朝

안개 걷힌 봄 산은 비단처럼 화사한데	霧捲春山錦繡明
진귀한 새들 목청 다듬어 백 가지로 울어대네	珍禽相和百般鳴
산중 살이 요즘에는 찾아오는 이 없으니	山居近日無來客
뜰 가운데 푸른 풀 마음대로 돋았어라	碧草中庭滿意生

(詩-內卷4-28)

낮 晝

맑게 갠 뜨락 봄 햇살 더디고	庭宇新晴麗景遲
꽃향기 가득하여 옷깃에 스미네	花香拍拍襲人衣
어째서 네 사람 제자 모두 제 뜻을 말했는데	如何四子俱言志
성인께선 유독 시 읊고 돌아옴을 감탄하였나[46]	聖發咨嗟獨詠歸

---

46 어째서⋯⋯감탄하였나 :【譯注】공자가 자로(子路)·증석(曾晳)·염유(冉有)·공서화(公西華)에게 각자 뜻을 말해보라고 하자 증석이 "늦은 봄에 봄옷이 만들어지면 관을 쓴 벗 대여섯 명과 아이들 예닐곱 명을 데리고 기수(沂水)에 가서 목욕을 하고 기우제 드리는 무우(舞雩)에서 바람을 쏘인 뒤에 노래하며 돌아오겠다."라고 자신의 뜻을 밝혔고, 공자가 이에 감탄한 일화를 말한다. 《論語 先進》

저녁 暮

동자가 산에 가서 고사리 꺾어오니	童子尋山採蕨薇
반찬이 넉넉하여 주린 배를 달래 주네	盤飧自足療人飢
비로소 알겠구나 전원으로 돌아온 나그네가	始知當日歸田客
저녁 이슬 옷 젖어도 농사 잘되길 바라던 마음을[47]	夕露衣沾願不違

밤 夜

꽃 빛에 저녁 들자 동쪽에 달 오르니	花光迎暮月昇東
꽃과 달 맑은 밤에 생각도 그지없어라	花月淸宵意不窮
달은 늘 둥글고 꽃은 아니 진다면야	但得月圓花未謝
꽃 아래서 술잔 빈 것 걱정할 것 없으리	莫憂花下酒杯空

　　-위는 봄을 읊은 4수이다.-

아침 朝

새벽에 일어나니 빈 뜰에 대 이슬 맑은데	晨起虛庭竹露淸
창을 열고 멀리 뭇 산의 푸르름 마주하노라	開軒遙對衆山靑
동자가 늘 하듯 병의 물을 가져오기에	小童慣捷提瓶水

---

47 저녁……마음을 : 【譯注】진(晉)나라 도연명(陶淵明)의 〈전원에 돌아와 살며〔歸田園居〕〉시에 "좁은 길에 초목이 자라나니, 저녁 이슬이 내 옷을 적시네. 옷 젖는 것이야 아까울 것 있으랴, 그저 농사만 잘됐으면.〔道狹草木長, 夕露沾我衣. 衣沾不足惜, 但使願無違.〕"이라고 하였다.

탕임금의 반명(盤銘)⁴⁸처럼 세수하누나 　　　　　　 澡頮湯盤日戒銘

(詩-內卷4-32)

낮 晝

고요한 낮 산당에 햇빛이 밝은데 　　　　　　 晝靜山堂白日明

짙푸른 좋은 나무 처마 기둥을 둘렀어라 　　　 葱瓏嘉樹遶簷楹

태곳적 사람처럼 북창에 높이 누웠으니⁴⁹ 　 北窓高臥羲皇上

살랑이는 바람이 한 줄기 새소리 보내주네 　　 風送微涼一鳥聲

(詩-內卷4-33)

저녁 暮

석양의 아름다운 빛 산과 내에 감돌 제 　　　 夕陽佳色動溪山

바람 잦고 구름 한가로워 새들도 돌아가네 　　 風定雲閒鳥自還

홀로 앉아 그윽한 회포 뉘와 함께 얘기할꼬 　 獨坐幽懷誰與語

바위 언덕 고요하고 물은 잔잔히 흐르누나 　　 巖阿寂寂水潺潺

---

48 탕임금의 반명(盤銘) : 【譯注】《대학》에서 탕(湯)임금이 반(盤)에다 명(銘)을 새기기를, "진실로 어느 날 새로워졌거든 날마다 새로워지고 또 날마다 새로워져야 한다."라고 하였다.

49 태곳적……누웠으니 : 【譯注】진나라 도연명은 일찍이 팽택(彭澤) 현령이 된 지 겨우 80여 일 만에 벼슬을 버리고 고향인 율리(栗里)로 돌아갔다. 그가 지은 〈아들 엄 등에게 주는 편지〔與子儼等疏〕〉에서 "오뉴월 중에 북창 아래에 누워 있으면 서늘한 바람이 이따금씩 스쳐 지나가곤 하는데, 그럴 때면 내가 복희 시대의 사람이 아닌가 하는 생각이 들기도 한다.〔五六月中, 北窓下臥, 遇涼風暫至, 自謂是羲皇上人.〕"라고 하였다. 《陶淵明集 卷8》

(詩-內卷4-34)

밤 夜

고요한 집 텅 빈 산 달은 절로 밝은데   院靜山空月自明

말쑥한 이부자리 꿈결도 맑았어라   翛然衾席夢魂淸

잠 깨어 말하지 않으니[50] 무슨 일인가   寤言弗告知何事

누워서 한밤의 학 소리를 듣노라   臥聽皐禽半夜聲

    -위는 여름을 읊은 4수이다.-

(詩-內卷4-35)

아침 朝

어젯밤 바람에 남은 더위 완전히 사라지니   殘暑全銷昨夜風

아침의 서늘한 기운 가슴 속이 상쾌하여라   嫩涼朝起灑襟胸

영균은 도를 잘 말한 이 아니거늘   靈均不是能言道

천 년 뒤 무슨 일로 회옹을 감동시켰나[51]   千載如何感晦翁

---

50 잠……않으니 : 【譯注】숨어서 학문과 도를 즐기는 은자의 모습을 형용하는 말이다. 《시경(詩經)》〈고반(考槃)〉에 "고반이 높은 언덕에 있으니, 대인이 한가로이 지내는 곳이로다. 홀로 자고 깨었다가 다시 누웠으나, 맹세코 남에게 알리지 않으리라.〔考槃在陸, 碩人之軸. 獨寐寤宿, 永矢弗告.〕"라고 하였다.

51 영균은……감동시켰나 : 【譯注】영균(靈均)은 전국 시대 초(楚)나라 굴원(屈原)의 자이고, 회옹(晦翁)은 송(宋)나라 주희(朱熹)의 호이다. 【攷證 卷3 靈均…晦翁】《주자연보》에 "경원(慶元) 기묘년에 《초사집주(楚辭集註)》를 완성하였다. 양집(楊楫)이 발문에서 말하기를, "이때 조정에서는 당인(黨人)을 다스리는 일로 한창 급했는데, 선생의 시국을 걱정하는 뜻이 자주 안색에 나타났다. 하루는 《초사》를 풀이한 책 한 편을 학자들에게 보여 주었다. 선생은 평소에 학자들에게 《대학》·《논어》·《맹자》·《중용》을 가르치고, 다음으로 육경(六經), 다음으로 사전(史傳)을 가르쳤다. 그런데 유독 《초사》를 풀이한 것은 무슨 뜻일까? 그러나 선생은 끝내 이에 대해 말하지 않으셨고, 우리도 감히

낮 晝

서리 내린 빈 하늘엔 매가 호기롭고	霜落天空鷹隼豪
물가 바위 사이 집 한 채 우뚝하여라	水邊巖際一堂高
요즘 와선 삼경[52]이 유독 쓸쓸하니	近來三徑殊牢落
국화 손에 쥐고 앉아 도연명을 생각하노라[53]	手把黃花坐憶陶

저녁 暮

산촌의 가을 경치 누구와 함께 즐길까	秋堂眺望與誰娛
단풍 숲에 지는 해 그림보다 낫구나	夕照楓林勝畫圖
갑자기 서풍 일어 기러기를 불어오니	忽有西風吹鴈過
그편에 옛 친구 편지 부쳐 왔으려나	故人書信寄來無

물어보지 못했다."라고 하였다. 주자의 〈의고 8수(擬古八首)〉중 6번째 시에 "늘그막에 〈이소(離騷)〉에 감동하여, 애석하여라! 지난 세월 갈팡질팡 번민하였네.〔離騷感遲暮, 惜逝悶蹉跎.〕"라고 하였다. 【校解】'경원 기묘년'이라고 한 것은 오류이며,《주자연보》에 의하면 주희가 《초사집주》를 완성한 것은 경원 4년 무오(1198)이다.

52 삼경(三徑) :【譯注】'세 갈래 오솔길'이라는 뜻이다. 한(漢)나라 은사 장후(蔣詡)가 대밭 속에 숨어 살면서, 세 갈래 오솔길〔三徑〕을 내어 뜻맞는 친구 양중(羊仲)·구중(裘仲)과 왕래하였다.

53 국화……생각하노라 :【譯注】진(晉)나라 도연명(陶淵明)의 시에 "동쪽 울타리 아래에서 국화 꽃잎을 따다가, 유연히 남쪽 산을 바라보노라.〔采菊東籬下, 悠然見南山.〕"라는 명구가 있다.

밤 夜

차가운 못에 달빛 비치고 하늘 맑은데   月映寒潭玉宇淸

은자의 한 칸 방이 텅 비어 밝았어라   幽人一室湛虛明

이 가운데 절로 참 소식 있으니   箇中自有眞消息

선의 공이 아니라 도와 계합한다네[54]   不是禪空與道冥

    -위는 가을을 읊은 4수이다.-

아침 朝

뭇 봉우리 우뚝이 차가운 하늘에 솟았고   群峯傑卓入霜空

뜰 아래 국화는 떨기 아직 남았네   庭下黃花尙倚叢

마당 쓸고 향 사르니 다른 일 없어   掃地焚香無外事

종이창에 물린 햇살 내 마음처럼 환하구나   紙窓衘日皦如衷

낮 晝

겨울철 산촌에서 무슨 할 일 있으랴   寒事幽居有底營

꽃 들이고 대 감싸며 야윈 몸도 조섭하노라   藏花護竹攝羸形

찾아오는 손님께 은근히 사죄 말씀 올리니   懇懃寄謝來尋客

삼동에 들어서는 손님 맞는 일 그만두었으면[55]   欲向三冬斷送迎

---

54 선(禪)의……계합한다네 :【譯注】밤의 고요함은 불가에서 말하는 공(空)이 아니라,
유가의 도(道)와 은근히 부합한다는 말이다.

(詩-內卷4-41)

저녁 暮

나뭇잎 뿌리로 돌아가고 해는 금방 지는데	萬木歸根日易西
안개 숲 쓸쓸하고 새들은 깊이 깃들었네	烟林蕭索鳥深棲
예로부터 석척⁵⁶에는 무슨 뜻을 담았는가	從來夕惕緣何意
게으름과 욕심은 은미한 곳에서 막을지라	怠欲須防隱處迷

(詩-內卷4-42)

밤 夜

눈 침침하여 등잔 아래 책 읽기 더욱 겁나니	眼花尤怕近燈光
늙은 몸 겨울밤 긴 줄을 유독 잘 알겠구나	老病偏知冬夜長
글 아니 읽는 것이 읽는 것보다 나으니	不讀也應猶勝讀
앉아 바라보는 창밖의 달 서리보다 차가워라	坐看窓月冷於霜

-위는 겨울을 읊은 4수이다.-

---

55 삼동에……두었으면 : 【要存錄 卷2】《퇴계언행록(退溪言行錄)》에 감사 강사상(姜士尙)이 도산으로 선생을 방문하였는데, 그가 가고 나자 문인들이 들어가 뵈었고 고을 원이 자리에 있었다. 선생이 이에 말하기를, "이렇게 보내고 맞는 일을 오래전부터 사양하려 하였으나 그럴 수 없었고 이에 절구 1수를 지었으니 바로 이 시이다. 이것은 내 뜻을 말한 것인데 사람들이 나를 각박하게 여길까 염려되어 선뜻 보여주지 못하고 있다가 지금 처음 꺼낸 것이다. 각박한 것이 아니라 부득이하여 진심을 말한 것이다."라고 하셨다.

56 석척(夕惕) : 【譯注】아침부터 저녁까지 조심하고 힘쓴다는 뜻이다. 《주역》〈건괘(乾卦) 구삼(九三)〉 효사(爻辭)에 "군자가 종일토록 굳세고 굳세어서 저녁까지도 여전히 두려운 듯이 하면 위태로우나 허물은 없을 것이다.〔君子終日乾乾, 夕惕若厲无咎.〕"라고 하였다.

운암사[57]에 노닐며 김언우[58]·김신중[59]·김돈서[60]·금협지[61]·금훈지[62]·조사경[63] 등 여러 사람에게 보이다 【을축년(1565, 명종 20, 65세) 8월 추정. 예안(禮安)】

遊雲巖寺 示金彦遇愼仲惇叙琴夾之壎之趙士敬諸人

강가 정자에서 예전에 구름이 산을 감춘 것 보았는데

江亭昔望雲藏岳

산사에 이제 오르니 산이 구름 위로 나왔구나　　山寺今登岳出雲

시야는 트이고 하늘은 낮으니 산이 함께 멀어지고　眼豁天低山共遠

---

57 운암사 : 【㪍證 卷3 遊雲巖寺云云】 예안의 남쪽 5리 낙동강 가에 있으며 '도산구곡'의 한 곳이다. 【要存錄 卷2】 예안현 남쪽 어탄산(魚呑山)에 있는데, 을축년(1565, 명종 20) 8월에 어탄산 운암사를 가서 구경하고 침류정(枕流亭)에 묵었으며, 다음날 월천(月川)을 거쳐 동촌(東村)으로 들어갔고, 9번째 능운대에 오르고 저물녘에 계상(溪上)으로 돌아왔다.

58 김언우 : 【譯注】 김부필(金富弼, 1516~1577)로, 본관은 광산(光山), 자는 언우(彦遇), 호는 후조당(後凋堂)이다.

59 김신중 : 【譯注】 김부의(金富儀, 1525~1582)로, 본관은 광산(光山), 자는 신중(愼仲), 호는 읍청정(挹淸亭)이다.

60 김돈서 : 【譯注】 김부륜(金富倫, 1531~1598)으로, 자는 돈서(惇敍), 호는 설월당(雪月堂)이다. 김부신(金富信, 1523~1566)의 아우이다.

61 금협지 : 【譯注】 금응협(琴應夾, 1526~1596)으로, 본관은 봉화(奉化), 자는 협지(夾之), 호는 일휴당(日休堂)이다.

62 금훈지 : 【譯注】 금응훈(琴應壎, 1540~1616)으로, 본관은 봉화, 자는 훈지(壎之), 호는 면진재(勉進齋)이다.

63 조사경 : 【譯註】 조목(趙穆, 1524~1606)으로, 본관은 횡성(橫城), 자는 사경(士敬), 호는 월천(月川)·동고(東皐)이다.

하늘은 높고 들판은 넓으니 물이 평평하게 나뉘네 　秋高野曠水平分
한가로이 고요한 방 열어 《주역》을 논할까 하노라 　閒開靜室思論易
맑은 술 그득 부어 문장을 토론코자 하여라 　健倒淸尊欲討文
해질녘 단풍은 시 읊기에 더욱 좋더니 　落日丹楓吟更好
돌아올 땐 숲 그림자 달빛에 분분하구나 　歸時林影月紛紛

홀로 능운대⁶⁴를 찾다. 절구 2수【을축년(1565, 명종20, 65세) 8월 추정.

예안(禮安)】

獨尋凌雲臺 二絶

(詩-內卷4-44)

숲을 뚫고 골짜기에 들어 내 낀 산속을 찾아가니	穿林入谷訪烟霞
곳곳에 들국화 향기 풍겨나누나	處處吹香野菊花
푸른 물가에 솟은 붉은 벼랑 문득 보이니	忽見丹崖臨碧水
하도 사랑스러워 집 옮겨 살고 싶어라	愛深從此欲移家

(詩-內卷4-45)

아래는 붉은 벼랑 위에는 대가 있어	下有丹崖上有臺
푸른 산 둘러싸고 흰 구름 쌓였구나	靑山環遶白雲堆
응당 학을 짝한 푸른 수염 늙은이⁶⁵가	只應伴鶴蒼髥叟
내가 시 읊으며 홀로 올라옴을 볼 테지	見我吟詩獨上來

---

64 능운대 : 【攷證 卷3 凌雲臺】 즉 동촌(東村)의 '능운대(凌雲臺)'이니 예안현 동쪽 10리 지점에 있다. 【要存錄 卷2】 지금은 '와운대(臥雲臺)'라고 하며 예안현 남쪽 15리에 있다.

65 푸른 수염 늙은이 : 【攷證 卷3 蒼髥叟】 소나무의 별칭이다. 《고승전(高僧傳)》에, 진(晉)나라의 법잠(法潛)이 섬산(剡山)에 숨어 사는데, 어떤 이가 "가장 좋은 벗이 누구인가?"라고 묻자 소나무를 가리키며, "푸른 수염 늙은이"라고 대답하였다.

KNP0343(詩-內卷4-46)

고세대[66] 【을축년(1565, 명종20, 65세) 8~9월 추정. 예안(禮安)】

高世臺

왕모성(王母城) 아래에 있다.

네 늙은이 학 타고 하늘로 올라가 돌아오지 않으니	四老昇天鶴不回
한가한 구름 깊은 골에 빈 대만 남았어라	閒雲深谷只空臺
누가 알리오 아득한 천년 뒤에	誰知邈邈千秋後
백발에 소를 타고 나 또한 오게 될 줄을[67]	白髮騎牛我亦來

───────

66 고세대(高世臺) :【譯注】안동시 도산면 단천리에 있는 지명으로, 단사협(丹砂峽)의 남쪽에 왕모성·갈선대·고세대가 있다.

67 백발에……줄을 :【要存錄 卷2】아마도 선생이 이때 마침 소를 타고 있었기 때문에 여산(廬山)의 은자가 소를 탔던 고사를 쓴 것으로 보인다. 《정본 퇴계전서》 권2 〈안효사에게 드리다[奉呈安孝思]〉 시에 "내 아마도 세상 피한 소 탄 사람인가 싶고, 공이야말로 장생의 대추 받은 사람이라.[我疑遁世騎牛客, 公是長生授棗人.]"라고 하였다.

갈선대 【을축년(1565, 명종20, 65세) 8~9월 추정, 예안(禮安)】

葛仙臺

위와 같다.

둘러친 푸른 벼랑에 붉은 단풍 환한데	蒼崖映帶明丹葉
푸른 물 굽이돌아 흰 모래톱을 감쌌어라	綠水透迤護白沙
구루 영[68]께 술 한 잔 권하고 싶으니	欲勸一杯句漏令
삼신산 어디메가 신선의 집일런가	三山何許是仙家

---

68 구루 영(句漏令) :【譯注】진(晉)나라 갈홍(葛洪)으로, 자는 치천(稚川), 호는 포박자(抱朴子)이다. 선도(仙道)를 좋아하여 단약(丹藥)을 만들려 하였는데, 구루현에 좋은 단사(丹砂)가 난다는 말을 듣고 조정에 청하여 현령(縣令)으로 가기를 자원했다고 한다. 《晉書 葛洪列傳》 갈선대가 단사협(丹砂峽) 남쪽에 있으므로 이런 비유를 쓴 것으로 보인다.【攷證 卷3 句漏令】 갈홍을 가리킨다.

관어석 【을축년(1565, 명종20, 65세) 8~9월 추정. 예안(禮安)】
觀魚石

위의 두 대 아래에 있다.

장자와 혜시의 물고기에 대한 논의[69] 초연하니   知魚莊惠論超然

기공의 솔개에 대한 설과는 같지 않네[70]   不似沂公說對鳶

그 이치를 지금 사람이 만일 이해한다면   此理今人如會得

와서 함께 천연대 구경하길 사양하지 마오   莫辭來共玩天淵

---

69 장자와……논의 : 【譯注】《장자(莊子)》〈제물론(齊物論)〉에 "장생(莊生)이 물가에서 물고기가 조용히 노는 것을 보고 '이는 물고기의 즐거움이다.' 하니, 혜자(惠子)가 '그대가 물고기가 아닌데 어찌 물고기의 즐거움을 아는가?' 하자, 장자는 '그대가 내가 아닌데 어찌 내가 물고기의 즐거움을 알 수 없음을 아는가?'"라고 하였다.

70 기공의……않네 : 【譯注】장자와 혜시(惠施)가 말한 초현실의 논리와 '연비어약(鳶飛魚躍)'이라는 자연발현(自然發現)의 리(理)는 그 경지가 같지 않다는 뜻이다. 기공(沂公)은 기국공(沂國公) 자사(子思)를 가리키며, 그가 지은 《중용장구》 제12장에 "《시경》에 이르기를 '솔개는 날아 하늘에 이르고, 물고기는 연못에서 뛰어오른다.'라고 하였으니, 상하에 이치가 밝게 드러남을 말한 것이다.〔鳶飛戾天, 魚躍于淵, 言其上下察也.〕"라고 하였다.

김사순[71]이 눈을 밟고 달밤에 천연대에 올라 지은 시에 차운하다. 절구 5수 【을축년(1565, 명종20, 65세) 12월 14~28일 추정. 예안 (禮安)】

次韻金士純踏雪乘月登天淵臺 五絶

(詩-內卷4-49)

눈과 달이 산과 내에 흰 옥처럼 엉겼을 제	雪月溪山凝素瑤
한가한 사람 올라 바라보니 생각이 아득하구나	幽人登覽意迢遙
야밤에 산음을 나선 흥취[72] 짐작할 만하니	懸知夜發山陰興
파교에서 시 읊다 솟은 어깨[73]보다 훨씬 나으리라	絶勝吟肩聳灞橋

　　-응(凝)은 거성(去聲)이다.-

(詩-內卷4-50)

하늘이 밝은 달빛으로 흰 눈 비추니	天將皎皎映皚皚

---

71 김사순 : 【譯注】 김성일(金誠一, 1538~1593)로, 본관은 의성(義城), 자는 사순(士純), 호는 학봉(鶴峰)이다.

72 야밤에……흥취 : 【譯注】 진(晉)나라 왕휘지(王徽之)의 고사를 말한다. 왕휘지가 눈 덮인 달 밝은 밤에 산음(山陰)에서 홀로 술을 마시다가, 불현듯 섬계(剡溪)에 있는 벗 대규(戴逵)가 보고 싶어지자, 밤새도록 배를 몰고 그 집 앞에까지 갔다가 그냥 돌아와서는, 흥이 일어나서 찾아갔다가 흥이 다해서 돌아왔다고 말하였다. 《世說新語 任誕》

73 파교에서……어깨 : 【譯注】 당(唐)나라 맹호연(孟浩然)의 고사를 말한다. 송(宋)나라 소식(蘇軾)의 〈초상화를 그려 준 하 수재에게 주다(贈寫眞何充秀才)〉 시에 "또한 보지 못했는가 눈 속에서 나귀 탄 맹호연이, 눈썹 찌푸리고 시 읊느라 어깨가 산처럼 솟은 것을.〔又不見雪中騎驢孟浩然, 皺眉吟詩肩聳山.〕"이라고 하였다.

시인을 불러 옥대에 오르게 하였네 招得詩人上玉臺
그대가 높이 읊조린 삼오편 절구 없다면 不有高吟三五絶
맑은 밤 선경에 왔음을 어찌 알리오 清宵仙景詎知來

(詩-內卷4-51)

병 조리하려 문 닫고 홀로 깊이 지내면서 護病關門獨處深
외로운 등불 추운 밤에 화로 안고 시 읊노라 孤燈寒夜擁爐吟
눈 내린 달밤이 은빛 바다처럼 공연히 어여쁘니 空憐雪月如銀海
어찌하면 한번 가서 함께 감상할꼬 一去何由共玩心

(詩-內卷4-52)

눈 밟고 대에 오르니 달님이 외롭지 않고 踏雪登臺月不孤
학을 타고 훌쩍 방호74에 오른 듯하네 飄如乘鶴到方壺
내일 아침 해가 뜨면 세상일에 골몰할 테니 明朝日出隨人事
흡사 전날 밤의 나와 다른 사람인 듯하리라 怳若前宵別一吾

(詩-內卷4-53)

눈을 바라보며 그대는 멀리 나를 생각하여 看雪君能遠有思
바로 그 마음을 고인과 같고자 기약했으리 直將心事古人期
아쉬워라 이 몸은 채찍을 잡고 가서 如吾恨不執鞭去

---

74 방호 : 【攷證 卷3 方壺】한(漢)나라 왕가(王嘉)의 《습유기(拾遺記)》에 "바다 가운데
세 개의 산이 있는데 그 모양이 항아리 같다. 그래서 방장산(方丈山)을 방호(方壺)라고
한다."라고 하였다.

돌 여울에 나란히 말 몰던 것[75]처럼 해보지 못하겠네

試從石灘聯騎時

---

75 돌……것 :【攷證 卷3 石灘聯騎時】송(宋)나라 남헌(南軒 장식(張栻))의 〈남악창수
서(南嶽唱酬序)〉에서 "갑술년에 돌 여울[石灘]을 지나가는데, 큰 눈이 휘날려 잠깐 사이
에 한 자가 넘었다. 우리 세 사람은 길가의 초가에서 밥을 먹고 말에 올라 30리를 갔다."라
고 하였다. ○ 송(宋)나라 주자(朱子)의 〈뒷마을에서 눈에 눌린 대나무 가지가 길에
부러지다[後洞雪壓竹枝橫道]〉시에 "돌 여울을 나란히 말 타고 지날 때 눈 펄펄 내리니,
이미 남산이 짧은 시 속에 들어왔어라. 뒷마을에서 오늘 아침 대나무 꺾여진 걸 보니,
문득 돌 여울에서 나란히 말 타던 때가 생각나누나.〔石灘聯騎雪垂垂, 已把南山入小詩.
後洞今朝逢折竹, 却思聯騎石灘時.〕"라고 하였다.

김사순[76]이 어제 신년 축하로 율시 2수를 보내왔는데 그 말이 너무 지나쳐서 감히 받아 화답하지 못하고 따로 절구 2수로 뜻을 보이다 【을축년(1565, 명종20, 65세) 12월 29일 추정. 예안(禮安)】

士純昨有賀歲二律 其言太過 不敢承和 別以兩絶見意云

(詩-內卷4-54)

사곤이 산속에 있음은 큰 은덕을 입은 것이니[77]	鯤在山巖荷大鈞
온전히 한가한 이곳에서 남은 봄을 감상하네	十分閒地玩餘春
어찌 알았으리오 다시 하늘을 속인 일[78] 있어	那知更有欺天事
매화마저 마음을 움직여 사람을 비웃을 줄을	觸撥梅花冷笑人

　-당시에 이미 소명이 있어 동지중추부사에 임명되었다는 말을 들었다.-

---

76 김사순 : 【譯注】 김성일(金誠一, 1538~1593)로, 본관은 의성(義城), 자는 사순(士純), 호는 학봉(鶴峰)이다.

77 사곤이……것이니 : 【譯注】 산속에서 지내는 자신을 진(晉)나라 사곤(謝鯤)에 비유한 것이다. 【效證 卷3 鯤在山巖荷大鈞】《진서(晉書)》〈고개지전(顧愷之傳)〉에 고개지가 사곤의 초상을 그려 바위 속에 두며 말하기를, "이 사람은 구학(丘壑) 속에 두어야 마땅하다."라고 하였다. 《정본 퇴계전서》권2〈조송강에게 부치다[寄趙松岡]〉에 자세히 나온다. ○〈가의전(賈誼傳)〉에 "대균(大鈞)은 만물을 화육(化育)하는 것이다."라고 하였고, 그 주에 "대균은 하늘이니, 하늘이 만물을 만든 것이 도공이 기와를 굽는 것과 같다."라고 하였다.

78 하늘을 속인 일 : 【譯注】 임금의 부름에 응하지 못한 일을 말한 것으로 보인다. 【效證 卷3 欺天事】《퇴계선생연보(退溪先生年譜)》권2에 의하면 을축년(1565) 12월 특별히 소명이 있어서 전교하기를, "내가 불민하여 어진 이를 좋아하는 정성이 부족해서 전부터 여러 차례 불렀건만 매번 사양하니 마음이 편치 못하다."라고 하였다.

(詩-內卷4-55)

늙은 이 몸에게 축하한단 말 아예 말지니	賀祝君休及老身
헛된 이름 이제 다시 관직을 그르친 것을	虛名今復誤廷紳
태평 시절 바야흐로 삼양79이 다가오는데	太平方喜三陽進
졸렬한 나는 부끄럽게도 온갖 병만 찾아오네	至拙還慚百病新

---

79 삼양(三陽) : 【譯注】《주역》에 의하면 11월 복괘(復卦)에 일양(一陽)이 처음 생기고, 12월 임괘(臨卦)에 이양(二陽)이 생기고, 1월 태괘(泰卦)에 삼양(三陽)이 생기므로 삼양은 곧 음력 정월이다. 【攷證 卷3 三陽】 정월을 '삼양의 달'이라고 한다.

김사순[80]·우경선[81]과 《역학계몽》[82]을 논하다 병인년(1566, 명종21, 66세) 【1월 추정. 예안(禮安)】

士純景善論啓蒙 丙寅

동풍이 오히려 북풍처럼 사나울 제	東風猶似北風顚
고요히 창 닫고 향불 연기 마주하였네	靜鎖明窓對篆烟
두 사람 함께 와서 예전에 공부한 것 토론하니	二子同來論舊學
기뻐라 새로 터득한 것으로 신년을 시작하누나[83]	喜將新益作新年

---

80 김사순 : 【譯注】 김성일(金誠一, 1538~1593)로, 본관은 의성(義城), 자는 사순(士純), 호는 학봉(鶴峰)이다.

81 우경선 : 【譯注】 우성전(禹性傳, 1542~1593)이다. 【攷證 卷3 士純景善云云】 경선(景善)은 호가 추연(秋淵)이고 서울에 살았으며, 가정(嘉靖) 임인년 생으로 성품이 간항(簡亢)하였다. 선생에게 수학하여 의리를 논난(論難)하였으며, 특히 역상(易象)에 힘을 썼다. 과거에 합격하였으나 세상을 따라 부침하지 않아서 당시 사람들의 미움이 쌓였다. 수십 년을 낮은 벼슬에 떠돌다가 임진왜란을 당해 의병을 일으켰고 조정에서는 특별히 인신(印信)을 하사하고 대사성을 제수하였으며, 병사들을 이끌고 강화로 들어가 김천일(金千鎰)과 함께 표리(表裏)를 이루었다. 계사년에 일이 있어 의령(宜寧)에 이르렀다 도중에 병으로 졸하였다.

82 역학계몽(周易啓蒙) : 【譯注】 송(宋)나라 주희(朱熹)가 지은 책으로 4권이며, 하도(河圖)와 낙서(洛書)에 근거하여 수리(數理)를 정립(定立)하고, 태극(太極)을 기본으로 양의(兩儀)·사상(四象)·팔괘(八卦)를 부연하는 이치를 밝혔고 작괘(作卦)하는 법을 설명하였다.

83 신년을 시작하누나 : 【攷證 卷3 作新年】 《강록(江錄)》에 "작(作)은 작중양(作重陽)·작한식(作寒食)의 '작'과 같다."라고 하였다.

정월에 부름을 받고 가다가 병으로 구성에 머물러 사직소
를 올리고 명을 기다리면서 회포를 적다.[84] 동헌에 걸린
시의 운자를 쓰다 【병인년(1566, 명종21, 69세) 1월 29~30일 추정. 영주(榮州)】

正月將赴召 病留龜城 上狀乞辭待命書懷 東軒韻

병으로 지엄한 노정 막혀 한 고을에 누웠으니	病尼嚴程臥一城
몸을 그르침이 어디인들 이름에 연연해서가 아니랴	誤身何地不緣名
전원으로 돌아감은 이름에서 벗어나려는 계책인데	歸田本爲逃名計
도리어 이름에 몰려 이 길을 잘못 나섰노라	卻被名驅枉此行

---

84 정월에……적다 : 【譯注】 이황(李滉)이 병인년(1566, 명종21)에 소명을 받고 길을
떠난 1월부터 3월 집으로 돌아온 직후까지 지은 시 40제(題) 56수를 묶은《병인도병록
(丙寅道病錄)》에 수록된 것이다. 구성(龜城)은 영주(榮州)의 별칭이다. 【攷證 卷3 正月
將赴召云云】《퇴계선생연보(退溪先生年譜)》권2에 의하면, 정월에 동지중추부사로 부
름을 받아 영천에 이르러 사직소를 올리고 풍기에서 명을 기다렸으나 윤허를 받지 못하였
고, 예천에 이르러 다시 사직소를 올렸으나 윤허를 받지 못하고 승진시켜 공조 판서에
임명하였다. 광흥사(廣興寺)에 이르러 다시 사직을 청했으나 윤허를 받지 못하였고,
봉정사(鳳停寺)로 옮겨 와서 또 상소를 올리기를, "머물러 지체하면서 명을 기다린 것은
오히려 외람되이 벼슬에 나가려는 바람이 있었던 것이니, 신의 죄가 더욱 중합니다."라고
하였으며, 드디어 집으로 돌아왔다.

쌍청당[85]에서 조송강[86]의 시에 차운하다 【병인년(1566, 명종21, 69세) 1월 29~30일 추정. 영주(榮州)】

雙淸堂趙松岡韻

나그네가 병으로 오래 머무니 절로 처량하고	旅病淹留自作凉
눈 내린 뜨락 봄소식은 매화 아직 피지 않았네	雪庭春信閟梅香
옛 벗이 지은 시가 아직도 남아 있기에	故人尙有題名處
눈물 닦으며 마주한 듯 나직이 읊어보노라	拭淚幽吟宛對牀

---

85 쌍청당 : 【攷證 卷3 雙淸堂】 영천군 객관의 동쪽에 있는데, 군수 김세훈(金世勳)이 지은 것으로 좌우에 연지(蓮池)가 있다.

86 조송강 : 【譯注】 조사수(趙士秀, 1502~1558)로, 본관은 양주(楊州), 자는 계임(季任), 호는 송강(松岡), 시호는 문정(文貞)이다.

풍기관에서 진사 조사경⁸⁷에게 답하다【병인년(1566, 명종21, 69세) 2월 8일 추정. 영주(榮州)】

豐基館 答趙上舍士敬

이때 조사경이 시를 부쳐와서 나의 이 걸음을 퍽 나무랐는데, 마침 들으니 그에게 공릉(恭陵)⁸⁸ 참봉의 명이 내렸다 하기에 시로 희롱하였다.

새가 숲을 떠나 그물에 걸려드니	有鳥辭林被網羅
숲속의 새 한 마리 깔깔대며 비웃누나	林中一鳥笑呵呵
어찌 알았으랴 다시 그물 가진 사람 있어	那知更有持羅者
자기 둥지 덮어씌워 꼼짝달싹 못할 줄을	就揜渠巢不奈何

---

87 조사경 :【譯注】조목(趙穆, 1524~1605)으로, 본관은 횡성(橫城), 자는 사경(士敬), 호는 월천(月川)·동고(東皐)이다. 이황의 문인으로, 누차 조정에서 내린 벼슬을 사양하고 학문에 전념하였다. 이 시는 《월천집(月川集)》권1에도 수록되어 있다.

88 공릉 :【攷證 卷3 恭陵】장순왕후(章順王后) 한씨의 능으로 파주에 있다.

병중에 김계응[89]의 서신을 얻어 보다. 절구 2수 【병인년(1566,

명종21, 69세) 2월 8일 추정. 영주(榮州)】

病中 得金季應書 二絶

당시 김계응이 단양(丹陽)으로 양이(量移)[90]되었는데, 서신에 이르기를 신병으로 닭이
울고서야 바야흐로 잠이 든다고 하였다.

(詩-內卷4-60)

바닷가에서 열아홉 해 세월 보내고[91]	碧海星霜十九年
단양의 이지러진 달 장차 둥글게 되겠지	丹山缺月又將圓
신명이 가는 곳마다 보호해 줄 것이니	神明在處能扶護
몸 아픈 것 우연일 터 너무 근심 마오	莫歎愆和偶一然

(詩-內卷4-61)

귀양살이 닭 울어야 겨우 잠든다 했는데	謫裏聽雞方就睡
나그네 길 나도 기러기 소리 듣고[92] 잠 못 든다오	旅中聞鴈亦無眠

---

89 김계응 : 【譯注】 김난상(金鸞祥, 1507~1570)으로, 본관은 청도(清道), 자는 계응
(季鷹), 호는 병산(餅山)이다.

90 양이(量移) : 【譯注】 귀양 간 죄인을 참작하여 유배지를 먼 곳에서 가까운 곳으로
옮기는 것이다.

91 바닷가에서……보내고 : 【效證 卷3 碧海星霜十九年】 살펴보건대, 공은 정미년
(1547)에 해남으로 위리안치되었는데 이때에 이르러 단양으로 양이(量移)되었다.

92 나그네……듣고 : 【效證 卷3 旅中聞鴈】 당(唐)나라 정곡(鄭谷)의 〈호주의 기러기를
읊다[詠湖州鴈]〉 시에 "고향에서 네 소리 들어도 서글프거든, 하물며 낯선 땅 쪽배에서
랴.[故鄕聞爾亦惆悵, 何況扁舟非故鄕.]"라고 하였다.

우리들 근심은 생각이 많은 것이라　　　　　　　　吾儕患在多思慮

어찌 마음 비우고 촌전[93]을 길러 보지 않으리오　　盍把虛恬養寸田

---

93 촌전 : 【譯註】'사방 한 치의 땅'이라는 뜻에서 마음을 비유한 말이다. 송(宋)나라 소식(蘇軾)의 〈음주시에 화답하다〔和飮酒〕〉 20수 중 첫 번째 시에 "이내 마음엔 가시나무 없거니, 아름답고 한가로운 곳 바로 이곳일세.〔寸田無荊棘, 佳閒正在兹.〕"라고 하였다.

2월 9일 동헌에 걸려있는 시의 운자를 사용하여 짓다. 2수

【병인년(1566, 명종21, 66세) 2월 9일. 풍기(豐基)】

二月初九日 用東軒韻 二首

(詩-內卷4-62)

병들어 누워 빈 객관에서 시름할 제	病臥愁空館
시 읊노라니 해가 지려 하누나	吟詩日欲淪
애써 사직함은 얕은 역량 헤아려서인데	力辭虞淺量
엄한 꾸지람에 임금님 뵙기 두려워라	嚴譴愓中宸
나라에서 보기 드문 은혜 입었으니	國有恩稀古
사람이란 모름지기 덕이 이웃에 미쳐야지[94]	人須德照鄰
고향 산천에서 하늘을 짝하노니	故山天與伴
청려장 지팡이에 오건을 썼어라[95]	藜杖一烏巾

(詩-內卷4-63)

눈 덮인 고갯마루 창에 햇살 고일 제	雪嶺窓含日
봄추위에 병들어 누워 있네	春寒病臥時
문 닫고 지내니 늘 객이 올까 두려운데	閉門常畏客

---

94 덕이 이웃에 미쳐야지 :【譯注】당(唐)나라 두보(杜甫)의 〈위 좌상께 올리다[上韋左相]〉시에 "독보적인 재주가 옛사람을 초월하니, 남은 덕이 이웃을 비추리라.〔獨步才超古, 餘波德照隣.〕"라고 하였다.《杜少陵集 卷三》

95 청려장……썼어라 :【譯注】청려장(青藜杖)은 명아주 지팡이를 말하고 오건(烏巾)은 까만색 두건을 뜻하는데, 흔히 은거하는 선비를 상징하는 물품이다.

베개 밀치고 우연히 시를 얻었노라	推枕偶成詩
세상일은 장자가 말을 논하기[96]요	世事莊論馬
사람의 마음이란 묵자의 실 물들임[97]이라	人情墨染絲
양기 온화하여 그래도 기쁜 마음 일어나니	陽和猶喜動
아침에도 벼룻물 얼지 않았구나	朝硯不冰池

---

96 장자가 말을 논하기 : 【譯注】벼슬살이의 나쁜 점을 벼슬하는 삶을 통해 말하기보다는 은자의 삶을 통해 깨우치도록 하는 것이 낫다는 뜻이다. 【攷證 卷3 莊論馬】《장자》〈제물론(齊物論)〉에 "말〔馬〕로써 말의 말 아님을 깨우치는 것이, 말 아닌 것으로써 말이 말 아님을 깨우치는 것만 못하다.〔以馬喩馬之非馬, 不若以非馬喩馬之非馬也.〕천지는 하나의 손가락이요, 만물은 하나의 말이다."라고 하였다.

97 묵자의 실 물들임 : 【譯注】사람이란 환경의 변화에 따라 심성이 쉽게 바뀐다는 뜻이다. 【攷證 卷3 墨染絲】《회남자(淮南子)》에서 묵적(墨翟)이 실을 물들이는 사람을 보고 탄식하기를, "누런색으로 물들이면 누렇게 되며, 검은색으로 물들이면 검게 되도다."라고 하였다.

KNP0354(詩-內卷4-64)

앞의 운을 쓰다 【병인년(1566, 명종21, 66세) 2월 10일. 풍기(豐基)】

同前韻

10일에 어명을 받들었는데 물러나 돌아가기를 윤허하지 않으시고 천천히 조리하여 올라
오라 하셨다. 죽령(竹嶺)이 얼어 험하기에 조령(鳥嶺)[98]으로 길을 바꾸어 가려 하였는데,
그때 또 내의(內醫)를 보내어 약을 내리시고 병을 진찰하게 하시니 황공하여 몸 둘 곳이
없었다.

하늘에 떠가는 구름 어찌 갈림길 있으랴	天上雲行豈有歧
동으로 갔다 서로 갔다 마음대로 오가누나[99]	東西倏忽任來之
인생길 까딱하면 갈고리 아니면 그물이니	人生動見如鉤網
어찌 그 옛날 사슴과 가지처럼 될 수 있으랴[100]	邃古寧同似鹿枝
눈 덮인 새재 높은 관문 가파른 길 걱정되니	雪嶺高關愁石棧
봄바람 부는 고향의 정원 울타리 떠오르네	春風故國想園籬
명리 구하던 지난날 잘못이라 생각되어	因思昔日求名誤
그 근심 없애려 허둥대다 되려 터만 다졌구나[101]	除患規規反築基

---

98 조령 :【攷證 卷3 鳥嶺】문경현 서쪽 27리에 있으며, 죽령(竹嶺)과 함께 영남으로
가는 군사적 요충지이다.

99 오가누나 :【攷證 卷3 來之】《주역》〈감괘(坎卦) 육삼(六三)〉 효사(爻辭)에 "오
고 감이 험하고 험하다.〔來之坎坎〕" 하였으니, 원문의 '래지(來之)'는 '오고 감〔來去〕'
과 같다.

100 어찌……있으랴 :【攷證 卷3 邃古似鹿枝】《장자》〈천지(天地)〉에 "임금은 높은
나뭇가지와 같고 백성은 들의 사슴과 같다."라고 하였는데, 그 주석에 "나무의 높은 가지
는 무심히 위에 있는 것이며 임금 된 자도 역시 그러하다. 들의 사슴은 내버려 두어도
자득한다."라고 하였다.

101 명리……다졌구나 :【攷證 卷3 因思…築基】시의(詩意)를 생각해 보면, 아마도 지

난날 이름을 구하려던 잘못을 뉘우쳐 헛된 이름이 가져오는 근심을 제거하려다가 도리어 헛된 이름의 터만 다진 격이 되었다는 것으로 생각된다. 앞서 나온 《정본 퇴계전서》 권1 〈정월에 부름을 받고 가다가……〔正月將赴召……〕〉와 동일한 뜻이다.

풍기로 가는 도중에 【병인년(1566, 명종21, 66세) 2월 12일 추정. 풍기(豐基)】

豐基道中

예천(醴泉)[102]으로 향하다.

오늘은 날씨 곱고 화창하여 경치도 밝은데	今日姸和景色明
기롱하듯 살랑대는 봄바람에 병든 몸 수레에 싣고 가노라	
	春風欺颺病輿行
길가 소나무 구부정하게 서서 한길을 가리고	栽松偃蹇遮官道
돌무더기 종횡으로 밭의 경계 나누었네	聚石縱橫限地耕
늙은 나는 몸이 있어 근심 있거니와[103]	老我有身仍有患
일반 백성이야 일없으니 이름 또한 없어라	居民無事爲無名
그래도 시름겨운 마음 일깨우는 곳에는	猶能醒得愁心處
새 울고 냇물 흐르며 들풀 돋았구나	鳥喚泉鳴野草生

---

102 예천 : 【攷證 卷3 醴泉】경상좌도에 속한다. 또 다른 이름은 보주(甫州)·양양(襄陽)이다.

103 몸이……있거니와 : 【攷證 卷3 有身有患】《노자도덕경》 13장에 "내가 큰 근심이 있는 것은 내가 몸을 가지고 있기 때문이다. 만약 내 몸이 없어진다면 내게 다시 무슨 근심이 있겠는가?"라고 하였다.

13일 예천에 이르러 재차 사직소를 올리고[104] 대명하다가 신음하던 끝에 마루 위를 보니 기유년에 이곳을 지나면서[105] 지은 시구가 있으므로 감회가 있기에 짓다. 절구 2수

【병인년(1566, 명종21, 66세) 2월 15일. 예천(醴泉)】

十三 抵醴泉 再辭待命 呻吟之餘 見軒有己酉經行拙句 有感 二絶

(詩-內卷4-66)

예전 검던 머리가 온통 눈처럼 세어서 놀라노니	鬢雪渾驚失舊靑
나그네 회포 흔들흔들 바람 앞의 깃발[106] 같네	客懷搖颺似風旌
하공처럼 오 땅으로 돌아갈[107] 수만 있다면	賀公若得歸吳地
두로처럼 어찌 초나라 마름 먹는 것[108]을 사양하랴	杜老寧辭食楚萍

---

104 재차 사직소를 올리고 : 【譯注】이황은 가선대부·동지중추부사로 부름을 받고 서울로 올라가던 중 1566년 1월 27일 영주(榮州)에 도착하여 사면을 청하는 사직소를 올렸는데, 명종은 병을 잘 조섭하고 천천히 올라오라는 교지를 내렸다. 이에 2월 13일 풍기에서 예천으로 와서 소명의 사면을 청하는 두 번째 사직소를 올린 것이다.

105 기유년에 이곳을 지나면서 : 【譯注】이황은 기유년(1549, 명종4)에 풍기 군수(豐基郡守)로 있다가 병이 들어 경상도 관찰사에게 세 차례 사직서를 올린 후 회답도 기다리지 않고 고향으로 돌아온 일이 있다. 아마도 이때 예천을 거쳐간 듯하다.

106 바람 앞의 깃발 : 【攷證 卷3 風旌】초왕(楚王)이 "과인은 누워도 자리가 편치 않고 먹어도 맛이 달지 않으며, 마음이 흔들흔들한 것이 매달린 깃발 같아 끝내 정착할 곳이 없다.〔心搖搖如懸旌, 而無所終薄.〕"라고 하였다. 《戰國策 楚策1》

107 하공처럼……돌아갈 : 【譯注】고향으로 돌아가 은거하는 것을 뜻한다. 【攷證 卷3 賀公歸吳】곧 하지장(賀知章)의 감호(鑑湖)와 섬천(剡川)이다. 【校解】당(唐)나라 하지장이 천보(天寶) 3년에 병이 들어 도사(道士)가 되어 귀향하겠다고 청하자, 황제가 조서를 내려 이를 허락하고 감호와 섬천 일대의 땅을 하사하였다. 《新唐書 賀知章列傳》

108 두로처럼……것 : 【譯注】늙어서 벼슬을 하더라도 패업을 이룰 수 있는 상서를

(詩-內卷4-67)

못의 고기는 물결에 부딪쳐보길 원하지 않으니	淵魚不願試衝瀾
늙고 병든 몸 어찌 확삭[109]의 말안장을 감당하랴	老病何堪矍鑠鞍
사직소 올리고 윤허를 우두커니 기다리노니	乞退佇聞天賜允
꿈속의 혼이 대궐 사이를 오랫동안 맴도누나	夢魂長繞紫宸間

사양하지는 않겠다는 뜻이다.【攷證 卷3 杜老食楚萍】당나라 두보(杜甫)의 〈판관이신 설씨 집 열두 번째 어르신께서 보내주신 시에 받들어 드리다〔奉贈薛十二丈判官見贈〕〕 시에 "부귀영화 누리는 일 젊을 때나 귀한 일이니, 지금 어찌 초강의 부평초 열매를 먹을 수 있으랴.〔榮華貴少壯, 豈食楚江萍?〕"라고 하였다.【校解】초 소왕(楚昭王)이 강을 건너는데 강 가운데 크기가 말〔斗〕만 하고 둥글며 붉은빛을 띤 것이 있었다. 왕이 괴상하게 여겨 사람을 시켜 노(魯)나라 공자(孔子)에게 물으니 공자가 "이것은 평실(萍實)로 쪼개 먹을 수 있으니 길한 상서를 드러낸다. 오직 패업(霸業)을 이룰 사람만이 얻을 수 있는 것이다."라고 하였다.《說苑 辨物》

109 확삭 :【譯注】노인이 여전히 강건하여 젊은이처럼 씩씩한 것을 말한다.【攷證 卷3 矍鑠】마원(馬援)의 일을 사용하였다.【校解】무릉(武陵) 오계(五溪)의 만이(蠻夷) 가 쳐들어와 동한(東漢)의 군대가 패하자 마원이 전쟁에 나갈 것을 청하였다. 이때 마원 이 62세의 나이에도 불구하고 말에 뛰어올라 용맹을 보이자, 광무제(光武帝)가 "이 노인 네가 참으로 씩씩하기도 하다.〔矍鑠哉是翁也〕"라고 찬탄하였다.《後漢書 馬援列傳》

KNP0357(詩-內卷4-68~69)

기유년에 지은 시의 제목은 〈이른 봄에 풍기를 경유해 온
연첩[110]이 군에 도착하여 헌함에 걸린 시의 운자를 사용하
여 짓다〉이다[111] 【기유년(1549, 명종4, 49세) 1월. 예천(醴泉)】

己酉詩題云 早春 由豐基沿牒到郡 用軒韻

(詩-內卷4-68)

정원은 높고 밝으며 대나무 잣나무 푸른데	庭院高明竹柏青
봄추위는 아직도 주렴 뚫고 들어오네	春寒猶自透簾旌
한 잔 술로 웃으며 예전 일 이야기하니	一杯笑說從前事
오가는 덧없는 인생이 떠다니는 부평초 같구나	來往浮生似泛萍

(詩-內卷4-69)

병중에도 오히려 파란이 가라앉질 않아	病中猶未息波瀾
나그네 길 뽀얀 먼지 말안장을 때리네	客路塵埃撲馬鞍
어찌 양양의 술 취한 이백처럼	何似襄陽醉李白
아이들 길거리 가득 메우고 〈백동제〉다투어 부르는[112] 것만 하랴	
	銅鞮爭唱滿街間

---

110 연첩 : 【譯注】노상에서 받는 공문을 말한다. 【攷證 卷3 沿牒】원(元)나라 웅충(熊
忠)의 《고금운회거요(古今韻會擧要)》권30에 "'첩'은 간(簡)이다."라고 하였다. ○ 살펴
보건대, '연첩'은 지금의 연로이문(沿路移文)과 같다.

111 기유년에……이다 : 【譯注】이 시는 본래 앞의 〈13일 예천에 이르러 재차 사직소를
올리고 대명하다가……감회가 있기에 짓다. 절구 2수〔十三抵醴泉再辭待命……有感二
絕〕〉의 뒤에 붙는 첨부시인데, 《정본 퇴계전서》에는 따로 떼어 구분해 놓았다.

백동제 다투어 부르는 : 【攷證 卷3 銅鞮爭唱】당(唐)나라 이백(李白)의 〈양양가(襄陽歌)〉에 "양양의 아이들 일제히 손뼉 치면서, 길거리 막고 백동제를 다투어 노래하네.〔襄陽小兒齊拍手, 攔街爭唱白銅鞮.〕"라고 하였는데, 원나라 소사빈(蕭士贇)의 주석에 "악부(樂府)에 〈동제가(銅鞮歌)〉가 있다."라고 하였다.《李太白集分類補註 卷5》당나라 맹교(孟郊)의 〈담공을 보내다〔送淡公〕〉시 중 제3수에 "구리말로 강주(江州)에서 빚은 술 마시고, 손뼉 치며 〈동두가〉를 부르네.〔銅斗飮江酒, 手拍銅斗歌.〕"라고 하였는데, 〈백동제〉가 곧 〈동두가〉인 듯하다.

16일 병중에 읊다. 2수 【병인년(1566, 명종21, 66세) 2월 16일. 예천(醴泉)】

十六日 病吟 二首

(詩-內卷4-70)

빈 공관에서 새 울고 낮에도 어둑한데	禽啼空館晝陰陰
나그네 베갯머리의 정회는 어제나 오늘이나 같네	旅枕情懷昨又今
험하기가 산천보다 심하니 세상길이 슬프고	險劇山川悲世路
허명은 기두 같아[113] 유림에 부끄럽구나	名同箕斗愧儒林
대붕 새가 날려면 두터운 바람 타게 해야 하지만[114]	鵬飛縱遣搏風厚
표범이 털을 윤택하게 할 때는 도리어 안개 속 깊이 숨어야 하지[115]	
	豹養還須隱霧深

---

113 허명은 기두 같아 : 【譯注】《시경》〈소아(小雅) 대동(大東)〉에 "남쪽에 기성이 있으나 쭉정이를 까불러 날리지 못하며, 북쪽에 두성이 있으나 술이나 국을 뜰 수는 없다네.〔維南有箕, 不可以簸揚, 維北有斗, 不可以挹酒漿.〕"라고 하였다.〔攷證 卷3 名同 箕斗〕〈고시십구수(古詩十九首)〉시 중 제7수에 "남쪽에는 기성 북쪽에는 두성이 있고, 견우성은 수레를 몰지 않네. 진실로 우정이 견고한 반석 같지 않다면, 벗이라는 허명이 다시 무슨 이익 있으리오.〔南箕北有斗, 牽牛不負軛. 良無盤石固, 虛名復何益?〕"라고 하였는데, 당(唐)나라 이선(李善)의 주석에 "이름만 있고 실상이 없는 것을 말한다."라고 하였다. 《文選註 卷29》송(宋)나라 소식(蘇軾)의 〈중서성에서 세 사인에게 화답하다〔和 三舍人省上〕〉시에 "아 그대들 좋은 자질은 모두 호련 같은데, 나의 헛된 이름은 기성 두성과 같을 뿐이네.〔嗟君妙質皆瑚璉, 顧我虛名但箕斗.〕"라고 하였다.

114 대붕……하지만 : 【譯注】《장자》〈소요유(逍遙遊)〉에 "붕(鵬)이 남쪽 바다로 날아 갈 때는……바람이 쌓인 것이 두텁지 않으면 큰 날개를 지고 있다 해도 아무 힘이 없다. 〔風之積也不厚, 則其負大翼也無力.〕 그러므로 9만 리는 올라가야 바람이 날개 밑에 있을 것이다. 그런 뒤에 이제 바람을 두텁게 해서〔而後乃今培風〕 등으로 푸른 하늘을 진 채로 막힌 것이 없어진 뒤에야 장차 남쪽으로 날아가려고 시도해 볼 것이다."라고 하였다.

천상의 여러분이 스스로 판별할 수 있으리니 　　　　天上羣公自可辨
강호의 어디인들 시 읊을 만하지 않으랴 　　　　　　澤中何地不堪吟

(詩-內卷4-71)
사람에게 다가와 시끄럽게 우는 굶주린 까마귀가 싫으니

　　　　　　　　　　　　　　　　　　　近人鳴噪厭飢鴉
어찌 노쇠한 몸으로 세상의 시끄러움을 쫓으랴　　肯把龍鍾逐世譁
천리 밖에서 다만 청금¹¹⁶의 달을 그리워할 뿐　千里只懷淸禁月
두 눈은 상림원의 꽃을 구경하기 어렵구나　　　　雙眸難睇上林花
광음은 천지에서 바뀌어 춥다가 또 따뜻해지고　　光陰逆旅寒兼暖
아름다운 산천들은 곧았다 다시 비스듬해지네　　　形勝山川直復斜
병든 신하는 의리와 천명에 편안하길 원할 뿐이니　願得病臣安義命
봄날이라 시골 내 집이 그리워서는 아니라오　　　非關春日憶山家

115　표범이……하지 : 【攷證 卷3 豹養還須隱霧深】한(漢)나라 유향(劉向)의 《고열녀전(古列女傳)》 권2 〈현명전(賢明傳) 도답자처(陶答子妻)〉에 "제가 듣기로는 남산에 검은 표범이 있는데, 안개비가 내리는 7일 동안은 내려와 먹지를 않는다〔霧雨七日不下食〕하니, 어째서일까요? 그 몸의 털을 윤택하게 하여 무늬를 이루고자 함이니〔欲以澤其毛而成文章也〕, 그 때문에 몸을 숨겨 해를 멀리하는 것입니다."라고 하였다.

116　청금(淸禁) : 【譯注】 엄숙하고 청정한 궁중을 말한다.

매화를 꺾어 책상 위에 꽂아두다 【병인년(1566, 명종21, 66세) 2월 17일. 예천(醴泉)】

折梅 揷置案上

봄을 맞은 매화 송이 작은 추위 속에 있기에　　　　　　梅萼迎春帶小寒
꺾어와 창가에 두고서 마주보노라　　　　　　　　　　　折來相對玉窓間
천산 너머의 옛 친구를 오랫동안 그리워하니　　　　　　故人長憶千山外
천향이 야위고 축나는 것을 차마 보지 못하겠네　　　　不耐天香瘦損看

18일 비바람에 감회가 일다 【병인년(1566, 명종21, 66세) 2월 18일. 예천(醴泉)】

十八日 風雨感懷

내 마음 둘로 쓰기 어려움을 몰랐는데	不覺吾心兩用難
마음은 북궐과 남산을 잊지 못하고 있네	情懸北闕與南山
객지라 부질없이 비바람이 한스럽고	客中謾恨風和雨
병중이라 더위와 추위 몹시 걱정이구나	病裏深憂熱共寒
바야흐로 두보처럼 관아에서 매화 읊조리고[117]	官閣吟梅方屬杜
또 한유와 같이 물과 구름에 기러기 노래하노라[118]	水雲詠鴈又同韓
크고 넓은 하옥은 내가 관여할 일 아니니	渠渠厦屋非干事
지푸라기든 천종의 봉록이든 내 마음 편한 게 중요하지	一芥千鍾貴所安

---

[117] 바야흐로……읊조리고 :【攷證 卷3 官閣吟梅方屬杜】당(唐)나라 두보(杜甫)의 〈배적이 촉주 동정에 올라 객을 송별할 때 일찍 핀 매화를 보고 내 생각이 나서 부쳐준 시에 화답하다〔和裵迪登蜀州東亭送客逢早梅相憶見寄〕〉시에 "동각의 관매가 시흥을 일으키니, 도리어 하손이 양주에 있을 때와 같구나.〔東閣官梅動詩興, 還如何遜在揚州.〕"라고 하였다.

[118] 또……노래하노라 :【攷證 卷3 水雲詠鴈又同韓】당나라 한유(韓愈)의 〈우는 기러기〔鳴雁〕〉시에 "강남의 물 드넓고 아침 구름 많은데, 풀은 길고 모래는 부드러우며 그물도 없구나. 한가로이 날며 고요히 모여앉아 정답게 서로 지저귀는데, 병 든 이 몸 은혜를 그리워하는 본성은 다른 것이 아니니, 바람 타고 한 번 떠나는 그대는 무슨 생각인가?〔江南水闊朝雲多, 草長沙軟無網羅. 閒飛靜集鳴相和, 違憂懷惠性匪他, 淩風一去君謂何?〕"라고 하였는데, 송(宋)나라 번여림(樊汝霖)의 주석에 "공이 서주(徐州)에 있을 때 뜻을 펼치지 못해 답답했기 때문에 이 시를 지었다."라고 하였다. 【校解】《고증》에는 '朝'가 '朔'으로 되어 있는데 《오백가주창려문집(五百家注昌黎文集)》에 의거하여 수정하였다.

이 군 사람 윤상[119]과 조용[120] 두 분이 모두 경서에 밝아 제자를 가르쳤으나 애석하게도 저술이 없어 후세에 와서 그것을 고증할 길이 없다 【병인년(1566, 명종21, 66세) 2월 18일~20일 추정. 예천(醴泉)】

郡人尹祥趙庸二公 皆明經授徒 惜無著述 後來無徵爾

성리의 연원은 밝히기 쉽지 않은데	性理淵源不易明
양양[121]에선 이 두 분 이름을 일컫는다네	襄陽稱道二公名
어찌하여 후대에 전해질 저술이 없는가	如何著述無傳後
높은 산처럼 우러르며 홀로 감회에 젖노라	仰止高山獨感情

---

119 윤상 : 【攷證 卷3 尹祥】 1373~1455. 자는 실부(實夫), 호는 별동(別洞)이며, 명(明)나라 태조 홍무(洪武) 계축년(공민왕22)에 태어났다. 남들보다 뛰어나게 총명하였고, 향역(鄕役)을 관리하는 일을 하게 되어서는 비록 극무(劇務) 중에라도 글 읽기를 그치지 않아 학문이 정밀하고도 깊었다. 20세에 진사가 되고 24세에 과거에 급제하였으며, 조용(趙庸)에게 배웠다. 벼슬은 대사성에 이르렀다.

120 조용 : 【攷證 卷3 趙庸】 ?~1424. 포은(圃隱) 정몽주(鄭夢周)의 문인으로, 성리학에 조예가 깊었으며 국자감의 장(長)으로 20여년 있는 동안 남 가르치는 일을 게을리하지 않았다. 관직은 예의 판서(禮儀判書)에 이르렀고 시호는 문정(文貞)이다.

121 양양(襄陽) : 【譯注】 예천의 다른 군명이다.

21일 우연히 쓰다 【병인년(1566, 명종21, 66세) 2월 21일. 예천(醴泉)】

二十一日 偶題

매화가 군사의 동쪽에 막 피었는데	梅花初發郡舍東
나그네는 시름 속에 병들어 누웠다오	客子臥病愁思中
차가운 비 쓸쓸한 바람이 유독 그치지 않으니	冷雨凄風殊未已
그 빼어난 향기와 자태를 함께 감상할 이 없구나	天香國艶無與同
양양은 예로부터 낙국이라 일컬으니	襄陽自古稱樂國
이백의 광가라 산옹을 자랑했지[122]	李白狂歌詑山翁
지금은 예전 어른들 별로 남지 않았으니	只今耆舊無多存
누가 녹문의 방덕공이란 말인가[123]	誰是鹿門龐德公

---

122 이백의……자랑했지 : 【譯注】당(唐)나라 이백(李白)의 〈양양가(襄陽歌)〉에 "옆 사람 무슨 일로 웃느냐고 물으니, 산옹이 취하여 이충(泥蟲)과 같음 우습다네.〔傍人借問笑何事, 笑殺山翁醉似泥.〕"라고 하였는데, 여기에서 '산옹'은 진(晉)나라의 명사(名士) 인 산간(山簡)을 가리킨다. 그는 술을 좋아해서 양양에 있을 때 그 지방의 호족(豪族)인 습씨(習氏)네 집 연못가를 자주 찾아가 술을 마시고는 번번이 만취해서 부축을 받고 돌아오곤 하였다. 《晉書 山簡列傳》

123 예전……말인가 : 【攷證 卷3 耆舊…龐德公】《진서(晉書)》에 "습착치(習鑿齒)가 〈양양기구전(襄陽耆舊傳)〉을 지었다."라고 하였다. 《韻府群玉 卷15》당나라 두보(杜甫)의 〈고민을 풀다〔解悶〕〉시 중 제6수에 "지금 노인들은 새로운 시어 하나 없이, 그냥 사두에서 축항편만 낚는구나.〔即今耆舊無新語, 謾釣槎頭縮項鯿.〕"라고 하였고, 또 〈양양으로 부임하는 정련에게 증별하다〔贈別鄭鍊赴襄陽〕〉시에 "나를 위해 노인들 중에서, 성이 방씨인 사람을 찾아보시게나.〔爲於耆舊內, 試覓姓龐人.〕"라고 하였다. ○ 살펴보건대, 방덕공(龐德公)은 자가 자어(子魚)인데, 처자를 데리고 녹문산(鹿門山)에 올라가 약초를 캐면서 돌아오지 않았다. 【校解】《고증》에는 두보의 두 번째 시 가운데 '試'가 '始'로 되어 있는데, 통행본 《구가집주두시(九家集注杜詩)》에 의거하여 수정하였다.

정자중[124]의 편지를 받고 진퇴의 어려움을 더욱 탄식하여 시를 읊어 뜰의 매화에게 묻다 【병인년(1566, 명종21, 66세) 2월 22일 추정. 예천(醴泉)】

得鄭子中書 益歎進退之難 吟問庭梅

편지에서는 승배(陞拜)되었다는 사실을 말하였다.

매화의 고절함은 고산을 일컫거늘	梅花孤絶稱孤山
무슨 일로 관아의 뜰로 옮겨 왔는가	底事移來郡圃間
필경 너 역시 이름 때문에 그르친 것이니	畢竟自爲名所誤
이 늙은이 이름 때문에 시달린다고 업신여기지 말라	莫欺吾老困名關

---

124 정자중 : 【譯注】 정유일(鄭惟一, 1533~1576)로, 본관은 동래(東萊), 자는 자중(子中), 호는 문봉(文峯)이다.

매화를 대신하여 답하다 【병인년(1566, 명종21, 66세) 2월 22일 추정. 예천(醴泉)】

代梅花答

나는 관아의 뜰에서 고산을 생각하고[125]	我從官圃憶孤山
그대는 객지에서 구름 시내를 꿈꾸네	君夢雲溪客枕間
한 번 웃으며 만난 연분도 하늘이 준 것이니	一笑相逢天所借
선학이 사립문에 함께할 필요는 없으리라[126]	不須仙鶴共柴關

---

125 나는……생각하고 : 【譯注】 여기서 '나'는 매화이며, 원래 서호(西湖)의 고산(孤山)에 있어야 하는데 지금 관아의 뜰에 있기 때문에 고산을 생각한다는 뜻이다. 송(宋)나라 임포(林逋)가 매화를 사랑하고 학을 기르면서 서호의 고산에 은거하였으므로, 당시 사람들이 '매처학자(梅妻鶴子)'라고 불렀다.

126 선학이……없으리라 : 【譯注】 매화만 있어도 충분하고, 임포처럼 학까지 기를 필요는 없다는 뜻이다. 위의 주 참조.

조사경[127]이 어버이가 늙고 또 곤궁하여 멀리 벼슬하러 갈 수 없어 명에 달려가지 못하고 시를 부쳐 왔기에 삼가 화답하다. 절구 2수 【병인년(1566, 명종21, 66세) 2월 22일~24일 추정. 예천 (醴泉)】

趙士敬親老且窮 不堪遠宦 未赴命 寄詩來 奉和 二絶

(詩-內卷4-78)

원숭이와 학이 까닭 없이 원망하고 놀라니[128]	猿鶴無端怨且驚
부름과 제수의 명 거듭 내려 온갖 어려움 생기누나	召除荐沓百艱生
그대 지금 또한 벼슬에 올라 어려움을 맛보게 되었으니	
	君今亦試嘗艱味
이 모두 우리들이 명리를 너무 가까이한 탓일세	總爲吾儕太近名

(詩-內卷4-79)

| 쇠한 백발로 홍진 속에 분주하기 난감하니 | 衰白難堪走軟紅 |
| 물러나길 청하여 어느 날에나 내 모습으로 돌아올까 | 乞身何日返吾窮 |

---

127 조사경 :【譯注】조목(趙穆, 1524~1606)으로, 본관은 횡성(橫城), 자는 사경(士敬), 호는 월천(月川)·동고(東皐)이다. 그는 1566년(명종21) 2월에 장사랑(將仕郞) 공릉 참봉(恭陵參奉)에 제수되었으나 부임하지 않았다.

128 원숭이와……놀라니 :【譯注】새로운 관직에 제수되어 고향을 떠나게 된 상황을 뜻한다. 【攷證 卷3 猿鶴怨且驚】남조 시대 제(齊)나라 공치규(孔稚圭)의 〈북산이문(北山移文)〉에 "향기로운 휘장 안이 텅 비니 밤의 학이 원망하고, 산에 살던 사람이 떠나감에 새벽 원숭이가 놀라네.〔蕙帳空兮夜鶴怨, 山人去兮曉猿驚.〕"라고 하였다.

돌아오면 다시금 스승을 찾으라는 가르침[129]에 힘쓸지니

歸時更勉求師訓

회목은 봄 모습이 오히려 제 몸을 빛내는 법[130]　　晦木春容尙賁躬

---

129 스승을 찾으라는 가르침 :【譯注】이황 자신에게 군이 찾아오지 않아도 고향에 가면 가르쳐줄 스승이 충분히 많을 것이라는 말이다. 《맹자》〈고자 하(告子下)〉에 "도(道)는 대로(大路)와 같은 것이니, 어찌 알기 어렵겠는가. 사람들이 찾지 않는 것이 병통일 뿐이니, 그대가 돌아가서 찾아본다면 배울 만한 스승이 많을 것이다.〔子歸而求之, 有餘師.〕"라고 하였다.

130 회목은……법 :【譯注】고향에서 조용히 지내면서 내면의 실력을 쌓으라는 뜻이다.【攷證 卷3 晦木春容尙賁躬】송(宋)나라 유병산(劉屛山 유자휘(劉子翬))의 〈주희에게 자를 지어주면서 한 축사〔字朱熹祝詞〕〉에 "나무는 뿌리를 감추어야 봄에 꽃잎이 무성하게 피고, 사람은 몸을 감추어야 정신이 내면에서 살찐다.〔木晦於根, 春容燁敷, 人晦於身, 神明內腴.〕"라고 하였다.

26일 광흥사¹³¹를 찾다 【병인년(1566, 명종21, 66세) 2월 26일. 안동(安東)】

二十六日 尋廣興寺

어제 교지를 받들었는데 여전히 사퇴를 허락하지 않으셨고, 실은 동관(冬官)¹³²에 제수되었음을 또한 알게 되었다. 물러나길 구하다가 도리어 승진하게 되었으니 힘써 사퇴하는 것이 더욱 마땅하고, 관사에 오래 머무는 것도 불편하기에 마침내 산으로 들어갔다.

어렸을 적에 여기 와서 골짜기 어귀를 지났는데	童稱曾來過洞門
다시 찾아오니 백발이 산 구름에 어리어 비치네	重尋白髮映山雲
얼마나 많은 양갑 광음¹³³ 속에	幾多羊胛光陰裏
덧없는 인생 헛되이 보내고 도는 듣지도 못했는가	虛度浮生道未聞

---

131 광흥사 : 【譯注】 경상북도 안동시 서후면 학가산(鶴駕山) 남쪽 기슭에 있는 절이다. 고운사(孤雲寺)의 말사로, 신라 문무왕(文武王) 때 의상(義湘)이 창건하였다. 【攷證 卷3 廣興寺】 안동부 서쪽 30리 지점에 있다.

132 동관 : 【攷證 卷3 冬官】 살펴보건대, 《주례(周禮)》의 동관이니, 공부(工部)이다.

133 양갑 광음 : 【譯注】 빨리 흘러가는 세월을 비유한 말이다. 【攷證 卷3 羊胛光陰】 《신당서》〈회골열전(回鶻列傳)〉에 "북방 오랑캐 골리간(骨利幹)이 거주하는 북방 지역은 낮이 길고 밤이 짧다. 해가 지면 양의 어깨 죽지〔羊胛〕를 삶는데 이것이 익을 때면 이미 동방이 밝아온다."라고 하였다.

광흥사[134]에서 농암 이 선생이 옛날에 지은 시[135]에 차운하다. 절구 2수 【병인년(1566, 명종21, 66세) 2월 26~29일 추정. 안동(安東)】

廣興寺 次聾巖李先生舊題韻 二絶

(詩-內卷4-81)

해 지자 애오라지 불등을 이어 밝혀 놓고	佛燈聊借繼沈暉
시름겨워 차가운 창 앞에 눈썹 찌푸리고 앉았노라	愁對寒窓坐斂眉
죄 면하지 못할까 두려워한 사공[136]을 비로소 믿겠으니	始信謝公憂不免
돌아감을 기뻐한 도령[137]에게 심히 부끄럽구나	深慙陶令喜言歸

(詩-內卷4-82)

| 옛 사람의 출처는 날이 갈수록 다투어 빛나는데 | 古人行止日爭暉 |

---

134 광흥사(廣興寺) : 【譯注】 경상북도 안동시 서후면 학가산(鶴駕山) 남쪽 기슭에 있는 절로, 신라 문무왕 때 의상(義湘)이 창건하였다.

135 농암……시 : 【譯注】 농암 이 선생은 이현보(李賢輔, 1467~1555)로, 본관은 영천(永川), 자는 비중(棐中), 호는 농암(聾巖)·설빈옹(雪鬢翁)이다. 옛날에 지은 시는 《농암집》 속집 권1에 〈광흥사에서 문대휴 계창과 함께 자다[廣興寺與文大休繼昌同宿]〉라는 제목으로 실려 있다.

136 죄……사공 : 【攷證 卷3 謝公憂不免】 살펴보건대, 사안(謝安)의 아내가 사안에게 "어째서 부귀를 구하지 않으십니까?"라고 하니, 사안이 코를 가리며 "코를 베이는 형벌을 면하지 못할까 두려울 따름이오.[恐不免耳]"라고 하였다. 《晉書 謝安列傳》

137 돌아감을 기뻐한 도령(陶令) : 【譯注】 진(晉)나라 도연명(陶淵明)이 팽택(彭澤) 현령으로 있다가 80일 만에 자발적으로 사직하고 〈귀거래사(歸去來辭)〉를 지어 읊으며 고향으로 돌아간 일을 말한다.

어찌 시속의 화장법인 반액미¹³⁸를 배우겠는가   肯學時粧半額眉

병든 몸으로 산사를 찾아와 누웠으니   抱病來依山寺臥

두견새 밤새도록 돌아가라 권하네   杜鵑終夜勸人歸

---

138 시속의 화장법인 반액미 :【攷證 卷3 時粧半額眉】《한서》〈마료전(馬廖傳)〉에 "성 안에서 눈썹이 넓은 것을 좋아하니, 사방에서 또한 이마의 반을 눈썹으로 그렸다.〔四方且 半額〕"라고 하였다.

KNP0368(詩-內卷4-83~84)

우연히 읊다. 절구 2수【병인년(1566, 명종21, 66세) 3월 2일 추정. 안동 (安東)】

偶吟 二絕

(詩-內卷4-83)

시골 사람 대정의 음식[139]에 익숙하지 못해서인지	野人不慣大鼎食
공관은 온갖 병을 더하게 만드는구려	公館能令增百疾
광흥사 동원[140]은 고요하고도 깊으니	廣興東院靜且深
홀가분한 그 맛이 산사의 선열[141] 같아라	翛然一味如禪悅

(詩-內卷4-84)

| 평생을 방아 돌리는 나귀[142]처럼 학가산을 돌았는데 | 平生磨驢環鶴山 |

---

139 대정의 음식 :【攷證 卷3 大鼎食】한(漢)나라 장형(張衡)의 〈서경부(西京賦)〉에 "종을 치고 주악(奏樂)하면서 정을 늘어놓고 식사를 하였고, 기마(騎馬)가 연이어 방문하였다.〔擊鍾鼎食, 連騎相過.〕"라고 하였다.《文選 卷2》【校解】《고증》에는 '擊鍾'이 '鍾鳴'으로 되어 있는데, 통행본《문선주(文選註)》에 의거하여 수정하였다.

140 동원(東院) :【譯注】당(唐)나라 때 고승 종심 선사(從諗禪師)가 일찍이 조주(趙州)의 관음원(觀音院)에 거주했는데, 이곳을 동원이라고도 칭했던 데서 전하여 고승의 처소를 가리킨다.

141 산사의 선열 :【攷證 卷3 禪悅】혜해(慧海)가 "육근(六根)을 어지럽게 하는 것을 육진(六塵)이라고 부른다. 이와 같이 이해하는 자가 있다면 곧 불법의 기쁨과 산사의 선열을 먹을 수 있다."라고 하였다.《景德傳燈錄 卷28 諸方廣語》

142 방아 돌리는 나귀 :【攷證 卷3 磨驢】송(宋)나라 소식(蘇軾)의 〈과거 시험에 떨어져 촉 땅으로 돌아가는 선인을 백부께서 보내다……〔伯父送先人下第歸蜀……〕〉시에 "응당 비웃겠지 생계 도모하는 것 졸렬하여, 방아 돌리는 나귀처럼 빙글빙글 도는 것을.〔應笑謀

이제 산기슭에 누운 채 오르기가 어렵구려	今臥山根登陟艱
어떡하면 비운리[143]를 한번 얻어 신고서	安得一躡飛雲履
울긋불긋 산들의 주름[144]을 높은 데서 바라볼까	爛熳衆皺高眼看

-학가산(鶴駕山)은 태백산(太白山)에서 내려와 안동의 서쪽과 예천(醴泉)의 동쪽에 우뚝이 웅장하게 솟아 있으며, 북쪽으로는 영천(榮川)에 다다르고 남쪽으로는 풍산(豐山)을 끌어들이니, 여러 고을 안에 흩어져 있는 산들은 모두 개미둑처럼 보인다. 평소에 여러 고을을 돌아다녀 보면 가는 곳마다 이 산이 선뜻 눈에 들어와 매번 가슴이 후련해지고 눈이 확 트이는[145] 흥취를 이기지 못했다. 지금 다행히 광흥사에 오니 절이 산기슭의 첫 번째 골짜기에 있기에 드디어 오를 수 있게 되었는데, 병이 든 데다 세상일에 얽매여 동원(東院) 안에서 얼굴을 찌푸리고 신음하고 있으니 한탄스러울 따름이다. 간혹 절의 중들에게 산 위의 여러 절들에 대해 이야기하게 하고, 빼어난 경치를 멀리 바라보며 병으로 울적해진 마음을 씻어내고는 이에 절구 한 수를 써서 한스러움을 적어 본다.-

---

生拙, 團團如磨驢.)"이라고 하였다. 【校解】《고증》에는 '如'가 '似'로 되어 있는데, 통행본 《동파전집(東坡全集)》에 의거하여 수정하였다.

143 비운리 : 【攷證 卷3 飛雲履】《초인직설(樵人直說)》에 다음과 같은 내용이 있다. 백낙천(白樂天)이 여산(廬山)의 초당에서 단약(丹藥)을 달이다가 '비운리'를 만들었다. 검은 비단으로 바탕을 삼고 하얀 명주로 구름송이를 만든 뒤에 사선향(四選香)으로 물들였는데, 신을 끌고 가면서 소리를 내면 마치 운무(雲霧)가 이는 듯하였다. 백낙천이 이것을 신고 산중의 도우(道友)에게 보여주며 '내 발 아래 구름이 생겨나니, 아마 머지않아 신선이 산다는 주부(朱府)로 올라갈 것이다.'라고 하고는 '비운리'라고 이름하였다. 《說郛 卷119上 雲仙雜記1》

144 울긋불긋 산들의 주름 : 【攷證 卷3 爛熳衆皺】당(唐)나라 한유(韓愈)의 〈남산시(南山詩)〉에 "앞이 낮아 획을 그은 듯 탁 트이니, 산들의 주름살이 울긋불긋 쌓여 있네.〔前低劃開闊, 爛漫堆衆皺.〕"라고 하였다. 【校解】《고증》에는 '漫'이 '熳'으로 되어 있는데, 통행본 《동아당창려집주(東雅堂昌黎集註)》에 의거하여 수정하였다.

145 가슴이……트이는 : 【攷證 卷3 盪胸決眥】당나라 두보(杜甫)의 〈망악(望嶽)〉 시에 "층층 구름 생기는 데서 가슴이 후련해지고, 돌아가는 새를 보는 데서 눈이 확 트이네.〔盪胸生層雲, 決眥入歸鳥.〕"라고 하였다.

3월 3일 회암 선생의 '일'자 운[146]을 사용하여 짓다 【병인년

(1566, 명종21, 66세) 3월 3일. 안동(安東)】

三月三日 用晦菴先生一字韻

출처에 어두워서 갈 곳을 몰랐는데	出處昧所適
늙어빠진 몸으로 깊은 병이 들었구나	龍鍾抱沈疾
평소의 바람은 산골에 묻혀 사는 것이니	夙尙在丘壑
자취 감추고 홀로 삶을 달게 여기노라	遯迹甘離索
헛된 이름에 떨어질 줄 어찌 알았으랴	寧知落虛名
자취를 감추는 것 치밀하지 못했음이 부끄럽다	晦藏慙不密
한 자의 조서[147] 바위 문에 내려오면	尺書下巖扃
띠 매고 법도를 지켜 공손히 맞이하지	束帶恭矩律
그대는 보라 초가 살로 변하지만[148]	君看椒變樧
어찌 그것을 가져다 제수로 올리랴	胡取薦芬苾
모기에게 억지로 산을 짊어지게[149] 한다면	使蚊强負山

---

146 회암……운 : 【譯注】회암(晦菴)은 송(宋)나라 주희(朱熹)의 자이고, 그의 시는 《회암집》권2에 〈3월 3일 제사를 마치고……'일' 자로 시를 짓다〔三月三日祀事畢……得一字〕〉라는 제목으로 실려 있다.

147 한 자의 조서 : 【攷證 卷3 尺書】《후한서》〈진번열전(陳蕃列傳)〉에 "한 자 조서를 가지고 가려서 천거하였다.〔尺一選擧〕"라고 하였는데, 당(唐)나라 이현(李賢)의 주석에 "'척일'은 길이가 한 자 되는 판목에 조서를 쓴 것을 말한다."라고 하였다.

148 초가 살로 변하지만 : 【攷證 卷3 椒變樧】살펴보건대, '초'는 수유(茱萸)와 비슷한데 열매는 맵고 향기가 진하다. '살'도 역시 수유와 비슷한데 맛이 쓰고 맵다. 《문선(文選)》에 "차조기·산초·붉은 생강〔蘇椒紫薑〕"이라고 하였다. 《古今韻會擧要 卷26》

응당 끝을 잘 마칠 수 없으리라	應無令終畢
안개와 이슬 한길을 뒤덮었는데	霧露蒙道塗
병들어 신음하며 세월만 보내는구나	呻吟淹月日
소장을 세 번 올려 물러나길 청하니	拜章三乞骸
쑥과 기름을 태우듯 경건하다네[150]	虔若焫蕭膟
움츠린 채 절간에 누워 있다가	局促臥僧廬
흥이 나면 애오라지 붓을 잡아 보지만	遇興聊援筆
푸르고 푸른 풀을 밟을 겨를조차 없으니	靑靑未暇踏
가슴속의 심사를 어찌 써내려갈 수 있으랴	耿耿何能述
온화한 성상의 하유 매양 입으니	每蒙天語溫
이 신하의 마음은 더욱 두려워지는구나	轉覺臣心怵
내일 아침 놓여나 산으로 돌아가서	明朝放還山
어리석은 내 본분으로 돌아가는 것이 참으로 제일이라네	歸愚眞第一

---

149 모기에게……짊어지게 : 【譯注】 힘에 비해 과중한 부담을 지우는 것을 뜻한다. 【攷證 卷3 蚊負山】 접여(接輿)가 "그런 식으로 천하를 다스린다는 것은 바다를 걸어서 건너고 강을 손으로 파헤치며, 모기에게 산을 지게 하는 짓이다.〔使蚊負山也〕"라고 하였다. 《莊子 應帝王》

150 쑥과……경건하다네 : 【攷證 卷3 虔若焫蕭膟】 《예기》〈교특생(郊特牲)〉에 "기름을 묻힌 쑥에 서직을 합하여 태운다.〔焫蕭合羶薌〕"라고 하였다. 《시경》〈왕풍(王風) 채갈(采葛)〉에 "저 쑥을 캠이여, 하루 동안 보지 못함이 삼 년 같도다.〔彼采蕭兮, 一日不見, 如三秋兮.〕"라고 하였는데, 당(唐)나라 공영달(孔穎達)의 주석에 "쑥은 향기가 있다. 그러므로 제사 때 기름을 섞어 태운다.〔蕭有香, 祭祀以脂焫之.〕"라고 하였다. 원(元)나라 웅충(熊忠)의 《고금운회거요(古今韻會擧要)》 권26에 "'율(膟)'의 독음은 '율(律)'로, 창자 사이의 기름이다."라고 하였다. 이 구절은 그 경건하고 공경하는 것이 제사 지낼 때와 같다는 말이다. 【校解】 《고증》에는 《예기》의 기록 가운데 '薌'이 '香'으로 되어 있는데, 통행본 《예기주소(禮記註疏)》에 의거하여 수정하였다.

비 내리는 것을 보고 주자의 〈객사에서 빗소리를 듣다〉[151] 시에 차운하다【병인년(1566, 명종21, 66세) 3월 6일 추정. 안동(安東)】

對雨 次客舍聽雨韻

그윽한 꿈 깨고 나니 봄날의 새벽	幽夢罷春曉
빗소리 듣는데 온 절이 맑구나	聽雨僧寺清
옷 걸치고 일어나서 보니	披衣起來看
작은 뜰에 푸른 풀이 돋아나네	小庭青草生
주룩주룩 집 가운데로 낙숫물[152] 쏟아지고	濺濺中霤瀉
콸콸콸 동녘 시내 메아리치누나	決決東澗鳴
그 누가 알리오 저 태허 속에는	誰知太虛中
고요하여 본래 아무 소리 없음을	寥寥本無聲

---

151 객사에서 빗소리를 듣다〔客舍聽雨〕 : 【譯注】 송(宋)나라 주희(朱熹)의 《회암집(晦菴集)》권1에 실려 있다.

152 집 가운데로 낙숫물 : 【攷證 卷3 中霤】 살펴보건대, '낙숫물〔霤〕'은 지붕 처마에서 떨어지는 빗물이다. 《예기(禮記)》〈월령(月令)〉에 "그 제사는 중류에게 지내니, 제사 지낼 적에는 심장을 먼저 올린다.〔其祀中霤, 祭先心.〕"라고 하였는데, 원(元)나라 진호(陳澔)의 주석에 "옛날에 도복도혈(陶復陶穴)은 모두 그 위를 열어서 햇빛을 들어오게 하였다. 그러므로 비가 중류로 내렸는데, 후에 인하여 방 가운데를 중류라 하였다.〔故雨霤之, 後因名室中爲中霤.〕"라고 하였다. 《禮記集說 卷3》

이날 다시 주자의 〈새벽에 일어나 비를 대하다〉[153] 시의 운
자를 사용하여 짓다. 2수 【병인년(1566, 명종21, 66세) 3월 6일 추정. 안동
(安東)】

是日 復用晨起對雨韻 二首

(詩-內卷4-87)

병이 들어 절간에 누웠노라니	病枕寄僧窓
밤에 내리던 봄비 아침까지 이어지네	春雨夜連朝
남은 추위 가볍게 살갗에 스미고	餘寒薄侵肌
골바람은 언뜻 나뭇가지를 울리누나[154]	谷風乍鳴條
기왓고랑[155]에는 파란 이끼 불어나고	瓦溝碧蘚滋
산이마엔 푸르스름한 기운 사라졌어라	山顔縹氣消
눈길 닿는 곳마다 사람 그리운데	寓目仍懷人
관문과 다리는 어찌나 멀고 먼지	關梁何迢迢
세상일은 저대로 팔꿈치를 잡아당기나[156]	世故自肘掣

---

153 새벽에⋯⋯대하다[晨起對雨] : 【譯注】 송(宋)나라 주희(朱熹)의 《회암집(晦菴
集)》 권1에 실려 있다.

154 나뭇가지를 울리누나 : 【攷證 卷3 鳴條】 한(漢)나라 동중서(董仲舒)의 〈우박대(雨
雹對)〉에 "태평한 세상에서는 바람이 약해 나뭇가지가 소리를 내지 않고[太平之世則風不
鳴條], 껍질을 열어 싹을 틔울 따름이다."라고 하였다. 《風俗通義》

155 기왓고랑 : 【攷證 卷3 瓦溝】 송나라 황정견(黃庭堅)의 〈가천석이 보배로운 향풀을
주고 시를 구하여⋯⋯[賈天錫惠寶薰乞詩⋯⋯]〉 시 중 제8수에 "기왓고랑에 폭설이 쏟아
지는 소리 울리는데, 수압로(睡鴨爐)에 화려한 등불 비추네.[瓦溝鳴急雪, 睡鴨照華燈.]"
라고 하였다.

내 마음은 오히려 초연하다오 吾心猶燕超

깊이 사색하다 문득 깨달음 있으니 沈思忽有會

천년이 진실로 멀지 않구려[157] 千載諒非遙

(詩-內卷4-88)

오늘 새벽 비 구경이 좋았었는데 玆晨好觀雨

무슨 일로 걱정거리를 품었단 말인가 底事懷憂端

하늘의 도 아득히 옮겨가는데 天道莽推遷

인정은 너무나도 시세를 쫓는구나[158] 人情浩沒乾

---

156 팔꿈치를 잡아당기나 :【譯注】자신은 조용히 들어앉아 공부하며 지내고 싶은데 세상이 자꾸 불러내어 방해한다는 뜻이다.【攷證 卷3 肘掣】한나라 유향(劉向)의《설원(說苑)》에 다음과 같은 내용이 있다. 춘추 시대 노(魯)나라 임금이 복자천(宓子賤)을 선보재(單父宰)가 되게 하였는데, 복자천이 하직하고 떠나면서 아울러 글씨 잘 쓰는 사람 2명을 빌려 그들로 하여금 헌서(憲書)와 교품(敎品)을 쓰게 할 것을 청하니, 노나라 임금이 그것을 허락하였다. 선보에 이르러 복자천이 글씨를 쓰게 하고는 그 옆에서 그 사람의 팔꿈치를 잡아당겨 글씨가 엉망이면 화를 내고 글씨를 잘 쓰려고 하면 또 잡아당겼다.〔子賤從旁引其肘, 書醜則怒之, 欲好書則又引之.〕글씨 쓰는 사람이 사직하고 돌아가 그 일을 노나라 임금에게 고하니, 노나라 임금이 "복자천은 내가 그를 어지럽혀서 선정을 베풀 수 없게 할까 고민하는 것이다."라고 하였다. 그리고는 유사(有司)에게 명하여 선보에서는 물자와 인력을 함부로 징발하지 못하게 하니, 얼마 있다가 선보에서 교화가 훌륭히 행해졌다.《韻府羣玉 卷12》【校解】《설원》의 내용은 유향의《신서(新序)》권2〈잡사(雜事) 제2〉에 보인다.

157 천년이……않구려 :【譯注】천 년 전의 주자(朱子)를 직접 만난 듯하다는 뜻이다.

158 시세를 쫓는구나 :【攷證 卷3 沒乾】한나라 사마천(司馬遷)의《사기》〈혹리열전(酷吏列傳)〉에 "장탕(張湯)은 처음에 하급 관리가 되어 건몰하였다."라고 하였는데, 당(唐)나라 사마정(司馬貞)의《사기색은(史記索隱)》의 주석은 다음과 같다. 여순(如淳)은 "이익을 얻는 것이 '건'이고, 이익을 잃는 것이 '몰'이다.〔得利爲乾, 失利爲沒.〕"라고 하였다.

지주 같은 힘을 가진 뒤라야	有力如砥柱
겨우 내달리는 여울을 막을 수 있다네	纔能遏奔湍
하물며 저 개미가 쌀 톨을 지고[159]	矧伊蟻戴粒
절간에 의지하여 소요함에랴	逍遙依僧闌
내 듣자니 반계[160]의 늙은이	吾聞磻溪翁
여든에도 오히려 씩씩했다는데	八十尙桓桓
지금 나는 늙고도 병들었으니	今余耄且疾
버려져도 한탄할 것이 없다오	棄置非所歎

---

159 개미가……지고 : 【譯注】퇴계 자신을 비유한 말이다. 【攷證 卷3 蟻戴粒】《고금사문유취(古今事文類聚)》후집 권35 〈개충부(介蟲部) 군의관오(羣蟻觀鼇)〉에 다음과 같은 내용이 있다. 동해에서 자라가 봉래산(蓬萊山)을 이고 큰 바다에서 노닐었다. 개밋둑에 있던 개미들이 "그가 산을 인 것이 우리가 쌀 톨을 지고 흙무더기 위에서 소요하며 개미구멍에서 엎드리는 것과 무엇이 다르겠는가.〔何異我戴粒, 逍遙於封壤之巓, 伏乎窟穴也?〕"라고 하였다. 【校解】《고증》에서 이 내용이 《장자》에 있다고 한 것은 오류이다. 《고금사문유취》에서는 출전을 《부자(符子)》라고 하였다.

160 반계 : 【攷證 卷3 磻溪】곽현(虢縣)에 있으며 태공(太公)이 낚시하던 곳이다. 바위 위에 낚싯대를 드리우고 무릎을 꿇고서 미끼를 끼우느라 두 무릎을 대고 있었던 곳이 남아 있다.

8일 봉정사[161]로 옮겨가는 말 위에서 짓다.[162] 절구 2수 【병인년(1566, 명종21, 66세) 3월 8일. 안동(安東)】

初八日 移鳳停寺 馬上 二絶

(詩-內卷4-89)

한식[163]이라 한 번 비바람이 지나가니[164]	寒食一番風雨過
청명 시절 곱고 따뜻한 봄날이로다	淸明時節艶陽天
또 산사에서 산사로 옮겨가나	又從山寺移山寺
예전처럼 속진의 굴레에서 벗어나질 못했구나	依舊塵羈未脫牽

---

161 봉정사 : 【譯注】 경상북도 안동시 서후면 천등산(天燈山)에 있으며, 남북국시대 통일신라의 승려 능인(能仁) 대사가 창건하였다. 【攷證 卷3 鳳停寺】 안동부 서쪽 30리 지점에 있다.

162 8일에……짓다 : 【譯注】《퇴계선생연보》권2에 의하면, 이황은 이해 1월에 부름을 받고 서쪽으로 가다가 영천에 도착해서 병으로 사장(辭狀)을 올리고, 풍기에 가서 머물면서 왕명을 기다렸으나 허락을 얻지 못했다. 그는 풍기에서 예천에 이르러 두 번째 사장을 올려 사면을 청하였으나 도리어 자헌대부 공조판서 겸 예문관제학으로 승진 임명되었다는 소식을 듣고는 예천으로부터 학가산(鶴駕山) 광흥사(廣興寺)로 들어가 3월에 세 번째 사장을 올렸다. 사장을 올린 뒤 광흥사에서 봉정사로 옮겼고, 그곳에서 또 사장을 올린 후 집으로 돌아왔다.

163 한식 : 【攷證 卷3 寒食】 송(宋)나라 갈승중(葛勝仲)의《단양집(丹陽集)》에 "개자추(介子推)가 3월 초 1일에 불에 태워지니, 사람들이 그것을 슬퍼하여 불 때는 것을 금하였다."라고 하고, 또 "용성(龍星)은 목(木)의 자리이고 봄은 동방에 속하며, 심성(心星)은 대화성(大火星)이다. 불이 너무 성하게 일어나는 것을 두려워하므로 불을 금하니, 한식에 용기라는 금기가 있다.〔寒食有龍忌之禁〕"라고 하였다.《韻府群玉 卷5》

164 한……지나가니 : 【攷證 卷3 一番風雨過】 살펴보건대, 강남에서는 초봄부터 초여름까지 5일에 한 번씩 바람의 징후가 있으니, 이것을 화신풍(花信風)이라고 한다.

(詩-內卷4-90)

골짜기에서 푸른 시냇물 소리 졸졸 울리는데   磵谷潺潺綠水鳴

산은 꽃기운 머금어 아름다운 봄 환하여라   山含花氣媚春明

부디 그대는 산속의 길 묻지 마소   煩君莫問山中路

원래 산승이 있어 내 갈 길을 인도할 테니   自有山僧導我行

봉정사[165] 서루에 걸려 있는 시에 차운하다 【병인년(1566, 명종21, 66세) 3월 8일~14일 추정. 안동(安東)】

鳳停寺西樓 次韻

절의 서쪽 가에 누각 하나 서 있으니	梵宮西畔一樓橫
신라[166] 때 창건되어 몇 번이나 허물어졌다 지어졌던가	
	創自新羅幾毀成
부처가 천등산에 내려왔다니 참으로 허황된 것이요	佛降天燈眞是幻
태가 왕의 기운 일으켰다니 정녕 사실이 아니리라	胎興王氣定非情
산이 내리려는 비 머금으니 그늘이 짙어지고	山含欲雨濃陰色
새가 꽃다운 봄을 보내니 부르는 소리 친근하네	鳥送芳春款喚聲
어린 시절 깃들었던 곳에 떠돌다가 오니	漂到弱齡栖息處
백발로 허명에 얽힌 삶을 탄식하노라	白頭堪歎坐虛名

-서루에는 이조 정랑 배강(裵杠)[167]의 시가 있고 또 사적을 기록한 것이 있는데, 절은 신라 때 창건되었으며 대덕 능인(大德能仁)[168]이 지은 것이라 하였다. 능인

---

165 봉정사(鳳停寺) :【譯注】경상북도 안동시 서후면 천등산(天燈山)에 있으며, 남북국시대 통일신라의 승려 능인(能仁) 대사가 창건하였다.

166 신라 :【攷證 卷3 新羅】곧 혁거세(赫居世)가 도읍한 곳이다. 해가 처음 나오는 것이 '신'이고, 만상(萬象)이 삼연(森然)한 것이 '라'이다.

167 배강 :【攷證 卷3 裵杠】본관은 흥해(興海)이며, 백죽당(柏竹堂) 배권(裵權)의 아들이고 문정공(文貞公) 조용(趙庸)의 문인이다.

168 대덕 능인 :【攷證 卷3 大德能仁】살펴보건대,《경덕전등록(景德傳燈錄)》권5에 "회양선사(懷讓禪師)가 한 중이 날마다 좌선하는 것을 보았다. 선사가 '대덕의 좌선은 무엇을 하자는 것인가?〔大德坐禪圖什麼?〕'하고 물었다."라고 하였다. 이에 근거해 본다면 '대덕'은 선가(禪家)에서의 칭호이고, '능인'은 그의 이름이다.

이 이 산에 살 때에는 하늘 등불이 늘 앞에 드리워져 있었으므로 이름을 천등산
이라 하였다. 또 산 앞에는 태장(胎藏)이라는 이름의 땅이 있는데, 아무 때 아무
왕의 태를 묻은 곳이라고 전한다. 서루의 글에서는 그 일을 많이 일컬었고 지령
(地靈)의 특이한 것이라고 하였다. 나는 열여섯 살에 이곳에서 글을 읽은 적이
있다.-

밤비 【병인년(1566, 명종21, 66세) 3월 8일~14일 추정. 안동(安東)】
夜雨

병든 사람 삼경에 온갖 근심 품었으니	病客三更抱百憂
처신이나 나랏일 둘 다 꾀하기 어렵구나	行身許國兩難謀
어찌하여 밤새도록 산창에 비가 뿌려	如何一夜山窓雨
이내 가슴에 떨어져 부서지며 이토록 쉬지 않는가[169]	滴碎幽襟苦未休

---

169 이내……않는가 : 【譯注】송(宋)나라 장영(張詠)의 〈비 내리는 밤〔雨夜〕〉 시에 "무단히 하룻밤 빈 섬돌에 내리는 비, 방울방울 떨어져 고향 그리는 만 리의 마음을 부수 네.〔無端一夜空階雨, 滴碎思鄉萬里心.〕"라고 하였다.

날이 갬을 기뻐하다 【병인년(1566, 명종21, 66세) 3월 8일~14일 추정. 안동(安東)】

喜晴

하늘에 구름 안개 사라지고 아침 그늘 걷히니	蕩空雲霧捲朝陰
갠 하늘 환한 해가 이내 마음 비추누나	白日晴天照客心
샘물 소리 앉아서 들으니 옥이 부딪치는 듯	坐聽泉聲如戞玉
숲을 덮어가는 푸르스름한 기운이 더욱 사랑스러워라	更憐靑藹欲渾林

명옥대[170] 【병인년(1566, 명종21, 66세) 3월 8일~14일 추정. 안동(安東)】

鳴玉臺

대의 예전 이름은 '낙수대(落水臺)'였는데, 이제 진(晉)나라 육사형(陸士衡)[171]의 〈초은
시(招隱詩)〉의 "폭포가 떨어져 맑은 옥 소리 울리네.〔飛泉漱鳴玉〕"라는 구절에서 취하여
이름을 고쳤다.

절의 입구에는 몇 층으로 된 기암(奇巖)이 있어, 높이는 몇 길이나
됨직 하며 물이 위에서 아래로 쏟아지니 경내에서 가장 아름다운 곳
이다. 지난 병자년(1516, 중종11) 봄에 나는 종제(從弟) 수령(壽
苓)[172]과 함께 이 절에 와서 머물며 글을 읽으면서 여러 번 여기에서
노닐었는데, 공생(貢生) 권민의(權敏義)와 강한(姜翰)도 따라왔었
다. 떠난 뒤로는 다시 올 일도 없었거니와 내 종제는 불행히도 일찍
세상을 떠났고, 권·강 두 사람도 죽은 지가 역시 오래되었다. 나는
지금 먼 길을 온 지친 몸으로 외롭게 일행 없이 홀로 왔는데 지난
일들을 생각함에 감회가 일어나니, 어찌 슬프지 않겠는가. 시는 다
음과 같다.

이곳에 온 지가 오십 년이라 　　　　　　　　　　　　　此地經遊五十年

---

170 명옥대(鳴玉臺) : 【譯注】 경상북도 안동시 서후면 태장리에 있다.

171 육사형 : 【攷證 卷3 陸士衡】 진(晉)나라 육기(陸機, 261~303)로 오군(吳郡) 사람
이다.

172 수령 : 【攷證 卷3 壽苓】 1502~1539. 자는 대년(大年)이며 이송재(李松齋 이우(李
堣))의 아들이다. 벼슬은 찰방을 지냈다.

젊은 얼굴로 봄날 온갖 꽃 앞에서 취했었지　　韶顔春醉百花前
지금은 손잡고 놀던 이들 어디에 있는가　　只今攜手人何處
예전처럼 푸른 바위엔 폭포가 흐르건만　　依舊蒼巖白水懸

KNP0377(詩-內卷4-95)

황어 【병인년(1566, 명종21, 66세) 3월 8일~14일 추정. 안동(安東)】

黃魚

세상에서는 황어가 많이 올라오는 것은 가뭄으로 땅이 메마를 징조라고 한다.

낙동강에 봄바람 불어 눈 녹아 물 불어날 즈음　　　洛水春風雪漲時

황어가 팔딱팔딱 뛰니 다투어 그물 치네　　　　　黃魚潑潑罟爭施

흉년이 드는 게 진실로 이 물고기가 오기 때문이라면

　　　　　　　　　　　　　　　　　　　　　　年荒若信魚來故

한 번 이 물고기 배불리 먹고 무슨 마음으로 오래 굶주림 참으리오

　　　　　　　　　　　　　　　　　　　　　　一飽何心忍百飢

산을 나오면서 명옥대[173]에 제하다 【병인년(1566, 명종21, 66세) 3월 15일 추정. 안동(安東)】

出山 題鳴玉臺

하얀 물 푸른 바위 경계 더욱 기이한데	白水蒼巖境益奇
완상하러 오는 이 없으니 시내 숲이 슬퍼하네	無人來賞澗林悲
훗날 호사가들이 행여 와서 묻거들랑	他年好事如相問
퇴계 늙은이 앉아서 시 읊었다고 알려 주게나	爲報溪翁坐詠時

---

173 명옥대(鳴玉臺) :【譯注】 경상북도 안동시 서후면 태장리에 있다. 본래는 낙수대 (落水臺)라 하였으나, 진(晉)나라 육사형(陸士衡)의 〈초은시(招隱詩)〉의 "폭포가 떨어 져 맑은 옥 소리 울리네.〔飛泉漱鳴玉〕"라는 구절에서 취하여 이름을 고쳤다. 《정본 퇴계 전서》 권2의 〈명옥대(鳴玉臺)〉 원주 참조.

돌아오는 길에 말 위에서 【병인년(1566, 명종21, 66세) 3월 15일 추정. 안동(安東)】

歸途馬上

분분한 세상 의론 결국은 모두 헛것이니	世議紛紛總落虛
밝은 곳엔 비방과 칭찬이 없다는 걸 알겠구려	自知明處毀譽無
산꽃은 어지러이 피고 봄바람이 좋으니	山花亂發春風好
우공의 골짜기로 가는[174] 말안장에 불어오누나	吹送歸鞍入谷愚

---

174 우공의 골짜기로 가는 : 【譯注】 '우공의 골짜기'는 은자가 사는 골짜기를 비유한 말이다. 【攷證 卷3 入谷愚】 한(漢)나라 유향(劉向)의 《설원(說苑)》〈정리(政理)〉에 다음과 같은 내용이 있다. 춘추 시대 제(齊)나라 환공(桓公)이 사냥을 나가서, 사슴을 쫓다가 산골짜기 가운데로 달려 들어갔다. 그때 한 노인을 보고 "이것은 무슨 골짜기인가?" 하고 물으니, 노인이 "우공의 골짜기〔愚公之谷〕입니다."라고 대답하였다. 환공이 "무슨 까닭으로 이름이 그러한가?" 물으니, "저 때문에 이렇게 명명한 것입니다."라고 하였다.

대제학 홍퇴지[175]가 보내준 시에 뒤미처 차운하다. 2수

【병인년(1566, 명종21, 66세) 3월 15일~26일 추정. 예안(禮安)】

追次洪大提 退之 見寄韻 二首

(詩-內卷4-98)

옥당에서 벼슬 그만두고 몇 년이 지났던가	玉堂僚罷幾經秋
인간 세상 모든 일은 골짜기 배에 맡겼다오[176]	萬事人間付壑舟
이 늙은이는 제자리 얻어 전원으로 돌아가고	老圃田園歸得所
이공[177]은 조정에서 큰일을 맡았구려	貳公廊廟屬紆籌
깊은 병으로 임금님의 중한 은혜 매양 저버리니	沈痾每負君恩重
무거운 직책 요구하는 들뜬 여론 놀랄 만하여라	厚責堪驚物議浮
비록 멀리 보내신 간곡한 두 편의 시 받았지만	縱荷兩章勤遠賜
거북이처럼 머리를 감추는 게 제격인 걸 어이하리오	寒龜其奈合藏頭

---

175 홍퇴지 :【譯注】홍섬(洪暹, 1504~1585)으로, 본관은 남양(南陽), 자는 퇴지(退之), 호는 인재(忍齋)·눌암(訥菴), 시호는 경헌(景憲)이다.

176 골짜기 배에 맡겼다오 :【譯注】만사는 모두 덧없는 것이라는 뜻이다. 《장자》〈대종사(大宗師)〉에 "골짜기 속에 배를 숨겨 두고〔夫藏舟於壑〕 못 속에 산을 숨겨 두고서 안전하다고 여긴다. 하지만 한밤중에 힘센 자가 등에 지고 달아나도 어리석은 사람은 알아채지를 못한다."라고 하였다.

177 이공(貳公) :【譯注】삼공(三公)의 다음이란 뜻으로, 의정부의 찬성(贊成)을 뜻한다. 홍섬은 1558년(명종13) 의정부 우찬성이 되었고, 그해 가을 홍문관·예문관의 대제학이 되었으며, 1564년(명종19) 좌찬성이 되었다.

(詩-內卷4-99)

남으로 나는 붕새[178]가 한 가지에 깃든 뱁새[179]와 어찌 같으리오

圖南何似一枝栖

못난 이 몸 조정의 인재와 나란히 설 마음 없어라[180]　　睻睴無心竝秀閨

백발을 사람들이 다 비웃는 걸 어이할 수 없으니　　叵奈白頭人共笑

푸른 산이 선비들 머물 만한[181] 곳이라서가 아니라오　　非關靑嶂士堪稽

문장이 어찌 호로박 본뜬다고[182] 될 일이랴　　　　文章豈是依葫得

---

178 남으로 나는 붕새 : 【譯注】홍섬을 비유한 것이다. 【攷證 卷3 圖南】붕새가 구만 리 장천을 날아서 남쪽 바다로 옮겨가려는 것을 가리킨다. 《莊子 逍遙游》

179 한……뱁새 : 【譯注】퇴계 자신을 비유한 것이다. 【攷證 卷3 一枝栖】《장자》〈소요 유(逍遙遊)〉에 "뱁새가 깊은 숲속에 둥지를 짓고 살 때는 나뭇가지 하나면 족하다.[鷦鷯 巢於深林, 不過一枝.]"라고 하였다.

180 못난……없어라 : 【攷證 卷3 睻睴無心竝秀閨】명(明)나라 매응조(梅膺祚)의 《자휘 (字彙)》에 '절(睻)'의 독음은 '정(丁)'과 '결(結)'의 반절이며 '혈(睴)'의 독음은 '호(呼)'와 '혈(穴)'의 반절이니, 보기 싫은 모습이다. ○ 살펴보건대, '병(竝)'의 독음은 '방(放)'이 며, '수규(秀閨)'는 금규(金閨)의 빼어난 사람이다.

181 푸른……만한 : 【攷證 卷3 靑嶂士堪稽】송(宋)나라 진간재(陳簡齋 진여의(陳與 義))의 〈대광과 함께 봉주의 작은 누각에 오르다[與大光同登封州小閣]〉 시에 "푸른 산은 천하의 선비 머무르게 할 만하니, 비단 주머니엔 지금 교남의 시 들어 있네.[靑嶂足稽天 下士, 錦囊今有嶠南詩.]"라고 하였다. 《후한서》〈마원열전(馬援列傳)〉에 다음과 같은 내용이 있다. 공손술(公孫述)이 촉(蜀) 땅에서 칭제(稱帝)를 하니 외효(隗囂)가 마원을 시켜 한 번 가보게 하였다. 빈객들이 모두 즐겁게 머물렀는데, 마원이 그들을 깨우치며 "이 사람이 어찌 족히 천하의 선비를 오랫동안 머물게 할 수 있겠는가.[此子何足久稽天下 士乎?]"라고 하였다.

182 호로박 본뜬다고 : 【譯注】주체성이 없이 남이 쓴 글을 구태의연하게 모방하는 것을 말한다. 【攷證 卷3 依葫】살펴보건대, 송 태조(宋太祖)가 도곡(陶穀)에게 말하였 다. "듣자하니 한림원에서 공문서를 지을 때는 모두가 구본(舊本)을 검토하고 말만 조금 고쳐서 바꾸어 놓는다고 하는데, 이는 이른바 본을 대고 조롱박을 그리는 것이다.[此所謂 依樣畫葫蘆]"라고 하였다. 도곡이 그 말을 듣고 시를 지어 "우습구나 한림원의 도 학사여,

부귀는 어찌 사슴을 쫓다가 헤매는[183] 꼴이 되리오　富貴寧須即鹿迷

고질병을 평생 앓고 게다가 지극히 무능하니　　　痼疾一生兼至拙

쑥대 사립문 작은 집 짓고 시골 시내에서 늙으리라　蓬門圭竇老寒溪

－홍공(洪公)이 매양 나를 장려할 생각을 가졌었고 또 보내온 시에 "시단에서 첫째 자리를 양보해야 하리.〔詞壇讓一頭〕"[184]는 말이 있다. 그렇다면 나로 하여금 문형(文衡)의 명[185]을 만나게 하여 진퇴를 어렵게 만든 것도 모두 공의 뜻에서 나온 것이므로 이렇게 말하였다.－

해마다 본을 대고 조롱박을 그리네.〔堪笑翰林陶學士, 年年依樣畫葫蘆.〕"라고 하였다. 《東軒筆錄 卷1》

183 사슴을 쫓다가 헤매는 : 【攷證 卷3 即鹿迷】《주역》〈둔괘(屯卦) 육삼효(六三爻)〉에 "사슴을 쫓아가는데 우인이 없다.〔即鹿无虞〕"라고 하였는데, 송나라 정이(程頤)의 〈전(傳)〉에 "마치 사슴을 쫓아가되 산림에서 인도하는 우인이 없는 것과 같다.〔如即鹿而无虞人也〕"라고 하였다.

184 시단에서……하리 : 【譯注】홍섬의 〈'도산고' 뒤에 쓰다〔書陶山稿後〕〉시에 "등잔 심지 돋우며 〈도산기〉를 다 읽었으니, 다만 시단에서 첫째 자리 양보하는 것이 옳으리라.〔挑燈讀盡陶山記, 可但詞壇讓一頭.〕"라고 하였다. 송 인종(宋仁宗) 가우(嘉祐) 2년(1057)에 소식이 진사시에 합격한 뒤, 시관인 구양수(歐陽脩)와 매요신(梅堯臣)에게 편지를 보내 감사의 뜻을 표했는데, 그 편지의 문장에 탄복한 구양수가 매요신에게 편지를 보내 "노부(老夫)가 마땅히 그를 위해 길을 피하면서 한 걸음 뒤로 양보해야만 하겠다.〔放他出一頭地也〕"라고 하였다. 《宋史 蘇軾列傳》

185 문형의 명 : 【攷證 卷3 文衡之命】《퇴계선생연보》 권2에 "집으로 돌아온 뒤에 또 홍문관·예문관 대제학을 겸직하게 되었고, 4월에는 체직되자마자 동지중추부사에 임명되었다."라고 하였다.

도산에서 매화를 찾다 【병인년(1566, 명종21, 66세) 3월 하순 추정. 예안 (禮安)】

陶山訪梅

묻노니 산중의 두 옥 같은 신선이여	爲問山中兩玉仙
봄에 머물러 어찌 온갖 꽃이 피는 철까지 이르렀나	留春何到百花天
서로 만났을 때 양양[186]의 객관에서	相逢不似襄陽館
추위 속에 나를 향하여 한번 웃어 준 것만 못하여라	一笑凌寒向我前

---

186 양양(襄陽) : 【譯注】 예천(醴泉)의 옛 지명이다.

매화를 대신하여 답하다 【병인년(1566, 명종21, 66세) 3월 하순 추정. 예안(禮安)】

代梅花答

나는 임포가 환골한 신선이요[187]	我是逋仙換骨仙
그대는 요동의 하늘로 돌아온 학과 같구려[188]	君如歸鶴下遼天
서로 보고 한번 웃는 것도 하늘이 허락한 것이니	相看一笑天應許
양양의 일 가지고 전후를 비교하지 마시게	莫把襄陽較後前

---

187 임포가 환골한 신선이요 : 【攷證 卷3 逋仙換骨仙】송(宋)나라 방자통(方子適 방유심(方惟深))의 〈홍매(紅梅)〉 시에 "자부에서 단약을 주어 환골하게 하니, 봄바람이 술에 불어와 위에서 기름이 엉기누나.〔紫府與丹來換骨, 春風吹酒上凝脂.〕"라고 하였다. ○ 살펴보건대, '포선'은 송나라 임포(林逋)를 가리킨다.

188 그대는……같구려 : 【譯注】이황이 너무 오랜만에 고향에 돌아왔다는 뜻이다. 요동(遼東) 사람 정영위(丁令威)가 신선이 되고 나서 천년 만에 학으로 변해 다시 고향을 찾아와서는 요동 성문의 화표주(華表柱) 위에 내려앉았는데, 소년 하나가 활을 쏘려고 하자 허공으로 날아올라 배회하면서 "옛날 정영위가 한 마리 새가 되어, 집 떠난 지 천년 만에 이제 처음 돌아왔소. 성곽은 의구한데 사람은 모두 바뀌었으니, 왜 신선술 안 배우고 무덤만 이리도 즐비한고."라고 탄식하고는 사라졌다. 《搜神後記 卷1》

금문원[189]이 부쳐준 시에 차운하다 【병인년(1566, 명종21, 66세) 5월 16일 추정. 예안(禮安)】

次韻琴聞遠見寄

늦은 나이에 와서야 옛 서책을 읽어 보노라니	晩向塵編竊覬窺
마음에 와 닿으면 기뻐하여 밥 먹기도 잊는다오	自欣忘食會心思
근래 들으니 그대도 주서를 읽는다는데	近聞君亦朱書讀
깊은 근원 더듬어 터득할 때가 있었는지	能有深源見得時

---

189 금문원 : 【譯注】 금난수(琴蘭秀, 1530~1604)로, 본관은 봉화(奉化), 자는 문원(聞遠), 호는 성재(惺齋)·고산주인(孤山主人)이다.

소 두 마리를 그린 그림에 쓰다.[190] 절구 2수 【병인년(1566, 명종

21, 66세) 5월(16일 이후) 추정. 예안(禮安)】

題畫二牛 二絶

(詩-內卷4-103)

종일토록 부려지느라 시달리니	終日困驅牽
뒤에서는 매질하고 앞에서는 코뚜레라	後捶前繩鼻
은거하는 사람 어찌 그것을 닮고자	幽人肯似之
이 몸으로 명리를 쫓는단 말인가	將身逐名利

(詩-內卷4-104)

스스로 한가히 졸기로 자처하노니	自牧自閒眠
모산에 은거하고픈 깊은 바람 있어라	茅山有深願
소제[191] 역시 괜찮은 사람인지라	蕭帝亦可人
천추의 은둔 생활 이루어 주었구나	千秋遂肥遯

---

190 소……쓰다 : 【攷證 卷3 題畫牛】살펴보건대, 양(梁)나라의 도홍경(陶弘景)이 모산(茅山)에 은거하면서 여러 번 초빙을 받았으나 나가지 않았다. 오직 소 두 마리를 그려 놓았는데〔惟畫二牛〕, 한 마리 소는 수초(水草)의 사이에서 한가롭게 풀을 뜯고 있었고, 다른 한 마리 소는 머리에 금롱(金籠)을 쓰고 있는데 어떤 사람이 채찍을 잡고 막대기로 그 소를 몰고 있었다. 무제(武帝)가 웃으면서 "이 사람이 진흙탕 속에서 꼬리를 끌고 다니는 거북이를 본받으려고 하니, 어찌 그를 오게 할 수 있겠는가."라고 하였다.《南史陶弘景列傳》

191 소제 : 【攷證 卷3 蕭帝】남조 시대 양(梁)나라 무제(武帝)이니, 그는 성이 '소'이고 이름이 '연(衍)'이다.

차운하여 조사경[192]에게 답하다. 절구 2수 【병인년(1566, 명종21, 66세) 5~6월 추정. 예안(禮安)】

次韻答趙士敬 二絶

(詩-內卷4-105)

백 번을 들었대서 도 이루었다고 뽐내니[193]	聞百誇矜道已成
우리들은 보통 수준에서 전혀 벗어나지 못한 걸세	吾儕渾未出常情
그대 의지하여 가슴 속 즐거움을 지키고자 하니	憑君欲保胸中樂
단표누항의 삶을 배웠으면 싶구나	請學簞瓢陋巷生

(詩-內卷4-106)

두 사람[194] 수창하며 절실히 절차탁마하여	兩君酬唱切交修
나의 쇠한 마음 일으키니 늙은 몸 부끄럽지 않으랴	起我頹心老不羞
학문이 이루어지면 젊은이들을 뒤쫓아	準擬學成追少壯
명리를 쫓는 길 밖에서 궁한 시름 씻으려 하노라	利名關外洗窮愁

---

192 조사경 : 【譯注】조목(趙穆, 1524~1606)으로, 본관은 횡성(橫城), 자는 사경(士敬), 호는 월천(月川)·동고(東皐)이다.

193 백……뽐내니 : 【攷證 卷3 聞百誇矜道已成】《장자》〈추수(秋水)〉에 다음과 같은 내용이 있다. 하백(河伯)은 비로소 그 얼굴을 돌려 망연히 큰 바다를 보면서 북해약(北海若)을 향해 탄식하며 "시골말에 '백 번쯤 도를 들은 이가 자신만 한 사람이 없다고 여긴다.〔聞道百, 以爲莫己若者.〕'라고 하더니, 이는 나를 두고 한 말이오."라고 하였다.

194 두 사람 : 【攷證 卷3 兩君】아마도 금성재(琴惺齋 금난수(琴蘭秀))를 아울러 가리켜 말한 듯하다.

새벽에 온계로부터 성현[195]을 넘어 도산에 이르다 【병인년

(1566, 명종21, 66세) 가을 추정. 예안(禮安)】

晨自溫溪踰聲峴 至陶山

새벽안개 옷에 스미어 축축한데	曉霧侵衣濕
여윈 말 채찍질하며 간신히 고개를 넘었다	羸鞭越峴艱
크고 작은 소나무 나란히 서 있고	短長松並立
노랗고 흰 국화 서로 아롱졌어라	黃白菊相斑
고요한 사립문은 아스라이 보이고	闃寂柴門迥
쓸쓸한 대숲 속의 집은 썰렁하구나	蕭疎竹院寒
저물녘에 오니 풍경이 좋아	晚來風日好
가만히 앉아서 가을 산을 바라보노라	凝坐望秋山

---

195 성현 : 【攷證 卷3 聲峴】곧 석간대(石磵臺)의 뒷산이다.

총죽 【병인년(1566, 명종21, 66세) 가을 추정. 예안(禮安)】
叢竹

바위 가 푸른 대나무 떨기 쏴아쏴아   依巖叢竹碧蕭蕭

눈 비비고[196] 평생의 오랜 벗을 보노라   刮眼平生見久要

사양하지 말라 움집 속에 평소 모습을 감추고서 窖裏莫辭藏素節

봉황의 울음 울리는 퉁소가 되지 않는 것을   團欒不作鳳鳴簫

   -우리 고을은 북쪽에 가까워서 추운 날이 많기 때문에 대가 살지 못할까 근심하
여 매년 움집을 지어 그 안에 보관한다.-

---

196 눈 비비고 : 【攷證 卷3 刮眼】 어떤 맹인이 훌륭한 의원에게 갔는데, 의원이 곧
금칼로 그 눈에 낀 백태를 긁어냈다〔刮其眼膜〕. 《涅槃經 卷8》 여몽(呂蒙)이 "선비는
사흘만 헤어져 있어도 눈을 비비고 다시 봐야 하는 것입니다.〔更刮目相待〕"라고 하였다.
《三國志 吳書 呂蒙傳》

KNP0388(詩-內卷4-109)

괴송 【병인년(1566, 명종21, 66세) 가을 추정. 예안(禮安)】
怪松

베이고 남은 목숨 늙어도 죽지 않고	斬伐餘生老不僵
가로로 퍼져 울퉁불퉁 기세가 헌걸차구나[197]	橫挐鬱激勢昂藏
괴이한 형상 산사람의 감상에 딱 알맞은데	怪形正合山人賞
오수는 하필 스스로 분개하며 마음 상해했던가[198]	聱叟何須自憤傷

---

197 헌걸차구나 : 【攷證 卷3 昂藏】《북사(北史)》〈고앙열전(高昂列傳)〉에 "고앙의 자는 오조(敖曹)이다.……그의 기상이 헌걸차고 남들에게 오만한 까닭에 그 이름을 가지고 자를 삼게 되었다.〔以其昂藏敖曹, 故以名字之.〕"라고 하였다. 【校解】《고증》에서 《북사》를 《남사(南史)》라고 한 것은 오류이다.

198 오수는……했던가 : 【攷證 卷3 聱叟何須自憤傷】원결(元結)의 자는 차산(次山)이다. 번수(樊水) 가에서 방랑하였는데, 젊은이나 어른이나 그를 놀리면서 '오수(남의 말을 듣지 않는 늙은이)'라고 불렀다. 《新唐書 元結列傳》 원결은 성품이 경개(耿介)하였고, 도를 근심하고 세상을 걱정하는 뜻이 있었다. 천보(天寶)의 난리에 은거하기도 하고 벼슬하기도 하였는데, 스스로 자신이 세상과 어긋난다〔與世聱牙〕고 하였다. 《楚辭後語 卷4 引極》○ 살펴보건대, 당(唐)나라 육귀몽(陸龜蒙)이 〈괴송도찬(怪松圖贊)〉을 지었는데, 그 울퉁불퉁하고 기세가 세찬 형상을 한껏 말하고 그로 인하여 스스로 세상에 쓰이지 못함을 비유하였다.

분천으로 이대성¹⁹⁹과 이공간²⁰⁰을 찾아갔는데 김순거²⁰¹가 마침 오다 【병인년(1566, 명종21, 66세) 9월 추정. 예안(禮安)】

訪大成公幹於汾川 金舜擧適至

병든 몸 오래 누워 파리모기에 시달리다가 病夫長臥困蠅蚊

나귀를 애써 채찍질하여 동구를 나왔노라 强策蹇驢出澗雲

셋이 앉아 술자리를 연 것은 두 늙은 벗이요 鼎坐開尊雙老友

뒤따라와서 반겨 웃은 것은 한 선비일세 隨來啓齒一斯文

푸른 못에 가을 저무니 차가운 물결이 고요하고 碧潭秋晚波凝冷

단풍 숲에 바람 많으니 잎사귀 어지러이 떨어지네 紅樹風多葉隕紛

머리 위 조각구름 비가 내릴 듯해 頭上片陰將雨意

시상이 하늘 가득한데 헤어지려니 아쉽구나 滿天詩思惜臨分

---

199 이대성 : 【譯注】이문량(李文樑, 1498~1581)으로, 본관은 영천(永川), 자는 대성(大成), 호는 벽오(碧梧)·녹균(綠筠)이다. 이현보(李賢輔)의 차남이다.

200 이공간 : 【譯注】이중량(李仲樑, 1504~1582)으로, 본관은 영천(永川), 자는 공간(公幹), 호는 하연(賀淵)이다. 이현보(李賢輔)의 넷째 아들이다.

201 김순거 : 【譯注】김팔원(金八元, 1524~1569)으로, 본관은 강릉(江陵), 자는 순거(舜擧)·수경(秀卿), 호는 지산(芝山)이다.

벗이 찾아오다 【병인년(1566, 명종21, 66세) 10월. 예안(禮安)】

友人見訪

오십년 전 함께 놀던 여덟아홉 명	五十年前八九人
헤아려 보니 세상 떠난 이 많아 몹시 슬프구나	算來存沒太傷神
서리와 눈 같은 백발을 꺼리지 말고	休嫌白髮如霜雪
노란 국화 마주하여 소춘[202]에 취해 보세	好對黃花醉小春

---

202 소춘 : 【攷證 卷3 小春】《형초세시기(荊楚歲時記)》에 "10월은 날씨가 화창하고 따뜻한 것이 봄과 같으므로 '소춘'이라고 한다."라고 하였다. 《天中記 卷5 冬》

청원정²⁰³에 부쳐 제하다. 2수【병인년(1566, 명종21, 66세) 10월~윤10월 추정. 예안(禮安)】

寄題淸遠亭 二首

(詩-內卷4-112)

듣자 하니 그대 유거에 작은 못을 만들어	聞道幽居作小塘
꽃 가운데 군자가 하늘의 향기 풍긴다네	花中君子發天香
어여쁘다 식물이 그렇게도 맑을 수가	可憐植物淸如許
예전에 광풍제월 같은 고인을 마주했었지²⁰⁴	曾對高人映霽光

(詩-內卷4-113)

광풍제월 같은 높은 흉금 백세의 풍도이니	光霽高懷百世風
맑고 속은 텅 비어 아름다운 식물²⁰⁵이 못 가운데 있구나	
	淸通嘉植一塘中

---

203 청원정 :【攷證 卷3 淸遠亭】용궁(龍宮) 성화천(省火川) 동쪽 언덕에 있는데, 곧 전원발(全元發)의 옛 거처이며 감사(監司) 금유(琴柔)가 주인이 되었다. 연못의 아름다운 경치가 있어, 주염계(周濂溪 주돈이(周敦頤))의 〈애련설(愛蓮說)〉 가운데 "향기가 멀리 갈수록 더욱 맑아진다.〔香遠淸益〕"는 뜻을 취하였다.【校解】《고증》에서 '香遠益淸'을 '香淸益遠'이라고 한 것은 오류이다.

204 예전에……마주했었지 :【譯注】'고인(高人)'은 〈애련설〉을 지은 송(宋)나라 주돈이를 가리킨다. '광풍제월(光風霽月)'은 비가 그친 뒤 맑은 하늘의 밝고 깨끗한 모습으로, 사람의 인품이 고결하고 흉금이 탁 트인 것을 비유한다. 송나라 황정견(黃庭堅)이 주돈이를 평하면서, "용릉(春陵)의 주돈이는 인품이 매우 고상하고 흉중(胸中)이 쇄락(灑落)하기가 광풍제월과 같다."라고 하였다.《山谷集 卷1 濂溪詩》

205 맑고……식물 :【譯注】송나라 주돈이의 〈애련설〉에 "맑은 물결에 씻기면서도〔濯淸

마음 씻고 눈 씻고 와서 보는 곳에서　　　　　　　　　洗心洗眼來看處

완연히 당시의 무극옹을 보는 듯하여라　　　　　　　　宛見當時無極翁

漣〕 요염하지 않으며, 속은 비어 있고 겉은 곧으며〔中通外直〕……향기가 멀리 갈수록
더욱 맑아지고 우뚝이 깨끗하게 서 있다.〔亭亭淨植〕"라고 하였다.

유응현[206]에게 답하다. 유응현은 편지에서 "아우인 이현[207]이 관직을 아직 갖지 않았을 때 거취를 뜻대로 하고자 한다."라고 하였다 【병인년(1566, 명종21, 66세) 11월 8일 추정. 예안(禮安)】

答柳應見 應見書云 弟而見欲及其未有官守 隨意行止

밝은 창에 해 비치고 향로 연기 하늘하늘	日照明窓裊篆烟
같은 처지에 편지를 보내 생각해 주니 고맙구나	書來同病荷相憐
더욱 어여쁘다 어진 아우 처음 계수나무 잡았는데[208]	更憐賢弟初攀桂
온갖 일 얽힐 테니 굴레 미리 벗으려 함이	萬事將纏欲脫纏

---

206 유응현 : 【譯注】유운룡(柳雲龍, 1539~1601)으로, 본관은 풍산(豐山), 자는 응현(應見), 호는 겸암(謙菴), 시호는 문경(文敬)이다. 유성룡(柳成龍)의 형이다.

207 이현 : 【攷證 卷3 而見】유성룡(柳成龍, 1542~1607)으로, 본관은 풍산(豐山), 자는 이현, 호는 서애(西厓), 시호는 문충(文忠)이다. 명(明)나라 세종(世宗) 가정(嘉靖) 임인년(1542, 중종37)에 태어났다. 타고난 자품이 매우 높았고, 총명함이 남보다 뛰어났다. 약관의 나이에 선생의 문하에서 수학하였다. 선생이 한 번 보고 그를 훌륭하게 여겨 "이 사람은 하늘이 낸 것이다."라고 하였다. 갑자년(1564, 명종19)에 생원·진사에 모두 합격하고 병인년(1566, 명종21)에 과거에 급제했다. 기사년(1569, 선조2)에 서장관으로 명나라에 갔다. 양명(陽明) 왕수인(王守仁)과 백사(白沙) 진헌장(陳獻章)의 학문을 배척하였다. 임진란 때는 국가를 회복하는 사업을 이룩하였다. 학문을 함에는 정밀하게 생각하는 것과 힘써 실천하는 것을 주로 삼았다. 율기(律己)의 엄격함과 제행(制行)의 바름은 모두 '경(敬)' 한 글자를 넘지 않았다. 이창석(李蒼石 이준(李埈)) 공은 〈서애 유 선생 행장(西厓柳先生行狀)〉에서 그의 성명(誠明)의 학문이 실로 연원이 있으며, 직방(直方)의 행실이 법도에 부합한다고 하였다. 관직은 영의정에 이르렀고 풍원부원군(豐原府院君)에 봉해졌다.

208 계수나무 잡았는데 : 【攷證 卷3 攀桂】살펴보건대, 진(晉)나라 극선(郤詵)이 무제(武帝)에게 "신이 현량(賢良) 대책(對策)에 뽑혀 천하제일이 되었으니, 계수나무 숲의 한 가지와 같습니다."라고 하였는데, 후세에 마침내 과거 급제의 고사(故事)가 되었다. 《晉書 郤詵傳》

동짓달 8일 밤에 꿈을 기록하다. 절구 2수【병인년(1566, 명종21, 66세) 11월 8일. 예안(禮安)】

至月初八日夜記夢 二絶

(詩-內卷4-115)

꿈에 대궐로 들어가 용안을 가까이 뵈었는데	夢入天門近耿光
마음 속 혈성을 다 말하도록 허락해 주셨네	血誠容許露衷腸
할 말을 반도 아뢰기 전에 꿈에서 깨니	團辭未半驚蝴蝶
달 지고 삼성 비낌²⁰⁹에 밤은 정말 길기만 하구나	月落參橫夜正長

(詩-內卷4-116)

직언을 다 아뢰지 못했는데도 감개가 많으니	未竟危辭感慨多
모르겠구나 그 말을 다 했다면 또 어떠하겠는가	不知能竟又如何
일어나 보니 여전히 병석에 있는 몸	起來依舊身痾絆
바다같이 넓으신 그 은혜를 어찌하리오	其奈洪恩若海波

---

209 달……비낌 :【譯注】깊은 밤을 뜻한다. '삼성(參星)'은 이십팔수(二十八宿)의 하나로 서쪽에 뜨는 별인데, 밤이 깊으면 서남방으로 비스듬히 뜬다.

월란암²¹⁰에서 노닐다. 절구 7수 【병인년(1566, 명종21, 66세) 10월 26일 추정. 예안(禮安)】

遊月瀾菴 七絶

초은대 招隱臺

은자를 부르느라 험한 산길 다니며	招招幽隱歷崎嶔
포독산 속²¹¹에서 고심하지 말라	抱犢山中莫苦心
어찌 알랴, 유인이 괴로운 일이 없어	豈識幽人無苦事
반초²¹²의 노래 마치고 구름 깊이 들어가는 줄	反招歌罷入雲深

---

210 월란암(月瀾菴) : 【譯注】 '월란정사(月瀾精舍)'라고도 하며, 안동시 도산면 원촌리(遠村里) 내살미 왕모산(王母山) 기슭에 있다.

211 포독산 속 : 【譯注】 '포독산'은 은자가 은거하는 곳을 비유한다. 【攷證 卷3 抱犢山中】 도서(道書)인《복지기(福地記)》에 "포독산은 상당(上黨)에 있다."라고 하였다.《수도경(隋圖經)》에 "후위(後魏) 갈영(葛榮)의 변란 때 백성들이 송아지를 안고〔抱犢〕 산 위에 올라갔다. 인하여 그것으로 이름을 지었다."라고 하였다.《太平御覽 卷45 河北諸山》당(唐)나라 왕유(王維)의〈산으로 돌아가는 벗을 보내는 노래〔送友人歸山歌〕〉시 중 제1수에 "구름 속으로 들어감이여 닭을 기르고, 산꼭대기에 오름이여 송아지 안고 있네.〔入雲中兮養雞, 上山頭兮抱犢.〕"라고 하였다.

212 반초 : 【攷證 卷3 反招】 주자(朱子 주희(朱熹))의〈초은조(招隱操)〉서문에 "회남소산(淮南小山)이〈초은(招隱)〉을 지어 산중의 궁고(窮苦)한 생활상을 극진히 말함으로써 세상을 피해 사는 선비들을 풍유한 것이 절실하여 멀리 떠나려는 생각을 없게 만들었으니, 그 뜻이 심오하다. 그 후에 좌대충(左大沖)과 육사형(陸士衡)이 서로 이어서 지은 것이 있는데, 비록 지극히 청려(淸麗)하기는 하지만 도리어 스스로 은둔의 말을 한 것이라서 마침내 본래의 제목과 부합하지 않는다. 그러므로 진(晉)나라 왕강거(王康琚)가〈반초은(反招隱)〉시를 지어서 그것을 반박하였다.〔作詩以反之〕"라고 하였다.

(詩-內卷4-118)

월란대 月瀾臺

월란대 못 간 지가 어언 몇 년이었던가	不到瀾臺今幾年
창 밝은 방에 중처럼 앉아 있노라	明窓一室坐如禪
생각하노니 일찍이 서림원에서 감개했던 뜻은[213]	憶曾感慨西林意
빙호추월[214]이 오히려 아득히 멀어졌기 때문	秋月冰壺尙杳然

(詩-內卷4-119)

고반대 考槃臺

백 척의 붉은 벼랑 그 위에 대 있으니	百尺丹崖上有臺
울창한 저 소나무 묻노니 누가 심었는가	蒼松鬱鬱問誰栽
저 승려는 집 지어 은자의 모습 이루었는데	野僧結屋堪成隱
나는 석축의 재목 아니라[215] 도리어 부끄럽네	還愧吾非碩軸才

---

213 생각하노니……뜻은 : 【譯注】 서림은 여산(廬山)에 있는 절 서림원(西林院)을 가리키는데, 송(宋)나라 주희(朱熹)가 이곳의 달관헌(達觀軒)에 유숙하면서 연평(延平) 이통(李侗)에게 가르침을 받았다. 《朱子大全 卷2 題西林可師達觀軒》

214 빙호추월 : 【譯注】 맑은 가을 달이 얼음으로 된 호로병에 담긴 것으로, 고결한 인품을 형용한 말이다. 송나라 등적(鄧迪)이 주희의 스승 이통의 인품을 말하면서 "마치 빙호추월(冰壺秋月)과 같아 티 없이 맑고 깨끗하니 우리들이 미칠 수 없다."라고 하였다. 《宋史 李侗列傳》

215 석축(碩軸)의 재목 아니라 : 【譯注】 은자의 자격을 갖추지 못했다는 말이다. 《시경》〈위풍(衛風) 고반(考槃)〉에 "은자의 오두막 언덕에 있으니, 대인이 소요하는 곳이로다.〔考槃在陸, 碩人之軸.〕"라고 하였다.

(詩-內卷4-120)

응사대 凝思臺

골짜기 넘어 구름 뚫고 가파른 너덜길 오르니　　　越壑穿雲躡磴危

응사대 바위 고즈넉하고 노송은 기이하다　　　臺巖幽閴古松奇

지금 무심해진 지 이미 오래인데　　　只今已是忘懷久

종일토록 가만히 앉아 무슨 생각 하는 건가　　　終日凝然有底思

(詩-內卷4-121)

낭영대 朗詠臺

끝없는 구름 산이 눈앞에 떨어지고　　　無限雲山落眼前

옥빛 무지개 띠처럼 두른 긴 내를 굽어보네　　　玉虹縈帶俯長川

바위 쓸고 높은 곳에 기대앉아　　　何妨掃石憑高處

아름다운 시편을 낭랑히 읊조린들 어떠리　　　朗詠金聲擲地篇

(詩-內卷4-122)

능운대 凌雲臺

능운대 짓고 싶으나 우선 뒤로 미루노니　　　欲作凌雲且自稽

훗날 승려에게 부탁해 터를 닦으리라　　　開荒他日倩僧儕

병든 다리 이끌고 높이 오른 곳에서　　　要令病脚登凌處

천 점의 봉우리들 한눈에 들어오게 해야 하리　　　千點雲鬟一眼齊

(詩-內卷4-123)

어풍대 御風臺

그 옛날 열자는 이미 선골이라　　　列子當年骨已仙

하늘을 날며 자취 없이 시원하게 바람을 탔지[216]	飛空無跡馭泠然
나 이제 높은 대 위에서 한참을 서성이니	我今延佇高臺上
마치 그를 따라 하늘에 오른 것[217] 같구나	恰似從渠上得天

---

216 그……탔지 : 【譯注】《장자》〈소요유(逍遙遊)〉에, "저 열자는 바람을 타고 올라가서 시원하게 노닐다가 15일이 지난 후에 돌아온다.〔夫列子御風而行, 泠然善也, 旬有五日而後反.〕"라고 하였다.

217 하늘에 오른 것 : 【攷證 卷3 上得天】송나라 주자(朱子)의 〈반숙창에게 답하다〔答潘叔昌〕〉에 "하늘에는 글자를 모르는 신선이 없다고 합니다. 그러나 글자 아는 것만 배우려 한다면 또한 하늘에 오르는 것을 배움만 못할 따름입니다.〔不如且學上天耳〕"라고 하였다.

손자 안도[218]가 요즘 용수사[219]에 가서 글을 읽고 있다. 이를 계기로 추억해 보건대, 예전 선조께서 자질들을 위해 훈계한 시가 깨우쳐 이끌어주고 기대하는 것이 자상하고 간곡하매 반복하여 외우고 음미하노라니 감격의 눈물을 흘리며 정성스럽게 가슴에 새기는 지극한 마음을 이기지 못하겠기에, 후생들에게 들려주지 않을 수 없어 삼가 원운을 사용하여 시를 지어서 안도에게 부쳐 보여주니, 부디 집안 가르침의 유래를 알아서 스스로 힘쓰기를 바라기 때문이다【병인년(1566, 명종21, 66세) 11월 추정. 예안(禮安)】

孫兒安道 近往龍壽寺讀書 因追憶先世爲子姪訓戒之詩 所以誨導期望者
丁寧懇到 反復誦繹 不勝感涕拳拳之至 不可不使後生輩聞之 謹用元韻
寄示安道 庶幾知家教所自來 以自勉云爾

선고 이조 부군[220]께서 소싯적에 숙부 송재 부군[221]과 함께 용수사에서 글을 읽으셨는데, 선조고 병조 부군[222]께서 절구 한 수를 부치셨으니 다음과 같다 先吏曹府君少時 與叔父松齋府君 讀書龍壽寺 先祖兵曹府君寄詩一絶云

| 계절이 빠르게 지나 벌써 세모가 되었으니 | 節序駸駸歲暮天 |
| 눈 덮인 산은 절 문 앞을 깊이 에워쌌겠지 | 雪山深擁寺門前 |

---

218 안도 : 【譯注】이안도(李安道, 1541~1584)로, 본관은 진성(眞城), 자는 봉원(逢原), 호는 몽재(蒙齋)이다. 이황의 장손이며 이준(李寯)의 아들이다.

219 용수사(龍壽寺) : 【譯注】안동시 도산면 용두산(龍頭山)에 있는 사찰로, 고려 의종(毅宗) 때 세워졌다.

220 이조 부군 : 【攷證 卷3 吏曹府君】선생의 선군 이식(李埴, 1463~1502)으로, 본관은 진보(眞寶), 자는 기지(器之)이다.《정본 퇴계전서》권15〈선고 증 가선대부 이조참

너희가 차가운 창 아래서 애써 공부하는 모습 생각하니

念渠苦業寒窓下

꿈속에 때때로 너희 곁으로 가노라　　　　　　　　淸夢時時到榻邊

돌아가신 셋째 형[223]과 넷째 형[224]이 소싯적에 용수사에서 글을 읽었는데,
선숙부 송재 부군께서 율시 한 수를 부치셨으니 다음과 같다 先第三兄第
四兄 少時讀書龍壽寺 先叔父松齋府君寄詩一律云

푸른 산 병풍처럼 에워싸고 눈은 누대 때리는데　　　碧嶺圍屛雪打樓

깊은 산 속 절간이라 기름을 태울[225] 만하리　　　　佛幢深處可焚油

삼다가 삼동의 풍부한 글 이루게 할 만하니[226]　　　三多足使三冬富

판 겸 동지의금부사 성균 진사 갈음기사(先考贈嘉善大夫吏曹參判兼同知義禁府事成均
進士碣陰紀事)〉에 자세하다.

221 송재 부군 :【譯注】이황의 숙부 이우(李堣, 1469~1517)로, 본관은 진보, 자는
명중(明仲), 호는 송재(松齋)이다.

222 병조 부군 :【攷證 卷3 兵曹府君】선생의 조고 이계양(李繼陽, 1424~1488)으로,
본관은 진보, 자는 달보(達父), 호는 노송정(老松亭)이다.《정본 퇴계전서》권14〈선조
고 병조참판 휘【계양】사적(先祖考兵曹參判諱【繼陽】事蹟)〉에 자세하다.

223 셋째 형 :【攷證 卷3 三兄】이의(李漪, 1494~1532)로, 본관은 진보, 자는 언장(彦
章)이다.《정본 퇴계전서》권2〈청곡사를 지나다〔過靑谷寺〕〉시의 서문에 자세하다.

224 넷째 형 :【攷證 卷3 四兄】곧 대헌공(大憲公)인 이해(李瀣, 1496~1550)로, 본관
은 진보, 자는 경명(景明), 호는 온계(溫溪), 시호는 정민(貞愍)이다.

225 기름을 태울 :【譯注】밤에도 열심히 공부한다는 뜻이다.【攷證 卷3 焚油】당(唐)나
라 한유(韓愈)의〈진학해(進學解)〉에 "기름을 태워 낮을 이으면서, 항상 우뚝하게 앉아
세월을 보내곤 하였다.〔焚膏油而繼晷, 恒兀兀以窮年.〕"라고 하였다.

226 삼동의……만하니 :【攷證 卷3 足使三冬富】동방삭(東方朔)이 한 무제(漢武帝)에
게 올린 글에 "신은 나이 13세에 글을 배워서 겨울철 석 달 동안 익힌 문사의 지식이
응용하기에 이미 충분합니다.〔三冬文史足用〕"라고 하였다.《前漢書 卷65 東方朔傳》당

한 이치는 마땅히 일관²²⁷에서 구해야 하리라	一理當從一貫求

한 이치는 마땅히 일관[227]에서 구해야 하리라 　一理當從一貫求

경술은 고관대작의 도구라 말하지 말지니 　經術莫言青紫具

학업에 전념함을 입신양명의 계책으로 삼아야 하리 　藏修須作立揚謀

예로부터 백업[228]은 다들 일찍부터 해야 했으니 　古來業白俱要早

세월이 빨리 흘러 괴시[229]가 벌써 다가왔구나 　槐市前頭歲月遒

이제 내가 안도에게 시를 부쳐 보인다. 2수 今滉寄示安道詩 二首

(詩-內卷4-124)

섣달 눈 오는 날에 산방에 있을 너를 생각함에 　念爾山房臘雪天

나라 두보(杜甫)의 〈백 학사의 띳집[柏學士茅屋]〉 시에 "고인은 이미 응용하기에 겨울 석 달로 충분했으니, 젊은이들 이제 만권 여의 책을 펼치누나.[古人已用三冬足, 年少今開萬卷餘.]"라고 하였다.

227 일관：【譯注】'일이관지(一以貫之)'의 준말이다. 공자(孔子)가 제자 증삼(曾參)을 불러서 "나의 도는 하나의 이치로써 모든 일을 꿰뚫고 있다.[吾道一以貫之]"라고 하자, 증삼이 "예, 그렇습니다."라고 곧장 대답하고는, 다른 문인에게 "선생님의 도는 바로 충서(忠恕)이다."라고 하였다.《論語 里仁》

228 백업：【攷證 卷3 業白】불경(佛經)에서 미업(美業)을 '백'이라 하고 악업(惡業)을 '흑(黑)'이라 한다.《오등회원(五燈會元)》〈동토초조(東土初祖) 보리달마대사(菩提達磨大師)〉에 "백업을 마땅히 부지런히 닦아야 한다.[當勤修白業]"라고 하였다.【校解】여기에서는 학업 또는 과거 공부를 뜻한다.

229 괴시：【攷證 卷3 槐市】살펴보건대, 한(漢)나라 평제(平帝) 원시(元始) 4년(4)에 박사사(博士舍)를 만들었는데, 이것이 곧 태학이다. 30구역을 시(市)로 만들고 회화나무 수백 그루가 열을 지어 서 있었다. 제생들은 초하루와 보름마다 이 저자에 모여서 각각 자기 고을에서 생산되는 물품 및 경서를 가져와서 서로 매매하고 예를 갖추어 겸손한 태도로 의론하였다.《三輔黃圖》

부지런히 공부해 학업을 이루어 선대를 따랐으면　　業成勤苦庶追前

두 시의 무궁한 뜻 세 번 되풀이해 읽노니　　二詩三復無窮意

밤 깊어 침상에서 꿈이 막 깨었을 때라네　　一枕更闌夢覺邊

(詩-內卷4-125)

소년 시절 용수사를 서루[230]에 비기고서　　少年龍社擬書樓

몇 번이나 관솔불로 기름을 대신하였던가　　幾把松明代爇油

당시의 집안 훈계를 잊지 못하노니　　家訓未忘當日戒

이치의 근원 아직도 몰라 이제껏 찾는단다　　理源仍昧至今求

늙은이 마음으로 바라기는 네가 조상의 유택 이어받아

　　　　　　　　　　　　　　　　老情蘄汝承遺澤

벗의 충고를 힘입어 원대한 계획 높이기를　　忠告資朋尙遠謀

문을 둘러싼 눈 내린 산에 인적도 고요하니　　門擁雪山人寂寂

벗들과 함께 한 치의 광음도 아끼기를 원하노라　　好將同惜寸陰遒

　　-명(明)나라 세종(世宗) 가정(嘉靖) 45년 병인년(1566, 명종21) 11월 모일. 이
　　때 안도가 익우(益友) 몇 사람과 함께 지내고 있었으므로 '벗의 충고를 힘입어'라
　　는 말을 썼다.-

_____

230 서루 : 【攷證 卷3 書樓】서루는 미주(眉州)의 서쪽에 있다. 당나라 희종(僖宗)
광계(光啓) 연간 초에 미주 사람 손장유(孫長孺)가 세워서 책을 보관하는 곳으로 삼았는
데, 희종이 '서루' 두 글자를 써서 하사하였다. 《大明一統志 卷71》

융경[231] 정묘년 답청일에 병석에서 일어나 홀로 도산에 나가보니, 두견화와 살구꽃이 어지러이 피어 있고 창 앞의 조그마한 매화 한 그루는 옥설 같은 하얀 꽃이 가지에 동그랗게 붙어 있어 몹시 사랑스러웠다 【정묘년(1567, 명종22, 67세) 3월 3일. 예안(禮安)】

隆慶丁卯踏靑日 病起 獨出陶山 鵑杏亂發 窓前小梅一樹 皓如玉雪團枝 絶可愛也

(詩-內卷4-126)

도산에 와 보지도 못한 채 해가 벌써 바뀌니	不到陶山歲已更
산 속에 주인 없어도 봄은 절로 화창하다	山巖無主自春明
온갖 붉은 꽃은 내가 막 흥을 타서 오는 것을 반기는데	千紅喜我初乘興
한 그루 매화 늦게 핀 그대를 사랑스러워 하노라	一白憐君晚有情
병석에서 일어나도 꽃 피는 좋은 계절 구경하고 싶고	病起尙耽芳節好
읊고 나니 한낮의 바람 가벼운 줄 알겠구나	吟餘更覺午風輕
유유히 다시 강가에 앉았노라니	悠然又向江臺坐
천지를 둘러보는 사이에 감개가 생기누나	俯仰乾坤感慨生

---

231 융경 :【攷證 卷3 隆慶】명(明)나라 목종(穆宗)이 1567~1572년에 사용한 연호이다.

펼쳐진 경관 고운 방초에 봄 해는 더딘데	雲物芳妍麗景遲
아름다운 빛 눈에 가득하니 때는 모춘이라	韶華滿眼暮春時
도공은 술을 끊었다 도리어 술을 생각했고[232]	陶公止酒還思酒
두로는 시를 폐했다가 다시 시를 읊었다오[233]	杜老懲詩更詠詩
푸른 자리인 양 천 가지 풀 어지러이 땅을 덮고	蓋地翠茵千卉亂
붉은 융단인 양 만 가지 꽃 흐드러지게 산에 가득하여라	
	漫山紅罽萬花披
평소에 번화한 일들을 몹시 싫어했는데	平生苦厭紛華事
옥설 같은 매화가지가 온전히 압도해버리는구나	壓掃全憑玉雪枝

---

232 도공은……생각했고 : 【攷證 卷3 陶公止酒還思酒】 진(晉)나라 도연명(陶淵明)의 〈술을 끊다〔止酒〕〉 시에 "평소 술을 끊지 못하니, 술을 끊으면 마음이 기쁘지 않아서이지. 저녁에 끊자니 편히 잠들지 못하고, 새벽에 끊자니 일어날 수가 없다오. 날마다 끊으려 하지만, 술 끊으면 몸의 기혈이 순조롭지 않은 걸.〔平生不止酒, 止酒情無喜. 暮止不安寢, 晨止不能起. 日日欲止之, 榮衛止不理.〕"이라고 하였다.

233 두로는……읊었다오 : 【攷證 卷3 杜老懲詩更詠詩】 당(唐)나라 두보(杜甫)의 〈판관인 곽 십오에게 답하다〔酬郭十五判官〕〉 시에 "약봉지에 마음 쓰여 시를 모두 폐했는데, 꽃가지 눈에 비치니 시 구절이 다시 이루어지네.〔藥裹關心詩摠廢, 花枝照眼句還成.〕"라고 하였다.

재차 도산의 매화를 찾다. 절구 10수【정묘년(1567, 명종22, 67세)

3월 4일~7일 추정. 예안(禮安)】

再訪陶山梅 十絶

(詩-內卷4-128)

손수 매화 심은 지 이제 몇 년이런가	手種寒梅今幾年
풍광이 작은 창 앞에 소쇄하여라	風烟蕭灑小窓前
어제 와 보니 눈 같은 꽃 이제 막 피었는데	昨來香雪初驚動
고개 돌려 보니 다른 꽃들은 다 쓸쓸하여라	回首羣芳盡索然

(詩-內卷4-129)

친구 덕분에 남방에서 뿌리 옮겨	南國移根荷故人
계산의 안개비 속에 청진한 모습 독차지했네	溪山烟雨占淸眞
복숭아꽃 오얏꽃 같은 때에 핀들 무슨 상관이랴	何妨桃李同時節
옥 같은 풍골 얼음 같은 혼이라 또 다른 봄빛일세	玉骨冰魂別樣春

(詩-內卷4-130)

구슬 꽃 하나하나 시들 때까지[234] 어여쁘니	箇箇瓊葩抵死妍

---

234 시들 때까지 :【攷證 卷3 抵死】송(宋)나라 왕안석(王安石)의 〈미지와 함께 매화를 읊는데 '향' 자를 얻다〔與微之同賦梅花得香字〕〉시 중 제3수에 "사람 향해 본래 무언의 뜻 지녔으니, 경국지색은 하늘이 시들 때까지 향기롭게 해서라네.〔向人自有無言意, 傾國 天敎抵死香.〕"라고 하였다. 주자(朱子)의 〈서림원 벽에 쓰다〔題西林院壁〕〉시 중 제2수에 "좌선하여 마음을 살피는 곳 도리어 싫으니, 처마 앞의 꽃이 시들 때까지 향기로운

참으로 강직하다고 굳센 철석간장[235] 자랑하지 말라　　眞剛休詫鐵腸堅

수염 꼬면서[236] 종일토록 홀로 시 읊으며 보노니　　撚鬚終日孤吟賞

매화의 오묘한 점은 마치 온백설자[237] 만난 듯하네　　妙處如逢雪子然

(詩-內卷4-131)

천 년 전 고산과 숙세의 인연 있으니　　　　千載孤山有宿緣

향기와 그림자 높이 읊은 것[238] 세상이 다투어 전하누나

　　　　　　　　　　　　　　　　　高吟香影世爭傳

것 어쩔 수 없네.〔却嫌宴坐觀心處, 不奈簷花抵死香.〕"라고 하였다. 【校解】《고증》에는
주자의 시 가운데 '柰'가 '耐'로 되어 있는데, 통행본《회암집(晦庵集)》에 의거하여 수정하
였다.

235 참으로……철석간장 : 【譯注】당(唐)나라 재상 송경(宋璟)이 일찍이 〈매화부(梅花
賦)〉를 지었는데, 뒤에 시인 피일휴(皮日休)가 송경의 〈매화부〉에 대해 "내가 일찍이
재상 송광평(宋廣平 송경)의 바르고 강직한 자질〔貞姿勁質剛態毅狀〕을 사모해 왔으니,
그의 철석같은 간장〔鐵腸與石心〕으로는 아마도 유순하고 애교 넘치는 말을 토해낼 줄
모르리라고 여겼는데, 그의 글을 보다가 〈매화부〉가 있어 보니, 말이 통창하고도 풍부하
고 화려하여 남조 서유체(徐庾體)를 꼭 닮아서, 그 사람됨과는 아주 달라 보였다."라고
하였다. 《皮子文藪 桃花賦序》

236 수염 꼬면서 : 【攷證 卷3 撚鬚】당나라 노연손(盧延孫 노연양(盧延讓))의 〈괴로이
읊다〔苦吟〕〉 시에 "시 읊어 한 글자 안배하느라, 두어 가닥 수염을 꼬아 끊었네.〔吟安一箇
字, 撚斷數莖鬚.〕"라고 하였다. 【校解】《고증》에는 '一'이 '幾'로, '鬚'가 '髭'로 되어 있는
데, 통행본《당시기사(唐詩紀事)》에 의거하여 수정하였다.

237 온백설자 : 【譯注】공자(孔子)가 온백설자(溫伯雪子)를 만나고 싶어 하다가 실제
만나게 되어서는 아무 말도 하지 않고 헤어졌는데, 자로(子路)가 그 이유를 묻자 공자가
"그런 사람은 눈으로 보기만 하여도 도를 지니고 있음을 알 수 있으니, 또한 말을 할
필요가 없다."라고 하였다. 《莊子 田子方》

238 천 년……것 : 【譯注】송나라 임포(林逋)가 고산(孤山)에서 은거하며 매화를 사랑
하고 학을 기르면서 평생을 보냈으므로 매처학자(梅妻鶴子)라고 일컬어졌는데, 그의
〈산원소매(山園小梅)〉 시 중 제1수에 "맑고 얕은 물 위에 성근 그림자 가로 비끼고,

지금 인간 세상 비록 예전과 다르지만 只今人境雖非舊

어찌 차마 그 풍류를 아득히 사라지게 두랴 那忍風流墮杳然

(詩-內卷4-132)

여윈 옥 차가운 구슬 눈 같은 운치와 자태이니 玉瘦瓊寒雪韻姿

시궁²³⁹과 하벽²⁴⁰을 초야의 내 마음이 기약하노라 詩窮霞癖野心期

서로 어울리며 막역한 사이 난초 향기²⁴¹와 같으니 相從莫逆如蘭臭

임포 신선의 나비만이 알아준다고²⁴² 말하지 말라 不道逋仙粉蝶知

(詩-內卷4-133)

해 저물매 동풍이 너무도 세차게 불어오니 日暮東風太放顚

화사한 온갖 꽃들 모두들 팔랑이네 浮紅浪蘂摠翻翩

간곡히 아뢰어 동군에게 말하노니 丁寧爲報東君道

황혼 녘 달빛 속에 은은한 향기 떠도누나.〔疎影橫斜水淸淺, 暗香浮動月黃昏.〕"라고 하였
다.《林和靖集 卷2》

239 시궁 :【攷證 卷3 詩窮】송나라 구양수(歐陽脩)가 매요신(梅堯臣)의 시를 논하면
서 "세상에서는 시인으로 현달한 이는 적고 곤궁한 이는 많다고 한다.……시가 사람을
곤궁하게 할 수 있는 것이 아니라, 아마도 곤궁한 사람이 된 뒤에 시가 훌륭해지는 듯하
다.〔非詩之能窮人, 殆窮者而後工也.〕"라고 하였다.〈梅聖兪詩集序〉

240 하벽 :【攷證 卷3 霞癖】연하고질(烟霞痼疾)과 같다.

241 난초 향기 :【譯注】《주역(周易)》〈계사전 상(繫辭傳上)〉에 "두 사람이 마음을
같이하면 쇠도 자를 수 있고 같은 마음을 가진 사람의 말은 난초 향기와 같다.〔同心之言,
其臭如蘭.〕"라고 하였다.

242 임포……알아준다고 :【攷證 卷3 逋仙粉蝶知】송나라 임포의 〈산원소매〉시 중
제1수에 "서리처럼 흰 새는 내려오려 하면서 미리 훔쳐보고, 꽃가루 찾는 나비는 그
모습 보고 넋을 잃을 줄 아는 듯하네.〔霜禽欲下先偸眼, 粉蝶如知合斷魂.〕"라고 하였다.

봉이[243]로 하여금 옥선을 흔들게 하지 말아다오　　莫使封姨撼玉仙

(詩-內卷4-134)

동파 신선이 절구 열 수 고시 세 편을 남겼으니[244]　　坡仙十絶與三詞

서호만이 지기가 된 것은 아니었지[245]　　不獨西湖作己知

더구나 자양 선생 풍아의 솜씨[246]가 있어　　況有紫陽風雅手

길게 읊고 깊이 감탄하며 마음을 붙였다오　　長吟絶歎寓心期

(詩-內卷4-135)

한 송이만 등지고 피어도 오히려 싫은데　　一花纔背尙堪猜

어찌하여 줄줄이 매달려 다 거꾸로만 피었는지　　胡奈垂垂盡倒開

---

243 봉이(封姨) :【譯注】전설상의 바람 귀신[風神] 이름이다. 봉이(封夷) 혹은 풍이(風姨)라고도 한다.

244 동파……남겼으니 :【攷證 卷3 坡仙十絶與三詞】살펴보건대, 송나라 소동파(蘇東坡 소식(蘇軾))의 〈봉의랑 양공제의 매화시에 차운하다[次韻楊公濟奉議梅花]〉시 10수가 있고, 또 〈11월 26일 송풍정 아래 매화가 활짝 피다[十一月二十六日松風亭下梅花盛開]〉, 〈재차 앞 시의 운자를 쓰다[再用前韻]〉, 〈꽃이 져서 다시 앞 시에 차운하다[花落復次前韻]〉등 세 편의 시가 있다.

245 서호만이……아니었지 :【譯注】송나라 임포가 서호(西湖)의 고산(孤山)에 초막을 짓고 20년 동안 출입하지 않은 채 매화를 가꾸고 학을 기르면서 독신으로 살았던 일을 말한다.

246 자양……솜씨 :【攷證 卷3 紫陽風雅手】살펴보건대, 주자(朱子)가 양원범(楊元範)의 〈십매시(十梅詩)〉에 화답한 〈원범 형이 열 가지 매화시를 보여주었는데, 풍격이 청신하고 부친 뜻이 심원하다[元範尊兄示及十梅詩風格淸新意寄深遠……]〉절구 10수가 있고, 또 소동파가 '혼(魂)' 자 운으로 쓴 〈11월 26일 송풍정 아래 매화가 활짝 피다[十一月二十六日松風亭下梅花盛開]〉, 〈재차 앞 시의 운자를 쓰다[再用前韻]〉, 〈꽃이 져서 다시 앞 시에 차운하다[花落復次前韻]〉시 등에 주자가 차운한 시 세 편이 있다.

다행히 내가 꽃 아래에서 볼 수 있으니　　　　　　　　賴是我從花下看
고개 들면 하나하나 꽃술이 보이누나　　　　　　　　昂頭一一見心來

(詩-內卷4-136)

병든 후로 술잔과 멀어진 지 오래였는데　　　　　　　病來杯勺久成疎
오늘에야 매화 곁에 술 한 병을 놓았다오　　　　　　此日梅邊置一壺
새들이 굳이 사랑스럽게 울 필요 없으니　　　　　　　野鳥不須啼更款
맑은 밤에 장차 마고선녀 기다리려 하노라[247]　　　　清宵將擬待麻姑

(詩-內卷4-137)

동자는 내가 오래도록 오지 않아 의아할 텐데　　　　童子疑人久不歸
추위 겁내다 석양녘에야 미련이 움직여 나섰네　　　忉寒餘戀動斜暉
날마다 찾아와 만나보기를 사양하지 않노니　　　　不辭日日來幽款
장차 꽃잎이 져서 강물에 조각조각 떨어지면 어이할 수 없어라

　　　　　　　　　　　　　　　　　　　　湖面無如片片飛

　－제8수에 '한 송이만……'이라고 하였으니, 성재(誠齋)[248]의 〈매화 아래에서 조
촐하게 술을 마시다〔梅花下小飮〕〉 시에 "한 송이만 무뢰하게 사람 등진 채 피어
있네.〔一花無賴背人開〕"라고 하였다. 나는 이 중엽매(重葉梅)[249]를 남방의 친구

247　술……하노라 : 【攷證 卷3 一壺…麻姑】 진(晉)나라 갈홍(葛洪)의 《신선전(神仙
傳)》에 "왕방평(王方平)과 마고(麻姑)가 채경(蔡經)의 집에서 만나, 각자 가져온 음식을
꺼내서 안주와 반찬 등을 차려 놓았다."라고 하였다. 송나라 소식의 〈재차 앞 시의 운자를
써서 짓다〔再用前韻〕〉 시에 "마고가 그대를 방문한다고 하여 급히 쓸고 닦으니, 새는
능히 노래하고 춤추며 꽃은 말을 하네.〔麻姑過君急洒掃, 鳥能歌舞花能言.〕"라고 하였다.
248　성재 : 【攷證 卷3 誠齋】 양만리(楊萬里, 1127~1206)로, 본관은 길수(吉水), 자는
정수(廷秀), 호는 성재이다.

에게서 얻었는데, 그 붙어 있는 꽃이 하나같이 다 거꾸로 드리워져 땅을 향하고 있어서 곁에서 바라보면 꽃술이 보이지 않으며, 반드시 나무 밑에서 얼굴을 쳐들고 보아야만 곧 일일이 꽃술을 볼 수가 있는데, 동글동글 사랑스럽다. 두보(杜甫)의 〈배적이 촉주 동쪽 정자에 올라 객을 보내면서 일찍 핀 매화를 보고 내가 생각나 부쳐온 시에 화답하다[和裵迪登蜀州東亭送客逢早梅相憶見寄]〉시에 이른바 "강가의 한 나무에 줄줄이 매달려 피었네.〔江邊一樹垂垂發〕"라고 한 것이 아마도 이런 종류의 매화를 가리킨 것인 듯하다.-

---

249 중엽매 :【攷證 卷3 重葉梅】송나라 범성대(范成大)의 《범촌매보(范村梅譜)》에 "중엽매는 꽃송이가 매우 풍성하고 꽃잎은 여러 겹으로 포개져 있어, 매화 중에서도 기이한 품종이다. 꽃방은 홀로 나와 있는데 열매는 쌍으로 맺는 것이 많아 더욱 아름답고 특이하다."라고 하였다.

3월 8일 홀로 신암에 노닐다. 절구 6수 【정묘년(1567, 명종22, 67세) 3월 8일. 영주(榮州)】

三月初八日 獨遊新巖 六絶

(詩-內卷4-138)

해가 산꽃 비추니 눈부시게 찬란한데	日照山花絢眼明
시내 빛은 아득하고 버들은 푸릇푸릇	溪光漠漠柳靑靑
절룩이는 나귀는 병든 사람 태우고 어디로 가는가	蹇驢馱病向何處
좋은 천석이 나를 부르니 흥이 멈추지 않는구나	泉石招人興未停

(詩-內卷4-139)

어지러운 산에 깊이 드니 물은 돌고 도는데	亂山深入水洄洄
들의 살구꽃 산의 복사꽃 곳곳마다 피었어라	野杏山桃處處開
늙은 농부 만나서 좋은 경치 물어보니	逢著田翁問泉石
고개 돌려 흰 구름 쌓인 곳을 가리키네	回頭指點白雲堆

(詩-內卷4-140)

희고 흰 기이한 바위는 두 층으로 우뚝한데	白白奇巖矗兩層
구름 같은 샘물 큰 소리로 떨어져 맑은 웅덩이 되었네	
	雲泉吼落湛成泓
내가 온 지금이 때마침 춘삼월이라	我來正値春三月
붉은 꽃 푸른 잎 흐드러지고 새들은 화답하누나[250]	紅綠紛披鳥喚鷹

(詩-內卷4-141)

활짝 핀 진달래꽃 현란한 노을인 듯 　　　　　杜鵑花發爛霞明
그 가운데 푸른 벼랑 펼쳐져 비단 병풍 되었어라 　翠壁中開作錦屏
귀에 가득한 냇물 소리에 그냥 앉아 한참 있으니 　滿耳泉聲仍坐久
속세 염려 씻어 내려 그지없이 맑아지누나 　　　洗來塵慮十分淸

(詩-內卷4-142)

승경을 찾았다는 자랑을 이군에게서 전해 듣고 　搜勝誇傳自李君
몇 년이나 꿈속에서 구름 낀 산을 맴돌았던가 　幾年魂夢繞山雲
가고 오며 함께할 벗이 없어 한이었는데 　　　　竭來却恨無幽伴
그대는 산 서쪽에 있어 들을 수 없으리라 　　　君在山西不及聞
　　-이굉중(李宏仲)[251]이다.-

(詩-內卷4-143)

조물주가 웅장하게 이런 기경 만들어 놓았는데 　造物雄豪辦此奇
천년 만에 비로소 내가 오게 되었구나 　　　　　千秋方得我來時
이름자를 바위 벼랑에 쓰지 말라 　　　　　　　莫將名字題崖石
구름 속 원숭이와 학이 처음 보고서 의아해 하리니 猿鶴雲間創見疑

---

250 새들은 화답하누나 : 【攷證 卷3 鳥喚鷹】 살펴보건대, '鷹'은 본래 '膺'으로 쓰니, 답하여 말하는 것이다. 《집운(集韻)》에는 혹 '鸎'으로 되어 있기도 하다.

251 이굉중(李宏仲) : 【譯注】 이덕홍(李德弘, 1541~1596)으로, 본관은 영천(永川), 자는 굉중, 호는 간재(艮齋)이다.

중화군[252]에서 내가 쓴 책[253]을 간행하였으므로 일찍이 기명언[254]에게 불태우고 없애 버리라고 부탁하였는데, 이제 그의 편지를 받아보니 이미 태워 없앴다 하기에 기뻐하며 보내온 시[255]에 차운하다 【정묘년(1567, 명종22, 67세) 6월 초순 추정. 예안(禮安)】

中和郡刊謬文字 曾囑奇明彦焚毀 今得其書 已焚去之 喜次來韻

늘 한탄하길 학자들이 참된 도 모르고서　　　　常恨諸儒昧道眞
글만 따라 잘못 말해 도가 더욱 매몰되었다고　　緣文曲說轉沈堙
옛 저술 모아 교정함은 그저 내 견해 밝힌 것일 뿐이니　　袞來校訂聊明己
간행하여 세상에 전하기를 어찌 남에게 바랐으랴　　刻去流傳豈望人
그대 덕분에 서둘러 불태워버릴 수 있었으니　　畀火得君施快手
나로 하여금 번뇌를 씻어 여생을 편안케 하였네　　洗塵令我樂餘身
촛불 밝혀[256] 공부해 보완하는 것은 말할 것도 없고　　未論秉燭功相補

---

252 중화군 : 【攷證 卷3 中和】평안서도(平安西道)에 속하며, 또 다른 군명은 당악(唐岳)이다.

253 내가 쓴 책 : 【攷證 卷3 謬文字】곧《용학석의(庸學釋義)》인데,《정본 퇴계전서》권6 KNL0571〈기명언에게 보내다【정묘】[與奇明彦【丁卯】]〉에 보인다.

254 기명언 : 【譯注】기대승(奇大升, 1527~1572)으로, 본관은 행주(幸州), 자는 명언(明彦), 호는 고봉(高峯)·존재(存齋), 시호는 문헌(文憲)이다.

255 기뻐하며 보내온 시 : 【譯注】《고봉집(高峯集)》권1에〈중화군에서 퇴계의《학용어록해의》도합 한 책을 새로 발간하다[中和新刊退溪學庸語錄解疑合一冊]〉시가 있다.

256 촛불 밝혀 : 【攷證 卷3 秉燭】사광(師曠)이 "신이 듣건대, 어려서 학문을 좋아함은

이제부터 비난은 면하리니 우선 기쁘구나 　　　　　且喜從今免誚嗔

일출의 햇빛 같고, 장년이 되어서 학문을 좋아함은 중천에 든 햇빛과 같으며, 노년에 학문을 좋아함은 촛불을 잡은 밝음과 같다〔老而好學, 如秉燭之明.〕고 하였습니다.”라고 하였다. 《說苑 卷3》

KNP0400(詩-內卷4-145)

등극사가 오게 되어 재차 소지[257]를 받았다.[258] 6월에 서울로 가면서 용수사[259]에서 자고 새벽에 출발했다가 비를 만나다 【정묘년(1567, 명종22, 67세) 6월 14일 추정. 예안(禮安)】

登極使將至 再被召旨 六月赴京 宿龍壽寺 早發遇雨

상사(上使)는 한림원 검토관(翰林院檢討官) 허국(許國)[260]이고, 부사는 병과 좌급사중(兵科左給事中) 위시량(魏時亮)[261]이다.

용수사 산방에서 하룻밤을 자노라니	龍壽山房一夜眠
예전에 노닐던 자취가 아직도 눈에 선하구나	舊遊蹤跡尙依然
무단히 내리는 새벽 비에 산길이 희미하니	無端曉雨迷山徑
응당 속세에 달려가는 산사람을 놀리는 것이리라	應戲山人走俗緣

257 소지 :【攷證 卷3 召旨】《퇴계선생연보》권2에 "대신 이준경(李浚慶)이, 문학에 능한 선비를 불러 모아 응수(應酬)에 대비할 것을 계청(啓請)하였다. 이 때문에 부르는 명이 또 내렸다."라고 하였다.

258 등극사가……받았다【攷證 卷3 登極使將至云云】이때 명(明)나라 세종황제(世宗皇帝)가 붕어하시고 목종황제(穆宗皇帝)가 즉위하셨다.

259 용수사(龍壽寺) :【譯注】안동시 도산면 용두산(龍頭山)에 있는 사찰로, 고려 의종(毅宗) 때 세워졌다.

260 허국(許國) :【譯注】1527~1596. 안휘(安徽) 흡현(歙縣) 사람이고, 자는 유정(維楨), 시호는 문목(文穆)이다.

261 위시량(魏時亮) :【譯注】1529~1591. 명나라 세종~목종 때의 문신·학자이다.

영천 쌍청당 연못 【정묘년(1567, 명종22, 67세) 6월 15일경 추정. 영주(榮州)】
榮川雙淸堂蓮塘

큰 잎은 평평하고 작은 잎은 가득 떠 있는데[262]	大葉盤盤小葉田
붉은 단장 아름답고 푸른 안개 둘렀어라	紅粧明媚擁蒼烟
미풍이 일산 같은 잎을 흔드니 때때로 움직이고	微風颭蓋時時動
소낙비에 물방울이 구슬처럼 튀니 알알이 동그랗다	急雨跳珠箇箇圓
회보는 몇몇 군자 기쁘게 만났고[263]	晦父欣逢數君子
염옹은 맑은 잔물결에 씻김을 사랑스레 말했지[264]	濂翁愛說濯淸漣
난간에 기대어 종일토록 남은 감상 되새기니	憑闌盡日追餘賞
가슴속이 시원해졌음을 불현듯 깨닫노라	陡覺襟懷已灑然

---

262 작은……있는데 : 【攷證 卷3 小葉田】송(宋)나라 호숙(胡宿)의 〈부용호(芙蓉湖)〉 시에 "작은 호수에 흔들리는 연꽃 향기롭고 고우니, 푸른 연잎 가득 떠서 낚싯배를 에워쌌네.〔小湖香豔戰芙蓉, 碧葉田田擁釣篷.〕"라고 하였다.

263 회보는……만났고 : 【譯注】'회보'는 호가 회암(晦庵)인 송나라 주희(朱熹)를 가리킨다. 【攷證 卷3 晦父欣逢數君子】주자의 〈군자정(君子亭)〉 시에 "몇몇 군자를 만나니, 나에게 염옹에 대해 말해주네.〔相逢數君子, 爲我說濂翁.〕"라고 하였다.

264 염옹은……말했지 : 【譯注】'염옹(濂翁)'은 송나라 주염계(周濂溪), 즉 주돈이(周敦頤)를 가리킨다. 그의 〈애련설(愛蓮說)〉에 "나는 유독 연꽃이 진흙 가운데서 나왔는데도 거기에 물들지 않고, 맑은 잔물결에 씻기면서도 요염하지 않은 것을 사랑한다.〔予獨愛蓮之出於淤泥而不染, 濯淸漣而不夭.〕"라고 하였다.

16일 창락역²⁶⁵에 당도하다 【정묘년(1567, 명종22, 67세) 6월 16일. 풍기 (豐基)】

十六日 抵昌樂驛

서늘한 새벽 틈타 창락역을 향하니   乘凉曉向昌樂郵

죽령은 높이 솟고 공관은 그윽하다   竹嶺峩峩公館幽

땅 쓸고 향 피우니 병든 이의 잠자리 외로운데   掃地焚香病枕孤

바람 먹고 숲에서 우는 찬 매미 시끄러워라   餐風咽樹寒蟬稠

험난한 길 정말 가기 어렵다고 옛날에 한탄하더니   古歎畏塗苦難行

쓸모없는 이 몸 잘못 벼슬길에 오른 것 이제 탄식하노라

    今嗟散材誤見收

성은이 관대하여 어여삐 여겨 허락하신다면   聖恩寬大儻憐許

단풍잎 국화꽃 핀 가을 따라 고향으로 돌아가리   歸趁赤葉黃花秋

---

265 창락역(昌樂驛) :【譯注】죽령(竹嶺) 아래 풍기군(豐基郡) 서쪽 13리 지점에 있었던 역원(驛院)이다.

KNP0403(詩-內卷4-148)

닭소리를 잘못 듣고 밤에 출발하여 죽령을 오르다가 큰 비를 만나, 젊은 시절 죽령을 지나는 도중에 지었던 시²⁶⁶의 운자를 사용하여 짓다 【정묘년(1567, 명종22, 67세) 6월 16일 추정. 풍기(豐基)】

誤雞夜發 登嶺値大雨 用少日嶺途韻

가파른 산길 마치 촉도를 걸어가는 듯하니	棧道如登蜀道行
조심조심 숨죽이고 높은 고개 오르노라²⁶⁷	凌兢脅息上崢嶸
어찌 견디랴 고요히 솔바람 듣던 귀에	那堪靜聽松風耳
말 재촉하는 역리의 소리 바뀌어 들리는 것을	換得催驅驛吏聲
만 골짜기 우레 치는 밤비를 거듭 겪으니	萬壑重經雷夜雨
천 봉우리 거의 햇빛 나는 개인 아침을 보겠네	千峯幾見曜朝晴
이에 생각하노니 세상의 변천도 이와 같거늘	因思世變多如許
백발에 무슨 마음으로 다시 서울에 들어가는지	白首何心更入京

---

266 젊은……시 : 【譯注】《정본 퇴계전서》 권1에 〈죽령을 지나는 도중에 비를 만나다〔竹嶺途中遇雨〕〉 시가 있다.

267 가파른……오르노라 : 【攷證 卷3 棧道…崢嶸】 당(唐)나라 이백(李白)의 〈촉도난(蜀道難)〉에 "땅이 무너지고 산이 꺾이고 장사가 죽자, 그 후 하늘 사다리며 잔도가 이어졌네.〔地崩山摧壯士死, 然後天梯石棧相鉤連.〕……삼성을 어루만지고 정성을 지나 우러러 숨죽이고, 손으로 가슴 쓸며 앉아 길게 탄식한다.〔捫參歷井仰脅息, 以手撫膺坐長嘆.〕……검각산 우뚝 높이 솟아 있어, 한 사람이 관문 막으면 만 사람도 열 수 없다네.〔劍閣崢嶸而崔嵬, 一夫當關萬夫莫開.〕"라고 하였다. 【校解】《고증》에는 '嵬'가 '崽'로 되어 있는데, 통행본 《이태백집주(李太白集注)》에 의거하여 수정하였다.

단양에서 김계응²⁶⁸에게 주다 【정묘년(1567, 명종22, 67세) 6월 17일 추정. 단양(丹陽)】

丹山 贈金季應

구름은 자욱하고 빗줄기는 주룩주룩	雲容浩浩雨浪浪
진종일 창가에서 이별하는 마음 심란케 하누나	盡日軒窓攪別腸
기다리노니 구성에서 다시 만날 때에는	好待龜城重握手
중추가절 달빛이 참으로 서리 같겠지	中秋月色正如霜

---

268 김계응 : 【譯注】김난상(金鸞祥, 1507~1570)으로, 본관은 청도(淸道), 자는 계응(季應), 호는 병산(缾山)·매양정(梅陽亭)이다.

KNP0405(詩-內卷4-150)

새벽에 길을 가면서 구담²⁶⁹을 바라보며 짓다 【정묘년(1567, 명종22, 67세) 6월 18일 추정. 단양(丹陽)】

早行 望龜潭作

새벽에 구담을 지나니 달이 산에 있는데	曉過龜潭月在山
은자의 높은 거처 상상컨대 저 아련한 산속에 있으리	高居想像有無間
주인은 지금 다른 산으로 가 숨었으니²⁷⁰	主人今作他山隱
학은 원망하고 원숭이 우는데²⁷¹ 구름 절로 한가롭다	鶴怨猿啼雲自閒

　－이이성(李而盛)²⁷²이다.－

---

269 구담 : 【譯注】 단양팔경(丹陽八景) 중의 하나인 구담봉(龜潭峯)을 말한다. 이지번(李之蕃)이 김안로(金安老)의 무고로 유배되었다가 풀려난 뒤 1556년(명종11) 이황의 권유로 벼슬을 버리고 이곳에 암자를 짓고 은거하였다.

270 주인은……숨었으니 : 【攷證 卷3 主人今作他山隱】 살펴보건대, 이이성(李而盛 이지번(李之蕃))이 구담에서 청풍(淸風) 월악산(月岳山) 아래로 옮겨가 은거하였다.

271 학은……우는데 : 【譯注】 남조 시대 제(齊)나라 공치규(孔稚圭)의 〈북산이문(北山移文)〉에 "혜장이 텅 비자 밤에 학이 원망하고, 산 사람이 떠나가자 새벽에 원숭이가 놀라 우네.〔蕙帳空兮夜鶴怨, 山人去兮曉猿驚.〕"라고 하였다.

272 이이성 : 【譯注】 이지번(李之蕃, 15??~1575)으로, 본관은 한산(韓山), 자는 이성(而盛)·형백(馨伯), 호는 성암(省菴)·사정(思亭)·구옹(龜翁)이다.

유신에서 노과회²⁷³가 부쳐온 시²⁷⁴에 차운하다【정묘년(1567, 명종22, 67세) 6월 22일경 추정. 충주(忠州)】

惟新 次盧寡悔見寄

재촉해 불러 명을 거듭 내리시니 　　　促召加申命

지팡이 의지하고 고향집을 나섰네 　　扶行出舊墟

더위를 무릅쓰고 가는데 질병은 많고 　衝炎多疾病

험한 길 가노라니 온갖 어려움 다 겪노라 　歷險備艱虞

여관에 여러 날 머물러 있자니 　　　　旅館淹留日

친한 벗이 위로하는 편지를 보내왔네 　親朋問勞書

내 어찌 조정 조짐을 분간할 수 있으리오 　焉能辨爻象

스스로 관직 임명 벗지 못하는 것을 　　自不免沈濡

273 노과회 :【攷證 卷3 盧寡悔】노수신(盧守愼, 1515~1590)으로, 본관은 광주(光州), 자는 과회, 호는 소재(蘇齋)·암실(暗室)이며, 상주(尙州)에서 살았다. 명(明)나라 무종(武宗) 정덕(正德) 을해년(중종10)에 태어났다. 이탄수(李灘叟 이연경(李延慶))에게 수학했는데 침잠하여 탐색하였고, 몸가짐은 엄고(嚴固)하였으며 문장에 능하였고 의론은 강정(剛正)하였다. 을사사화(乙巳士禍) 때 진도(珍島)로 귀양을 갔고, 선조조(宣祖朝)에 관직이 영의정에 이르렀다. 시호는 문의(文懿)이다.

274 노과회가 부쳐온 시 :【譯注】《소재집(蘇齋集)》권5에 〈퇴계의 행차에 부치다〔寄退溪行軒〕〉 시가 있다.

21일 유신현에 머물면서 경연루²⁷⁵에 오르다【정묘년(1567, 명종 22, 67세) 6월 21일. 충주(忠州)】

卄一日 留惟新縣 登慶延樓

일시의 완악함²⁷⁶을 힘껏 쓸어내었으니	一時頑梗掃區區
형승은 예전 그대로 땅 모퉁이에서 웅장하네	形勝依然壯地隅
삼복²⁷⁷에 멀리서 오니 무슨 일 때문인가	三伏遠來緣底事
십년 만에 다시 볼 줄 어찌 일찍이 생각했으랴	十年重見豈曾圖
못에 가득한 붉은 연꽃은 내게 말을 건네는 듯하고	滿池紅蕖如相語
누각 바로 앞 푸른 산은 불러보고 싶을 정도	當檻靑山欲試呼
세상 이욕을 지금껏 많이 겪었으니	誘奪只今多所歷
마음속에 묵은 먼지 쌓이게 하지 말아야지	莫令心地有塵蕪

---

275 경연루 :【攷證 卷3 慶延樓】충주(忠州) 객관 동쪽에 있다.

276 일시의 완악함 :【攷證 卷3 一時頑梗】곧 이홍남(李洪男)의 상변사(上變事)이다.
【校解】이홍남은 1547년 양재역(良才驛) 벽서 사건에 연루되어 죽은 이약빙(李若氷)의
첫째 아들로서, 아비의 죄로 인하여 자신은 영월(寧越)로 귀양 가고 아우 이홍윤(李洪
胤)은 충주로 귀양 갔다. 이홍윤은 아비의 억울한 죽음에 대해 종종 분개하는 말을 하곤
하였는데, 평소 아우와 사이가 나쁘던 이홍남이 아우를 반역죄로 고발함으로써 자신이
출세할 기회로 삼으려 하였다. 그리하여 이홍윤이 계(契)를 모은 문서를 반역하기 위한
문서라고 꾸며 이를 증거물로 고변(告變)한 결과, 이홍윤과 이 계에 관련된 자 30여
명이 잡혀가 심한 고문 끝에 모두 허위 자백함으로써 처형되었다.

277 삼복 :【攷證 卷3 三伏】《한서》〈교사지(郊祀志)〉에 "하지 후 세 번째 경일(庚日)이
초복(初伏)이 되고, 네 번째 경일이 중복(中伏)이 되며, 입추 후에 첫 번째 경일이 말복
(末伏)이 된다."라고 하였는데, 주석에 "가을은 금(金)으로써 화(火)를 대신한다. 그러므
로 경일에 이르면 반드시 금이 엎드려 숨는다."라고 하였다.《兩漢博聞 卷4》

KNP0408(詩-內卷4-153)

빗속에서 연꽃을 감상하다 【정묘년(1567, 명종22, 67세) 6월 21일 추정.
충주(忠州)】

雨中賞蓮

화려한 누각 동쪽 가에서 연못을 굽어보니	畫樓東畔俯蓮池
술자리 파하고 와서 소낙비 쏟아질 제 구경하노라	罷酒來看急雨時
물방울 가득 차니 곧 기울어짐에 의기[278]와 같아	溜滿卽傾欹器似
소리 시끄러워도 깨끗한 마음에 맞아 싫지 않구나	聲喧不厭淨襟宜

---

278 의기 : 【攷證 卷3 欹器】《순자(荀子)》〈유좌(宥坐)〉에 "주(周)나라 태묘(太廟)에 의기가 있었는데, 안이 비면 기울어지고 중간쯤 차면 평형을 이루고, 가득 차면 뒤집어진다."라고 하였다.

명종대왕에 대한 만사 병서 【정묘년(1567, 명종22, 67세) 8월 25일경 추정. 예안(禮安)】

明宗大王挽詞 并序

6월 25일 신(臣)이 도성에 들어왔으며, 26일에야 비로소 성상의 환후를 어렴풋이 들었습니다. 27일에는 병환이 위급해지셨고 28일에 승하하셨습니다.[279] 신이 올라오는 도중에 병이 더하여 미처 배명을 하지 못했는데 갑자기 큰 변을 만나니, 관을 부여잡고 통곡하다 혼절하고 억장이 무너질 정도였습니다. 게다가 조사가 오게 되어 그 일로 분주해져서 피로와 상심으로 신병이 몹시 심한 지경에 이르러서 마침 춘관의 명[280]이 내렸으나 단 하루도 공직(供職)하지 못하고 사퇴하여 체직된 것입니다. 스스로 생각건대, 전조(前朝)에서 병으로 물러난 신하로서 사왕(嗣王)께서 새로이 정사를 펴시던 첫 해에 또 은명(恩命)을 저버림이 이와 같으니, 신하된 의리가 땅을 쓸 듯 다 없어진 것입니다. 만약 다시 미적거리며 떠나지 아니하고 아무 하는 일 없이 녹만 축내다가 죽는다면 수십 년 동안 애써 사퇴를 애걸한 뜻이 어디에 있겠습니까. 치사(致仕)나 청해(請骸)를 모두 얻을 수

---

279 승하하셨습니다 :【攷證 卷3 宮車晏駕】《한서》〈천문지(天文志)〉주석에 "천자는 마땅히 새벽에 일어나야 하니, 이제 막 붕어(崩御)하셨을 때 늦게 멍에를 채운다[晏駕]고 한 것은 신하의 마음으로는 오히려 궁궐의 수레에 멍에를 채워야 하는데 늦게 나온다고 여긴 것이다.[猶謂宮車當駕而晚出也]"라고 하였다.《古今事文類聚 前集 卷49 喪事部 國哀》

280 춘관의 명 :【攷證 卷3 春官之命】정묘년(1567, 명종22) 7월에 예조 판서(禮曹判書)에 제수되었다.《退溪先生年譜 卷2》

없기에 체직의 틈을 타서 몸을 빼내 돌아왔으니 이는 진실로 마지못해 행한 처사였습니다. 신은 도성에 있을 적에 이미 신하들에게 각기 만사를 지어 올리라고 명하신 것을 들었으나 신이 병으로 인해 생각이 혼미하여 미처 짓지 못하였고, 죽음을 면한 이날에 정을 스스로 가누지 못하여 겨우 한 편을 지어서 도성에 들어가는 사람에게 부쳐 외람되이 산릉도감(山陵都監)에 바치게 하였습니다. 다만 신은 산릉의 일을 마치지 못하고 돌아온지라 바야흐로 시론(時論)으로부터 죄책을 받았으니, 퇴각이나 당하지 않을지 알 수 없습니다. 신은 못내 침통함에 눈물 흘리며 너무나 부끄럽고 두려울 따름입니다. 만사는 다음과 같다.

나라 운수 이전에 거듭 막히어	國運昔重否
밝은 임금 잇따라 승하하시니[281]	明王繼陟遐
경점으로 대저에서 맞아[282]	庚占迎代邸
마지막 명으로 나라를 맡기셨도다	末命付周家
혁혁한 왕업을 이어받았으니	赫赫承基重

---

281 밝은……승하하시니 : 【攷證 卷3 明王繼陟遐】 갑진년(1544, 중종39) 11월에 중종(中宗)이 훙서(薨逝)하고 을사년(1545, 인종1) 7월에 인종(仁宗)이 훙서하였다.

282 경점으로 대저에서 맞아 : 【攷證 卷3 庚占迎代邸】 여러 대신이 대왕(代王)을 맞이하려 할 때에 대왕이 점을 치니 크게 가로놓인 무늬〔大橫〕를 얻었는데 그 점사에 "대횡이 경경하니〔大橫庚庚〕 내가 천왕이 되리라."라고 하였다. 순열(荀悅)이 "대횡은 거북 껍질에 가로로 생긴 균열이고 경(庚)은 경(更)과 같으니, 제후로서 황제의 자리를 대신함을 말한 것이다."라고 하였다. 《史記 孝文本紀》○ 살펴보건대, 명종은 중종의 둘째 아들로 처음에는 경원군(慶原君)에 봉해졌는데, 인종의 병이 크게 악화되자 경원군을 왕으로 세우라고 유교(遺敎)를 내렸다.

외로움 속에 시작부터 묻는 일²⁸³ 많았네 　　　　熒熒訪落多

참으로 총명하니 하늘이 내리신 바요 　　　　　　宣聰天所縱

슬기로움은 나날이 더하셨으며 　　　　　　　　　克巖日云加

기무는 갈수록 더욱 환히 익히셨고 　　　　　　　機務逾明習

국정의 기강과 조목 또한 장악했어라 　　　　　　綱條亦總摩

모후께서 섭정을 그만두시니²⁸⁴ 　　　　　　母臨休護攝

권간의 소굴을 제거하였어라²⁸⁵ 　　　　　　權孽去巢窠

왕업이란 어렵고 크다 생각하시어 　　　　　　　王業思艱大

궁행함에 사치와 과장을 경계하셨네 　　　　　　躬行戒侈夸

사냥 다니며 즐기는 일은 물리치셨고 　　　　　遊田屛般樂

성색의 요염과 음란은 끊어버리시며 　　　　　聲色絶妖哇

절실하게 문교를 흥기시키시고 　　　　　　　　切切興文敎

정성을 다해 다스림과 조화를 이루었어라 　　　　拳拳致理和

선비들 기풍에는 솔선수범을 보였고²⁸⁶ 　　　　士風先己責

---

283 시작부터 묻는 일 : 【攷證 卷3 訪落】《시경집전》〈주송(周頌) 방락(訪落)〉의 주석에 "방(訪)은 문(問)이고 낙(落)은 시(始)이니, 시작할 때에 도모한다는 말이다."라고 하였다.

284 모후께서 섭정을 그만두시니 : 【攷證 卷3 母臨休護攝】명종 8년 계축년(1553)에 문정왕후(文定王后)가 수렴청정을 거두었다.

285 권간의 소굴을 제거하였어라 : 【攷證 卷3 權孽去巢窠】《국조고사(國朝故事)》에 "명종 18년 계해년(1563)에 이량(李樑)을 유배 보냈고, 당시 그의 하수인인 이감(李戡)·권신(權信)·윤백원(尹百源)·고맹영(高孟英)·김백균(金百均) 등과 같은 이들을 차례차례 축출하였다. 을축년(1565, 명종20)에 윤원형(尹元衡)·윤춘년(尹春年)을 삭탈관작하고 고향으로 내쫓았는데, 얼마 안 있어 모두 자살했다."라고 하였다.

286 선비들……보였고 : 【攷證 卷3 士風先己責】《정본 퇴계전서》권15 〈명종대왕행장(明宗大王行狀)〉에 자세히 보인다.

백성의 고통은 자신의 병보다 아파하셨네	民隱劇身痾
높은 덕은 큰 산악과 같고	峻德如山鎮
넓고 깊은 은혜 바다 물결과 같았어라	汪恩若海波
지난해에 다시 지극한 교화 이루어[287]	頃年更至化
그늘진 예전 허물 씻어버리셨도다	陰翳滌前瑕
밝은 해는 아름다운 궤도를 따르고	白日循瑤軌
청운은 초가집에서 동하였다네[288]	青雲動草窩
조정 가득 어진이들 모이니	滿朝賢濟濟
빛나는 존호에 업적이 드높아라	熙號績峩峩
신 같이 천한 몸 잘못 뽑히어	謬簡如臣賤
헛되이 아름다운 명 받은 것이 몇 번이던가	虛蒙幾命嘉
부승[289]을 사양하니 직책을 벗게 해 주셨고	負乘辭許免
관사로서 관청에 나오길 바라셨는데[290]	官使冀趨衙

---

287 다시……이루어 : 【攷證 卷3 更至化】윤원형이 죽은 후 이준경(李浚慶)이 그를 대신하여 영상(領相)이 되어 을사년(1545, 명종1) 이후 귀양 간 여러 사람들, 예컨대 노수신(盧守愼)·김난상(金鸞祥)·유희춘(柳希春)·유감(柳堪)·황박(黃博)·민기문(閔起文) 등을 풀어주었고, 차례차례 가까운 곳으로 배소를 옮겨주고 복직시켰다.

288 청운은 초가집에서 동하였다네 : 【譯注】유일지사(遺逸之士)로 천거된 것을 말한다. 명종 말년에 경서에 밝고 행실을 닦은 선비로서 조식(曺植)·이항(李恒)·성운(成運)·한수(韓脩) 등이 부름을 받았다.

289 부승 : 【攷證 卷3 負乘】《주역》〈해괘(解卦) 육삼(六三)〉효사(爻辭)에 대한 정이천(程伊川 정이(程頤))의 전(傳)에 "소인은 마땅히 아래에 있으면서 짐을 져야 하는데 또 수레를 타고 있으니[宜在下以負荷而且乘車], 그가 차지할 자리가 아니다. 반드시 도적의 탈취를 초래할 것이다."라고 하였다.

290 벗게……바라셨는데 : 【攷證 卷3 許免趨衙】살펴보건대, 면직을 허여하셨다[許免]는 것은 문형(文衡)에서 체직된 것을 말하고, 관청으로 나아간다[趨衙]는 것은 조사(詔

어찌 생각했으랴 하늘의 아름다운 도움이	何意天休祐
도리어 해가 기우는 탄식[291]이 될 줄이야	飜成昃昳嗟
구름 덮인 창오의 들[292]은 참담하고	雲埋梧野慘
용이 떠난 정호[293]는 멀기만 하다	龍去鼎湖賒
병환 중에 신묘한 계책 정해졌으니	不豫神謀定
큰 정책 차질 없이 할 수 있었네[294]	能無大策蹉

사군이 구오에 등극하시니	嗣君登九五
전왕의 공렬 빛나게 이으셨도다	前烈接光華
온갖 뜻이 선왕의 은택 추모하여	百志追先澤
함께 공경하며 아름다운 충절 바쳤네	同寅效節姱
외로운 이 신하 홀로 못난 몸으로	孤臣獨無似
묵은 병이 갑자기 더하여지니	宿疾遽增挐
힘은 다해 한 치의 여력도 없고	力竭無餘寸
정신은 다 없어져 가물가물 하여라	神澌欲盡麽
벼슬을 받았으나 벼슬자리 지키지 못하는데	命官官失守
녹봉은 녹봉대로 여전히 사치스럽소	言祿祿仍奢
옛 의리로는 빨리 떠나야 하는데	古義當遄去
지금의 인정으론 준엄한 꾸지람[295] 있구나	今情有峻訶
의리와 인정 둘 다 난처하니	義情難並處
옛날과 지금이 다름을 어찌하리오	今古奈殊何
막막한 교산은 멀기만 하고	漠漠橋山遠
망망한 우혈[296]은 가리웠도다	茫茫禹穴遮

나와서 선조를 잠저(潛邸)에서 맞이하니, 중외가 안정되었다.

295 지금의……꾸지람 : 【攷證 卷3 今情峻訶】《강록(江錄)》에 "당시에 퇴계 선생이 산릉의 일이 끝나기를 기다리지 않고서 돌아왔다가 비방을 받았기 때문에 이렇게 말한 것이다."라고 하였다.

296 우혈 : 【攷證 卷3 禹穴】《사기》〈하본기(夏本紀)〉에 "우임금이 제후와 회합하여 공적을 심사하다가 붕어(崩御)하니, 인하여 그곳에 장사하고 회계(會稽)라고 명명하였다."라고 하였다. 당(唐)나라 두보(杜甫)의 〈병으로 사직하고 강동으로 돌아가는 공소보를 보내며 아울러 이백에게 드리다〔送孔巢父謝病歸遊江東兼呈李白〕〉시에 "남쪽으로 우혈을 찾아가서 이백을 만나, 지금은 어떠신가 두보가 안부를 물었다고 전해주오.〔南尋

다시는 은혜 갚을 곳이 없으니　　　　　　　更無他報地

이 생애 영영히 저버렸도다　　　　　　　　永負此生涯

목숨 바칠 소원을 한데 모아서　　　　　　　都把麋身願

운구 도울[297] 노래 한 편 지었다오　　　　裁成相綍歌

자욱한 안개 속에 서쪽을 바라보는 눈에는　霧昏西望眼

늙은 몸 눈물이 다만 강물이 쏟아지듯 하누나　老淚只傾河

禹穴見李白, 道甫問信今何如.〕"라고 하였는데, 그 주석에 "회계산에 구불구불한 석혈(石穴)이 있는데 그것을 '우혈'이라고 한다."라고 하였다. 《九家集注杜詩 卷2》

297 운구 도울 :【攷證 卷3 相綍】살펴보건대, '상(相)'은 돕는다는 뜻이고, '불(綍)'은 운구(運柩)할 때 쓰는 밧줄이다.

퇴계선생문집

속내집 권 5

김언우¹가 근자에 지은 가작들을 나에게 보여주었는데 청신하여 좋아할 만하였다. 병들어 시달리는 중이라 다 화답하지는 못하고 그중에 마음 내키는 것만 취해서 차운하여 답해 부치다【무진년(1568, 선조1, 68세) 1월 추정. 예안(禮安)】

金彥遇示余近作佳什 淸新可喜 病惱中不容盡和 就取其意所到者 次韻答寄

(詩-內卷5-1~2)

두보의 〈봄날 강촌〉 시에 차운하다. 2수² 무진년 春日江村 老杜韻 二首 戊辰

(詩-內卷5-1)

늙어가니 사람을 자세히 알게 되고	老去知人審
봄이 오니 경물의 느낌 깊어지누나	春來感物深
얽매여 움츠리는 것은 세속의 태도이고	拘攣塵世態
호탕한 물결에 노니는 것은 갈매기의 마음이로세	浩蕩鷺鷗心
병 떨쳐내려 때때로 한가롭게 걷기도 하고	散疾時閒步
꽃을 사랑하여 홀로 멀리까지 찾기도 한다	憐芳獨遠尋
시단의 두릉객이니³	詞壇杜陵客

---

1 김언우 :【譯注】김부필(金富弼, 1516~1577)로, 본관은 광산(光山), 자는 언우(彥遇), 호는 후조당(後彫堂)·후조당(後凋堂), 시호는 문순(文純)이다.

2 2수 :【譯注】당(唐)나라 두보(杜甫)의 〈봄날 강촌[春日江村]〉 시 중 제1수와 제5수에 각각 차운한 것이다.

3 시단의 두릉객이니 :【譯注】김부필을 두릉(杜陵) 사람인 두보에 빗댄 것이다.

그대 같은 사람 오늘날 만나기 어렵지 　　　　見子亦難今

(詩-內卷5-2)

평소 산림에 맞는 성품이니 　　　　　　　平時山澤性

소쇄하게 남은 생을 보내고자 하였지 　　　蕭灑送殘生

도홍경의 소 그림⁴을 올리지 않았거니 　　不獻陶牛畫

하지장의 감호 영광⁵을 어찌 알리오 　　　寧知賀鑑榮

남들은 도리어 오랜 병인가 의심하지만 　人飜疑久病

나 자신은 허명에 시달림을 느낀다오 　　自覺困虛名

밝은 해 아래 강산은 아름다운데 　　　　白日江山麗

궁궐 향한 내 마음 밝히기 어렵구나 　　　難明魏闕情

(詩-內卷5-3)

〈금학봉〉⁶ 시에 차운하다. 건지산⁷에 올라 짓다 金鶴峯韻 登搴芝山作
금학봉은 산 이름이다.

산 밑에서 나고 자라 지금은 백발 되니 　生長依山今白首

---

4 도홍경의 소 그림 : 【譯注】 남조 시대 양(梁)나라의 은자 도홍경(陶弘景)이 모산(茅山)에서 살며 여러 차례 무제(武帝)의 초빙을 받았어도 응하지 않은 채 단지 소 두 마리를 그려서 벽에 걸었는데, 하나는 수초(水草) 사이에서 한가로이 풀을 뜯고 있었고 하나는 머리에 금롱(金籠)을 덮어 쓴 채 채찍을 맞고 있는 그림이었으므로, 무제가 이 말을 듣고 웃으면서 "이 사람이 장자(莊子)처럼 진흙탕 속에서 꼬리를 끌고 다니는 거북이가 되고 싶어 하니 어떻게 불러올 수 있겠는가."라고 하였다. 《南史 陶弘景傳》

5 하지장의 감호 영광 : 【譯注】 당나라 하지장(賀知章)이 현종 개원(開元) 연간에 비서감(秘書監)으로 있다가, 고향인 회계산(會稽山) 경호(鏡湖)의 도사(道士)로 나가게 해달라고 청하자, 현종이 경호의 한 굽이를 하사하였다. 감호(鑑湖)는 경호를 가리킨다.

산에 올라 감개에 젖어 오래도록 돌아가길 잊었네　　登山感慨久忘歸

안개구름 아득하여 티끌세상 멀리했으니　　　　烟雲遐邈隔塵世

휘도는 강물 굽이치는 산[8] 다하는 때 없어라　　繚白縈靑無盡時

(詩-內卷5-4)

〈청량산을 바라보다〉 시에 차운하다 望淸凉山韻

신선 산 찾아가서 참된 은자 되지 않고　　　　不向仙山作隱眞

맑고 빼어난 산 바라보기만 하니 속된 자취 부끄러워라

　　　　　　　　　　　　　　　　　望山淸絶愧蹤塵

근자에 듣건대 그 깊은 산속까지 밭 일군 자 있다 하니

　　　　　　　　　　　　　　　　　近聞菑墾侵雲壑

바람 날려 없애듯 쫓아내줄 사람 응당 나오리라　　勒逐風除會有人

　　-《당서(唐書)》〈태종기(太宗紀)〉에 "번개가 쓸어가고 바람이 없애는 듯하다.
　　〔電掃風除〕"[9]라는 말이 있다.-

---

6 금학봉 : 【攷證 卷3 金鶴峯】안동부(安東府) 북쪽 25리 지점에 있다.

7 건지산 : 【攷證 卷3 騫芝山】예안현(禮安縣) 동쪽 20리 지점에 있다.

8 휘도는……산 : 【攷證 卷3 繚白縈靑】당나라 유종원(柳宗元)의 글에 나온다. 【校解】
유종원의 〈처음으로 서산을 찾아보고서 연회를 열고 노닌 것에 대한 기문〔始得西山宴游
記〕〉에 "이리저리 감아 도는 푸른 산과 흰 강이 아스라이〔縈靑繚白〕 하늘과 합쳐진 모양
은 사방 어디를 둘러보아도 다 같았다."라고 하였다.

9 번개가……듯하다 : 【校解】《당서》에는 이 내용이 보이지 않고, 《운부군옥(韻府群
玉)》 권2에 '風除霆掃'라고 되어 있다.

(詩-內卷5-5)

〈아회화〉¹⁰ 시에 차운하다 阿灰花韻

김언우는 아회를 납매¹¹일 듯하다고 하는데 나는 아니라고 생각한다.

꽃방도 꽃잎도 없으니¹² 꽃으로 심긴 것 아닌데	無房無瓣匪花栽
붙은 꼬투리¹³ 봄을 시샘하여 시내 굽이 곁에 두었네	著莢偸春傍磵隈
옛날에 만일 납매가 이것들과 같았다면	向使蠟梅同此輩
황공 진공이 어찌 고개 돌려 자주 보았겠나¹⁴	黃陳安肯首頻回

---

10 아회화 : 【要存錄 卷5】《본초강목(本草綱目)》에 "아회는 곧 신이화이다.〔阿灰卽辛夷花〕 잎이 필 때 붓 모양과 같으므로 목필화(木筆花)라고도 한다. 남쪽 지방은 따뜻하여 정월이면 꽃이 피기에 영춘화(迎春花)라고 부른다."라고 하였다.

11 납매 : 【攷證 卷3 蠟梅】송(宋)나라 범성대(范成大)의 《범촌매보(范村梅譜)》에 "납매는 본래 매화의 종류가 아닌데, 매화와 같은 때에 피고 향기도 서로 비슷하다. 색이 벌집〔蜜脾〕과 매우 흡사하므로 이름을 납매라 한다."라고 하였다.

12 꽃방도 꽃잎도 없으니 : 【攷證 卷3 無房無瓣】명(明)나라 유동(劉侗)·우혁정(于奕正)의 《제경경물략(帝京景物略)》에 다음과 같은 내용이 있다. 동지(冬至)에 소매(素梅) 한 가지를 그리는데 꽃잎이 81개가 있다. 날마다 꽃잎 하나씩을 칠하여 꽃잎을 다 칠하면 81개가 나오니 이를 '구구소한도(九九消寒圖)'라고 한다. 송나라 진간재(陳簡齋 진여의(陳與義))의 〈납매사구(蠟梅四句)〉 시 중 제1수에 "화방이 이처럼 작으니, 구리를 잘라 황금을 바른 듯하네.〔花房小如許, 銅翦黃金塗.〕"라고 하였다. ○ 살펴보건대, 방(房)은 화심(花心)인 듯하고 판(瓣)은 화수(花鬚)인 듯하다.

13 붙은 꼬투리 : 【攷證 卷3 著莢】《시경》〈진풍(陳風) 동문지분(東門之枌)〉에 "동문의 흰 느릅나무와 원구의 상수리나무, 자중 씨의 딸이 그 아래에서 너울너울 춤추도다.〔東門之枌, 宛丘之栩, 子仲之子, 婆娑其下.〕"라고 하였는데, 송나라 주희(朱熹)의 주석에 "분(枌)은 흰 느릅나무이니, 틈새에 꼬투리가 붙는다.〔郤著莢〕"라고 하였다. 원(元)나라 웅충(熊忠)의 《고금운회거요(古今韻會擧要)》 권30에 "협(莢)은 풀 열매〔草實〕이다."라고 하였다.

14 황공……보았겠나 : 【攷證 卷3 黃陳安肯首頻回】살펴보건대, 송나라 황정견(黃庭堅)에게는 납매를 읊은 오언절구 2수와 칠언절구 1수가 있으며, 진간재에게는 〈납매〉 오언절구가 전후로 모두 8수, 칠언고시가 1편 있다. 【校解】황정견이 지은 시는 〈장난삼

〈꿩 꼬리 빗자루〉 시에 차운하다 雉尾帚韻

꿩 꼬리[15] 아름답고도 긴 것이 사랑스러워	爲愛翬翹綵且長
묶어서 소중한 비를 만들어 산당에 보내왔네	束成珍帚送山堂
내 서실에 덮인 먼지 말끔히 쓸어줄 수 있으니	能令我室淸塵翳
날마다 정신 모으고 앉아서 향불을 피우노라	日日凝神坐帶香

아 납매를 읊다[戲咏蠟梅]〉 2수, 〈납매〉 1수이다. 진여의가 지은 시는 〈아우가 지은 '납매' 시에 화답하다 절구 4수[同家弟賦蠟梅詩得四絶句]〉, 〈납매 절구 4수[蠟梅四絶 句]〉, 〈납매〉이다.

15 꿩 꼬리 : 【攷證 卷3 翬翹】원(元)나라 웅충(熊忠)의 《고금운회거요(古今韻會擧 要)》 권2에 "꿩 가운데 흰 바탕에 오색을 모두 갖춘 것이 휘(翬)이다."라고 하고, 권6의 주석에 "교(翹)는 꼬리의 긴 깃털이다."라고 하며, 권6에 "한(漢)나라 반고(班固)의 〈서 도부(西都賦)〉에 '아름다운 상서 많아 황제의 도읍에 모이니, 흰 깃을 펴고 아름다운 꼬리 떨치네.[嘉祥阜兮集皇都, 發皓羽兮奮翹英.]'라고 한 구절이 있다."라고 하였다. 【校解】《고증》에서 인용한 《고금운회거요》의 〈서도부〉 구절은 〈동도부(東都賦)〉에 보 인다.

조사경[16]의 시에 화운하다 【무진년(1568, 선조1, 68세) 2월 추정. 예안 (禮安)】

和士敬韻

잠자코 숨어 살며 세월만 보내노라니	默默藏逃度景陰
벗들을 못 만나 아쉬운 마음 견딜 수 없어라	未扳朋盍恨無任
하물며 유관[17]을 처음 열었다 들었으니	況聞儒館初恢闢
그곳에 온 벗들이 읊은 시에 속절없이 화답하노라	空和來遊迭唱吟

---

16 조사경 :【譯注】조목(趙穆, 1524~1606)으로, 본관은 횡성(橫城), 자는 사경(士敬), 호는 월천(月川)·동고(東皐)이다.

17 유관 :【攷證 卷3 儒館】역동서원(易東書院)이다.

김신중[18]의 〈매화를 읊다〉 시에 삼가 수답하다. 절구 3수

와 율시 1수 【무진년(1568, 선조1, 68세) 3월 16일경 추정. 예안(禮安)】

奉酬金愼仲詠梅 三絶句 一近體

(詩-內卷5-8)

막고야가 티끌세상 벗어난 자태임을 알 뿐	但知姑射出塵姿
꽃 피는 때가 이르다 더디다 비교하지 마시게	莫把芳辰較早遲
울긋불긋한 다른 꽃들 온통 빛을 잃었으니	萬紫千紅渾失色
작은 동산의 두세 가지가 나를 놀래키누나	小園驚動兩三枝

(詩-內卷5-9)

아리따운 천향에 옥설 같은 모습이니	婥約天葩玉雪姿
늦봄의 긴긴 햇빛이 무슨 상관이랴	何妨春晚景遲遲
자세히 봄에 차가운 꽃잎 더욱 곧고 굳세니	細看冷艶彌貞厲
굳이 서리가 나뭇가지를 얼릴 필요 없어라	不必淸霜凍樹枝

(詩-內卷5-10)

| 은둔하는 난형은 간절히 매화 생각하고 | 棲遯難兄苦憶梅 |
| 시내에 사는 난제[19]는 홀로 배회하네 | 溪居難弟獨徘徊 |

---

18 김신중 : 【譯注】김부의(金富儀, 1525~1582)로, 본관은 광산(光山), 자는 신중(愼仲), 호는 읍청정(挹淸亭)이다.

19 난형은……난제 : 【譯注】'난형'은 김부필(金富弼)을 말하고, '난제'는 김부의를 말한다. 【攷證 卷3 難兄難弟】남조 시대 송(宋)나라 유의경(劉義慶)의 《세설신어(世說新

시를 보내 매화 홍취 읊도록 나를 부추기고[20]　　　寄詩撩我吟梅興

다시 벗 그리는 마음까지 함께 재촉하누나　　　　更與懷人一倂催

　-보내온 시의 첫 번째, 두 번째 절구는 모두 이곳의 매화가 늦게 피는 것을 말하
　였고, 세 번째 절구는 그 백씨(伯氏)가 매화 필 때 집에 있지 않았다는 한스러움
　을 말하였다.-

(詩-內卷5-11)

운치와 격조 몹시 맑고 여위니　　　　　　　　韻格淸癯甚

얼음과 서리에 참혹하게 깎인 뒤라네　　　　　冰霜慘刻餘

화답한 예전의 삼첩시는 참람하지만　　　　　和曾三疊僭

가꾸기엔 오히려 백 그루도 적다오　　　　　　栽尙百株疎

작은 강적의 곡조에 우연히 들어갔고[21]　　　　偶入小羌笛

語)》〈덕행(德行)〉에 다음과 같은 내용이 있다. 진원방(陳元方 진기(陳紀))의 아들 장문
(長文 진군(陳群))과 계방(季方 진심(陳諶))의 아들 효선(孝先 진충(陳忠))이 각기 자
기 아버지의 공덕을 논하는데 결론이 나지 않아 할아버지인 진식(陳寔)에게 물으니,
진식이 "원방은 형이 되기 어렵고 계방은 아우가 되기 어렵다.〔元方難爲兄, 季方難爲
弟.〕"라고 하였다. 장택민(張澤民)의 시에 "아우라 하기 어렵고 또 형이라 하기 어렵네.
〔難弟亦難兄〕"라고 하였다. 【校解】《고증》에서 제시한 장택민의 시는 찾을 수 없다.
다만, 원(元)나라 야율초재(耶律楚材)의 〈가비웅 단소에게 한 수를 지어 주다〔贈賈非熊
搏霄一首〕〉 시에 "육씨 형제 존귀하고 현명하여 훌륭한 명성 독차지하니, 세상의 품평은
아우라 하기 어렵고 또 형이라 하기도 어렵다고 하누나.〔二陸尊賢擅美聲, 月評難弟亦難
兄.〕"라고 하였다.

20 나를 부추기고 : 【攷證 卷3 撩我】원나라 채정손(蔡正孫)의《연주시격(聯珠詩格)》
에 "요(撩)는 돋우고 희롱하는〔挑弄〕 것이다."라고 하였다. 송나라 왕안석(王安石)의
〈남포(南浦)〉 시에 "남포의 동쪽 언덕 때는 2월이라, 풍경이 나를 부추겨 새 시를 짓게
하네.〔南浦東岡二月時, 物華撩我有新詩.〕"라고 하였다.

21 작은……들어갔고 : 【攷證 卷3 偶入小羌笛】진(晉)나라 환이(桓伊)는 젓대를 잘
불었는데, 〈낙매화곡(落梅花曲)〉을 지었다. 당(唐)나라 이백의 〈사마장군가(司馬將軍

고사의 집에 유독 알맞구나 偏宜高士廬

사람에게 더욱 싫증나게 하는 것은 令人益生厭

분분히 피려고 하는 장미와 작약²²이지 薔藥欲紛如

　-주(朱) 선생이 일찍이 소동파(蘇東坡)의 송풍정(松風亭) 매화시에 화운한 바
있는데 거기에는 "매화가 저절로 삼첩곡²³에 든다.〔梅花自入三疊曲〕"라는 구절
이 있다. 대개 동파의 시가 세 편인데 선생이 세 편에 다 화운하여²⁴ 합하면 6편
이 된다. 편마다 신선의 풍격과 도인의 운치가 배어 있어 매양 한 번씩 읊으면
사람으로 하여금 몸이 훨훨 날아 구름 위로 솟구치는 기운이 생기게 하니 그
흔모애락(欣慕愛樂)의 정을 이길 수 없었다. 나 역시 일찍이 동호매(東湖梅)를
읊으면서 주 선생의 시에 두 번 화운하고, 도산매(陶山梅)를 읊으면서 주 선생
의 시에 한 번 화운하였으니 그 참람하고 망녕됨을 어찌 말할 수 있겠는가. 범
석호(范石湖)는 석호의 설파(雪坡)²⁵에 수백 그루의 매화를 심었고, 또 범촌
(范村)에 심은 매화²⁶는 더욱 많았다. 장약재(張約齋)는 옥조당(玉照堂)²⁷에

歌)〉에 "강적 옆으로 하여 〈아타회〉를 불고, 달을 향해 누대에서 〈낙매곡〉을 부누나.〔羌
笛橫吹阿㜇迴, 向月樓中吹落梅.〕"라고 하였다.

22 장미와 작약 : 【攷證 卷3 薔藥】 장미(薔薇)와 작약(芍藥)이다.

23 삼첩곡(三疊曲) : 【譯注】 송나라 소식(蘇軾)이 지은 매화시 세 수, 즉 〈11월 26일
송풍정 아래에 매화가 활짝 피다〔十一月二十六日松風亭下梅花盛開〕〉, 〈다시 앞 시의
운자를 써서 짓다〔再用前韻〕〉, 〈꽃이 져서 다시 차운하다〔花落復次韻〕〉 등을 가리킨다.

24 선생이……화운하여 : 【譯注】 송나라 소식이 지은 매화시에 화운한 주희(朱熹)의
시 세 수는 〈이백옥이 동파 시의 운자를 사용하여 매화를 읊은 시에 화운하다〔和李伯玉用
東坡韻賦梅花〕〉, 〈여러 사람과 함께 동파 시의 운자를 사용하여 매화를 읊었는데……다
시 이 시를 지어 그 뜻을 부친다〔與諸人用東坡韻共賦梅花……因復賦此以寄意焉〕〉, 〈정
축년 겨울 온릉에서 이돈종 어르신과 한두 도인을 모시고 함께 소동파가 혜주에 있을
때 지은 매화시에 화운하였다.……다시 한 편을 화운하여 여러 벗들과 형들에게 드리고
한 번 웃고서 같이 짓는다〔丁丑冬在溫陵陪敦宗李丈與一二道人同和東坡惠州梅花詩……
再和一篇呈諸友兄一笑同賦〕〉이다.

25 석호의 설파 : 【攷證 卷3 石湖雪坡】 송나라 범치능(范致能 범성대(范成大))의 별장
이다. 【校解】 《고증》에는 '致'가 '至'로 되어 있는데 오류이다.

매화 삼사 백 그루를 심었으니 대개 빼어난 운치와 맑은 감상은 아무리 많아도 좋기 때문이었다. 내가 계장(溪莊)과 산사(山舍)에 심은 매화는 겨우 십여 그루인데, 장차 점점 더 넓혀서 백 그루까지 심으려고 한다. 그래서 이렇게 말한 것이다.-

---

26 범촌에 심은 매화 :【攷證 卷3 范村種梅】송나라 범성대의 〈범씨매보(范氏梅譜)〉 서문에 "집 남쪽에 왕씨(王氏)의 셋집 70칸을 사서 모두 부수어 없애버리고, 정리하여 범씨 마을을 만들고 그 땅의 3분의 1을 매화 심는 데 할애했다.[治爲范村, 以其地三分之一與梅.]"라고 하였다.

27 장약재는 옥조당 :【攷證 卷3 張約齋玉照堂】살펴보건대, 장약재는 이름이 표(杓), 자는 정수(定叟)이며, 장남헌(張南軒 장식(張栻))의 아우이다. 매화 삼사 백 그루를 심고 인하여 그 당의 이름을 '옥조당'이라고 불렀다.

김신중[28]의 〈낙매〉 시에 차운하다 【무진년(1568, 선조1, 68세) 4월 추정. 예안(禮安)】

次韻金愼仲落梅

작별할 땐 매화가 처음 지더니	別去梅初落
다시 올 땐 내가 또 늦었구나	重來我復遲
얼음 조각[29] 땅에 버려진 것 가련하고	剪冰憐委地
옥 같은 꽃잎 날려 텅 빈 가지 한스럽네	飄玉恨空枝
고운 풍치 여운이 넉넉하고	妙韻森餘想
외로운 풍격 완연히 시에 있어라	孤風宛在詩
맺힌 열매 만약 실하지 못하면	子成如未實
솥 안의 음식 조미하는 걸[30] 어찌 깊이 기대하랴	和鼎詎深期

---

28 김신중 :【譯注】김부의(金富儀, 1525~1582)로, 본관은 광산(光山), 자는 신중(愼仲), 호는 읍청정(挹淸亭)이다.

29 얼음 조각 :【攷證 卷3 翦冰】당(唐)나라 육창(陸暢)의 〈경설(驚雪)〉시에 "천인은 어찌 이리도 솜씨가 좋은가, 얼음 조각으로 날리는 꽃 만들었네.〔天人寧底巧？翦冰作花飛.〕"라고 하였다.【校解】판본에 따라서는 '底'가 '許'로, '冰'이 '水'로 되어 있기도 하다.

30 솥……걸 :【攷證 卷3 和鼎】송(宋)나라 황정견(黃庭堅)의 〈고풍 2수 소자첨에게 올리다〔古風二首上蘇子瞻〕〉시 제1수에 "예로부터 솥의 음식 간 맞추는 열매이니, 이것이 조정에 오른다네.〔古來和鼎實, 此物升廟廊.〕"라고 하였다.【譯注】《고증》에는 '廟廊'이 '廊廟'로 되어 있는데, 통행본 《산곡집(山谷集)》에 의거하여 수정하였다.

KNP0414(詩-內卷5-13)

차운하여 이굉중³¹에게 부치다 무진년(1568, 선조1, 68세) 【8월 추정. 서울】

次韻寄李宏仲 戊辰秋

가을에 한성(漢城)에 있으면서³²

그대가 도산서당 찾아왔던 때를 생각해보니	想子尋陶舍
가을 맞아 작은 집에 앉아 있었지	乘秋坐小堂
양웅이 아닌데도 검은색 흰색을 분별하고³³	非揚辨玄白
공치규처럼 청색과 황색을 탄식했다네³⁴	如孔歎蒼黃
잠시 헤어진 사이 얼굴 더욱 변해 쇠했고	蹔別顏增變
늘 그리워하는데 올해도 흉년이 들겠구나	長思歲欲荒
물어온 말에 대답할까 하였는데	擬酬來問語

31 이굉중 : 【譯注】 이덕홍(李德弘, 1541~1596)으로, 본관은 영천(永川), 자는 굉중(宏仲), 호는 간재(艮齋)이다.

32 한성에 있으면서 : 【攷證 卷3 在漢城】《퇴계선생연보》권2에 "무진년(1568, 선조1) 7월에 판중추부사로 부르심에 응하여 도성으로 들어갔다."라고 하였다.

33 양웅이……분별하고 : 【譯注】 한(漢)나라 양웅(揚雄)이 《태현경(太玄經)》을 지으면서 담백한 생활을 하였는데, 권세에 아부하여 출세한 자들이 "완전히 검어지지 못하고 아직도 하얗다.〔玄尚白〕"고 조롱하자, 〈해조(解嘲)〉를 지어 "나는 세속적인 성공을 거둔 몇몇 사람들과는 나란히 할 수 없소이다. 그러므로 묵묵히 혼자서 나의 태현(太玄)을 지킬 뿐이오."라고 하였다. 《漢書 揚雄傳》

34 공치규처럼……탄식했다네 : 【譯注】 남조 시대 제(齊)나라 공치규(孔稚圭)가, 함께 북산(北山)에 은거하던 주옹(周顒)이 변절하여 벼슬길에 나갔다가 다시 돌아오려 하자, 산신의 뜻을 가탁하여 〈북산이문(北山移文)〉을 지어 그의 지조가 없는 행실을 비난하였는데, 그 글에 "시종이 어긋나고 청색과 황색이 반복될 줄 어찌 알았으랴.〔豈期始終參差, 蒼黃反覆?〕"라고 하였다.

예전에 배운 것 더욱 흐릿하기만 하구나   舊學更微茫

  -양자운(揚子雲)의 〈해조(解嘲)〉에, 당시 사람들이 그를 현상백(玄尙白)이라
고 조롱하자, 자운은 스스로 "묵묵히 다시 나의 태현(太玄)을 지키는 것만 못하
다."라고 하였다. 공덕장(孔德璋)의 〈북산이문(北山移文)〉에 "창황반복(蒼黃反
覆)"이라는 말이 있다.-

장중기[35] 응선 에게 드리다 【무진년(1568, 선조1, 68세) 7월 6일 추정. 조령 (鳥嶺)】

呈張仲紀 應旋

백발의 늙은 몸으로 같이 서울 향해 가니	白髮相隨指玉京
고개를 오가는 백성 괴이하게 여김에 함께 부끄러워라	
	同慚驚怪嶺頭氓
어느 때나 함께 다시 이 고개 넘어와	何時共轡還踰嶺
도리어 남들에게 부러움의 대상이 되랴	却被人看作羨榮

---

35 장중기 : 【攷證 卷3 張仲紀】 장응선(張應旋, 1499~?)으로, 본관은 인동(仁同), 자는 중기이다. 영천(榮川)에 살았으며, 과거에 급제하여 벼슬은 사옹원 정(司饔院正)을 지냈다.

정자중³⁶의 편지를 받아보고서 청량산에 노닐며 나를 생각했다는 것을 알고는 삼가 드리다. 절구 2수【무진년(1568, 선조1, 68세) 10월 12일 추정. 서울】

獲鄭子中書 知遊淸涼見憶 奉呈 二絶

(詩-內卷5-15)

올해도 백구와의 맹세³⁷ 이미 틀렸음을 탄식하니	今歲鷗盟歎已寒
서울에 가득한 단풍잎을 앉아서 보노라	坐看紅葉滿長安
편지 받고 선성의 원님³⁸을 멀리서 그리워하노니	因書遠慕宣城宰
나막신이며 짚신³⁹ 신고 청산을 찾았다 하네	蠟屐靑鞋訪碧山

---

36 정자중 :【譯注】정유일(鄭惟一, 1533~1576)로, 본관은 동래(東萊), 자는 자중(子中), 호는 문봉(文峯)이다.

37 백구와의 맹세 :【譯注】벼슬을 그만두고 고향으로 돌아가는 것을 뜻한다. 송(宋)나라 황정견(黃庭堅)의 〈쾌각에 오르다〔登快閣〕〉 시에 "만 리 돌아가는 배에 젓대 부니, 이 마음 백구와 맹세하노라.〔萬里歸船弄長笛, 此心吾與白鷗盟.〕"라고 하였다.

38 선성의 원님 :【攷證 卷3 宣城宰】정자중이 이때 예안(禮安) 현감이었다.

39 나막신이며 짚신 :【攷證 卷3 蠟屐靑鞋】조약(祖約)은 재물을 좋아했고 완부는 나막신을 좋아했는데, 똑같이 누(累)가 되는 일이어서 우열을 판단할 수 없었다. 어떤 사람이 완부를 찾아갔는데 그가 나막신에 밀랍 칠을 하는 것을 보았다〔見蠟屐〕. 이에 완부가 탄식하면서 "일생 동안 나막신을 몇 켤레나 더 신어야 할지 모르겠다."라고 하였다.《晉書阮孚列傳》당(唐)나라 두보(杜甫)의 〈유랑포를 떠나다〔發劉郎浦〕〉 시에 "백발로 어부 짝하며 자는 것 싫증나니, 누런 모자에 짚신 신고 고향으로 돌아가야지.〔白頭厭伴漁人宿, 黃帽靑鞋歸去來.〕"라고 하였는데, 송나라 심괄(沈括)의 주석에서 "청혜는 짚신〔芒鞋〕을 말한다."라고 하였다.《杜詩補註 卷24》

(詩-內卷5-16)

발로는 구름 밟고 겨드랑이엔 바람 일어	脚躡飛雲腋有風
신선 산이 저 태청⁴⁰ 속에 있는 것 같았으리	仙山如在太淸中
어여뻐라 한 생각 아직도 인간 세상에 남아 있어	可憐一念猶人世
홍진 세상 못 떠나는 백발 늙은이를 기억해 주다니	能記紅塵白髮翁

---

40 태청(太淸) : 【譯注】 도가에서 말하는 삼청(三淸) 가운데 하나로 신선이 사는 곳을 말한다.

이대성[41]의 〈이른 봄 매화를 보다〉 시의 운자를 사용하여 짓다[42] 【무진년(1568, 선조1, 68세) 1~2월 추정. 예안(禮安)】

用大成早春見梅韻

매화 읊은 주나라 시는 참된 식견 아니니	周詩詠梅非眞識
매화 위해 흑백도 가려놓지 않았네[43]	不爲梅花分皁白
굴원은 〈이소〉에서 뭇 꽃들은 많이 읊어놓고	屈原離騷侈衆芳
얼음 서리 같은 천하일색 오히려 몰랐었지[44]	還昧冰霜天下色
하손이 양주에서 비로소 알아봐주어	何遜楊州始知己

---

41 이대성 : 【譯注】 이문량(李文樑, 1498~1581)으로, 본관은 영천(永川), 자는 대성(大成), 호는 벽오(碧梧)·녹균(綠筠)이다.

42 이대성의……짓다 : 【攷證 卷3 用大成云云】 살펴보건대, 이 시는 송(宋)나라 양만리(楊萬里)의 〈조호에서 매화에 화답한 시의 서문[洮湖和梅詩序]〉에서 대부분 뜻을 취하였다. 【校解】 〈조호에서 매화에 화답한 시의 서문〉에 "매화라는 이름은……〈소남(召南)〉의 시에서 드러났다. 그러나 그 이유는 잘 불어나는 것 때문이지 그 모양 때문은 아니었고, 그 열매 때문이지 꽃 때문은 아니었다.……초(楚)나라 시인에 이르면 꽃을 마시고 향초를 먹으며, 아름다운 향기를 차고 아름다운 꽃을 복용한다고 하였다. 온 천하의 향초와 아름다운 곡식을 모두 가져다 그 사지를 향기롭게 한다고 하면서 그 자신의 언어와 문장을 금옥처럼 꾸몄는데, 멀게는 강리(江離)와 두약(杜若)까지 취했으면서도 가까이 있는 매화를 버려둔 것은 어찌 우연히 빠뜨린 것이겠는가. 아마도 매화를 만나지 못해서였을 것이다."라고 하였다.

43 매화……않았네 : 【譯注】 '매화 읊은 주나라 시'는 《시경》 〈소남 표유매(摽有梅)〉를 가리키며 이 시는 매화가 아닌 매실을 소재로 하였으므로, 매화에 대해 기본적인 사실도 말하지 않았다는 뜻이다.

44 굴원은……몰랐었지 : 【譯注】 초나라 굴원(屈原)이 〈이소(離騷)〉를 지으면서 매화를 빠뜨리고 언급하지 않은 것을 말한다.

떠난 뒤에도 다시 와서 여러 번 감탄하였네[45]　　　別去重來屢歎息

혹자는 강남에서 정다운 생각 담아 읊기도 하고　　　或吟江南寄情思

혹자는 고갯마루에서 남과 북 가르며[46] 자랑하누나　　　或詫嶺上分南北

굳센 마음 오히려 고운 시를 써냈지만　　　剛腸尙吐嫵媚詞

송광평의 절의는 돌보다 더 단단했지[47]　　　廣平節義逾堅石

당송의 시인들 그 얼마나 많았던가　　　唐宋紛紛幾騷客

감상이 고산에 이르러 삭막하지 않았어라　　　賞到孤山不落莫

---

45 하손이……감탄하였네 :【攷證 卷3 何遜楊州云云】당(唐)나라 두보(杜甫)의 〈배적이 촉주의 동정에 올라 객을 보내며 일찍 핀 매화를 보고는 나를 생각하여 부쳐온 시에 화답하다[和裴迪登蜀州東亭送客逢早梅相憶見寄]〉시에 "동각의 관매가 시흥을 돋우니, 도리어 하손이 양주에 있는 것과 같구나.[東閣官梅動詩興, 還如何遜在揚州.]"라고 하였는데, 송나라 소양직(蘇養直)의 주석에 "하손(何遜)의 자는 중언(仲言)이다. 남조 시대양(梁)나라 천감(天監) 연간에 양주법조참군이 되었다. 공관에 매화 한 그루가 있었는데 하손이 그 아래에서 시를 읊조렸다. 나중에 서울에 살게 되었는데 양주의 매화가 그립기에 다시 부임하기를 청하였다. 양주에 이르렀을 때 매화가 한창 만개하여 하손은 꽃을 보면서 종일토록 그 곁에서 서성였다."라고 하였다.《補註杜詩 卷21》【校解】《고증》에는 '揚州'가 '楊州'로 되어 있는데 통행본 《보주두시》에 의거하여 수정하였다.

46 고갯마루에서……가르며 :【攷證 卷3 嶺上分南北】송나라 소식(蘇軾)의 〈봉의랑 양공제(양반(楊蟠))의 〈매화〉 시에 차운하다[次韻楊公濟奉議梅花]〉시 중 제6수에 "재 북쪽의 서리 맞은 가지 가장 그리움 많으니, 추위 견디며 사또 오기를 머물러 기다리네.[嶺北霜枝最多思, 忍寒留待使君來.]"라고 하였는데, 송나라 사윤(師尹)의 주석에 "대유령(大庾嶺) 위의 매화는 남쪽 가지의 꽃이 이미 지고 나면 북쪽 가지의 꽃이 한창 피니, 춥고 따뜻한 기후가 다르기 때문이다."라고 하였다.《東坡詩集註 卷25》

47 굳센……단단했지 :【譯注】송광평(宋廣平)은 당나라 때의 현상(賢相) 송경(宋璟)을 가리킨다. 당나라 피일휴(皮日休)의 〈도화부(桃花賦)〉 병서(幷序)에 "나는 일찍이 재상 송광평의 곧고 굳은 자질과 강직하고 굳센 모습을 사모한 나머지, 그의 철석같은 심장으로는 어여쁘고 애교 넘치는 말을 토해 낼 줄 모르리라고 여겼다. 그런데 그의 글 가운데 〈매화부〉를 보니, 말이 통창하고 화려하여 남조 서유체(徐庾體)를 꼭 닮아 그 사람됨과는 아주 달라 보였다."라고 하였다.

더더구나 늙은 운대진일[48]께서는	何況雲臺老眞逸
서리 읊을 제 강성 뿔피리 소리에 애가 끊어졌다오[49]	腸斷江城詠霜角
내 평생 벽이 많아 매화를 몹시 사랑하니	我生多癖酷愛梅
청수한 신선 산택에 나타났다 사람들 말한다네	人道癯仙著山澤
옛 놀던 남방에서 옥 같은 얼굴 알았는데	舊遊南國識玉面
친구[50]가 멀리서 고맙게도 뿌리째 보내왔구나	故人遠惠連根得
암학에서 함께 벗하여 늙으리라 스스로 기약했는데	自期相伴老巖壑
어찌하여 나는 풍진 속에 떠돌아다니는가	胡奈風塵去飄泊
서울에서 간혹 만나는 일 어찌 없으랴만	豈無京洛或相逢
흰 옷이 검어졌으니 옛 모습 아님을 탄식하노라	素衣化緇嗟非昔
꽃구경 오라는 초대에 백발의 몸 어찌 사양하랴	寧辭白髮赴佳招
꽃 피는 좋은 철은 잠깐사이에 지나가고 마는 것을	瞥眼榮華過虹雀
병인년엔 스스로 요동 학에 비겼는데[51]	丙歲自比遼東鶴

---

48 운대진일 : 【譯注】 송나라 주희(朱熹)의 별호이다. 주희가 화주(華州)의 운대관 사관(雲臺觀祠官)을 지낸 데에서 유래하였는데, 그의 〈역학계몽서(易學啓蒙序)〉 말미에 "운대진일은 직접 기록한다.〔雲臺眞逸手記〕"라고 하였다. 《晦庵集 卷76》

49 서리……끊어졌다오 : 【攷證 卷3 腸斷江城詠霜角】 주자(朱子 주희(朱熹))의 〈연평 수남에 있는 천경관에서 밤에 짓다〔延平水南天慶觀夜作〕〉 시에 "석루에서 구름 속에 누워 강성을 마주하니, 성의 뿔피리 소리 들릴 제 서리 읊노라니 긴 밤이 맑아라. 생각건 대 남쪽 가지의 매화가 정히 시름 깊으리니, 이 애끊는 소리 차마 듣지 못하겠네.〔石樓雲 臥對江城, 城角吟霜永夜淸. 料得南枝正愁絶, 不堪聞此斷腸聲.〕"라고 하였다.

50 친구 : 【攷證 卷3 故人】 첨모당(瞻慕堂) 임운(林芸, 1517~1572)을 가리킨다. 【校解】 본관은 은진(恩津), 자는 언성(彦成), 호는 첨모당·노동산인(蘆洞散人)이다.

51 병인년엔……비겼는데 : 【攷證 卷3 丙歲自比遼東鶴】 병인년(1566, 명종21) 3월에 봉정사(鳳停寺)에서 돌아와 〈도산으로 매화를 방문하다〔陶山訪梅〕〉 시 2수를 지었는데 "그대는 요동의 하늘로 내려온 돌아온 학과 같구나.〔君如歸鶴下遼天〕"라는 구절이 있다.

돌아와 아직 지지 않은 꽃을 볼 수 있었지	歸來及見花未落
정묘년엔 병석에서 일어나 처음 꽃을 찾았는데[52]	丁年病起始尋芳
옥 가지에 다닥다닥 눈꽃이라 너무나도 기뻤었네	絶喜瓊枝攢雪蕚
금년에 노병이 더 심해질 줄 어찌 생각했으랴	何意今年老更甚
광채가 났던 곽분양의 이마[53]가 정히 근심스러워라	光生正患汾陽額
조서[54]도 빠듯한 일정에 오랫동안 지체했는데	尺一嚴程久稽滯
몹시 두렵고 떨려 움츠린 거북이 같아라	仰兢俯慄如龜縮
매군은 대뜸 나를 멀리 하지 말지니	梅君不須遽疎我
내 일은 그나마 품격 높은 그대 친할 만하다오[55]	我事尙可親高格
명성 피한 법진[56]과는 어울리지 않지만	未諧法眞避名聲

━━━━━━

【校解】이 구절이 있는 시의 제목은《정본 퇴계전서》권2의 〈매화 대신 답하다〔代梅花答〕〉이다.

52 정묘년엔……찾았는데 :【攷證 卷3 丁年病起始尋芳】정묘년(1567, 명종22) 답청일(踏靑日)에 병석에서 일어나 홀로 도산(陶山)에 나가 〈소매(小梅)〉시 2수를 지으셨다.
【校解】이 시는《정본 퇴계전서》권2의 〈융경 정묘년 답청일에 병석에서 일어나 홀로 도산에 나가보니, 두견화와 살구꽃이 어지러이 피어 있고 창 앞의 조그마한 매화 한 그루는 옥설 같은 하얀 꽃이 가지에 동그랗게 붙어 있어 몹시 사랑스러웠다〔隆慶丁卯踏靑日病起獨出陶山鵑杏亂發窓前小梅一樹皓如玉雪團枝絶可愛也〕〉이다.

53 광채가……이마 :【攷證 卷3 光生汾陽額】〈농상서(隴上書)〉에 "곽분양(郭汾陽 곽자의(郭子儀))은 매번 관직을 옮겨갈 때마다 이마에서 빛이 났다.〔額有光氣〕"라고 하였다.《記纂淵海 卷36 仕宦部 遷除》○ 살펴보건대, 이때 선생이 조정의 부름을 받았기 때문에 이렇게 말한 것이다.

54 조서 :【攷證 卷3 尺一】곧 척서(尺書)이다.

55 내……만하다오 :【譯注】이때 선조(宣祖)는 명(明)나라 사신들을 응접하기 위한 제술관, 숭정대부 의정부 우찬성 겸 지경연춘추관사 등에 이황을 임명하였으나, 그는 벼슬을 사양하는 사장(辭狀)을 올리며 계속 예안에 머무르고 있었으므로 이렇게 말한 것이다.

손괘 익괘 아는 상평[57]은 오히려 믿었다네	猶信尙平知損益
도의 운치 하루라도 떨어지지 않게 해다오	道韻休將一日離
향기로운 마음 일 년 내내 막힐까 지레 걱정일세	馨懷預恐終年隔
옅은 안개 가랑비에 문에 드는 손님 없고	淡烟微雨客絶門
맑은 밤 바람 자고 달은 산 위로 솟았어라	淸夜無風月上岳
술동이 불러 한 잔 들자 병든 몸 소생했으니	呼尊試一病已蘇
백 편의 시를 지은들 정이 어찌 다하겠는가	作詩縱百情何極
괜스레 일 만들기 좋아하는 분옹[58]이 나에게 자랑하길	
	汾翁好事誇我說
이른 매화 천공의 힘을 맨 먼저 얻었다 하네	早梅先得天工力

---

56 명성 피한 법진 :【攷證 卷3 法眞避名聲】살펴보건대, 법진의 자는 고경(高卿)이고 동한(東漢) 부풍(扶風) 사람이다. 순제(順帝)가 그를 초치(招致)하고자 네 번이나 불렀지만 출사하지 않았다. 친구인 곽정(郭正)이 그를 칭찬하며 "법진의 이름은 들을 수 있어도 그의 몸은 보기 어렵다. 이름에서 도망쳐도 이름이 그를 따라오고, 명성을 피해도 명성이 그를 뒤따른다."라고 하였다.《後漢書 法眞列傳》

57 손괘……상평 :【攷證 卷3 尙平知損益】살펴보건대, 상장(尙長)의 자는 자평(子平)이다. 안빈낙도(安貧樂道)의 삶을 살았는데,《주역》을 읽다가 손괘·익괘에 이르자 탄식하며 "내 이미 부유한 것이 가난한 것만 못하다는 것은 알았으나, 죽음은 삶에 비해 어떠한지 모른다."라고 하였다. 아들과 딸이 모두 장가가고 시집을 가자, 오악의 명산을 유람하였는데 어디에서 생을 마쳤는지 알지 못한다.《後漢書 向長列傳》주자(朱子 주희(朱熹))의〈상자평의 일에 느낌이 있어〔感尙子平事〕〉시에 "훌쩍 먼 산에 가서 마음껏 돌아다녔으니, 그 당시의 상자평을 감개에 젖어 상상해 본다. 나도 근래에 손괘 익괘를 알았으니, 다만 분노를 다스리고 욕심을 막으며 남은 생을 보내리라.〔翩然遠岳恣遊行, 慨想當年尙子平. 我亦近來知損益, 只將懲窒度餘生.〕"라고 하였다.

58 분옹(汾翁) :【譯注】이문량을 가리킨다. 그가 안동 부내〔汾川〕에 살았으므로 이렇게 말한 것이다.

어찌 알았으랴 도산의 매화 나 병들어 추위 겁내는 줄 알고

豈知陶梅知我病畏寒

날 위해 좋은 계절에 늦게 피어도 오히려 애석해 않을 줄을

爲我佳期晚發猶不惜

그대는 보지 못했는가 범석호가　　　　君不見范石湖

매화 심고 매보 짓는 일 천직⁵⁹으로 삼은 것⁶⁰을　　種梅譜梅爲天職

또 보지 못했는가 장약재의　　　　　又不見張約齋

옥조당 풍류가 삭막하지 않았음을⁶¹　　玉照風流匪索寞

아아! 나는 그대와 함께 이 두 사람을 쫓아　　嗟我與君追二子

맑고 곧은 절개를 더욱 힘써 닦으리　　苦節淸修更勵刻

59　천직 : 【攷證 卷3 天職】《장자》〈지락(至樂)〉에 "만물은 자꾸 생겨나〔萬物職職〕 모두 무위에서 번식되어 간다."라고 하였다. 【校解】《고증》에는 '萬物天職'으로 되어 있는데, 통행본 《장자주(莊子注)》에 의거하여 수정하였다.

60　범석호가……것 : 【譯注】범석호(范石湖)는 송나라 범성대(范成大)인데, 그는 창문 앞에 매화나무 심는 것을 좋아했으며 매화에 관한 전문서인 《범촌매보(范村梅譜)》를 짓기도 하였다.

61　장약재의……않았음을 : 【譯注】송나라 장약재(張約齋 장표(張杓))가 그의 집 옥조당(玉照堂) 주변에 매화나무 삼사백 그루를 심은 것을 말한다.

김돈서[62]의 〈매화〉 시에 차운하다 【무진년(1568, 선조1, 68세) 봄 추정. 예안(禮安)】

次韻金惇叙梅花

(詩-內卷5-18)

나의 벗 다섯의 절개 있는 군자[63]	我友五節君
사귀는 정 아무리 담박해도 좋아라[64]	交情不厭淡
매군이 특히 나를 좋아하여	梅君特好我
절우사(節友社)로 초대하면 재삼 기다리지 않네[65]	邀社不待三
나로 하여금 그리움 금치 못하게 하니	使我思不禁
아침저녁 얼마나 찾아왔던가	晨夕幾來探
이내 어려 있어 찬 기운 막막하고	帶烟寒漠漠
호수를 곁에 두니 담담히 맑아라	傍湖淸澹澹

(詩-內卷5-19)

온갖 꽃들 속에 하얗게 피었으니	粲然百花間

---

62 김돈서 : 【譯注】 김부륜(金富倫, 1531~1598)으로, 본관은 광산(光山), 자는 돈서(惇敍), 호는 설월당(雪月堂)이다.

63 다섯의……군자 : 【攷證 卷3 五節君】 소나무·국화·매화·대나무·연꽃이다.

64 사귀는……좋아라 : 【譯注】 《장자》 〈산목(山木)〉에 "군자의 사귐은 싱겁기가 물과 같고〔君子之交淡若水〕, 소인의 사귐은 달기가 단 술과 같다."라고 하였다.

65 재삼 기다리지 않네 : 【攷證 卷3 不待三】 살펴보건대, '삼(三)'은 거성(去聲)이니, 세 번 한다는 것이다.

진위를 더욱 잘 알겠어라 　　　　　　　　　　　　　　　　益見眞與濫

달 마시는 술잔에 스스로 임할지언정 　　　　　　　　　　　自臨吸月杯

봄을 즐기는 짐[66] 위에 어찌 오르겠는가 　　　　　　　　　肯上賞春擔

시를 읊어서 매화와 친교를 맺었으니 　　　　　　　　　　　吟詩託密契

야광주를 어둠 속에 던져준 격이 아니겠는가[67] 　　　　　　夜光非投暗

꽃과 사람 정신이 서로 통하니 　　　　　　　　　　　　　　精神炯相照

속물들이 엿보아 알기는 어려우리 　　　　　　　　　　　　俗物難窺覰

---

66 봄을 즐기는 짐 : 【攷證 卷3 賞春擔】 송(宋)나라 구양수(歐陽脩)의 《육일시화(六一詩話)》에 "서울의 사대부들은 사역(事役)에 끌려 다니느라 잔치를 벌이며 노는 일이 드물었다. '꽃을 파는 등짐 위에 복사꽃 오얏꽃이 있고, 술잔 두드리는 누각 위에 풍악소리 들린다.〔賣花擔上看桃李, 拍酒樓頭聽管絃.〕'는 구절이 있다."라고 하였다. 【校解】 《고증》에는 '看'이 '有'로 되어 있는데, 통행본 《육일시화》에 의거하여 수정하였다.

67 야광주를……아니겠는가 : 【譯注】 매화의 입장에서 김부륜의 시가 야광주(夜光珠)처럼 귀중하다는 뜻이다. 한(漢)나라 추양(鄒陽)이 "신은 들으니, 명월주(明月珠)나 야광벽(夜光璧)을 행인의 앞에다 몰래 던질 경우 누구나 막론하고 칼을 뽑아 들고 노려본다고 하는데, 이는 이유 없이 온 것이기 때문입니다."라고 하였다. 《史記 鄒陽列傳》

금훈지[68]의 시에 차운하다 병서 【무진년(1568, 선조1, 68세) 4월 추정. 예안(禮安)】

次韻琴壎之 幷序

나는 불행 중에 또 다시 불행하여, 그릇된 성은이 거듭 이르니[69] 그 끝이 어디일지 헤아릴 수 없다. 군색하고 황공하여 어찌할 바를 모르고 있는데 시를 보내어 위로해 주니 그 후의는 매우 감사하다. 무료하던 중에 삼가 절구 한 수에 화답하여 뜻을 보이는 바이다.

산 구름이 만물을 적셔준다 잘못 말하지만	錯道山雲能澤物
산 구름은 끝내 하늘에 오르기를 원하지 않네	山雲終不願升空
하늘에 오른다 한들 어찌 적셔준다 하겠는가	升空豈是能成澤
손가락질 비웃음 받으며 부질없이 오갈 뿐이지	來往徒勞指笑中

---

68 금훈지 : 【譯注】 금응훈(琴應壎, 1540~1616)으로, 본관은 봉화(奉化), 자는 훈지(壎之), 호는 면진재(勉進齋)이다.

69 그릇된……이르니 : 【攷證 卷3 誤恩荐沓】 무진년(1568, 선조1) 정월에 찬성에 제수되었으며, 8월에 홍문관 제학을 겸임하였고 또 대제학을 겸임하였다. 《退溪先生年譜 卷2》

김태화⁷⁰에게 주다 【무진년(1568, 선조1, 68세) 7월 14일 추정. 충주(忠州)】
贈金泰和

감사하노니 그대의 높은 의기 가을 하늘까지 닿아	感君高義蕩秋旻
손 빨리 내밀어 우물에 빠진 사람 건져냈네⁷¹	急手援拯井裏人
다시 멀리서 간호하러 와서는 나에게 당부하고⁷²	更護遠來分付我
홀연히 돌아가며 자신의 은덕을 자랑하지 않는구려	翛然歸去不矜仁

---

70 김태화 : 【攷證 卷3 金泰和】김낙춘(金樂春, 1525~1586)으로, 본관은 순천(順天), 자는 태화(太和), 호는 인백당(忍百堂)이며 안동(安東)에 살았다. 21세에 사마시에 합격했는데 과거시험 공부를 접고 퇴계 선생의 문하에서 공부하며 뜻을 독실히 하고 행하는 데 힘썼다. 만년에는 문경(聞慶) 소양동(瀟陽洞)에 거처하였다. 【校解】《고증》에는 자호를 '백인당(百忍堂)'이라고 하였는데, 이는 '인백당'의 오류이다.

71 손……건져냈네 : 【譯注】위급한 상황에서 도움을 주었다는 뜻이다. 재아(宰我)가 "인자는 비록 우물에 사람이 빠졌다고〔井有仁焉〕말해 주더라도 그를 구하려고 뒤따라 우물에 들어가겠지요?"라고 물었다. 《論語 雍也》【要存錄 卷4】선생이 무진년에 소명을 받아 가시던 날, 손서(孫壻)인 박려(朴欐)가 따라 갔는데 이질(痢疾)로 병세가 위급해졌다. 문경에 이르렀을 때 김공에게 치료를 부탁하여 온전해질 수 있었다.

72 다시……당부하고 : 【要存錄 卷4】살펴보건대, 선생은 가서(家書)에서 "김모(金某)는 믿을 만한 사람이어서 간호를 부탁했다. 나는 떠나자마자 머물러 기다리고 있었는데, 김낙춘의 편지를 연달아 받고는 약간씩 병세가 덜해졌고, 미음을 조금씩 입에 넣어주니 이때부터 살아날 가망이 생겼다."라고 하였다.

배여우[73]·조사경[74]·금문원[75]·박언수[76] 운 제군이 함께 고맙
게도 계재로 찾아왔고 내친 김에 고산에 가서 유람하였
다. 다음날 절구 2수를 부쳐 보내다[77] 【무진년(1568, 선조1, 68세)
4월 추정. 예안(禮安)】

裴汝友趙士敬琴聞遠朴彦秀 蕓 諸君 同枉顧溪齋 因往遊孤山 明日寄呈
二絶句

| 들건대 산 못에 낚싯배가 마련되었다 하니 | 聞說山潭辦釣船 |
| 꿈속에 타고 놀다 깨어도 오히려 선계에 있는 듯하리 | 夢中乘弄覺猶仙 |

---

73 배여우 : 【攷證 卷3 裴汝友】배삼익(裴三益, 1534~1588)으로, 본관은 흥해(興海),
자는 여우, 호는 임연재(臨淵齋)이며, 안동(安東)에 살았다. 명(明)나라 세종(世宗) 가
정(嘉靖) 갑오년(중종29)에 태어났다. 선생의 문하에서 공부했는데, 힘써 배우고 자수
(自守)하였으며 과거에 급제하였다. 중국에 사신으로 나갔는데 당시《대명회전(大明會
典)》이 새로 완성되니, 공이 그 초고본을 사서 본국의 일과 관련된 조목을 적어 귀국한
후에 바쳤다. 이에 종실 계보를 정리하고 오류를 바로잡는 일을 비로소 논의하였다.
황해도 감사(黃海道監司)로 부임하던 도중에 죽었다.

74 조사경 : 【譯注】조목(趙穆, 1524~1606)으로, 본관은 횡성(橫城), 자는 사경(士
敬), 호는 월천(月川)·동고(東皐)이다.

75 금문원 : 【譯注】금난수(琴蘭秀, 1530~1604)로, 본관은 봉화(奉化), 자는 문원(聞
遠), 호는 성재(惺齋)·고산주인(孤山主人)이다.

76 박언수 : 【攷證 卷3 朴彦秀】본관은 함양이며, 예천(醴泉)에 살았다. 일찍이 선생의
문하에서 공부하였으며, 나중에 월천 조목에게서 학업을 마쳤다. 자품이 장엄하고 조행
(操行)이 매우 확고하였으나 일찍 죽었다. 호는 병백당(病柏堂)이다.

77 배여우……보내다 : 【攷證 卷3 裴汝友云云】살펴보건대, 이 시는 선생이 조정의
부름을 받지 않았을 때의 작품인 듯하니, 여기에 잘못 편입되어 있는 듯하다.

이날의 좋은 구경 나는 가지 못하니 　　　　　　勝遊此日身如繫

속절없이 남은 술잔 들고 다정한 마음만 전하노라 　　空把殘杯款款傳

(詩-內卷5-23)

쓸모없이 버려진 이 몸 도무지 어찌할 수 없으니 　　敗閑吾迹太無端

나를 저버린 것 산이 아니요 내가 산을 저버렸도다[78] 　負我非山我負山

제군들 함께 구경하는 곳을 누워서 상상하노니 　　臥想諸君追賞處

거울처럼 맑은 찬 물에 옥 같은 봉우리 비쳐 있으리 　玉峯搖影鏡潭寒

---

78 나를……저버렸도다 : 【攷證 卷3 負我非山我負山】남조 시대 양(梁)나라 천감(天
監) 연간에 장포(張褒)가 학사(學士)의 직책을 받들지 않자 어사가 그를 탄핵했다. 장포
는 "푸른 산은 나를 저버리지 않는다.〔碧山不負吾〕"라고 하고는, 이에 인장(印章)을 불태
우고 길게 휘파람 불며 떠나갔다.《古今事文類聚 前集 卷32 退隱部》송(宋)나라 방추애
(方秋崖 방악(方岳))의 〈여종경의 '산정' 시의 운자를 사용하여 짓다〔用呂宗卿山亭韻〕〉
시에 "산 위해 취했는데 산 읊은 구절 없으니, 산은 나를 저버리지 않았건만 내가 산을
저버렸도다.〔爲山醉矣無山句, 山不負予予負山.〕"라고 하였다. 【校解】《고증》에는 '秋
崖'가 '秋厓'로 되어 있는데, 통행본 《추애집(秋崖集)》에 의거하여 수정하였다.

충주 객관에 머물렀는데, 그때 충주 목사 박희정[79]이 나
랏일로 서울에 들어가기에 소회를 써서 유증하다[80] 【무진년
(1568, 선조1, 68세) 7월 7일~17일 추정. 충주(忠州)】

淹留州館 時主牧朴希正 以王事入京 書懷留贈

두 재[81]가 하늘 높이 솟아 지역을 나누니	二嶺參天割域區
중원의 웅장한 경치 외진 땅과 다르구나	中原雄勝異偏隅
뜬구름 같은 지난 일 텅 비어 자취 없으니	浮雲往事空無迹
떠다니는 나무 인형[82] 해마다 올 줄 어찌 알았으랴	泛梗連年到豈圖
묵은 병은 새 가을에 약속한 듯 찾아드는데	舊病新秋如赴約
무더위에 맑은 바람은 어찌하여 불러도 오지 않는가	清風溽暑奈辭呼

---

79 박희정 :【攷證 卷3 朴希正】박민헌(朴民獻, 1516~1586)으로, 본관은 함양(咸陽),
자는 희정·이정(頤正), 호는 저헌(樗軒)이다. 병오년(1546, 명종1)에 과거에 급제하였
고, 관직은 함경북도 병마절도사를 지냈다.

80 충주……유증하다 :【攷證 卷3 淹留州館云云】살펴보건대,《퇴계선생연보》권2에
"6월에 명을 받고 서울로 길을 떠났다. 충주에 이르러 장계를 올리며 힘써 사퇴하니,
내의(內醫)를 보내어 돌볼 것을 명하셨다."라고 하였다. 이에 근거한다면 이 시는 마땅
히《정본 퇴계전서》권2의 〈차운하여 이굉중에게 부치다〔次韻寄李宏仲〕〉시의 위에 있
어야 한다.

81 두 재 :【攷證 卷3 二嶺】조령(鳥嶺)과 죽령(竹嶺)이다.

82 떠다니는 나무 인형 :【譯注】정처 없이 떠도는 생활을 가리킨다. 옛날 어떤 흙
인형〔土偶人〕이 복숭아나무 인형〔桃梗〕에게 "지금 너는 동쪽 나라의 복숭아나무 인형으
로 깎고 다듬어서 만들어 놓은 것인데, 비가 내려 치수(淄水)의 물이 넘치면 너도 휩쓸려
떠내려갈 것이다. 그렇게 되면 너는 흘러흘러 장차 어디로 갈 것인가?"라고 하였다.《戰
國策 卷10 齊策3》

이곳에 머물며 날마다 공을 생각하는 마음　　滯留日日思公意
거친 시 부끄러워하지 않고 종이[83]에 쓴다오　　題在藤牋不愧鷰

---

83 종이 : 【攷證 卷3 藤牋】《간재집(簡齋集)》주석에 "섬계(剡溪)에 오래된 등나무가
사오백 리에 이어져 있는데, 그곳 주민들이 그것을 가져다 종이로 만드니 이를 '섬등(剡
藤)'이라고 한다."라고 하였다. 당(唐)나라 원진(元稹)의 〈회포를 적어 호조에 있는 이씨
네 여섯째와 공조에 있는 최씨네 스무째에게 주다. 50운[紀懷贈李六戸曹崔二十工曹五十
韻]〉 시에 "영예로운 반열 수놓은 비단이 이어진 듯하니, 간언을 적는 종이로는 등나무
종이를 내리시네.[榮班聯錦繡, 諫紙賜牋藤.]"라고 하였다. ○ 살펴보건대, 이 시는 정묘
년(1567, 명종22)에 지은,《정본 퇴계전서》권2의 〈21일, 유신현에 머물며 연경루에
오르다[卄一日留惟新縣登慶延樓]〉 시의 운자를 사용하여 지었다.

KNP0423(詩-內卷5-25~27)

조사경[84]이 집경전[85] 사관으로 와서 사은하고 동쪽으로 돌아가므로 증별하다. 3수 【무진년(1568, 선조1, 68세) 8월 6일 추정. 서울】

趙士敬以集慶殿祠官來謝東歸 贈別 三首

(詩-內卷5-25)

티끌 세상에 한번 떨어져 온갖 일 많으니	一落塵中萬事多
임금님 은혜 하해 같으나 병든 몸을 어찌할꼬	君恩如海病如何
이슬 내리고 바람 부는 가을철에 그대를 보내니	送君白露金風節
나도 국화 필 때 가겠노라 기별을 전해주게나	憑報吾行趁菊花

(詩-內卷5-26)

한 마리 새 숲 떠나자 또 한 마리 뒤를 따르는데	一鳥辭林一鳥隨
동서로 오고가며 모두 얽매여 사는구나	西來東去總縻麼
어찌 함께 언덕에 머물면서	何如共止丘隅日
자유로이 울고 자유로이 나는 것만 하겠는가	自在和鳴自在飛

(詩-內卷5-27)

| 유서 깊은 경주의 산하는 만고에 이어져 오니 | 故國山河萬古情 |
| 묵은 능묘엔 구름 덮이고 황량한 성엔 달이 뜨리 | 雲荒陵墓月荒城 |

---

84 조사경 : 【譯注】 조목(趙穆, 1524~1606)으로, 본관은 횡성(橫城), 자는 사경(士敬), 호는 월천(月川)·동고(東皐)이다.

85 집경전 : 【攷證 卷3 集慶殿】 경주(慶州) 객관 북쪽에 있으며, 태조대왕(太祖大王)의 어진(御眞)을 봉안하였다.

그대에게 권하노니 첨대[86]에 올라 바라보게나   勸君好上瞻臺望
별의 형상이 오늘날 태평성대에 속했느니   星象于今屬太平

---

86 첨대 :【攷證 卷3 瞻臺】곧 첨성대(瞻星臺)이니, 경주부(慶州府) 동남쪽 3리 지점
에 있다. 선덕여왕(善德女王) 때 돌을 제련하여 대를 축조하였는데, 위는 네모나고 아
래는 둥글며 높이는 19척이다. 그 속이 텅 비어서 사람이 그 안에서 오르내리며 천문을
관측한다.

존재[87]가 중흥동[88]에서 지은 아름다운 글귀를 얻어 보고 가을 생각을 금하기 어려워 화운하여 읊조리며 뜻을 보이고는 봉정하여 한 번 웃게 하다 【무진년(1568, 선조1, 68세) 9월 추정. 서울】

得見存齋中興洞佳句 秋思難禁 吟和見意 奉呈一笑

(詩-內卷5-28)

풍진 속 백발의 몸 가을은 저물어 가는데	白髮犯塵秋欲老
청산에 고개 돌려 보니 달은 자주 도는구나	靑山回首月頻周
새장에 갇힌 새를 누가 풀어 줄 수 있을까	誰能解出籠中鳥
눈으로 옥 같은 물결 거슬러 오르는 외로운 돛배 보내노라	目送孤帆上玉流

(詩-內卷5-29)

삐죽한 산처럼 여위고 병든 몸 밤이면 천 번 앓고	山稜病骨宵千痛
바퀴 돌 듯 시름겨운 마음 날마다 만 번 돈다[89]	輪轉愁腸日萬周
겨울잠 자는 동물이 어찌 큰 추위를 무릅쓸 수 있으랴	蟄物豈宜蒙大凍
깊은 물속의 물고기는 응당 격류를 겁내지	淵魚自合畏衝流

---

87 존재 : 【攷證 卷3 存齋】기대승(奇大升, 1527~1572)으로, 본관은 행주(幸州), 자는 명언(明彦), 호는 고봉(高峰)·존재, 시호는 문헌(文憲)이다.

88 중흥동 : 【攷證 卷3 中興洞】삼각산(三角山) 아래에 있다.

89 바퀴……돈다 : 【攷證 卷3 輪轉愁腸日萬周】당(唐)나라 한유(韓愈)의 〈원유연구(遠遊聯句)〉 시에 "이별의 애는 수레바퀴 돌 듯, 하루에도 일만 번이나 구른다네.〔別腸車輪轉, 一日一萬周.〕"라고 하였다.

소재⁹⁰에게 부치다 【무진년(1568, 선조1, 68세) 8~9월 추정. 서울】
寄蘇齋

물러남을 청하여 공은 먼저 떠나고	乞退公先去
돌아가고픈 나만 홀로 머무누나	思歸我獨留
임금이 가슴에서 잊히지 않으니	君親懷耿耿
천지간에 그리움은 하염없어라	天地思悠悠
배움은 마음 비우고 얻은 것이 귀하고	學貴虛心得
명성은 귀 가리고 훔친 것이 부끄럽네⁹¹	名羞掩耳偸
서로가 배 안에서 만날 때는	相逢柂樓底
아마도 국화꽃 핀 가을일 테지	儻在菊花秋

  -두보의 시에 "도리어 배 안에서 저녁밥을 먹고, 월 땅을 지나가는 것이 아닌가
  하노라.〔翻疑柂樓底, 晚飯越中行.〕"⁹²라고 하였다.-

---

90 소재 : 【譯注】노수신(盧守愼, 1515~1590)으로, 본관은 광주(光州), 자는 과회(寡
悔), 호는 소재(蘇齋)·이재(伊齋)·암실(暗室)·여봉노인(茹峰老人), 시호는 문의(文
懿)·문간(文簡)이다.

91 명성은……부끄럽네 : 【攷證 卷3 名羞掩耳偸】《회남자(淮南子)》〈설산훈(說山訓)〉
에 "춘추 시대 진(晉)나라 범씨(范氏)가 패하자 그의 종을 훔쳐 짊어지고〔負〕 달아난
자가 있었는데 종소리가 나는 것을 싫어하여 자신의 귀를 막았다."라고 하였다. 이는
이름을 몰래 훔치는 것을 비유한다. 【校解】《고증》에 '負'가 '角'으로 되어 있는데, 통행본
《회남자(淮南子)》에 의거하여 수정하였다.

92 도리어……하노라 : 【譯注】원시의 제목은〈정광문을 모시고 하 장군의 산림에 노닐
다〔陪鄭廣文遊何將軍山林〕〉이다.《杜少陵詩集 卷2》

차운하여 존재[93]의 국화 선물에 답하다 【무진년(1568, 선조1, 68세) 9월 추정. 서울】

次韻謝存齋餉菊

하늘 높고 서리 기운 매서우니	天高霜氣緊
병든 나그네 어떻게 머물러 있을까	病客若爲留
옛것을 좋아하나 때는 후세이고	好古時將晚
고인을 그리워하나 도는 더욱 멀어라	懷人道轉悠
정성은 간곡해도 나라에 보탬 없어 부끄럽고	拳拳愧無補
벼슬길에 분주하니 구차해질까 걱정이라	逐逐恐成儉
이 뜻을 시옹(詩翁)이 알아주어서	此意騷翁解
시 지어 가을 국화 보내 주었네	將詩餉菊秋

---

93 존재 : 【譯注】 기대승(奇大升, 1527~1572)으로, 본관은 행주(幸州), 자는 명언(明彦), 호는 고봉(高峯)·존재(存齋)이다.

KNP0427(詩-內卷5-32)

권 동지[94] 응창 에 대한 만시 【무진년(1568, 선조1, 68세) 8월 17일 추정. 서울】

挽權同知 應昌

재주는 뛰어나 당대의 제일류요	才傑當年第一流
단정하기는 동서의 천구[95] 같았네	端如東序薦天球
옥당과 금마문에서 일찍이 재능을 떨쳤고	玉堂金馬蜚英早
장맛비와 단청[96]으로 촉망이 우월했지	霖雨丹青屬望優
원습을 달려가던[97] 날 우연히 술잔 속 뱀[98]을 보았고	偶感杯蛇巡隰日

---

94 권 동지 : 【攷證 卷3 權同知】권응창(權應昌, 1505~1568)으로, 본관은 안동(安東), 자는 경운(景運), 호는 지족당(知足堂)이며, 권응정(權應挺)의 아우이다. 《정본 퇴계전서》권15 〈권 참판 응창에 대한 제문〔祭權參判應昌文〕〉을 참고해 보아야 한다. 【校解】《고증》에는 〈權同知祭文〉으로 되어 있으나, 《정본 퇴계전서》에 의거하여 제목을 수정하였다.

95 동서의 천구 : 【譯注】진귀한 보옥인 천구(天球)는 동쪽 행랑〔東序〕에 소장하고 홍벽(弘璧)은 서쪽 행랑〔西序〕에 소장하였다. 《書經 周書 顧命》

96 장맛비와 단청 : 【攷證 卷3 霖雨丹青】《염철론(鹽鐵論)》권10에 "공경이란 사해의 표상이요, 신화의 단청이다.〔神化之丹青〕"라고 하였다. 당(唐)나라 두보(杜甫)의 〈좌상 위현소(韋見素)에게 올리다. 20운〔上韋左相二十韻〕〉시에 "장맛비 같은 어진 보좌관을 그리워하고, 단청 같은 노숙한 신하를 생각하네.〔霖雨思良佐, 丹青憶老臣.〕"라고 하였다.

97 원습(原隰)을 달려가던 : 【譯注】권응창이 1542년에 천추사(千秋使)로 명(明)나라에 다녀왔던 일을 칭한다. 《시경》〈소아(小雅) 황황자화(皇皇者華)〉에 "반짝반짝 빛나는 꽃들이여, 저 언덕이랑 진펄에 피었네. 부지런히 달리는 사신 행차는, 행여 못 미칠까 염려하도다.〔皇皇者華, 于彼原隰. 駪駪征夫, 每懷靡及.〕"라고 하였다.

98 술잔 속 뱀 : 【譯注】병에 걸렸음을 말한다. 잘못이나 죄를 지어 두려운 마음에 생긴 병이 아니라 엉뚱한 원인으로 생긴 예기치 못한 병을 비유하는 말이다. 진(晉)나라

느닷없이 닭 꿈[99]에 놀라 가을날 장수 가에 누웠어라

忽驚雞夢臥漳秋

형제분들[100]과 교분이 교칠과 같은데

鶺原契分如膠漆

세 상을 슬퍼하느라 머리가 다 세었구나

慟到三喪白盡頭

   -삼국 시대 진림(陳琳)의 시에 "내가 고질병이 깊이 들어 3년 동안 장수 가에
   누워 있네.〔余嬰沈痼疾, 三年臥漳濱.〕"[101]라고 하였다.-

악광(樂廣)이 친구와 술을 먹을 때 그 친구가 잔 속에 비친 뱀의 그림자를 보고 마음이
섬뜩하여 병들었다가 나중에 그 뱀의 그림자가 벽에 걸린 활의 그림자인 것을 알고 병이
저절로 나았다. 《晉書 樂廣列傳》

99 닭 꿈 :【譯注】병이 들어 죽을 조짐을 뜻한다.【攷證 卷3 雞夢】살펴보건대, 진(晉)
나라 사안(謝安)이 병이 위독해지자 "내가 어제 꿈에서 흰 닭을 보았다. 올해는 닭〔酉〕의
해이니, 아마도 일어나지 못할 듯하다."라고 하고는 얼마 있다가 세상을 떠났다. 《晉書
謝安列傳》

100 형제분들 :【譯注】원문의 '영원(鶺原)'은 척령재원(鶺鴒在原)의 준말로 형제를
비유하는 말이다. 《시경》〈소아(小雅) 상체(常棣)〉에 "척령이 언덕에 있으니, 형제가
급난을 구한다.〔脊令在原, 兄弟急難.〕"라고 하였다. 척령(鶺鴒)은 척령(脊令)과 같다.

101 내가……있네 :【攷證 卷3 陳琳詩云云】살펴보건대, 이 시는 삼국 시대 위(魏)나라
유정(劉楨)이 지은 〈오관 중랑장에게 드리다〔贈五官中郎將〕〉인데, 진림의 시라 되어
있으니 의문이다. 《文選 卷23 贈答》【校解】《고증》에는 "竄身清漳濱"이 "三年臥漳濱"으
로 되어 있다.

서원이 낙성되어 역동[102]이라 이름하고 절구 한 수를 지어 뜻을 보이다 【정묘년(1567, 명종22, 67세) 8~9월 추정. 예안(禮安)】

書院成 名以易東 一絶見意

전문에서 멀리 동으로 역이 갔다 탄식하더니[103]	邈邈田門嘆易東
우리 동방 정역은 공에게서 비롯되었다[104]	吾東程易昉吾公
다시금 주자와 소강절을 따라 이 서원을 이름하니	更攀朱邵名玆院
밝은 해 속에서 천심[105]을 보고자 하였네	要見天心皦日中

---

102 역동 :【攷證 卷3 易東】《정본 퇴계전서》권15 〈역동서원기(易東書院記)〉에 그 내용이 보인다.

103 전문에서……탄식하더니 :【攷證 卷3 田門歎易東】살펴보건대, 한(漢)나라 정관(丁寬)이 전하(田何)에게 역(易)을 배웠는데 정관이 동쪽으로 돌아가니, 전하가 "역은 이미 동쪽으로 갔다."라고 하였다. 《漢書 丁寬傳》

104 우리……비롯되었다 :【攷證 卷3 吾東程易昉吾公】우탁(禹倬, 1265~1342)의 본관은 단양(丹陽), 자는 천장(天章)·탁보(卓甫), 호는 백운(白雲)·단암(丹巖)이다. 관직에서 물러나 예안에서 노년을 보냈다. 역학에 조예가 깊어 학생들을 가르치니 의리역학(義理易學)이 비로소 행해졌다. 시호는 문희(文僖)이다. 《高麗史 禹倬列傳》

105 천심 :【譯注】송(宋)나라 소옹(邵雍)의 〈복괘시(復卦詩)〉에 "동짓날 자시(子時) 반에는, 하늘의 마음은 움직이지 않으나, 일양이 처음 움직이는 곳이며, 만물이 나지 않은 때로다.〔冬至子之半, 天心無改移. 一陽初動處, 萬物未生時.〕"라고 하였다.

꿈에서 청량산에 노닐다. 2수 【무진년(1568, 선조1, 69세) 8~12월 추정. 서울】

夢遊淸凉山 二首

(詩-內卷5-34)

천석과 연하에 노닐고 싶은 마음 식지 않았는데	泉石烟霞事未寒
늘그막에 몸 그르쳐 괴안국에 들었구나	暮年身誤入槐安
어찌 알았으랴, 유선침[106]에 의지하여	那知更藉遊仙枕
청량이라 복지[107]의 산을 오르게 될 줄을	去上淸凉福地山

(詩-內卷5-35)

몸소 시원하게 열어구의 바람 타고	身御泠然禦寇風
천 개 봉우리를 하룻밤에 다 갔다네[108]	千巖行盡一宵中

---

106 유선침 : 【譯注】 신선의 베개를 의미한다. 귀자국(龜玆國)에서 베개 하나를 진상하였는데, 이 베개를 베고 자면 십주(十洲)·삼도(三島)·사해(四海)·오호(五湖)를 모두 꿈속에서 볼 수 있었으므로 황제가 이 때문에 유선침(遊仙枕)이라 이름하였다고 한다. 《開元天寶遺事 卷1 遊仙枕》

107 복지 : 【攷證 卷3 福地】 살펴보건대, 불가(佛家)에는 십이복지(十二福地)의 설이 있다. 당(唐)나라 두보(杜甫)의 〈진주잡시(秦州雜詩)〉 20수 중 제14수에 "신어를 본 사람 없어도, 복지라는 말은 정말 전하누나.[神魚人不見, 福地語眞傳.]"라고 하였다. 【校解】《고증》에는 '語'가 '認'으로 되어 있는데, 통행본《두시상주(杜詩詳註)》에 의거하여 수정하였다.

108 천……갔다네 : 【攷證 卷3 千巖行盡一宵中】 당나라 잠삼(岑參)의 〈춘몽(春夢)〉 시에 "베개 위에서 잠깐 꾼 봄꿈 속에, 강남 수 천리를 다 돌아다녔다오.[枕上片時春夢中, 行盡江南數千里.]"라고 하였다.

늙은 중이 나에게 농가의 삿갓 주며   老僧贈我田家笠

빨리 돌아와 촌 늙은이 되라 권하누나   勸早歸來作野翁

기명언[109]이 김이정[110]에게 준 시[111]에 차운하다. 2수 【무진년
(1568, 선조1, 68세) 5~6월 추정. 예안】[112]

次韻奇明彦贈金而精 二首

(詩-內卷5-36)

학문에 힘쓰다 勤學

벼슬에 나간 지난날 너무나 잘못 되었고	出世昨太誤
산으로 돌아온 지금은 몹시 늦었구나	歸山今已晚
처신함에 회한의 길 밟았기에	行身蹈悔咎
지난 일 돌아보면 익괘와 손괘의 뜻 알겠네[113]	撫事知益損

---

109 기명언 : 【譯注】 기대승(奇大升, 1527~1572)으로, 본관은 행주(幸州), 자는 명언(明彦), 호는 고봉(高峰)·존재(存齋), 시호는 문헌(文憲)이다.

110 김이정 : 【譯注】 김취려(金就礪, 1526~?)로, 본관은 안산(安山), 자는 이정(而精), 호는 잠재(潛齋)·정암(靜庵)이다.

111 기명언이……시 : 【譯注】 기대승(奇大升)이 김취려(金就礪)에게 준 시는 《고봉집(高峯集)》에 보이지 않고, 같은 운자로 지어서 정유일(鄭惟一)에게 준 시가 《고봉집》 속집 권1에 〈면학에 대한 시. 정자중에게 주다〔勉學詩贈鄭子中〕〉, 〈정에 대한 시. 정자중에게 주다〔靜詩贈鄭子中〕〉라는 제목으로 실려 있다.

112 무진년……예안 : 【譯注】 《퇴계선생연표월일조록》 권4에는 이 시가 무진년(1568, 선조1) 10월 서울에서 지은 작품으로 되어 있다. 《정석태, 퇴계선생연표월일조록4, 퇴계학연구원, 2006, 303쪽》 그러나 "세월이 지금 얼마나 흘렀는가, 이제 와서 논에 벼가 자라는 것을 보누나.〔歲月今幾何? 來看禾樹畹.〕"라는 구절을 감안하면 5~6월에 지어졌으며, 서울이 아닌 예안(禮安)으로 돌아온 이후에 지은 작품인 듯하다.

113 익괘와……알겠네 : 【譯注】 《주역》 64괘에서 41번째 손괘(損卦) 다음에 42번째 익괘(益卦)가 온다. 여기서는 잘못을 하고 나서야 깨닫고 유익한 길 즉 학문의 길로 들어섰음을 말한다.

생각건대 처음 내 마음 단속하여	憶初約吾心
앞뒤가 맞지 않음 없고자 했는데	前後無相反
어찌하여 끝내 잘못된 길로 떨어져	胡爲竟失墜
경위[114]가 모호한 속에 들어갔는가	自納涇渭混
마음은 혹 세상을 따라가지만	處心或流徇
지론은 여전히 굽힌 적이 없다네	持論尙狷狠
벗들의 선한 인도 없었더라면	不有友善導
잘못 들어선 길에서 어찌 돌아올 수 있었겠는가	迷塗詎能返
기자는 청운의 그릇[115]이라	奇子靑雲器
도에 있어 깊은 경지 엿보았고	於道覘堂梱
김군은 후배 중 출중한 인물이라	金君後來秀
배움에 뜻을 두어 근본을 힘쓰누나	志學務其本
물이 부딪치면 형세 떨치고	水激則鼓勢
말이 내달리면 먼 곳 이르는 격	馬驟能致遠

---

114 경위 : 【譯注】경위는 경수(涇水)와 위수(渭水)를 말한다. 경수는 물이 흐리고 위수는 맑은데 장안(長安) 앞에서 합류하여 청탁이 분명히 구분되기 때문에, 사물의 청탁·시비·귀천 등을 분명히 구분하여 말할 때 자주 사용되는 비유이다. 《시경》〈패풍 (邶風) 곡풍(谷風)〉에 "경수가 위수 때문에 흐려 보이나, 그 물가는 맑고 맑다.〔涇以渭 濁, 湜湜其沚.〕"라고 하였다.

115 청운의 그릇 : 【攷證 卷3 靑雲器】《사기》〈오제본기(五帝本紀)〉의 한(漢)나라 응 소(應劭)의 주석에 "황제에게는 구름의 서기(瑞氣)가 있었으므로 구름으로써 관직을 표기하여 춘관(春官)을 청운으로 삼았다."라고 하였다. 남조(南朝) 송(宋)나라 안연지 (顔延之)의 〈다섯 군자를 읊다〔五君詠〕〉 5수 가운데 제4수 〈완시평(阮始平)〉 시에 "중용 은 청운의 그릇이라, 실로 백성들의 빼어난 기운 타고났네.〔仲容靑雲器, 實稟生民秀.〕" 라고 하였다. 【校解】《고증》에서 안연지의 시를 송나라 소식(蘇軾)의 시라고 한 것은 오류이다.

내가 기자의 시를 보건대	我觀奇子詩
김군에게 학문의 관건을 열어 주었으니	爲金闢關楗
엄정한 말로 절차탁마해주고	嚴辭與琢磨
간곡한 마음으로 정성을 보였었지	刻意攄誠懇
나 또한 김군을 안 지 오래인데	我亦識金久
내가 은거하는 시내로 찾아왔었네	曾尋我溪遁
귀머거리에게 귀 밝음 빌리려는 뜻이건만	意欲借聾聽
마음 헤아려 부응 못하는 내가 부끄럽구나	愧我心靡忖
얼음과 눈 속에 띳집 문이 닫혔는데	茅齋掩冰雪
차가운 방안에서 준수한 모습 마주했었지	寒榻對婉婉
어느 날 상을 당해 떠나가니	一朝去遭艱
사람 일 수레로 구절판 올라가는 격[116]	人事車折阪
초막에 풍수지탄이 슬프니	野廬風樹悲
까마귀는 밤마다 울었어라[117]	烏啼夜夜咺

  -《운서(韻書)》에 아들 울음이 그치지 않는 것이라 하였다.-

---

116 사람……격 : 【攷證 卷3 人事車折阪】한나라 왕양(王陽)이 익주 자사(益州刺史)가 되어 공협(邛峽) 구절판(九折阪)에 이르렀는데 탄식하며 "내가 부모님의 유체를 받들고서 어쩌자고 이런 험로에 오른단 말인가?"라고 하였다. 왕존(王尊)이 자사가 되어 "이곳이 바로 왕양의 두려워한 길이 아니냐."라 하고 말 모는 자를 재촉하여 "빨리 가자, 왕양은 효자이고, 왕존은 충신이로다."라고 하였다. 《漢書 王尊傳》

117 까마귀는 밤마다 울었어라 : 【譯注】부모의 상을 당해 자식이 우는 것을 말한다. 【攷證 卷3 烏啼夜夜】당나라 백거이(白居易)의 〈자애로운 까마귀가 밤에 울다〔慈烏夜啼〕〉 시에 "자애로운 까마귀가 그 어미 잃고, 까악까악 구슬피 우누나.……밤이면 밤마다 한밤중에 우니, 듣는 이 눈물로 옷깃을 적시네.〔慈烏失其母, 啞啞吐哀音.……夜夜夜半啼, 聞者爲沾襟.〕"라고 하였다. 《白香山詩集 卷1》

내가 그 뜻은 독실하지만	我哀厥志篤
학문은 부족함을 불쌍히 여겨서	言學有未墾
서신을 보내 매양 고언을 하며	貽書每苦口
힘을 다해 권면해 주었지	努力相推輓
세월이 지금 얼마나 흘렀는가	歲月今幾何
이제 와서 논에 벼가 자라는 것을 보누나	來看禾樹畹
모쪼록 더욱 스스로 분발하여	要須更自奮
비늘이 용처럼 변해 하늘로 오르길[118]	鱗甲變蜒蜿
경서와 사서를 두루 읽어서	諸經及諸史
정성을 다해 공부를 할지니	功緖極繾綣
촌음을 헛되이 버리지 말아	寸陰莫虛擲
막 걸음을 멈추려 할 때 채찍을 가해야 하리[119]	掣鞭方休蹇
내 말은 질박하고 정성스럽고	我言質而愨
기군의 말은 곧고도 과감하였어라	奇辭謇以謇
모쪼록 저마다 부지런히 노력하여	相待各孳孳
소중한 곡식 거두듯 성과를 거두세[120]	稼寶收耕薿

---

118 비늘이……오르길 : 【譯注】 등용문(登龍門) 고사를 말한다. 용문은 황하(黃河)의 상류에 있는 산 이름으로 지금의 산서성(山西省) 화음현(華陰縣)과 섬서성(陝西省) 한성현(韓城縣) 사이에 있다. 황하가 이곳에 이르면 협곡이 막고 있어 물이 빠지지 못하였는데, 하(夏)나라 우왕(禹王)이 계곡을 파서 물길을 내었다 한다. 이로 말미암아 큰 폭포가 생겼는데, 물고기들이 이 폭포를 올라가면 용이 된다는 전설이 있어 용문(龍門)이라 이름하였으며, 이 때문에 사람이 출세하는 것을 등용문이라고도 표현하게 되었다.

119 막…… 하리 : 【攷證 卷3 掣鞭方休蹇】 송나라 주자의 〈이연평 선생에 대한 제문〔祭 延平李先生文〕〉에 "서둔 걸음을 막 멈추려 하면 엄한 채찍으로 독려하셨다.〔蹇步方休, 鞭繩已掣.〕"라고 하였다. 《朱子大全 卷87》

(詩-內卷5-37)

고요함을 지키다 守靜

몸 지킴은 흔들림 없어야 하고	守身貴無撓
마음 수양 미발(未發)에서부터라네	養心從未發
진실로 정(靜)을 근본으로 하지 않으면	苟非靜爲本
동(動)할 때 수레에 멍에 없는 것과 같도다[121]	動若車無軏
내 천성 산에 살기를 좋아하여	我性愛山隱
분분한 속진 속에 안 간 지 오래였는데	塵紛久消歇
하루아침에 세상으로 나와서 보니	一朝來嘗世
정신은 이미 밖으로 흔들리네[122]	已覺神外滑

---

120 소중한……거두세 :【攷證 卷3 稼寶收耕穡】《시경》〈대아(大雅) 상유(桑柔)〉에 "농사를 보배로 여기고, 녹봉을 대신함이 좋은 일이로다.〔稼穡維寶, 代食維好.〕"라고 하였다. 송나라 소이간(蘇易簡)의 《문방사보(文房四寶)》에 다음과 같은 내용이 있다. 진나라 채홍(蔡洪)이 낙양에 가니 사람이 구업을 묻자 "종이는 양전(良田), 붓은 서뢰(鋤耒), 먹은 가색(稼穡)이다."라고 하였다. 《文房四寶 卷1》《춘추좌씨전(春秋左氏傳)》 소공(昭公) 원년(元年) 조(條)에 "김매고 북돋는다.〔是穮是蓘〕"라고 하였는데, 진(晉)나라 두예(杜預)의 주석에 "싹을 북돋는 것〔壅苗〕이 곤(蓘)이다."라고 하였다. 【校解】 《고증》에는 '洪'이 '法'으로 되어 있는데, 《문방사보》에 의거하여 수정하였다.

121 진실로……같도다 :【譯注】정(靜)을 주안점으로 삼아야 한다는 뜻이다. 송나라 장식(張栻)이 주희(朱熹)에게 편지를 보내 "정(靜)하면 허무(虛無)에 빠질 수 있다."라고 하였는데, 주희는 이에 대하여 "지극히 정(靜)한 속에 본시 동(動)의 단(端)이 있는 것이니, 이것이 바로 천지의 심(心)을 본다는 것이요, 선왕이 동짓날에 관문을 닫는 것이다. 대저 이때를 당하면 안정하여 이 양(陽)을 길러야 하는 것이다. 본디 일을 멀리하고 물(物)을 끊고 눈을 감고 우두커니 앉아 정(靜)에만 치우친다는 말이 아니다. 다만 물(物)을 접하지 않았을 때에 경(敬)으로 중(中)에 주(主)함이 있으면 일이 이르고, 물이 왔을 때에 선(善)의 단서가 밝게 나타난다. 그래서 찰(察)하는 바가 더욱 정(精)하고 분명해진다."라고 하였다. 《晦庵集 卷32 答張欽夫》

122 정신은……흔들리네 :【攷證 卷3 神外滑】《운회(韻會)》에 골(滑)의 음은 골(汩)이

하물며 도성 가운데	何況都城中
다투어 엎어지는 욕해[123]임에랴	欲海競顚越
그대는 포의의 서생으로	君爲布衣生
난을 심어 놓고 어찌 스스로 베랴	樹蘭寧自伐
그대의 사립문 잘 닫아두고	君門扉好掩
그대의 우물물을 흐리게 하지 말라[124]	君井泥莫汩
사방 벽에는 도서를 두고	四壁有圖書
향을 사르고 초연히 앉아서	焚香坐超忽
마음 속 선과 리의 기미를 잘 판별하여[125]	潛昭判善利
한 장수가 천 군사를 지휘할지니[126]	一帥麾千卒

며 난(亂)의 뜻이라고 하였다. 전국 시대 초(楚)나라 굴원(屈原)의 《초사(楚辭)》〈원유(遠遊)〉에 "네 혼을 어지럽히지 말라, 심신이 절로 안정될 것이로다.〔無滑而魂兮, 彼將自然.〕"라고 하였다.

123 욕해 : 【攷證 卷3 欲海】명나라 승려 감산덕청(憨山德清)의 〈선인에게 보이다〔示禪人〕〉 시 8수 중 제5수에 "욕해에 파도가 솟구쳐 끝없이 흘러가니, 누가 장차 저 건너편 언덕을 한번 돌아볼까.〔欲海波騰無盡流, 誰將彼岸一回頭?〕"라고 하였다.《夢遊集 卷38》

124 우물물을……말라 : 【譯注】《주역》〈정괘(井卦) 초육(初六)〉효사(爻辭)에 "우물에 진흙이 있으니 먹지 않는다. 옛 우물에 짐승이 없도다.〔井泥不食, 舊井无禽.〕"라고 하였다.

125 선과……판별하여 : 【譯注】《맹자》〈진심 상(盡心上)〉에 "닭이 울면 일어나서 부지런히 선행을 힘쓰는 자는 순임금의 무리요, 닭이 울면 일어나서 부지런히 이익을 구하는 자는 도척의 무리이다. 순임금과 도척의 구별을 알고자 한다면 다른 것이 없다. 이(利)와 선(善)의 사이일 뿐이다.〔雞鳴而起, 孳孳爲善者, 舜之徒也, 雞鳴而起, 孳孳爲利者, 跖之徒也. 欲知舜與跖之分, 無他, 利與善之間也.〕"라고 하였다.

126 한……지휘할지니 : 【譯注】《맹자》〈공손추 상(公孫丑上)〉에 "지(志)는 기(氣)의 장수이고 기는 몸에 가득 차 있는 것이니, 지가 으뜸이고 기는 그 다음이다.〔夫志氣之帥也, 氣體之充也, 夫志至焉, 氣次焉.〕"라고 하였다.

어찌 중행의 선비[127]로서 　　　　　　　　　　豈有中行士

보배를 자랑하다 스스로 발꿈치 베임을 달가워하랴[128] 　衒寶甘自刖

그 득실을 잘 헤아려 보면 　　　　　　　　　　乘除得與失

하늘과 땅의 차이뿐만 아니라오 　　　　　　　　不啻霄壤揭

두 사람은 오로지 학문에 힘쓰시게 　　　　　　　二子勉專精

늙은 내가 정성을 다하여 말한다오 　　　　　　　老我誠亦竭

---

127 중행의 선비 : 【譯注】 중도를 행하는 선비를 말한다. 《논어》〈자로(子路)〉에서 공자는 "중도의 선비를 얻어서 함께 하지 못한다면[不得中行而與之], 반드시 광자(狂者)와 견자(狷者)여야 할 것이다. 광자는 진취적이고 견자는 하지 않는 것이 있다."라고 하였다.

128 보배를……달가워하랴 : 【譯注】 세상에 나가 자신을 다치게 하는 것을 달가워하지 않는다는 뜻이다. 춘추 시대 초나라 변화(卞和)가 형산(荊山)에서 얻은 진귀한 벽옥을 임금에게 바쳤다가 임금을 속인다는 누명을 쓰고 두 차례나 발꿈치가 잘렸으나, 훗날 문왕(文王)에게 인정받아 보배인 화씨벽(和氏璧)을 만들었다. 《韓非子 和氏》

김이정[129]이 분죽을 보내오다. 2수 【무진년(1568, 선조1, 68세) 9월 20일 추정. 서울】

金而精送盆竹 二首

(詩-內卷5-38)

화분 하나에 소상강 가을을 보내오니[130]	一盆擔送碧湘秋
소슬함 속에 밤비의 시름을 머금었구나	蕭瑟中含夜雨愁
객지에서 귓전에 들리는 소리 못 견디겠으니	客裏不堪聲擾耳
침상 머리에 너무 가까이 놓지는 말아야지	安排莫太近牀頭

(詩-內卷5-39)

지난날 삼경에 바람서리 매서울 때	憶從三逕厲風霜
대와 솔은 새파랗고 국화는 노랬었지	翠竹靑松菊有黃
고마워라 차군이 안중에 들어오니	頓荷此君來入眼
완연히 당시의 구중과 양중[131]을 보는 듯	宛然當日見裘羊

---

129 김이정 : 【譯注】 김취려(金就礪, 1526~?)로, 본관은 안산(安山), 자는 이정(而精), 호는 잠재(潛齋)·정암(靜庵)이다.

130 화분……보내오니 : 【譯注】 김이정이 보내온 분죽을 소상반죽(瀟湘斑竹)에 비유한 것이다. 순(舜)임금이 창오(蒼梧)의 들판에서 죽은 뒤 그의 두 왕비 아황(娥皇)과 여영(女英)이 서로 통곡하면서 상강(湘江)에 빠져 죽었는데, 그때 흘린 눈물이 대나무 위에 얼룩이 져 소상반죽(瀟湘斑竹)이 되었다고 한다. 《述異記》

131 구중과 양중 : 【譯注】 한(漢)나라 때 은사(隱士) 장후(蔣詡)가 일찍이 자기 집 대나무 밑에 세 오솔길을 내 놓고 친구인 구중(求仲), 양중(羊仲) 두 사람하고만 서로 종유했다고 전한다. 《三輔決錄 逃名》

김이정[132]이 매죽 화분 하나를 보내왔으므로 답하다 【무진년

(1568, 선조1, 68세) 8~12월 추정. 서울】

謝金而精送梅竹一盆

기욱의 은자[133]와 서호의 은자[134]	淇隱與湖隱
서로 와서 이 몸을 위로해 주누나	相隨慰我來
이제부터 객창 안에서	從今旅窓裏
맑은 모습으로 함께 배회하겠네	淸絶共徘徊

---

132 김이정 :【譯注】김취려(金就礪, 1526~?)로, 본관은 안산(安山), 자는 이정(而精), 호는 잠재(潛齋)·정암(靜庵)이다.

133 기욱의 은자 :【譯注】위(衛) 무공(武公)을 지칭한다. 《시경》〈위풍(衛風) 기욱(淇奧)〉에 "저 기수 물굽이를 굽어보니, 푸른 대나무가 무성하도다. 아름답게 문채 나는 군자여, 깎고 다듬은 다음 또 쪼고 간 듯하네.〔瞻彼淇奧, 綠竹猗猗. 有斐君子, 如切如磋, 如琢如磨.〕"라고 하였다.

134 서호의 은자 :【譯注】송(宋)나라 임포(林逋)로 서호(西湖)의 고산(孤山)에 은거하여 20년 동안 성시(城市)에 발을 들여놓지 않았으며, 서화와 시에 능하였고 특히 매화시가 유명하다. 장가를 들지 않아 자식이 없었으며 매화를 심고 학을 길러 짝을 삼으니, 당시에 '매처학자(梅妻鶴子)'라고 하였다. 《宋史 林逋列傳》

떠나는 현감 곽경정[135]에게 삼가 증별하다[136] 【무진년(1568, 선조1, 68세) 1월(17일 이전) 추정. 예안(禮安)】

奉別郭景靜城主

여섯 해 뒤에 한 해를 더 빌리기[137] 어려우니	六載終難借一年
백성들 마음은 어린 아이처럼 그리워 매달린다	民情如孺慕懸懸
이제야 알겠노라, 세 기이함 전해 준 옛 노공[138]	方知魯令傳三異
도리어 우습구나, 일전 받은 유총[139]이	卻笑劉公受一錢

---

135 곽경정 : 【譯注】곽황(郭趪, 1530~1569)으로, 본관은 현풍(玄風), 자는 경정(景靜), 호는 탁청헌(濯淸軒)이다. 1556년에 등과(登科)하여 1563년(명종18) 봄에 예안 현감(禮安縣監)이 되고 1567년 겨울 함양 군수(咸陽郡守)가 되어 남쪽으로 떠나게 되었다. 《月川集 卷5 易東書院事實》

136 떠나는……증별하다 : 【攷證 卷3 奉別郭景靜城主】살펴보건대, 곽경정이 현을 떠난 것은 자중(子中) 정유일(鄭惟一)이 현에 이르기 전의 일이니 이 시는 아마도 《정본 퇴계전서》권2의 〈정자중의 편지를 받고……〔得鄭子中書……〕〉시 위에 편입해야만 할 듯하다.

137 한……빌리기 : 【攷證 卷3 借一年】한(漢)나라 구순(寇恂)이 여남(汝南) 태수가 되었는데 광무제(光武帝)가 영천(潁川)에 당도하자 백성들이 길을 막고 "구군(寇君)을 한 해만 더 빌려주시길 바랍니다."라고 하였다. 《後漢書 寇恂列傳》

138 세……노공 : 【攷證 卷3 魯令傳三異】노공(魯恭)이 중모 현령(中牟縣令)이 되었을 때 명충(螟蟲)이 중모 경내로 들어가지 않자 하남 윤(河南尹) 원안(袁安)이 관리 비친(肥親)을 시켜 살펴보게 하였다. 꿩이 길 위로 지나가는데 그 곁에 동자가 있었다. 비친은 동자에게 "어찌하여 잡지 않는가?"라고 하자 동자가 "꿩이 바야흐로 새끼를 칠 때이니 해치면 안 됩니다."라고 하였다. 비친이 "벌레가 경내를 범하지 않았으니 첫 번째 기이한 일이요, 덕화(德化)가 조수에까지 미쳤으니 두 번째 기이한 일이요, 동자도 어진 마음을 지녔으니 세 번째 기이한 일이로다."라고 하였다. 《後漢書 魯公列傳》

139 일전 받은 유총 : 【攷證 卷3 劉公受一錢】한나라 유총(劉寵)이 회계 태수(會稽太

섣달 눈이 시름을 일으켜 〈척호〉[140]를 노래하고	臘雪惹愁吟陟岵
봄바람은 한을 불어와 조천 길을 떠나누나	春風吹恨去朝天
오담에 다행히도 아름다운 은택 남겼으니[141]	鼇潭賴有留佳澤
백년 고을 사람 현송이 드높으리라	百歲邦人藹誦絃

守)가 되었다가 징소(徵召)를 받고 떠났는데 산음(山陰)의 노인들이 100전(錢)을 들고 와서 유총을 송별하였다. 유총은 그중에 대전(大錢) 하나만 골라서 받았다. 《後漢書 劉寵列傳》

140 척호(陟岵) : 【譯注】《시경(詩經)》〈위풍(魏風)〉의 편명으로, 고향 떠난 아들이 어버이를 그리워하는 내용이다.

141 오담에……남겼으니 : 【攷證 卷3 鼇潭賴有留佳澤】《정본 퇴계전서》 권15 〈역동서 원기(易東書院記)〉에 상세하다.

남 첨지[142] 치욱 에 대한 만사 【무진년(1568, 선조1, 68세) 未詳】

挽南僉知 致勗

무예로 몸은 벼슬에 올랐지만	武藝身登仕
문장도 넉넉해 행실이 선비 같았네	文資行若儒
군수 되자 백성들 바지가 생겼고[143]	專城民袴有
가난하여 손님에겐 방석도 없었네[144]	清座客氈無
선을 좋아하여 가법을 삼고	好善爲家法
마음을 편안히 해 수를 누렸다	平心得壽途
애영[145]은 훌륭한 아들 둔 덕분이니	哀榮看寶樹
사람들은 우문의 경사에 비긴다오[146]	人比慶門于

---

142 남 첨지 : 【攷證 卷3 南僉知】 들어보지 못했다. 【譯注】 남치욱(南致勗, 1494~1569)으로, 본관은 의령(宜寧)이다. 약천(藥泉) 남구만(南九萬)의 5대조로, 1528년(중종 23) 무과(武科)에 급제, 철원 부사(鐵原府使)를 지냈다.

143 군수……생겼고 : 【攷證 卷3 專城民袴有】 한(漢)나라 염범(廉范)이 촉군(蜀郡)의 태수가 되었는데 백성들이 노래하기를 "전에는 저고리가 없더니 지금은 바지가 다섯 벌이오."라고 하였다. 《後漢書 廉范列傳》

144 가난하여……없었네 : 【譯注】 관직 생활을 하면서도 청렴하여 가난했다는 뜻이다. 당(唐)나라 두보(杜甫)의 〈장난삼아 정 광문에게 편지를 드리고 겸하여 소 사업에게도 드리다〔戲簡鄭廣文兼呈蘇司業〕〉 시에 "재명을 삼십 년 동안 떨쳤건만 찾아온 손님은 추위도 덮을 담요 없어라.〔才名三十年, 坐客寒無氈.〕"에서 나온 말이다.

145 애영(哀榮) : 【譯注】 학행이나 공적이 있었던 사람 또는 그 선조에게 사후에 나라에서 장례에 소용되는 물건이나 증직(贈職) 등의 예전(禮奠)을 내렸음을 뜻한다. 남치욱은 아들의 존귀함으로 병조참판 겸 동지의금부사에 추증되었다.

146 사람들은……비긴다오 : 【攷證 卷3 人比慶門于】 한나라 우정국(于定國)의 부친이

"문려(門閭)를 높고 크게 하여 네 마리 말이 끄는 높은 수레를 용납할 수 있게 할 일이 다……내 자손이 반드시 흥왕하게 되리라."라고 하였다. 《漢書 于定國傳》

김운보[147] 덕룡 의 낙곡 정재에 부쳐서 제하다 【무진년(1568, 선조1, 68세) 미상】

寄題金雲甫 德龍 駱谷靜齋

동(動)을 제어함은 늘 정(靜)을 통하나니	禦動常由靜
속진을 벗어남에 높아도 싫지 않았어라	超塵不厭高
돌아와 소나무와 바위 사이에 누웠자니	歸來臥松石
높은 벼슬은 하나의 추호와 같아라	軒冕一秋毫

---

147 김운보 : 【譯注】 김덕룡(金德龍, 1518~?)으로, 본관은 안동(安東), 자는 운보(雲甫), 호는 낙곡(駱谷)이다.

병중에 우연히 이전의 '무'자 운에 화운한 시구가 기억나서 존재[148]에게 써서 드리다 【무진년(1568, 선조1, 68세) 8~12월 추정. 서울】

病中 偶記前日無字韻和句 錄呈存齋

말학은 갈림길에서 헤매고	末學紛蹊徑
수준 높은 사람은 유무에 현혹 되누나	高人眩有無
예전에 듣자하니 광자도 성인이 될 수 있다[149] 했는데	舊聞狂作聖
이제 보니 지자가 우자가 되고 마는구나	今見智歸愚
멀고 먼 주자의 산악이요[150]	邈邈朱山嶽
넘실대는 육상산의 바다 호수라[151]	滔滔陸海湖
중원과 동국이 모두	中原及東國
고개를 돌려보면 탄식만 나올 뿐이네	回首謾嗟吁

---

148 존재 : 【譯注】 기대승(奇大升, 1527~1572)으로, 본관은 행주(幸州), 자는 명언(明彦), 호는 고봉(高峰)·존재(存齋), 시호는 문헌(文憲)이다.

149 광자도⋯⋯있다 : 【譯注】 개과천선(改過遷善)할 수 있다는 뜻이다. "성인이라도 생각을 하지 않으면 광자가 되고, 광자라도 생각할 줄 알면 성인이 된다.〔惟聖罔念作狂, 惟狂克念作聖.〕"라고 하였다. 《書經 多方》

150 멀고⋯⋯산악이요 : 【攷證 卷3 邈邈朱山嶽】 송(宋)나라 육자정(陸子靜 육구연(陸九淵))이 "주원회(朱元晦 주희(朱熹))는 태산교악(泰山喬嶽)과도 같이 높고 우뚝하다."라고 하였다. 《心經附註 心經後論》

151 넘실대는⋯⋯호수라 : 【攷證 卷3 滔滔陸海湖】 살펴보건대, 육(陸)은 상산(象山)을 가리키니, 선학(禪學) 같은 육상산의 학문이 온 세상을 뒤덮음을 한탄한 것이다.

꿈을 기록하다[152] 【병인년(1566, 명종21, 66세) 10월 22일경 추정. 예안(禮安)】
記夢

내 꿈속에 깊은 곳 찾아 동천으로 들어가니	我夢尋幽入洞天
천 봉우리 만 골짜기에서 구름 안개 솟아난다	千巖萬壑凌雲烟
그 가운데 맑은 시내 푸르기가 쪽과 같아	中有玉溪靑如藍
노 한 번 저어 거슬러 오르니 정신이 표연하네	泝洄一棹神飄然
산허리 도인의 집을 우러러보고	仰看山腰道人居
자취[153]를 뚫고 가니 허공을 오르는 듯하구나	行穿紫翠如登虛
문을 열고 사람 맞으니 온 방이 깨끗한데	迎人開戶一室淸
여윈 신선 노을 옷자락 끌며 나와서 읍을 하네	臞仙出揖曳霞裾
어느 해던가 내가 왔던 곳과 흡사하니	髣髴何年吾所遊
벽상의 예전 시는 그대로 남았는지	壁上舊題留不留
집 옆 나무 홈통에서 찬 물줄기 떨어지고	屋邊刳木飛寒泉

---

152 꿈을 기록하다 : 【攷證 卷3 記夢】 살펴보건대, 《퇴계선생언행록(退溪先生言行錄)》에, 병인년(1566, 명종21) 10월 선생이 계당에서 〈기몽(記夢)〉 시를 지었다고 하였다. 이에 의거하면 이 시의 연조(年條)는 잘못 편집된 것임이 틀림없다. 【要存錄 卷3】 이간재(李艮齋 이덕홍(李德弘))의 《계산기선록(溪山記善錄)》에 "병인년(1566) 10월 선생은 계당(溪堂)에서 〈기몽〉 시를 지으셨다. 며칠 되지 않아 선생이 갑자기 월란암(月瀾庵)으로 떠나 어풍대(御風臺)에 올라 형승(形勝)을 완상하셨으니, 이는 〈기몽〉의 내용을 징험하신 것이다. 날이 밝기 전에 촛불을 밝히고 〈칠대시(七臺詩)〉 절구 7수를 지으셨다."라고 하였다. 《艮齋先生文集 卷6》 이를 보면 이 시는 마땅히 권4의 〈월란암에서 노닐다〔遊月瀾庵〕〉 절구 7수의 위에 있어야 한다. 【校解】 〈월란암에서 노닐다〉 시는 《정본 퇴계전서》 권1에 있다.

153 자취(紫翠) : 【譯注】 보랏빛과 푸른빛이 한데 뒤섞인 산을 칭한다.

모여 있는 계수나무는 가지 서로 얽혀 있네 團團桂樹枝相樛
함께 온 두 사람이 돌아보고 감탄하여 同來二子顧且歎
집 지어 속진의 속박을 길이 버리려 했는데 結棲永擬遺塵絆
갑자기 하품하고 기지개 펴 몸이 깨어나니 忽然欠伸形蘧蘧
닭이 울고 새벽달은 남창에 걸려 있네 雞呼月在南窓半

박 감사[154]가 부쳐온 시에 차운하다. 2수 【무진년(1568, 선조1, 68세) 4월 추정. 예안(禮安)】

次韻朴監司見寄 二首

(詩-內卷5-46)

천 년이라 나라 운수 황하가 맑아지리니[155]	千年國運應河淸
구름처럼 일어난 제현들 경전이 거행된다	雲起諸賢慶典行
미혹한 종적이 세상 배척 불러일으켜 스스로 부끄러워하노니	
	自愧迷蹤招世擯
엄정한 견책이 대평[156]에서 나오자 듣기를 기다리노라	
	佇聞嚴譴出臺評
윤음이 과분하게 궁벽한 마을에까지 내려왔으니	綸音誤作窮閭賁
깊은 병에도 여전히 대궐 향한 마음을 잊지 못한다	痼疾仍纏北闕情
감당나무 그늘[157]의 지성스러운 뜻에 사례하노니	報謝棠陰勤至意

---

154 박 감사 : 【攷證 卷3 次韻朴監司云云】박계현(朴啓賢, 1524~1580)으로, 본관은 밀양(密陽), 자는 군옥(君沃), 호는 관원(灌園), 시호는 문장(文莊)이다. 관직은 병조 판서를 지냈다. 【校解】박계현은 1566년(명종21) 10월 8일 경기 감사(京畿監司)에 임명되었다.

155 천……맑아지리니 : 【攷證 卷3 千年應河淸】진(晉)나라 왕가(王嘉)의 《습유기(拾遺記)》에 "단구의 언덕은 천 년에 한 번 불타고, 황하는 천 년에 한 번 맑아지는데〔黃河千年一淸〕, 성군(聖君)은 모두 이것을 상서로 여긴다."라고 하였다. 또 "황하가 맑아지면 성인이 나온다."라고 하였다. ○ 살펴보건대, 무진년(1568)이 선조 원년이기 때문에 이렇게 말한 것이다.

156 대평 : 【譯注】대간(臺諫)의 논평을 말한다.

157 감당나무 그늘 : 【譯注】지방관의 선정(善政)을 비유하는 말이다. 《시경》〈소남(召

간정[158]이 어찌 띳집 사립문에 왕림하기에 족하겠는가

干旌豈足枉茅荊

(詩-內卷5-47)

성상의 과분한 은혜 이때에 내려 놀라노니 　　聖主誤恩驚此際

미천한 신하 깊은 병에 걸려 오래도록 슬프구나 　微臣沈疾慨長年

상경할 것을 권한 사신에게[159] 속절없이 부끄러우니 　空慙勸駕皇華使

밤에 이 산골 집에 이르렀다가 밤에 바로 돌아가는구려

夜到山門夜裏旋

南) 감당(甘棠)〉에 "우거진 감당나무를 자르지도 말고 베지도 마라. 소백께서 초막으로 삼으셨던 곳이니라.〔蔽芾甘棠, 勿翦勿伐, 召伯所茇.〕"라고 하였다.

158 간정 : 【譯注】깃털을 쪼개서 깃대 끝에 댄 것으로, 현달하고 귀한 사람의 행차를 지칭한다. 《시경》〈용풍(鄘風) 간모(干旄)〉에 "펄럭이는 간정이여 준읍(浚邑)의 성(城)에 있도다.〔孑孑干旌, 在浚之城.〕"라고 한 데서 나온 말이다.

159 상경할……사신에게 : 【攷證 卷3 勸駕皇華使】《한서》〈고제기(高帝紀)〉에 "다음과 같이 조서를 내렸다. 현명한 사대부로서 나와 종유할 수 있는 자라면 내가 높이고 현달하게 해주겠노라. 어사중승(御史中丞)과 군수는 그에게 권하고 그를 수레에 태워 보내어 승상부에 이르도록 하라."라고 하였다. ○ 살펴보건대, 《퇴계선생연보(退溪先生年譜)》권2에 "무진년(1568, 선조1) 정월에 우찬성(右贊成)에 제수되었는데 사양하고 나아가지 않았다. 거듭 교서를 내려 행차를 재촉하고 아울러 각 도의 감사에게 하달하여 수로와 육로에 수레나 말과 배로 호송하게 하였다."라고 하였다. 이 시는 이때 지어졌음이 틀림없으니 역시 잘못 편집한 듯하다.

유언우[160]의 하외[161] 화병에 쓰다 병서 【무진년(1568, 선조1, 68세) 12월 추정. 서울】

題柳彦遇河隈畫屏 幷序

풍산(豊山) 유언우가 정주(定州)에 있을 때[162] 병풍 하나를 만들어 하외(河隈)의 상하(上下)와 낙동강 일대의 그림을 그리게 하였다. 하외는 공의 전원이 있는 곳이므로 멀리서 벼슬살이하며 돌아가고픈 마음을 담은 것이다. 이때 조사(詔使)로서 한림(翰林) 성헌(成憲),[163] 급사(給事) 왕새(王璽)[164]가 장차 도착하게 되어 동래(東萊)[165] 임당(林塘) 정길원(鄭吉元)[166]은 영위사(迎慰使)로, 중원(中原) 사암(思

---

160 유언우 : 【攷證 卷3 柳彦遇】유중영(柳仲郢, 1515~1573)으로, 본관은 풍산(豊山), 자는 언우(彦遇), 호는 입암(立巖)이다. 정덕(正德) 을해년(1515, 중종10)에 태어났으며 의연히 몸과 마음을 다 바쳐 순국할 의지가 있었다. 황해도 관찰사(黃海道觀察使)를 지냈으며 영의정에 추증되었다.

161 하외(河隈) : 【譯注】지금의 하회(河回)이다. 【攷證 卷3 河隈】안동부(安東府) 서쪽 40리 지점 화산(花山)의 남쪽이자 낙동강의 북쪽에 있다.

162 정주에 있을 때 : 【譯注】유중영은 1560년(명종15) 정주 목사(定州牧使)에 부임하였다. 【攷證 卷3 定州】정주는 평안서도(平安西道)에 속하며, 군명(郡名)으로 밀성(密城)과 영주(寧州)라고도 한다.

163 성헌(成憲) : 【譯注】명(明)나라 문신으로, 본관은 계문(薊門)이다. 한림원 검토(翰林院檢討)를 지냈다.

164 왕새(王璽) : 【譯注】명나라 문신으로, 본관은 남풍(南豊)이다. 1568년(선조1)에 황태자 책립조서(皇太子冊立詔書)를 전달하기 위해 조선에 사신으로 왔다.

165 동래(東萊) : 【攷證 卷3 東萊】경상좌도(慶尙左道)에 속하며, 군명(郡名)으로는 내주(萊州)라고도 한다.

166 정길원(鄭吉元) : 【譯注】정유길(鄭惟吉, 1515~1588)로, 본관은 동래(東萊), 자

庵) 박화숙(朴和叔)[167]은 원접사(遠接使)로, 영가(永嘉) 낙곡(駱谷)
김운보(金雲甫)[168]는 관찰사로, 전성(全城)[169] 이대중(李大仲)[170]과
영성(寧城)[171] 신군망(辛君望)[172]은 둘 다 종사(從事)로서 용만(龍
灣)에 가서 기다릴 때 이 병풍을 보고는 모두 완상하며 제영(題詠)을
했으니, 실로 한때의 성사(盛事)이자 만나기 어려운 행운이었다. 이
해 겨울에 유언우가 임지를 떠나 서울에 왔다가 좌석이 채 따뜻해지
기도 전에[173] 청주[174] 목사로 나가게 되었다. 길을 떠날 무렵 나에게
이 병풍을 보여 주며 이어서 짓기를 간곡하게 청하였다. 나는 유언우
가 떠남을 애석히 여겼으나 만류할 계책이 없는 데다가, 나의 변변치

는 길원, 호는 임당(林塘)이다. 정광필(鄭光弼)의 손자이다.

167 박화숙(朴和叔) :【譯注】박순(朴淳, 1523~1589)으로, 본관은 충주(忠州), 자는
화숙, 호는 사암(思庵), 시호는 문충(文忠)이다.

168 김운보(金雲甫) :【譯注】김덕룡(金德龍, 1518~?)으로, 본관은 안동(安東), 자는
운보(雲甫), 호는 낙곡(駱谷)이다.

169 전성(全城) :【攷證 卷3 全城】전의(全義)로, 군명(郡名)이다.

170 이대중(李大仲) :【攷證 卷3 李大仲】이해수(李海壽, 1536~1599)로, 본관은 전의
(全義), 자는 대중, 호는 약포(藥圃)이다. 이역(李鐸)의 아들이며, 부제학(副提學)을
지냈다.

171 영성(寧城) :【攷證 卷3 寧城】삭녕(朔寧)으로, 군명(郡名)이다.

172 신군망(辛君望) :【攷證 卷3 辛君望】신응시(辛應時, 1532~1582)로, 본관은 영월
(寧越), 자는 군망, 호는 백록(白麓), 시호는 문장(文莊)이다. 휴암(休庵) 백인걸(白仁
傑)의 문인이다.

173 좌석이……전에 :【攷證 卷3 席未暖】《한서》〈서전(敍傳)〉에 "공자의 자리는 따뜻
해질 틈이 없었고, 묵자의 굴뚝은 그을릴 틈이 없었다.〔孔席不暖, 墨突不黔.〕"라고 하였
다. 시간이 오래 지나지 않았다는 말이다.

174 청주 :【攷證 卷3 淸州】충청좌도(忠淸左道)에 속하며, 또 다른 군명(郡名)은 서원
(西原)·낭성(琅城)이다.

않은 별업(別業)이 또한 하외의 상류에 있으나,[175] 한 번 나와서 돌아가지 못하고 한 해가 또 저물어가는 터라 그림을 펴 놓고 구경하고 보고 있자니 더욱 개탄스러웠다. 이에 이별의 뜻과 소감을 뒤미처 서술하여 근체시 두 장(章)을 지어 적어서 청주에 부치고, 이어서 병풍 위에 제(題)하여 청주 목사의 둘째 자제 검열 낭군(檢閱郎君)[176]에게 보낸다. 일찍이 소동파(蘇東坡 소식(蘇軾))의 〈금산사[177]에서 노닐다〔遊金山寺〕〉 시를 보니 "나의 집은 장강의 발원처에 있는데,[178] 벼슬살이하느라 객지에서 바다로 들어가는 강물을 곧장 보내노라. 〔我家江水初發源, 宦遊直送江入海.〕"라고 하였고, 그 말구에 "내가 전원에 반드시 돌아갈 것을 강물에 맹세하노라.〔有田不歸如江水〕"라고 하였다. 지금 우리 두 사람의 일이 그와 비슷하기 때문에 맨 뒤에 아울러 언급하였다.

(詩-內卷5-48)

정주 백성 아직도 거사[179]의 노래를 부르는데   定民方詠去思吟

<hr>

175 나의……있으나 : 【攷證 卷3 且余薄業云云】도산(陶山)에 터를 잡아 집을 지은 것을 가리킨다.

176 검열 낭군 : 【攷證 卷3 檢閱郎君】유서애(柳西厓 유성룡(柳成龍))는 당시 예문관 검열이었다. 《주서강록간보(朱書講錄刊補)》에 "친구의 아들을 낭군(郎君)이라 한다."라고 하였다.

177 금산사: 【攷證 卷3 金山寺】《도경(圖經)》에 "금산 용유사(龍遊寺)는 강 가운데 우뚝 서 있는데 여러 사찰 가운데 으뜸으로 옛 이름은 택심(澤心)이다.……송(宋)나라 진종(眞宗)이 이곳에서 유람한 꿈을 꾸고는 지금의 편액을 내려주었다."라고 하였다.

178 나의……있는데 : 【攷證 卷3 我家江水源】장강(長江)은 민산(岷山)에서 발원하니, 동파(東坡 소식(蘇軾))가 촉(蜀) 땅 사람이므로 이렇게 말한 것이다.

다시 호주의 관인을 차고 오늘 떠나누나	又佩湖州印去今
대각엔 관원 넘쳐 발붙일 곳 없고[180]	臺閣剩員無寄足
구학엔 파리한 백성 많아 다시 마음 쓰이네	壑溝多瘠更關心
풍류 있는 서울 집에서 때로 병풍 그림을 보고	風流洛舍時看畫
광활한 대궐에서 몇 번이나 옷깃 어루만졌던가	曠蕩天門幾撫襟
나 또한 산을 나와 원지에 어긋나니[181]	我亦出山乖遠志
병풍을 마주하자 생각을 금하기 어려워라	一屛相對意難禁

(詩-內卷5-49)

| 낙동강가 하외는 경치 좋기로 이름난 곳 | 洛上河隈擅勝名 |
| 공은 진즉 여기를 구맹[182]할 곳으로 정했지 | 公曾於此占鷗盟 |

---

179 거사(去思) :【譯注】지방의 사민(士民)이 전임 관리의 선정(善政)을 그리워하는 것을 말한다.

180 대각엔……없고 :【攷證 卷3 臺閣剩員無寄足】당(唐)나라 한유(韓愈)의 〈수주로 독서 하러 가는 제갈각을 보내다[送諸葛覺往隨州讀書]〉시에 "대각에는 관원들 많아, 발 하나 붙일 데가 없네.[臺閣多官員, 無地寄一足.]"라고 하였다.

181 나……어긋나니 :【譯注】원지(遠志)는 풀이름으로 소초(小草)라고도 한다. 진(晉)나라 환온(桓溫)에게 원지를 보내준 자가 있었는데 환온은 사안(謝安)에게 "원지가 무엇 때문에 또 소초라는 이름을 지녔는지요?"라고 물었다. 사안이 선뜻 대답하지 못하자 학륭(郝隆)이 말했다. "산에 있으면 '원지'라고 하고, 산을 나가면 '소초'라고 하오." 그러자 사안이 부끄러워하였다.《世說新語 排調》여기서는 은거하여 원지가 되고자 하나, 조정에 불려 간 사안처럼 될 수도 있는 퇴계 자신의 처지를 두고 한 말이다.【攷證 卷3 出山乖遠志】유서애(柳西厓 유성룡(柳成龍))의 〈원지정사기(遠志精舍記)〉에 "정사 뒤편에 있는 서산(西山)에서 원지가 나는데 산에 매번 때때로 비가 내리면 푸른빛이 빼어나게 아름답다."라고 하였으니, 아마 병풍에 그린 그림이 이 경치를 묘사했기 때문에 이렇게 말한 듯하다.

182 구맹(鷗盟) :【譯注】자연에 은거하며 백구(白鷗)와 벗을 삼는 것을 말한다.

몇 해 동안이나 벼슬살이에서 꿈속에 돌아갔던가　　　幾年遊宦憑歸夢

훗날 병풍의 제공들 시를 보며 감회에 젖는다　　　他日丹靑感列英

마음에 드는 연파가 늘 눈에 넘실대니　　　滿意烟波常在目

추호의 영욕을 떨쳐낼 수 있겠구나　　　一毫榮辱可忘情

그대 때문에 내 강호 흥을 일으키니　　　因君起我江源興

봄바람을 따라 묵은 전원으로 가고 싶어라　　　欲趁春風返舊耕

달밤에 정자중[183]·구경서[184]·오자강[185]·정자정[186]·김이정[187] 에게 보이다 【기사년(1569, 선조2, 69세) 4월 추정. 예안(禮安)】

月夜 示子中景瑞子强子精而精

어느덧 봄이 와서 상원이 가까우니	不覺春回近上元
객창에 내 마음이 오래도록 어지럽다[188]	客窓心緒久忳忳
어찌 알았으랴 지난날 산중의 벗들이	那知昔日山中友
오늘 밤 달빛 아래 문에서 함께 정겨울 줄	共款今宵月下門
구절양장같이 험난한 세상길 어려워 견딜 수 없는데	叵耐世途難九折
학해[189]의 아득한 참 근원을 어찌 하겠는가	其如學海渺眞源

---

183 정자중 : 【譯注】 정유일(鄭惟一, 1533~1576)로, 본관은 동래(東萊), 호는 문봉 (文峯), 자는 자중(子中)이다.

184 구경서 : 【譯注】 구봉령(具鳳齡, 1526~1586)으로, 자는 경서(景瑞), 호는 백담 (柏潭)이고, 본관은 능성(綾城)이다.

185 오자강 : 【譯注】 오건(吳健, 1521~1674)으로, 본관은 함양(咸陽), 호는 덕계(德 溪), 자는 자강(子强)이다.

186 정자정 : 【譯注】 정탁(鄭琢, 1526~1605)으로, 본관은 청주(淸州), 호는 약포(藥 圃), 자는 자정(子精), 시호는 정간(貞簡)이다.

187 김이정 : 【譯注】 김취려(金就礪, 1526~?)로, 본관은 안산(安山), 자는 이정(而 靜), 호는 잠재(潛齋)·정암(靜庵)이다.

188 어지럽다 : 【攷證 卷3 忳忳】 원(元)나라 웅충(熊忠)의 《고금운회거요(古今韻會擧 要)》 권5에 "돈돈(忳忳)은 번민하다〔悶〕, 어지럽다〔亂〕, 근심하다의 뜻이다〔憂〕."라고 하였고, 그 독음은 '돈(敦)'이다. 【校解】 《고증》에는 '憂'가 '愛'로 되어 있는데, 《고금운회 거요》에 의거하여 수정하였다.

189 학해(學海) : 【譯注】 학문의 길이 바다처럼 끝없이 넓고 깊음을 말한다. 【攷證 卷3 學海】 당(唐)나라 왕발(王勃)의 〈익주부자묘비(益州夫子廟碑)〉에 "빈 배가 홀로

응당 잠시 시간 내어 서로 어울리는 곳은   故應偸暇相從處
어찌 산림에서 천천히 얘기하는 것만 하리오   不及林間得細論

떠서 학해의 큰 물결을 탄다.〔虛舟獨泛, 乘學海之波瀾.〕"라고 하였다.

기사년(1569, 선조2) 정월, 계당의 작은 매화나무에 꽃이 피었다는 소식을 듣고 회포를 쓰다. 2수 【69세 1월 추정. 서울】

己巳正月 聞溪堂小梅消息 書懷 二首

(詩-內卷5-51)

들자하니 계당 앞의 조그마한 매화나무	聞說溪堂少梅樹
섣달 전에 꽃망울 터져[190] 가지 가득 피었다 하네	臘前蓓蕾滿枝間
향기 남겨 계옹이 갈 때까지 기다려야 할 것이니	留芳可待溪翁去
봄추위로 얼굴에 이른 상처 입지 말아다오	莫被春寒早損顏

(詩-內卷5-52)

손수 한매를 심어 계당을 지키게 했으니	手種寒梅護一堂
금년에는 틀림없이 피어 정원 가득 향기롭겠지	今年應發滿園香
이 주인이 멀리 서울에서 너를 생각하노니	主人京洛遙相憶
끝없는 맑은 시름 나도 모르게 가슴에 맺힌다	無限清愁暗結腸

---

190 꽃망울 터져 : 【攷證 卷3 蓓蕾】배뢰(蓓蕾)는 꽃이 처음 피는 모습이다. 《정본 퇴계전서》권15 KNL1484〈우경선의 문목에 답하다[答禹景善問目]〉에 보인다. 【校解】《운서(韻書)》에 "배뢰는 처음 꽃이 피는 것이다."라 하였고 또 "꽃망울이 터지는 모양이다."라고 하였다. 《定本 退溪全書 卷15 答禹景善問目》

노군[191]에 대한 만사 이재[192]의 선친이다【기사년(1569, 선조2, 69세) 1월 추정. 서울】

挽盧君 伊齋先君

몸은 바로 상류[193]의 부친인데	身是湘纍父
상류가 성신을 만났구나	湘纍遇聖辰
성은으로 불러서 악좌에서 뵙게 하고[194]	起恩承幄座

---

191 노군 :【攷證 卷3 盧君】노홍(盧鴻, 1496~1568)으로, 본관은 광산(光山), 자는 백란(伯鸞)이다. 노이재(盧伊齋 노수신(盧守愼))가 진도(珍島)에 유배된 지 19년 만에 선조가 서울로 돌아오라는 조서를 내리고, 이로 인해 특별히 노홍 공에게 활인서 별제(活人署別提)를 제수하면서 수레를 보내어 오게 하여 오랫동안 떨어져 있었던 정회를 위로하도록 하였다. 그러나 노홍 공은 병으로 나아갈 수가 없어 마침내 사양하고 부모님을 봉양할 것을 청하였다. 지방 수령을 맡으라는 명이 있었으나 얼마 되지 않아 노홍 공은 세상을 떠났다.

192 이재 :【譯注】노수신(盧守愼, 1515~1590)으로, 본관은 광주(光州), 자는 과회(寡悔), 호는 소재(穌齋)·이재(伊齋)·암실(暗室)·여봉노인(茹峰老人), 시호는 문의(文懿)·문간(文簡)이다.

193 상류(湘纍) :【譯注】억울하게 유배된 사람, 혹은 억울한 죽음을 의미한다. 전국 시대 초(楚)나라 굴원(屈原)이 죄 없이 상수(湘水)에 빠져 죽은 고사에서 유래한 말이다. 여기서는 유배를 간 노수신을 가리킨다.

194 성은으로……하고 :【譯注】선조가 노수신에게 조서를 내려 해배시키고 부친인 노홍에게 수레를 보내어 두 사람이 만나도록 은혜를 베푼 일을 말한다.【攷證 卷3 幄座】원(元)나라 웅충(熊忠)의《고금운회거요(古今韻會擧要)》권25에 "휘장을 덮은 것을 악(幄)이라 한다."라고 하였다. 또한 궁실의 모습을 본뜬 것을 악이라 한다. ○ 살펴보건대, 당(唐)나라 현종(玄宗)이 악좌(幄坐)에 금계(金雞)가 그려진 대장(大障)을 펼쳐 놓고 안녹산(安祿山)에게 앉으라고 명하니, 태자가 간(諫)하며 "악좌는 신하가 앉을 수 있는 곳이 아닙니다."라고 말했으나 듣지 않았다.《新唐書 安祿山列傳》

돌아가 봉양하라 번신을 허락하였지 　　　　　　歸養許藩臣

옥절로 바야흐로 하직을 올리려는데 　　　　　　玉節方辭陛

서릿바람이 갑자기 대춘을 흔들었구려 　　　　　霜風遽撼椿

슬프게도 유관이 몸을 그르쳤다는 한을 품었다가[195] 　痛將儒誤恨

증직의 영광이 황천까지 빛나는구나[196] 　　　　　追賁落泉塵

---

195 유관이……품었다가 : 【攷證 卷3 儒誤恨】유배되어 쫓겨난 것이 유자(儒者)가 몸을
그르치는 한(恨)이 된 것을 말한다. 【校解】유관(儒冠)은 유자들이 쓰는 관으로 독서
사인을 의미하는데 이들이 인의 도덕에 얽매여 일생을 망치고 난세에 대해 격앙된 말을
많이 하니 이를 "유관이 몸을 그르쳤다.〔儒冠誤身〕"라고 한다. 당나라 두보(杜甫)의 〈위
좌승 어른께 드리다. 22운〔奉贈韋左丞丈二十二韻〕〉 시에 "비단 고의를 입은 자 굶어
죽지 않거늘, 유관은 몸을 그르치는 경우가 많아라.〔紈袴不餓死, 儒冠多誤身.〕"라고 하
였다. 《古文眞寶 前集》

196 증직의……빛나는구나 : 【攷證 卷3 追賁落泉塵】《강록(江錄)》에 "증직의 영광이
뒤미처 저승에서 빛난다."라고 하였다.

KNP0443(詩-內卷5-54~55)

도산의 매화를 그리워하다. 2수 【기사년(1569, 선조2, 69세) 1월 추정. 서울】

憶陶山梅 二首

앞과 같다.[197] 이때 한양에 있었다.

(詩-內卷5-54)

강가 산당 앞의 몇 그루 매화	湖上山堂幾樹梅
봄을 만나 주인 오기를 오래 기다렸겠지	逢春延佇主人來
작년에 국화 계절을 이미 저버렸는데	去年已負黃花節
어찌 차마 좋은 기약을 또 저버릴거나	那忍佳期又負回

(詩-內卷5-55)

병인년(1566) 해상 신선 만난 듯했고	丙歲如逢海上仙
정묘년(1567) 나를 맞이하여서 하늘로 올라갈 듯하였지	
	丁年迎我似登天
무슨 마음으로 서울 속진에 오래 물들어	何心久被京塵染
매군과의 좋은 인연을 이으려 하지 않나	不向梅君續斷絃

---

197 앞과 같다 : 【攷證 卷3 同前】정우복(鄭愚伏 정경세(鄭經世))의 교감에 "'同前'이라는 두 글자는 없애야 한다."라고 하였다. ○ 살펴보건대, 선생이 손수 필사해 두신 《매화첩(梅花帖)》에는 이 시가 기사년(1569, 선조2) 정월의 시와 나란히 적혀 있기 때문에 스스로 주석을 달아 "앞과 같다."라고 하였는데, 지금 판본에는 〈만노군(挽盧君)〉 시가 두 시의 중간에 편집되어 들어갔으므로 '동전'이라는 이 두 글자는 바로 이어지지 않는다.

청풍 군수로 부임하는 이이성[198]을 보내다 【기사년(1569, 선조2, 69세) 1월 추정. 서울】

送李而盛赴淸風郡任

잘 가시게 청풍 군수	好去淸風守
자네는 구담의 옛 주인이라네	龜潭舊主人
출처는 비록 다르지만	行藏雖有異
은현이 어찌 까닭이 없으리오	隱見豈無因
향기 어린 군재에 누워서 다스리고[199]	臥治凝香寢
농사짓는 백성과 어울려 기쁘게 밭 갈겠지	欣耕扒野民
정녕히 말하노니 원숭이와 학 벗[200]이여	丁寧猿鶴友
주언륜인가 잘못 의아해 하지 말게나[201]	莫枉訝周倫

---

198 이이성 :【譯註】이지번(李之蕃, ?~1575)으로, 본관은 한산(韓山), 자는 이성(而盛), 호는 구옹(龜翁)·사정(思亭)·성암(省菴)이다.

199 향기……다스리고 :【攷證 卷3 臥治凝香寢】한(漢)나라 급암(汲黯)이 회양 태수(淮陽太守)에 제수되었을 때 거절하고 인장을 받지 않으려 하자, 무제가 말했다. "나는 그대의 중망(重望)을 빌리는 것이니, 그대는 누워서도 다스릴 수 있을 것이다."라고 하였다.《史記 汲黯列傳》당(唐)나라 위응물(韋應物)의 〈군재에서 빗속에 여러 문사들과 함께 모여서 연회하다〔郡齋雨中與諸文士燕集〕〉시에 "호위병의 화극은 삼엄한데, 객청에는 은은히 맑은 향기 어렸어라.〔兵衛森畫戟, 宴寢凝淸香.〕"라고 하였다.

200 원숭이와 학 벗 :【譯註】은자의 벗을 의미한다. 남조(南朝) 제(齊)나라 공치규(孔稚圭)의 〈북산이문(北山移文)〉에 "혜초 장막은 텅 비어 밤 학이 원망하고, 산중 사람이 떠나감에 새벽 원숭이가 놀란다.〔蕙帳空兮夜鶴怨, 山人去兮曉猿驚.〕"라고 하였다.

201 잘못……말게나 :【譯註】은거하다가 다시 벼슬길에 나갔던 주언륜(周彦倫 주옹(周顒))과 비교하지 말라는 뜻이다.【攷證 卷3 莫枉訝周倫】《강록(江錄)》에 "선조 초년

정사(政事)에 제공(諸公)이 다시 기용되어 거취(去就)와 은현(隱現)이 옛 도에 합치되었으니 주언륜에 비기는 것은 옳지 않은 것이다."라고 하였다.

조사경[202]에게 부치다 【기사년(1569, 선조2, 69세) 1월 추정. 서울】

寄趙士敬

월천 조군이 모격[203]을 받드니	月川趙君捧毛檄
세상과는 처세에 맞지 않았지[204]	嘗世方圓不相入
돌아오자 풍월이 앞 내에 가득하니	歸來風月滿前川
홀로 앉아 흔연히 예전 학업을 찾누나	獨坐欣然尋舊業

　　-'조군(趙君)'은 다른 판본에서 '주인(主人)'으로 되어 있다.-

202　조사경 : 【譯注】 조목(趙穆, 1524~1605)으로, 본관은 횡성(橫城), 자는 사경(士敬), 호는 월천(月川)·동고(東皐)이다.

203　모격 : 【譯注】 우격(羽檄)이라고도 한다. 군사상 긴급한 공문에 새의 깃털을 꽂아 신속하게 전달되도록 표시한 데서 유래한 말이다. 주로 군사 격문을 지칭하나, 여기서는 조서(詔書)의 뜻으로 쓰였다. 【攷證 卷3 毛檄】 한(漢)나라 모의(毛義)의 자는 소절(少節)이다. 장봉(張奉)이 그를 찾아 갔는데 부(府)의 격문이 마침 이르러 모의를 안양의 수령(守令)으로 삼았다. 모의는 격문을 받들고 안으로 들어가 기쁜 기색이 얼굴에 가득했는데, 장봉은 마음으로 그를 천하게 여겼다. 훗날 모의의 어머니가 돌아가시자 조정에서 징소(徵召)에도 나아가지 않으니, 장봉이 탄식하며 "지난날 기뻐한 것은 어머니를 위해 지조를 굽힌 것이었구나."라고 하였다.

204　세상과는……않았지 : 【攷證 卷3 方圓不入】 도끼의 구멍과 장부가 맞지 않는 것을 말한다. 공이 능참봉이 되었다가 버리고 돌아갔기 때문에 이렇게 말한 것이다.

매화 아래에서 이굉중²⁰⁵에게 주다 【기사년(1569, 선조2, 69세) 3월
하순 추정. 예안(禮安)】

梅下贈李宏仲

산골 집에서 술 한 병 가져오라 하니	喚取山家酒一壺
때마침 만난 이는 더구나 우리 벗이라	適然相値更吾徒
매화 곁에서 작은 잔에 술 따르자 매화도 권하니	梅邊細酌梅相勸
마고 선인 왔다고 서둘러 소제할 필요 없네²⁰⁶	不用麻姑急掃除

---

205 이굉중 : 【譯注】이덕홍(李德弘, 1541~1596)으로, 본관은 영천(永川), 자는 굉중
(宏仲), 호는 간재(艮齋)이다.

206 마고……없네 : 【譯注】마고는 선인(仙人)이다. 《장자(莊子)》〈소요유(逍遙遊)〉
에 "막고야(藐姑射)의 산에 신인(神人)이 살고 있다."라고 하였다. 여기서는 곁에 매화가
있으니 굳이 마고 선인이 들를 필요가 없다는 뜻이다. 송(宋)나라 소식(蘇軾)의 〈11월
16일 송풍정 아래 매화가 만개 하다[十一月二十六日松風亭下梅花盛開]〉시 제2수에
"마고 선인이 그대에게 들른다기에 급히 쓸고 물 뿌리니, 새는 능히 가무를 하고 꽃은
능히 말을 하네.[麻姑過君急掃灑, 鳥能歌舞花能言.]"라고 하였다. 《東坡詩集註 卷25》

곽 함양[207]에 대한 만사 【기사년(1569, 선조2, 69세) 2월. 서울】

挽郭咸陽

한혈마[208]로 천릿길에 나섰으니	汗血臨千里
붕새가 만리를 날아가려는 듯했지	南圖擬萬程
선성에 난새 떠나 그리워하고[209]	宣城鸞去慕
천령에 복조가 오니 놀랐어라[210]	天嶺鵩來驚
어머님의 눈물 땅에 사무치고	徹地慈親淚
벗들의 마음 하늘에 탄식한다	呑天識友情
웃으며 이야기하던 게 어제와 같으니	笑言如昨日
유명을 달리했다 누가 말하리오	誰道隔幽明

---

207 곽 함양 : 【攷證 卷3 郭咸陽】 바로 곽경정(郭景靜)이다. 【校解】 곽황(郭趪, 1530~1569)으로, 본관은 현풍(玄風), 자는 경정, 호는 탁청헌(濯淸軒)이다. 1568년(선조1)에 함양 군수(咸陽郡守)가 되었다.

208 한혈마 : 【攷證 卷3 汗血】 당(唐)나라 두보(杜甫)의 〈취가행(醉歌行)〉에 "화류마는 망아지라도 붉은 피땀 흘리고, 사나운 새 날개 펴니 청운에 닿네.〔驊騮作駒已汗血, 鷙鳥擧翮連青雲.〕"라고 하였는데, 송(宋)나라 왕수(王洙)의 주석에 "대완국(大宛國)에는 훌륭한 말이 많은데 피땀을 흘린다."라고 하였다. 《補註杜詩 卷13》

209 난새 떠나 그리워하고 : 【攷證 卷3 鸞去慕】《후한서》〈구람열전(仇覽列傳)〉에 "탱자나무와 가시나무는 난새와 봉새가 깃들 곳이 아니다."라고 하였다. 곽경정 공이 선성 현감(宣城縣監)이 되었다가 떠난 후에도 사람들이 그를 그리워했기 때문에 이렇게 말한 것이다.

210 천령에……놀랐어라 : 【攷證 卷3 天嶺鵩來驚】천령은 함양(咸陽)이니 군명(郡名)이다. 한(漢)나라 가의(賈誼)의 〈복조부(鵩鳥賦)〉에 "복조가 집에 모이고 들새가 방에 드니 주인이 장차 떠나겠구나.〔鵩集于舍, 野鳥入室, 主人將去.〕"라고 하였다. ○ 살펴보건대, 곽황은 함양에서 죽었다.

서울의 우사에서 분매와 주고받다 【기사년(1569, 선조2, 69세) 2월 추정. 서울】

漢城寓舍 盆梅贈答

고마워라 매선이 쓸쓸한 나를 짝해주니	頓荷梅仙伴我凉
소쇄한 객창에 꿈속 혼이 향기롭다	客窓蕭灑夢魂香
동으로 돌아갈 때 그대와 함께 못 가 한스러우니	東歸恨未攜君去
서울이라 속진 속에서 부디 고움 간직하시게	京洛塵中好艶藏

-내 고향 예안(禮安)은 영남(嶺南)의 가장 북쪽에 있다. 육로로 조령(鳥嶺)을 경유하여 가면 남행(南行)이라 이르고 수로로 죽령(竹嶺)을 경유하여 가면 동행(東行)이라 이르는데 모두 예안을 가리켜 말한 것이다.-

분매가 답하다 【기사년(1569, 선조2, 69세) 3월 3일 추정. 서울】

盆梅答

도선[211]도 우리처럼 쓸쓸하다고 하니	聞說陶仙我輩涼
공이 돌아오길 기다렸다 천향을 풍기리라	待公歸去發天香
공에게 원하노니 마주하거나 그리워할 때	願公相對相思處
옥설의 맑고 참됨을 모두 잘 간직하시오	玉雪淸眞共善藏

---

211 도선(陶仙) : 【譯注】 이황을 지칭한다.

정존재 이중구[212]가 병중에 내가 떠난다는 말을 듣고[213] 가까스로 일어나 광진[214]까지 따라와 작별하고 또 절구 3수를 이별의 선물로 주기에 차운하여 삼가 드리다 【기사년(1569, 선조2, 69세) 3월 6일 추정. 서울】

靜存李仲久病中 聞余行 强起追別於廣津 且以三絶見贐 次韻奉呈

(詩-內卷5-62)

아녀자처럼 이별 눈물 흘리는 건 늘 싫어했으니	兒女常嫌別淚潸
물결은 때때로 가기도 하고 돌아오기도 하지[215]	坎流時往亦時還
정이 깊은 구성자[216]를 이날 만나보니	情深此日駒城子
우리 두 사람 늙어 이별하기 어려운 줄 비로소 알겠네	兩老方知作別難

----

212 이중구 : 【譯注】 이담(李湛, 1510~1575)으로, 본관은 용인(龍仁), 자는 중구(仲久), 호는 정존재(靜存齋)이다.

213 내가……듣고 : 【攷證 卷3 聞余行】《퇴계선생연보》 권2에 "기사년(1569, 선조2) 3월 무신일에 사직 인사를 올리고 성(城)을 나와 동호(東湖)의 몽뢰정(夢賚亭)에서 묵었다."라고 하였다. 【校解】《고증》에서 4월이라고 한 것은 오류이다.

214 광진 : 【攷證 卷3 廣津】한강(漢江) 송파(松坡) 상류에 있다.

215 물결은……하지 : 【攷證 卷3 坎流】《한서》〈가의전(賈山傳)〉에 "물결[坎流]을 타면 가고, 웅덩이를 만나면 멈춘다.〔乘流則逝, 得坎則止.〕"라고 하였다.

216 구성자 : 【攷證 卷3 駒城子】구성은 용인(龍仁)이니 군명(郡名)이다. 정존재는 본관이 용인이다.

(詩-內卷5-63)

병든 몸으로 돌아가는 배 뒤쫓아 와　　　　　　　撥病來追歸去舟

봄바람 푸른 강물에 눈물을 뿌리누나　　　　　　春風灑淚碧江流

어찌하여 평생의 친분 생각지 않고　　　　　　　如何不念平生契

참 휴식을 깨뜨려 거짓 휴식 만들려 하는가　　　欲破眞休作假休

(詩-內卷5-64)

벼슬 생각에는 촉 땅을 바랄 수[217] 없고　　　　　宦情無望蜀

사람 일에는 형서(荊舒)를 징벌함[218]이 있다네　　人事有懲荊

물러남을 너그럽게 허여하여 감격이 깊으니　　　感深優許退

억지로 만류함이 어찌 두렵겠는가　　　　　　　寧怕强留行

　-만약 정존재의 말대로 한다면 내가 물러남을 청한 길은 통하지 않을 것이므로 이처럼 말한 것이다.-

---

217 촉……수 :【攷證 卷3 望蜀】송(宋)나라 사마광(司馬光)의 《자치통감(資治通鑑)》 〈한기(漢紀)〉에 "사람은 참으로 만족할 줄을 모른다. 농 땅을 얻고는 다시 촉 땅을 바라본다.〔人苦不知足, 旣得隴, 復望蜀.〕"라고 하였다.

218 형서(荊舒)를 징벌함 :【譯注】형서(荊舒)는 춘추 시대의 두 나라인 초(楚)와 서(舒)로, 《시경》〈노송(魯頌) 비궁(閟宮)〉에 "융적을 응징하고 형서를 징계하네.〔戎狄是膺, 荊舒是懲.〕"라고 하였다.

구담에 들렀다가 이이성[219]에게 재미삼아 주다 【기사년(1569.

선조2, 69세) 3월 13일 추정. 단양(丹陽)】

過龜潭 戲贈李而盛

구담은 의구하게 은성[220]을 둘렀는데	依舊龜潭遶隱城
산인은 지금 나와 함께 가고 있다네	山人今與我同行
청려장[221] 끌고 노닐던 자취 함께 찾으려는데	杖藜欲共尋遊迹
산마루에 비 내려 갑자기 어두워지니 어이하나	其柰山前雨忽冥

---

219 이이성 : 【譯注】 이지번(李之蕃, ?~1575)으로, 본관은 한산(韓山), 자는 이성(而盛), 호는 구옹(龜翁)·사정(思亭)·성암(省菴)이다.

220 은성 : 【攷證 卷3 隱城】 가은성(可隱城)으로, 〈단양산수가유자속기(丹陽山水可遊者續記)〉에 보인다. 【校解】《정본 퇴계전서》권15 〈단양산수가유자속기〉에 "오로봉(五老峰) 동쪽에 또 큰 봉우리가 하나 있는데, 단구협(丹丘峽)과 서로 이어졌으니, 실로 지지(地誌)에 이른바 가은암산(加隱巖山)이며 가은성(可隱城)이 그곳에 있다."라고 하였다.

221 청려장 : 【譯注】 명아주 줄기로 만든 지팡이를 말한다. 한나라 유향(劉向)이 밤에 천록각(天祿閣)에서 글을 교정하고 있을 때, 어떤 노인이 청려장을 짚고 들어와 어두운 곳에서 혼자 글을 읽고 있는 유향을 보고 청려장 끝에 불을 붙여 밝게 해주었다고 전한다. 《劉向 拾遺記》

이이성²²²이 폭포의 좋은 경치를 이야기하다 【기사년(1569, 선조2, 69세) 3월 13일 추정. 단양(丹陽)】

而盛談瀑布勝致

계곡 깊은 곳에 옥 같은 폭포수 걸렸으니	玉澗源頭掛玉流
거친 숲 헤치고 그대가 처음 이 경치를 발견했네	披荒君始發天幽
물러남 청하여 돌아가는 길 도리어 장애가 많아	乞身歸路還多礙
구름 사이에서 승유를 하지 못하누나	不向雲間作勝遊

---

222 이이성 : 【譯注】 이지번(李之蕃, ?~1575)으로, 본관은 한산(韓山), 자는 이성(而盛), 호는 구옹(龜翁)·사정(思亭)·성암(省菴)이다.

한중온²²³에게 답하다 【기사년(1569, 선조2, 69세) 3월 14일 추정. 영주(榮州)】
答韓仲昷

그대 대나무에 오르려는 메기²²⁴에 비기고	君比鮎魚上竹竿
나는 구름 사이 벗어난 병든 학과 같도다	我如病鶴出雲間
객지에서 고향 생각하며 울울하게 베개 어루만지니	思山鬱鬱撫羇枕
그대의 금당²²⁵이 오히려 한가로운 것이 도리어 부러워라	卻羨琴堂猶放閒

---

223 한중온 : 【攷證 卷3 韓仲昷】한기(韓琦, ?~?)로, 본관은 청주(淸州), 자는 중온
(仲昷), 호는 봉곡(蓬谷)이다. 1540년(중종35) 식년시에 급제하였고, 예빈시 부정(禮賓
寺副正)을 지냈다. 이때 영천 군수(榮川郡守)로 있었다. '昷'은 '溫'이 아닐까 한다.

224 대나무에 오르려는 메기 : 【譯注】몹시 성취하기 어려운 일을 비유한다. 송(宋)나
라 매요신(梅堯臣)이 구양수(歐陽脩)와 함께 《당서(唐書)》를 수찬하게 되었을 때, 아내
에게 "내가 《당서》를 수찬하고 있는 일은 참으로 원숭이가 포대 속에 들어간 격이라
이를 만하다."라고 하자, 아내가 "당신의 벼슬길은 또한 메기가 대나무에 오르는 것과
무엇이 다르겠소.〔亦何異鮎魚上竹竿耶?〕"라고 하였다. 《歸田錄 卷2》

225 금당(琴堂) : 【譯注】수령이 정사하던 곳을 말한다. 옛날 복자천(宓子賤)이 선보
(單父)를 다스릴 때 거문고를 타면서 마루 아래로 내려온 일이 없었으나 선보현은 잘
다스려졌다. 《呂氏春秋 卷21 察賢》

계춘에 도산에 와서 산 매화와 주고받다. 2수 【기사년(1569,

선조2, 69세) 3월 17일 추정. 예안(禮安)】

季春至陶山 山梅贈答 二首

(詩-內卷5-68)

매화가 주인에게 주다 梅贈主

명성과 이록이 어찌 그대에게 맞는 것이랴	寵榮聲利豈君宜
흰 머리로 속진을 내달리며 해를 넘겨 그리워하였었지	白首趨塵隔歲思
이날 다행히 성은을 입어 물러남 허락받았는데	此日幸蒙天許退
더구나 내가 꽃을 피우는 봄철에 맞춰 오심에랴	況來當我發春時

(詩-內卷5-69)

주인이 답하다 主答

솥에 간 맞추는데[226] 그대가 알맞기 때문이 아니라	非緣和鼎得君宜
맑은 향기가 절로 시 읊으며 그리워할 만함을 몹시 사랑해서지	
	酷愛淸芬自詠思
이제 나는 약속에 올 수 있게 되었으니	今我已能來赴約
응당 내가 성명의 시대를 저버렸다고 싫어하지는 않을 테지	
	不應嫌我負明時

---

226 솥에 간 맞추는데 : 【譯注】매실로 간을 맞출 수 있기 때문에 매화를 좋아하는
것이 아니라는 뜻이다. 송(宋)나라 황정견(黃庭堅)의 〈고시를 소자첨에게 드리다(古詩
上蘇子瞻)〉시 2수 중 제1수에 "예로부터 솥 안의 음식 조화시켰으니, 이 물건이 조정에
올랐다네.(古來和鼎實, 此物升廊廟.)"라고 하였다.

기명언이 나의 분매시에 뒤미처 화운하여 보내온 시[227]에 차운하다 【기사년(1569, 선조2, 69세) 4월 2일 추정. 예안(禮安)】

次韻奇明彦追和盆梅詩見寄

바깥의 눈보라는 사납게 울부짖건 말건	任他饕虐雪兼風
창 안의 맑고 고고한 자태 범접하지 못해라	窓裏淸孤不接鋒
고향에 돌아와서도 그리움 멈추지 않으니	歸臥故山思不歇
신선 같은 분매 애석하게도 서울 속진에 그대로 있구나	仙眞可惜在塵中

---

227 기명언이……시 : 【譯注】기명언은 기대승(奇大升, 1527~1572)으로, 본관은 행주(幸州), 자는 명언(明彦), 호는 고봉(高峰)·존재(存齋)이다.《고봉속집(高峰續集)》권1〈존재만록(存齋謾錄)〉에〈퇴계 선생이 우거하는 건천동 집의 분매를 두고 짓다[賦退溪先生乾川洞寓第盆梅]〉라는 제목으로 실려 있다.

KNP0456(詩-內卷5-71~72)

물러나기를 청하여 고향으로 돌아오자, 정언 김인백[228]이 시 2수를 뒤미처 보내왔기에 차운하여 삼가 답하다【기사년 (1569, 선조2, 69세) 4월 추정. 예안(禮安)】

乞退還田里 金仁伯正言追寄詩二首 次韻奉答

(詩-內卷5-71)

낙락한 내 평소의 뜻은	落落平生志
아득한 옛 성현의 경전에 있지	寥寥古聖經
구하는 바 있어 몸은 부지런한데[229]	有求身矻矻
얻는 것 없이 귀밑머리 성성해졌다	無得鬢星星
도가 빈 말로 돌아갈까 걱정하노니	道恐歸虛說
전형이 되는 고인이 멀어졌음을 슬퍼하노라	人悲遠典刑
보내온 경구를 읊어보니	爲吟來警句
마음은 술이 막 깬 듯하여라	心似酒初醒

---

228 김인백 :【攷證 卷3 金仁伯】김효원(金孝元, 1532~1590)으로, 본관은 선산(善山), 자는 인백(仁伯), 호는 성암(省庵)이다. 서울에 거주하였다. 명(明)나라 세종(世宗) 가정(嘉靖) 임인년(중종27)에 태어났다. 정신과 풍채가 빼어나고 걸출했으며 흉금이 자유롭고 맑았다. 일찍부터 선생의 문하에서 공부하며 입신행기(立身行己)의 요체를 들었고, 논의가 정대(正大)하여 회피하는 바가 없었다. 선조조(宣祖朝)의 명신이다.

229 부지런한데 :【攷證 卷3 矻矻】당(唐)나라 한유(韓愈)의 〈진학해(進學解)〉에 "부지런히 노력하여 한 해를 마쳤다.〔恒矻矻而窮年〕"라고 하였다.【校解】《당대가한문공공문초(唐大家韓文公文抄)》권10 〈진학해〉에는 '恒兀兀以窮年'으로 되어 있다.

당신의 뜻이 지주와 같으니 뜻이 어찌 다른 곳으로 흘러가리오

能如砥柱志何流

허물을 고치면 구름처럼 걷히니 후회를 남기지 마시라

改處雲收悔莫留

만약 이 가운데 참뜻을 안다면 若使此間消息得

멀리 헤어져도 시름 없을 수 있으리 分襟千里可無愁

나의 벗 상사 홍응길[230]이 도를 구하는 마음이 매우 간절했
는데 불행히 친상(親喪)을 만나 슬픔이 지나쳐서 목숨을
잃었으니 애통하도다. 홍응길이 일찍이 나에게 〈유금강
산록(遊金剛山錄)〉을 보여주기에 그에 대한 서문을 써준
적이 있는데, 지금은 그 말을 다시 기억해 낼 수가 없게
되었다. 고향으로 돌아가는 배 위에서 우연히 한 승려를
만났는데[231] 그는 바로 홍응길을 인도하여 함께 산을 구경
한 자로서 당시 탐방한 일을 상세히 잘 말해 주었다. 나는
한참 동안 감격의 눈물을 흘리고 애오라지 시 한편을 지
어 정을 보이노라 【기사년(1569, 선조2, 69세) 3월 6~10일 추정. 여주(驪州)】

余友洪上舍應吉 求道甚切 不幸遭親喪, 過毀滅性 痛哉 應吉曾示余以遊
〈金剛山錄〉 余爲之敍題 今不復能記其語 東歸船上 偶逢一僧 乃所與導
遊山者 能言當日探歷事甚悉 余感涕久之 聊以一詩見情云

금강산은 천하 명승지라 들은 지 오래인데　　　　楓嶽久聞天下勝
홍군은 뒤늦게 태어난 현자라 애석하다　　　　洪君可惜後來賢

---

230 홍응길 : 【攷證 卷3 應吉】홍인우(洪仁祐, 1515~1554)로, 본관은 남양(南陽),
자는 응길(應吉), 호는 치재(恥齋)이다. 서울에 살았다. 서경덕(徐敬德)에게 수학하고
늦게 선생을 서울 집에서 뵈었다. 40세에 세상을 떠났다. 아들 홍진훈(洪進勳)이 부원군
에 봉해져서 영의정으로 추증되었다.

231 한 승려를 만났는데 : 【攷證 卷3 逢一僧云云】홍응길의 〈관동록(關東錄)〉을 살펴보
면, 표훈사(表訓寺)에서 여강(驪江) 벽사(甓寺)의 중 지능(志能)과 혜보(惠普)를 만났
다. 그들은 오대산(五臺山)에서부터 두루 거쳐 유람하고 있었는데, 마침내 함께 유람하
였다고 한다. 선생이 여강에서 만난 사람도 그 중이 아닌가 한다.

유산록에 의지해 흉금이 트여 기뻤었는데　　　　盪胸曾喜憑遊錄

세월 지나 동반했던 승려 만나니 지금 탄식한다　　隔世今嗟遇伴禪

단지 상종하여 함께 도를 배웠던 것이지　　　　　只爲相從同學道

영영 가서 신선이 되고자 함은 아니었다오　　　　非緣長往欲求仙

차갑게 비바람 부는 한식날[232] 여강 가에서　　　冷烟風雨驪江上

지난날 인연 되돌아보니 생각이 망연하기만 하다　回首平生思惘然

---

232 한식날 : 【攷證 卷3 冷烟】한식절(寒食節)을 말한다.

기명언[233]의 시에 차운하다. 2수 【기사년(1569, 선조2, 69세) 9월 30일 추정. 예안(禮安)】

次韻奇明彦 二首

(詩-內卷5-74)

밝은 시대에 무슨 일로 변고가 일어나나[234]	明時何故變仍生
하늘 경계 정녕하니 어찌 신경[235]하지 않으리오	天戒丁寧盍愼庚
상서로움 맞이하게 된 건 성학 때문이니	轉迓嘉祥由聖學
미나리 바치는 견묘의 충정이 깊고 간절하구나	獻芹深切畝忠情

　-서산(西山) 진덕수(陳德秀)가 〈묘충당기(畝忠堂記)〉를 지은 바 있는데 "견묘
　(畎畝)에서도 임금을 잊지 못한다."는 뜻을 말한 것이다.-

(詩-內卷5-75)

만사가 본래 나에게서 생겨나는 것이니	萬事由來在我生
소식을 고요히 살펴봄에 달의 신경이로다[236]	靜看消息月辛庚

233　기명언 : 【譯注】기대승(奇大升, 1527~1572)으로, 본관은 행주(幸州), 자는 명언
(明彦), 호는 고봉(高峰)·존재(存齋), 시호는 문헌(文憲)이다.

234　밝은……일어나나 : 【攷證 卷3 明時變仍生】무진년(1568, 선조1) 2월 햇무리가
해바퀴를 꿰뚫었고 기사년 6월에는 태백성이 여러 날 하늘을 지나갔다.

235　신경 : 【攷證 卷3 愼庚】《주역》〈손괘(巽卦) 구오(九五)〉 효사(爻辭)에 "경으로
3일을 먼저 한다.[先庚三日]"라고 하였는데, 송(宋)나라 주자의 《주역본의(周易本義)》
에 "'경(庚)'은 변경함이니 일을 변하게 함이다. '경(庚)'으로 3일을 먼저 한다'라는 것은
정(丁)이다. 정(丁)은 변경하기 전에 간곡하게 당부하는 것이다."라고 하였다.

236　소식을……신경이로다 : 【攷證 卷3 靜看消息月辛庚】살펴보건대, 납갑법(納甲法)

누가 임금 곁에서 간언을 드릴 수 있을까   誰能聲欬吾君側
뜻을 함께하는 벗만이 이 마음 알아줄 뿐   只有同人識此情

에 따르면 진괘(震卦)가 경(庚)을 받아들이면 음(陰)이 줄어들고 양(陽)이 늘어난다.
손괘(巽卦)가 신(辛)을 받아들이면 양이 줄어들고 음이 늘어난다.

KNP0459(詩-內卷5-76)

기명언²³⁷의 〈빈몽〉 시에 삼가 화답하다 【기사년(1569, 선조2, 69세) 6월 7일 추정. 예안(禮安)】

奉和奇明彥頻夢韻

조정 반열²³⁸에서 날마다 함께 참여했었는데　　　明庭鵷鷺日追陪

꿈속에서 기쁜 얼굴로 나를 반겨 주시네　　　夢裏歡顏得我開

칠실의 근심²³⁹ 있음을 공이 알아주니　　　漆室有憂公識取

지음이라 도산 매화를 기다릴 필요 없구려　　　知音不用待山梅

237　기명언 :【譯注】기대승(奇大升, 1527~1572)으로, 본관은 행주(幸州), 자는 명언(明彥), 호는 고봉(高峰)·존재(存齋), 시호는 문헌(文憲)이다.

238　조정 반열 :【攷證 卷3 鵷鷺】《신당서》〈상관의열전(上官儀列傳)〉에 "어사(御史)가 궁중에서 천자를 모시는 것을 용(龍)과 기(夔)가 서로 뒤따르는 듯이 하고 날개를 펴고 가지런히 나는 원추와 해오리기처럼 한다."라고 하였다.

239　칠실의 근심 :【譯注】분수에 넘치는 지나친 근심을 의미한다.【攷證 卷3 漆室憂】춘추 시대 노(魯)나라 칠실(漆室)이라는 고을의 여인이 혼기(婚期)를 놓치고 시집을 가지 못했는데 기둥에 기대어 흐느끼고 있었다. 이웃의 아낙이 "시집을 가고 싶어서 그러는가?" 하니, 여인은 "아닙니다. 노나라 군주는 늙었고 태자는 어리기 때문입니다."라고 하였다. 이웃 아낙이 "이런 일은 대부(大夫)가 할 걱정이네." 하니, 여인은 "그렇지 않습니다. 노나라에 난리가 나서 군신과 부자(父子)가 치욕을 당하면 부녀들이 장차 어디로 가겠습니까?"라고 하였다.《古列女傳 仁智傳 魯漆室女》【校解】《고증》에는 출전이《전국책(戰國策)》으로 되어 있으나 이는 오류이다.

기명언²⁴⁰이 미선을 보내준 데 삼가 답하다 【기사년(1569, 선조2, 69세) 6월 7일 추정. 예안(禮安)】

奉謝奇明彦惠尾扇

한 가닥 맑은 바람 봉황 꼬리에서 이니	一陣淸風鳳尾生
삼복더위 막으라고 친구가 보내 주었네	故人持送御三庚
암서헌에 홀로 앉아 부채질하는 곳에	巖軒獨坐開襟處
흡사 고담을 듣고 멀리서 마음이 후련히 트인 듯하여라	似聽高談豁遠情

---

240 기명언 : 【譯注】기대승(奇大升, 1527~1572)으로, 본관은 행주(幸州), 자는 명언(明彦), 호는 고봉(高峰)·존재(存齋), 시호는 문헌(文憲)이다.

고향으로 돌아온 뒤에 이중구[241]가 보내온 시에 차운하다

【기사년(1569, 선조2, 69세) 4월 추정. 예안(禮安)】

歸山後 次韻李仲久見寄

좋은 벼슬 비록 학이 언덕에서 화답함[242]과 같을지라도

好爵雖同鶴和皐

쇠약한 몸으로는 억지로 힘든 일 하기 어렵다네 　　殘骸難得强勞勞

잎이 져 뿌리로 돌아가는 것은 참으로 상리이니 　　歸根落葉儘常理

장막 스치며 나는 꽃잎 어찌 스스로 높다 하리 　　拂幕飛花寧自高

나라에 맡긴 몸 몇 번이나 병으로 낭패했던가 　　委質幾緣愚病躓

끝까지 성은을 내려주신 것은 도리어 성명의 시대 만났기 때문이지

畢恩還爲聖明遭

스스로 부끄럽구나, 모산의 은자[243]가 　　自慙不是茅山隱

---

241 이중구 : 【譯注】 이담(李湛, 1510~1575)으로, 본관은 용인(龍仁), 자는 중구(仲久), 호는 정존재(靜存齋)이다.

242 학이 언덕에서 화답함 : 【譯注】《주역》〈중부괘(中孚卦) 구이(九二)〉효사(爻辭)에 "우는 학이 음지에 있는데 그 새끼가 화답하도다. 나에게 좋은 벼슬이 있으니 내가 너와 함께 나누어 가지리.〔鳴鶴在陰, 其子和之. 我有好爵, 吾與爾靡之.〕"라고 하였다. 이 효사는 음지에 있으면서도 신의를 잃지 않으므로 동류들이 서로 응함을 말한 것이다.

243 모산의 은자 : 【譯注】 양(梁)나라 때 모산(茅山)에 은거한 도홍경(陶弘景)을 말한다. 모산은 강소성 구용현(句容縣) 구곡산(句曲山)을 가리킨다. 이곳에 모영(茅盈)과 모충(茅衷), 모고(茅固) 3형제가 살았기 때문에 모산(茅山)이라 칭하였다.《明一統志 卷6》 도홍경은 자가 통명(通明)으로, 말릉(秣陵) 사람이다. 남조(南朝) 시대 제(齊)나라 고제(高帝)가 재상이었을 때 그를 제왕시독(諸王侍讀)으로 발탁하였다. 무제(武帝) 영명(永明) 10년(492) 신무문(神武門)에 관을 걸어 두고 떠나 모산에 거주하면서 집을

누워서 푸른 물결 이는 소나무 소리를 듣는 것이   臥聽松聲殷翠濤

-우리 고향의 효절공(孝節公) 이현보(李賢輔)[244] 선생이 물러나 돌아오던 날 배에서 절구를 지었는데 "가을바람에 지는 잎은 뿌리로 돌아감이 마땅하다.〔秋風落葉合歸根〕"라고 하였다. "장막 스치며 나는 꽃〔拂幕飛花〕"은 범진(范縝)이 경릉왕(竟陵王) 자량(子良)에게 대답한 말[245]을 사용한 것이다. '막(幕)'은 '염막(簾幕)'이라 할 때의 '막'인데, 지금의 '차일(遮日)'과 같은 것이다. 범진이 본래 했던 말은 "지는 꽃이 염막을 스친다.〔落花拂於簾幌〕"인데, '황(幌)'은 '유장(帷帳)'이지 '차일'이 아니다. 만약 본래의 말을 따른다면 마땅히 '불황(拂幌)'이 되어야 하나 '불황'은 음운이 맞지 않는 듯하여 '황' 자를 '막' 자로 바꾸었는데 온당치 못하다. 온당치 못하다면 '황' 자를 써도 된다. 이 구절의 뜻은 '내가 그릇되게 숭품(崇品)에 이른 것 역시 우연일 뿐이지 본의는 아니다.'라는 것이다.-

짓고는 화양은거(華陽隱居)라고 자호하였다. 솔바람을 좋아하여 정원에 소나무를 가득 심고, 솔바람 소리를 들을 때마다 흐뭇하게 즐거워하였다. 《南史 陶弘景列傳》

244 이현보(李賢輔) : 【譯注】1467~1555. 본관은 영천(永川), 자는 비중(棐仲), 호는 농암(聾巖)·설빈옹(雪鬢翁), 시호는 효절(孝節)이다.

245 범진이……말 : 【攷證 卷3 范縝對竟陵王子良語】범진(范縝)이 경릉왕(竟陵王) 소자량(蕭子良)의 객이 되었다. 소자량이 불교를 독실하게 믿었는데 범진은 "부처는 없습니다."라며 큰소리쳤다. 소자량이 "그대가 인과응보를 믿지 않는다면 부귀와 빈천은 어떻게 얻어지는 것인가?"라고 하니, 범진이 "인생은 나무에 피는 꽃과 같아서 함께 피었다가 바람에 떨어지는 것과 같습니다. 어떤 것은 주렴이나 휘장에 스쳐 방석 위에 떨어지니 이는 전하의 처지입니다. 어떤 것은 울타리나 담장에 걸려 측간 속으로 떨어지니 이는 하급 관리의 처지입니다."라고 하였다. ○ 경릉왕 소자량은 남조 시대 제나라 무제(武帝)의 아들이고 소소업(蕭昭業)의 숙부이다. 《南史 范縝列傳》

늦봄에 도산의 정사에 돌아와 우거하면서 보이는 바를 기록하다 【기사년(1569, 선조2, 69세) 3월 27일경 추정. 예안(禮安)】

暮春歸寓陶山精舍 記所見

이른 매화 한창 만발하고 늦은 매화 막 피었는데	早梅方盛晚初開
두견화며 살구꽃 나 올 때 맞춰 흐드러졌구나	鵑杏紛紛趁我來
향기롭고 아름다운 꽃 열흘 못 간다 말하지 마오	莫道芳菲無十日
오래 머물러 있으면 응당 또 다른 봄빛이 돌아오리라	長留應得別春回

　-이때 산 서쪽과 북쪽은 모두 꽃이 피지 않았는데 도산의 정사의 두견화는 흐드
러졌으며 살구꽃도 따라서 차례대로 피었다. 지금 10여 일이나 되었는데 춘사
(春事)가 아직 다하지 않았다.-

노과회²⁴⁶가 김이정²⁴⁷에게 절구 한 수를 주었는데 그 제목에 '재물이란 기름과 같아서 가까이하면 사람을 더럽힌다'²⁴⁸는 말이 있으니 사람을 깨우침이 깊다. 이 시에 차운하여 주다 【기사년(1569, 선조2, 69세) 9월 16일경 추정. 예안(禮安)】

盧寡悔贈金而精一絶 其題有財猶膩也近則汚人之語 警人深矣 次韻贈之

안타까워라, 재물 앞에서 탐욕이 쉽게 생기니   可惜臨財欲易生
몇 사람이나 기울고 엎어지며 험한 길 갔는가   幾人傾覆險途行
그대를 말미암아 노군의 깊은 경계 함께 새기니   因君共佩盧深戒
마음이 사욕에 빠지지 않도록 잘 지키세   莫使持心近不誠

---

246 노과회 : 【譯注】노수신(盧守愼, 1515~1590)으로, 본관은 광주(光州), 자는 과회(寡悔), 호는 소재(蘇齋), 시호는 문의(文懿)·문간(文簡)이다.

247 김이정 : 【譯注】김취려(金就礪, 1526~?)로, 본관은 경주(慶州), 자가 이정(而精), 호는 잠재(潛齋)·정암(整庵)이다.

248 재물이란……더럽힌다 : 【譯注】송(宋)나라 주희(朱熹)의 《주자어류(朱子語類)》 권138에 나오는 말이다.

기명언[249]이 매화 시에 화답한 절구 여덟 수를 적어 보여 주었는데 오래도록 답하지 못하다가 지금 황중약[250]을 만나서 애오라지 절구 한 수로 뜻을 말하다【기사년(1569, 선조2, 69세) 5~7월 추정. 예안(禮安)】

奇明彦錄示和梅詩八絶 久未酬報 今見仲約 聊以一絶道意云

매화 읊은 여덟 절구로 소회를 보이니	八絶吟梅見素懷
나는 운학에 숨었고 그대는 은대에 있도다[251]	我藏雲壑子銀臺
생각나는 이 날에 강하[252]를 만나보니	相思此日逢江夏
우리 모두 정답게 술잔 머금은 듯하구나	恰似同銜款款杯

---

249 기명언 :【譯注】기대승(奇大升, 1527~1572)으로, 본관은 행주(幸州), 자는 명언(明彦), 호는 고봉(高峰)·존재(存齋), 시호는 문헌(文憲)이다.

250 황중약 :【攷證 卷3 仲約】황박(黃博, ?~?)으로, 본관은 장수(長水), 자는 중약이다. 1528년(중종24) 사마시에 합격하여 진사가 되고, 1532년 별시 문과에 급제하였다. 1565년 을사사화 때 화를 입은 사람들과 함께 직첩이 환급되어 찰방이 되었고, 이후 성균관 사예(成均館司藝), 판결사(判決事)를 지냈다. 《을사사화록(乙巳士禍錄)》에 관련 내용이 보인다.

251 그대는 은대에 있도다 :【譯注】기대승은 선조 원년(무진년, 1568, 42세) 12월, 우승지로 승진하였고, 1569년 7월 신병으로 상소하여 승지에서 체직되었으므로 그 이전의 일인 듯하다.

252 강하 :【攷證 卷3 江夏】살펴보건대, 한(漢)나라 황향(黃香)은 강하 사람인데, 중약의 성이 황(黃)이므로 '강하'라는 글자를 사용한 것이다.

도산에서 달밤에 매화를 읊다. 6수【기사년(1569, 선조2, 69세) 4월 추정. 예안(禮安)】

陶山 月夜詠梅 六首

(詩-內卷5-82)

홀로 산창 가에 앉았으니 밤기운 찬데	獨倚山窓夜色寒
매화 끝에 달이 걸려 정히 둥글다	梅梢月上正團團
다시 미풍을 불러 올 필요 없으니	不須更喚微風至
맑은 향기는 절로 뜰 안에 가득하네	自有淸香滿院間

(詩-內卷5-83)

산속의 밤 쓸쓸하여 온 사방이 비었는데	山夜寥寥萬境空
하얀 매화 차가운 달은 선옹과 짝하였네	白梅凉月伴仙翁
그 가운데 오직 앞 여울의 물소리가	箇中唯有前灘響
높으면 상성이요 낮으면 궁성인 듯하여라[253]	揚似爲商抑似宮

(詩-內卷5-84)

중정을 거닐 제 달이 사람을 따르니	步屧中庭月趁人
매화 가를 몇 번이나 맴돌았던고	梅邊行遶幾回巡

---

253 높으면……듯하여라 :【譯注】궁(宮)·상(商)·각(角)·치(徵)·우(羽) 오음(五音) 가운데 궁성(宮聲)과 상성(商聲)을 말한다. 궁성은 평화스러운 음색이요, 상성은 높고 격한 음색이다.

밤 깊도록 오래 앉아 일어나길 다 잊으니　　　夜深坐久渾忘起
향기는 의건에 가득 그림자는 몸에 가득해라　　香滿衣巾影滿身

(詩-內卷5-85)
매형[254]이 늦게 핀 데서 참된 마음 더욱 알겠으니　晩發梅兄更識眞
내가 추위를 무서워함을 분명 알아서이지　　　　故應知我怯寒辰
어여뻐라, 이 밤에 이내 병이 응당 나아서　　　可憐此夜宜蘇病
밤새도록 달 대하는 사람이 될 수 있으리라　　　能作終宵對月人

(詩-內卷5-86)
왕년에 돌아왔을 땐 향기가 스며 기뻤는데　　　往歲行歸喜裛香
작년에는 병석에서 일어나 또 매화를 찾았었지　去年病起又尋芳
지금 차마 서호의 빼어난 경치[255]를 가지고서　如今忍把西湖勝
분망한 도성의 홍진[256]과 어찌 바꾸리오　　　博取東華軟土忙

---

254 매형 : 【譯注】이황이 매화를 칭하여 자주 쓰는 말이다.《퇴계선생언행록(退溪先生言行錄)》〈고종기(考終記)〉및《간재선생문집(艮齋先生文集)》권6에 다음의 일화가 전한다. 퇴계가 방에서 설사를 하였는데 매화 화분이 그 곁에 있자 다른 곳으로 옮기라 하고 "매형[梅兄]에 대해 불결한 일이기 때문에 마음이 편치 않아서이다."라고 하셨다.

255 서호의 빼어난 경치 : 【譯注】서호(西湖)는 송(宋)나라 임포(林逋)가 은거하였던 곳이다. 그는 서호에 은거하며 매화를 심고 학을 길러 짝을 삼았다는 일화가 전한다. 여기서는 매화를 지칭한다.

256 도성의 홍진 : 【譯注】동화(東華)는 송나라 궁성의 동쪽 문 이름인데, 입조(入朝)할 때 이 문을 이용했으므로, 관리가 조정에 출퇴근할 적에 내는 먼지를 말한다.

(詩-內卷5-87)

노간이 돌아오자 회옹이 감동했으니[257]　　　　　　老艮歸來感晦翁

매화에 가탁한 수동이란 구절을 되풀이해 읽으며 탄식하노라

　　　　　　　　　　　　　　　　　　　　　　　託梅三復嘆羞同

한 잔 술 그대에게 권한 일을 지금 어찌 만날 수 있겠는가

　　　　　　　　　　　　　　　　　　　　　　　一杯勸汝今何得

천 년 뒤에 그리워하며 눈물로 가슴을 적시노라　　千載相思淚點胸

---

257 노간이……감동했으니 : 【攷證 卷3 老艮歸來感晦翁】위담지(魏棪之)의 자는 원리
(元履)이며 호는 간재(艮齋)이다. 송나라 주자의 〈여러 사람과 더불어 소동파(蘇東坡)
의 운을 사용하여 매화시를 짓는데 마침 원리의 서신을 얻어 보니, 그 사람이 그립기에
시를 읊어 뜻을 부치다〔與諸人用東坡韻賦梅花適得元履書有懷其人因賦以寄意〕〉시에
"도리화처럼 봄빛에 아양 떠는 걸 부끄러워한다.〔羞同桃李媚春色〕"와 "매화 너에게 한잔
권하는 내 뜻이 옅지 않네.〔一杯勸汝吾不淺〕"라는 구절이 있다.《朱子大全 卷2》

성주 목사 김백순²⁵⁸이 찾아왔으므로 그 시에 차운하다

【기사년(1569, 선조2, 69세) 10월 5일 추정. 예안(禮安)】

次韻星牧金伯純見訪

구월에 오겠다고 목사²⁵⁹가 기약하더니	五馬期從九月秋
쩡쩡 나무치는 소리²⁶⁰에 멀리서 찾아 왔구나	丁丁伐木遠尋求
임하의 구곡²⁶¹을 그대 시에서 알았으니	臨河九曲因詩見
어느 때나 노 하나로 작은 배에 오를거나	一棹何當上小舟

---

258 김백순 : 【攷證 卷3 金伯純】 김극일(金克一, 1522~1585)로, 본관은 의성(義城), 자는 백순, 호는 약봉(藥峰)이다. 김학봉(金鶴峯 김성일(金誠一))의 형이고 안동에 거주하였다. 문학이 화섬(華贍)하여 약관에 등제하였고 퇴계 선생의 문하에서 배웠는데 선생이 매우 경애하고 중히 여겼다.【校解】 김극일은 1569년(선조2) 성균관 사성(成均館司成)과 사도시 정(司䆃寺正)을 거쳐 성주 목사(星州牧使)가 되었다.

259 목사 :【攷證 卷3 五馬】 한(漢)나라 제도에 태수(太守)는 사마(駟馬)를 타고 그중에 녹봉이 중이천석(中二千石)을 더한 자만이 오른쪽 곁마〔右騑〕를 두었으므로 오마를 귀하게 여겼다.《古今合璧事類備要後集 卷72》

260 쩡쩡 나무치는 소리 :【譯注】《시경》〈소아(小雅) 벌목(伐木)〉을 지칭한다. "나무를 쩡쩡 베거늘, 새가 아름답게 울도다.〔伐木丁丁, 鳥鳴嚶嚶.〕 깊은 골짜기에서 나와, 높은 나무로 올라가도다. 새가 아름답게 우는 것은, 그 벗을 찾는 소리로다. 저 새를 보아도, 오히려 벗을 찾으려고 우는데, 하물며 사람이, 벗을 찾지 않겠는가."라 하였으니 여기서는 멀리서 김백순이 찾아온 일을 두고 비유한 것이다.

261 임하의 구곡 :【攷證 卷3 臨河九曲】 임하현(臨河縣)은 안동부(安東府) 동쪽 30리 지점에 있는데, 경포대(鏡浦臺)·한송정(寒松亭)·백운정(白雲亭)·아양루(峨洋樓)·송석정(松石亭)·선유정(仙遊亭)·도연(陶淵)·모로굴(毛老窟)·쌍경포대(雙鏡臺)가 구곡(九曲)이다.

KNP0467(詩-內卷5-89~90)

여름날 유거하는 중에 김언우[262]가 나에게 부친 시를 금협지[263]가 가지고 와 보여주므로 이에 절구 2수를 차운하여 김언우에게 부쳐 보내다 【기사년(1569, 선조2, 69세) 4~5월 추정. 예안(禮安)】

夏日幽居 琴夾之攜示金彦遇寄詩 就次二絶卻寄

(詩-內卷5-89)

시야 저편에 높은 산 가로막고 있어 한스러우니	相望猶恨隔山雲
흥취를 평소에 함께할 길이 없어라	興味尋常無與分
더구나 따뜻한 남풍이 불어오는 날이라	況是薰風解慍日
뜰 가득 짙은 초록풀이 무성한 것을	滿庭幽翠草繽紛

(詩-內卷5-90)

푸른 버들 깊은 곳에 꾀꼬리 지저귀고	綠楊深處囀鶯黃
미풍 불고 비 올 듯 햇빛이 구름 사이로 비치누나	欲雨微風漏日光
금군과 대작하며 그대의 시를 읊노라니	對酌琴君詠君句
장미는 막 흔들리고 옥매화 향기 뿜는다	薔薇初動玉梅香

---

262 김언우 : 【譯注】김부필(金富弼, 1516~1577)로, 본관은 광산(光山), 자는 언우(彦遇), 호는 후조당(後凋堂)이다.

263 금협지 : 【譯注】금응협(琴應夾, 1526~1589)으로, 본관은 봉화(奉化), 자는 협지(夾之), 호는 일휴당(日休堂)이다.

김언우[264]에게 주다 【기사년(1569, 선조2, 69세) 5월 추정. 예안(禮安)】
贈金彦遇

후조당 주인은 평소 절개 굳으니	後凋主人堅素節
임명장이 문에 와도 마음이 기쁘지 않네	除書到門心不悅
빙설 같은 매화 향기 앉아서 기다리니	坐待梅花冰雪香
눈길 닿자 마음이 통해 시 읊기를 그치지 않누나[265]	目擊道存吟不輟

---

264 김언우 : 【譯注】 김부필(金富弼, 1516~1577)로, 본관은 광산(光山), 자는 언우(彦遇), 호는 후조당(後凋堂)이다.

265 눈길……않누나 : 【譯注】 성어(成語)로 목격도존(目擊道存)이라 하며,《장자》〈전자방(田子方)〉에 보인다. 굳이 말하지 않더라도 눈만 마주쳐도 서로 도가 통한다는 뜻인데, 여기서는 서로 시를 주고받는 일을 지칭한다.

김언우[266]에게 화답하다. 2수【기사년(1569, 선조2, 69세) 3월 하순 추정.

예안(禮安)】

和金彦遇 二首

(詩-內卷5-92)

봄기운 머물러 두어 기다려 준 화선에 감격하노니	留春相待感花仙
흰빛과 맑은 향기 둘 다 절묘하여라	雪色檀香兩妙天
후조에게 화답을 부치노니 호사를 멈추게나	寄謝後凋休好事
유현이 아무래도 무현보다 낮지 않은가	有絃無乃勝無絃

-내 일찍이 "도연명(陶淵明)의 무현금(無絃琴)[267]의 고사가 비록 높은 운치는
있다 하지만 허(虛)를 숭상하는 괴벽을 부리는[268] 병통을 면치 못할 듯하다."라
고 하였다. 지금 보내온 시에 이를 인용하여 "매화의 심사는 굳이 꽃이 피기를
기다려서야 아는 것이 아니라고 하였다."라고 말하였으니 아마도 역시 병통이
있을까 염려하여서 그 설을 뒤집어서 답한다.-

(詩-內卷5-93)

천성을 빼앗고 옮겨 화분에 심었어도	奪性移天斷接餘

---

266 김언우 :【譯注】김부필(金富弼, 1516~1577)로, 본관은 광산(光山), 자는 언우
(彦遇), 호는 후조당(後凋堂)이다.

267 도연명(陶淵明)의 무현금(無絃琴) :【譯注】진(晉)나라 도연명은 본래 음률을 알
지 못하였는데 줄 없는 거문고 하나 지니고 매양 술이 취할 때마다 그것을 가져다가
어루만지며 자기의 뜻을 부쳤다.《晉書 陶潛列傳》

268 괴벽을 부리는 :【攷證 卷3 打乖】살펴보건대, 타(打)는 위(爲)의 뜻이다. 타괴는
괴벽(乖僻)하여 시속과 같지 않다는 뜻이다. 강절(康節 소옹(邵雍))의 타괴시(打乖詩)
가 있다.

오히려 좋은 모습 보이며 사람의 보살핌을 받으니　猶供佳玩待人蘇

어찌 땅을 넓히고 백 그루를 심어 두어　何如拓地栽成百

마르지 않고 향기가 천지에 가득한 것만 하리오　香滿乾坤不淡枯

김언우[269]에게 부쳐 사례하다 【기사년(1569, 선조2, 69세) 5월 추정. 예안(禮安)】

寄謝彥遇

국생[270]은 나와 소원해 떠나서 돌아오지 않으니	麴生疎我去無回
손님 맞고 제사 지내자니 술동이에 술이 비었다 시름겹게 듣는다	
	賓祭愁聞甕有埃
그대와 평소 친분이 많지 않았다면	不是與君多素分
어찌 이 산골에 술 보내라고 재촉할 수 있었겠는가	豈能催送入山來

---

269 김언우 : 【譯注】김부필(金富弼, 1516~1577)로, 본관은 광산(光山), 자는 언우(彥遇), 호는 후조당(後凋堂)이다.

270 국생 : 【攷證 卷3 麴生】당(唐)나라의 섭법선(葉法善)이 현진관(玄眞觀)에 거할 때 일찍이 조사(朝士)들이 찾아와 좌중이 모두 술 마실 생각을 하고 있었는데 갑자기 어떤 아름다운 선비가 거만하게 곧장 들어와서는 '국수재(麴秀才)'라 칭했다. 그는 나이가 20여 세인 듯했으며 피부가 하얗고 볼만했는데, 웃으며 읍을 하고 말석에 앉아 소리 높여 떠들어댔다. 섭법선이 몰래 작은 칼로 그의 목을 치니 손을 대자마자 계단 아래로 떨어져 술병으로 변하였다. 좌중의 모든 사람이 깜짝 놀라고 두려워하며 재빨리 들여다보니 병 가득 잘 익은 술이 담겨 있었다. 다들 웃으며 마셨는데 그 맛이 매우 훌륭하여 "국생의 풍미를 잊을 수가 없다."라고 하였다. 《古今事文類聚續集 卷13》【校解】《고증》에는 '葉法喜'로 되어 있는데, 《고금사문유취속집》에 의거하여 수정하였다.

김언우²⁷¹에게 주다 【기사년(1569, 선조2, 69세) 5월 26일 추정. 예안(禮安)】
贈彦遇

가계라, 그대는 유공의 재주 지녔는데	家雞君有庾公才
야목인 나 왕희지 아니거늘 어찌 나에게 요구하는가²⁷²	
	野鶩非王底索來
겸가가 옥수와 함께 있기가 어렵다는 것 알겠으니²⁷³	自覺蒹葭難倚玉
속절없이 만났다가 돌아갈 터이리라	會當空面卻須回

－새 책 3,4건을 공이 스스로 표제를 쓰지 않고 노졸한 내게 써달라고 청하니 진(晉)나라 사람의 "가계(家雞)"니 "야목(野鶩)"이니 하는 설과 같은 점이 있어 절구 한 수를 장난삼아 드린다.－

---

271 김언우 : 【譯注】김부필(金富弼, 1516~1577)로, 본관은 광산(光山), 자는 언우(彦遇), 호는 후조당(後凋堂)이다.

272 가계라⋯⋯요구하는가 : 【攷證 卷3 家雞野鶩】진(晉)나라의 유익(庾翼)이 글씨를 잘 써서 왕일소(王逸少 왕희지(王羲之))와 이름을 나란히 하였는데, 유익이 다른 이에게 편지를 써서 "애들이 집닭은 싫어하고 들오리만 좋아하여 왕일소의 서체를 배운다."라고 하였다.《太平御覽 卷918》【校解】《고증》원문에 "奅輩厭家雞"라고 되어 있는데 '奅'는 '兒'의 오류이다.

273 겸가가⋯⋯알겠으니 : 【譯注】겸가(蒹葭)는 갈대를 말한다.【攷證 卷3 蒹葭難倚玉】위(魏)나라 명제(明帝)가 모증(毛曾)을 하후태초(夏侯泰初 하후현(夏侯玄))와 나란히 앉게 하니 사람들이 "갈대가 옥수(玉樹)와 함께 있는 격이다."라고 하였다.

유자후[274]와 유몽득[275]이 글씨 배우는 일로 서로 주고받았던 시 여러 편[276]을 근자에 보았는데 농하고 웃는 말 가운데 오히려 서로 권면하는 뜻이 있으니, 백두옹으로 하여금 대쪽을 잡고[277] 먹을 놀리는 흥을 참을 수 없게 한다. 그래서 각기 그 마지막 절구 한 수씩[278]을 취하여 차운해서 김언우[279]에게 삼가 드리다 【기사년(1569, 선조2, 69세) 5월(26일 이후) 추정. 예안(禮安)】

近觀柳子厚劉夢得以學書相贈答諸詩　戲笑中猶有相勸勉之意　令白頭翁不禁操觚弄墨之興　各取其末一絶　次韻奉呈彦遇

---

274 유자후 : 【譯注】 당(唐)나라 유종원(柳宗元, 773~819)으로, 자는 자후(子厚)이다. 유하동(柳河東)·유유주(柳柳州)라고도 불리며 당송팔대가(唐宋八大家) 중의 한 사람이다. 시문집으로 《유하동집(柳河東集)》이 있다.

275 유몽득 : 【攷證 卷3 劉夢得】 당나라 유우석(劉禹錫, 772~842)으로, 중산(中山) 사람인데, 문장에 공교하고 유자후(柳子厚 유종원(柳宗元))와 사이가 좋았으며 함께 귀양살이를 했다.

276 유자후와……편 : 【譯注】 유우석이 〈집닭 선물에 답하다〔謝家雞之贈〕〉 시를 짓자 유종원이 〈거듭 주다. 2수〔重贈二首〕〉 시를 짓고, 유우석이 다시 〈전편에 답하다〔答前篇〕〉 시와 〈후편에 답하다〔答後篇〕〉 시를 짓자 유종원이 〈전편에 첩운하다〔疊前〕〉 시와 〈후편에 첩운하다〔疊後〕〉 시를 지었는데, 이 시들의 내용은 글씨 쓰는 것에 관한 것이다. 《柳河東集 卷42》

277 대쪽을 잡고 : 【攷證 卷3 操觚】 청(淸)나라 장영(張英)의 《연감유함(淵鑑類函)》에 '觚'는 '簡'인데, 옛사람은 종이 대신에 사용하였으며 그 형태는 방각이고 대나무로 만들었다."라고 하였다.

278 마지막……수씩 : 【譯注】 유우석의 〈후편에 답하다〔答後篇〕〉 시와 유종원의 〈후편에 첩운하다〔疊後〕〉 시를 말한다.

279 김언우 : 【譯注】 김부필(金富弼, 1516~1577)로, 본관은 광산(光山), 자는 언우(彦遇), 호는 후조당(後凋堂)이다.

왕희지 서법 따를 만하다는 것은 그저 허명일 뿐이라[280]

筆追王法謾虛名

습관은 오히려 서울을 좋아하지 않음이 같구나

習氣還同不樂京

돌아가 도덕경 쓰는 것[281]은 나의 일이 아니니

歸寫道經非我事

못 가까이서 늙음 잊고 진행을 쓰노라[282]

臨池忘老作眞行

-왕희지(王羲之)가 평소에 복식(服食)과 양성(養性)[283]을 애호하여 경사에 있는 것을 좋아하지 않았으므로 이렇게 말한 것이다.-

---

280 왕희지……뿐이라 : 【譯注】《퇴계선생연보》권1에 다음의 내용이 있다. "가정(嘉靖) 계미년(1523, 중종18)에 선생이 태학(太學)에 들어갔는데, 하서(河西) 김인후(金麟厚)가 헤어질 때 시를 지어 주기를, '선생은 영남의 수재(秀才)로서, 이백(李白)·두보(杜甫)의 문장에다 왕희지(王羲之)·조맹부(趙孟頫)의 필법을 갖추셨다오.' 하였다."

281 돌아가……것 : 【譯注】진나라 왕희지가 산음(山陰)의 도사(道士)가 가진 거위를 얻기 위해 당대에 이름난 자신의 필적을 아끼지 않고 《도덕경(道德經)》을 써 주고는 거위들을 조롱에 담아 가지고 왔던 일을 말한다. 《晉書 卷80 王羲之傳》

282 못……쓰노라 : 【攷證 卷3 臨池作眞行】살펴보건대, 한(漢)나라 장지(張芝)의 자는 백영(伯英)인데 못 가까이에서 글씨를 연습하면 못물이 다 검어져서, 무릇 옷과 비단도 반드시 먼저 글씨를 쓴 뒤에 염색하였다. 위(魏)나라 위중장(韋仲章 위탄(韋誕))은 그를 일러 초성(草聖)이라 하였다.《說郛 卷87 上》【校解】《攷證》에는 '張旭'으로 되어 있는데, 《설부》에 의거하여 수정하였다. ○ 당나라 장회관(張懷瓘)의 《서단(書斷)》에 "위나라 초기에 종씨(鍾氏)와 호씨(胡氏) 두 대가가 행서(行書)의 법을 만들었다. 진서(眞書)를 겸한 것을 '진행(眞行)'이라고 하고 초서(草書)를 띠고 있는 것을 '초행(草行)'이라 한다."라고 하였다.

283 복식(服食)과 양성(養性) : 【譯注】도가의 수련법이다. 복식은 단약(丹藥)을 복용하여 양생(養生)함을 말하고, 양성은 양생과 같다.

백발 나이에도 글씨가 미숙해 한스러운데   白首攻書恨未成

허명을 듣고서 사람들이 종이를 갖고 찾아오네   客來攜卷摠循名

오직 그대의 필력만이 옛사람을 좇을 만하니   唯君筆力堪追古

더욱 힘써 명성을 드날리길 주저하지 말게나   莫惜加工振美聲

김언우[284]가 국화를 심은 석가산을 보냈기에 차운하여 답하다 【기사년(1569, 선조2, 69세) 9월 추정. 예안(禮安)】

次韻謝金彦遇惠石假山種菊

뜻이 같은 사람 기호도 같음을 비로소 알겠으니	方信同人好尙孚
국화 심은 석가산 보내 지금의 나를 위로하누나	菊山擎送慰今吾
한 잔 술 들면서 은근한 뜻을 웃으며 받노니	一杯笑領慇懃意
푸른 안개 맑은 향기 있는 듯 없는 듯 담담하여라	翠靄淸芬淡有無

---

284 김언우 : 【譯注】김부필(金富弼, 1516~1577)로, 본관은 광산(光山), 자는 언우(彦遇), 호는 후조당(後凋堂)이다.

KNP0474(詩-內卷5-99~100)

읍청정²⁸⁵ 주인 김신중²⁸⁶이 분에다 매화를 기르는데, 동짓
달 그믐날 큰 눈이 내리는 가운데 계장으로 매화 한 가지
와 절구 2수를 보내왔기에 맑은 운치가 가상하므로 차운
하여 답한다. 이로 인하여, 지난해 봄에 서울에서 분매를
얻었는데 매우 아름다웠으나 얼마 안 가서 예안으로 돌아
오고 보니 그립기 그지없던 일이 생각나기에 뒤 구에서
아울러 언급한다【기사년(1569, 선조2, 69세) 11월 30일 추정. 예안(禮安)】

把淸主人金愼仲盆養梅花 至月晦日 溪莊大雪中寄來梅一枝詩二絶 淸致
可尙 次韻奉酬 因記得去春都下 得盆梅甚佳 未幾東歸 思之未已 於後
倂及之

(詩-內卷5-99)

분 안에는 섣달도 안 되어 매화가 피었는데	盆中未臘梅花發
시냇가엔 한겨울이라 눈 조각 흩날린다	澗上窮陰雪片橫
나를 생각해 꺾어 보냄에 맑은 기운 뼈에 스미니	折寄相思淸入骨
읍청이란 그 이름 참으로 허명이 아니로구나	把淸眞箇不虛名

(詩-內卷5-100)

| 몹시 생각나는구나, 지난 이월 서울에서 | 痛憶京師二月中 |

---

285 읍청정 :【攷證 卷3 把淸】누정 이름이다. 예안현(禮安縣) 남쪽 5리 지점 오천(烏
川) 가에 있다.

286 김신중 :【譯注】김부의(金富儀, 1522~1582)로, 본관은 광산(光山), 자는 신중
(愼仲), 호는 읍청정(把淸亭)이다. 후조당(後凋堂) 김부필(金富弼)의 아우이다.

분매의 선풍에 읍하고 차마 돌아왔던 일이 　　盆梅歸袖挹仙風

어이 알았으랴 이날 그대의 집에서 　　那知此日高齋裏

황종률이 다하기 전에[287] 이렇게 필 줄을 　　幻出黃鍾律未窮

287　황종률이 다하기 전에 :【攷證 卷3 黃鍾律未窮】살펴보건대, 황종(黃鍾)은 11월의
율(律)이다.【校解】황제(黃帝) 때에 영륜(伶倫)이 해곡(嶰谷)의 대〔竹〕를 베어 열두
개의 대통을 만들어 십이율(十二律)을 정하였는데, 양관(陽管)과 음관(陰管)을 각각
6달씩 하여 모두 12달을 안배하였다. 그 중 황종은 양관으로 11월에 해당한다.

KNP0475(詩-內卷5-101~102)

김언우[288]와 김돈서[289]가 함께 김신중[290]의 분매를 찾아가서 읊은 시[291]에 차운하다. 2수 【기사년(1569, 선조2, 69세) 11~12월 추정. 예안(禮安)】

彦遇惇叙同訪愼仲盆梅韻 二首

(詩-內卷5-101)

동지 뒤에 양 하나가 땅 속에서 생기니[292]	至後微陽生九地
분매는 놀라 움직여 벌써 미리 봄을 알린다	盆梅驚動已先春
뉘라서 그려낼 수 있으랴 두 시객이	誰能畫出兩騷客
눈 밟으며 술병 들고 주인 찾는 모습을	踏雪攜壺訪主人

(詩-內卷5-102)

창밖에는 눈보라가 불어와 땅을 움직이고	窓外雪風吹動地

---

288 김언우 :【譯注】김부필(金富弼, 1516~1577)로, 본관은 광산(光山), 자는 언우 (彦遇), 호는 후조당(後凋堂)이다.

289 김돈서 :【譯注】김부륜(金富倫, 1531~1598)으로, 본관은 광산(光山), 자는 돈서, 호는 설월당(雪月堂)이다.

290 김신중 :【譯注】김부의(金富儀, 1522~1582)로, 본관은 광산(光山), 자는 신중 (愼仲), 호는 읍청정(挹清亭)이다. 후조당(後凋堂) 김부필(金富弼)의 아우이다.

291 김언우와……시 :【譯注】김부필의《후조당집》권2에 〈아우인 돈서와 함께 김신중 의 분매를 찾다 2수〔與惇叙同訪愼仲盆梅二首〕〉라는 제목으로 실려 있다.

292 동지……생기니 :【譯注】서서히 봄의 기운이 태동함을 의미한다.《주역》64괘 중에 지뢰 복괘(地雷復卦)는 오음(五陰)의 아래에서 일양(一陽)이 처음 생기는 상(象) 으로, 이때부터 양이 점차 왕성해진다.

창가에는 봄기운 띤 옥 같은 매화 피었구나 　　窓間梅蘂玉生春

응당 하늘이 청향을 보호함이 각별하여 　　故應天護淸香別

추위를 벗어나도록 사람에게 보내 주었으리 　　隔斷寒威餉與人

김언우[293]의 〈눈 속에서 매화를 감상하고 다시 달이 밝을 때 보기로 약속하다〉[294] 시에 차운하다 【기사년(1569, 선조2, 69세) 11~12월 추정. 예안(禮安)】

彦遇雪中賞梅 更約月明韻

눈 속의 매화가 추위도 두려워하지 않고 피었으니	雪映瓊枝不怕寒
다시 달을 맞아들여 실컷 구경하리	更邀桂魄十分看
어찌하면 이 가운데 길이 달을 머물게 하여	箇中安得長留月
매화도 지지 않고 눈도 녹지 않게 할까	梅不飄零雪未殘

---

293 김언우 : 【譯注】 김부필(金富弼, 1516~1577)로, 본관은 광산(光山), 자는 언우(彦遇), 호는 후조당(後凋堂)이다.

294 눈……약속하다 : 【譯注】 김부필의 《후조당선생문집(後凋堂先生文集)》 권2에 실려 있다.

KNP0477(詩-內卷5-104)

김신중²⁹⁵의 〈김언우²⁹⁶와 김돈서²⁹⁷에게 주다〉 시에 차운하다 【기사년(1569, 선조2, 69세) 11~12월 추정. 예안(禮安)】

慎仲贈彦遇惇叙韻

작은 화분에서 동짓달에 매화가 피었으니　　　　　寸土能開子月梅

굳이 재촉하지 않아도 고운 꽃잎²⁹⁸이 설달까지 피었구나

　　　　　　　　　　　　　　　　　　　連娟跨臘未須催

어찌 같을 손가, 이 병든 늙은이 추운 산골에 살아　豈如病叟居寒谷

봄이 깊어서야 비로소 매화꽃을 구경하는 것과　　直到春深始見開

---

295 김신중 : 【譯注】 김부의(金富儀, 1522~1582)로, 본관은 광산(光山), 자는 신중(慎仲), 호는 읍청정(挹淸亭)이다. 후조당(後凋堂) 김부필(金富弼)의 아우이다.

296 김언우 : 【譯注】 김부필(金富弼, 1516~1577)로, 본관은 광산(光山), 자는 언우(彦遇), 호는 후조당(後凋堂)이다.

297 김돈서 : 【譯注】 김부륜(金富倫, 1531~1598)으로, 본관은 광산(光山), 자는 돈서, 호는 설월당(雪月堂)이다.

298 고운 꽃잎 : 【攷證 卷3 連娟】《사기》〈사마상여열전(司馬相如列傳)〉에 "긴 눈썹이 달처럼 휘고 가늘다."라고 하였다. 한(漢)나라 부의(傅毅)의 〈무부(舞賦)〉에 "눈썹은 가늘고 길어 더욱 휘며, 눈은 흘긋 보아 물이 흐르는 듯.〔眉連娟以增饒, 目流睇而橫波.〕"이라고 하였다.

또 〈눈 내린 달밤 매화를 감상하다〉 시에 차운하다 【기사년

〔1569, 선조2, 69세〕 11~12월 추정. 예안(禮安)〕

又雪月中賞梅韻

분매는 맑은 운치 피워내고	盆梅發淸賞
시냇가 눈은 차가운 물가에 빛난다	溪雪耀寒濱
여기에 게다가 달그림자 붙여서	更著冰輪影
이 모두를 납미춘²⁹⁹에 실어 보내누나	都輸臘味春
아스라이 먼 낭원³⁰⁰의 경계요	迢遙閬苑境
고운 막고야³⁰¹의 참모습이라	婥約藐姑眞
시를 읊으려 애쓰지 말지니	莫遣吟詩苦
시 많이 읊는 것도 하나의 번뇌라네	詩多亦一塵

---

299 납미춘 : 【攷證 卷3 臘味春】당(唐)나라 두보(杜甫)의 〈정월 3일 시냇가로 돌아와 시를 지어 원내의 여러 공에게 부치다〔正月三日歸溪上有作簡院內諸公〕〉 시에 "둥둥 뜬 거품은 섣달의 술맛이요, 물에 뜬 백구는 이미 봄 소리로다.〔蟻浮仍臘味, 鷗泛已春聲.〕"라고 하였다. 송(宋)나라 소식(蘇軾)의 《구지필기(仇池筆記)》에 "당나라 사람은 술의 이름을 지을 때 대부분 '춘(春)'이라는 글자를 사용했으니, '소춘(燒春)'이나 '석동춘(石凍春)' 류가 그러하다.

300 낭원(閬苑) : 【譯注】곤륜산(崑崙山) 꼭대기에 있는 낭풍산(閬風山)으로, 신선이 사는 곳이다.

301 막고야 : 【譯注】《장자》〈소요유(逍遙遊)〉에 "막고야 산에 신인(神人)이 살고 있다.〔藐姑射之山, 有神人居焉.〕피부는 얼음과 눈처럼 희고, 몸은 처녀같이 부드러우며, 곡식을 먹지 않고 바람과 이슬을 마시며, 구름을 타고 비룡을 몰아 사해(四海) 밖에서 노닌다."라고 하였다.

눈을 읊은 시에 차운하다 【기사년(1569, 선조2, 69세) 11~12월 추정. 예안(禮安)】

詠雪韻

스스로 원생의 지게문[302] 닫노니	自掩袁生戶
대안도[303] 숨은 곳 뉘라서 찾을 건가	誰尋戴隱區
처마 끝에서 참새는 짹짹거리고	啾啾傍簷雀
숲을 잃은 까마귀는 깍깍[304]대네	瞿瞿失林烏
노자표[305]를 즐겨 부르고	愛喚鸕鷀杓

---

302 원생(袁生)의 지게문 : 【譯注】 원생은 한(漢)나라의 원안(袁安)으로 청고(淸苦)한 절조를 지킨 인물로 유명하다. 원안이 벼슬길에 나가기 전에 낙양(洛陽)에 폭설(暴雪)이 내려 낙양령(洛陽令)이 몸소 나가 민가(民家)를 순행할 적에, 다른 집들은 다 눈을 치웠는데, 원안의 집 문밖에는 사람이 다닌 흔적이 없으므로, 그 집에는 사람이 이미 굶어 죽은 줄 알고 사람을 시켜 눈을 치우고 문을 열어 살펴보게 하니 원안이 꼼짝도 하지 않고 누워 있었다. 《後漢書 袁安列傳》

303 대안도 : 【譯注】 진(晉)나라 때의 처사(處士) 대규(戴逵)로 자는 안도(安道)이다. 왕희지(王羲之)가 눈 내리는 밤에 산음(山陰)의 섬계(剡溪)에 있는 벗 대안도가 생각나서 작은 배를 타고 찾아갔다가 정작 그곳에 도착해서는 문 앞에서 다시 돌아오기에 그 까닭을 물었더니, "내가 본래 흥에 겨워 왔다가 흥이 다하여 돌아가는 것이니, 대안도를 보아 무엇 하겠는가."라고 하였다. 《世說新語 任誕》

304 깍깍 : 【攷證 卷3 瞿瞿】 '각(瞿)'은 '궐(厥)'과 '박(縛)'의 반절로, 좌우로 놀라 돌아보는 것이다. 일설에는 "보는 것이 급한 모습이다."라고 하였다. 《古今韻會擧要 卷28》 《주역》에 "진(震)은 삭삭(索索)하여 두리번거리며 보는 것이니, 나아가면 흉하다.〔震, 索索, 視, 瞿瞿, 征, 凶.〕"라고 하였는데, 송(宋)나라 정이천(程伊川)의 주석에 "'삭삭'은 사라져 없어진다는 뜻이요, '각각'은 안정되지 못한 모습이다."라고 하였다. 《周易傳 震卦 上六 爻辭》

305 노자표 : 【譯注】 노자라는 물새 모양의 좋은 술잔이다. 【攷證 卷3 鸕鷀杓】 당(唐)나

골돌로³⁰⁶를 자주 지피누나 　　　　　　　　　頻添榾柮爐

어찌 굳이 발을 저는 나귀의 등 위에서 　　　　　何須蹇驢上

시 읊어 파교도로 들어야 하리오³⁰⁷ 　　　　　吟入灞橋圖

라 이백(李白)의 〈양양가(襄陽歌)〉에 "앵무배 노자표로 백 년이라 삼만 육천 일, 하루에
삼백 잔을 비워야 하리.〔鸚鵡杯, 鸕鶿杓, 百年三萬六千日, 一日須傾三百杯.〕"라고 하였
다. 그 주석에 "술 국자에 노자를 그린 것이다."라고 하였다.

306 골돌로 : 【攷證 卷3 榾柮爐】돌(柮)은 '당'과 '몰'의 반절이며 '골돌'은 짧게 자른
나무이다. 송나라 허의(許顗)의 《언주시화(彦周詩話)》에 실린 〈준급중원 법당의 벽에
쓰다〔題峻極中院法堂壁〕〉 시에 "어찌하면 화로 가득 나무토막 타는 것과 같아, 서서히
활활 타오를거나.〔爭似滿爐煨榾柮, 慢騰騰地熱烘烘.〕"라고 하였다. 《龍龕手鑑》

307 어찌……하리오 : 【譯注】송나라 소식(蘇軾)의 〈사람의 모습을 잘 그리는 수재
하충에게 주다〔贈寫眞何充秀才〕〉 시에 나귀를 타고 파교(灞橋)를 지나가는 맹호연(孟浩
然)을 읊어 "또 보지 못했는가, 눈 속에 나귀를 탄 맹호연이 눈썹을 찌푸리고 시를 읊으매
쭝긋한 어깨가 산처럼 높은 것을.〔又不見雪中騎驢孟浩然, 皺眉吟詩肩聳山.〕"이라고 하
였다.

김신중[308]과 김돈서[309]의 〈눈 속에서 매화를 찾다〉는 시에 차운하다 【기사년(1569, 선조2, 69세) 11~12월 추정. 예안(禮安)】

愼仲惇叙雪中尋梅韻

큰 눈이 퍼붓고 북풍은 몰아치니	大雪漫漫朔吹飄
매화 찾는 정경이 저절로 아스라하다	尋梅情境自迢遙
나로 하여금 한퇴지의 시구 떠오르게 하니	令人卻憶韓公句
묘미는 말 타고 다리 지날 때 천상을 걷는 듯하다는 데 있구나[310]	
	妙在行天馬度橋

---

308 김신중 : 【譯注】 김부의(金富儀, 1522~1582)로, 본관은 광산(光山), 자는 신중(愼仲), 호는 읍청정(挹淸亭)이다. 후조당(後凋堂) 김부필(金富弼)의 아우이다.

309 김돈서 : 【譯注】 김부륜(金富倫, 1531~1598)으로, 본관은 광산(光山), 자는 돈서(惇叙), 호는 설월당(雪月堂)이다.

310 묘미는……있구나 : 【攷證 卷3 妙在行天馬度橋】 당(唐)나라 한유(韓愈)의 〈춘설(春雪)〉 시에 "거울 같은 물속에 들어갈 듯 난새가 못을 엿보고, 천상을 달려가는 듯 말이 다리를 지나가네.〔入鏡鸞窺沼, 行天馬度橋.〕"라고 하였다. 그 주석에 "말이 다리를 지나가는 것이 마치 천상을 걸어가는 듯하다는 것이다."라고 하였다.

눈 내린 뒤 저물녘 바라보며 지은 시에 차운하다 【기사년

(1569, 선조2, 69세) 11~12월 추정. 예안(禮安)】

雪後晚望韻

칠칠이라 늙은 신선 환술로 재촉하니	七七仙翁幻手催
기화가 잠깐 사이에[311] 온 숲에 피었구나	琪花頃刻遍林開
현명[312]도 좋은 구경 남길 줄을 알았는지	玄冥亦解留佳玩
한 조각도 꺾이지 않게 미풍도 불지 않게 했구나	不使微風一片摧

　－"적막한 왕자유가 섬계 길에서 배를 돌리니, 저 멀리 대안도는 눈 내리는 저녁
에 뉘와 함께 보내는지.〔寂寞王子猷, 回船剡溪路, 迢遙戴安道, 雪夕誰與度.〕"라

---

311 칠칠이라……사이에 : 【攷證 卷3 七七仙翁…琪花頃刻】오대 시대 남당(南唐) 심분
(沈汾)의 《속선전(續仙傳)》〈은문상(殷文祥)〉에 "도인 은칠칠(殷七七)의 이름은 문상
인데, 준순주(逡巡酒)를 만들어내고 경각화(頃刻花)를 피게 하였다."라고 하였다. 이에
대한 송(宋)나라 소동파(蘇東坡 소식(蘇軾))의 주석에 "윤주(潤州) 학림사(鶴林寺)에
는 두견화의 크기가 한 길이 넘는다. 주보(周寶)가 은칠칠에게 '중구일(重九日)이 가까
워지는데 이 꽃을 피게 할 수 있겠는가?'라고 하였더니 '중구일에 미쳐 꽃이 난만하여
마치 봄과 같았다.'"라고 하였다. 《東坡詩集註 卷3》당(唐)나라 한유(韓愈)의 시 〈이화
(李花). 2수〉중 제2수에 "누가 평지에 높이 쌓인 눈을 가지고, 이처럼 하늘과 맞닿은
꽃 새겨 놓았나?〔誰將平地萬堆雪, 剪刻作此連天花?〕"라고 하였다. 【校解】송나라 양만
리(楊萬里)의 〈상사일에 승상 주소보가 나의 누추한 집을 찾아와 시를 지어 주다〔上巳日
周丞相少保來訪敝廬留詩爲贈〕〉시에 "빙 돌아 삼삼경을 열고, 잠깐 사이에 칠칠화를
피웠구나.〔回環自闢三三徑, 頃刻常開七七花.〕"라고 하였다. 【校解】《고증》에는 '剪'이
'頃'으로 되어 있으나, 통행본《어정패문재광군방보(御定佩文齋廣群芳譜)》에 의거하여
"剪"으로 수정하였다. 《고증》에는 '常'이 '能'으로 되어 있으나 통행본《성재집(誠齋集)》
에 의거하여 수정하였다.

312 현명 : 【譯注】겨울 신의 이름이다. 《예기》〈월령(月令)〉에 "겨울을 주관하는 상제
(上帝)는 전욱(顓頊)이요, 그 귀신은 현명(玄冥)이다."라고 하였다.

고 하였으니, 이는 동파옹(東坡翁 소식(蘇軾))의 눈을 읊은 시[313]의 시어이다. '초요(迢遙)'란 두 글자는 눈을 읊는 데에 있어 매우 좋으므로, 나도 모르게 두 번이나 쓰게 된 것이다.[314]_

313 눈을 읊은 시 : 【譯注】《동파전집(東坡全集)》 권25의 〈매성유의 손님 구양회부가 화공에게 모암을 그리게 하다……〔梅聖兪之客歐陽晦夫使工畫茅庵……〕〉 시이다.

314 초요(迢遙)란……것이다 : 【攷證 卷3 迢遙二字兩用云云】이에 의하면, 이 주석은 마땅히 바로 위의 〈김신중과 김돈서……〉 시 아래 놓아야 한다.

정부인 김씨[315]에 대한 만사 【기사년(1569, 선조2, 69세) 2월 추정. 서울】

貞夫人金氏挽詞

연안[316] 김씨 계보는 예로부터 잠영의 집안인데	延安金譜舊簪纓
정부인께서도 시집와서[317] 남편이 높은 관직 올랐다오	
	今復移天得顯榮
반평생 이미 길몽이 징험된 적 많았는데	半世已多徵吉夢
중도에 어이해 갑자기 남편을 잃었던 말인가[318]	中途何遽作哀惸
은혜가 황천까지 젖어든 지 18년이 지났고[319]	恩霑夜隧年雙九
경사가 아들에게 이른지 한 달 만에 돌아갔네[320]	慶到兒官月缺盈

---

315 정부인 김씨:【攷證 卷3 貞夫人金】정민공(貞愍公) 이해(李瀣)의 부인이다.

316 연안 :【攷證 卷3 延安】황해(黃海) 우도(右道)에 속하며, 또 다른 군명(郡名)은 시염성(豉鹽城)·오원(五原)이다.

317 시집와서 :【譯注】여자의 출가(出嫁)를 의미한다.【攷證 卷3 移天】《문선(文選)》 에 "스물에 하늘로 여기는 바를 옮긴다.〔二十移所天〕"라고 하였는데, 그 주석에 "여자는 집에서 부친이 하늘이고 출가하면 남편이 하늘이기 때문에 이천(移天)이라 한 것이다." 라고 하였다.《柳河東集 卷41 祭六伯母文》

318 남편을 잃었단 말인가 :【譯注】이해는 1528년(중종23) 문과에 급제하고 1541년 직제학·도승지·대사간·대사헌 등을 역임하였는데 1550년(명종 5) 이기(李芑)의 탄핵을 받아 갑산으로 유배 도중 병사하였다.

319 은혜가……지났고 :【攷證 卷3 恩霑夜隧年雙九】정민공이 원통함을 씻고 관작이 회복되어 영예가 황천까지 미쳤음을 말한 것이다. 정민공은 경술년(1550, 명종5)에 화를 입어 정묘년(1567)에 신원되었으니 18년 만이다.

320 경사가……돌아갔네 :【攷證 卷3 慶到兒官月缺盈】공이 신원된 후에 둘째 아들인 영(寗)이 성현도 찰방(省峴道察訪)에 제수되었는데 얼마 되지 않아 공의 부인이 세상을 떠났다. '달이 이지러졌다가 찼다'는 말을 감안하면 아마도 한 달이 채 되지 않았던 듯하다.

연약한 풀에 날리는 티끌³²¹ 뉘라서 애통하지 않으랴 　　弱草驚塵誰不痛

같은 무덤으로 돌아감은 오히려 다행이구나 　　　　　　歸依還幸是同塋

---

321 연약한……티끌 :【攷證 卷3 弱草驚塵】"사람이 세상을 살아가는 것은 마치 가벼운 티끌이 약한 풀에 깃든 것 같다."라고 하였다. 《三國志 魏書 皇甫謐傳》

권장중³²²의 〈매화 아래서 읊다〉³²³ 시에 차운하다. 2수

【기사년(1569, 선조2, 69세) 3월 하순 추정. 예안(禮安)】

次權章仲梅花下吟 二首

(詩-內卷5-110)

몸 이끌고 옛 산의 구름 속으로 돌아오니	將身得返舊山雲
만사가 통발과 그물³²⁴이라 나눌 필요 없어라	萬事筌蹄不用分
다만 기쁜 건 이 산옹 하얀 두 귀밑머리에	只喜山翁雙鬢雪
천만가지 홍자색을 어지럽게 비치는 것이라네	千紅萬紫照繽紛

(詩-內卷5-111)

네가 아황주³²⁵ 술병을 들고 왔기에	爾來瓶子挈鵝黃

---

322 권장중 : 【譯注】 권호문(權好文, 1532~1587)으로, 본관은 안동(安東), 자는 장중
(章仲), 호는 송암(松巖)이다. 이황의 맏형 이잠(李潛)의 외손자이다.

323 매화 아래서 읊다 : 【譯注】 권호문의 《송암집(松巖集)》 속집 권2에 〈도산에 가서
선생을 뵙고 새벽 달빛 속에 매화 아래에서 술을 마시다〔謁陶山先生曉月飲梅花下〕〉라는
제목으로 실려 있다.

324 통발과 그물 : 【攷證 卷3 筌蹄】 전(筌)은 고기를 잡는 죽기(竹器)요, 제(蹄)는
토끼를 잡는 그물이다. 《장자》〈외물(外物)〉에 "그물이란 목표가 토끼에 있으니 토끼를
잡으면 그물을 잊는다. 통발이란 목표가 물고기에게 있으니 물고기를 잡으면 통발을
잊는다."라고 하였다. 《古今韻會擧要 卷6》

325 아황주 : 【譯注】 좋은 술을 말한다. 【攷證 卷3 鵝黃】 당(唐)나라 두보(杜甫)의
〈배 앞의 작은 오리 새끼〔舟前小鵝兒〕〉 시에 "오리 새끼 누런빛이 술과 같으니, 술을
대하고서 오리의 누런빛 사랑하노라.〔鵝兒黃似酒, 對酒愛鵝黃.〕"라고 하였다. 송(宋)나
라 소식(蘇軾)의 〈배를 타고 가수의 물가 집에 들렀는데 가수가 없어 그의 아들을 만나

하늘 향한 매화 창가에 달빛 씻긴 듯하다 　　　　天向梅窓洗月光

꿈이 깨자 일어나 두어 잔 마시고서 　　　　　　夢覺起來扗數酌

작게 읊노라니 참으로 가슴 가득 향기로다 　　微吟眞覺滿懷香

전에 보여준 '당' 자 운에 삼가 차운하다. 절구 2수 【기사년

(1569, 선조2, 69세) 9월 추정. 예안(禮安)】

奉次前示堂字韻 絕句二首

(詩-內卷5-112)

두 늙은이 마주하여 계당에 앉았으니	兩翁相對坐溪堂
요반326과 청담으로 술 마심을 대신한다	澆飯淸談替擧觴
날 저물어 그대 보낸 후 홀로 문 닫고	日暮送君門獨掩
작은 뜰 섬돌에서 혼자 서성이노라	小庭幽砌自彷徨

(詩-內卷5-113)

가을이 깊어 정자의 경치가 좋으니	秋深景色好亭堂
즐거운 일이라 어찌 꼭 술을 마셔야 하리오	樂事何煩爛酒觴
이 늙은이 벗이 없다 괴이하게 생각 마소	莫怪老人稀伴侶
곳곳마다 함께 놀러 다닐 만하다네	相攜隨處可彷徨

---

326 요반 : 【譯注】 물에 말은 밥을 뜻한다.

KNP0485(詩-內卷5-114~115)

검상 정자중³²⁷이 시 2수를 보내 주더니 얼마 있다가 와서 작별하고 서울로 간다기에 차운하여 삼가 드리다 【기사년 (1569, 선조2, 69세) 3월 25일 추정. 예안(禮安)】

鄭檢詳子中寄詩二首 已而來告別之京 次韻奉贈

(詩-內卷5-114)

어명을 받고 고향 떠나던 지난해 일 생각하노니	奔命辭山憶去年
몇 번이나 동쪽 고향을 바라보며 오랫동안 그렸던고	幾回東望戀悠然
도연명은 이미 돌아갈 때 길을 물었거니³²⁸	陶潛已問歸時路
허사는 무엇 하러 은거할 곳의 밭 구했나³²⁹	許汜何求隱處田
연하의 고질병은 여전히 남았건만	痼疾烟霞依舊在
대궐 향한 깊은 정은 여전히 잊지 못하네	忱情魏闕尙餘懸
더구나 그대와 만났다가 다시 이별하니	與君況復逢還別
봄바람에 고개 돌리매 생각이 더 이어지누나	回首春風思更綿

---

327 정자중 :【譯注】정유일(鄭惟一, 1533~1576)로, 본관은 동래(東萊), 자는 자중(子中), 호는 문봉(文峯)이다.

328 도연명은……물었거니 :【攷證 卷3 陶潛已問歸時路】진(晉)나라 도연명(陶淵明)의 〈귀거래사(歸去來辭)〉에 "행인에게 앞길을 묻노니 희미한 새벽이 한스럽도다.〔問征夫以前路, 恨晨光之熹微.〕"라고 하였다.

329 허사는……구했나 :【譯注】삼국 시대 위(魏)나라 허사(許汜)가 일찍이 유비(劉備)와 함께 이야기를 나누던 중, 한번은 진등(陳登)을 찾아갔더니, 진등이 손님 대접을 제대로 하지 않아 주인인 자신은 높은 침상으로 올라가 눕고, 손님인 자기는 아래 침상에 눕게 하더라고 말했다. 유비가 "그대는 전답이나 집을 구하려고 다니는 사람이라, 채택할 만한 말이 없었기 때문이다.〔君求田問舍, 言無可采.〕"라고 하였다.

(詩-內卷5-115)

홀연 미간에 기쁜 빛이 떠오름을 알았으니[330]	忽覺眉間喜氣浮
물가를 보면서 그대 오기를 기다리리	爲君延佇對芳洲
울긋불긋한 저 꽃들은 마치 반겨 맞는 듯	千紅萬紫如相識
산나물 들나물도 안주로 삼을 만하여라	野蔌山殽亦可羞
우의를 돈독히 하자면 오직 책선뿐이요	友義思敦惟善責
임금 은혜 갚고자 하면 다만 수신뿐이라	君恩圖報只身修
청컨대 벼슬에서 풀려난 산속 이 늙은이 보시게나	請看天放山巖老
허다한 시름 중에 한 시름도 없다네	有許愁中無一愁

---

330 홀연……알았으니 : 【譯注】 희색(喜色)이 얼굴에 가득하여 좋은 일이 있을 것 같다
는 말이다. 당(唐)나라 한유(韓愈)의 〈언성에서 늦도록 마시고 부사 마 시랑과 풍·이
두 원외에게 받들어 올리다〔郾城晚飮奉贈副使馬侍郎及馮李二員外〕〉 시에 "성 위의 붉은
구름은 빼어난 기운을 드러내고, 미간의 누런빛은 돌아갈 기일을 보여주네.〔城上赤雲呈
勝氣, 眉間黃色見歸期.〕"라고 하였다.

동호의 배 위에서 기명언[331]이 먼저 절구 한 수[332]를 쓰고 박화숙[333]이 이어서 쓰자 그 자리에 있던 제공이 모두 저마다 시를 써 주었는데, 나는 떠나기에 앞서 일일이 답하지 못하고, 삼가 전에 지었던 절구 2수의 운자를 써서 여러분들이 나를 전송해 준 과분한 후의에 삼가 답하다 【기사년 (1569, 선조2, 69세) 3월 5일. 서울】

東湖舟上 奇明彦先有一絶 朴和叔繼之 席上諸公 咸各贈言 滉臨行 不能 盡酬 謹用前二絶韻 奉謝僉辱相送之厚意云

(詩-內卷5-116)

배에 앉아 계신 여러분들 모두가 명사이니	列坐方舟盡勝流
떠나려던 마음이 종일토록 붙들려 머물렀네	歸心終日爲牽留
원하노니 한강을 가져다 벼루에 더 부어서	願將漢水添行硯
이별 앞둔 무한한 시름을 써내었으면	寫出臨分無限愁

(詩-內卷5-117)

| 휴퇴를 허여함이 결환을 내림[334]과 어찌 같으리오 | 許退寧同賜玦環 |

---

331 기명언 : 【譯注】 기대승(奇大升, 1527~1572)으로, 본관은 행주(幸州), 자는 명언(明彦), 호는 고봉(高峰)·존재(存齋), 시호는 문헌(文憲)이다.

332 절구 한 수 : 【譯注】《고봉속집(高峯續集)》권1 〈존재만록(存齋漫錄)〉에 〈퇴계선생과 작별하다〔奉別退溪先生〕〉라는 제목으로 실려 있다.

333 박화숙 : 【譯注】 박순(朴淳, 1523~1589)으로, 본관은 충주(忠州), 자는 화숙(和叔), 호는 사암(思庵), 시호는 문충(文忠)이다.

334 결환을 내림 : 【譯注】 결(玦)과 환(環)은 모두 패옥인데, 환은 둥근 고리 모양의

여러분들 전송받으며 고향을 향하노라　　　　　　輩賢相送指鄉關

부끄러워라 네 임금[335]께서 은혜 내려주셨건만　　自慙四聖垂恩眷

부질없이 구구하게 일곱 번을 왕복했음을　　　　空作區區七往還

옥이고 결은 고리의 한 부분이 이지러진 모양의 옥이다. 죄를 지은 신하를 3년 동안
변방으로 방축했다가 다시 조정으로 소환할 경우에는 환을 보내주고, 그대로 둘 경우에
는 절연(絶緣)의 뜻으로 결을 보냈다고 한다.《荀子 大略》【攷證 卷3 賜玦環】《광운(廣
韻)》에 "귀양 간 신하에게 임금이 환(環)을 내리면 돌아오고, 결(玦)을 내리면 임금과의
관계가 끊어진다."라고 하였다.《古今韻會擧要 27》

335 네 임금 :【譯注】중종(中宗)·인종(仁宗)·명종(明宗)·선조(宣祖)를 말한다.

차운하여 용궁 현감 김순거³³⁶에게 답하다³³⁷【기사년(1569, 선조2, 69세) 4월 추정. 예안(禮安)】

次答金龍宮舜擧

(詩-內卷5-118)

백발의 벼슬살이 마음은 아득한데	白髮趨朝意緒茫
학장부단³³⁸을 겸하였으니 근심이 깊다	患深鳧鶴短兼長
허명은 비록 지난날 과분한 칭찬을 받았지만	虛名縱被曾成誤
고절은 오히려 늦게나마 지난 잘못 보상하려 한다오	苦節猶思晚補亡
성상께서는 병든 늙은이 놓아주시는 은혜 내렸건만	天地有恩寬老疾
조정에서는 괜스레 여황을 구별하였구나³³⁹	巖廊多事辨驪黃

---

336 김순거 : 【譯注】 김팔원(1524~1589)으로, 본관은 강릉(江陵), 자는 수경(秀卿)·순거(舜擧), 호는 지산(芝山)이다. 용궁 현감(龍宮縣監)을 역임하였다.

337 차운하여……답하다 : 【攷證 卷3 次答金龍宮】 살펴보건대, 이 시는 신유년(1561, 명종16)에 지은 〈김순거의 시에 차운하다〔次金舜擧〕〉시와 같은 운자를 쓰고 있으며 또한 '두 편의 시를 받은 경사'라는 말도 있으니, 같은 때 받아서 답시를 써준 것임이 분명하다. 아마도 여기에 잘못 편차한 듯하다. 【校解】《정본 퇴계전서 》권1〈김순거가 부쳐준 시에 차운하다. 3수〔次韻金舜擧見寄 三首〕〉이다.

338 학장부단 : 【譯注】 자신이 하고자 하는 은거도 못하고, 정작 벼슬은 해야 하는 처지를 표현한 말이다.《장자》〈변무(騈拇)〉에 "오리의 정강이는 짧지만 이으면 근심하고 학의 정강이는 길지만 자르면 슬퍼한다."라고 하였다. 여기서는 오리나 학도 제각각 길고 짧은 다리 때문에 시름이 있다는 말로 쓰였다.

339 조정에서는……구별하였구나 : 【譯注】 조정에서 이황 자신을 인재로 잘못 알고 선발했다는 말이다. 【攷證 卷3 辨驪黃】 진 목공(秦穆公)이 구방고(九方皐)로 하여금 말을 구하게 하였는데, 석 달 만에 돌아와서 아뢰었다. "이미 얻었는데, 암말에 색은 황색입니다." 가서 보니 수말에 색은 검은색이었다. 진 목공이 기뻐하지 않자, 백락(伯

두 편 시 보내와 경하함은 비록 감사하지만   兩詩來慶雖堪荷

칭찬하시는 말이 너무 지나침이 부끄럽다오   只愧褒言太欠商

(詩-內卷5-119)

봄에 돌아간 일 꿈속에 이미 아득한데   夢裏春歸已杳茫

긴 여름 그대 생각에 시름을 어이하리오   思君長夏奈愁長

궁하게 사니 정히 한유가 상석으로 이끌었음[340]과 같고

                            居窮正似韓延座

병 만남이 도리어 공자가 없을 때 엿본 것과 같아라[341]

                            遇病還如孔瞯亡

물고기 즐거움[342]은 물아를 분별한 적 없으니   魚樂本無分物我

樂)이 "구방고가 본 것은 천기(天機)라서 그 정밀함은 얻고 소략함은 잊었으며 내면의 것만 중시하고 외면의 것은 잊은 것입니다."라고 하였다. 말이 이르렀는데, 과연 천하의 훌륭한 말이었다. 《列子 說符》

340 한유가 상석으로 이끌었음 : 【攷證 卷3 韓延座】당(唐)나라 한유(韓愈)의 〈궁귀를 보내는 글[送窮文]〉에 "주인이 이에 머리를 떨구고 기운을 잃어 손을 올려 사례하고는 수레와 배를 불태우고 그들을 상석으로 맞이하였다.[延之上座]"라고 하였다.

341 병……같아라 : 【攷證 卷3 遇病還如孔瞯亡】《강록(江綠)》에 "《춘추(春秋)》에 '기약하지 않고 만나는 것을 우(遇)라 한다.'라고 하였다. 사람이 항상 질병을 피하는데 갑자기 만나는 수가 있으니, 이는 마치 '공자가 양화를 피하다가 중도에서 만난 것과 같다'는 뜻이다."라고 하였다. 당나라 한유의 〈송양소윤서(送楊小尹序)〉에 나온다. 【校解】양화(陽貨)가 공자를 만나보고자 했으나 공자가 만나주지 않으니 공자에게 삶은 돼지를 보냈는데, 공자가 그가 없을 때를 틈타 사례를 하러 가다가 길에서 우연히 그와 마주쳤던 일을 말한다. 《論語 陽貨》

342 물고기 즐거움 : 【譯注】장자(莊子)와 혜자(惠子)가 강물 위 다리를 거닐다가 장자가 "피라미가 조용히 노니니 이는 물고기의 즐거움이로다." 하니, 혜자가 "그대는 물고기가 아닌데 어찌 물고기의 즐거움을 아는가?" 하였다. 이에 장자가 "그대는 내가 아닌데

나무가 자라는데 어찌 더욱 청황을[343] 원하리오　　　木生那更願靑黃

그대는 보시라 세상의 이익 다투는 자들이　　　　君看競利人間者

자모의 돈놀이 하는 장사치 부끄러워하지 않는 것을[344]

　　　　　　　　　　　　　　　不恥要錢子母商

내가 물고기의 즐거움을 모르는 줄 어찌 아는가?” 하니, 혜자가 “나는 그대가 아니므로 진실로 그대를 알지 못하니, 그대는 물고기가 아니므로 그대가 물고기의 즐거움을 모르는 것은 분명하다.” 하였다. 《莊子 秋水》

343 나무가……원하리오 : 【攷證 卷3 木生願靑黃】《장자》〈천지(天地)〉에 “백 년 묵은 나무는 쪼개서 희준(犧樽)을 만들고 청색과 황색으로 꾸민다. 그 잘린 토막은 도랑 속에 버려진다. 희준을 버려진 나무토막에 비교하면 좋고 나쁨에 차이가 있지만, 그 본성을 잃게 됨은 마찬가지이다.”라고 하였다. 당나라 한유(韓愈)의 〈제유자후문(祭柳子厚文)〉에 “모든 물건은 재목 되기를 원치 않는다. 청색 황색의 희준은 바로 나무의 재앙이다.”라고 하였다.

344 자모의……것을 : 【攷證 卷3 要錢子母商】청부충(靑蚨蟲)은 매미와 비슷하다. 그 어미와 새끼를 죽여서 각각 그 피로 81전에 바르는데, 시장에서 물건을 살 때 혹 새끼의 피를 바른 동전을 먼저 쓰거나 어미의 피를 바른 동전을 먼저 쓰거나 간에 모두 날아 돌아오니 순환함이 끝이 없다. 이러한 까닭에 《회남자(淮南子)》에서는 ‘전’을 ‘청부’라 이름하였다. 《搜神記 卷13》

충청 감사 유홍지[345]의 시에 차운하다. 2수【기사년(1569, 선조2, 69세) 3월 11일~12일경 추정. 예안(禮安)】[346]

次韻忠淸監司兪泓之 二首

(詩-內卷5-120)

휴퇴를 청해 대궐을 하직하고[347]	乞退辭天上
영남 땅 향하여 돌아왔노라	言歸指嶺南
술잔은 가흥[348]의 관사에서 건네었고	杯傳可興館
배는 달천[349] 시내를 거슬러 올랐지	舟泝達川潭
세상일에 대한 고론에 흠복했고	世事歆高論

---

345 유홍지 :【攷證 卷3 兪泓之】유홍(兪泓, 1524~1594)으로, 본관은 기계(杞溪), 자는 홍지(泓之)·지숙(止叔), 호는 송당(松塘), 시호는 충목(忠穆)이다. 거듭 공신이 되었고, 관직은 좌상에 이르렀다.【校解】유홍은 광국(光國) 평난공신(平難功臣)에 녹훈되고 기성부원군(杞城府院君)에 봉해졌다. 1592년에 좌의정에 이르렀다.

346 충청 감사……2수 :【譯注】《퇴계선생연표월일조록》권4에는 충주(忠州)에서 지은 시로 되어 있다.《정석태, 퇴계선생월일조록4, 2006, 퇴계학연구원, 395~396쪽》그러나 내용으로 보아 퇴계가 예안(禮安)으로 돌아온 뒤에 지은 시로 추정된다.

347 대궐을 하직하고 :【攷證 卷3 辭天上】송(宋)나라 위야(魏野)의 〈구 상공의 생신이라서 부쳐 드리다〔寇相公生辰因有寄獻〕〉시에 "하늘에 잘 가서는 장상을 지내다가 사직하고, 땅으로 돌아와서는 신선이 되었네.〔好去上天辭將相, 歸來平地作神仙.〕"라고 하였다.【校解】《고증》에는 '天上'으로 되어 있으나, 통행본《동관집(東觀集)》에 의거하여 '上天'으로 수정하였다.

348 가흥 :【譯注】충청북도 중원군(中原郡) 가금면(可金面)에 있는 마을 이름인데, 가흥창(可興倉)이라는 조창(漕倉)이 있던 곳이다.

349 달천 :【攷證 卷3 達川】충주 서쪽 8리 지점에 있다. 덕천(德川)이라고도 하고 달천(㺚川)이라고도 한다.

선구를 역방할 일 몹시 설레었다오 仙區聳歷探

보내온 시 그 말이 과중하니 詩來言過重

읊조리며 벽산을 보기에 부끄럽도다[350] 吟對碧山慙

(詩-內卷5-121)

고향으로 자취를 감추던 날 故國藏蹤日

중원에서 이별에 아쉬워하던 때 中原別恨春

어찌 알았으랴 감사의 붓이 那知棠案筆

산골의 보잘 것 없는 이 몸 기억해 줄 줄을 能記鹿羣身

고운 새는 시를 만나 지저귀고 好鳥迎詩哢

산속 꽃은 필묵에 비쳐 새로워라 幽花照墨新

답서 쓰고 고개 다시 돌리노니 酬書更回首

어느 날에나 다시 만날 수 있을거나 何日得重親

---

350 벽산을 보기에 부끄럽도다 : 【譯注】 벼슬을 그만두고 벽산 학사처럼 은거하고자
하나, 과감히 물러나지 못했으니 퇴계 스스로 벽산 보기가 부끄럽다는 말이다. 당(唐)나
라 두보(杜甫)의 〈백학사모옥(柏學士茅屋)〉 시에 "벽산 학사가 은어를 불태우고, 백마
타고 달려가 산야에 은거하였네.〔碧山學士焚銀魚, 白馬却走身巖居.〕"라고 하였다.

안효사[351]에게 드리다 【기사년(1569, 선조2, 69세) 3월 추정. 예안(禮安)】
奉呈安孝思

지난해 만나서 술 한 번 나눴는데	去歲相逢酒一巡
금년엔 그대 있는 곳 바라보며 머리 자주 긁는다[352]	今年相望首搔頻
내 아마도 세상 피한 소 탄 사람[353]인가 싶고	我疑遁世騎牛客
공이야말로 장생의 대추 받은 사람[354]이라	公是長生授棗人
도산의 조용한 방에서 주역을 보고	靜室陶山看古易
노포의 높은 정자[355]에서 남은 봄을 즐기시네	高亭蘆浦樂餘春

---

351 안효사 : 【攷證 卷3 安孝思】안승종(安承宗, 1483~?)으로, 본관은 순흥(順興), 자는 효사(孝思), 호는 집승정(集勝亭)이다. 예천(醴泉) 노포(蘆浦)에 거주하였으며 고려 태상(太常)인 안준(安俊)의 후손이다.

352 머리 자주 긁는다 : 【譯注】그리움이나 번뇌 따위로 마음이 괴로운 모습을 형용한 것으로, 《시경》〈패풍(邶風) 정녀(靜女)〉에 "사랑하되 만나지 못하여 머리 긁으며 머뭇거리도다.〔愛而不見, 搔首踟躕.〕"에서 인용한 말이다.

353 세상……사람 : 【攷證 卷3 遁世騎牛客】살펴보건대, 송(宋)나라 유응지(劉凝之)와 유환(劉渙)이 영상 령(穎上令)이 되었다가, 관직을 버리고 여산(廬山)에 은거했는데 일찍이 〈기우가(騎牛歌)〉를 지은 적이 있다. 《古今合璧事類備要前集 卷42》

354 장생의……사람 : 【攷證 卷3 長生授棗人】한(漢)나라 무제(武帝) 때의 방사(方士) 이소군(李少君)이 "신은 일찍이 바닷가에서 노닐 때 안기생(安期生)을 만난 적이 있었습니다. 안기생이 준 커다란 대추를 먹었는데, 크기가 외〔瓜〕만 하였습니다."라고 하였다. 《漢書 郊祀志》

355 노포의 높은 정자 : 【攷證 卷3 高亭蘆浦】이때 안효사는 고려 우왕(禑王) 때 판봉상시사(判奉常寺事)를 역임한 5대조의 옛터인 노포에 집승정(集勝亭)을 짓고 살면서 퇴계 선생에게 집승정의 10개 경치를 읊은 시의 화답시를 청하였다. 퇴계 선생이 지은 시는 아래에 보인다. 【校解】이황(李滉)의 차운시는 《정본 퇴계전서》권2에 〈집승정에 대한 절구 10수에 차운하다〔次韻集勝亭十絶〕〉라는 제목으로 실려 있다.

공은 화답시 열 수를 지어 달라 마시오 　　　和詩十首公休索

연편누독[356] 그 역시 하나의 속진 일 테니 　　　累牘聯篇亦一塵

---

356 연편누독 : 【譯注】연이은 글들과 쌓인 글들을 말한다. 【攷證 卷3 累牘聯篇】《수서 (隋書)》〈이악열전(李諤列傳)〉에 "연편누독은 달밤의 이슬을 형상화한 데에서 벗어나지 못한다."라고 하였다.

'물리의 지극한 곳이 이르지 않음이 없음에 대해 변론한 존재의 시'에 변론하여 답하다.[357] 2수 【기사년(1569, 선조2, 69세) 미상(未詳)】

辨存齋辨物理之極處無不到詩 二首

(詩-內卷5-123)

사람의 정교함이 물을 아로새길 수 있으니	人巧能雕物
아로새김이 어찌 사람을 정교하게 할 수 있나	雕寧巧得人
지가 능히 물에 이를 수 있다고 한다면	謂知能格物
비유를 취함이 아마도 걸맞지 않으리	取譬恐非倫

---

357 물리의……답하다 : 【譯注】 존재는 기대승(奇大升)의 호로 '물리의……답하다' 시는 《고봉집(高峯集)》 속집 권1 〈존재만록(存齋謾錄)〉에 〈격물을 풀이하다〔釋物格〕〉라는 제목으로 실려 있고, 퇴계의 이 시가 〈답하여 변론하다〔答辯〕〉라는 제목으로 실려 있다. 【攷證 卷3 辨存齋云云】 시의 뜻에 의거해 보건대, 아마도 초년의 설인 듯하니, 만년에는 존재의 설을 따랐다. 《정본 퇴계전서》 권6 BNL0629A 〈기명언에게 답하다〔答奇明彥〕〉 편지의 별지에 보인다. 【校解】 '물리지극처무부도(物理之極處無不到)'는 《대학》 경문 (經文)의 '물격(物格)'의 뜻을 풀이한 송나라 주희(朱熹)의 주석 내용이다. 기대승은 "사물의 이(理)의 지극한 곳이 이르지 않음이 없다."라고 풀이하여 이(理)가 나의 마음에 이른다는 뜻으로 이해하고, 이황은 "사물의 이(理)의 지극한 곳에 이르지 않음이 없다." 라고 풀이하여 나의 마음의 지(知)가 사물의 이치에 이른다는 뜻으로 풀이했는데, 이황 은 이후에 기대승의 견해를 수용하였다. 이현일(李玄逸)은 '도(到)' 자의 뜻에 대하여 "저기에서 여기에 이른다는 뜻이 아니라, 바로 이(理)가 이르고 정(情)이 이르고 나아가 이른다는 '도(到)'로, '진(盡)' 자의 뜻과 같다. 사물의 이(理)를 궁구하여 사물의 극치에 이르면 사물의 이가 도진(到盡)하여 남김이 없게 된다는 말이다."라고 하였다. 《葛庵集 卷12 答申明仲 【益愰○戊寅】, 卷19 愁州管窺錄》

아로새겨 능히 지극함에 나아가면 　　　雕而能詣極

나아간 것 그 어찌 사람이 아니리오 　　詣者豈非人

물이 아로새겨져 나아갔다고 한다면 　　謂物雕能詣

말이 어찌하여 너무도 걸맞지 않으랴 　　言何太不倫

관서로 가는 정자 우경선³⁵⁸에게 증별하다 【기사년(1569, 선조2, 69세) 1월 1일경 추정. 서울】

贈別禹景善正字之關西

지난날 야부인 나를 찾아와 주었는데	昔日蒙君訪野夫
서울에서 다시 볼 줄 어찌 생각이나 했으랴	長安重見豈曾圖
사람들 만나 반갑게 웃을 일 없는 것은 아니지만	非無對衆開顔面
시냇가 서당에서 전모 읽던 때와는 같지 않아라	不似臨溪講典謨
바른 학문은 응당 공부를 익숙히 하는 데 달렸을 뿐이오	
	正學只應功在熟
헛된 명성은 필경 오활한 일로 치부해야지	浮名一任事歸迂
장부의 이별의 한 아녀자가 아니리니	丈夫別恨非兒女
그럭저럭 세월만 보내 소유가 되지 말게나	愼勿因循作小儒

-지난 번 지적한 말을 듣고 내 몸에 소름이 돋았으니³⁵⁹, 이 졸구(拙句)를 쓸데 없이 다른 이에게 보이지 말도록 하시오. 부디 잘 가시게나.-

---

358 우경선 : 【譯注】우성전(禹性傳, 1542~1593)으로, 본관은 단양(丹陽), 자는 경선 (景善), 호는 추연(秋淵)이다.

359 소름이 돋았으니 : 【攷證 卷3 寒粟】송(宋)나라 소식(蘇軾)의 〈눈 내린 후 북쪽 누대의 벽에 쓰다〔雪後書北臺壁〕〉시 2수 중 제1수에 "얼음 같은 기운이 어깨〔玉樓〕에 붙으니 싸늘히 소름이 돋고, 빛이 눈〔銀海〕에 어른거리니 어질어질 안화(眼花)가 생기 네.〔凍合玉樓寒起粟, 光搖銀海眩生花.〕"라고 하였는데, 주석에 "조비연(趙飛燕)은 춤게 만들어도 몸에 소름이 돋지 않았다."라고 하였다. 《東坡詩集註 卷28》

차운하여 우경선[360]에게 답하다. 2수 【기사년(1569, 선조2, 69세) 6월

8일 추정. 예안(禮安)】

次韻答禹景善 二首

(詩-內卷5-126)

친구가 도성에 머물러 있으면서	故人在日下
나에게 편지 한 장 보내 주었지	寄我一封書
나는 온전히 물러나지 못해 한인데	我恨稽全退
그대는 좋은 벼슬 제수됨[361]을 꺼리는구려	君嫌近美除
예전에 하던 공부 논할 날을 기약 못하니	未期論舊學
부질없이 정사에서 함께 하던 생각만 난다	空憶共精廬
벼슬길에는 번복이 많으니	宦海多飜覆
〈수초부〉 짓는 일[362]을 어이 잊으랴	寧忘賦遂初

　－사직을 청하였으나 이루어지지 않았으니, 물러났어도 온전히 물러난 것이 아니다. 그러므로 이렇게 말한 것이다.－

---

360 우경선 : 【譯注】 우성전(禹性傳, 1542~1593)으로, 본관은 단양(丹陽), 자는 경선(景善), 호는 추연(秋淵)이다.

361 좋은 벼슬 제수됨 : 【攷證 卷3 美除】 이때 우경선은 직한림원(直翰林院)을 맡고 있었다. 【校解】 우성전은 1568년(선조1) 증광 문과에 병과로 급제하고, 예문관검열·봉교, 수찬을 역임하였다. 《고증》에서 '직한원(直翰院)'이라 한 것은 예문관 시절을 의미하는 듯하다.

362 수초부 짓는 일 : 【攷證 卷3 賦遂初】 진(晉)나라 손작(孫綽)은 젊을 때부터 고상한 뜻을 지녔는데, 일찍이 〈수초부(遂初賦)〉를 지어 그 뜻을 나타내었다. 환온(桓溫)이 천도를 청하자 손작이 상소하여 탄핵하니, 환온이 불쾌해하며 "그대는 어찌하여 〈수초부〉를 따르지 않고 남의 나라 일을 알려 하는가?"라고 하였다.《晉書 孫楚列傳》

(詩-內卷5-127)

산의 흥취 다름 아니라 마음이 편할 뿐이니	山趣無他只晏如
고개 돌려 그리워함에 이따금 나 홀로 시름한다	回頭時復獨愁予
명년에 화군자³⁶³ 필 때 기다린 후에	明年好待花君子
연하 속에서 삶이 고독하다 한탄하지 않으리	不向雲霞恨索居

　-연못물이 차가워 연꽃을 심기에 맞지 않기에 따로 작은 못을 만들어 명년에 서쪽 기슭에 심어서 기르려고 한다. 이곳 가까이에는 사는 사람이 없다.-

---

363 화군자 : 【譯注】여기서 군자는 연꽃을 말한다. 송(宋)나라 주돈이(周敦頤)의 〈애련설(愛蓮說)〉에 "연꽃은 꽃 가운데 군자이다.〔蓮花中之君子也〕"라고 하였다.

우경선[364]의 〈국화와의 문답〉 시에 차운하다. 6수 【기사년

(1569, 선조2, 69세) 9월 10일 이후 추정. 예안(禮安)】

次韻禹景善菊問答 六首

국화에게 묻다 問菊

(詩-內卷5-128)

물성이 바뀌어가는 것 언제나 싫어하노니	常嫌物性有遷移
좋은 것 거의 없고 나쁜 것 점점 불어난다	美者無幾惡轉滋
어이 알았으랴, 뜰 가득한 서리 아래 걸물[365]이	豈謂滿庭霜下傑
반이나 다북쑥처럼 되어 또 병들게 되었음을[366]	半成蓬艾亦離支

(詩-內卷5-129)

금년이라 여름 장마로 지력이 마비되니	今年夏潦坤成痺
노란 국화 정절 변해 시속 작태 띠려 하누나[367]	黃菊渝貞欲入時

---

364 우경선 : 【譯注】 우성전(禹性傳, 1542~1593)으로, 본관은 단양(丹陽), 자는 경선(景善), 호는 추연(秋淵)이다.

365 서리 아래 걸물 : 【譯注】 국화의 별칭이다. 【攷證 卷3 霜下傑】 진(晉)나라 도연명(陶淵明)의 〈곽 주부에게 화답하다(和郭主簿)〉 시에 "이 곧고 빼어난 자태 마음에 품으니, 우뚝하여라, 서리 아래 걸물이로다.〔懷此貞秀姿, 卓爲霜下傑.〕"라고 하였다.

366 병들게 되었음을 : 【攷證 卷3 離支】《강록(江錄)》에 "병들었음을 말한다."라고 하였다. 한(漢)나라 사마상여(司馬相如)의 〈상림부(上林賦)〉에 "은부와 욱체, 답답과 이지〔隱夫薁棣, 荅遝離支.〕가 후궁에 벌여 있으며, 북쪽 동산으로 줄지어 있습니다."라고 하였다.《운부군옥(韻府群玉)》권2에 "이지는 '절로 다르다'는 뜻이다."라고 하였다. 【校解】《고증》에는 '荅'이 '荅'으로 되어 있으나 통행본에 의거하여 수정하였다. 〈상림부〉의 '이지'는 곧 '여지(荔支)'로 과일 이름이므로, 이 시의 뜻과 맞지 않는 용례이다.

그래도 작은 떨기에 옛 빛을 지녔으니 　　　　　尙有小叢依舊色

향기 머금은 건 다른 꽃들처럼 되는 게 부끄러워서가 아니랴

　　　　　　　　　　　　　　　　　　　含芳無乃恥同期

(詩-內卷5-130)

정원에 서리 내릴 제 날마다 조용히 찾았으니 　　　東園霜露日幽尋

예전의 깊은 흥취 아직도 생각난다 　　　　　　尙憶從前趣興深

푸른 잎 사이에 금빛 꽃 간간이 있지 않다면 　　不有數叢金間綠

한 동이 술로 어디에서 국화의 여운을 완상할거나 　一尊何處玩餘陰

국화가 답하다 菊答

(詩-內卷5-131)

곤황[368]은 하늘이 준 것이니 내 어찌 변하리오 　坤黃天賦我何移

초췌해도 오히려 비와 이슬에 불어난다 　　　　憔悴猶承雨露滋

풍상이 땅에 가득한 삼경 속에서 　　　　　　滿地風霜三徑裏

도옹을 기다리며 잘 견뎠다오[369] 　　　　　陶翁相待好樽支

367　시속……하누나 : 【攷證 卷3 欲入時】《강록(江錄)》에 "국화가 병들어 피지 못하여 심한 서리에도 굴하지 않는 절개를 잃었으니, 시속의 작태를 띠려는 듯함을 말한다."라고 하였다.

368　곤황 : 【攷證 卷3 坤黃】 송(宋)나라 소식(蘇軾)의 〈주손지에게 드리다〔贈朱遜之〕〉 시에 "곤상에는 정색이 있고, 국의 또한 아름다운 이름이네〔坤裳有正色, 鞠衣亦令名.〕" 라고 하였다.

369　도옹을……견뎠다오 : 【譯注】 진나라 도연명의 〈귀거래사(歸去來辭)〉에 "삼경은 묵었으나, 소나무와 국화는 아직 남아 있네.〔三徑就荒, 松菊猶存.〕"라고 하였다.

(詩-內卷5-132)

분분한 꽃들 변화하는 것은 무슨 일인가	紛紛受變知何事
막막한 이때에 정절을 품었다오	漠漠懷貞向此時
굴원에게 아뢰노니[370] 탄식은 마시오	爲報靈均休歎息
남은 꽃잎을 오히려 그대와 볼 수 있으리니	殘芳猶足與君期

(詩-內卷5-133)

다른 꽃들은 다 져서 이미 찾기 어려운데	衆芳蕪沒已難尋
나 국화까지 변하였으니 몹시 괴이하구나	變到金英怪亦深
황상 원래 절로 길하다[371]는 말 믿지 못하겠으니	不信黃裳元自吉
잘못 요기[372]를 가지고 조석에 따라 뒤바뀐 것을	枉將妖氣眩晴陰

---

370 굴원에게 아뢰노니 : 【譯注】 전국 시대 초(楚)나라 굴원(屈原)의 〈이소(離騷)〉에 "강리와 벽지를 몸에 걸치고, 가을 난초를 꿰어서 허리에 찬다.……아침엔 목란의 떨어진 이슬을 마심이여, 저녁엔 가을 국화의 떨어진 꽃잎을 먹는도다.〔扈江離與辟芷, 紉秋蘭以 爲佩.……朝飲木蘭之墜露兮! 夕餐秋菊之落英.〕"라고 하였다.

371 황상……길하다 : 【譯注】《주역(周易)》〈곤괘(坤卦) 육오(六五)〉 효사(爻辭)에 "누런 치마라 크게 길하다.〔黃裳元吉〕"라고 하였는데, 송나라 정이(程頤)의《이천역전(伊川 易傳)》에 "황색〔黃〕은 중색(中色)이고, 치마〔裳〕는 아래에 입는 옷이다. 중도(中道)를 지키면서 아래에 거하면 크게 선하여 길할 것이니, 분수를 지킴을 말한 것이다."라고 하였다.

372 요기 : 【攷證 卷3 妖氣】《강록(江錄)》에 "요황(妖黃)을 이르는 말이다."라고 하였다. 오대(五代) 왕인유(王仁裕)의《개원천보유사(開元天寶遺事)》에 "침향정(沈香亭) 앞의 모란이 아침에는 초록색이다가 저물녘에는 노랗게 되니, 당(唐)나라 현종(玄宗)이 '이는 화목(花木) 중의 요사스러운 것이다'라고 했다." 하였다.

선유동 팔영[373] 경오(1570년, 선조3, 70세) 【예안(禮安)】

仙遊洞八詠 庚午

(詩-內卷5-134)

칠송정에서 달을 기다리다 松亭待月

솔이 일어나 은둔한 일곱 사람 되었으니[374]	松爲作者七人哉
달과 벗하여 셋이 되려면 그림자를 기다려야지[375]	月友成三待影來
천암만학이 선계를 이루었음을 알겠으니	坐覺千巖成玉界
한 동이 술로 오늘 밤에 함께 배회하노라	一尊今夜共徘徊

(詩-內卷5-135)

엄암에서 수계[376]를 갖다 广巖修禊

천고토록 산음의 좋은 일[377]이 전해지니	千古山陰勝事傳

---

373 선유동 팔영 : 【攷證 卷3 仙遊洞八詠】 서애(西厓) 유성룡(柳成龍)의 《영모록(永慕錄)》에 "청주(淸州) 동쪽 청천현(淸川縣)에 파곳사(葩串寺) 선유동(仙遊洞)이 있는데 산수의 경치가 뛰어나게 좋다. 산중에 거사(居士) 이령(李領)이 살면서 자호를 칠송(七松)이라 하였는데, 대곡(大谷) 성운(成運)과 퇴계 선생(退溪先生) 모두 그에게 준 시가 있다."라고 하였다. 【譯校】 성운이 지어준 시는 《대곡집(大谷集)》 권상(卷上)에 〈칠송팔경(七松八景)〉이라는 제목으로 실려 있다.

374 솔이……되었으니 : 【譯注】 《논어》 〈헌문(憲問)〉에 "일어나 은둔한 자가 일곱 사람이다.〔作者七人矣〕"라고 하였다. 【攷證 卷3 松爲作者七人哉】 살펴보건대, 이령의 자호가 칠송이기 때문에 그렇게 말한 것이다.

375 달과……기다려야지 : 【譯注】 당(唐)나라 이백(李白)의 〈월하독작(月下獨酌)〉 시 4수 중 제1수에 "술잔 들어 밝은 달을 마중하니, 나와 달과 그림자가 세 사람을 이루었네.〔擧杯邀明月, 對影成三人.〕"라고 하였다.

그대와 종일토록 풍광을 감상하노라 與君終日賞風烟

지금을 보고 옛날을 봄을 아예 묻지 마시게[378] 視今視昔都休問

바람을 쐬고 시를 읊는 것 본래 절로 즐거운 일이라오[379]

風詠從來樂自然

(詩-內卷5-136)

파곳[380] 승려를 찾아 가다 葩串尋僧

숲 사이 옛길로 이끼 밟고 가노라니 踏破林間古逕苔

선방의 꽃과 나무 누구 위해 심었는지 禪房花木爲誰栽

이 가운데 유한한 정취 보러 온 것이지 箇中自趁幽閒趣

---

376 수계 : 【譯注】3월 상사일(上巳日)에 냇가에 가서 몸을 씻으며 한 해의 액운을 면하고자 하는 풍속이다. 【攷證 卷3 禊】'계'는 상서롭지 못한 것을 푸닥거리로 제거하는 것이다. 《廣韻 卷4》【校解】《고증》에 《광운》을 《문선》의 주석이라고 한 것은 오류이다.

377 산음의 좋은 일 : 【譯注】진(晉)나라 왕희지(王羲之)가 삼월 삼짓날 명사(名士) 41명과 회계(會稽) 산음(山陰)의 난정(蘭亭)에 모여 수계(修禊)하며 유상곡수(流觴曲水)를 즐기고, 〈난정기(蘭亭記)〉라는 명문(名文)을 남겼던 일을 말한다.

378 지금을……마시게 : 【譯注】진나라 왕희지의 〈난정집서(蘭亭集序)〉에 "후세에 지금을 보는 것이 또한 지금 과거를 돌아보는 것과 같을 것이니, 슬픈 일이다.〔後之視今, 亦猶今之視昔, 悲夫.〕"라고 하였는데, 이를 인용한 것이다.

379 바람을……일이라오 : 【譯注】공자가 자로(子路)·증점(曾點)·염유(冉有)·공서화(公西華) 등의 제자에게 각각 자기의 뜻을 말해 보라 하여, 다른 제자들이 말을 마친 후 다시 증점에게 묻기를 "점아, 너의 생각은 어떠하냐?〔點爾何如?〕"라고 하자, 그가 슬(瑟)을 천천히 타고 있다가 쟁그랑 소리와 함께 내려놓고 대답했다. "늦은 봄에 봄옷이 만들어지면 관자(冠者) 대여섯 명, 동자(童子) 예닐곱 명과 함께 기수(沂水)에서 목욕하고 무우(舞雩)에서 바람을 쐬고 읊조리며 돌아오겠습니다." 《論語 先進》

380 파곳 : 【譯注】충청북도 청주(淸州)에 있는 산 이름이다.

승려 찾아 불법 물으려 온 것은 아니라오   不是尋僧問法來

(詩-內卷5-137)

황양에서 봄 경치를 구경하다 黃楊賞春

도원에 봄이 들어 날씨가 따뜻하니   春入桃源日載陽
산꽃과 시내 풀이 천향을 풍기누나   巖花澗草發天香
동선은 이날 세상을 떠나 멀어졌으니   洞仙此日遺蹤杳
날 더러 신선이라 해도 괜찮으리라   呼我爲仙亦不妨

(詩-內卷5-138)

사평에서 소를 기르다 沙坪牧牛

돌 꾸짖어 양이 됨[381]은 괴신에 가깝고   叱石爲羊近怪神
소를 타고 세상 피함[382] 그 또한 놀라워라   騎牛遁世亦驚人
어찌 목동이 안개 긴 풀숲 속에서   何如牧豎烟蕪裏
저무는 봄날 석양 속에 젓대를 부는 것만 하리오   一笛斜陽弄晚春

---

381 돌……됨 : 【攷證 卷3 叱石爲羊】진(晉)나라 갈홍(葛洪)의《신선전(神仙傳)》〈황초평전(黃初平傳)〉에 "황초평이 나이 15세에 양을 쳤는데, 도사가 있어 그를 따라 금화산(金華山) 석실 속으로 들어가서 40여 년을 지냈다. 그 형 황초기(黃初起)가 여러 해를 찾았으나 찾지 못했는데, 뒤에 한 도사를 따라가서 황초평과 서로 만나게 되었다. 양이 어디에 있는지 묻자, 산 동쪽에 있다 하기에 형이 가보니 흰 돌만 보일 뿐이었다. 황초평이 꾸짖었더니 흰 돌들이 모두 일어나 수만 마리의 양이 되었다."라고 하였다.

382 소를……피함 : 【譯注】남조 시대 송(宋)나라 유응지(劉凝之 유환(劉渙))가 영상령(潁上令)이 되었다가, 관직을 버리고 여산에 은거하며 일찍이 〈기우가(騎牛歌)〉를 지었다.

(詩-內卷5-139)

선동에서 학을 찾다 仙洞訪鶴

골짜기에 사는 선학은 찾아볼 수 없으니	洞裏仙禽省見稀
단사는 정수리 되고 눈은 옷이 되었지[383]	丹砂爲頂雪爲衣
어느 때나 달 밝고 바람 맑은 밤에	幾時月白風淸夜
구름 속 왕자진[384]을 싣고 돌아올거나	載得雲間子晉歸

(詩-內卷5-140)

화산에서 약초를 캐다 花山採藥

선산에 신령한 비 내려 옥 같은 싹 길러내니	仙山靈雨長瓊苗
이걸 캐서 먹은 이는 환골탈태 했다 하네	採服人言自蛻超
선옹에게 물어서 신선 비결을 찾고자 하니	欲問仙翁求寶訣
몸이 늙어 효험이 없다 아랑곳하지 않노라	不嫌身老見功遙

(詩-內卷5-141)

기탄에서 낚시를 하다 歧灘釣魚

호서 쪽으로 가서 도성 먼지 밟기 귀찮아	懶向湖西踏軟紅
맑은 시내 흰 구름 속에 낚싯대 드리운다	淸溪垂釣白雲中
옆 사람은 비웅의 점 얘기를 마소[385]	傍人莫說非熊卜

---

383 단사는……되었지 : 【譯注】 단정학(丹頂鶴)을 말하는데, 선학(仙鶴)이라고도 한다. 이마 부분이 붉고 깃털은 흰색이다.

384 왕자진 : 【譯注】 자진(子晉)은 주 영왕(周靈王)의 태자 진(晉)으로, 왕자교(王子喬)라고도 불린다. 이락(伊洛) 지역에서 생황을 불어 봉황의 울음소리를 내며 노닐다가 뒤에 신선이 되어 백학(白鶴)을 타고 승천하였다. 《列仙傳 王子喬》

백구가 이 늙은이에게 가까이 않을까 두렵다오³⁸⁶　怕遣沙鷗不近翁

---

385 비웅의……마소 : 【譯注】 주나라 문왕(文王)이 어느 날 사냥을 나가면서 점을 치니 점사(占辭)에 "용도 아니고 이무기도 아니며, 곰도 아니고 말곰도 아니며〔非熊非羆〕, 범도 아니고 비휴도 아니니, 얻을 것은 패왕의 보좌로다."라고 했는데, 과연 위수(渭水) 가에서 강태공(姜太公)을 만나 그를 후거(後車)에 태워 돌아왔다. 《史記 齊太公世家》 여기서는 이황이 관직에 나갈 생각이 없음을 말한 것이다.

386 백구가……두렵다오 : 【譯注】 바닷가에 사는 어떤 사람이 갈매기를 매우 좋아하여 매일 아침 바닷가로 가서 갈매기와 놀았는데, 날아와서 노는 갈매기가 백 마리도 넘었다. 그의 아버지가 '내가 들으니 갈매기들이 모두 너와 함께 논다고 하던데, 너는 그 갈매기를 잡아 와라. 나 역시 갈매기를 좋아한다.'라고 하였다. 다음날 그가 바닷가로 나가니 갈매기들이 날아다니기만 할 뿐 아래로 내려오지 않았다고 한다. 《列子 黃帝》

이 거사에게 주다 【경오년(1570, 선조3, 70세), 예안(禮安)】

贈李居士

선유동의 이 거사 막대 하나 짚고 와서 　　仙洞居士攜一筇

월악³⁸⁷이라 귀담으로 도옹을 찾아왔네 　　月嶽龜潭訪陶翁

스스로 하는 말이 명산들을 두루 돌고 　　自云走遍諸名山

내일 아침 웃으며 청량산으로 든다 한다 　　明朝笑入淸凉中

나와 작별하고 돌아가 머물지 않으니 　　歸來別我不作留

한 조각 하늘의 구름처럼 표연히 떠가누나 　　飄若一片空雲浮

애오라지 팔영을 화답하여 그대에게 드리니 　　聊和八詠贈子去

동선이 노닐던 곳 따라서 잘 노닐구려 　　好逐洞仙遊處遊

---

387 월악 : 【攷證 卷3 月嶽】산 이름으로, 청풍부(淸風府) 남쪽 50리 지점에 있다.

무제 【경오년(1570, 선조3, 70세) 예안(禮安)】
無題

푸른 산 흰 구름 속 성선옹[388]에게 　　　　　　青山白雲成仙翁

소식 전해 물으려는데 구름이 천겹이라 　　　寄聲欲問雲千重

다만 선산의 이 거사[389]가 있어 　　　　　　唯有仙山李居士

때로 함께 청산을 왕래하누나 　　　　　　　時與往來青山中

---

388 성선옹 : 【攷證 卷3 成仙翁】《강록(江錄)》에 "아마도 성대곡(成大谷 성운(成運))
을 가리키는 듯하다."라고 하였다. 【校解】성운(成運, 1497~1579)의 본관은 창녕(昌
寧), 자는 건숙(健叔), 호는 대곡이다. 중형(仲兄) 성우(成遇)가 을사사화(乙巳士禍)로
화를 입자 속리산에 대곡서실(大谷書室)을 짓고 은거하였다.

389 이 거사 : 【譯注】이령(李領)으로, 호는 칠송(七松)이다.

KNP0497(詩-內卷5-144)

도산에서 저문 봄에 우연히 읊다 【경오년(1570, 선조3, 70세) 3월 추정. 예안(禮安)】

陶山暮春偶吟

일렁이는 봄바람에 봄 경치 화사하니	浩蕩春風麗景華
우거진 아름다운 나무는 산 언덕에 가득하다	葱瓏佳木滿山阿
한 시내 푸른 물은 마음을 밝히는 거울이요	一川綠水明心鏡
만 그루 붉은 복사꽃은 눈을 비추는 노을이라	萬樹紅桃絢眼霞
조화옹이 어찌 사물들을 사사로이 부림을 용납하리오[390]	
	造化豈容私物物
사람들은 본래 시끄럽게 다투는 법이지	羣情自是競哇哇
산새는 이내 마음 알지 못하고서	山禽不識幽人意
해질녘까지 다정하게 울어 대는구나	款曲嚶鳴至日斜

---

390 사사로이 부림 : 【譯注】《장자(莊子)》〈산목(山木)〉에 "자신이 외물을 외물로 부리면서 주재를 하고, 자신이 외물에 의해 외물로 부림을 받지 않는다면, 어찌 잘못되는 일이 있을 수 있겠는가.〔物物而不物於物, 則胡可得而累邪?〕"라고 하였다.

기명언³⁹¹의 시에 차운하다. 2수³⁹²【경오년(1570, 선조3, 70세) 3월 21

일 추정. 예안(禮安)】

次奇明彦 二首

(詩-內卷5-145)

지난해 이별하며 배타고 고향으로 올라왔었는데	去歲分襟憶泝流
그대가 지금 다시 도성을 떠나려 하는구나	君行今復此遲留
도성 떠나는 마음은 응당 나와 같을 터이니	故應去國同懷抱
위수와 종남산³⁹³ 보며 이렇게 시름하리라	渭水終南如許愁

　-기명언이 벼슬을 그만두고 떠날 적에 동호 남쪽 기슭 기성정사(箕城亭舍)에서
　묵었다.-

(詩-內卷5-146)

호남 영남 찾아다님은 다만 꿈에서일 뿐이니	湖嶺相尋只夢魂
깨어보면 밝은 달이 산문에 가득하다	覺來明月滿山門

---

391 기명언 :【譯注】기대승(奇大升, 1527~1572)으로, 본관은 행주(幸州), 자는 명언
(明彦), 호는 고봉(高峰)·존재(存齋), 시호는 문헌(文憲)이다.

392 기명언의……2수 :【攷證 卷3 次奇明彦二首】살펴보건대, 이 두 시는 기명언이
퇴직하고 귀향할 때 한강에서 묵으며 지은 시로, 앞의 시는 선생이 전년에 퇴직하고
귀향할 때 지은 시의 운자이고, 뒤의 시는 기명언이 새로 지은 시의 운자이다.【校解】
〈고봉선생연보(高峯先生年譜)〉경오년(1570, 선조3) 2월 조에 해당 내용이 보인다.

393 위수와 종남산 :【譯注】당(唐)나라 두보(杜甫)의 〈좌승인 위제(韋濟)에게 삼가
드리다. 22운〔奉贈韋左丞二十二韻〕〉시에 "아직도 종남산을 그리워하니, 고개 돌려 맑은
위수 바라본다오.〔尙憐終南山, 回首淸渭濱.〕"라고 하였다. 종남산은 서울의 남산을, 위
수는 한강을 비유하는 표현이다.

원하노니 이내 심사 밝은 달을 따라가   願將心事隨明月

그대 뜰에 쏟아내어 번민하지 않았으면   寫向君庭不作煩

경오년 계추에 이동³⁹⁴의 천석을 찾아갔다가 이굉중³⁹⁵을
불러 함께 노닐려 하였는데 이굉중이 이미 먼저 떠나 버
리다【경오년(1570, 선조23, 70세) 9월 추정. 예안(禮安)】

庚午季秋 尋伊洞泉石 招宏仲同遊 宏仲已先往矣

(詩-內卷5-147)

말발굽 사이로 때때로 들국화 향기 맡으며	野菊時聞撲馬香
석양 무렵 깊숙이 천석을 찾았노라	幽尋泉石傍斜陽
그대 불러 함께 노닐며 구경하려니	欲招君去同遊賞
그대는 먼저 아득한 곳으로 갔다 하누나	人道君先入杳茫

(詩-內卷5-148)

왕모성 앞 소유천³⁹⁶에	王母城前小有天

---

394 이동 :【攷證 卷3 伊洞】안동시 도산면(陶山面) 원천리(遠川里) 천사(川沙) 위에
있으며 속명(俗名)은 비동(飛洞)이다. 이간재(李艮齋 이덕홍(李德弘))가 이동(頤洞)으
로 고치자 선생께서 편지를 보내 "동명을 모두 세속을 따른다면 말이 되지 않을 것이니,
다만 이동(伊洞)이라 부르는 것이 어떻겠는가?"라고 하셨다.《艮齋先生文集 卷8 年譜
丙寅條》

395 이굉중 :【譯注】이덕홍(李德弘, 1541~1596)으로, 본관은 영천(永川), 자는 굉중
(宏仲), 호는 간재(艮齋)이다.

396 왕모성 앞 소유천 :【譯注】왕모성(王母城)은 경북 안동시 도산면 하계리(下溪里)
건너편 원촌(遠村)의 동남쪽에 있는 성으로, 공민왕(恭愍王)이 안동으로 피난 왔을 때
쌓았다고 전한다. 소유천은 중국 하남성(河南省)에 있는 골짜기의 이름으로 선경(仙境)
을 뜻한다.【攷證 卷3 王母城前小有天】당(唐)나라 두보(杜甫)의 〈진주잡시(秦州雜
詩)〉20수 중 제14수에 "만고토록 구지혈이, 몰래 소유천과 통했다네.〔萬古仇池穴, 潛通

붉은 단풍 푸른 시내는 찬 연기 어리었다　　　　丹楓碧澗映寒烟
그 언제나 요지의 연못을 파서　　　　　　　　何當鑿出瑤池水
연꽃을 가득 심어 더욱 사랑스럽게 할거나　　　滿種蓮花更可憐

小有天.]"라고 하였다. 【校解】《고증》에는 '萬古'가 '聞道'로 되어 있으나 통행본《두소릉
시집(杜少陵詩集)》에 의거하여 수정하였다.

관찰사 이백춘[397]에게 뒤미처 부치다. 3수 이백춘이 관찰사로 도산을 찾아왔는데 장차 사직서를 올리고 서울로 돌아갈 뜻이 있었다

【경오년(1570, 선조3, 70세) 예안(禮安)】

追寄李伯春按使 三首 伯春以方伯 來訪陶山 將有呈辭還京之意

(詩-內卷5-149)

원습을 달리느라[398] 할 일이 많은데	原隰驅馳事萬端
다시 번거롭게 행차가 이 산골에 들어왔구려	又煩旌節入雲山
오히려 온갖 병이 걸려 있는 터에	猶多百病纏身處
옥같이 맑은 그대 풍모를 볼 수 있어라	得見淸標玉映寒

---

397 이백춘 : 【攷證 卷3 李伯春】이양원(李陽元, 1526~1592)으로, 본관은 전주(全州), 자는 백춘(伯春), 호는 노저(鷺渚)이다. 공정왕(恭靖王 정종(定宗))의 6세손으로 영의정을 지냈으며 한산부원군(漢山府院君)에 봉해졌다. 임진년(1592)에 조정에서 내부(內附)하였다는 의론이 있자 탄식하며 8일 동안 먹지 않다가 피를 토하며 죽었다. 시호는 문충(文忠)이다. 【校解】여기서 내부하였다는 의론이란 다음과 같다. 1592년(선조25) 임진왜란으로 선조가 서행(西幸)하자 이백춘이 유도대장(留都大將)으로 한강을 지키다가 불리하여 양주(楊州)로 후퇴, 해유치(蟹踰峙)에서 부원수 신각(申恪)·남병사(南兵使) 이혼(李渾)의 군사와 합세하여 승리한 공로로 영의정이 되었으나, 늘어난 적군을 당하지 못하여 철령(鐵嶺)으로 후퇴하였다. 이때 왕이 요동(遼東)으로 건너가 내부(內附)하였다는 풍설이 전해지자 그는 비통해서 8일간 단식 끝에 피를 토하며 분사(憤死)하였다. 《孤臺日錄 人名錄》

398 원습을 달리느라 : 【譯注】이양원이 1563년(명종18) 종계변무사(宗系辨誣使)의 서장관으로 명(明)나라에 다녀온 일을 말하는 듯하다. 《시경》〈소아(小雅) 황황자화(皇皇者華)〉에 "반짝반짝 빛나는 꽃들이여, 저 언덕이랑 진펄에 피었네.〔皇皇者華, 于彼原隰.〕부지런히 달리는 사신 행차는, 행여 못 미칠까 염려하도다."라고 하였다.

(詩-內卷5-150)

한 동이 술 마주하고 시름을 깼었는데	一尊相對破愁端
작별한 후 지금까지 만산으로 막혀 있다	別去從今隔萬山
훗날 견디지 못하리, 올라가 보는 곳	他日不堪登望處
천연대 위에서 눈만 속절없이 시린 것을	天淵臺上眼空寒

(詩-內卷5-151)

백 가지에 단 하나 맞는 것이 전혀 없어	百算全無可一端
돌아와 도로 들어갈 곳으로 산 같은 것이 있어라	旣歸還入有如山
그저 이 늙은 몸은 우인의 의³⁹⁹를 가지고	唯將白首虞人義
날마다 도성 향해 면직 바라느라 병든 눈이 시리구나	
	日望恩休病眼寒

---

399 우인의 의 : 【譯注】 자신에게 맞는 부름이 아니면 가지 않는 것을 말한다. 여기서는 걸맞지 않은 직책으로 불렀기 때문에 퇴계가 나가지 않았음을 의미한다. 무진년(1568, 선조1) 1월에 의정부 우찬성(議政府右贊成)에 임명되어 사직소를 올리자, 체차(遞差)되고 판중추부사(判中樞府事)가 되었다. 7월에 대궐에 나아가 사직소를 올렸으나 그 후 대제학과 이조 판서, 우찬성에 제수되었으나 모두 극력 사양하고 받지 않았다. 《高峯集 卷3 退溪先生墓碣銘先生自銘竝書》 《맹자》 〈만장 하(萬章下)〉에 "대부를 부르는 방법으로 우인을 부르니, 우인이 죽어도 감히 가지 않았다.〔以大夫之招招虞人, 虞人死不敢往.〕"라고 하였다.

구암정사[400] 【경오년(1570, 선조23, 70세) 6월 16일 이후 추정. 예안(禮安)】

龜巖精舍

낙서가 나오자[401] 성인이 출현하셨으니	洛水呈書啓聖神
기자의 홍범구주 천년토록 이륜을 빛내누나	箕疇千載炳彝倫
뉘 알리오, 편액을 걸어 암혈에 사는 사람이	誰知揭號巖栖客
성도의 점치는 이[402] 배우지 않을 줄을	不學成都賣卜人

---

400 구암정사 : 【攷證 卷3 龜巖精舍】이정(李楨)의《구암집(龜巖集)》을 살펴보건대, "만년에 대관대(大觀臺) 아래에 서당을 짓고 구암정사라 편액하였다. 동서(東西)로 재(齋)가 있으니 동편은 거경재(居敬齋)요 서편은 명의재(明義齋)로 선생이 명명한 것이다."라고 하였다.

401 낙서가 나오자 : 【譯注】하(夏)나라의 우(禹)임금 때 낙수(洛水)에서 나온 거북이〔神龜〕등에 있었던 45점의 글씨를 말한다.

402 성도의 점치는 이 : 【譯注】한(漢)나라 엄군평(嚴君平 엄준(嚴遵))을 말한다. 그는 성도에서 점을 쳐주며 먹고 살았는데〔賣卜成都〕하루에 백 전만 벌면 가게의 문을 닫고 주렴을 내렸다.《漢書 王貢兩龔鮑傳》

거경재[403] 【경오년(1570, 선조3, 70세) 6월 16일 이후 추정. 예안(禮安)】

居敬齋

한 치 아교로 천 길 탁류 맑아지나니[404]	一寸膠無千丈渾
가을 달 비친 옥연[405] 그 근원이 깊고 차구나	玉淵秋月湛寒源
평소에 밤낮으로 전전긍긍 삼가니	端居日夕如臨履
이것이 '끊임없이 보존함이 도의의 문'[406]이란 것	箇是存存道義門

---

403 거경재(居敬齋) : 【譯注】 이정(李楨)이 후학 양성을 위해 1569년(선조2)에 지은 구암정사(龜巖精舍)의 동재(東齋)로, 이황이 명명하였다. 이 시는《구암집(龜巖集)》권2 속집에도 〈시(詩)〉라는 제목 아래 실려 있다.

404 한……맑아지나니 : 【譯注】 물욕으로 흐려진 마음이 경(敬) 공부에 의해 맑아진다는 뜻이다. 이덕홍(李德弘)이 이황에게 송(宋)나라 주희(朱熹)의 〈두 수의 시로 경부 장식이 보내온 말에 수답하고 아울러 이로써 이별하다〔二詩奉酬敬夫贈言幷以爲別〕〉 시에서 "어찌 알랴 한 치 아교가, 이러한 천 길의 혼탁함을 없앨 줄을.〔豈知一寸膠, 救此千丈渾?〕"이라고 한 의미를 물으니, 이황이 다음과 같이 대답하였다. "촌교는 아교이다.《서경》〈우공(禹貢)〉에 '제수(濟水)는 물의 성질이 무거워 황하를 가로질러 흐르다가 아현(阿縣)에 이르면 땅속으로 숨어 흐른다. 그러므로 아현 사람들이 우물을 파서 그 물을 얻은 뒤에 아교를 끓이는데, 그 아교가 매우 힘이 있고 무거워서 흐린 물에 던져 넣으면 물이 곧 맑아진다.'라고 하였다. 이는 마음이 물욕으로 흐려졌을 때 경(敬)으로 마음을 잡으면 마음이 문득 깨어나는 것과 같다. 그러므로 선유(先儒)가 경(敬)을 촌교에 비유한 것이다."《退溪言行錄 論持敬》

405 옥연(玉淵) : 【譯注】 사람의 투명하고 천진한 본성을 비유한다.

406 끊임없이……문 : 【譯注】 타고난 본성을 끊임없이 보존하는 것이 도의(道義)가 나오는 근거라는 뜻이다.《주역》〈계사전 상(繫辭傳上)〉에 "하늘과 땅이 자기의 자리를 잡으면 음양의 변화가 그 가운데에서 행해지나니, 이루어진 본성에 보존하고 또 보존하는 것이 도의의 문〔成性存存, 道義之門〕이다."라고 하였다.

명의재[407] 【경오년(1570, 선조3, 70세) 6월 16일 이후 추정. 예안(禮安)】
明義齋

의라는 바른길은 숫돌 같아 평탄하고 분명한데　　　義路如砥坦且明
마음의 촛불 한번 흐려지면 응당 그 길로 다니기 어렵지

　　　　　　　　　　　　　　　　　　一昏心燭故難行
'큰 잠을 깨는 듯하다'는 경계 알고자 한다면　　　欲知大寐如醒處
오직 연정 공부 오래도록 쌓아야 한다네[408]　　　唯在研精積久生

---

407 명의재(明義齋) : 【譯注】 이정(李楨)이 후학 양성을 위해 1569년(선조2)에 지은 구암정사(龜巖精舍)의 서재(西齋)로, 이황이 명명하였다. 이 시는《구암집(龜巖集)》권2 속집에도 〈시(詩)〉라는 제목 아래 실려 있다.

408 큰……한다네 : 【譯注】 연정(研精)은 의리를 정밀히 연구한다는 뜻으로, 오랫동안 의리를 심도 있게 연구해야 큰 잠에서 깨듯 활연관통할 수 있다는 뜻이다. 송나라 장재(張載)가 그 제자 범육(范育)에게 훌륭한 옛사람들에게 미치지 못하는 원인이 무엇인지 묻자 범육이 설명을 청하니, 장재는 자신이 이렇게 물은 이유에 대해 "배우는 자들이 뜻을 둔 채 잊지 않고 마음을 차분한 상태로 유지하여 잠기고 익숙하게 해서 어느 날 홀연히 큰 잠을 깨는 것처럼[如大寐之得醒] 되기를 바라기 때문이다."라고 하였다.《近思錄 卷2 爲學》

대관대[409] 【경오년(1570, 선조3, 70세) 6월 16일 이후 추정. 예안(禮安)】
大觀臺

하찮은 지식과 치우친 견해로 세상이 떠들썩하니	謏聞偏見世爭譁
위수든 경수든 제각기 잘났다고 자랑한다[410]	渭水涇流各自多
높은 누대에 올라 넓고 큰 세상을 한번 볼지니	試上高臺觀遠大
공문(孔門)에서 도를 논한 것이 또 어떠하였나	聖門論道更如何

---

409 대관대 : 【譯注】 경남 사천 만죽산(萬竹山) 아래에 있는데, 이정(李楨)이 이곳에서 독서를 하며 고요히 앉아 만물의 이치를 관찰하면서 '정관(靜觀)'이라고 명명하였다. 이 시는 《구암집(龜巖集)》 권2 속집에도 〈시(詩)〉라는 제목 아래 실려 있다. 【攷證 卷3 大觀臺】 본래 이름은 정관대였는데, 퇴계 선생이 이렇게 고쳤다. 《龜巖集 卷2 別集 大觀臺重修記》

410 위수든……자랑한다 : 【譯注】 위수(渭水)와 경수(涇水)는 모두 황하의 지류로, 청탁·시비를 비유한다. 【要存錄 卷3 渭水涇流各自多】 사론(邪論)이든 정론(正論)이든 막론하고 모두 각각 스스로 높이는 것이다.

불기당⁴¹¹ 【경오년(1570, 선조3, 70세) 6월 16일 이후 추정. 예안(禮安)】

不欺堂

증자(曾子)와 자사(子思)의 심법⁴¹² 하늘의 해와 별 같은데

曾思心法日星懸

인귀의 관문⁴¹³은 자른 듯 더욱 분명하지

人鬼關門更截然

홀로 눕고 걸을 때도 감히 자신을 속이지 말지니⁴¹⁴

獨臥獨行毋敢慢

평상시 어느 곳인들 하늘이 아니겠는가⁴¹⁵

尋常何地不爲天

---

411 불기당(不欺堂) : 【譯注】 이정(李楨)이 후학 양성을 위해 1569년(선조2)에 지은 구암정사(龜巖精舍)의 외실(外室)로, 이황이 명명하였다. 이 시는 《구암집(龜巖集)》 권2 별집에도 〈제현의 시작품〔諸賢詩什〕〉이라는 제목 아래 실려 있다.

412 증자(曾子)와 자사(子思)의 심법 : 【譯注】 《대학》과 《중용》의 내용을 이르는데, 특히 《대학》의 '무자기(毋自欺)'와 《중용》의 '신독(愼獨)'을 가리킨다. 송(宋)나라 주희(朱熹)의 〈중용의 뒤에 쓰다〔書中庸後〕〉에 다음과 같이 말하였다. "내가 일찍이 삼가 이 책을 읽고는 함부로 내 뜻대로 이같이 장구(章句)를 나누었다. 이 책에 대해 정자(程子)께서는 공자 문하에서 전수한 심법〔孔門傳授心法〕이라고 하셨다."

413 인귀의 관문 : 【譯注】 생사의 갈림길이라는 뜻이다. 【攷證 卷3 人鬼關】 《주자어류(朱子語類)》 권15에 "성의(誠意)는 사람과 귀신이 나뉘는 관문이다."라고 하였다.

414 홀로……말지니 : 【譯注】 신독을 강조한 것이다. 송나라 채원정(蔡元定)이 도주(道州)에 유배되어 있을 때 여러 자식에게 편지를 보내 "홀로 걸을 때는 그림자에게도 부끄럽지 않게 하고, 홀로 잘 때는 이불에도 부끄럽지 않게 해야 한다.〔獨行不愧影, 獨寢不愧衾.〕"라고 훈계하였다. 《宋史 蔡元定列傳》

415 평상시……아니겠는가 : 【攷證】 《열자(列子)》에 "종일토록 하늘 중에서 거동한다.〔終日在天中行止〕"라 하였고, 그 주(註)에 "땅 위는 모두 하늘이다."라고 하였다.

해몽⁴¹⁶ 【경오년(1570, 선조3, 70세) 1월 추정. 예안(禮安)】

解夢

이구암(李龜巖)⁴¹⁷이 편지를 보내와 "일전에 꿈속에서 선생님의 서찰을 받았는데 4개의 '심(心)' 자와 4개의 '시(時)' 자를 말씀하셨습니다.……"⁴¹⁸라고 하길래 절구 1수로 해몽하였다.

천릿길 먼 산속 집을 어찌 쉽게 찾아가리오 　　　千里巖棲豈易尋

꿈속의 서찰도 마음을 논한 것이지 　　　　　　夢中書札亦論心

이 마음 보존하는 데 다른 방법 없으니 　　　　此心操攝無餘法

생각마다 때마다 오직 경(敬)을 잊지 않을 뿐 　念念時時著一欽

<hr />

416 해몽 : 【譯注】 이 시에 대한 이정(李楨)의 차운시가 《구암집(龜巖集)》 권1에 〈퇴계 선생의 「해몽」 시에 답하다〔謝退溪先生解夢詩〕〉라는 제목으로 실려 있다.

417 이구암(李龜巖) : 【譯注】 이정(1512~1571)으로, 본관은 사천(泗川), 자는 강이(剛而), 호는 구암이다.

418 일전에……말씀하셨습니다 : 【譯注】 이와 관련한 시가 이정의 《구암집》 권1에 〈기사년(1569, 선조2) 12월 19일 새벽꿈에 퇴계 선생이 편지를 보내와 말씀하셨다……〔己巳十二月十九日曉夢退溪先生送書云……〕〉라는 제목으로 실려 있다.

이구암이 꿈에서 4개의 '심' 자와 4개의 '시' 자를 보고 지은 절구[419]에 또 차운하여 도로 부치다【경오년(1570, 선조3, 70세) 1월 추정. 예안(禮安)】

又次龜巖夢見四心字時字一絶 卻寄

우리 마음은 맑은 거울 빛처럼 밝은데	吾心明似鏡光寒
갈고 닦음에 쉽게 지칠까 스스로 두렵다네	自恐磨治力易闌
다행히 벗이 나의 이 뜻과 같으니	賴有故人同此意
꿈에서 나를 권면한 것 역시 매우 정성스럽구나	夢中相勉亦忱肝

---

419 이구암이……절구 :【譯注】'구암(龜巖)'은 이정(李楨, 1512~1571)의 호로, 본관이 사천(泗川), 자가 강이(剛而)이다. 그가 지은 절구는《구암집(龜巖集)》권1에 〈기사년(1569, 선조2) 12월 19일 새벽꿈에 퇴계 선생이 편지를 보내와 말씀하셨다……〔己巳十二月十九日曉夢退溪先生送書云……〕〉라는 제목으로 실려 있다.

김도성의 시에 차운하다. 절구 3수[420] 【경오년(1570, 선조3, 70세)

11월 8~15일 추정. 예안(禮安)】

次韻金道盛 三絶

(詩-內卷5-159)

들건대 옛날 심양으로 귀향한 나그네[421]가	聞昔潯陽歸臥客
사람 사는 마을에 오두막 짓고 늘 문 닫았다 하네	結廬人境每關門
평소 그 고상한 풍모 감탄하며 우러렀으니	平生歎仰高風處
세상의 시끄러움 피하려 안 해도 절로 끊어졌지[422]	不要逃喧自絶喧

---

420 김도성의……3수 : 【譯注】《물암집(勿巖集)》 권5 〈사우증유록(師友贈遺錄)〉에도 〈김도성의 시에 차운하다[次道盛韻]〉라는 제목으로 실려 있다. 【攷證 卷3 金道盛】 '김도성'은 김륭(金隆, 1549~1594)으로, 본관이 함창(咸昌), 자가 도성, 호가 물암(勿巖)이고, 영천(榮川)에 거주하였다. 명(明)나라 세종(世宗) 가정(嘉靖) 기유년(중종20)에 태어났다. 18세에 퇴계 선생을 찾아와 수학했는데, 묻고 토론하는 모든 사안에 대해 철저히 연구하고 예학에 더욱 심혈을 기울였다. 퇴계 선생이 세상을 떠나자 심상(心喪)하였다. 한창 모친상을 치르고 있을 때 임진왜란이 발발하니 여러 고을에 격문을 보내 충분(忠憤)으로 사람들을 격동시켰다. 탈상한 뒤 1593년(선조26) 윤11월에 천거되어 집경전 참봉(集慶殿參奉)이 되었다. 【校解】《고증》에 '勿巖'이 '勿庵'으로 되어 있는데, 《물암집》 권5 〈증 통정대부……물암 김선생 행장[贈通政大夫……勿巖金先生行狀]〉에 의거하여 수정하였다.

421 심양으로 귀향한 나그네 : 【譯注】 진(晉)나라 도연명(陶淵明)을 이른다. 그는 팽택 현령(彭澤縣令)의 벼슬을 버리고 고향인 심양(潯陽)의 율리(栗里)로 돌아와 유유자적하면서 여생을 마쳤다. 《晉書 陶潛列傳》

422 세상의……끊어졌지 : 【譯注】 사람이 많은 시끄러운 곳에 살아도 속세를 초탈한 마음을 지녔다는 뜻이다. 진나라 도연명의 〈술을 마시다[飮酒]〉 시 중 제5수에 "사람 사는 곳에 오두막 지었으나, 수레와 말의 시끄러운 소리 없지. 묻노니, 그대는 어떻게 그럴 수 있는가, 마음이 초탈하면 사는 곳은 절로 외지기 때문이지.[結廬在人境, 而無車

(詩-內卷5-160)

그대는 용으로 변할 물고기[423]와 정말 같거늘	君身正似鱗將變
내 학문은 아직도 고깃점 맛보지 못한 격[424]	我學還如胾未嘗
세밑이라 귀향하여 학업에 매진할 그대 보내니	歲晏送君歸勉業
추운 집에 홀로 남은 채 마음만 그지없구나	寒齋塊處意偏長

(詩-內卷5-161)

시냇가 서리 내린 집 외진 곳에 있으니	澗上霜扉深且迥
아이종은 움츠린 채 느지막이 문을 연다	山童蝟縮晚慵開
문 닫고 세상 인연 끊었던 일 내 어찌 감히 하랴	關門絶俗吾何敢
추위 무릅쓰고 글 물으러 올 수도 있으니[425]	怕有衝寒問字來

馬喧. 問君何能爾? 心遠地自偏.〕"라고 하였다.

423 용으로 변할 물고기 : 【譯注】학문의 경지가 높아지거나 풍모가 더욱 고결해지는 사람을 비유한다. 한(漢)나라 장형(張衡)의 〈서경부(西京賦)〉에 "바다의 물고기가 변하여 용이 되니, 그 모습 온화하고 부드럽네.〔海鱗變而成龍, 狀婉婉以昷昷.〕"라고 하였다.

424 내……격 : 【譯注】학문의 수준이 높은 경지에 이르지 못했다는 뜻이다. 당(唐)나라 한유(韓愈)의 〈고한 상인을 보내는 글〔送高閑上人序〕〉에 "외물을 사모하여 본업에 전심치지하지 못하는 자는 모두 당에 오르지 못하고 고깃점을 맛보지 못한다.〔不嚌其胾〕"라고 하였다. 【攷證 卷3 胾】'胾'는 독음이 '자(眥)'로, 저민 고기의 큰 덩어리이다.

425 문……있으니 : 【譯注】진나라 도연명이 사직하고 귀향한 뒤에 세상과 인연을 끊었던 것처럼 하지는 않는다는 뜻이다. 【要存錄 卷3 關門……字來】어떤 사람이 추위를 무릅쓰고 글을 물으러 올 수도 있기 때문에 늦게까지 문을 열어 두니, 감히 문을 닫고 스스로 속세의 시끄러움을 끊었던 도연명의 유풍을 본받지 못한다는 뜻이다.

나의 〈천연대〉 시[426]에 화운한 김자앙[427] 수 의 시에 삼가 차운하다 【경오년(1570, 선조3, 70세) 8~9월 추정. 예안(禮安)】

奉次金子昂 晬 和余天淵臺韻

강가 누대에 오를 때마다 홀로 감탄했는데	每上江臺獨喟然
지금 그대도 천연의 뜻을 읊었구려	如今君亦詠天淵
기공[428]의 심오한 뜻을 순공[429]이 밝혔으니	沂公妙處淳公發
천 년 뒤 지금 그 누가 옛글을 이을 수 있을까	千載誰能續舊編

　-자사(子思)의 연비어약(鳶飛魚躍)의 뜻에 대하여 정명도(程明道 정호(程顥))께서 '반드시 일삼는 것을 두고 미리 효과를 기대하지 말라'는 뜻과 같다고 하였으니,[430] 이 의미를 안 뒤라야 '천연'의 심오한 뜻을 이해할 수 있다.-

---

426 나의 천연대 시 : 【譯注】《정본 퇴계전서》 권1의 〈도산잡영(陶山雜詠)〉 시 중 제12수이다. '천연(天淵)'은 《시경》의 '솔개는 날아서 하늘에 이르고 물고기는 못에서 뛴다.〔鳶飛戾天, 魚躍于淵.〕'라는 구절에서 취한 이름인데, 이는 천지의 도가 높은 하늘이나 낮은 못이나 모두 똑같이 드러나 있다는 뜻이다. 《中庸章句 12章》

427 김자앙 : 【攷證 卷3 金子昂】 김수(金晬, 1547~1615)로, 본관은 안동(安東), 자는 자앙, 호는 몽촌(夢村), 시호는 소의(昭懿)이고, 서울에 거주하였다. 명(明)나라 세종(世宗) 가정(嘉靖) 정미년(명조2)에 태어났다. 도산(陶山)에서 퇴계 선생에게 수학했는데 총명과 재주와 과단성으로 중시되었다. 1573년(선조6) 알성문과에 병과로 급제하고, 판중추부사를 역임하였다. 【校解】《고증》에서는 시호를 장의(壯懿)라고 하였다.

428 기공(沂公) : 【譯注】 공자의 손자인 자사(子思)로, 송(宋)나라 휘종(徽宗)이 기수후(沂水侯)에 봉하고, 원(元)나라 문종(文宗)이 기국 술성공(沂國述聖公)에 봉하였다.

429 순공(淳公) : 【譯注】 송나라 정호(程顥)로, 자는 백순(伯淳), 호는 명도(明道)이다.

430 자사(子思)의……하였으니 : 【譯注】 정명도 선생이 다음과 같이 말씀하셨다. "《중용》에서 '연비어약(鳶飛魚躍)은 천지의 도가 높은 하늘이나 낮은 못이나 모두 똑같이 드러나 있음을 말한다.'라고 한 것은 맹자의 '반드시 일삼는 것을 두고 마음속으로 미리 효과를 기대하지 말라〔必有事焉而勿正心〕'는 뜻과 같다." 《晦庵集 卷45 答廖子晦》

KNP0510(詩-內卷5-163)

김자앙[431]의 〈정사에서 새벽에 일어나 닭 울음을 듣고 감회가 있어 짓다〉 시에 차운하다 【경오년(1570, 선조3, 70세) 8~9월 추정. 예안(禮安)】

次子昻精舍曉起聞雞有感韻

꼬끼오 닭울음이 사람의 귀에 울리니	雞鳴喔喔警人聞
순도 도척도 제각각 부지런해[432] 일이 매우 많지	舜蹠孳孳事劇雲
산속 달빛 아래 잠 깨어 탄식하며 홀로 읊조리니	悟歎獨吟山月下
그대가 선행과 이익 잘 분변한다는 걸 알겠구나	知君善利不迷分

---

431 김자앙 : 【譯注】 김수(金睟, 1547~1615)로, 본관은 안동(安東), 자는 자앙(子昻), 호는 몽촌(夢村), 시호는 소의(昭懿)이다.

432 꼬끼오……부지런해 : 【譯注】 선한 사람이나 불선한 사람이나 자신의 일을 열심히 한다는 뜻이다. 새벽에 닭이 울자마자 일어나서 부지런히 선행을 힘쓰는 자는 순임금의 무리이다.〔孳孳爲善者, 舜之徒也.〕 새벽에 닭이 울자마자 일어나서 부지런히 이익을 구하는 자는 도척(盜跖)의 무리이다. 순임금과 도척의 구분을 알고자 한다면, 다름이 아니라 이익과 선행〔利與善〕의 사이에 있을 뿐이다. 《孟子 盡心上》

김언우[433]에게 보이다 【경오년(1570, 선조3, 70세) 3월 추정. 예안(禮安)】
示金彦遇

우주 만물의 변화는 오묘하고 심원하니	萬化機緘妙且淵
봄이 깊어갈 때 안과 밖을 찾을 곳 없구나[434]	春深無處覓中邊
당시에 자사(子思)와 증점(曾點)이 없었다면	當時不有思和點
이 이치가 눈앞에 있다는 걸 누가 알 수 있으랴[435]	此理誰知在眼前

433 김언우 : 【譯注】 김부필(金富弼, 1516~1577)로, 본관은 광산(光山), 자는 언우(彦遇), 호는 후조당(後凋堂), 시호는 문순(文純)이다.

434 안과……없구나 : 【譯注】 봄의 모든 경치에 천리(天理)가 드러나 있다는 뜻이다. 【攷證 卷3 覓中邊】 '안과 밖을 찾는다'는 것은 살펴보건대, 송(宋)나라 소동파(蘇東坡 소식(蘇軾))가 "도연명(陶淵明)의 시는 겉은 무미건조하나 속은 의미심장하니〔外枯而中膏〕, 만약 속과 겉이 모두 무미건조하다면 거론할 것도 없다. 불교의 말에 '사람이 도를 터득하는 것은, 비유하면 꿀을 먹을 때 속과 겉이 모두 달콤한 것과 같다.'라고 하였다. 사람이 오미(五味)의 음식을 먹으면서 그 속과 겉의 맛을 구분할 수 있는 자는 백 명에 한 명도 없다."라고 하였다. 《蘇軾集 補遺 評韓柳詩》

435 자사(子思)와……있으랴 : 【譯注】 자사와 증점(曾點)을 통하여 천리가 어디에나 있다는 것을 알게 되었다는 뜻이다. 자사는 《시경》〈대아(大雅) 한록(旱麓)〉의 "솔개는 날아서 하늘에 이르고 물고기는 못에서 뛴다.〔鳶飛戾天, 魚躍于淵.〕"는 구절이 '천리가 상하사방 어디에나 드러나 있음을 말한다'고 하였고, 증점은 "늦봄에 봄옷이 완성되면 그것을 입고 사람들과 함께 기수(沂水)에서 목욕하고 무우(舞雩)에서 바람 쐬고 한 곡조 읊고서 돌아오겠다.〔詠而歸〕"라고 하였다. 《中庸章句 12章》《論語 先進》【攷證 卷3 不有思和點云云】《강록(江錄)》에 "자사와 증점이 없었다면 이 이치의 오묘한 부분이 단지 목전에 있다는 것을 어찌 알 수 있었겠는가."라고 하였다.

낙모봉⁴³⁶에서 오겸중⁴³⁷의 시에 차운하다 【경오년(1570, 선조3, 70세) 9월 추정. 예안(禮安)】

落帽峯次吳謙仲韻

푸른 산 높은 곳에 함께 오르니	翠微高處共登來
기쁘게 만난 좋은 철에 경물이 재촉한다	佳節欣逢景物催
하늘에 꽂힌 천 개 봉우리는 옥이 서 있는 듯	千峀挿天如玉立
자리 앞의 한 줄기 시내는 옥고리가 도는 듯	一溪對席似環迴
이슬에 젖어 축축한 국화는 황금빛 띠어 곱고	黃花露浥鮮金映
서리 맞아 차가운 단풍은 비단 쌓인 듯 화사하여라	赤葉霜寒爛錦堆
가을바람이 백발을 날리게 그냥 내버려 두니	好遣西風吹白髮
관을 정돈했던 늙은 시인이 그야말로 우습구나⁴³⁸	整冠詩老亦堪咍

---

436 낙모봉 : 【攷證 卷3 落帽峯】예안(禮安)의 건지산(搴芝山) 서쪽 기슭이다.

437 오겸중 : 【攷證 卷3 吳謙仲】오수영(吳守盈, 1521~1606)으로, 본관은 고창(高敞), 자는 겸중, 호는 도암(桃巖)·춘당(春塘)이고, 예안에 거주하였다. 퇴계 선생의 숙부 이송재(李松齋 이우(李堣))의 외손자로, 퇴계 선생의 문하에서 수학하였다. 선성(宣城)의 명필 3명 가운데 한 명이고, 시문은 화려하고 풍부하였다. 1555년(중종10) 소과에 합격하였다.

438 관을……우습구나 : 【攷證 卷3 整冠詩老亦堪咍】당(唐)나라 두보(杜甫)의 〈9월 9일 남전 최씨의 전장에서〔九日藍田崔氏莊〕〉시에 "짧은 머리털에 모자 날려가는 게 부끄러우니, 웃으며 옆 사람에게 모자를 매만져달라 하네.〔羞將短髮還吹帽, 笑倩傍人爲整冠.〕"라고 하였다. ○ 살펴보건대, '咍'는 독음이 '해(咳)'로, 비웃는다는 뜻이다. 초나라 사람들은 서로 비웃는 것을 해(咍)라고 한다. 《說文》《吳都賦 注》

권장중⁴³⁹이 사는 성산⁴⁴⁰의 거처에 부쳐 제하다. 2수 【경오년

(1570, 선조3, 70세) 11월 8일 추정. 예안(禮安)】

寄題權章仲棲城山 二首

(詩-內卷5-166)

젊은 시절 노닐던 곳 바로 성산이니	少年遊迹記城山
산과 내 아스라한 속에 풍광이 아름답지	形勝山川縹緲間
그대 머문다는 소식 듣고는 기뻐하는 백발노인	白首喜聞棲息事
책 들고 가려다가 다시금 머뭇머뭇 서성인다	欲攜書去更盤桓

(詩-內卷5-167)

산속 높은 곳의 사찰⁴⁴¹이 멀리 강을 굽어보는 곳	蘭若山高水逈臨
흰 구름과 푸른 대숲은 찾아 노닐기 좋았지	白雲靑竹好遊尋
누가 알랴, 오십 년 전 옛일에 대해	誰知五十年前事
감개 속에 시 지을 때 그리움 그지없음을	感槩題詩思不禁

---

439 권장중 : 【譯注】 권호문(權好文, 1532~1587)으로, 본관은 안동(安東), 자는 장중(章仲), 호는 송암(松巖)이고, 이황의 맏형 이잠(李潛)의 외손자이다. 그는 소과에 합격했으나 모친상을 당하자 관직 생활을 단념하고 청성산(靑城山) 아래에 무민재(無悶齋)를 지어 은거하면서 학문에 매진하였다.

440 성산 : 【攷證 卷3 城山】 청성산으로, 안동부(安東府) 서쪽 20리 지점에 있다.

441 산속⋯⋯사찰 : 【要存錄 卷3 蘭若山高】 청성산에는 예전에 사찰이 있었는데, 이름이 백운(白雲)으로 멀리 낙동강을 굽어보았다. 당(唐)나라 두보(杜甫)의 〈진체사의 선사를 찾아뵙다〔謁眞諦寺禪師〕〉 시에 "산속 높은 곳의 사찰, 연하가 몇 겹으로 막고 있나.〔蘭若山高處, 煙霞嶂幾重?〕"라고 하였다.

김신중의 읍청정.[442] 12수【경오년(1570, 선조3, 70세) 3월 추정. 예안(禮安)】

金愼仲挹淸亭 十二詠

산을 바라보다 望山

어딘들 구름 낀 산 없으랴마는	何處無雲山
청량산은 더할 나위 없이 맑아라	淸凉更淸絶
읍청정에서 날마다 멀리 바라보니	亭中日延望
맑은 기운 뼛속 깊이 스미누나	淸氣透人骨

강물 소리를 듣다 聽江

앞 시내는 고요히 흐르는데	前溪寂寥過
먼 강은 도리어 소리를 낸다	遠江還有聲
쟁적 소리만 귀에 익은 세인들[443]	世人箏笛耳

---

442 김신중의 읍청정 :【譯注】'신중(愼仲)'은 김부의(金富儀, 1525~1582)의 자로, 본관이 광산(光山), 호가 읍청정(挹淸亭)이고, 후조당(後凋堂) 김부필(金富弼)의 아우이다. '읍청정'은 예안(禮安) 오천(烏川)에 있는데, 청량산(淸凉山)을 바라보기 때문에 이렇게 명명한 것이다.

443 쟁적……세인들 :【譯注】세상 사람은 아쟁과 피리 등 세속의 음악만 듣는다는 뜻이다. 《속수신기(續搜神記)》에 "여강(廬江)에 쟁적포(箏笛浦)가 있다. 옛날에 이곳에서 큰 배가 전복되었는데, 어부가 그 옆에서 유숙할 때 아쟁과 피리 소리가 들리고 또 향내가 은은히 풍겨 왔다. 전하는 말에 의하면 기녀들을 실은 조조(曹操)의 배가 여기에서 전복되었다고 한다."라고 하였다. 《太平御覽 卷75 浦》【攷證 卷3 世人箏笛耳】송(宋)

누가 고요함 속에서 강물 소리 들을까　　　　　　　　誰參靜裏聽

(詩-內卷5-170)

달이 뜨기를 기다리다 待月

어젯밤 뜰을 비추던 달　　　　　　　　　　　　　　昨夜庭中月

오늘 밤엔 바다에서 더디 떠오른다　　　　　　　　　今宵出海遲

술잔 내려놓고 세 벗[444] 되길 기다리며　　　　　　停杯待三友

홀로 적선의 시[445]를 노래하노라　　　　　　　　　孤諷謫仙詞

(詩-內卷5-171)

바람을 맞이하다 迎風

적벽의 가을에 살살 불었던 바람[446]이　　　　　　徐來赤壁秋

푸른 마름 끝에서 이누나[447]　　　　　　　　　　起自靑蘋末

나라 소식(蘇軾)의 〈현사의 금 연주를 듣다[聽賢師琴]〉 시에 "집에 돌아가면 우선 천곡의
물을 찾아, 이제껏 속된 음악 들었던 귀 깨끗이 씻으리라.〔歸家且覓千斛水, 淨洗從前箏
笛耳.〕"라고 하였다. 【校解】《고증》에 '箏'이 '爭'으로 되어 있는데, 통행본《동파전집(東
坡全集)》에 의거하여 수정하였다.

444 세 벗 : 【譯注】 자신과 자신의 그림자 및 달을 이른다. 당(唐)나라 이백(李白)의
〈달빛 아래 홀로 마시다[月下獨酌]〉 시 중 제1수에 "술잔 들어 밝은 달 맞이하니, 그림자
마주하여 세 사람 되었네.〔擧杯邀明月, 對影成三人.〕"라고 하였다.

445 적선의 시 : 【譯注】 당나라 이백의 시 〈달빛 아래 홀로 마시다[月下獨酌]〉이다.

446 적벽의……바람 : 【譯注】 서늘하고 천천히 불어 사람을 상쾌하게 하는 가을바람이
다. 송나라 소식의 〈전적벽부(前赤壁賦)〉에 "임술년 가을 7월 16일에 내가 손님과 함께
적벽 아래 배를 띄우고 노는데, 맑은 바람이 천천히 불어오고〔淸風徐來〕 물결이 일지
않았다."라고 하였다.

447 푸른……이누나 : 【譯注】 거센 바람으로 변하기 전의 미풍이다. 전국 시대 초(楚)나

읍청정의 희황 시대 사람[448]   亭上羲皇人

옷섶 열면 얼마나 상쾌할까   披襟何快活

(詩-內卷5-172)

글을 읽다 讀書

글은 천고의 성현(聖賢) 마음 전하니   書傳千古心

글 읽기가 쉽지 않다는 걸 알겠구나   讀書知不易

책 속에서 성현을 마주하니   卷中對聖賢

하신 말씀이 모두 나의 일이로다   所言皆吾事

(詩-內卷5-173)

벗과 모이다 會友

공문에서 말한 벗의 모임은   孔門論會友

글로써 모이고 이어서 인덕(仁德)을 보완하지[449]   以文仍輔仁

이는 다르다네, 장사치의 교제가   非如市道交

이익 다하면 완전히 남이 되는 것[450]과는   利盡成路人

라 송옥(宋玉)의 〈풍부(風賦)〉에 "바람은 땅에서 생겨, 마름 끝에서 일어난다.〔風生於
地, 起於靑蘋之末.〕"라고 하였다.

448 희황 시대 사람 : 【譯注】 '희황(羲皇)'은 복희씨(伏羲氏)로, 그 시대 사람은 근심
걱정을 모르고 살았는데, 여기서는 읍청정의 주인 김부의를 이른다. 당나라 이백의 〈장난
삼아 율양 현령 정안(鄭晏)에게 주다〔戲贈鄭溧陽〕〉시에 "맑은 바람 불어오는 북창 아래
서, 스스로 희황 시대 사람이라 했지.〔淸風北窓下, 自謂羲皇人.〕"라고 하였다.

449 공문(孔門)에서……보완하지 : 【譯注】 증자(曾子)가 "군자는 학문을 통해 벗을 사
귀고, 벗의 훌륭한 점을 통해 자신의 부족한 인덕을 보충한다.〔君子以文會友, 以友輔
仁.〕"라고 하였다. 《論語 顏淵》

고요히 앉아 있다 宴坐

나도 정좌(靜坐)하고 선승(禪僧)도 정좌하나	我坐禪亦坐
나는 선승의 허망함과 같지 않지	禪虛我不同
창을 휘두르는 것보다 정좌가 더 나으니[451]	揮戈讓隱几
기이한 공효를 이 가운데 거둔다네	奇功收此中

천천히 걷다 晩步

나른하기에 일어나 천천히 걷다가	倦來起徐行
지팡이 짚은 채 허리와 무릎을 편다	扶杖散腰膝
초당은 단지 산만 바라보고[452]	草堂只看山

---

450 장사치의……것 :【攷證 卷3 市道交云云】전국 시대 조(趙)나라 염파(廉頗)가 면직되어 고향으로 돌아오니 옛 손님들이 모두 떠나고, 염파가 다시 장군이 되자 손님들이 다시 찾아왔다. 염파가 "손님들은 물러가시오."라고 하니, 손님들이 "아, 그대는 어찌 알아차리는 것이 이리 늦습니까. 천하 사람들은 장사치의 방법으로 사귀니〔天下以市道交〕, 세력이 있으면 따르고 세력이 없으면 떠나기 마련입니다."라고 하였다.《史記 廉頗列傳》

451 창을……나으니 :【攷證 卷3 揮戈讓隱几】송나라 소옹(邵雍)의 〈천도음(天道吟)〉 시에 "안석에 기대 고요히 생각하는 건 중요한 공부요, 전장에서 창 휘두르는 건 하찮은 일이지.〔隱几工夫大, 揮戈事業卑.〕"라고 하였다.《강록(江錄)》에 "창 휘두르며 공격하는 것보다 정좌(靜坐)를 통해 물욕이 절로 사라지는 것이 더 낫다."라고 하였다.

452 초당은……바라보고 :【譯注】'초당(草堂)'은 성도(成都) 완화계(浣花溪)에 있던 당나라 두보(杜甫)의 완화초당(浣花草堂)으로, 두보의 별칭으로 쓰인다.【攷證 卷3 草堂看山】두보의 〈새벽에 백제성과 백염산을 바라보다〔曉望白帝城鹽山〕〉 시에 "반죽 지팡이 짚고 천천히 걷다가, 산을 보려고 백발의 머리를 드네.〔徐步移班杖, 看山仰白頭.〕"라고 하였다.

운곡은 손님에게 답하지 않았지[453]　　　　　　　　　　雲谷無答客

(詩-內卷5-176)

학을 기르다 養鶴

장신의 옛 군자[454]　　　　　　　　　　　　　　　　長身古君子

오랜 세월 뜰에 있었네　　　　　　　　　　　　　　在庭多歲月

어찌 굳이 그를 타고 하늘에 오르랴　　　　　　　　何須騎上天

함께 《주역》 읽기 정말 좋으니[455]　　　　　　　正好參讀易

(詩-內卷5-177)

고기를 낚다 釣魚

객성을 움직였던 건[456] 쓸데없는 일이니　　　　　多事動客星

---

453 운곡은……않았지 : 【譯注】'운곡(雲谷)'은 복건(福建) 건양현(建陽縣) 서쪽에 있는 산으로, 본래 이름은 노봉산(蘆峯山)인데 송나라 주희(朱熹)가 1175년 가을에 이곳에 회암초당(晦庵草堂)을 짓고, 이 산의 일부를 운곡이라고 명명하고는 운곡 노인(雲谷老人)이라고 자호하였다. 【攷證 卷3 雲谷答客】 살펴보건대, 주자의 〈운곡잡영(雲谷雜詠)〉 시 중 제4수 〈손님을 사절하다〔謝客〕〉 시가 있다.

454 장신의 옛 군자 : 【譯注】 학을 이른다. 【攷證 卷3 長身古君子】 송나라 소식의 〈애선의 그림에 쓰다〔書艾宣畫〕〉 시 중 제1수 〈죽학(竹鶴)〉 시에 "누가 알랴 장신의 옛 군자가, 오히려 검은 베로 심의의 가선을 두른 줄을.〔誰識長身古君子, 猶將緇布緣深衣?〕"이라고 하였다. 【校解】《고증》에 '誰識'이 '恰似'로, '猶'가 '直'으로 되어 있는데, 통행본《동파전집》에 의거하여 수정하였다.

455 함께……좋으니 : 【攷證 卷3 正好參讀易】 삼국 시대 위(魏)나라 왕필(王弼)이 학을 길렀는데, 조롱 안에 있는 학과 함께 《주역》의 이치를 담론하였다.

456 객성을 움직였던 건 : 【譯注】 임금을 만나러 갔다는 뜻이다. 한(漢)나라 광무제(光武帝)의 벗 엄광(嚴光)이 광무제를 만나 함께 자면서 광무제의 배 위에 발을 얹었더니, 다음날 태사가 "객성(客星)이 제좌(帝座)를 매우 급하게 범했습니다."라고 하였다.《後

곰 사냥꾼 만날 마음은 없지[457]	無心遇獵熊
대낚시 줄은 바람에 흔들흔들	竹絲風裊裊
흐릿한 빗속에 보이는 도롱이와 삿갓	簑笠雨濛濛

(詩-內卷5-178)

꽃을 심다 蒔花

피고 지는 온갖 꽃의 일은	開落百花事
천지조화의 마음이지	乾坤造化心
정원 곳곳에 심고 가꾸니	栽培遍庭院
좋은 감상 오랠수록 더욱 깊어지누나	佳玩久逾深

(詩-內卷5-179)

채소를 심다 種蔬

성문에서의 학포(學圃)는 정말 어리석으나[458]	聖門學誠癡
가난한 자야 채소 가꾼들 무슨 상관이랴	貧居種何妨

漢書 嚴光列傳》

457 곰……없지 : 【譯注】 관직에 나아갈 생각이 없다는 뜻이다. 주(周)나라 문왕(文王)이 어느 날 사냥을 나갈 때 점을 치니 점사(占辭)에 "용도 아니고 이무기도 아니며, 곰도 아니고 말곰도 아니며〔非熊非羆〕, 범도 아니고 비휴도 아니니, 얻을 것은 패왕(霸王)의 보좌이다."라고 했는데, 과연 위수(渭水) 가에서 강태공(姜太公)을 만나 그를 후거(後車)에 태워 돌아왔다. 《史記 齊太公世家》

458 성문에서의……어리석으나 : 【譯注】 공자 문하에서는 예(禮)·의(義)·신(信)과 같은 도리를 배워야 하니, 채소밭 가꾸는 것을 배우는 것은 어리석은 짓이라는 뜻이다. 공자의 제자 번지(樊遲)가 채소 가꾸는 일에 대해 배우기〔學圃〕를 청하자, 공자가 "나는 채소밭 가꾸는 늙은이만 못하다.〔吾不如老圃〕"라고 하였다. 《論語 子路》

날마다 도원 거니는 정취⁴⁵⁹ 있으니   日涉陶園趣

어찌 굳이 잉어 방어 먹어야 하랴⁴⁶⁰   寧須食鯉魴

---

459 날마다……정취 :【譯注】'도원(陶園)'은 진(晉)나라 도연명(陶淵明)의 정원으로,
벼슬에서 물러나 한적하게 사는 정취를 이른다. 그의 〈귀거래사(歸去來辭)〉에 "정원을
날로 거닐어 정취를 이루고, 문은 달아 놓았으나 항상 닫아 놓았지.〔園日涉以成趣, 門雖
設而常關.〕"라고 하였다.

460 어찌……하랴 :【譯注】부귀한 생활이 꼭 즐거운 건 아니라는 뜻이다.《시경》〈진풍
(陳風) 횡문(衡門)〉에 "어찌 생선을 먹을 때, 꼭 황하의 방어라야 하리오……꼭 황하의
잉어라야 하리오.〔豈其食魚, 必河之魴?……必河之鯉?〕"라고 하였다.

암서헌⁴⁶¹에서 《역학계몽》⁴⁶²을 읽으면서 제군에게 보이다. 2수 【경오년(1570, 선조3, 70세) 5월 13일 추정. 예안(禮安)】

嚴栖讀啓蒙 示諸君 二首

(詩-內卷5-180)

백발노인 되어 《역학계몽》 다시 읽으니	白首重尋易學書
그대들과 함께 바로잡은 오류 얼마나 많은가	幾多疎謬共修除
이택의 이익이 매우 크다는 걸 지금 느끼고 있으니	方知麗澤深滋益
선천도(先天圖)가 하나의 태허란 걸 엿보았도다⁴⁶³	覷到先天一太虛

(詩-內卷5-181)

일흔 나이에 산에 살건만 산이 더욱 좋은데	七十居山更愛山

---

461 암서헌(嚴栖軒) : 【譯注】도산서원의 전신인 도산서당(陶山書堂)의 마루 강당으로, 온돌방인 완락재(玩樂齋)와 함께 서당의 본채를 이루는 건물이다. '암서'라는 명칭은 송(宋)나라 주희(朱熹)의 〈운곡이십육영(雲谷二十六詠)〉시 중 제14수 〈회암(晦庵)〉시의 '자신하지 못한 지 오래이니, 암혈에 깃들어서 작은 효험이나마 바라노라.〔自信久未能, 嚴棲冀微效.〕'라는 구절에서 취한 것이다. 《定本退溪全書 卷1 陶山雜詠 并記》

462 역학계몽(易學啓蒙) : 【譯注】송나라 주희가 1186년에 《주역》의 의리학과 상수학의 단점을 지양하는 차원에서 편찬한 《주역》 해설서로, 도식(圖式)과 수리(數理) 설명을 위주로 하였다.

463 선천도(先天圖)가……엿보았도다 : 【譯注】우주의 본체이자 만물의 근원인 선천(先天)에는 일기(一氣)만 있다는 것을 알았다는 뜻이다. 선천도는 송(宋)나라 소옹(邵雍)이 진단(陳搏)의 책을 얻어 만든 〈복희선천괘위도(伏羲先天卦位圖)〉로, "복희씨의 팔괘는 선천역(先天易)이요, 주(周)나라 문왕(文王)의 팔괘는 후천역(後天易)이다."라고 하였다.《皇極經世書 心易發微一》【要存錄 卷3 先天圖】선천도는 단지 하나의 태허(太虛)일 뿐이다.

천심 담긴 《주역》의 괘상(卦象)을 고요 속에 본다[464]　天心易象靜中看

온 시내의 풍월을 한가로이 누리고[465]　　　　一川風月須閒管

세속 만사엔 함부로 간여하지 말아야 하리　　萬事塵埃莫浪干

---

464 천심……본다 : 【譯注】 고요 속에서 《주역》을 읽어 천지조화의 이치를 이해한다는 뜻이다. 당(唐)나라 장열(張說)의 〈은혜롭게 여정전 서원의 연회에서 음식을 하사받고 황제께서 제시한 '임' 자 운으로 짓다[恩制賜食于麗正殿書院宴賦得林字]〉 시에 "《시경》 외워 국정에 참여하고, 《주역》 강론해 천심을 보네.[誦詩聞國政, 講易見天心.]"라고 하였다.

465 온……누리고 : 【譯注】 세상일에 관심을 두지 않고 산속에 은거한다는 뜻이다. 송나라 주희의 〈적계 호헌(胡憲) 어르신 및 공보 유공(劉珙)에게 부치다[寄籍溪胡丈及劉共父]〉 시에 "은자 남겨 빈 골짜기에 살게 하니, 온 시내의 풍월이 사람의 시선을 끄네.[留取幽人臥空谷, 一川風月要人看.]"라고 하였다.

역동서원[466]에서 제군에게 보이다. 3수 【경오년(1570, 선조3, 70세)

5월 초순 추정. 예안(禮安)】

易東書院示諸君 三首

(詩-內卷5-182)

낙동강 가에 서원을 세우니	儒館經營洛水邊
오늘 현인들 모인 이 자리 다행히 함께했구나	幸同今日會羣賢
애초에 천지는 《주역》의 이치로 개벽하고	初來易道乾坤闢
차츰 발전한 문교(文敎)는 해와 달처럼 빛난다	漸賁文猷日月懸
후인이 역의 이치 개발할 때 기다려야 하니	好待後人能契發
이 학문은 정밀한 연구가 관건이라고 삼가 들었지	恭聞此學在精專
외물에 이끌려 마음을 뺏기지 말아야 하니	莫將外慕相撓奪
귀중한 명주는 깊은 못에서 얻을 수 있다네[467]	無價明珠得自淵

(詩-內卷5-183)

| 고려 말에 정주학이 처음 동방에 전해졌는데 | 麗季程朱敎始東 |
| 지금은 여러 학설이 온 나라에 가득하다 | 只今諸說滿區中 |

---

466 역동서원 : 【譯注】 고려 말 성리학자 역동 선생 우탁(禹倬)의 위패를 봉안한 서원이다. 이황의 발의로 1570년(선조3) 예안(禮安)에 창건되어 1684년(숙종10)에 사액 되고, 1868년(고종5)에 훼철되었다가 1969년 11월 안동대학교 교정으로 이전하여 복원하였다.

467 귀중한……있다네 : 【譯注】 전일하고 정밀하게 학문에 매진해야 한다는 뜻이다. 송(宋)나라 소옹(邵雍)의 〈천의음(天意吟)〉에 "성인의 훌륭한 일은 보통 사람이 이어가기 어려우니, 값을 따질 수 없는 귀한 구슬은 본래 깊은 못에 있지.〔聖人能事人難繼, 無價明珠自在淵.〕"라고 하였다.

당시 맨 먼저 연구한 건 공이 역사에 징험되니[468]　　當年首發公徵史

대를 이어 참되게 전수할 일 누가 몸소 맡을 건가　　繼世眞傳孰任躬

용문에서 주경 강조한 건[469] 모든 성현의 법도이고　　主敬龍門千聖法

녹동에서 오륜 천명한 건[470] 한 근원의 공부이지　　明倫鹿洞一原功

우리들의 강습은 특별한 일 아니니　　吾儕講習非他緒

바람 잡는 일[471] 평소에 절실히 경계할 뿐　　切戒尋常事捉風

(詩-內卷5-184)

좁쌀 같은 나의 삶 중국 바깥에서 태어난 몸　　一粟吾生海外身

성현과 때를 함께 못했으니 가련하구나　　可憐賢聖未同辰

---

468 당시……징험되니 :【攷證 卷3 當年首發公徵史】《강록(江錄)》에 "우탁 공은 정이천(程伊川 정이(程頤))의 《이천역전(伊川易傳)》이 동방에 처음 전수되었을 때 가장 먼저 그 의미를 연구하였으니, 이는 고려의 역사를 고찰해 보면 확인할 수 있다."라고 하였다.【校解】《이천역전》에 대한 우탁의 연구는 《고려사절요》 충렬왕(忠烈王) 34년(1308) 조목에 보인다. 이황이 "《이천역전》이 처음 들어왔을 때 이해할 수 있는 자가 없었는데, 우탁 공이 문을 닫아걸고 연구하여 그 의미를 터득하였다."라고 하였다.《定本退溪全書 卷15 易東書院記》

469 용문에서……건 :【譯注】'경(敬)'은 마음을 한곳에 집중하는〔主一無適〕것으로, '주경(主敬)'은 '경'을 유지한다는 뜻인데, 지경(持敬)·거경(居敬)이라고도 한다. 이는 성리학에서 심성을 수양하는 대표적인 방법으로, 송나라 정이는 이를 학문의 요체로 파악하였다.【攷證 卷3 龍門】정이천 선생이 만년에 용문의 남쪽에 거주하였다.

470 녹동에서……건:【要存錄 卷3 明倫鹿洞】주자의 백록동서원(白鹿洞書院)의 〈학규(學規)〉에 "이치를 연구하고 자신을 수양하는 것은 모두 오륜에 근본을 둔다."라고 하고, 그 첫머리에 오륜을 제시하였기 때문에 이렇게 말한 것이다.

471 바람 잡는 일 :【譯注】근거 없이 허황하여 실질적이지 않은 것을 이른다. 송나라 정호(程顥)가 왕안석(王安石)에게 "공의 학문은 바람을 잡고 그림자를 잡는〔捕風捉影〕것과 같다."라고 하였다.

운곡 선생[472]의 천만 마디 교훈이 아니었다면   若非雲谷千言鑑

여관에서 하룻밤 묵는[473] 사람과 같아졌겠지   何異蘧廬一宿人

눈에 들어오는 산빛은 물들인 듯 푸르고   入眼山光靑似染

뜰에 가득한 풀빛은 칠한 듯 짙푸르다   滿庭草色翠如勻

한가함 속의 이 즐거움 그대들과 함께하노니   與君共此閒中樂

진중히 서로 보며 나날이 새로워지누나[474]   珍重相看日日新

---

472 운곡 선생 : 【譯注】 '운곡(雲谷)'은 복건(福建) 건양현(建陽縣) 서쪽에 있는 산으로, 본래 이름은 노봉산(蘆峯山)인데 송나라 주희(朱熹)가 1175년 가을에 이곳에 회암초당(晦庵草堂)을 짓고, 이 산의 일부를 운곡이라고 명명하고는 운곡 노인(雲谷老人)이라고 자호하였다.

473 여관에서 하룻밤 묵는 : 【譯注】 덧없이 왔다갔다 하는 무의미한 삶을 뜻한다. 【攷證 卷3 蘧廬一宿】《장자》〈천운(天運)〉에 "인의(仁義)는 선왕의 여관이니〔先王之蘧廬〕, 하룻밤 묵고 떠나야 한다."라고 하였는데, 진(晉)나라 곽상(郭象)의 주석에 "'거려'는 여관〔傳舍〕과 같다."라고 하였다. 【校解】《고증》의 표제어에 '宿'이 '夢'으로 되어 있는데, 시의 본문에 의거하여 수정하였다.

474 진중히……새로워지누나 : 【譯注】 벗들끼리 서로 좋은 점을 보고 배워 덕이 새롭게 향상된다는 뜻이다. 《예기》〈학기(學記)〉에 "서로 보고서 선해지는 것을 마(摩)라고 한다.〔相觀而善之謂摩〕"라고 하였다. 은(殷)나라 탕왕(湯王)의 반명(盤銘)에 "진실로 어느 하루에 새로워졌거든 나날이 새로워지고 또 나날이 새로워져야 한다.〔苟日新, 日日新, 又日新.〕"라고 하였다. 《大學章句 傳2章》

서재에서 밤에 일어나 달을 보다 【경오년(1570, 선조3, 70세) 7월 4~14일 추정. 예안(禮安)】

齋中夜起看月

정일재[475]에서 밝은 달 완상하느라	精一齋中玩月明
창 열고 홀로 앉으니 마음이 맑고 고요해진다	拓窓孤坐湛凝情
오동나무 그림자 빈 섬돌에 차츰 옮겨가고	梧桐漸轉空階影
귀뚜리 울음소리 어두운 벽 속에서 그치지 않누나	蟋蟀無停暗壁聲
사계절 번갈아 바뀌니 사람은 쉬이 감상에 젖고	四序迭侵人易感
하룻밤 온통 고요하니 서원은 더욱 맑아라	一宵全寂院逾清
마음이 맑은 건 어둠 밝히는 거울[476] 덕분이니	神襟了了燭幽鑑
후학을 위한 선현의 마음 다시금 느끼노라	更覺先賢爲後生

-위의 시를 김언우(金彦遇)[477]·이대용(李大用)[478]·조사경(趙士敬)[479]·김신중(金愼仲)[480]·금문원(琴聞遠)[481]·김돈서(金惇叙)[482]·금훈지(琴壎之)[483]·윤기백(尹

---

475 정일재 : 【攷證 卷3 精一】 역동서원(易東書院)의 동재(東齋) 이름이다.

476 어둠 밝히는 거울 : 【譯注】 송(宋)나라 진덕수(眞德秀)의 《심경(心經)》을 이른다. 명(明)나라 정민정(程敏政)의 《심경부주(心經附註)》 서문에 "《심경》은 이른바 '냇물을 막는 지주산(砥柱山)이요 남쪽을 가리키는 수레요 어둠을 밝히는 거울[燭幽之鑑]'이다." 라고 하였다.

477 김언우(金彦遇) : 【譯注】 김부필(金富弼, 1516~1577)로, 본관은 광산(光山), 자는 언우, 호는 후조당(後凋堂), 시호는 문순(文純)이다.

478 이대용(李大用) : 【譯注】 이숙량(李叔樑, 1519~1592)으로, 본관은 영천(永川), 자는 대용, 호는 매암(梅巖)·병암(屛庵)이다. 이현보(李賢輔)의 다섯째 아들이다.

479 조사경(趙士敬) : 【譯注】 조목(趙穆, 1524~1606)으로, 본관은 횡성(橫城), 자는 사경, 호는 월천(月川)이다.

起伯)[484]·박거중(朴居中)[485]에게 보이고, 아울러 조카 재(宰)[486]와 손자 안도(安道)[487]·순도(純道)[488]에게 보여 주었다. 이때 이들과 함께 《심경(心經)》을 읽었기 때문에 끝에 《심경》에 대하여 언급한 것이다.-

480 김신중(金愼仲) :【譯注】김부의(金富儀, 1525~1582)로, 본관은 광산(光山), 자는 신중, 호는 읍청정(挹淸亭)이다. 김부필(金富弼)의 아우이다.

481 금문원(琴聞遠) :【譯注】금난수(琴蘭秀, 1530~1604)로, 본관은 봉화(奉化), 자는 문원, 호는 성재(惺齋)·고산주인(孤山主人)이다.

482 김돈서(金惇叙) :【譯注】김부륜(金富倫, 1531~1598)으로, 본관은 광산, 자는 돈서, 호는 설월당(雪月堂)이다. 김부신(金富信)의 아우이다.

483 금훈지(琴壎之) :【譯注】금응훈(琴應壎, 1540~1616)으로, 본관은 봉화(奉化), 자는 훈지, 호는 면진재(勉進齋)이다. 금응협(琴應夾)의 아우이다.

484 윤기백 :【攷證 卷3 尹起伯】윤흥종(尹興宗, ?~?)으로, 자는 기백, 호는 연봉(蓮峯)·채련(採蓮)이다.

485 박거중 :【攷證 卷3 朴居中】박여(朴欄, 1551~1592)로, 본관은 고령(高靈), 자는 거중, 호는 물재(勿齋)이다. 본래 이름은 '양(樑)'인데 퇴계 선생이 '여(欄)'로 개명해 주었다. 영천(榮川)에 거주하였고, 선생의 손녀사위이다. 선비들 사이에 명망이 있었고, 판관(判官)을 역임하였다.

486 조카 재 :【攷證 卷3 宰】이재(李宰)로, 자는 화보(和甫)이고, 퇴계 선생의 셋째 형님 이의(李漪)의 아들이다. 뛰어난 재주를 지녔고, 시를 잘 짓고 글씨를 잘 썼다.

487 손자 안도 :【譯注】이안도(李安道, 1541~1584)로, 자는 봉원(逢原), 호는 몽재(蒙齋)이다. 이황의 맏아들 이준(李寯)의 아들이자 이황의 장손이다.

488 순도 :【攷證 卷3 純道】이순도(李純道, 1554~1584)로, 자는 순보(醇甫)이고, 퇴계 선생의 둘째 손자이다. 명(明)나라 세종(世宗) 가정(嘉靖) 갑인년(명종9)에 태어나고 31세에 세상을 떠났다.

KNP0518(詩-內卷5-186)

앞 시⁴⁸⁹에 차운하여 김언우⁴⁹⁰ 상사에게 뒤미처 부치다

【경오년(1570, 선조3, 70세) 7월 17일 추정. 예안(禮安)】

次前韻 追寄彦遇上舍

근자에 여럿이 모여 좋은 강독 하였으니	一昨羣居好講明
그동안 막혔던 내용 얼마나 많이 깨우쳤나	幾多開發滯常情
의리는 삼밭의 쑥이 절로 곧아지는⁴⁹¹ 듯	義同自直蓬麻植
즐거움은 악기 소리 조화롭게 퍼지는 듯	樂似相宣金石聲
나는 환한 신감⁴⁹²이 오래 어두워 부끄러웠는데	愧我久昏神鑒炯
맑은 못⁴⁹³에 새로 씻은 그대에게 힘입었지	憑君新澡玉淵清
다만 날마다 서둘러⁴⁹⁴ 넘어가는 건 싫으니	只嫌趁日匆匆過

---

489 앞 시 : 【譯注】바로 위의 〈서재에서 밤에 일어나 달을 보다〔齋中夜起看月〕〉이다.

490 김언우 : 【譯注】김부필(金富弼, 1516~1577)로, 본관은 광산(光山), 자는 언우(彦遇), 호는 후조당(後凋堂), 시호는 문순(文純)이다.

491 삼밭의……곧아지는 : 【攷證 卷3 自直蓬麻植】《순자(荀子)》〈권학(勸學)〉에 "쑥이 삼밭에서 자라면 붙들어 주지 않아도 곧게 자란다.〔蓬生麻中, 不扶而直.〕"라고 하였다.

492 환한 신감 : 【譯注】매우 뛰어난 감별력을 이르는데, 여기서는 타고난 본래의 밝은 마음을 가리킨다.

493 맑은 못 : 【要存錄 卷3 玉淵】마음을 이른다.

494 서둘러 : 【攷證 卷3 匆匆】《설문(說文)》에 "물(勿)은 마을에서 세우는 깃발로, 글자 모양은 깃대의 자루 및 깃발의 세 가닥 술의 모양을 본뜬 것이다. 이것은 백성들의 일을 재촉하는 도구이기 때문에 다급하면 '물물'이라고 한다."라고 하고, 송(宋)나라 황백사(黃伯思)의 《동관여론(東觀餘論)》에 "세상에서는 물(勿) 자 가운데에 비스듬히 점 하나를 더하는데, 이는 발음이 총(聰)이다."라고 하였다. 《古今韻會擧要 卷1》【校解】

결국 해야 할 공부는 곳곳마다 다 있다네　　　　畢竟工夫著處生

《고증》의 《설문》에 '勿'이 '匆'으로 되어 있는데, 《고금운회거요》 권1에 인용된 《설문》에
의거하여 수정하였다.

이백춘[495]의 시에 차운하다. 2수 【경오년(1570, 선조3, 70세) 8월 21일

추정. 예안(禮安)】

次李伯春韻 二首

(詩-內卷5-187)

궁벽한 산골의 병든 이 몸 부끄러운데	自愧窮山一病身
붉은 수레[496] 타고 지난해 봄 처음 왕림해 주었지	朱轓初荷枉前春
어찌 알았으랴, 예전 화산에서 이별한 뒤	那知去作花山別
이번에 다시 찾아올 때 옥절[497]이 새로울 줄을	更此重臨玉節新
예로부터 세상만사는 실로 흔들리는 촛불[498] 같은데	萬事古來眞轉燭
백 년 인생 이제야 심신이 안정되누나	百年今始可安神
강산이 아득하여 그대를 잃은 듯하니	溪山邈邈如相失
어느 날에 함께 그림 속의 사람이 되려나	幾日同成畫裏人

---

495 이백춘 : 【譯注】 이양원(李陽元, 1526~1592)으로, 본관은 전주(全州), 자는 백춘(伯春), 호는 남파(南坡)·노저(鷺渚), 시호는 문헌(文憲)이다.

496 붉은 수레 : 【譯注】 수레 양쪽에 진흙이 튀지 않도록 붉은색의 장니(障泥)를 설치한 수레로, 고관이나 지방관을 가리키는데, 여기서는 이양원이 영남 관찰사가 된 것을 이른다. 그는 1567년(선조즉위) 도승지로 있다가 영남 절도사가 되고 그대로 영남 관찰사가 되었다. 《記言別集 卷26 李相國遺事》

497 옥절 : 【攷證 卷3 玉節】《주례》〈지관(地官) 장절(掌節)〉에 "방국을 지키는 자는 옥절을 사용한다."라고 하였다.

498 흔들리는 촛불 : 【譯注】 위태롭다는 뜻이다. 【攷證 卷3 轉燭】 삼국 시대 위(魏)나라 완첨(阮瞻)이 "인생은 바람 속의 촛불과 같다.〔人生如風中燭〕"라고 하였다. 《補注杜詩 九日藍田崔氏莊 蘇養直 注》【校解】《고증》에 '瞻'이 '籍'으로 되어 있는데, 통행본 《보주두시》에 의거하여 수정하였다.

-보내온 시에 "모시고 앉으니 정말 그림 속의 사람이 되었네.〔偶坐眞成畫裏人〕"라고 하였다.-

(詩-內卷5-188)

이 촌로는 무능하여 제 삶도 못 꾸리는데	野翁疎散不謀身
은덕 베푸는 감사⁴⁹⁹ 자주 만나니 기쁘구려	自喜頻逢有脚春
함께 마주한 산빛이 짙고 또 담담하니	共對山光濃又淡
세상인심 오래되어도 다시 새로울 줄 어찌 알았으랴	寧知世態故還新
시름이 백발 재촉하니 내가 약속이나 한 듯	愁催白髮吾如約
흥취가 맑은 시에 맞으니 그댄 신이 들린 듯⁵⁰⁰	興適淸詩子若神
듣건대 대장부는 자립할 수 있다 하니	聞道丈夫能自樹
공은 모름지기 독서인 되어 주시게⁵⁰¹	勸公須作讀書人

---

499 은덕 베푸는 감사 :【攷證 卷3 有脚春】당(唐)나라 때 사람들이 송경(宋璟)에 대하여 '다리가 있는 따스한 봄'과 같다고 하였으니, 그가 이르는 곳은 봄볕이 사물에 미치는 것과 같다는 말이다. 《開元天寶遺事 有脚陽春》

500 맑은……듯 :【攷證 卷3 淸詩若神】송(宋)나라 소식(蘇軾)의 〈12월 28일 성은을 입어……〔十二月二十八日蒙恩……〕〉 시 중 제1수에 "오히려 술잔 대하니 온통 꿈만 같고, 시 지으려 붓 드니 이미 신이 들린 듯.〔却對酒杯渾是夢, 試拈詩筆已如神.〕"이라고 하였다.【校解】《고증》에 '拈'이 '點'으로 되어 있는데, 통행본《동파전집(東坡全集)》에 의거하여 수정하였다.

501 모름지기……주시게 :【攷證 卷3 須作讀書人】송나라 태조(太祖)가 거울 4개를 얻었는데, 뒤편에 '건덕(乾德) 4년에 주조하다'라고 새겨져 있었다. 재상 두의(竇儀)가 "옛날 위촉(僞蜀)이 이 연호를 사용했습니다."라고 하자, 태조가 감탄하면서 "재상은 모름지기 글을 읽은 사람을 등용해야 하겠구나.〔須用讀書人〕"라고 하였다. 《佩文韻府 卷11》

집승정[502]에 대한 절구 10수에 차운하다 【경오년(1570, 선조3, 70세). 예안(禮安)】

次韻集勝亭十絶

(詩-內卷5-189)

군성의 새벽 호각 소리 郡城曉角

새벽을 재촉하는 호각 소리 머리맡에 떨어질 때	角聲催曉落牀頭
아스라한 산성이 화려한 누각을 가린다	縹緲山城隱畫樓
닭 울음에 관리 일어난 건[503] 전혀 아랑곳 않으니	吏起雞鳴渾不管
유선침[504]에서 이제야 막 꿈에서 깨노라	遊仙枕上夢初收

---

502 집승정 : 【譯注】 안승종(安承宗)의 정자로, 본래 이름이 없었는데 1541년(중종36) 이곳에 초대받은 최연(崔演)이 이름을 지었다. 【攷證 卷3 集勝亭】 예천군(醴泉郡) 서쪽에 있다. 1661년(현종2) 안응창(安應昌)이 편찬한 《양양지(襄陽志)》에 "동쪽으로 학가산(鶴駕山)을 마주하고 남쪽으로 봉황산(鳳凰山)을 바라보며 북쪽으로 덕봉산(德峯山)을 우러르고 아래로 맑은 못을 굽어보고 있으니, 비할 데 없이 기이하고 빼어나다. 퇴계 선생이 지은 〈집승정〉 절구 10수는 중국에서도 이름을 떨쳤다."라고 하였다.

503 닭……건 : 【譯注】 닭이 우는 새벽에 성문을 지키는 관리가 일어나 사람들이 통행할 수 있게 성문을 여는 것이다. 남조 시대 송(宋)나라 포조(鮑照)의 〈약을 복용한 뒤 걷다가 성의 동쪽 다리에 이르다〔行藥至城東橋〕〉 시에 "닭 울면 관문 지키는 관리가 일어나, 북을 울리며 일찍 새벽이 되었다고 알리네.〔雞鳴關吏起, 伐鼓早通晨.〕"라고 하였다.

504 유선침 : 【譯注】 달콤하게 잠을 자는 것을 비유하는 말이다. 오대 시대 왕인유(王仁裕)의 《개원천보유사(開元天寶遺事)》 권1 〈유선침(遊仙枕)〉에 "구자국(龜玆國)에서 마류옥(瑪琉玉)으로 만든 베개를 바쳤는데, 이것을 베고 자면 신선이 산다는 십주(十洲)와 삼도(三島)가 모두 꿈속에 나타나기에 유선침이라고 불렀다."라고 하였다.

〔詩-內卷5-190〕

산사[505]의 저물녘 종소리 山寺暮鐘

저물녘 산사가 푸른 봉우리에 가려지니   薄暮禪居隱翠峯

어딘지 모를 곳에서 종소리 들려온다   鐘聲來自有無中

화공 청하여 안개 속 종소리 경치 그리고픈데   倩工欲畵烟鐘景

소리마다 허공으로 사라지는 걸 어이하리   其奈聲聲入太空

〔詩-內卷5-191〕

먼 숲의 흰 연기 遠林白烟

흐릿한 긴 숲이 먼 마을 곁에 있으니   漠漠脩林傍遠村

바람이 일지만 아득하여 그 소리 안 들린다   風生虛籟杳無聞

태평성대엔 형상 없다고 말하지 말지니[506]   太平莫道無形象

아침 연기 한 줄기 그 자취를 보라[507]   看取朝烟一帶痕

---

505 산사 : 【攷證 卷3 山寺】사찰의 이름은 서악사(西岳寺)로, 예천군 서쪽에 있다. 【校解】서악사는 통일신라 때 도선(道詵)이 창건한 운대사(雲臺寺)인데, 뒤에 안동부 사악(四嶽)의 하나인 서악에 위치한다고 하여 서악사로 개칭하였다.

506 태평성대엔……말지니 : 【攷證 卷3 太平莫道無形象】당(唐)나라 문종(文宗)이 어느 때가 태평한 시대인지 묻자, 우승유(牛僧孺)가 "태평성대는 일정한 형상이 없습니다.〔太平無象〕"라고 하였다. 《舊唐書 牛僧孺列傳》

507 아침……보라 : 【譯注】아침 연기 한 줄기를 보면 태평성대라는 것을 알 수 있다는 뜻이다. 송(宋)나라 소식(蘇軾)의 〈산촌(山邨)〉시 중 제1수에 "형상 없는 태평성대 도리어 형상 있으니, 한 줄기 연기 피어나는 곳 바로 인가로다.〔無象太平還有象, 孤烟起處是人家.〕"라고 하였다.

긴 다리[508]의 낙조 長橋落照

옛 나루의 긴 다리가 시야에 들어오고	古渡長橋入眼看
구름 흘러가는 먼 하늘에 저물녘 까마귀 돌아간다	歸雲平遠暮鴉還
주인이 정자에 올라 바라볼 때 시흥이 넘치니	主人登眺饒詩興
밝은 노을 낙조 사이에 시상(詩想)이 있어라	思在明霞落照間

당동[509]의 봄꽃 堂洞春花

봄철이라 아득한 대지[510]에 온갖 꽃 피어나니	一春花事發玄坤
비단인 양 수많은 꽃 무더기가 동구에 비친다	錦繡千堆映洞門
정자에서 백잔 술 마셔도 흥취가 넉넉하니	亭上百杯餘興在
이 봄을 따라가서 도원(桃源)을 찾고 싶어라	欲隨春去問花源

학가산[511]의 가을 달 鶴峯秋月

학가산 위에 밝은 달 뜨니	鶴駕峯頭掛月輝

---

508 긴 다리 : 【攷證 卷3 長橋】 경진(京津) 하류에 있는데, 그 이름은 기위교(沂渭橋)이다.

509 당동 : 【攷證 卷3 堂洞】 신당동(新堂洞)으로, 예천군 남쪽 10리 지점에 있다.

510 아득한 대지 : 【攷證 卷3 玄坤】 살펴보건대, '현(玄)'은 《장자(莊子)》〈재유(在宥)〉의 '현묘한 자연은 이루어지지 않는다.〔玄天弗成〕'의 '현(玄)'과 같으니, 그윽하고 멀다는 뜻이다.

511 학가산 : 【譯注】 경북 예천군 보문면(普門面)과 안동시 북후면(北後面)·서후면(西後面)의 경계에 위치한 산이다.

정자는 온통 은은한 수정궁 된다 亭闌渾作水晶微

깊은 밤 손수 무현금 타니 夜深手把無絃弄

지금 듣는 이 적어도 아쉽지 않지 不恨如今聽者稀

(詩-內卷5-195)

노포[512]의 목동 피리 소리 蘆浦牧笛

비낀 석양 속 피리 소리 끊임없이 울다가 一笛斜陽咽未休

잡초 무성한 평원 가로질러 언덕 끝에서 그친다 平蕪橫過斷原頭

목동의 평소 즐거움 알아야 하니 須知牧豎生平樂

상가에 있지 않고[513] 소치기에 있다네 不在商歌寓飯牛

(詩-內卷5-196)

살여울[514]의 고깃배 등불 箭灘漁火

달빛 아래 푸른 등불 희미하다 밝아져 月下靑熒微復揚

빗속에서도 그 불빛이 드넓은 물에 반짝인다 雨中猶見閃茫洋

아침 되어 작은 저자가 시냇가 객점에 열리면 朝來小市從溪店

늘어놓은 금빛 옥빛 생선 반갑게 보겠지 喜見金橫玉偃光

---

512 노포 : 【要存錄 卷3 蘆浦】 예천군 서쪽 10리 지점에 있는 장교(長郊)이다. 옛날에는 갈대가 우거진 포구였는데 지금은 비옥한 전답이 되었다.

513 상가에 있지 않고 : 【譯注】 즐거움은 벼슬살이에 있지 않다는 뜻이다. '상가(商歌)' 는 비통한 음조의 노래로, 춘추 시대 진(晉)나라 영척(甯戚)이 소를 먹이면서 부르던 노래이다. 영척이 제(齊)나라 환공(桓公)의 관리가 되고자 하였으나 환공을 만날 길이 없자, 장사치가 되어 소를 치면서 쇠뿔을 두드리며 상가를 슬피 부르니, 환공이 그 소리를 듣고 이상히 여겨 그를 데려오게 하여 등용하였다. 《淮南子 道應訓》

514 살여울 : 【攷證 卷3 箭灘】 예천군 서쪽 3리 지점에 있다.

(詩-內卷5-197)

북산의 지나가는 비 北山行雨

비꼈던 흰 이내 순식간에 사라지니	頃刻橫斜走白烟
북산 앞엔 장대비515가 하늘에 가득하다	滿空銀竹北山前
무더위 몰아낸 비를 주렴 걷고 통쾌히 바라보니	捲簾快覿驅煩暑
머리맡의 맑은 바람은 잠자기에 정말 좋지	一枕淸風穩睡眠

(詩-內卷5-198)

남교의 날리는 눈 南郊飛雪

짙은 음기 땅에 드리우고 눈발이 하늘에 날리니	窮陰垂地雪飛天
은빛 바다 넘실대듯 들과 내에 넘친다	銀海漫漫漲野川
나 홀로 난간에 기댄지라 구경하기 더욱 좋으니	獨自倚闌看更好
움추린 어깨에 소름이 퍼진 줄도 모르노라516	不知寒粟遍高肩

---

515 장대비 : 【攷證 卷3 銀竹】당나라 이백(李白)의 〈하호에서 묵다〔宿鰕湖〕〉시에 "폭우가 싸늘한 산에 어리니, 흩뿌리는 모습이 은빛 대나무 같네.〔白雨映寒山, 森森似銀竹.〕"라고 하였다. 【校解】《고증》에 '寒山'이 '山寒'으로 되어 있는데, 통행본《이백시집》에 의거하여 수정하였다.

516 은빛……모르노라 : 【攷證 卷3 銀海…高肩】송(宋)나라 소식의 〈눈 내린 뒤 북대의 벽에 쓰다〔雪後書北臺壁〕〉시 중 제2수에 "얼음 같은 기운이 어깨에 붙으니 싸늘히 소름이 돋고, 빛이 눈에 어른거리니 어질어질 안화(眼花)가 생기네.〔凍合玉樓寒起粟, 光搖銀海眩生花.〕"라고 하였는데, 송나라 조차공(趙次公)의 주석에 다음과 같이 말하였다. "왕형공(王荊公 왕안석(王安石))이 한번은 소동파(蘇東坡 소식(蘇軾))의 이 시를 외우면서 '소자첨(蘇子瞻)이 전고를 사용함이 이런 수준에까지 이를 수 있었구나.'라고 하니, 그의 사위 채변(蔡卞)이 '이 구절은 눈의 모습이 옥루(玉樓)나 은해(銀海)와 같다는 것을 읊었을 뿐입니다.'라고 하자, 왕형공이 빙그레 웃으면서 '너는 이해하지 못했구나. 옥루에 대하여 어찌 '동합한기율'이라 하겠으며 은해에 대하여 어찌 '광요현생화'라고 하겠느냐.'라고 하였다." 같은 구절에 대하여 송나라 이후(李厚)의 주석에 다음

과 같이 말하였다. "도경(道經)에서 '옥루는 어깨이고 은해는 눈이다.'라고 하였다."《東坡詩集注 卷28》

구경서[517]에게 주다 【경오년(1570, 선조3, 70세) 9월 18~22일 추정. 예안(禮安)】

贈具景瑞

백담[518]의 주인이 병으로 전랑(銓郞) 사임하고[519]	柏潭主人病去銓
국화 피고 서리 내리는 철에 때맞춰 돌아왔네	歸趁菊花霜露天
어떻게 진퇴를 정할지 물어보니	借問何如作行止
웃으며 흰 구름 가리킨 채 마음이 한가롭구나	笑指白雲心悠然

---

517 구경서 : 【譯注】 구봉령(具鳳齡, 1526~1586)으로, 본관은 능성(綾城), 자는 경서(景瑞), 호는 백담(柏潭), 시호는 문단(文端)이다.

518 백담 : 【攷證 卷3 柏潭】 안동부(安東府) 동북쪽 40리 지점 낙동강 가에 있다.

519 병으로 전랑(銓郞) 사임하고 : 【攷證 卷3 病去銓】 당시에 구백담이 병으로 인해 이조 정랑을 사임하였다.

경오년 한식에 선조의 묘소[520]를 살피고자 안동에 가려 하였다. 후조당[521]의 주인 김언우[522]는 내가 안동에서 돌아올 때 자기 집으로 맞이하여 매화를 감상하게 해주려고 하기에 내가 물론 이미 응낙하였다. 안동으로 출발하려 할 때 마침 소명[523]이 내려왔는데 이미 감히 소명에 달려가지 못했기에 황공한 마음으로 성묘 행차를 멈추고, 그 바람에 결국 김언우와의 약속을 어기게 되었다. 이 때문에 서글피 감회가 일어 후조당의 매화와 서로 주고받는 형식을 취하여 절구 4수를 지어 김언우에게 부쳐 주어 한 번 웃게 한다 【경오년(1570, 선조3, 70세) 2월 20일 추정. 예안(禮安)】

庚午寒食 將往展先祖墓於安東 後凋主人金彦遇 擬於其還邀入賞梅 余
固已諾之 臨發 適被召命之下 旣不敢赴 惶恐輟行 遂至愆期 爲之悵然有
懷 得四絶句 若與後凋梅相贈答者 寄呈彦遇 發一笑也

(詩-內卷5-200)

| 후조당 아래 매화 한 그루 | 後凋堂下一株梅 |
| 봄 저물 때 빙상 같은 하얀 꽃 홀로 활짝 피었다 | 春晚冰霜獨擅開 |

---

520 선조의 묘소 : 【攷證 卷3 先祖墓】 작산(鵲山)에 있다.

521 후조당 : 【攷證 卷3 後凋】 당명(堂名)으로, 예안현(禮安縣) 남쪽 5리 지점 오천(烏川) 가에 있다.

522 김언우 : 【譯注】 김부필(金富弼, 1516~1577)로, 본관은 광산(光山), 자는 언우(彦遇), 호는 후조당(後凋堂), 시호는 문순(文純)이다.

523 소명 : 【攷證 卷3 召命】《퇴계선생연보》권2에 "경오년 1월, 역마를 타고 서울로 올라오라는 교지가 내려왔다."라고 하였다.

어찌 생각이나 했으랴, 며칠 전 조서가 내려와   豈謂天書下前日

좋은 약속 졸지에 무산되게 할 줄을   能令佳約坐成頹

(詩-內卷5-201)

매화는 나를 안 속였거늘 내가 매화 저버렸으니[524] 梅不欺余余負梅

그윽한 회포 많으나 풀어볼 길 막혔구나   幽懷多少阻相開

도산 절우사(節友社)[525]의 풍류 없었다면   風流不有陶山社

연래로 품은 내 심사 모두 무너졌겠지   心事年來也盡頹

---

524 매화 저버렸으니 : 【攷證 卷3 負梅】몽재(蒙齋)의 시에 "달을 저버리지 말고 매화를 저버리지 말라.〔莫敎負月負梅花〕"고 하였다. 【校解】몽재는 이황의 장손인 이안도(李安道)의 호로, 그를 가리키는 듯하고, 시의 제목은 미상이다.

525 절우사(節友社) : 【譯注】이황이 만년에 도산서당(陶山書堂) 동쪽 좁은 공간에 단을 쌓아 소나무·대나무·매화·국화를 심어 가꾸던 화단으로, 절개를 함께하는 벗이라는 뜻으로 명명한 곳이다.

KNP0523(詩-內卷5-202~203)

후조당⁵²⁶에 있는 매화의 대답 【경오년(1570, 선조3, 70세) 2월 20일 추정. 예안(禮安)】

後凋梅答

(詩-內卷5-202)

들건대 그대는 지난해 봄부터 벼슬 마다하고는	聞君逃祿自前春
달빛 낚고 구름 경작하는⁵²⁷ 정말 좋은 사람이라던데	釣月耕雲儘可人
다시 세속 일에 이끌려 나를 저버리니	更惹塵機來負我
누구와 다시 어울려 친하게 지낼지 모르겠구나	不知誰復與相親

(詩-內卷5-203)

봄이 온 후조당에 시정(詩情)이 얕지 않으니	騷情非淺後凋春
주인의 굳은 절개 그대는 의심하지 마시라	苦節君休訝主人
나와 이미 친밀한 벗 되었으니	與我已成心契密
도리화와 다시 어울려 친할 필요는 없다오	不應桃李更交親

　-일전에 들으니, 김언우가 후조당의 규모가 퍽 사치스러워 매화의 운치와 어울리지 않는 듯한 것이 병통이라고 하기에 마지막 구절에서 이렇게 말한 것이다.-

---

526 후조당 : 【譯注】 김부필(金富弼)의 당명(堂名)으로, 예안현(禮安縣) 남쪽 5리 지점 오천(烏川) 가에 있다.

527 달빛……경작하는 : 【譯注】 벼슬하지 않고 자연 속에서 은거하는 생활의 모습이다. 【攷證 卷3 釣月耕雲】 송(宋)나라 관사복(管師復)이 숭산(崇山)에 은거하였는데, 어떤 사람이 그에게 "무슨 즐거움이 있는가?"라고 물으니, "언덕 위에 가득한 흰 구름은 경작해도 다하지 않고, 못에 비친 밝은 달은 낚아도 흔적 없다오.〔滿塢白雲耕不盡, 一潭明月釣無痕.〕"라고 하였다. 《明一統志 卷44》

내가 김언우[528]에게 준 시에 "비록 후조당에서 매화를 감상
하겠다는 약속을 저버렸으나 그나마 도산의 매화가 있어
스스로 위로할 만하다."[529]라는 취지로 말하였다. 얼마 뒤
에 김언우가 계상으로 찾아와 도산의 절우사[530]를 두루 돌
아보고는 "매화가 추위에 심하게 손상되었으니 꽃이 필지
기필하지 못하겠다."라고 하였다. 나는 그 말을 듣고 반신
반의하면서 김언우 시[531]의 운자를 사용하여 시를 지음으
로써 스스로 마음을 달래고, 또 지은 시를 김언우에게 보
이다. 2수【경오년(1570, 선조3, 70세) 2월 하순 추정. 예안(禮安)】

余贈彦遇詩 謂雖負尋梅於彼 亦有陶山梅 足以自慰 已而彦遇來訪溪上
歷陶社 云梅被寒損特甚 著花未可必 余聞之 將信將疑 用彦遇韻以自遣
且以示彦遇 二首

벗이 된 도산의 매화[532] 여덟아홉 그루 結社陶梅八九條

528 김언우 :【譯注】김부필(金富弼, 1516~1577)로, 본관은 광산(光山), 자는 언우
(彦遇), 호는 후조당(後凋堂), 시호는 문순(文純)이다.

529 비록……만하다 :【譯注】《정본 퇴계전서》권2의〈경오년 한식에 선조의 묘소를
살피고자 안동에 가려 하였다……〔庚午寒食將往展先祖墓於安東……〕〉시에서 언급한
내용이다.

530 절우사(節友社) :【譯注】이황이 만년에 도산서당(陶山書堂) 동쪽 좁은 공간에
단을 쌓아 소나무·대나무·매화·국화를 심어 가꾸던 화단으로, 절개를 함께하는 벗이라
는 뜻으로 명명한 곳이다.

531 김언우 시 :【譯注】김부필의《후조당집(後凋堂集)》권1에〈경오년 봄 후조당 앞에
백매와 홍매가 만개하다……〔庚午春堂前紅白兩梅盛開……〕〉라는 제목으로 2수가 실려

봄에 홀로 순백색 꽃 피우길 우두커니 기다린다　　　佇看眞白發春孤

돌이켜 생각건대 심은 곳이 너무 높고 차니　　　飜思託地高寒甚

천향 풍기는 매화가 심한 손상 입지 않을까　　　莫是天香太損無

(詩-內卷5-205)

사나운 눈 거센 바람이 많은 꽃가지 공격하니　　　雪虐風饕戰許條

꺾이고 상하나 늠름한 기운 더욱 굳세구나　　　摧傷烈氣更貞孤

존경받던 명망가들[533] 모두 세상을 떠났으나　　　君廚俊及雖凋謝

가난뱅이[534]와 품팔이꾼[535] 어찌 다 없어지랴　　　樹屋烟爐詎盡無

있다.

532 벗이……매화 :【攷證 卷3 結社陶梅】살펴보건대, 진(晉)나라 도연명(陶淵明)이 원공(遠公)과 여산(廬山)에서 백련사(白蓮社)를 결성하였다. 퇴계 선생은 도산에 매화를 심어 그것과 벗이 되었으니 도연명과 원공이 백련사를 결성하여 서로 어울린 것과 같다.

533 존경받던 명망가들 :【譯注】마르고 상한 여덟 그루의 매화를 이른다.【攷證 卷3 君廚俊及】한(漢)나라 두무(竇武)·진번(陳蕃)·유숙(劉淑)이 삼군(三君)이니, '군'은 한 시대가 으뜸으로 여기는 명사이다. 이응(李膺)·순욱(荀彧)·두밀(杜密)·왕창(王暢)·유우(劉祐)·위랑(魏朗)·조전(趙典)·주우(朱寓)가 팔준(八俊)이니, '준'은 사람 가운데 뛰어난 명사이다. 도상(度尙)·장막(張邈)·왕고(王考)·유유(劉儒)·호모반(胡母班)·진주(秦周)·번향(蕃嚮)·왕장(王章)이 팔주(八廚)이니 '주'는 재물로 사람들을 구원한 명사이다. 장검(張儉)·잠질(岑晊)·유표(劉表)·진상(陳翔)·공욱(孔昱)·원강(苑康)·단부(檀敷)·적초(翟超)가 팔급(八及)이니, '급'은 추숭하는 자들을 인도할 수 있는 명사이다.《後漢書 黨錮列傳 序》

534 가난뱅이 :【譯注】추위를 이기고 홀로 생존한 한 그루의 매화를 이른다.【攷證 卷3 樹屋】한나라 신도반(申屠蟠)은 양군(梁郡)의 탕산(碭山)에서 은거하여 자취를 끊고는 나무에 의지하여 집을 짓고 스스로 품팔이꾼처럼 살았다.《後漢書 申屠蟠列傳》

535 품팔이꾼 :【攷證 卷3 烟爐】한나라 하복(夏馥)은 장검(張儉)이 도망갔다는 소식을 듣고는 임려산(林慮山)으로 들어가 성명을 숨긴 채 대장간의 품팔이꾼이 되어 굴뚝을

가까이하고 숯에 불을 붙였다. 《後漢書 夏馥列傳》《강록(江錄)》에 "삼군·팔주·팔준·팔급을 가지고 여덟 그루의 매화가 마르고 상한 것을 비유하고, 수옥·연로를 가지고 한 그루의 매화가 홀로 생존한 것을 비유하였다. 바로 아래의 〈도산의 매화가 겨울 한파에 손상을 입었다……〔陶山梅爲冬寒所傷……〕〉시에 보이는 '매자진(梅子眞)'의 고사도 의미가 역시 이와 같다."라고 하였다.

도산의 매화가 겨울 한파에 손상을 입었다. 이를 탄식하며 시를 지어 김언우[536]에게 주고 아울러 김신중[537]과 김돈서[538]에게 보이다 【경오년(1570, 선조3, 70세) 2월 하순 추정. 예안(禮安)】

陶山梅爲冬寒所傷 歎贈金彥遇 兼示愼仲惇叙

구절마다 '매(梅)' 자를 사용한 것은 도연명(陶淵明)의 〈술을 끊다〔止酒〕〉 시와 왕개보(王介甫)의 〈학문을 권하다〔勸學〕〉 시[539]의 체제를 본받은 것이다.

그대와 매화 감상하길 이전에 승낙했거늘	與君賞梅曾有諾
매향 풍길 때 되자 내가 약속 저버렸으니[540]	及到梅香我負約
마음이 오직 산속의 매화에 있어	心期獨在山中梅
퇴계에서 밤마다 꿈에 매화를 찾았지	溪夢夜夜探梅萼
어제 그대와 함께 매사[541]에 갔을 때	昨日梅社共君來

536 김언우 : 【譯注】 김부필(金富弼, 1516~1577)로, 본관은 광산(光山), 자는 언우(彥遇), 호는 후조당(後凋堂), 시호는 문순(文純)이다.

537 김신중 : 【譯注】 김부의(金富儀, 1525~1582)로, 본관은 광산(光山), 자는 신중(愼仲), 호는 읍청정(挹淸亭)이다. 김부필의 아우이다.

538 김돈서 : 【譯注】 김부륜(金富倫, 1531~1598)으로, 본관은 광산(光山), 자는 돈서(惇叙), 호는 설월당(雪月堂)이다. 김부신(金富信)의 아우이다.

539 도연명(陶淵明)의……시 : 【譯注】 진(晉)나라 도연명(陶淵明)의 〈술을 끊다〔止酒〕〉 시는 5언 20구로 구절마다 '지(止)' 자를 사용하였다. 개보(介甫)는 송(宋)나라 왕안석(王安石)의 자이다. 그의 〈학문을 권하다〔勸學〕〉 시는 5언 20구로 구절마다 '서(書)' 자를 사용하였다.

540 그대와……저버렸으니 : 【譯注】 이황은 2월 하순에 성묘하러 갔다가 귀가하는 길에 김부필의 후조당에 가서 매화꽃을 감상하기로 약속했는데, 조정으로부터 소명(召命)이 내려와 성묘 행차를 멈추는 바람에 후조당에도 가지 못하였다. 《정본 퇴계전서》 권2 〈경오년 한식일……〔庚午寒食……〕〉 시 참조.

매화 흥취 삭막하여 나를 슬프게 했으니 　梅興索漠令人哀

여덟 그루는 바람과 이내 속에 텅 빈 가지뿐 　八梅風烟但空枝

한 그루는 몇몇 꽃망울 아직 피지 않았다[542] 　一梅數蕚猶未開

청려장(靑藜杖) 짚고 매화 읊으며 무수히 맴도니 　杖藜吟梅遶百匝

명욱[543]은 어째서 내 매화에 재앙 내렸는가 　冥頊胡爲我梅厄

따스한 곳에 있는 그대 매화에 견주지 못하니 　不比君家梅得暖

이곳 매사엔 바람 많고 추위 더욱 모질다네 　梅社風多寒更虐

나는 하늘에 글을 올려 매화 원한 호소하고 　我欲牋天籲梅冤

나는 글을 지어 매화 넋을 부르고자 하니 　我欲作辭招梅魂

매화 원한 슬프게 맺히면 하늘이 아파할 거고 　梅冤悄結天所憐

매화 넋이 돌아오면 내가 따스하게 맞으련다 　梅魂歸來我所溫

이제껏 도리화는 매화의 순백색 질투하여 　向來桃李妬梅白

화려한 빛깔로 매화의 고결 다투어 비웃었으니 　奢華競笑梅孤潔

나의 매화 그 뿌리가 남아만 있다면 　但使吾梅本根在

한 번 꽃피지 않은들 매화에게 어찌 흠이 되랴 　一閟英華梅豈缺

게다가 한 그루만 매화꽃 펴도 사람이 놀랄 테니

　　　　何況一梅之發可動人

541　매사(梅社) :【譯注】절우사(節友社)를 가리킨다. 이황이 만년에 도산서당(陶山書
堂) 동쪽 좁은 공간에 단을 쌓아 소나무·대나무·매화·국화를 심어 가꾸던 화단으로,
절개를 함께하는 벗이라는 뜻으로 명명한 곳이다.

542　어제……않았다 :【譯注】바로 위의 〈내가 김언우에게 준 시……〔余贈彦遇詩〕〉
참조.

543　명욱 :【譯注】겨울을 관장하는 신의 이름이다. 《예기》〈월령(月令)〉에 "겨울을
주관하는 천제는 전욱이요, 그 귀신은 현명이다.〔其帝顓頊, 其神玄冥.〕"라고 하였다.

매화여 어찌 천백의 홍자와 봄을 다투랴　　梅乎肯與千紅百紫爭一春

나는 아침마다 달려가 매군을 찾고 싶으니　　我願朝朝走訪一梅君

서경[544] 말년 오문의 매자진[545]만 있었지　　西京之末只有吳門梅子眞

544 서경 :【攷證 卷3 西京】장안(長安)에 도읍을 정했던 서한(西漢)을 가리킨다.

545 매자진 :【攷證 卷3 梅子眞】한(漢)나라 매복(梅福)으로, 자는 자진이다. 왕망(王莽)이 정권을 잡았을 때 처자를 버리고 떠나 성명을 바꾼 채 오시(吳市)의 문졸(門卒)이 되었는데, 사람들이 그를 매선(梅仙)이라고 불렀다.《漢書 梅福傳》

KNP0526(詩-內卷5-207)

계재⁵⁴⁶에서 밤중에 일어나 달을 마주하며 매화를 읊다

【경오년(1570, 선조3, 70세) 3월 추정. 예안(禮安)】

溪齋夜起 對月詠梅

군옥산⁵⁴⁷ 꼭대기의 으뜸 신선	羣玉山頭第一仙
얼음 같은 살결 눈 같은 빛깔 꿈에도 아리따워라	冰肌雪色夢娟娟
일어나 달빛 아래 너를 만나니	起來月下相逢處
완연히 신선 풍모 띤 채 한 번 웃어주누나	宛帶仙風一粲然

---

546 계재 : 【譯注】 계상서당(溪上書堂)으로, 계남재(溪南齋)라고도 한다. 1556년 금응훈(琴應壎) 등 제자들이 계상(溪上) 남쪽, 현재 상계마을 남쪽 퇴계공원 아래에 지은 것이다. 《退溪先生言行錄 卷3 類編 樂山水》

547 군옥산 : 【攷證 卷3 羣玉山】 목천자(穆天子)가 서쪽으로 곤륜산에 올라 서왕모(西王母)를 만나고는 "계사일에 군옥산에 이르렀소."라고 하였다. 《穆天子傳》당(唐)나라 이백(李白)의 〈청평조(淸平調)〉 시 중 제1수에 "군옥산 정상에서 보았던 선녀가 아니라면, 필시 요대에서 달빛 아래 만났던 신녀이리라.〔若非羣玉山頭見, 會向瑤臺月下逢.〕"라고 하였다. 【校解】《고증》에 '癸巳'가 '登巳'로 되어 있는데, 통행본 《목천자전》에 의거하여 수정하였다.

김언우[548]가 부쳐준 시에 차운하다 【경오년(1570, 선조3, 70세) 3월 추정. 예안(禮安)】

次韻彦遇見寄

조화옹이 특출난 자품 온전히 주고	造化全孤秀
천지가 오묘한 공능 부여했으니	乾坤賦妙功
얼음이 매달린 듯하나 햇볕에 녹지 않고	綴冰非爍日
눈송이 맺힌 듯하나 바람에 떨어지지 않는다	團雪不驚風
만나서 매화 보기로 한 시일 다행히 다가왔으나	幸値佳期至
좋은 감상 헛될 줄 어찌 알았으랴[549]	那知勝賞空
내년에 매화꽃 피어 나무마다 가득하면	明年開滿樹
찾아가 밝은 달빛 아래 구경하리라	來看月明中

---

548 김언우 : 【譯注】김부필(金富弼, 1516~1577)로, 본관은 광산(光山), 자는 언우(彦遇), 호는 후조당(後凋堂), 시호는 문순(文純)이다.

549 만나서……알았으랴 : 【譯注】이황은 2월 하순에 성묘하러 갔다가 귀가하는 길에 김부필의 후조당에 가서 매화꽃을 감상하기로 약속했는데, 조정으로부터 소명(召命)이 내려와 성묘 행차를 멈추는 바람에 후조당에도 가지 못하였다.《정본 퇴계전서》권2 〈경오년 한식일……[庚午寒食……]〉시 참조.

KNP0528(詩-內卷5-209)

괜스레 나서서 일하길 좋아하는 김이정⁵⁵⁰이 서울의 분매를 손자 안도⁵⁵¹에게 맡겨 배에 실어 부쳐오니 기쁘게 절구 1수를 짓다【경오년(1570, 선조3, 70세) 3월 27일 추정. 예안(禮安)】
都下盆梅 好事金而精付安道孫兒 船載寄來 喜題一絶云

일만 겹 홍진을 말끔히 벗어난 매화　　　　　　脫卻紅塵一萬重

세상 밖으로부터 와서 여윈 늙은이 짝한다　　　來從物外伴癯翁

괜스레 나서서 일하길 좋아하는 날 생각해주지 않았다면

　　　　　　　　　　　　　　　　　　　不緣好事君思我

어찌 해마다 빙설 같은 자태 볼 수 있으랴　　　那見年年冰雪容

550　김이정 :【譯注】김취려(金就礪, 1526~?)로, 본관은 경주(慶州), 자는 이정(而精), 호는 잠재(潛齋)·정암(整庵)이다.

551　손자 안도 :【譯注】이안도(李安道, 1541~1584)로, 자는 봉원(逢原), 호는 몽재(蒙齋)이다. 이황의 맏아들 이준(李寯)의 아들이자 이황의 장손이다.

654　譯註 退溪全書 2

안효사[552]가 부쳐준 시에 차운하여 삼가 수답하다【경오년

(1570, 선조3, 70세) 추정. 예안(禮安)】

次韻奉酬安孝思見寄

또 이번에 시 부쳐 문후 올리니	寄詩存問又今巡
하찮은 시[553]를 옥안에 자주 올려 부끄럽습니다	魚目慙酬玉案頻
뛰어난 경치가 참된 동부[554]인가 오래 생각했으니	絶境久疑眞洞府
장수하시는 공이 바로 늙은 신선입니다	長生卽是老仙人
저는 병든 채 돌아와 유정사[555]에 칩거하니	病來歸臥幽貞社
꿈속에서만 봄철 집승정 찾아가 노닌답니다	夢裏尋遊集勝春
한가한 세월을 진중히 기약하니	珍重相期閒日月
동해에서 절로 먼지일 때를 볼 수 있겠지요[556]	會看東海自揚塵

---

552 안효사 :【譯注】안승종(安承宗, 1483~?)으로, 본관은 순흥(順興), 자는 효사(孝思), 호는 집승정(集勝亭)이다.

553 하찮은 시 :【攷證 卷3 魚目】《대혜보각선사어록(大慧普覺禪師語錄)》에 "생선 눈알을 명월주로 인식한다."라고 하였다. 진(晉)나라 장협(張協)의 〈잡시(雜詩)〉 10수 중 제5수에 "벽돌을 가지고 노나라의 보옥인 번여 앞에서 뻐기고, 생선 눈알을 가지고 명월주를 비웃누나.〔瓴甋夸璵璠, 魚目笑明月.〕"라고 하였다. 《文選 卷29》

554 뛰어난……동부 :【譯注】동부(洞府)는 신선이 사는 곳으로, 안승종의 집승정이 있는 곳의 경치가 빼어나다는 뜻이다.

555 유정사 :【譯注】유정문(幽貞門)과 절우사(節友社)로, 이황이 머무는 도산서당(陶山書堂)을 이른다.

556 동해에서……있겠지요 :【譯注】오랜 세월이 흐른다는 뜻인데, 여기서는 이황이 안승종의 장수를 기원한다는 뜻이다. 선녀 마고(麻姑)가 신선 왕방평(王方平)을 만나서, 그동안 동해가 세 번이나 뽕밭으로 변한 것을 봤다고 말하자 왕방평이 웃으면서 "바닷속에서 다시 티끌이 날리게 될 것이다."라고 하였다. 《神仙傳 卷7 麻姑》

KNP0530(詩-內卷5-211)

영련당⁵⁵⁷ 【경오년(1570, 선조3, 70세) 예안(禮安)】
映蓮堂

수재(秀才) 전찬(全纘)⁵⁵⁸이 자기 집의 정자에 대한 시의 화답시를 지어 달라고 매우 간절히 청하였는데 오래도록 지어주지 못해 부끄러웠다. 지금 절구 1수씩 지어 그의 마음에 답한다.

들자니 자네 집이 신령한 땅 차지하여	聞說君家占地靈
푸른 시내 푸른 산이 원정을 감싸고 있다지	碧溪靑嶂繞園亭
늙고 병든 이내 몸 구경 갈 길 없어 한탄하니	自嗟老病無由見
제시에 화답하려다가 도리어 잠시 멈춘다네	將和題詩卻且停

557 영련당 : 【攷證 卷3 映蓮堂】 살펴보건대, 《정본 퇴계전서》 권2의 〈청원정에 부쳐 제하다[寄題淸遠亭]〉 시의 청원정이 이곳인 듯하다. 【校解】 청원정은 용궁현 성화천(省火川) 동편 언덕에 있는데, 고려 말 축산부원군(竺山府院君) 전원발(全元發)의 옛 거처이다. 《新增東國輿地勝覽 卷25 慶尙道 龍宮縣》

558 수재 전찬 : 【攷證 卷3 全秀才纘】 1546~1612. 본관은 용궁(龍宮), 자는 경선(景先), 호는 사우당(四友堂)·창암(蒼巖)이다. 용궁현에 거주하고, 선생의 문하에서 수학하였다. 고려 말 전원발의 후예인 듯하다. 시와 표문으로 세상에 명성을 떨쳤다.

옥성당 【경오년(1570, 선조3, 70세) 예안(禮安)】

玉成堂

곤륜산 옥이 정영한 자질 품부 받았으나	崑珍雖是稟精英
쪼지 않고 갈지 않으면 기물이 못 되는 법	不琢而磨器不成
《맹자》의 고심 훈계[559] 다시 지녀	更把鄒書苦心訓
온종일 자강불식하며 〈서명〉을 가슴에 새기지[560]	乾乾終日服西銘

---

559 맹자의 고심 훈계 : 【譯注】 고난은 완성을 위한 것이므로 잘 견뎌야 한다는 가르침
이다. 【攷證 卷3 鄒書苦心訓】 아마 "하늘이 장차 큰 소임을 이 사람에게 내리려고 하면
반드시 먼저 그 심지를 괴롭게 하고〔苦其心志〕……선심을 분발시키고 기질지성을 참아
내게〔動心忍性〕 함으로써 그의 부족한 능력을 키워주려는 것이다."라는 말을 가리킨 듯
하다. 《孟子 告子下》

560 서명을 가슴에 새기지 : 【譯注】 훌륭한 인격을 이루기 위해 온갖 역경을 극복하겠다
고 다짐하는 것이다. 【攷證 卷3 服西銘】 송(宋)나라 장재(張載)의 〈서명〉에 "가난하고
천함, 근심과 걱정은 너를 옥처럼 갈고 닦아서 훌륭하게 만들기〔庸玉汝於成〕 위한 것이
다."라는 의미를 가리킨다.

명성재 【경오년(1570, 선조3, 70세) 예안(禮安)】
明誠齋

명성이라는 지결은 《대학》과 《중용》이 겸했으니[561]	明誠旨訣學兼庸
백록동에선 이에 두 공부의 병진을 다했다[562]	白鹿因輪兩進功
만리일원[563]은 단박에 깨우칠[564] 내용이 아니니	萬理一原非頓悟
참된 마음으로 실제 체험하는 건 학문에 달려 있지	眞心實體在專攻

---

561 명성이라는……겸했으니 :【譯注】'명성'은 명선(明善)과 성신(誠身)이다. 명선은 선이 무엇인지를 분명히 아는 것이고 성신은 자신의 몸을 참되게 하는 것으로, 명선은 지(知)에, 성신은 행(行)에 해당한다. 《대학장구》 경문(經文)에 "명덕을 환히 안다.〔明明德〕", "뜻을 참되게 한다.〔誠意〕"라고 하였고, 《중용장구》 20장에 "몸을 성실히 함에 방법이 있으니, 선을 밝게 알지 못하면 몸을 참되게 하지 못한다.〔不明乎善, 不誠乎身矣〕"라고 하였다.

562 백록동에선……다했다 :【譯注】송(宋)나라 주희(朱熹)의 〈백록동부(白鹿洞賦)〉에 "명과 성 두 가지를 병진해야 하고, 경과 의 두 가지를 함께 세워야 하네.〔曰明誠其兩進, 抑敬義其偕立.〕"라고 하였다.

563 만리일원 :【譯注】현상은 만 가지로 다르나 그 현상이 있게 된 근본은 하나라는 뜻으로, 송나라 주희는 일리(一理)와 만수(萬殊)의 관계를 물의 지류와 근원, 나무의 뿌리와 지엽에 비유하여 설명하였다. 《朱子語類 卷27》

564 단박에 깨우칠 :【攷證 卷3 頓悟】살펴보건대, '돈(頓)'은 '갑자기〔遽〕'라는 뜻이다. 선가(禪家)에 '한 번 도약하여 대번에 깨닫는〔一超頓悟〕 길'이 있다.

채련정사 【경오년(1570, 선조3, 70세) 예안(禮安)】

采蓮精舍

연꽃 감상하며 사랑한 무극옹[565]	賞愛蓮花無極翁
그의 마음은 맑은 바람과 밝은 달[566] 같았지	襟懷光霽月兼風
일반 의사[567]가 어찌 깃들 데 없으랴	一般意思那無寓
중통외직(中通外直)[568]이 분명히 눈앞에 있으니	通直分明在眼中

---

565 무극옹 :【譯注】송(宋)나라 주돈이(周敦頤)를 이른다. 그의 〈태극도설(太極圖說)〉에 "무극이면서 태극이다.〔無極而太極〕"라고 하였기 때문에 그를 이렇게 부른 것이다.

566 맑은⋯⋯달 :【譯注】송나라 황정견(黃庭堅)이 〈염계시서(濂溪詩序)〉에서 주돈이의 쇄락(灑落)한 인품에 대하여 광풍제월(光風霽月)이라고 표현하였다.

567 일반 의사 :【譯注】살고자 하는 뜻을 이른다. 송나라 정호(程顥)가 다음과 같이 말하였다. "주무숙(周茂叔 주돈이)은 창 앞의 무성한 풀을 베지 않았다. 그 이유를 물으니, '저 풀이 살고 싶어 하는 마음은 나와 똑같기〔與自家意思一般〕 때문이다.'라고 하였다."《宋元學案 卷12 濂溪學案下》

568 중통외직 :【譯注】연꽃의 전체 모습을 형용한 말이다. 송나라 주돈이의 〈애련설(愛蓮說)〉에 "속은 텅 비고 겉은 곧으며〔中通外直〕, 넝쿨도 짓지 않고 가지도 치지 않으며, 향기가 멀어질수록 더욱 맑다."라고 하였다.

남의중의 〈도산잡흥〉 시[569]에 차운하다 【경오년(1570, 선조3, 70세)

9월 24~28일 추정. 예안(禮安)】

次韻南義仲陶山雜興

넓고 외지니 하늘이 동부(洞府)[570]를 열고	曠絶天開洞
높고 훤하니 터가 양명하여라	高明地抱陽
고요히 거처하며 사물의 변화 관찰하고	幽居觀物化
그대들과 함께 머물며 난초 향기 받는다[571]	同寅襲蘭香
노란 국화는 단풍과 어우러지고	菊色團楓色
푸른 산빛은 물빛에 비치누나	山光映水光
도서가 네 벽에 가득하니	圖書滿四壁
나의 심사 어찌 이리 유장한가[572]	心事一何長

---

569 남의중의 도산잡흥 시 : 【譯注】 '의중(義仲)'은 남치리(南致利, 1543~1580)의 자로, 본관이 영양(英陽), 초자가 성중(成仲), 호가 비지(賁趾)이다. 금난수(琴蘭秀)의 고종사촌 아우이다. 〈도산잡흥(陶山雜興)〉 시는 《비지선생문집(賁趾先生文集)》 권1에 편차되어 있는데 원문이 누락되었고, 1570년 9월 도산(陶山)에서 《심경(心經)》과 《역학계몽(易學啓蒙)》을 강론하였는데, 이때 4운시를 지어 이황에게 올렸다. 《賁趾先生年譜》

570 동부(洞府) : 【譯注】 신선이 사는 곳인데, 여기서는 도산(陶山)을 이른다.

571 그대들과……받는다 : 【譯注】 제자들과 강론할 때 그들의 훌륭한 모습에 감화되었다는 뜻이다. 《공자가어(孔子家語)》 〈육본(六本)〉에 "선인과 함께 지내는 것은 난초 향기 그윽한 방에 들어가는 것과 같으니, 오래 있다 보면 난초 향기가 나지 않는 것은 바로 자기 자신이 그 향기에 동화되었기 때문이다.[與善人居, 如入芝蘭之室, 久而不聞其香, 卽與之化矣.]"라고 하였다.

572 나의……유장한가 : 【譯注】 이황이 70세의 노년인데도 앞으로 추구할 학문의 길이

유장하다고 느낀 것이다. 이황이 1570년 10월 남치리에게 보낸 편지에서 "이전에 말한
'나의 심사 어찌 이리 유장한가[心事一何長]'라는 구절을 생각할 때마다 마음에 부끄럽
다."라고 하고 개작한 시를 별지에 써서 보냈다. 《定本退溪全書 卷10 答南義仲》개작한
시의 구절은 미상이다.

조카 재⁵⁷³에게 부치다 【경오년(1570, 선조3, 70세)⁵⁷⁴ 예안(禮安)】

寄宰姪

오십 년 지나 내가 다시 와보니	五十年來再到人
그때 노닐던 곳 이젠 또 묵은 자취 되었다⁵⁷⁵	如今遊跡又成陳
명옥대⁵⁷⁶ 앞에 흐르는 물만이	只應鳴玉臺前水
천상의 맑고 웅장한 음악처럼 만고에 새로워라	天樂鏘鏘萬古新

---

573 조카 재 : 【譯注】 이재(李宰)로, 자는 화보(和甫)이다. 이황의 셋째 형님 이의(李 漪)의 아들이다.

574 경오년 : 【譯注】 병인년(1566, 명종21, 66세) 3월 8~14일에 지은 것으로 추정되는 〈명옥대(鳴玉臺)〉 시의 서문에 "지난 병자년(1516, 중종11) 봄에 나는 사촌 아우인 수령 (壽苓)과 이곳 봉정사(鳳停寺)에서 머물며 독서하였는데 자주 명옥대에 와서 노닐었다." 라고 하고, 그 시의 첫 구절 '이곳에서 노닌 지 오십 년〔此地經遊五十年〕'이라는 말에 근거하면 이 시는 병인년에 지은 작품일 수도 있다.

575 그때……되었다 : 【要存錄 卷3 如今遊跡又成陳】 병인년(1566, 명종21, 66세)에 노닐던 곳도 또한 묵은 자취가 되었다는 말이다.

576 명옥대(鳴玉臺) : 【譯注】 경북 안동시 서후면(西後面)에 있는 봉정사(鳳停寺)의 입구에 있다. 본래 이름은 낙수대(落水臺)였는데, 이황이 진(晉)나라 육기(陸機)의 〈초 은시(招隱詩)〉의 '폭포가 쏟아져 맑은 옥 소리 울리네〔飛泉漱鳴玉〕'라는 구절에서 뜻을 취하여 개명하였다. 《定本退溪全書 卷2 鳴玉臺·卷12 與宰姪》

범난계[577]가 "온갖 생각이 번잡하게 마음을 흔들어도 지극
히 고요함이라는 것은 원래 그대로이다."[578]라고 하였는
데, 최견숙[579] 부사[580]가 이 말이 의심스럽다고 하기에 내
가 "이러한 이치가 없는 것은 아니지만 다만 '원래 그대로
이다'라는 말은 의심스럽다."라고 하고, 절구 2수로 그 의
미를 논하다[581] 【경오년(1570, 선조3, 70세) 11월 10일 추정. 예안(禮安)】

范蘭溪云 百慮煩擾 至靜者自若 崔見叔府伯以爲疑 某謂非無此理 但自
若二字可疑耳 以二絶論其旨

(詩-內卷5-217)

| 움직임 없는 물은 본심과 같아 고요함이 본체이니 | 止水如心靜爲體 |
| 흔들릴 때 물결치면 고요함을 찾기 어렵다 | 動時波洶靜難尋 |

---

577 범난계 :【攷證 卷3 范蘭溪】송(宋)나라 범준(范浚, 1102~1151)으로, 본관은 난
계, 자는 무명(茂明), 호는 향계(香溪)이다. 고종 소흥(紹興) 연간에 현량(賢良)으로
천거되었으나 나아가지 않고, 뜻을 돈독히 하여 도를 추구하였다. 학자들이 그를 향계
선생이라고 불렀다.

578 온갖……그대로이다 :【譯注】범준의《향계집》권17〈존심재기(存心齋記)〉에 보이
는 내용이다.

579 최견숙 :【攷證 卷3 崔見叔】최응룡(崔應龍, 1514~1580)으로, 본관은 전주(全
州), 자는 견숙, 호는 송정(松亭)이고, 선산(善山)에 거주하였다. 명(明)나라 무종(武
宗) 정덕(正德) 갑술년(중종9)에 태어났다. 1546년(명종1) 증광문과에 급제하여 내직
과 외직을 두루 역임하였다. 퇴계 선생의 문하에서 수학했는데, 퇴계 선생이 그에 대해
"관직에 있으면서도 학문에 힘쓰는 것을 잊지 않는다."라고 칭찬하였다. 형조 참판을
역임하였다.

580 부사 :【攷證 卷3 府伯】살펴보건대, 최송정은 안동 부사를 역임하였다.【校解】
《선조실록》2년(1569) 5월 22일 조목에 "최응룡을 나주 목사로 삼았다."라고 하고, 유희

| 고요하지 않다 해도 고요함 없는 건 아니니[582] | 縱饒不靜非無靜 |
| 물결 잦아들면 본래대로 고요하고 깊어지지 | 浪息依然水靜深 |

(詩-內卷5-218)

작용 따라 본체 잃으면 고요함이 없는 듯하나	體隨用失如無靜
본성은 끝내 사라지지 않고 굳건히 존재하지	性不終亡本固存
다만 '고요함은 원래 그대로'라고 했으니	只說靜爲元自若
난계의 이 말은 너무 심하지 않은가[583]	蘭溪無乃太深言

춘(柳希春)의 《미암집(眉巖集)》 권8 《일기(日記)》 선조 3년 8월 29일 조목에 "안동 부사 최응룡이 《속몽구(續蒙求)》를 인쇄하여 보내왔다."라고 하였으니, 이 기간 사이에 안동 부사에 임명되었을 것이다.

581 범난계가……논하다 : 【譯注】《정본 퇴계전서》 권5의 〈견숙 최응룡의 문목에 대한 답장〔答崔見叔問目〕〉에 이 시와 관련된 내용이 보인다.

582 고요하지……아니니 : 【要存錄 卷3 縱饒不靜非無靜】 마음의 본체를 가리켜 한 말이다.

583 다만……않은가 : 【譯注】 이황은 범준의 견해에 대해 "정(靜)과 동(動)은 마음의 체(體)와 용(用)이니, 혼란하고 헛된 생각 속에 '지극히 고요한 상태 그대로인 하나의 마음〔一心至靜自若〕'이 따로 있는 것이 아니다."라고 비판하였다.《定本退溪全書 卷5 答崔見叔問目》

유이득이 정사에 우거하며[584] 절구 4수를 보내왔기에 지금 그중의 3수에 화답하다 【경오년(1570, 선조3, 70세) 11월 15일경 추정. 예안(禮安)】

而得寓精舍 四絶見投 今和其三

(詩-內卷5-219)

산중 생활 온전히 못 이루어 늘 한탄하더니	常恨山居事未全
백발로 돌아와 칩거해도 세상사에 얽히누나	白頭歸臥尙牽纏
그대에게 권하노니 나를 보아 깊이 경계하여	勸君視我爲深戒
벼슬길에 들어서면 너무 앞서지 말게나	纔近榮途莫太前

(詩-內卷5-220)

공자께서도 인후한 마을 고르라 일깨우셨고[585]	孔聖猶箴擇里人
증자(曾子)는 회우보인(會友輔仁)[586] 말씀하셨지	曾云文會輔成仁

---

584 유이득이 정사에 우거하며 : 【譯注】 '유이득'은 유운룡(柳雲龍, 1539~1601)로, 본관이 풍산(豐山), 초자가 이득(而得), 자가 응현(應見), 호가 겸암(謙菴)이고, 유성룡(柳成龍)의 형이다. 《겸암선생연보(謙菴先生年譜)》 권1 경오년(1570, 선조3) 11월 조목에 "퇴계 선생을 뵙고 농운정사(隴雲精舍)에 머물면서 《사기(史記)》를 읽었다."라고 하였다.

585 공자께서도……일깨우셨고 : 【譯注】 공자가 "마을에 인후한 풍속이 있는 것이 아름다우니, 인후한 마을을 가려 살지 않는다면 어찌 지혜롭다 하리오.〔里仁爲美, 擇不處仁, 焉得知?〕"라고 하였다. 《論語 里仁》

586 회우보인(會友輔仁) : 【譯注】 학문을 통해 벗을 모으고 벗을 통해 자신의 인(仁)을 보완한다는 뜻이다. 증자(曾子)가 "군자는 학문을 통해 벗을 사귀고, 벗의 훌륭한 점을 통해 자신의 부족한 인덕을 보충한다.〔君子以文會友, 以友輔仁.〕"라고 하였다.

늘그막에 공부가 엉성하단 걸 새삼 깨달으니   老來更覺疎爲學

빈손으로 돌아와 또 봄을 기다리는 것이 몹시도 부끄럽구나

                                慚愧空還又待春

(詩-內卷5-221)

땅속의 우레 이는 곳에서 천심을 보니[587]   地中雷起見天心

삼자부[588]의 말씀은 잠계(箴戒)에 해당한다[589]   三字符言當誨箴

본래 있는 거울 닦지 않은 채[590] 괜스레 한탄하면   有鏡不磨空自歎

결국 먼지 끼는 걸 근심하게 될 뿐이지   直愁終未免塵侵

《論語 顔淵》

587 땅속의……보니 : 【譯注】 양(陽)의 회복이 하늘의 마음이라는 뜻이다. '땅속의 우레 이는 곳'은 《주역》의 복괘(復卦)를 이른 것으로, 하나의 양효(陽爻)가 맨 아래에서 회복 됨은 바로 천지가 만물을 낳는 마음을 상징하니, 〈단전(彖傳)〉에 "복에서 천지의 마음을 볼 수 있다.〔復, 其見天地之心乎.〕"라고 하였다.

588 삼자부 : 【譯注】 '세 글자의 부절'이라는 뜻으로, 본래는 마음속에 잡념이 일어나면 즉시 본래 상태로 돌아온다〔不遠復〕는 뜻인데, 여기서는 잘못을 했더라도 곧 이를 깨우 치고 선으로 되돌아온다는 뜻이다. 【攷證 卷3 三字符】 주자가 유병산(劉屛山 유자휘(劉 子翬))에게 도(道)에 들어가는 차제(次第)를 묻자, "나는 《주역》에서 도에 들어가는 차제를 얻었다. 복괘의 이른바 '멀리 가지 않고 돌아온다'는 말이 나의 세 글자 부적이다." 라고 하였다. 《晦庵集 卷90 屛山先生劉公墓表》

589 잠계(箴戒)에 해당한다 : 【攷證 卷3 當誨箴】 '당(當)'은 거성이다. 【校解】 '당'이 거성일 때는 '부합하다', '합당하다', '해당하다'라는 뜻이다.

590 본래……채 : 【譯注】 자신의 마음을 수양하지 않는다는 뜻이다. 옛날에 거울은 구리 로 만들었는데 갈고 닦아 먼지를 제거해야 밝게 비추므로 마음을 수양하여 물욕을 제거하 는 것을 비유하였다.

譯註 退溪全書 2

2024년 7월 31일 초판 1쇄 펴냄

지은이 이황
펴낸이 김흥국
펴낸곳 보고사

등록 1990년 12월 13일 제6-0429호
주소 경기도 파주시 회동길 337-15
전화 031-955-9797
팩스 02-922-6990
메일 bogosabooks@naver.com
http://www.bogosabooks.co.kr

ISBN 979-11-6587-748-4 94150
      979-11-6587-746-0 (세트)

정가 35,000원